Politische Vierteljahresschrift   Sonderheft 25/1994

Deutsche Vereinigung für Politische Wissenschaft

Staat und Verbände

Herausgegeben von Wolfgang Streeck

Westdeutscher Verlag

Alle Rechte vorbehalten
© 1994 Westdeutscher Verlag GmbH, Opladen

Der Westdeutsche Verlag ist ein Unternehmen der Bertelsmann Fachinformation GmbH.

Das Werk einschließlich aller seiner Teile ist urheberrechtlich geschützt. Jede Verwertung außerhalb der engen Grenzen des Urheberrechtsgesetzes ist ohne Zustimmung des Verlags unzulässig und strafbar. Das gilt insbesondere für Vervielfältigungen, Übersetzungen, Mikroverfilmungen und die Einspeicherung und Verarbeitung in elektronischen Systemen.

Satz: ITS Text und Satz GmbH, Herford
Druck und buchbinderische Verarbeitung: Lengericher Handelsdruckerei, Lengerich
Gedruckt auf säurefreiem Papier
Printed in Germany

ISSN 0032-3470

ISBN 3-531-12661-X

Inhaltsverzeichnis

Wolfgang Streeck
Einleitung des Herausgebers
Staat und Verbände: Neue Fragen. Neue Antworten? 7

I. Verbändedemokratie: Regulierung, Deregulierung, Selbstregulierung

Roland Czada
Konjunkturen des Korporatismus: Zur Geschichte eines Paradigmenwechsels
in der Verbändeforschung 37

Rolf G. Heinze / Josef Schmid
Mesokorporatistische Strategien im Vergleich: Industrieller Strukturwandel und
die Kontingenz politischer Steuerung in drei Bundesländern 65

Holger Backhaus-Maul / Thomas Olk
Von Subsidiarität zu „outcontracting": Zum Wandel der Beziehungen von Staat
und Wohlfahrtsverbänden in der Sozialpolitik 100

Joshua Cohen / Joel Rogers
Solidarity, Democracy, Association 136

Philippe C. Schmitter
Interests, Associations and Intermediation in a Reformed Post-Liberal
Democracy 160

II. Internationalisierung: Staat und Verbände in der Europäischen Union

Rainer Eising / Beate Kohler-Koch
Inflation und Zerfaserung: Trends der Interessenvermittlung in der
Europäischen Gemeinschaft 175

Klaus Armingeon
Die Regulierung der kollektiven Arbeitsbeziehungen in der Europäischen Union   207

Bernhard Ebbinghaus / Jelle Visser
Barrieren und Wege „grenzenloser Solidarität": Gewerkschaften und
Europäische Integration 223

Volker Eichener / Helmut Voelzkow
Ko-Evolution politisch-administrativer und verbandlicher Strukturen:
Am Beispiel der technischen Harmonisierung des europäischen Arbeits-,
Verbraucher- und Umweltschutzes 256

III. Staat und Verbände im Übergang zu Marktwirtschaft und Demokratie

Helmut Wiesenthal / Petra Stykow
Unternehmerverbände im Systemwechsel: Entwicklung und Status organisierter Wirtschaftsinteressen in den Transformationsprozessen Ostmitteleuropas
und Rußlands 293

Bernhard Weßels
Von staatlicher Überorganisation zu freiwilliger Organisierung? Gewerkschaften und assoziatives Verhalten in postkommunistischen Gesellschaften 337

Gerhard Lehmbruch
Dilemmata verbandlicher Einflußlogik im Prozeß der deutschen Vereinigung 370

Zusammenfassungen / Abstracts 393

Verzeichnis der Autoren 402

Einleitung des Herausgebers
Staat und Verbände: Neue Fragen. Neue Antworten?

Wolfgang Streeck

In der deutschen Politikwissenschaft ist das Verhältnis von Staat und Verbänden, unter anderem unter dem lange fortwirkenden Einfluß der Staatsrechtslehre der Weimarer Republik, immer ein Thema von herausragender Bedeutung gewesen[1]. Dennoch oder gerade deshalb hat die internationale „Korporatismusdebatte" der siebziger und achtziger Jahre, soweit sie nicht ohnehin von deutschen Autoren, wie vor allem *Gerhard Lehmbruch*, mit eingeleitet und vorangetrieben wurde, auch in Deutschland tiefe Spuren hinterlassen. Über die Gründe hierfür, und allgemein für die bemerkenswerte Sozialisationsfähigkeit des Korporatismus-Begriffs gegenüber einer ganzen Generation von zumeist jüngeren, immer aber von vornherein international orientierten Sozialwissenschaftlern in einer Vielzahl von Ländern, kann man spekulieren – wie es der folgende Aufsatz von *Czada* tut. In jedem Fall aber ist es heute schlechterdings unmöglich, nach neuen Antworten auf neue Fragen zu „Staat und Verbände" zu suchen, ohne sich vorher des Ertrags der Korporatismusforschung und des mit ihr erreichten Standes des empirischen Wissens und der theoretischen Analyse vergewissert zu haben.

In der hier fälligen Einleitung zu einer Sammlung aktueller Aufsätze zu einem traditionsreichen Thema kann es nicht darum gehen, systematisch die Wege und Irrwege der Korporatismusdebatte nachzuzeichnen und dabei zu versuchen, die Spreu vom Weizen zu trennen. Dies erforderte ein ganzes Buch. Selbst wenn ein solches geschrieben werden könnte, wäre es im übrigen keineswegs sicher, daß es dem eigentümlichen Pluralismus ein Ende setzen würde, der sich ausgerechnet in der Verwendung eines Begriffes etabliert hat, der sich selbst von Anfang an als Gegenbegriff gegen pluralistische Theorien demokratischer Politik verstand.

Wenn es darüber hinaus stimmt, wie *Czada* überzeugend darlegt, daß einer der Gründe für die außerordentliche Fruchtbarkeit und Organisationsfähigkeit des Korporatismus-Begriffs gerade seine Vieldeutigkeit war, dann wäre jeder Versuch einer empirisch fundierten Kodifizierung von Typenbildungen oder Wenn- Dann-Aussagen ohnehin der Sache unangemessen. Zwar hat es zahllose Versuche gegeben, die von der Korporatismus-Gemeinde immer neu hervorgebrachten Typologien von Systemen kollek-

---

1 Herausgabe des Bandes und Abfassung der Einleitung fanden während eines Studienaufenthalts des Herausgebers am Wissenschaftskolleg zu Berlin statt. Volker Eichener und Helmut Voelzkow organisierten im Sommer 1994 ein Autorentreffen in Bochum, aus dem zahlreiche Anregungen für die Endfassungen der Beiträge sowie die Einleitung des Herausgebers hervorgingen. Die Grundzüge des ersten Teils der Einleitung waren Gegenstand eines Seminars im Juli 1994 am Wissenschaftszentrum Berlin für Sozialforschung (WZB); der Verfasser dankt vor allem Wolfgang van den Daele, Dieter Klingemann und Bernhard Weßels für wichtige Hinweise.

tiver Interessenpolitik zu bestätigen oder zu widerlegen; empirisch gesicherte allgemeine Aussagen zum Verhältnis von Struktur einerseits und Politik und Funktion von Verbändesystemen andererseits zu machen; einen allgemeinen Trend in westlichen Demokratien zu korporatistischen Institutionen, Organisationsformen und Konzertierungspraktiken aufzuzeigen; oder gar zu beweisen, daß demokratische Gesellschaften, die auf korporatistische Interessenvermittlung verzichten oder, aus welchen Gründen immer, verzichten müssen, wichtige Probleme – der „Steuerung" allgemein, des wirtschaftlichen Strukturwandels, der Schaffung von gesellschaftlichem Konsens usw. – nicht oder nur suboptimal zu lösen vermögen. Alle derartigen Unternehmen sind jedoch, *Czada* zufolge, trotz wichtiger Ergebnisse im Einzelfall letztendlich gescheitert. In der Rückschau scheint denn auch der Verdienst der ganzen Anstrengung nicht darin zu liegen, daß sie eine Theorie im strengen Sinne hervorgebracht hätte – dies hat sie nicht, auch wenn immer wieder irreführenderweise von „Korporatismus*theorie*" die Rede war und ist. Vielmehr dürfte der bleibende Ertrag der weltweiten Forschungskampagne über Struktur und Funktion organisierter Interessen, die der Wiederentdeckung des Korporatismus-Begriffs durch Schmitter (1974) und Lehmbruch (1974) folgte, in der festen Etablierung neuer *Perspektiven* im Grenzbereich von Politikwissenschaft, Soziologie und Wirtschaftstheorie für das Studium nicht nur von Interessenverbänden, sondern von sozialen Institutionen und des Verhältnisses von Politik und Ökonomie im allgemeinen bestehen; in der Entwicklung und Verbreitung neuer, komplexer *heuristischer Orientierungen;* und in der Durchsetzung einer Reihe von ansatzprägenden substantiellen *Grundannahmen,* die so tief in den Hintergrund des sozialwissenschaftlichen Alltagsverständnisses eingedrungen sind, daß sie oft gar nicht mehr mit dem Korporatismus-Begriff in Zusammenhang gebracht werden.

Die Einleitung zu dem vorliegenden Sammelband beginnt deshalb mit einem Versuch, aus der durchaus subjektiven Perspektive eines an der Korporatismusdebatte seinerzeit engagiert Beteiligten einige *allgemeine Markierungspunkte* für eine zeitgemäße Diskussion des Verhältnisses von Staat und Verbänden herauszuarbeiten, die als bleibender Ertrag dieser Debatte angesehen werden können. Daran anschließend werden drei *spezielle Probleme* entwickelt, die seit dem Höhepunkt der „Karriere" (*Czada*) des Korporatismus-Begriffs neu aufgetreten oder durch historische Ereignisse radikalisiert worden sind und an denen sich – dies zumindest ist die der Konzeption und Gliederung des Bandes zugrundeliegende Vermutung – Tragfähigkeit und zukünftige Entwicklungsfähigkeit des vorhandenen analytischen Instrumentariums neu erweisen müssen.

Das Erbe der Korporatismus-Debatte

Schon in der provokativen Auswahl ihres Leitkonzepts bezog sich die Korporatismusdebatte polemisch auf *liberale Gesellschaftstheorien:* zunächst auf den *Pluralismus,* der die Politikwissenschaften der Nachkriegszeit beherrscht hatte, später auf die in der Wirtschaftstheorie und über sie hinaus zunehmend einflußreich gewordene *Neoklassik,* und am fruchtbarsten und langfristig wohl folgenreichsten dort, wo sich in der Auseinandersetzung der achtziger Jahre um die *politische Ökonomie* eines technologisch und sozial fortgeschrittenen Kapitalismus Demokratie- und Wirtschaftstheorie berühren. Dabei scheint es, als sei die Wirkung der mit dem Korporatismus-Begriff assoziierten Denkschule am stärksten gewesen, wo sie, fundiert in einer komparativen Empirie, die die *reale Vielfalt* der politischen und wirtschaftlichen Institutionen und Praktiken westlicher Gesellschaften ernstnahm, Einwände gegen den US-amerikanischen Ethnozentrismus und den, mit diesem konvergenztheoretisch verbundenen, verdeckten Normativismus von Pluralismustheorie und Neoklassik formulierte.

Liberalismus, so die Botschaft der neuen Korporatisten, war weder in der Politik als solcher noch in ihrem Verhältnis zur Wirtschaft universelle Wirklichkeit oder auch nur der Endpunkt eines universellen Trends. Im Gegenteil, empirische Forschung schien zu zeigen, daß Gesellschaften, deren Realität dem liberalen Entwurf vergleichsweise nah kam, anderen, insbesondere solchen, die als „Verbände-Demokratien" (*associative democracies*) oder „ausgehandelte Volkswirtschaften" (*bargained economies*) „korporatistisch" organisiertem kollektivem Handeln sozialer Interessengruppen einen legitimen Platz einräumten, oft politisch und wirtschaftlich unterlegen waren. Soweit hierauf aufbauend auch die „Korporatismustheorie" mitunter normative, oder besser: praxeologische, Züge annahm, tat sie dies in dem Bewußtsein – gerechtfertigt oder nicht –, anders als ein als dogmatisch empfundener präskriptiver Liberalismus von tatsächlichen Erfahrungen auszugehen, die es modernen Gesellschaften ermöglichen konnten, von organisierten privaten Interessen produktiven öffentlichen Gebrauch zu machen.

Auch wenn, wie gesagt, das „neo"-korporatistische Forschungsprogramm nicht zu einer analytischen Theorie führen wollte oder konnte, so lassen sich doch einige seiner Prämissen und einige Resultate seiner Auseinandersetzung mit seinem Gegenprogramm herausarbeiten, die bis heute dazu beitragen, pluralistische und neoklassische Vereinfachungen der Rolle von verbandsförmig organisierten Interessen in Staat und Wirtschaft nachhaltig in Frage zu stellen. Fünf davon sollen im folgenden kurz expliziert werden.

1. Trotz Schmitters früher und immer wieder mißverstandener Unterscheidung zwischen „state corporatism" und „societal corporatism" (Schmitter 1974) bestand eine entscheidende Leistung der Korporatismusdebatte darin, daß sie von Anbeginn eine konstitutive Rolle des Staates bei der Organisierung kollektiver gesellschaftlicher Interessen vorsah. Anders als der liberale Pluralismus sieht der Korporatismus-Ansatz in staatlicher Einflußnahme auf vorstaatliches kollektives Handeln weder eine empirische Anomalie noch eine ordnungspolitische Pathologie, sondern behandelt die Einwirkung öffentlicher Gewalt routinemäßig als Schlüsselfaktor für die Erklärung von Organsationsform, Intensität, Zielen und Resultaten kollektiver Interessenpolitik. Besonders dort, wo soziale Interessen umfassend und stabil organisiert sind, starken und dauerhaften Einfluß auf öffentliche Politik nehmen, erfolgreich selbstregulierende und marktsteuernde Funktionen erfüllen und „verantwortlich" in Einklang mit einem wie auch immer definierten „öffentlichen Interesse" handeln, wird eine an der Korporatismusdebatte geschulte Analyse mit der Ausgangsvermutung operieren, daß im Hintergrund des beobachteten Verbandshandelns staatliche Organisationshilfen und Hoheitsübertragungen wirksam sein müssen, auch wenn diese häufig und typischerweise nicht auf den ersten Blick erkennbar sind und ihre Wirkung gerade *um dieser willen* vornehmlich auf indirektem Wege ausüben.

Staatliche Eingriffe in gesellschaftliche Organisierung stärken, auf mehr oder weniger subtile Art, bestimmte Organisationsformen und Gruppeninteressen gegenüber anderen. Damit beeinflussen sie die Substanz der in einer Gesellschaft artikulierten Interessen und die Ergebnisse der Interaktion zwischen sozialen Gruppen sowie zwischen ihren Verbänden und dem Staat. Gerade die Korporatismusforschung hat freilich gezeigt, daß die Mitgestaltung privater Interessenpolitik durch öffentliche Gewalt alles andere als ein einseitiger Vorgang ist. Obwohl gezielte staatliche Intervention in gesellschaftliche Verbändestrukturen auch in Demokratien eher die Regel als die Ausnahme ist, kommt es ebenso vor, daß die Initiative von gesellschaftlichen Interessen ausgeht, die zu ihrer Organisierung oder gar Konstituierung staatliche Organisationshilfen und Ermächtigungen benötigen, etwa in Gestalt von gesetzlichen Zwangsmitgliedschaften. Die mit dem Korporatismus-Begriff operierende Forschung hat eindrucksvoll gezeigt, daß derartige Wechselwirkungen zwischen öffentlicher Gewalt und privaten Interessen nicht nur sozusagen in den besten Familien: d.h. in Gesellschaften mit einwandfreiem demokratischen Ruf, vorkommen, sondern daß ihre gelegentliche Abwesenheit statt als Normal- oder Idealfall als extreme Ausprägung eines Wirkungsverhältnisses aufgefaßt werden muß, *das auch dort ein solches ist, wo es aufgrund historischer oder anderer Kontingenzen in seiner Nichtexistenz besteht.*

Die Einsicht der Korporatismusdebatte in die ermöglichende Funktion staatlicher Gewalt für gesellschaftliche Organisierung steht aktuellen Tendenzen entgegen, über ein *recycling* liberaler Gesellschaftsmodelle und in Rückgriff auf simplifizierende Dichotomien von Staat und Gesellschaft in einer staats- und zwangsfrei vorgestellten *Zivilgesellschaft* Zuflucht vor den wachsenden normativen und praktischen Problemen staatlicher Herrschaft zu suchen. Eine ausschließlich freiwillig, d.h. ohne Rückgriff auf staatlich-öffentliche Machtressourcen organisierte Gesellschaft, so die Korporatismusforschung, ist unvermeidlich eine pluralistisch organisierte Gesellschaft – also eine, die mit allen Pathologien fragmentierter Interessenorganisation und -artikulation belastet ist und keinen Zugang zu den speziellen Organisations- und Koordinationsleistungen hat, die von umfassend organisierten, zu kollektiver Selbstregierung fähigen und an ihr interessierten[2] Interessengruppen erbracht werden können.

Selbst dort, wo umfassend organisierte soziale Gruppen ihre Organisations- und Handlungsfähigkeit nicht, wie etwa Kammern, direktem staatlichem Organisationszwang, sondern lediglich informellem gesellschaftlichem Druck verdanken, müssen derartige Organisationspraktiken gerade in Demokratien, in denen die Anwendung von Zwang staatlich-rechtlicher Kontrolle unterliegt, durch staatliches Handeln oder Nichthandeln als Teil der öffentlichen Ordnung zugelassen werden. Auch privater Organisationszwang wird so zu einer Unterform öffentlicher Gewalt, in der Regel durch mehr oder weniger explizite „Beleihung" gesellschaftlicher Akteure mit staatlicher Handlungsmacht. „Funktionierende" Zivilgesellschaften, die über ein hohes Maß vorstaatlicher kollektiver Handlungsfähigkeit verfügen, sind deshalb gerade nicht staatsfreie Gesellschaften; sie sind hochorganisiert, aber nicht allein aus sich selbst heraus; und zusätzlich zu der freiwilligen Beteiligung ihrer Bürger steht ihnen die Möglichkeit zur Verfügung, als Mittel zur Strukturierung ihrer Interessen und Interessengegensätze auf legitimen Organisationszwang zurückzugreifen.

---

2 Einen Teil ihrer Einsichten in die disziplinierende Wirkung umfassender Organisierung verdankte die Korporatismus- Forschung Mancur Olsons Theorie des Gruppenhandelns (Olson 1965).

Die durch die Korporatismus-Begriff geschärfte Aufmerksamkeit der Verbändeforscher der siebziger und achtziger Jahre hat in den liberalen Demokratien des Westens einen Reichtum an Formen der Zwangs- und Quasi-Zwangsmitgliedschaft in Verbänden entdeckt, der alle Erwartungen überstieg. Die Einschlägigkeit dieser Beobachtungen erweist sich gerade heute, wo in den Übergangsgesellschaften die simplifizierende Unterscheidung zwischen staatlicher Zwangsorganisation im kommunistischen System und freiwilliger gesellschaftlicher Organisierung in westlichen Demokratien die illusionäre Erwartung erzeugt, daß es zum Aufbau demokratischer Verbände mit ihren Ordnungsleistungen lediglich der Abschaffung der Organisationsprivilegien der alten, „überorganisierten" Massenorganisationen und des Prinzips der Zwangsmitgliedschaft bedarf[3]. Die Ergebnisse der Korporatismusforschung zeigen, daß die Aufgabe weit komplizierter ist: nämlich neue Formen obligatorischer und quasi-obligatorischer Organisierung zu etablieren, deren Wirkungsweise der Mobilisierung freiwilliger Unterstützung nicht im Wege steht und die mit einem demokratischen Staat vereinbar sind.

Der Korporatismus der westlichen Demokratien der Nachkriegszeit war nicht derselbe wie der autoritäre Korporatismus der Zwischenkriegsphase; dies war der Grund für die endlose Suche nach unterscheidenden Präfixen oder Adjektiven, wie in „Neo-Korporatimus" (Schmitter) oder „liberaler Korporatismus" (Lehmbruch). Aber das, was „neu" oder „liberal" war am „demokratischen Korporatismus" (Wilensky), war eben nicht, daß in diesem Verbände und kollektives Handeln freiwillig und ohne Hilfe und Einwirkung staatlichen Zwangs zustandekämen. Obwohl in neo- oder liberal-korporatistischen Systemen Nicht-Eintritt oder Austritt in der Regel, wenn auch nicht immer, leichter sind als im autoritären Korporatismus, war der Unterschied *in dieser Hinsicht* doch keineswegs ein kategorischer – in Schweden nicht Gewerkschaftsmitglied zu sein, ist alles andere als einfach. Und obwohl das Innenleben der mit quasi-hoheitlicher Gewalt beliehenen Verbände des Neo-, liberalen oder demokratischen Korporatismus sicherlich mehr *voice* zuläßt als das der italienischen Korporationen unter Mussolini, so hat die Verbändeforschung doch immer wieder auch gezeigt, daß es in demokratischen Interessenverbänden nicht immer und notwendig demokratisch zugeht.

Liberal am liberalen Korporatismus, und womöglich an der liberalen Demokratie überhaupt, ist deshalb in erster Linie die Freiwilligkeit des Ein- und Austritts, nicht der Individuen gegenüber ihren Verbänden, sondern der Verbände gegenüber staatlichen Politiken und Konzertierungsversuchen. Für die Unterscheidung zwischen Autoritarismus und Demokratie scheint in der Perspektive der Korporatismusforschung die Freiheit des kollektiven Handelns gegenüber dem Staat wichtiger als die Freiheit der an dem kollektiven Handeln beteiligten Individuen gegenüber ihren Verbänden. Demokratie erscheint damit als eine Regierungsform, *in der die zivile Gesellschaft sich zu ihrer Selbstorganisierung staatlicher Mittel bedienen kann, ohne dafür mit ihrer Unabhängigkeit gegenüber dem Staat bezahlen zu müssen.*

2. Während in der pluralistischen Verbändetheorie die Substanz sozialer Gruppeninteressen gegenüber ihrer Organisierung exogen blieb und diese einseitig kausal bestimmte, entfaltete die Korporatismusforschung schon früh eine komplexe *Dialektik*

---

3 Zum Thema siehe den Aufsatz von *Weßels*, infra.

von substantiellem Interesse und organisatorischer Form, für die zum einen der Inhalt des kollektiven Interesses einer Gruppe auch von der Art und Weise seiner tatsächlichen oder möglichen Organisierung abhing und zum anderen die den Interesseninhalt mitbestimmende Organisationsform von einer Vielzahl exogener Faktoren mitbeeinflußt wurde, insbesondere dem von der umgebenden Gesellschaft zur Verfügung gestellten Institutionen-Repertoire. Zumindest implizit enthielt die „Korporatismustheorie" damit eine *Theorie der sozio-politischen Genese gesellschaftlicher Gruppeninteressen*, die die Substanz kollektiv artikulierter Interessen als ihrer Organisierung endogen behandelt.

Für den korporatistischen Ansatz sind, in anderen Worten, kollektive Interessen nicht gegeben, sondern werden in einem von sozialen Institutionen strukturierten Prozeß „definiert". Interessen können damit als solche nicht als Erklärungsfaktoren von Verbandsbildung und Verbandshandeln vorausgesetzt werden. Während pluralistische Theorien Verbände als Agenturen von Interessen*vertretung* auffassen, sprechen Autoren in der korporatistischen Tradition, um den aktiven Beitrag der organisierten Artikulation von Interessen zu ihrer Definition zu betonen, deshalb häufig von Interessen*vermittlung* (*interest intermediation* anstelle von *interest representation*). Die für pluralistische Theorien charakteristische Annahme gegebener individueller Präferenzen und Ansprüche, die dann zu Verbandsbildung führen, wenn sie bei mehreren Individuen gleichzeitig auftreten, wird im korporatistischen Ansatz zugunsten einer Vorstellung gesellschaftlich institutionalisierter kollektiver Handlungspotentiale aufgegeben, die den *transzendentalen Rahmen* einer *Produktion kollektiver Interessen* aus mehr oder weniger vagen individuellen Motiven einerseits und gegebenen unterschiedlichen Durchsetzungsmöglichkeiten für unterschiedliche Interessendefinitionen andererseits bilden. Dabei kommt im korporatistischen Ansatz den gesellschaftlich lizensierten *Formen* kollektiver Organisierung im Wortsinn *konstitutive Bedeutung* zu. Was Gruppeninteressen sind, wird in Reaktion auf institutionalisierte Handlungspotentiale *entdeckt*: mein *konkretes* Interesse hängt in erheblichem Maße auch davon ab, welche meiner *möglichen* Interessen ich als Mitglied welcher Gruppe durch kollektives Handeln zu realisieren vermag. Ein in einer *craft union* organisierter Arbeiter hat andere Interessen in bezug auf die gesamtwirtschaftliche Geldwertstabilität als ein Mitglied einer umfassend organisierten Industriegewerkschaft: während ersterer durch hohe Lohnmilitanz dafür sorgen muß, nicht hinter der bei fragmentierten Verhandlungen ohnehin naturwüchsig zustandekommenden hohen Inflationsrate zurückzubleiben – einer Inflationsrate, zu deren weiterer Steigerung er auf diese Weise beiträgt –, ist bei umfassender Organisierung nicht nur das Inflationsniveau durch kollektives Handeln direkt beeinflußund verantwortbar, sondern es ist auch ausgeschlossen, daß kleine Gruppen durch Erzwingung besonders hoher Lohnzuwächse ihre speziellen Interessen gegen die allgemeinen Folgen hoher Inflation absichern können. Anders als das Mitglied einer *craft union* wird deshalb das Mitglied einer Industriegewerkschaft ceteris paribus sein Interesse an hohen Lohnsteigerungen gegen ein ebenso starkes aktives Interesse an einer niedrigen Inflationsrate abzuwägen haben, was im Ergebnis zu sehr unterschiedlichen Interessenartikulationen führen kann. Und anders als im pluralistischen Modell hat ein Individuum, das es vorzöge, eine solche Abwägung nicht vornehmen zu müssen, in der Regel nicht die Wahl, sich statt einer Industriegewerkschaft einer Berufsgewerkschaft anzuschließen: wie jemand sich in einer Gesellschaft organisieren, und das heißt, *welche Interessen er in ihr haben kann*, hängt in hohem Maße von Bedingungen ab, die er als Individuum nicht zu beeinflussen vermag[4].

Nicht nur die grundlegenden institutionellen Bedingungen kollektiven Handelns, sondern auch seine jeweiligen Agenten wirken auf die Interessen zurück, die durch sie vertreten bzw. „vermittelt" werden. Für den korporatistischen Ansatz sind Verbände weit mehr als nur passive Rezipienten gegebener Mitgliederinteressen; da Interessen gerade *nicht* gegeben sind, besteht für ihre vermeintlichen „Repräsentanten" nicht nur die Möglichkeit, sondern geradezu die Notwendigkeit, an ihrer „Findung" aktiv mitzuwirken. Interessenverbände und ihre Führer werden somit zu *Interessenunternehmern*, die Gruppeninteressen „erfinden" und in einem mehr oder weniger kompetitiven „Interessenmarkt" anbieten. Unter geeigneten Voraussetzungen werden sie aber auch zu *Interessenregierungen* (*private interest governments*, Streeck und Schmitter 1985), die ihren Mitgliedern in den durch die jeweiligen Spielregeln „innerverbandlicher Demokratie" gezogenen Grenzen vorschreiben, *was sie als Kollektiv wollen sollen*, und so die Aggregation und, mit ihr unvermeidlich verbunden, die Transformation verschiedener individueller in ein einheitliches Gruppeninteresse bewirken. Von entscheidender Bedeutung für Art und Ausgang dieses Prozesses ist die Binnenstruktur der beteiligten Organisationen, deren Abweichung vom pluralistischen Demokratie-Ideal einer passiven Entgegennahme exogen und individuell konstituierter Interessen wiederum vom gesamtgesellschaftlichen Status der Organisation und vor allem den ihr vom Staat zugebilligten organisatorischen Zwangsmitteln abhängt.

Welche Möglichkeiten kollektiven Handelns in einer Gesellschaft zur Verfügung stehen, wird vor allem von historisch lange gewachsenen Institutionen und Organisationskulturen bestimmt, von denen unter anderem die *Verpflichtungsfähigkeit* organisierter Gruppeninteressen gegenüber ihrer Mitgliederbasis abhängt. Daneben aber ist in der korporatistischen Debatte immer auch über die Möglichkeit nachgedacht worden, durch politische Regulierung der Organisationsformen sozialer Gruppen (*organizational design*) deren Interessen im Sinne größerer „Sozialverträglichkeit" umzudefinieren. Substantielle Interessenpolitik erschien in dieser Perspektive immer auch als Organisationspolitik, und umgekehrt. In den siebziger Jahren führten derartige Überlegungen unter anderem zu Vorschlägen einer Gewerkschaftsreform vor allem in angelsächsischen Ländern, die kleine und fragmentierte durch umfassende Organisationen ersetzen und dadurch gesellschaftlich akzeptablere oder langfristig aussichtsreicher zu verfolgende Interessendefinitionen organisatorisch internalisieren wollte. Die meisten derartigen Versuche sind jedoch gescheitert, wobei die bestehenden Organisationsformen und die in ihnen kristallisierten kollektiven Handlungsroutinen sich als weniger politisch veränderbar und langfristig zäher erwiesen als von vielen erwartet oder erhofft.

3. Ein weiterer wichtiger Beitrag der mit der Korporatismusdebatte assoziierten Verbändeforschung bestand darin, daß sie den Begriff der *intermediären Organisation* zuspitzte, indem sie Verbände als soziale Gebilde konzipierte, die mit mindestens zwei zueinander in einem Spannungsverhältnis stehenden *Umwelten* interagieren: der *Le-*

---

[4] Das Beispiel stammt aus dem Bereich der Einkommenspolitik, die vor allem in den siebziger Jahren ein zentraler Gegenstand korporatistisch inspirierter Untersuchungen war.

benswelt ihrer Mitglieder einerseits und den *institutionellen Bedingungen*, unter denen ein Verband seine Ziele zu verwirklichen hat, andererseits. Dabei hat sich die Vorstellung als fruchtbar erwiesen, daß die Interaktion eines Verbandes mit jeder der beiden Umwelten einer jeweils eigenen *Logik* unterliegt, die mit der Logik der Interaktion mit der jeweils anderen Umwelt letztendlich nicht kompatibel ist. Für das Verhältnis intermediärer Organisationen mit ihrer sozialen Basis ist in diesem Zusammenhang der Begriff der *Mitgliedschaftslogik* (*logic of membership*), und für das Verhältnis zwischen Interessenorganisation und politischem Institutionensystem im weitesten Sinne der der *Einflußlogik* (*logic of influence*) vorgeschlagen worden (Schmitter und Streeck 1981). Vereinfacht formuliert, handelt es sich bei der Mitgliedschaftslogik um mikrosoziologische Probleme der *Sozialintegration*, während es bei der Einflußlogik darum geht, makrosoziologische Probleme der *Systemintegration* zu berücksichtigen und strategischen Imperativen erfolgreicher Zielverwirklichung Genüge zu tun.

Charakteristisch für die korporatistische Perspektive ist nun die Vermutung, daß verbandliches Handeln, das der Integration von Mitgliedern zuträglich ist und der Mitgliedschaftslogik gerecht wird, häufig in bezug auf die Zielverwirklichung des Verbandes und unter dem Gesichtspunkt der Einflußlogik kontraproduktiv ist und umgekehrt – wobei allerdings auch gilt, daß Verbände ohne Integrationsfähigkeit gegenüber ihrer sozialen Basis ihre Ziele nicht realisieren und Verbände, die ihre Ziele nicht erreichen, in der Regel keine Mitglieder integrieren können. Die von der Korporatismusforschung entwickelte heuristische Perspektive lenkt die Aufmerksamkeit der Verbändeforschung auf derartige Widersprüche und Dilemmas und legt nahe, Verbandshandeln als permanenten Versuch einer bei aller Anstrengung immer nur provisorischen und hoch unstabilen Versöhnung zwischen prinzipiell inkompatiblen Handlungs- und Organisierungsimperativen aufzufassen.

In der Forschung haben sich die Begriffe der Mitgliedschafts- und Einflußlogik als Schlüssel zu einer Vielzahl von empirischen Phänomenen bewährt. So lassen sich beispielsweise aus Bestimmungen langfristiger Entwicklungstendenzen in den beiden entscheidenden Verbandsumwelten, etwa hin zu erhöhter *Vielfalt* von Identitäten, Problemen und Interessenlagen an der sozialen Basis und zu gesteigerter *Interdependenz* zwischen institutionellen Akteuren und Problemlösungen im politischen System, allgemeine Einsichten in veränderte Organisationsprobleme intermediärer Organisationen gewinnen. Ähnlich können, wie der Beitrag von *Lehmbruch* in diesem Band zeigt, bestimmte Schwierigkeiten beim „Institutionstransfer" von West- nach Ostdeutschland sowie die unterschiedliche Fähigkeit verschiedener Verbände, mit diesen zurechtzukommen, mit Hilfe eines Korporatismus-Ansatzes beschrieben und verstanden werden, der als Ursache der beobachteten Erscheinungen die Interaktion einer veränderten Mitgliedschafts- mit einer konstanten Einflußlogik vermutet. Zahlreiche Permutationen dieses Wechselverhältnisses lassen sich vorstellen. In allen Fällen ermöglicht eine heuristische Orientierung an konfligierenden „Logiken" verschiedener Organisationsumwelten nicht nur eine hochangemessene Konzeptualisierung intermediärer Organisationen als zwischen „unten" und „oben" *vermittelnd*, sondern eröffnet auch Einsichten in den Beitrag einer politisch geschickten Verbandsführung, von dem es abhängt, ob der Verband sich gegenüber den dilemmatischen Spannungen zwischen den an ihn gerichteten Erwartungen kreativ zu behaupten vermag. Vor allen Dingen an dieser Stelle verweist der korporatistische Ansatz damit auf eine *Soziologie politischer*

Organisationen, die über bloße Kontingenztheorie hinausgehend strategischen Entscheidungen und *agency*, bzw. *virtu* und *fortuna*, einen prominenten Platz einräumt. Eine zusätzliche Leistung des Modells zweier konkurrierender Organisationslogiken könnte darin liegen, daß es jene spezifische Merkmalskonfiguration, die Interessenverbandssysteme als „korporatistisch" ausweist, womöglich genauer als die herkömmlichen strukturellen Indikatoren zu bestimmen vermag. Obwohl *alle* Interessenverbände zwischen Mitgliedschafts- und Einflußlogik balancieren müssen, bestehen nämlich in den Mitteln, auf die sie sich dabei stützen können, und in den ihnen offenen Handlungsspielräumen erhebliche Unterschiede. Pluralistische Verbände, deren Mitgliedschaft typischerweise klein und homogen ist, erscheinen als im wesentlichen von ihrer Mitgliedschaftslogik geprägt. Korporatistische Verbände dagegen sind nicht nur in der Lage, komplexere Aspekte ihrer Einflußbedingungen strategisch zu berücksichtigen, sondern beziehen darüber hinaus aus ihrer politisch-institutionellen Umgebung, neben den auch pluralistischen Verbänden zugänglichen direkten Gratifikationen ihrer Mitgliederinteressen, zusätzliche organisatorische Ressourcen, die sie „nach unten" zur Lösung der mit einer großen und heterogenen Mitgliedschaft verbundenen Mitgliedschaftsprobleme einsetzen können – unter anderem Möglichkeiten zur Anwendung von direktem oder indirektem Organisationszwang, politischen Status und privilegierten Zugang zu Entscheidungsprozessen, sowie Beleihungen mit quasi-öffentlicher (Selbst-)Verwaltungskompetenz.

Von (Neo-)Korporatismus läßt sich demnach dort sprechen, wo der *Balanceakt* zwischen den zwei Umwelten verbandlicher Interessenpolitik zu einem *balancierten Austausch* mit und zwischen denselben wird, in dessen Verlauf die im Pluralismus nur „vertretenen" Gruppeninteressen in dem Sinne „vermittelt" werden, als ihre Organisation sie mit Hilfe erweiterter politischer Einfluß- und organisatorischer Kontrollmöglichkeiten an die strategischen Imperative erfolgreicher Zielverfolgung anzupassen vermag. Hierbei treten Organisationsform und Einflußumwelt, und in letzterer aus den oben dargelegten Gründen besonders der Staat, prinzipiell gleichgewichtig neben die lebensweltlichen „Rohinteressen" der Mitglieder – womit es zur Aufgabe der Analyse wird, das Zusammenspiel von politischer Mobilisierung nach „unten" und „politischem Tausch" (Pizzorno 1978) nach „oben" bei der Modellierung von Interessen und der diese artikulierenden Politiken im einzelnen nachzuzeichnen.

4. Während das Hauptinteresse der Korporatismusforschung zumindest anfänglich der institutionellen Bearbeitung sozialer Interessen und Interessenkonflikte galt, hat es schon früh immer auch Strömungen gegeben, die nicht nur an *politics*, sondern auch und vor allem an *policy*: der *Produktion verbindlicher Entscheidungen und kollektiver Problemlösungen*, interessiert waren. Daß Verbände nicht nur „Lobbies" seien, sondern auch zum „Gemeinwohl" beitrügen, war ein alter, wenn auch keineswegs unumstrittener Topos gerade auch der deutschen Diskussion. Daß korporatistische Interessengruppen auf komplexe Weise und nicht selten gegen ihren Willen soziale Ordnungsleistungen erbringen, vor allem im Vergleich mit freiwillig-pluralistisch organisierten Interessen, ergab sich unter anderem aus der umfangreichen vergleichenden Literatur über Einkommenspolitik und industrielle Beziehungen. Diese vor allem legte es nahe, allgemein nach den möglichen Gründen eines Beitrags verbandsförmiger Organisierung zur Produktion und Durchsetzung gesellschaftlicher Regeln und Entscheidungen

zu suchen, unter anderem in Zusammenhang mit in den siebziger und achtziger Jahren aufgekommenen Befürchtungen einer *Überlastung des Staates* mit der Folge eines endemischen *Staatsversagens*. Für die sich hier anschließende Forschungsperspektive erschienen Verbände als potentiell zum Staat hinzutretende und dessen beschränkte Reichweite kompensierende *soziale Regulierungsinstanzen*, die das gesellschaftliche Steuerungspotential womöglich über die immanenten Leistungsgrenzen direkter staatlicher Regulierung hinaus zu erweitern in der Lage wären. Besonderes Interesse galt dabei der Interaktion von Verbänden und Staat als komplementären Medien von Entscheidungsproduktion, und vor allem den Möglichkeiten und Formen einer *Devolution von Regulierungsgewalt* vom Staat auf Verbände, oder allgemein einer Einbeziehung von Verbänden in staatliche Regierungstätigkeit als Weg zur Sicherung der „Regierbarkeit" entwickelter Industriegesellschaften.

Ein Versuch, die besondere Ordnungsleistung von Verbänden in Unterscheidung zu anderen Mechanismen gesellschaftlicher Entscheidungsproduktion herauszuarbeiten, war der Aufsatz von Streeck und Schmitter mit dem Titel „Community, Market, State – and Associations? The Prospective Contribution of Interest Governance to Social Order" (1985). In ihm wurden Verbände als formale Organisationen von Akteuren in als identisch wahrgenommenen sozialen Positionen aufgefaßt, die miteinander potentiell in Konkurrenz liegen, durch gemeinsames Handeln jedoch Zugang zu jeweils spezifischen „kategorialen Gütern", d.h. Kollektivgütern für gesellschaftliche Gruppen, erlangen können. Mit Hilfe einer ausführlichen Typologie entwickelte der Aufsatz den Unterschied zwischen Funktionsweise und Ordnungsleistungen von Verbänden und drei anderen, populäreren Entscheidungs- und Ordnungsmechanismen: normativ integrierten sozialen *Gemeinschaften*, freien *Märkten* und *staatlicher Gewalt*. Zugleich wurde exemplarisch am Fall der Verbände gezeigt, wie für jeden der vier Ordnungsmechanismen die drei jeweils anderen sowohl unterstützende als auch limitierende Bedingungen darstellen. So können Verbände in der Regel nur im Rahmen der staatlichen Ordnung handeln; müssen auch bei starker externer Sicherung darauf achten, die sozialen Werte ihrer Klientel wenigstens im Ansatz zu reflektieren; und sind allen korporatistischen Monopolen zum Trotz immer auch der Konkurrenz von Wettbewerbern ausgesetzt, die ähnliche oder substitutive „Dienstleistungen" anbieten.

Der wichtigste Begriff des Aufsatzes – der der „privaten Interessenregierung" (*private interest government*, nicht ohne Absicht auch: *PIG*) – knüpft unmittelbar an die Korporatismus-Analyse an. Verbände, denen es gelingt, sich im politischen Tausch mit dem Staat starke Organisationshilfen und Handlungsermächtigungen zu beschaffen, können die Interessen ihrer Mitglieder „regieren", statt sie nur zu repräsentieren. Obwohl auch sie in der Regel nicht ohne ein Minimum an normativem Konsens und wettbewerbsfähigen Leistungsangeboten auskommen, vermögen sie mittels quasi-öffentlicher Gewalt ihre eigene Interessenbasis an Gruppennormen oder mit anderen Institutionen ausgehandelte Kompromisse zu binden. Dabei erweisen sie sich oft als dem Staat in wichtigen Punkten überlegen. So haben private Interessenregierungen oft detaillierteres Wissen über zu regelnde Probleme oder verfügen über bessere Experten. Wo dies nicht von vornherein der Fall ist, sind Gruppenmitglieder häufig gegenüber ihren Verbänden bei der Weitergabe von Informationen weniger zurückhaltend als gegenüber staatlichen Stellen. Verbände sind auch weniger als Behörden an bürokratische Verfahrensweisen oder rechtsstaatlich-verfassungsrechtliche Normen gebunden; dies macht sie typischerweise flexibler, was die Legitimität und Effektivität verbandlicher Selbstregulierung erhöhen kann. Nicht zuletzt steht zu vermuten, daß Verbände besser als staatliche Agenturen in der Lage sind, sozial unverträgliche Präferenzen der in ihnen organisierten Gruppen durch interne diskursive Enttäuschungsverarbeitung in sozial verträgliche zu transformieren.

Ursprünglich hatte sich das Interesse der „Korporatismustheorie" an der Ordnungsleistung von Verbänden vornehmlich auf gesamtgesellschaftliche Konflikte gerichtet, vor allem den Interessenkonflikt zwischen Kapital und Arbeit. Aber obwohl sich schon in diesem Zusammenhang durchaus von einer *policy*-Rolle korporatistisch organisierter Verbände sprechen ließ – etwa dort, wo Gewerkschaften und Arbeitgeberverbände an staatlichen Einkommenspolitiken beteiligt waren –, entwickelte sich eine explizite *policy*-Orientierung in der Forschung erst mit der späteren Aufspaltung des Korporatismus-Begriffs und seiner Übertragung von der gesamtgesellschaftlichen Makro-Ebene auf die *Meso-Ebene* wirtschaftlicher *Sektoren*, subnationaler *Regionen* und einzelner *Politik-Arenen* (für viele andere siehe Cawson 1985). Anders als im Makro-Bereich, wo typischerweise die Frage nach den interessenorganisatorischen Bedingungen erfolgreicher politischer Konfliktverarbeitung im Vordergrund gestanden hatte, ging es bei der Untersuchung der in der Folge zahlreich entdeckten *Meso-Korporatismen* vornehmlich um das Verständnis unterschiedlicher Modi des *öffentlichen Gebrauchs organisierter Privatinteressen* bzw. der Transformation kategorischer in kollektive, gesamtgesellschaftliche Güter durch entsprechende Organisierung der beteiligten Gruppen und des politischen Prozesses[5].

Im Mittelpunkt der *policy*-orientierten Korporatismus-Forschung stand zunächst die direkte oder indirekte Beauftragung von Interessenverbänden durch den Staat mit Funktionen kollektiver Selbstregulierung. Im Unterschied zur makro-korporatistischen Domestizierung des Klassenkonflikts, wo Ordnungsleistungen sich durch adversarielles Verhandeln zwischen in der Regel zwei – durch öffentliche Intervention sozialverträglich verfaßten – Verbänden sozusagen nebenbei ergeben, finden sich bei den meso-korporatistischen Regulierungsmechanismen zahlreiche bilaterale Arrangements zwischen staatlichen Stellen und jeweils einem Interessenverband. In dem Maße, wie dieser dabei mit weitreichenden Selbstregierungsbefugnissen ausgestattet sowie durch Zugangsmonopole und organisatorische Privilegien, und oft genug durch staatliche Finanzierungshilfen, befestigt wird, entsteht dann eine *private Interessenregierung*, deren Status in der Regel an ihrer „korporatistischen" Organisationsstruktur abzulesen ist[6]. Aus staatlicher Sicht dienen bilaterale Meso-Korporatismen dazu, organisierte soziale Gruppen zu bewegen, sich aus Eigeninteresse sozial- und gemeinwohlverträglich selbst zu regulieren. Entstanden aus politischem Tausch, übertragen sie die Formulierung und Implementierung gruppenspezifischer Normen und Ziele unter staatlichen Auflagen und staatlicher Aufsicht an private Organisationen[7]. Die von diesen verfolgten

---

5 Siehe unter anderem die Beiträge in Streeck und Schmitter (1985b).
6 Zur Betonung des Zwittercharakters eines Interessenverbandes, der Aufgaben einer *ausgelagerten Staatsverwaltung* wahrnimmt, hat sich im angelsächsischen Sprachraum der schöne Begriff der *quasi-nongovernmental organisation* (oder kurz: *Quango*) eingebürgert. In der britischen Verwaltungssprache wird darüber hinaus manchmal von Verbänden als von *chosen instruments* bestimmter staatlicher *policies* gesprochen.
7 Beispiele in Deutschland sind das Deutsche Institut für Normung, der Deutsche Sportbund,

Verbandsziele sind teilweise solche, die die staatliche Verwaltung auch verfolgen könnte, aber weniger effektiv oder mit größeren Kosten und Reibungsverlusten. Bilaterale Korporatismen entstehen, wenn beide Seiten von ihnen Vorteile haben: der Staat Entlastung von schwierigen Problemen der Normsetzung, Konsensbeschaffung, Enttäuschungsverarbeitung und des Verwaltungsvollzugs, der Verband die Chance, für die Ablieferung staatlich erwünschter Regulierungsleistungen Gegenleistungen zu erhalten, von organisatorischer Stabilisierung bis zu der Möglichkeit, gewährten „politischen Status" (Offe) nebenher für andere Ziele zu nutzen. Im Grenzfall besteht der Vorteil für den beteiligten Verband und seine Mitglieder allein darin, daß der Staat darauf verzichtet, Regulierung selbst und direkt vorzunehmen – was voraussetzt, daß er dies jedenfalls im Prinzip tatsächlich tun könnte[8].

Ein zweiter, zunehmend häufig untersuchter Formentypus des „Meso-Korporatismus" bezieht sich weniger auf kollektive Selbstregulierung als auf *kollektive Beteiligung organisierter „Betroffener" an staatlicher Entscheidungsproduktion*. Ähnlich wie in pluralistischen Systemen richtet sich dabei kollektives Gruppenhandeln primär auf die *input*-Seite des politischen Entscheidungsprozesses. Der Grund, weshalb sich dennoch auch hier der Korporatismus-Begriff als analytisch aufschlußreich erwiesen hat, liegt in der starken Rolle wiederum des Staates bei der Organisierung der beteiligten Gruppen und der Konstituierung der Arenen, in denen staatliche Entscheidungen mit diesen ausgehandelt werden. Typische Beispiele finden sich in „neuen" Politikfeldern wie der Umweltpolitik, wo formale und informelle Beteiligungsrechte für „Betroffene" und vielfältige staatliche Hilfen bei deren Organisierung im Mittelpunkt einer neuen, komplexen *Pragmatik partizipativer Regierungs- und Verwaltungstechnik* stehen.

Aus der Perspektive staatlicher Akteure besteht das Ziel einer korporatistischen Transformation derartiger Politikfelder darin, Sachverstand und Widerspruch politisch relevanter gesellschaftlicher Gruppen so frühzeitig in den politischen und administrativen Entscheidungsprozeß zu integrieren, daß am Ende Entscheidungen stehen können, die zugleich sachlich richtig und politisch konsensfähig sind. Auch dies erfordert komplizierte *Balanceakte*: zwischen dem Desiderat der Einbeziehung einer möglichst großen Zahl von Interessenten und der Notwendigkeit, am Ende dennoch zu einer Entscheidung zu gelangen; zwischen Konfliktminimierung und politisch-administrativem „Lernen"; sowie bei der Gewährung von staatlichen Organisationshilfen gerade auch an opponierende Interessen, ohne daß dies einerseits zu einer Lähmung des Entscheidungsprozesses oder andererseits dazu führt, daß die unterstützten Organisationen ihre Authentizität verlieren und sich bei ihrer Klientel dem Verdacht aussetzen, sich als „bezahlte Opposition" einkaufen zu lassen. Korporatistisch an derartigen Arrangements ist zum einen, daß sie außerhalb des parlamentarisch-parteipolitischen Systems organisierte Oppositionsgruppen dadurch zu integrieren suchen, daß sie ihnen institutionalisierten Einfluß einräumen, und zum anderen die öffentliche Ausstattung gesellschaftlicher Interessen mit organisatorischen Ressourcen, bis hin zu Gründungs-

---

oder die freien Wohlfahrtsverbände. In der deutschen Tradition lassen sich bilaterale Korporatismen durch die sozial-katholische Doktrin der „Subsidiarität" legitimieren. Siehe *Backhaus-Maul und Olk* in diesem Band

8 Wenn auch nicht notwendig mit derselben Sachkompetenz wie ein Verband. In der Tat scheint oft die Angst gerade vor inkompetenter staatlicher Intervention ein wichtiges Motiv für freiwillige verbandsförmige Selbstregulierung zu sein.

hilfen für Organisationen, die staatlicher Politik potentiell ablehnend gegenüberstehen[9].

5. Ein letzter, zunehmend aktuell werdender Entwicklungsstrang der Korporatismus-Forschung verläuft in Richtung auf eine Theorie der *sozialen Steuerung wirtschaftlichen Handelns* – oder, bei bescheideneren praktischen Ambitionen: seiner gesellschaftlichen Einbettung – bzw. allgemeiner einer *institutionalistischen Wirtschaftssoziologie*. Während im Vordergrund des *policy*-orientierten Korporatismus-Ansatzes der Beitrag von Interessenverbänden zum Funktionieren des *Staates* stand, geht es hier um den gemeinsamen Beitrag von Staat, Verbänden und anderen sozialen Ordnungsmechanismen zur Regulierung (*governance*) von *Märkten* und Marktwirtschaften – mit dem Ziel, nicht einer Regierungslehre für den praktischen Umgang des Staates mit organisierten Interessen, sondern einer *politischen Ökonomie des Umgangs der Gesellschaft mit ihrer Wirtschaft*.

Kontaktflächen zwischen Korporatismusforschung und Wirtschaftstheorie bestanden seit den siebziger Jahren. Wie schon erwähnt, waren Einkommenspolitik und Inflationsbekämpfung Hauptthemen der frühen Korporatismus-Debatte[10]; hinzu traten später Probleme des wirtschaftlichen Strukturwandels und der gesamtwirtschaftlichen Produktivitätsentwicklung. Wichtige Vermittler zwischen den Disziplinen waren Ezio Tarantelli und Mancur Olson, letzterer zugleich als Anreger und Kritiker der korporatistischen Schule (insbesondere Olson 1983). Gegen Anfang der achtziger Jahre wanderte der Korporatismus-Begriff, vor allem über die Arbeiten von Colin Crouch (repräsentativ Crouch 1985), in eine Reihe von im strikten Sinne (makro-)ökonomischen und ökonometrischen Untersuchungen zur Inflations-, Stagflations- und Unterbeschäftigungsproblematik ein[11]. Der Befund war in der Regel, daß korporatistisch organisierte Ökonomien besser als pluralistisch verfaßte funktionierten, was überwiegend darauf zurückgeführt wurde, daß in ihnen die Beziehungen zwischen den sozialen Klassen „kooperativer" oder von größerem gegenseitigen Vertrauen bestimmt seien.

Damit freilich war die Debatte über das Verhältnis von Korporatismus und wirtschaftlicher „Performanz" lediglich eröffnet. Unter dem Eindruck der Arbeiten von Fritz Scharpf (zusammenfassend Scharpf 1987) sowie Peter Lange und Geoffrey Garret (1985), aber auch des Aufstiegs von Thatcher und Reagan und der Deregulierung der Weltwirtschaft in den achtziger Jahren, wurden die Positionen auch der überzeugtesten „Korporatisten" differenzierter. Zugleich verschob sich der Schwerpunkt der Debatte von den Vorzügen korporatistischer Selbstregulierung organisierter Interessen für eine nicht-monetaristische Inflationsbekämpfung auf den Beitrag sozialer Institutionen im allgemeinen zur Leistungs- und Wettbewerbsfähigkeit von Volkswirtschaften. Beson-

---

9 Wo dann Selbstregulierung zumindest in dem Sinne intendiert wäre, als die Organisation bzw. die Tatsache der Organisierung als solche den zu erwartenden Widerspruch der vertretenen Mitglieder kanalisiert und moderiert.
10 Siehe das schon lange vor seiner Veröffentlichung einflußreiche Buch von Flanagan u.a. (1983), das von den „Korporatisten" als professionell-ökonomische Bestätigung ihrer Ergebnisse sowie der Notwendigkeit einer historisch-institutionalistischen Wende in der ökonomischen Theorie im allgemeinen angesehen wurde.
11 Neben den Arbeiten von Bruno und Sachs siehe z.B. Bean u.a. (1986), Calmfors und Drifill (1988) und Newell und Symons (1987).

ders wichtig waren in diesem Zusammenhang verschiedene Arbeiten von David Soskice (1990a; 1990b), in denen den wirtschaftlichen Vorteilen nicht mehr allein verbandlich-korporatistischer Koordinationsmechanismen, sondern nicht-marktförmiger Koordination überhaupt nachgegangen und erfolgreichere „coordinated economies", unter Einschluß des für die Korporatisten stets problematischen japanischen Falls, den weniger erfolgreichen *laissez-faire*-Ökonomien angelsächsischen Typs gegenübergestellt wurden.

In der Folgezeit verlagerte sich das Interesse immer stärker von der Nachfrage- auf die Angebotsseite, nicht zuletzt als Antwort auf die vereinfachenden Behauptungen der Neo-Klassik über die Erfordernisse erfolgreicher *supply-side policy*. Versuche einer systematischen Erkundung der institutionellen Bedingungen von „effective supply" – formuliert als Kontrast- und Nachfolgebegriff zu Keynes' „effective demand" – und von sozial und wirtschaftlich überlegenen Produktionsstrategien wie „flexible Spezialisierung" (Piore and Sabel 1984) und „diversifizierte Qualitätsproduktion" (Streeck 1992, Kap. 1) eröffneten Ausblicke auf wirtschaftlich hochrelevante Unterschiede in der sozialen Organization kapitalistischer Ökonomien und Gesellschaften. Zugleich ermöglichten sie einen engen Austausch zwischen der Korporatismus-Tradition und der französischen *Ecole de regulation*, inbesondere Robert Boyer, sowie mit den Arbeiten Ronald Dores über die Besonderheiten des japanischen im Vergleich zum angelsächsischen Kapitalismus (z.B. Dore 1987) – beides Versuche, die institutionellen Unterschiede zwischen verschiedenen nationalen Kapitalismen (die „varieties of capitalism") theoretisch ernstzunehmen und der neo-klassischen ökonomischen Theorie eine *institutionalistische sozio-ökonomische Theorie* entgegenzusetzen, die besser als diese die Unterschiede in der Leistungsfähigkeit kapitalistischer Volkswirtschaften zu erklären und die Bedingungen für die Wiederherstellung und Erhaltung der Wettbewerbsfähigkeit der westlichen Kapitalismusvariante zu bestimmen vermag.

Wie die Korporatismus-„Theorie" im engeren Sinne interessiert sich die an diese anschließende Wirtschaftssoziologie für die Vielzahl empirischer Ordnungsformen außerhalb der neo-klassischen Antinomie von Markt und Staat. So wird in dem kürzlich erschienenen Buch *Governing Capitalist Economies: Performance and Control of Economic Sectors* (Hollingsworth u.a. 1993) eine Typologie von *governance*-Mechanismen entwickelt, die neben Markt und Staat drei weitere Träger der Koordination wirtschaftlicher Transaktionen vorsieht: auf Gemeinschaften beruhende „Netzwerke", von Eigentumsrechten abgeleitete private Firmen-*Hierarchien*, und Kooperation zwischen Wettbewerbern in sie organisierenden *Verbänden*. Die Kapitel des Buches vergleichen die institutionelle Infrastruktur wirtschaftlicher Sektoren über Ländergrenzen hinweg unter dem Gesichtspunkt der relativen Bedeutung der verschiedenen Koordinationsmechanismen und ihrer jeweiligen Kombination. Dabei wird versucht, Verbindungen zwischen unterschiedlichen *governance*-Arrangements und unterschiedlicher Leistungs- und Wettbewerbsfähigkeit herzustellen. Das Schlußkapitel enthält unter anderem Spekulationen über die Möglichkeiten von Konvergenz und Divergenz sozioökonomischer Arrangements unter internationalem Wettbewerbsdruck.

Ein anderer Beitrag der Korporatismus-Tradition zu einer institutionalistischen Makrosoziologie der Wirtschaft, neben ihrer Insistenz auf der Eigenständigkeit und dem besonderen Steuerungsbeitrag solidarischen Verbandshandelns, besteht in ihrer Betonung des *obligatorischen Charakters von Institutionen*. In Opposition zur neoklassischliberalen Institutionentheorie, etwa der Oliver Williamsons, besteht der aus der Korporatismus-Diskussion hervorgegangene *governance*-Ansatz auf den nicht freiwilligen, in einem Durkheimschen Sinn gesellschaftlichen und insofern *nicht rationalen* Charakter gerade auch solcher Institutionen, die rationales wirtschaftliches Handelns nicht nur regulieren, sondern allererst ermöglichen. Von hier aus lassen sich unschwer Verbindungslinien zu älteren Themen der Korporatismus- Forschung ziehen, etwa der Annahme, daß verbandsförmige Organisierung des Kapitals nicht nur dessen Interessendurchsetzung dient, sondern potentiell immer auch Mittel seiner sozialen Disziplinierung ist – insofern als sie das politisch organisierte Kapitalinteresse an kollektiv ausgehandelte, von ihm selbst intern „nach unten" durchzusetzende Kompromisse bindet[12]. Ungeachtet dessen, daß sich derartige Erwartungen in dem veränderten internationalen Umfeld der achtziger Jahre weitgehend als illusionär erwiesen, bestehen hier zahlreiche Berührungspunkte mit einer nicht-liberalen Demokratie-Theorie, in der es um die Fähigkeit von Gesellschaften geht, Marktergebnisse politisch zu korrigieren und Marktteilnehmer mit hoher Marktmacht verbindlichen sozialen Verpflichtungen zu unterwerfen.

Im anschließenden zweiten Teil der Einleitung sollen die drei aktuellen Problemfelder, auf die sich die Gliederung des Bandes und die Beiträge beziehen und an denen die vorhandenen Theoriebestände zum Thema Staat und Verbände sich heute bewähren müssen, nacheinander vorgestellt werden:
1. Die säkularen Veränderungen der demokratischen Beteiligungsmöglichkeiten und -ansprüche sowie der Sozialstrukturen und politischen Interventionsbedürfnisse in entwickelten westlichen Demokratien („*Verbändedemokratie: Regulierung, Deregulierung, Selbstregulierung*");
2. die Internationalisierung der Politik und der mit ihr einhergehende Funktionswandel des Nationalstaats – d.h. der staatlichen Seite des Verhältnisses von „Staat und Verbänden" –, insbesondere in der Europäischen Union mit ihrem sich entwickelnden gesamteuropäischen Verbändesystem („*Internationalisierung: Staat und Verbände in der Europäischen Union*"); und
3. der gegenwärtige Übergangsprozeß nach dem Zusammenbruch des Kommunismus in Osteuropa, in dem nicht nur Märkte, sondern auch Staaten und Verbände nahezu voraussetzungslos und vor allem gleichzeitig nach dem Modell westlicher Gesellschaften neu aufgebaut werden sollen („*Institutionentransfer: Staat und Verbände im Übergang zu Marktwirtschaft und Demokratie*").

Verbändedemokratie: Regulierung, Deregulierung, Selbstregulierung

Zu einem erheblichen Teil, so der Aufsatz von Czada in diesem Band, reflektiert die Karriere des Korporatismus-Begriffs realweltliche Veränderungen zwischen den späten sechziger Jahren und heute. Unter anderem haben diese, so scheint es, die in der Korporatismus-Debatte schon immer latent enthaltene, aber nur ungern und am Rande thematisierte *Demokratie-Problematik* radikalisiert und an die Oberfläche gezwungen.

---
12 Jede im strikten Sinne institutionalistische Wirtschaftstheorie ist eine Theorie der Produktivität sozialer Disziplinierung wirtschaftlichen Handelns, und insbesondere des Kapitals.

Die zentrale, geradezu schulbildende Entdeckung der neuen Korporatisten war ja gewesen, daß innerhalb der parlamentarischen Demokratien des Westens Strukturen funktionaler Repräsentation existierten, die denen in korporatistischen Regimen auffallend glichen und deren Bedeutung mit dem Aufstieg der organisierten Arbeiterbewegung seit 1968 offenkundig zunahm. Daß dies den demokratischen Charakter der betreffenden Regierungssysteme unbeschadet ließ, wurde zunächst weitgehend unbefragt vorausgesetzt – wohl auch, weil die Stärke insbesondere der Gewerkschaften im Bereich der funktionalen Repräsentation die „soziale Komponente" des demokratischen Klassenkompromisses der Nachkriegszeit gegen die Unberechenbarkeit parlamentarischer Mehrheiten zu sichern schien. Vor allem wegen ihrer unterstellten Vereinbarkeit mit parlamentarischer Demokratie wurden dann ja auch die neu beobachteten Phänomene, statt schlicht als Korporatismus, als „liberaler" bzw. „Neo"-Korporatismus bezeichnet.

Freilich wurde dies nicht von allen so gesehen. Der britische Wahlkampf von 1974 stand im Zeichen der vom damaligen Premierminister Edward Heath gestellten Frage, wer eigentlich das Land regieren solle, der TUC oder das Parlament von Westminster. Heath verlor, zur Freude der Neo-Korporatisten, und die siegreiche Labour Party schloß umgehend einen Social Contract mit den Gewerkschaften, durch den diese in weiten Bereichen der staatlichen Politik privilegierte Aushandlungs- und Mitentscheidungsrechte erhielten. Für die Neo-Korporatisten löste dies das Problem der Vereinbarkeit von Demokratie und Korporatismus, wenn nicht theoretisch, so doch empirisch: ohne („liberalen" oder „Neo"-) Korporatismus war Demokratie möglicherweise demokratisch, jedenfalls aber nicht regierbar. Da Demokratien, um solche zu sein, auch effektiv sein müssen, war der neue Korporatismus, der soziale Regulierungsleistungen erbrachte, ohne die die Regierungsfähigkeit des parlamentarischen Staates nicht gewährleistet war, fast definitionsgemäß ein demokratischer.

Diese Lösung reichte allerdings nur für begrenzte Zeit. Ob Neo-Korporatismus zur Steigerung demokratischer Effektivität benötigt wird oder nicht, hängt von historisch kontingenten Bedingungen und Regulierungsbedarfen sowie der Nicht-Verfügbarkeit alternativer Regierungstechniken ab. Hierauf eine demokratietheoretische Legitimation zu gründen ist riskant. Im übrigen kann eine funktionalistische Begründung auf normative Postulate – Gleichheit des Zugangs zu politischer Macht, gleiche Gewichtung der politischen Präferenzen aller Bürger, Herstellung von Öffentlichkeit von Entscheidungen und gerechte Berücksichtigung aller sozialen Interessen – ohnehin keine befriedigende Antwort geben, und zumal der Neo-Korporatismus befand sich in dieser Hinsicht von vornherein auf schwierigem Terrain. Korporatismus als normative politische Theorie war ja vor allem durch seine anti-demokratische Tradition definiert, die dem Begriff seinen pejorativen Charakter (*Schmitter*, in diesem Band) eingetragen hatte. Wenn nicht funktionalistisch, dann hätte man die korporatistischen Elemente der Nachkriegsdemokratie allenfalls klassentheoretisch und parlamentarismuskritisch rechtfertigen können: als notwendig für die Berücksichtigung der Interessen der Arbeiterklasse, d.h. der großen Mehrheit der Bevölkerung, die in einer rein parlamentarischen Demokratie aus in dieser liegenden, systematischen Gründen unterrepräsentiert seien und deshalb zusätzlicher Möglichkeiten gruppenförmiger Artikulation bedürften.

Dies geschah nicht häufig, schon wegen des offenkundigen Mißbehagens zahlreicher

Gewerkschaften an einkommenspolitischer Konzertierung und der mit dieser verbundenen Disziplinierung. Im übrigen hätte eine solche Argumentation vorausgesetzt, daß die Klassen- und Interessenstruktur der westlichen Demokratien durch den Gegensatz zwischen Kapital und Arbeit angemessen beschrieben wäre. Genau das aber geriet zunehmend in Zweifel, auch und gerade auf der Linken, wo die mit Vertretungsmonopolen ausgestatteten korporatistischen Interessenkartelle von den „neuen sozialen Bewegungen" der späten siebziger Jahre immer mehr als ausgrenzend, „undemokratisch" und als politische Instrumente ihrer Gegner, zum Beispiel der „Atom-Lobby", wahrgenommen wurden. Je komplexer, vielfältiger und „flüssiger" die Sozial- und Interessenstruktur nach den Jahren der alles überlagernden Gewerkschaftsmilitanz wurde bzw. in einer sich ändernden Gesellschaft sich artikulierte, desto rigider und illegitimer mußten korporatistische Arrangements mit ihrem typischen Mangel an Öffentlichkeit und ihrer Privilegierung von „Produzenteninteressen" und formaler Organisierung erscheinen[13]. In dem Maße aber, wie dies der Fall war, sah sich die neo-korporatistische Literatur gezwungen, sich defensiv auf kritische Fragen einer neu selbstbewußt gewordenen normativen Demokratietheorie einzulassen, die sie zunächst mit funktionalistischen Begründungen hatte beiseiteschieben können.

Hinzu kam, daß auch letztere in den achtziger Jahren zunehmend an Plausibilität einbüßten. Die Entdeckung des Monetarismus als politisch real existierender Alternative zu einer mit den Gewerkschaften ausgehandelten Einkommenspolitik, insbesondere durch Margret Thatcher in Großbritannien, ermöglichte es unter anderem, die Integrität der parlamentarischen Demokratie wiederherzustellen – wenn auch, nach dem dazu notwendigen Abschied vom Keynesianischen Sozialkapitalismus, zusammen mit hoher Arbeitslosigkeit. Kaum zehn Jahre nach Heath wurde damit dessen Frage nach dem legitimen Sitz der Macht auf überraschende Weise neu beantwortet: nie wieder sollte der TUC nach Downing Street eingeladen und dort um Billigung des anschließend dem Parlament vorzulegenden Haushaltsplans ersucht werden.

Die neo-liberale Umdefinierung des politischen Regulierungsbedarfs parlamentarischer Demokratien, die den gesamtgesellschaftlichen Klassenkorporatismus der siebziger Jahre leerlaufen ließ, machte beim Arbeitsmarkt nicht halt. Die neue Wirtschaftsdoktrin begann, die weitverzweigte Praxis kollektiver, quasi-öffentlicher Selbstregulierung und gruppenförmiger Aushandlung nun auch an ihrer bis dahin starken Stelle: ihrem Anspruch auf höhere Effektivität und Effizienz, in Frage zu stellen. Unter den veränderten politischen Imperativen, die gesellschaftliche Konzertierung auf Klassenebene nicht mehr einschlossen, entdeckten die „Quango hunters" der achtziger Jahre immer neue Beispiele von „agency capture" und Ineffizienz, die als Rechtfertigung für eine generelle „Deregulierung" der kapitalistischen Volkswirtschaften angeführt wurden. Vor allem in Großbritannien wurde auf diese Weise der Begriff des Korporatismus, zusätzlich zu seiner historischen Assoziation mit dem des Faschismus, nun auch zu einem Synonym für eine Form wirtschaftlicher Ineffizienz, die nur durch

---

13 Grundsätzlich ist dieses Problem nicht neu. Schon Max Weber hatte gegen „ständestaatliche" Ordnungen oder Verfassungselemente eingewendet, daß diese der Dynamik moderner Sozialstrukturen nicht gerecht werden könnten. Politische Beteiligungsrechte könnten deshalb nur auf den abstrakten Status des „Staatsbürgers" und nicht den des Mitglieds in sich ständig ändernden sozio-ökonomischen Gruppen gegründet werden.

radikale Entorganisierung und Rückkehr zur Disziplin des Marktes behoben werden könne.

Die Spuren der neo-liberalen Attacke auf Theorie und Praxis korporatistischer Verbändedemokratie reichen tief. Die Beiträge im ersten Teil des vorliegenden Bandes enthalten sowohl funktionalistisch als auch normativ-demokratietheoretisch orientierte Reaktionen auf die neuen Fragen nach dem Ende der klassentheoretischen Begründungen von Korporatismus und dem Scheitern des Versuchs einer organisatorischen Disziplinierung des Kapitals auf gesamtgesellschaftlicher Ebene. Was die *Funktionalität* korporatistischer Arrangements für demokratische Regierungspraxis angeht, so hat sich heute die Untersuchung des gewandelten Verhältnisses von Staat und Verbänden fast gänzlich auf die *Meso-Ebene* der Sektoren, Regionen und Politikfelder sowie in diesen auf Themen der *Angebotssteuerung* verlagert. Die Aufsätze von *Heinze und Schmid* sowie von *Backhaus-Maul und Olk* sind hierfür insofern repräsentiv, als sie Staat-Verbände-Beziehungen in erster Linie als Schnittstellen in einem steuerungstechnischen Verbundsystem zwischen Staat und Gesellschaft und unter dem Gesichtspunkt ihres Beitrags zu wirksamer öffentlicher Leistungserbringung behandeln. Dabei zeigen vor allem *Backhaus-Maul und Olk*, wie ältere, wenigstens dem Anspruch nach normative Begründungen verbandlicher Selbstverwaltung – in ihrem Fall das sogenannte „Subsidiaritätsprinzip" – aufgrund einer sich ändernden Sozialstruktur sowie eines wachsenden Rationalisierungs- und Ökonomisierungsdrucks auf seiten des Staates an Überzeugungskraft einbüßen und Verbandsbeteiligung und -privilegien sich zunehmend in Konkurrenz mit alternativen, vor allem marktmäßigen Formen vorstaatlicher Leistungserstellung behaupten müssen, mit der Folge, daß sie dauerhaft zur betriebswirtschaftlichen Disposition stehen – was aus der Perspektive einer rein funktionalistischen Begründung von Korporatismus allerdings auch nur folgerichtig erscheint. Sowohl *Heinze und Schmid* als auch *Backhaus-Maul und Olk* zeigen im übrigen, wie stark sich das Gesicht des Neo-Korporatismus bzw. der Beziehungen zwischen Staat und Verbänden gegenüber den Idealtypen der siebziger Jahre gewandelt hat – ein Umstand, auf den auch *Czadas* Übersichtsartikel hinweist. Vertretungsmonopole bestehen oft entweder überhaupt nicht oder verlieren an Bedeutung. An ihre Stelle sind lockere „Netzwerke" zahlreicher Beteiligter getreten, oft unsystematisch und opportunistisch zusammengesetzt, unter Einschluß einer Vielfalt von Organisationen zusätzlich zu klassischen Interessenverbänden. Verbandliche Macht und Einflußnahme beruhen häufig auf überlegener Sachkompetenz oder besserer lokaler Information, und im Hintergrund des jeweiligen Arrangements stehen typischerweise Märkte, die den Beteiligten bei mangelhafter Leistung jederzeit damit drohen können, die Kontrolle zu übernehmen.

Im Vordergrund dagegen steht eine *staatliche Ordnungspolitik* neuer Art. Weit mehr als im traditionellen Klassenkorporatismus wird der Status der Verbände auf mesokorporatistischer Ebene durch politische Entscheidungen definiert – positiv oder, wie im Fall der sich wandelnden Rolle der deutschen Wohlfahrtsverbände (siehe *Backhaus-Maul und Olk*), auch negativ. Gleichzeitig, und hierzu nicht in Widerspruch stehend, scheinen die Methoden staatlicher Beeinflussung und Regulierung „weicher" zu werden. Bei der regionalen Industriepolitik ist dies schon deshalb der Fall, weil der regionale Staat viel weniger über Zwangsmittel verfügt als der National- und Zentralstaat. Dementsprechend beruht die Beteiligung organisierter sozialer Gruppen auf regionaler Ebene auch mehr oder weniger auf Freiwilligkeit; vor allem das Kapital wird zur Teilnahme nicht verpflichtet, sondern eingeladen. Freilich gilt letzteres zunehmend auch auf nationaler Ebene, je mehr es auch dort um Angebotspolitik, oder genauer: um die Motivierung ansonsten potentiell landflüchtigen Kapitals zu Investitionen, geht. Statt auf Disziplinierung des Kapitals, so ließe sich das Argument von *Heinze und Schmid* zusammenfassen, richtet sich der (Meso-)Korporatismus der neunziger Jahre auf die Inszenierung breiter „freiwilliger" Kooperation zur Schaffung von Investititonsanreizen.

Interessanterweise wird auch auf der normativ-demokratietheoretischen Seite der Diskussion staatlicher Intervention in verbandliche Organisierung zentrale Bedeutung zugewiesen. *Schmitters* Aufsatz versucht, die Möglichkeit einer sozusagen verfassungsmäßigen Öffnung korporatistischer Interessenvermittlung nachzuweisen, die sowohl einer komplexeren, flüssigeren, weniger primäre Identifikationen hervorbringenden Sozialstruktur gerecht wird als auch die Vorzüge nichtpluralistischer Interessenartikulation für die Regierbarkeit moderner Demokratien und die gleichgewichtige Repräsentanz ansonsten nicht oder nur schwach organisierter Interessen bewahrt. Ausgangspunkt von *Schmitters* Überlegungen sind die Einsichten der Korporatismus-Debatte in die politische Asymmetrie und potentielle praktische Folgenlosigkeit, und damit auch das Demokratie-Defizit, bloß pluralistischer Interessenvertretung; ähnliche Gedanken finden sich bei *Czada* sowie bei *Cohen und Rogers*, die ebenso wie *Schmitter* den Spieß umdrehen und auf die Unzulänglichkeit pluralistisch-fragmentierter, marktförmiger Interessenpolitik gerade auch unter normativ-demokratietheoretischen Kriterien verweisen. Agentur der *Schmitterschen*, einen pluralistischen Rückfall zu vermeiden suchenden Reform des Korporatismus ist staatliche Intervention in Gestalt einer gesetzlich zu erhebenden allgemeinen Vertretungsumlage und eines Gutscheinsystems zur öffentlichen Finanzierung organisierter Interessenvertretung. *Schmitters* Vorschlag bewahrt die neo-korporatistische Einsicht in die Notwendigkeit einer aktiven Rolle des Staates bei der Konstituierung von Gruppeninteressen bzw. der Organisierung der Zivilgesellschaft im allgemeinen und versucht, diese für Demokratisierung nutzbar zu machen.

Offensiver argumentieren *Cohen und Rogers*. Ihr Problem ist nicht, wie Korporatismus demokratischer werden kann, sondern wie zentrale Intentionen sozialer, egalitärer Demokratie trotz der gegenwärtigen Strukturkrise des sozialdemokratischen Politikentwurfs gerettet werden können. Die Antwort, ähnlich der *Schmitters*, ist aktive staatliche Förderung von Verbandsbildung, verbandlicher Selbstverwaltung und zwischenverbandlicher Aushandlung. Bemerkenswert an dem Aufsatz ist, wie in ihm eine mit staatlich-öffentlichen Mitteln geförderte Variante von Korporatismus als Lösung für eine Vielzahl von Problemen gegenwärtiger politischer Praxis plausibel gemacht wird, denen gegenüber sowohl liberale als auch traditionell sozialdemokratische Rezepte hilflos erscheinen. Daß die Gesellschaft fragmentierter geworden ist und alte, primäre Gruppenidentitäten sich auflösen, wird von den Autoren zum Teil ausdrücklich als befreiend begrüßt, ohne als Argument gegen eine verbandliche Neubegründung von Demokratie anerkannt zu werden. Im Gegenteil: komplexe, heterogene Gesellschaften, so *Cohen und Rogers*, sind etatistisch unregierbar und verlangen geradezu nach breiter Delegation von Entscheidungsmacht vom Staat an eine organisierte Zivilgesellschaft. Insoweit als diese ihre eigene Organisierung nicht mehr „von selbst" hervorbringt, wird es deshalb zu einer der wichtigsten Staatsaufgaben, ihr dabei zu helfen. Dies um so mehr, als gerade der „dünne", auf Kompromissen beruhende Konsens, der typischerweise aus inner- und zwischenverbandlichen Verhandlungen hervorgeht, einer heterogenen, viele Identitäten anerkennenden Gesellschaft besonders gut entspricht. Das von Cohen und Rogers entwickelte Projekt einer solidarischen Verbändedemokratie enthält den Versuch einer Versöhnung von Bestrebungen nach radikaler Dezentralisierung und Differenzierung von Regierungsmacht mit einer universalistisch umverteilenden Rolle öffentlich-staatlicher Gewalt. Ihr Medium ist eine von letzterer gestaltete intermediäre Ebene organisierter Interessenvermittlung und -aushandlung, deren unverkennbar korporatistische Konstruktion nicht nur als nicht undemokratisch, sondern als gerade für eine egalitäre Demokratie unentbehrlich gerechtfertigt wird:

> Radical democracy has long called for the effective liquidation of the state into more socially rooted popular governance; but it must now confront not just the need for the universal ordering that can only be provided by the state but as well the dissolution of the social base on which it presumptively relies. Threading between these failures while drawing lessons from both, we have here suggested a different route for egalitarian governance: use the state in part to construct solidarities; pursue that construction by focusing on recognized problems, with partial agreement at least on their existence and need for solution; and set the deliberative arena within a democratic state that imposes universalist constraints on the process and the content of their solutions. The net of this is that practices within civil society come to look more like the state, even as they are given more autonomy from the state and assigned a poportionately greater role in governance. Radical democracy and egalitarianism are joined through a state that stakes deeper social roots in a more cosmopolitan civil society.

Internationalisierung: Staat und Verbände in der Europäischen Union

Neue Fragen für das Verhältnis von Staat und Verbänden ergeben sich auch aus der fortschreitenden Internationalisierung der Wirtschaft, dem von ihr ausgelösten Funktionswandel des Nationalstaats und der beginnenden Herausbildung supranationaler Staatlichkeit, vor allem in Westeuropa. Das als Folge dieser Entwicklungen im Entstehen begriffene gesamteuropäische Verbändesystem bildet ebenso wie das ihm gegenüberstehende supranationale Staatswesen und das Wechselverhältnis zwischen beiden eine radikal neue und hochkomplexe Variante von Zusammenhängen, die bisher ausschließlich als nationale untersucht werden konnten. Sozialwissenschaftliche Analysen dieser neuen Erscheinungen versprechen, neues Licht auf alte Themen zu werfen – wie zum Beispiel auf das Verhältnis von Staat und Zivilgesellschaft. Zugleich erfordert die wachsende Interdependenz zwischen nationalen und supranationalen Regierungssystemen, einschließlich der jeweils zu ihnen gehörenden Interessenverbände, eine frühe und systematische Einbeziehung der supranationalen Ebene auch in Untersuchungen von Staat-Verbände-Beziehungen, die zunächst lediglich auf die nationale Ebene zielen.

Das Verhältnis zwischen supranationalen Staatsorganen und Interessenverbänden in der Europäischen Gemeinschaft war von Anfang an ein zentraler Gegenstand der Forschung und Theoriebildung über europäische Integration. Dabei stand zunächst die Frage im Vordergrund, welche der beiden Seiten der anderen auf dem Weg zur Europäisierung vorangehen und die andere nachziehen werde, der sich bildende supranationale Staat oder die sich internationalisierenden Gruppeninteressen, bzw. wie sich die beiden Internationalisierungsprozesse zueinander verhielten. Entscheidend hierfür erschienen zwei Faktoren: die Fähigkeit der Nationalstaaten, trotz wirtschaftlicher Integration die bestehenden nationalen Systeme kollektiver Interessenorganisierung zu perpetuieren, und die Kapazität der supranationalen Organe der Gemeinschaft, Interessenverbänden ähnliche organisatorische Unterstützung zu geben wie in der Vergangenheit die Nationalstaaten. Die neo-funktionalistische Integrationstheorie war dadurch charakterisiert, daß sie die erstere gering und die letztere hoch einschätzte. Zum einen erwartete sie, daß zunehmende wirtschaftliche Integration die als Folge zunehmend international orientierten Vertreter von Wirtschaftsinteressen dazu bringen und in die Lage versetzen werde, die Nationalstaaten zu supranationaler Bündelung von Regierungskompetenzen zu drängen. Zum anderen ging sie davon aus, daß schon bestehende supranationale Staatsorgane wie die Kommission durch politische oder finanzielle Subventionierung der europäischen Verbände deren Gewicht gegenüber den nationalen Mitgliedsorganisationen und Regierungen weiter erhöhen und damit die Rolle europäisch organisierter Interessen als Motor der supranationalen Integration zum eigenen Nutzen stärken könnten.

Beide Prämissen erscheinen heute zweifelhaft, zumindest aber differenzierungsbedürftig. Die supranationale Organisationsfähigkeit und -willigkeit verschiedener Interessengruppen, nicht zuletzt von Arbeit und Kapital, müssen als stark unterschiedlich eingeschätzt werden, was das Wechselverhältnis von staatlicher Integration und gesellschaftlicher Interessenformierung erheblich kompliziert. Zusätzlich scheint für fast alle kollektiven Interessen zu gelten, daß nationale Unterschiede in wirtschaftlichen Bedingungen und organisatorischen und politischen Traditionen die Entstehung supranationaler Verbandsstrukturen mehr als erwartet behindern und daß die Fähigkeit der Nationalstaaten, Verbandshandeln nach wie vor an sich zu binden, nur wenig geschmälert ist. Die Organisierung von Interessen auf europäischer Ebene scheint deshalb in der Regel bestenfalls auf eine weite, zentral unkoordinierte, politisch und strukturell pluralistische Vielfalt inter- statt supranationaler Formen verbandspolitischer Zusammenarbeit hinauszulaufen (siehe *Ebbinghaus und Visser*), die bemerkenswerte Analogien zu intergouvernmentalen Strukturen im staatlichen Bereich aufweisen und wie diese zu einem guten Teil vor allem der Sicherung bestehender nationaler Arrangements gegen internationale Interdependenzen und supranationale Eingriffe dienen.

Daß die Mitgliedsstaaten der Gemeinschaft es fertiggebracht haben, entgegen aller Erwartungen die Herren ihrer Union zu bleiben, hat Konsequenzen auch für die Staatlichkeit der Europäischen Gemeinschaft selber. Deren retardierte Entwicklung setzt Versuchen, die Europäische Union als institutionelle Stütze eines supranationalen Korporatismus in Anspruch zu nehmen, enge Grenzen – ungeachtet beispielsweise des im Vertrag von Maastricht vorgesehenen „Mitentscheidungsverfahrens" der organisierten Sozialpartner in der Sozialpolitik. Dies wiederum schließt die Möglichkeit weitgehend aus, daß die noch-nicht-ganz-staatliche Seite der Staat-Verbände-Beziehungen auf europäischer Ebene sich auf dem Umweg über die Etablierung einer starken Verbändelandschaft selbst stärken könnte. Statt der Staat den Verbänden, folgen die Verbände dem Staat – dessen Struktur im Fall der Europäischen Union vor allem durch das Übergewicht der Mitgliedsstaaten über die supranationale Ebene bestimmt ist. Letzteres macht die Europäische Gemeinschaft als solche zu einer durchaus neuartigen Form politischer Ordnung, deren konstitutive Eingriffsmöglichkeiten in die ihr unterliegende, von starken Nationalstaaten zugleich organisierte und fragmentierte Zivilgesellschaft eng begrenzt sind. Allerdings dürfte es es auch hier darauf ankommen, wichtige Unterschiede zwischen Sektoren und Politikfeldern nicht aus dem Auge zu verlieren.

Weitere Fragen ergeben sich aus dem Charakter der Europäischen Union als Mehrebenensystem, in dem Staat-Verbände-Beziehungen nicht nur auf supranationaler Ebene, sondern zugleich auch in den angeschlossenen Nationalstaaten stattfinden. Die Folgen des Neben- bzw. Übereinanders supranationaler und nationaler Beziehungen zwischen Staaten und Verbänden für Verbandswesen und staatliche Politik auf beiden Ebenen sind noch kaum systematisch untersucht. Dasselbe gilt für die Auswirkungen der horizontalen Interaktion zwischen national unterschiedlichen Verbandssystemen und staatlichen Ordnungspolitiken, die in einen gemeinsamen Markt eingebettet und in ihm gegenseitiger Systemkonkurrenz ausgesetzt sind. Welche Chancen bestehen unter solchen Bedingungen für den Fortbestand nationaler Diversität? Welche Tendenzen gibt es zu marktgetriebener Konvergenz nationaler Systeme, im Unterschied und in Konkurrenz zu supranational auferlegter Harmonisierung? Wie wirken horizontale und vertikale Interdependenz auf institutionelle Arrangements, die bis vor kurzem noch Signaturcharakter für unterschiedliche politische Traditionen und Entscheidungen hatten? Und welche Konsequenzen haben Interdependenz und partielle Integration für die Möglichkeit komparativer Analyse nationaler Systeme von Interessenvermittlung?

Die Aufsätze im zweiten Teil des Bandes behandeln ausgewählte Facetten dieser komplexen Problematik. *Eising und Kohler-Koch* befassen sich allgemein mit dem Zusammenhang zwischen staatlicher und verbandlicher Organisation auf europäischer Ebene. Ihr Beitrag, der zum Teil auf einer ausführlichen Literaturanalyse beruht, warnt vor allem vor voreiligen Generalisierungen und verweist auf tiefgreifende Unterschiede zwischen Sektoren und Politikbereichen, sowie auf die Plastizität und Offenheit der Entwicklung. Dennoch sehen auch die Autoren einige identifizierbare allgemeine Tendenzen. Von bestimmender Bedeutung erscheint ihnen die hohe Komplexität der Mehrebenenpolitik der Gemeinschaft, die zu einer Fragmentierung der Entscheidungen nach Themenbereichen auf der staatlichen Seite des Systems und zu einer entsprechenden „Inflation und Zerfaserung" der organisierten Interessen führt – wobei auch bei *Eising und Kohler-Koch* der Kompetenzaufbau der Gemeinschaft den verbandlichen Integrationsprozeß konditioniert, und nicht umgekehrt die Europäisierung der funktionalen Interessen eine Supranationalisierung der staatlichen Kompetenzen hervorbringt. Wegen der knappen staatlichen Ressourcen vor allem der Kommission findet sich ferner eine enge, themenspezifische Verzahnung von politisch-administrativem System und verbandlichen Experten, vor allem innerhalb des längst unüberschaubar gewordenen Ausschußwesens, der sogenannten „Komitologie". Die Autoren betonen die Notwendigkeit, die Entwicklung des Verhältnisses zwischen Staat und Verbänden auf europäischer Ebene als Teil der Entwicklung einer europäischen Regierungspraxis zu sehen, für die unter anderem eine wachsende Unübersichtlichkeit der Entscheidungsprozesse von außen wie nach innen kennzeichnend erscheint:

Bereits jetzt zeichnet sich eine zunehmende Verflechtung und Ausdifferenzierung transnationaler und innerstaatlicher Politiknetze als Folge der Europäisierungs- und Internationalisierungsprozesse ab, die mit einer wachsenden Zerstückelung von zuvor stärker zusammenhängenden Politikbereichen verbunden ist. Sie läßt kaum noch die Gestaltung kohärenter Politik in der EG zu. Desweiteren gibt es Anhaltspunkte dafür, daß sich die Balance zwischen öffentlichen und partikularen privaten Interessen weiter zugunsten des privaten Sektors verschiebt. Beide Entwicklungen gefährden die Effizienz, die politische Verantwortbarkeit und Verteilungsgerechtigkeit europäischer Politik und damit den Integrationsprozeß.

Die beiden nachfolgenden Aufsätze untersuchen die Organisation von Arbeitsbeziehungen und Gewerkschaften in der Europäischen Gemeinschaft bzw. Europäischen Union. *Armingeons* Beitrag ist ein unkonventioneller Versuch, aus einer historisch tiefen vergleichenden Analyse der Evolution von Arbeitsbeziehungen auf nationaler Ebene Erkenntnisse über den wahrscheinlichen Verlauf entsprechender Entwicklungen in der Europäischen Gemeinschaft zu gewinnen. Dies unterstellt, zumindest als Arbeitshypothese, daß die Entwicklung des supranationalen Systems derselben Logik folgt wie die ihm angeschlossenen nationalen Systeme – eine Annahme, die von vielen gemacht wird, aber unglücklicherweise meist implizit und damit undiskutiert bleibt. Armingeon zeigt nun, daß die nationalen Erfahrungen, wenn man denn überhaupt aus ihnen etwas für die Europäische Gemeinschaft lernen kann, kaum Aussicht auf eine baldige Herausbildung eines integrierten Systems kollektiver Arbeitsbeziehungen auf europäischer Ebene eröffnen. Daß sich ganz ähnliche Schlußfolgerungen ergeben, wenn man das politische System der Gemeinschaft nicht als quasi- nationales, sondern als internationales bzw., wie *Eising und Kohler-Koch*, als System sui generis behandelt, verleiht *Armingeons* Analyse zusätzliche Plausibilität.
Anders als *Armingeon* behandeln *Ebbinghaus und Visser* die nationalen Systeme der Arbeitsbeziehungen und gewerkschaftlichen Organisation nicht als Vergleichsfälle, sondern als konstitutive Elemente des supranationalen europäischen Systems, dessen Entfaltung sie programmieren und, wie die Autoren zeigen, in ihren Möglichkeiten empfindlich einschränken. (Ein anderer denkbarer Ansatz würde die horizontalen Effekte zwischen den einzelnen nationalen Systemen untersuchen, deren Einbettung in einen „Gemeinsamen Markt" für sie sowohl Anpassungszwänge als auch Lernmöglichkeiten mit sich bringt; die Komplexität der Staat-Verbände- Beziehungen in der Europäischen Union ist jedoch derart hoch, daß ihre verschiedenen Aspekte in der Regel getrennt voneinander behandelt werden müssen, um überhaupt behandelt werden zu können.) Dabei kommt, wie *Ebbinghaus und Visser* überzeugend darlegen, der historisch gefestigten Heterogeneität der nationalen Systeme gewerkschaftlicher Politik und Organisierung entscheidende Bedeutung als Hinderungsfaktor transnationaler Organisierung zu, zumal ihre fragmentierende Wirkung nicht durch einen von der europäischen Politik ausgehenden Zentralisierungssog ausgeglichen wird. Die Autoren zeigen unter anderem, wie „utopische" Projekte „grenzenloser Solidarität" und umfassender supranationaler Organisationsbildung angesichts der Realitäten sowohl der unterschiedlichen nationalen Ausgangspositionen als auch der europäischen Politik – in ihren Worten, „der Organisationsschwäche der europäischen Arbeitgeber und der Staatsschwäche der europäischen Union" – einer „transnational-opportunistischen Strategie" haben Platz machen müssen, die sich mit grenzüberschreitender Zusammenarbeit von Fall zu Fall und nach Maßgabe national definierter Interessen bescheidet.

Der vierte und letzte Aufsatz des zweiten Teils, der von *Eichener und Voelzkow*, befaßt sich mit der, in der Sprache von *Cohen und Rogers*, „Artefaktion" verbandsförmiger Selbstregierung durch an Integrationsfortschritten interessierte Gemeinschaftsorgane. Der Themenbereich ist der der technischen Normung auf dem Gebiet des Arbeits-, Verbraucher und Umweltschutzes, wo auch *Eising und Kohler-Koch* zufolge das Niveau der staatlichen Integration wegen der Nähe der betreffenden Politiken zur Schaffung des Binnenmarktes besonders hoch ist. Nach den Analysen von *Armingeon* sowie *Ebbinghaus und Visser* illustriert der Beitrag von *Eichener und Voelzkow* die schon von *Eising und Kohler-Koch* betonte Notwendigkeit der Vorsicht bei Generalisierungen, indem er zeigt, daß in bestimmten Politikbereichen im Wechselspiel zwischen Staat – bzw. supranationalem Nicht- oder Noch-nicht- Staat – und Verbänden in der Tat so etwas wie eine korporatistische Dynamik, oder doch eine Art von Staatsentlastung durch Delegation, zustandekommen kann. Freilich gilt die Warnung vor Generalisierungen in alle Richtungen, und zukünftige Analysen erscheinen dringend notwendig, in denen die besonderen Bedingungen des technischen Normungsbereichs identifiziert und die Grenzen und Möglichkeiten eines Replizierbarkeit des Falles bzw. eines „spillovers" in andere Politikbereiche erkundet werden.

Institutionentransfer: Staat und Verbände im Übergang zu Marktwirtschaft und Demokratie

Neue Fragen an alte Theorien ergeben sich schließlich aus dem Transformationsprozeß in den früheren kommunistischen Ländern. In den ersten Jahren nach dem Systemwechsel hat sich die Forschung in den Übergangsgesellschaften, notgedrungen und zu recht, im wesentlichen darauf beschränkt, den Prozeß der Markteinrichtung, Staatenbildung und Interessenformierung in seinen vielfältigen Wechselbeziehungen zu dokumentieren. Eine wichtige Zukunftsaufgabe der Verbändeforschung wird darin bestehen, die dabei entstandene Vielzahl monographischer Studien auf ihren systematisch-theoretischen Ertrag hin zu untersuchen, um klassische Fragen wie die nach den wirtschaftlichen, politischen, rechtlichen, kulturellen und anderen Voraussetzungen verschiedener Arten von Interessenorganisierung mit Hilfe der neu gemachten Erfahrungen besser und differenzierter beantworten zu können, als dies mit einer auf westliche Gesellschaften beschränkten Empirie möglich war.
Ein wichtiger Bereich, in dem die Beobachtung der Transformationsgesellschaften zu einer Fortentwicklung der Theoriebestands beitragen kann, ist die Erkundung der stillen, in der Praxis westlicher Demokratien teilweise aus gutem Grund unexpliziert bleibenden und teilweise in das allgemeine Selbstverständnis eingegangenen Entstehungs- und Stabilitätsbedingungen entwickelter Staat-Verbände-Systeme bzw. der Devolution von öffentlicher Gewalt auf organisierte Interessen. Zu diesen Bedingungen können zum Beispiel ein bestimmtes Niveau der wirtschaftlichen Entwicklung oder der kulturellen Integration gehören, oder ein geteiltes Hintergrundverständnis von Bürgerrechten und Bürgerpflichten, der „richtigen" Einbettung von Gruppen- in Gemeinwohlinteressen und eines erträglichen Verhältnisses von Konflikt und Integration. Freilich müssen sie dies nicht notwendigerweise, und der wichtigste Grund für das Interesse sowohl einer radikalen Demokratietheorie (*Cohen und Rogers*) als auch der

Forschung über europäische Integration (z.B. *Eichener und Voelzkow*) an der Fähigkeit des Staates, Verbände gewissermaßen künstlich zu schaffen, ist ja gerade die Hoffnung, auf diese Weise trotz Abwesenheit oder nur schwacher Entwicklung von kollektiver Identifikation und sozialem Konsens soziale Ordnung, bzw. Identifikation und Konsens selber, schaffen zu können.
Auch für die bewußte Konstruktion korporatistischer Interessenvermittlung freilich, und gerade für sie, bleibt die Frage nach den Bedingungen der Möglichkeit eines ordnungspolitisch motivierten Aufbaus einer verbandlichen Ebene intermediärer Politik und sozialer Ordnung wichtig. Genau diese Frage wird derzeit von der Transformationsforschung am Beispiel von Gesellschaften abgehandelt, in denen niemand damit rechnen kann, daß die im Westen für sie gefundenen Antworten sich in ihnen ohne weiteres von selber verstehen. So bestehen Verbände in Westen in und neben Märkten, die sie gleichzeitig regulieren und ermöglichen; wie dieses Verhältnis jedoch im einzelnen beschaffen sein muß, damit Märkte und Verbände koexistieren können, ist ein praktisches Problem, das in besonderem Maße in Gesellschaften relevant wird, in denen Märkte und Interessenverbände durch Institutionentransfer als soziale Artefakte importiert oder von vornherein neu erfunden werden müssen, und zwar vor allem gleichzeitig.
Ähnlich gilt, daß westliche Verbände vom demokratischen Staat unabhängig sind, zugleich aber öffentliche Funktionen wahrnehmen, freilich ohne dabei den Staat zu unterminieren, und im Gegenzug organisatorische und politische Subventionen vom Staat erhalten, die jedoch ihre Unabhängigkeit nicht beeinträchtigen dürfen. Westliche Gesellschaften mit „reifen" Staat-Verbände- Beziehungen können sich bei der Bearbeitung solcher Paradoxien auf eine lang entwickelte, zumeist unexpliziert bleibende Praxeologie stützen, deren genauere Kenntnis allerdings angesichts der gegenwärtigen Radikalisierung des „Artefaktionsproblems" auch im Westen wünschenswert wäre. Die Beobachtung der Transformationsprozesse ermöglicht es, wie in einem Experiment zu verfolgen, wie und ob überhaupt sich das zum Aufbau eines intermediären Verbändesystems in einem demokratischen Staat erforderliche Verständnis der informellen Grenzen und Zusammenhänge verbandlicher Tätigkeit und der Notwendigkeit informeller Modifizierung institutioneller Normen innerhalb gleichzeitig und dennoch beachteter Grenzen entwickeln kann.
Die im letzten Teil des vorliegenden Bandes enthaltenen Arbeiten beginnen in der einen oder anderen Weise mit der Beantwortung einiger dieser Fragen. Die Aufsätze von *Wiesenthal und Stykow* einerseits und *Weßels* andererseits ergänzen sich insofern, als der erstere die Entwicklung von Unternehmensverbänden und der letztere die von Gewerkschaften behandelt, und zwar jeweils komparativ für eine im großen und ganzen identische Gruppe von Übergangsgesellschaften. Beide Arbeiten lassen sich als Versuche einer Erkundung der besonderen Ausprägung von Mitgliedschafts- und Einflußlogik und ihres gegenseitigen Verhältnisses unter den Bedingungen des Übergangsprozesses lesen, *Wiesenthal und Stykow* für Unternehmensverbände mit einer noch schwachen oder staatsnahen Mitgliedschaft und in noch unentwickelten Märkten, und *Weßels* für Gewerkschaften, deren künftige Einflußmöglichkeiten vom Fortgang der Vermarktung des Arbeitsverhältnisses abhängen, deren Mitglieder aber Schutz vor den Nachteilen und Risiken der „Entlassung in den Arbeitsmarkt" fordern. *Wiesenthal und Stykow* vor allem beschreiben dabei eine Situation – die in abgeschwäch-

ter Form zunehmend auch im Westen bestehen kann und gerade in korporatistisch befestigten Verbändesystemen nicht selten ist –, in der Verbände Interessen zu organisieren suchen, die es als sozialstrukturell kristallisierte so noch nicht gibt und deren soziale Identität sich in Fluß befindet. Je nach den wirtschaftlichen und institutionellen Bedingungen kann dies zur Folge haben, daß die sich bildenden neuen Unternehmensverbände aus der alten Staatswirtschaft hervorgehen und bei noch nicht funktionierenden Märkten residuale Planungs- und Materialbewirtschaftungsfunktionen der ehemaligen Industrieministerien übernehmen. Obwohl letzteres aus der Geschichte westlicher Wirtschaftsverbände, vor allem in Kriegszeiten, keineswegs unbekannt ist, verschärfen derartige Entwicklungen die Schwierigkeiten einer Entstaatlichung der öffentlichen Gewalt durch Verteilung auf nicht-staatliche Akteure und erschweren den Einbau intermediärer Institutionen in ein ordnungspolitisches Konzept, das eine delikate Balance zwischen verbandlicher Unabhängigkeit und staatlicher Privilegierung oder Ermöglichung erfordert.

Auch bei den von *Weßels* untersuchten Gewerkschaften erscheint der Einfluß des Staates und staatlicher Politik als ausschlaggebender Faktor, sowohl was die Überlebenschancen der reformierten „alten" Gewerkschaften angeht als auch in bezug auf den für die Gewerkschaftsbildung wichtigsten Umwelteinfluß, das Ausmaß und die Geschwindigkeit von Privatisierung und Markteinrichtung. Dabei verweist *Weßels'* Studie auf eine Reihe von grundlegenden Schwierigkeiten bei der Analyse insbesondere der Entwicklung gewerkschaftlicher Vertretungssysteme in den Übergangsgesellschaften. So erscheint es problematisch, den Grad der Pluralisierung der neu entstehenden Gewerkschaftssysteme oder die Freiwilligkeit der Mitgliedschaft in ihnen als Maßstab für den Fortschritt des Übergangsprozesses zu nehmen, obwohl der Kontrast zur vorherigen Zwangsorganisierung in monopolistischen Einheitsorganisationen dies zweifellos geradezu herausfordert. Stabile Interessenvermittlung verlangt jedoch auch in westlichen Demokratien, wie die mit dem Korporatismus-Begriff verbundene Forschung gezeigt hat, Einschränkungen sowohl im „Marktzugang" konkurrierender Gewerkschaften als auch in den *exit*- bzw. *non-entry*-Möglichkeiten der Mitglieder. Arrangements dieser Art sind, wie sowohl *Weßels* als auch *Wiesenthal und Stykow* zeigen, nur schwer planmäßig konstruierbar, insbesondere wohl in Gesellschaften, in denen der Übergang zur Demokratie auch und gerade als Befreiung von früheren Verpflichtungen zu kollektiver Organisierung verstanden wird. In ähnlicher Weise illustriert *Weßels'* Beitrag die Probleme, die die hohe Heterogenität der Gewerkschaftssysteme in westlichen Ländern – man vergleiche etwa Schweden und die Vereinigten Staaten – und die aus ihr folgende Unmöglichkeit der Definition eines westlichen „Normaltyps" für den Transfer der Institutionen eines demokratischen Kapitalismus in die früheren kommunistischen Länder aufwerfen.

Einen ganz anderen Aspekt des Transformationsprozesses behandelt der letzte Beitrag des Bandes, *Lehmbruchs* Untersuchung des Institutionentransfers von West- nach Ostdeutschland und dessen Rückwirkungen auf den vorher nur westdeutschen „liberalen Korporatismus". Auch hier erweist sich die Unterscheidung von Einfluß- und Mitgliedschaftslogik als nützlich. Bei gleichbleibender, als solcher insgesamt transferierter Einflußlogik, so *Lehmbruch*, macht die deutsche Einigung die Mitgliedschaftslogik der beteiligten Verbände heterogener und komplexer. Verschiedene Organisationen verfügen hierauf über unterschiedliche Reaktionsmöglichkeiten, die unter anderem und vor allem mit dem politischen Status variieren, die eine Organisation innerhalb des westdeutschen Staat-Verbände-Systems innehat. *Lehmbruch* zeigt, daß Organisationen im „korporatistischen Kern" des Systems unter bestimmten Voraussetzungen die Möglichkeit haben, unterschiedliche Mitgliederinteressen und -identitäten zu segregieren – etwa durch Regionalisierung –, um auf diese Weise die verbandliche Monopolstellung und die damit verbundene Macht im einflußlogischen System zu erhalten. Organisationen außerhalb des korporatistischen Kerns dagegen scheinen es vorzuziehen, um der Verteidigung ihrer herkömmlichen Mitgliedschaftslogik willen eine Pluralisierung des Verbandssystems insgesamt zuzulassen, zumal sie dies wegen ihrer politischen Marginalität wenig kostet und, vielleicht noch wichtiger, sie ohnehin ohne die typischerweise vom Staat durch politischen Tausch bezogenen Organisationsmittel auskommen müssen, die sie zur Bewältigung höherer interner Heterogenität benötigen würden.

Auch bei den von *Lehmbruch* untersuchten Erscheinungen geht es somit um allgemeine Probleme des Umgangs mit steigender Vielfalt und abnehmenden primären Bindungen in der sozialen Basis intermediärer Organisationen (siehe auch, aus demselben historischen Erfahrungszusammenhang, *Backhaus-Maul und Olk*); der Bedingungen erfolgreicher *artifaction (Cohen und Rogers)* von Solidarität; sowie der organisatorischen Voraussetzungen von Erwerb und Erhaltung von Status in korporatistischen Staat-Verbände- Systemen. Nicht alle Versuche, diese Vorausetzungen zu schaffen, sind erfolgreich; in bestimmten institutionellen Umwelten und Problemlagen ist, wie *Lehmbruch* zeigt, die Verarbeitung gestiegener Vielfalt schwieriger und politisch krisenträchtiger als in anderen. Dennoch ist, so *Lehmbruchs* Schlußfolgerung, der Institutionentransfer in Deutschland im ganzen äußerst erfolgreich verlaufen, gerade auch bei der Ausweitung der stabilen Staat- Verbände-Beziehungen des Westens auf den Osten und damit auf das integrierte gesamtdeutsche System. *Lehmbruch* schließt mit der Feststellung, daß sich „das Politikrepertoire der alten Bundesrepublik mit seiner starken Betonung von Verhandlungsdemokratie ... auch innerhalb des Systems der Interessenvermittlung, genauer gesagt, seines korporatistischen Kerns, als bemerkenswert flexibel erwiesen" habe, unter anderem deshalb, weil es weniger stark zentralisiert und loser gekoppelt sei als etwas das österreichische System. Auch dies ist eine Beobachtung, deren Nutzbarmachung für das theoretische Verständnis des Verhältnisses von Staat und Verbänden noch aussteht.

Literatur

Bean, C.R./Layard, P.R.G./Nickell, S.J., 1986: „The Rise in Unemployment: A Multi-Country Study", Economica 53, Supplement, S1-S22.
Calmfors, L./Drifill, J., 1988: „Bargaining Structure, Corporatism nd Macroeconomic Performance", Economic Policy 3: 13-61.
Cawson, A. (Hrsg.), 1985: Organized Interests and the State: Studies in Meso-Corporatism, London: Sage.
Crouch, C., 1985: „Conditions for Trade Union Wage Restraint", in: L.N. Lindberg/C.S. Maier (eds.), The Politics of Inflation and Economic Stagnation, Washington, D.C.: The Brookings Institution, pp. 105-139.
Dore, R., 1987: Taking Japan Seriously: A Confucian Perspective on Leading Economic Issues, Stanford, Cal.: Stanford University Press.

Flanagan, R.J./Soskice, D.W./Ulman, L., 1983: Unionism, Economic Stabilization, and Incomes Policies, Washington, D.C.: The Brookings Institution.
Hollingsworth, J.R./Schmitter, Ph.C./Streeck, W., 1993: Governing Capitalist Economies: Performance and Control of Economic Sectors, New York and Oxford: Oxford University Press.
Lehmbruch, G., 1974: „Liberal Corporatism and Party Government", Beitrag für den IPSA Roundtable on Political Integration, in: *Ph.C. Schmitter/G. Lehmbruch* (Hrsg.), 1979: Trends Towards Corporatist Intermediation, London and Beverly Hills: Sage, 53-62.
Newell, A./Symons, J., 1987: „Corporatism, Laissez-faire and the Rise in Unemployment", European Economic Review 31: 567-614.
Olson, M., 1965: The Logic of Collective Action: Public Goods and the Theory of Groups, Cambridge, Mass.: Harvard University Press.
Olson, M., 1983: „The Political Economy of Comparative Growth Rates", in: *D. Mueller*, The Political Economy of Growth, New Haven and London: Yale University Press, 7-52.
Piore, M.J./Sabel, Ch.F., 1984: The Second Industrial Divide: Possibilities for Prosperity, New York: Basic Books.
Pizzorno, A., 1978: „Political Exchange and Collective Identity in Industrial Conflict", in: *C. Crouch/A. Pizzorno* (Hrsg.), The Resurgence of Class Conflict in Western Europe Since 1968, London: Macmillan, vol. II., 277-98.
Scharpf, F.W., 1987: „A Game-Theoretical Interpretation of Inflation and Unemployment in Western Europe", Journal of Public Policy 7: 227-57.
Schmitter, Ph.C., 1974: „Still the Century of Corporatism?" The Review of Politics 36: 85-131.
Schmitter, Ph.C./Streeck, W., 1981: The Organization of Business Interests. A Research Design to Study the Associative Action of Business in Advanced Industrial Societies of Western Europe. Wissenschaftszentrum Berlin: IIMV dp 81-13.
Soskice, D., 1990a: „Reinterpreting Corporatism and Explaining Unemployment: Coordinated and Non-Coordinated Market Economies", in: *R. Brunetta/C. Dell'Aringa* (eds.), Labour Relations and Economic Performance, London: Macmillan, pp. 170-211.
Soskice, D., 1990b: „Wage Determination: The Changing Role of Institutions in Advanced Industrialized Countries", Oxford Review of Economic Policy 6: 1-23.
Streeck, W., 1992: Social Institutions and Economic Performance: Studies of Industrial Relations in Advanced Capitalist Economies, London and Beverley Hills: Sage.
Streeck, W./Schmitter, Ph.C., 1985a: „Community, Market, State – and Associations? The Prospective Contribution of Interest Governance to Social Order", European Sociological Review 1 (1985) 119-138. Auch in: *Streeck/Schmitter* (1985b), 1-29; *J. Frances* u.a. (Hrsg.), Markets, Hierarchies and Networks, London: Sage, 1991. Deutsche Übersetzung: Journal für Sozialforschung 25 (1985), 133-157; italienische Übersetzung: Stato e mercato 13 (1985), 47-86; spanische Übersetzung: *Ph.C. Schmitter/W. Streeck/G. Lehmbruch* (eds.), 1992: Neocorporativismo II: Mas alla del Estado y el mercado, Mexico City: Editorial Patria, pp. 47-84.
Streeck, W./Schmitter, Ph.C. (Hrsg.), 1985b: Private Interest Government: Beyond Market and State, Beverly Hills and London: Sage.

I.

Verbändedemokratie:
Regulierung, Deregulierung, Selbstregulierung

Konjunkturen des Korporatismus: Zur Geschichte eines Paradigmenwechsels in der Verbändeforschung

Roland Czada

Die „dritte Welle der Verbändeforschung" (Almond 1983: 173), nach dem klassischen Pluralismus der fünfziger und den Neo-Pluralismen der sechziger Jahre, ist mit dem Begriff „Korporatismus" eng verbunden. Die Vorstellung und Beobachtung wohlgeordneter und dauerhafter Verknüpfungen von Staat und Verbänden anstelle einer Vielgestalt punktueller Einflußbeziehungen unterscheidet den Korporatismusansatz von der Pluralismustheorie amerikanischer Prägung. Aus einer Fülle pluralismuskritischer Ansätze hat sich gerade dieses Konzept als neues Orientierungsschema der Verbändeforschung durchgesetzt. Es markiert einen Paradigmenwechsel, den zahlreiche andere Varianten der Pluralismuskritik (Schattschneider 1960; Lowi 1969; LaPalombara 1964; McConnel 1966; Rokkan 1966; Bachrach 1967; Kaiser 1954; Fraenkel 1991; Blanke et al. 1975) verfehlt hatten.
Die Frage nach Ausmaß, Verlauf und Gründen des wissenschaftlichen Erfolgs des Korporatismuskonzeptes steht im Mittelpunkt des Beitrages. Soweit möglich, soll darüber hinaus eine nunmehr zwanzigjährige Debatte resümiert werden. Dabei geht es auch um die Frage, warum gerade der von Schmitter (1974) und Lehmbruch (1974; 1977) lancierte Korpopratismusbegriff zu einer „sozialwissenschaftlichen Wachstumsindustrie" (Panitch 1980) geführt hat, und nicht einer der zahlreichen anderen Versuche, die bis in die sechziger Jahre vorherrschende, jedoch allgemein als unzureichend empfundene Pluralismustheorie zu überwinden und ein neues, empirisch gehaltvolles Konzept der politischen Interessenvermittlung an ihre Stelle zu setzen.

1. Thesen zur Entwicklung des Korporatismusbegriffes

Vor zwanzig Jahren begann mit Schmitters (1974) Aufsatz „Still the Century of Corporatism?" die breite internationale Diskussion über einen neuen Korporatismus. Lehmbruch hatte im gleichen Jahr ein IPSA-Papier mit dem Titel „Consociationalism, Class Conflict and the New Corporatism" in Jerusalem vorgelegt (Lehmbruch 1974a) und zudem in einem von Kenneth McRae herausgegebenen Band zur Konkordanzdemokratie über ein „nicht-kompetitives Muster der Konfliktsteuerung" in der Schweiz, Österreich und dem Libanon berichtet (Lehmbruch 1974b). Wenige Jahre später veröffentlichte Schmitter (1977) ein Sonderheft der „Comparative Political Studies" zum Thema, und Lehmbruch organisierte einen workshop des „European Consortium for Political Research" (ECPR), dessen Ergebnisse zusammen mit weiteren Beiträgen in zwei vielzitierten Sammelbänden von Schmitter/Lehmbruch (1979) und

Lehmbruch/ Schmitter (1982) veröffentlicht wurden. Mit dem neuen Korporatismuskonzept gewann die politikwissenschaftliche Verbändeforschung Auftrieb und Neuorientierung. In Deutschland haben dazu vor allem die Bände von von Alemann und Heinze (1979), von Alemann (1981) und Heinze (1981) beigetragen.
Mit politischer Verbändebeteiligung assoziierte man fortan nicht mehr die illegitime „Herrschaft der Verbände" (Eschenburg), sondern eine erwünschte Option sozialer und politischer Steuerung. Außerdem richtete die Korporatismusforschung ihre Aufmerksamkeit auf binnenorganisatorische Probleme und Prozesse. Dies eröffnete eine ganz neue Innenansicht von Interessenorganisationen, wie man sie von der Pluralismustheorie nicht gekannt hatte. Deren Verbändebegriff akzentuiert die Autonomie der Gruppen und ihren Einfluß auf Regierungsentscheidungen. Pluralistische „pressure groups" sind souveräne, nur an die speziellen Interessen ihrer freiwilligen Mitglieder gebundene Handlungseinheiten. Die Wirklichkeit der verbandlichen Interessenvermittlung in westlichen Industriestaaten sieht indessen meist anders aus. Interessenverbände sind in weitläufige Beratungs- und Entscheidungsnetzwerke eingebunden, die oft von Regierungen geschaffen wurden oder von ihrer Unterstützung abhängen. Dies hat Konsequenzen nicht nur für das politische System, sondern auch für die Verbände selbst. Je mehr sie an der Erfüllung öffentlicher Aufgaben teilhaben, desto stärker können Verbandsführungen in einen Zwiespalt zwischen Mitgliederinteressen und externen Verpflichtungen geraten. Andererseits lassen sich verbandliche Integrationsprobleme über externe Einbindung lösen, wenn die Solidarität der Mitglieder gegen staatliche, von der Verbandsführung vermittelte Vorteile getauscht wird.
Die Korporatismusdebatte hat Aspekte institutioneller Einbindung, strategischer Interaktion und binnenorganisatorischer Probleme in den Vordergrund gerückt, die in einflußtheoretischen Analysen zwar am Rande erwähnt, jedoch kaum theoretisch reflektiert wurden. Neben ihrem ausgeprägten Tatsachenblick hat die Debatte zugleich wesentliche Punkte einer schon vorher geführten Pluralismuskritik aufgenommen und weiterentwickelt.[1] Die Frage, inwieweit sie einen Paradigmenwechsel der Verbändeforschung bewirkte, ist von mehr als wissenschaftshistorischem Interesse. Gerade in den Sozialwissenschaften sind es nicht unbedingt disziplininterne Prozesse, die neue Sichtweisen begründen. Vielmehr spielen externe, nichtwissenschaftliche Diskurse und gesellschaftlicher Wandel eine entscheidende Rolle. Es ist eine offene Frage, inwieweit die Korporatismusdebatte vorgängige Formen und Praktiken der politischen Interessenvermittlung lediglich neu interpretieren half, oder ob sie die Antwort auf eine veränderte Wirklichkeit der politischen Interessenvermittlung und der Staat-Verbände-Beziehungen darstellt.

1.1 Wachstum der Begriffsverwendung

Der Erfolg einer wissenschaftlichen Neuorientierung hat zwei notwendige Voraussetzungen (Kuhn 1970: 10): ausreichende Novität, um eine Gruppe von Anhängern dau-

---

[1] Die Pluralismuskritik verneinte die Annahmen gleicher Organisierbarkeit und Konfliktfähigkeit von Interessen sowie einer „Gleichgewichtsautomatik" des Interessenausgleichs (vgl. Krehmendahl 1977).

Schaubild 1: Der Korporatismusbegriff in Zeitschriftenaufsätzen (1973 – 1992)

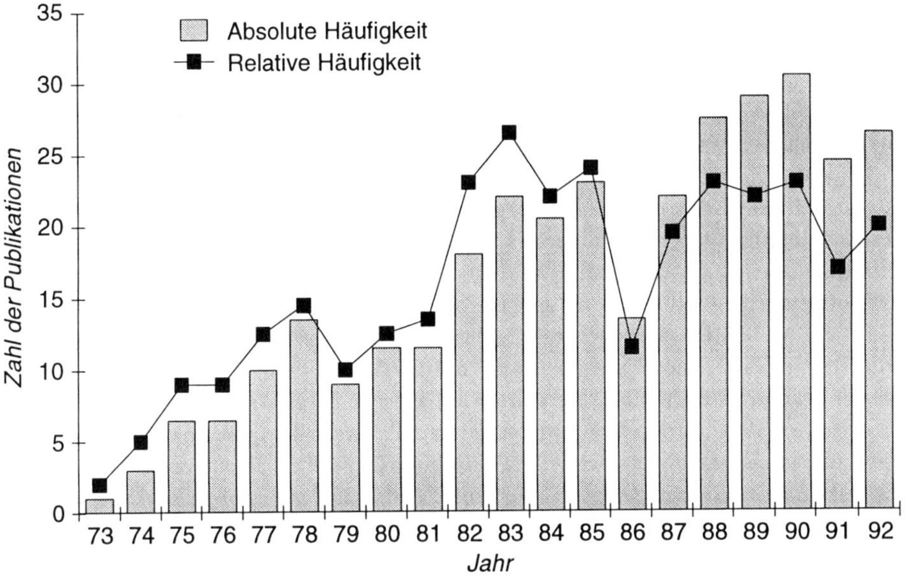

Anmerkung: Erfaßt wurden alle in den „Sociological Abstracts" zwischen 1973 und 1992 ausgewerteten Aufsätze aus weltweit 1600 sozialwissenschaftlichen Zeitschriften. Von insgesamt 191.900 Beiträgen enthielten 358 den Begriff Korporatismus (bzw. „Corporatism"). Eine Zuordnung zum Jahr der Veröffenlichung ergibt die in Schaubild 1 dargestellte Verteilung. Da die Zahl der gesamten Veröffentlichungen im Untersuchungszeitraum ansteigt, wurde zugleich die relative Häufigkeit der Begriffsverwendung ermittelt (Anteil der Veröffentlichungen mit Verwendung des Korporatismusbegriffes an allen Veröffentlichungen pro Jahr).

erhaft von konkurrierenden Erklärungsansätzen abzuwerben, und ausreichende Offenheit, die eine Menge von Problemen übrigläßt, deren Lösung sich diese Gruppe erhoffen kann. Wenn zudem die Hinwendung zu neuen Sichtweisen und Standards wissenschaftlicher Praxis eine eigene Forschungstradition begründet, besteht die Chance, daß der Paradigmenwechsel in „Normalwissenschaft" übergeht, deren Grundlagen allgemein anerkannt werden und in Lehrbücher und Lexika eingehen (ebenda). Die Korporatismusforschung hat in mancher Hinsicht diesen Zustand der Maturität erlangt, auch wenn der von Bull (1992: 260) berichtete Versuch, das Stichwort in der „International Encyclopaedia for the Social Sciences" im Sinne des neuen Konzeptes zu ändern, zunächst fehlschlug. Unter Korporatismus stand bis 1992 noch 'see fascism', „ohne die Beschreibung von irgendetwas, was nicht schon unter dem Eintrag 'Pluralismus' zu finden gewesen wäre" (ebenda). In den meisten Fachlexika und Lehrbüchern der Politikwissenschaft ist der Begriff inzwischen jedoch fest verankert.

Die Zahl der Zeitschriftenveröffentlichungen zur korporatistischen Interessenvermittlung ist seit 1974 zyklisch angewachsen und erreichte 1990 einen absoluten Höhepunkt (Schaubild 1). Die Verwendung des Korporatismusbegriffes verläuft nach dem Muster der Verbreitung von Moden analog einer logistischen Wachstumskurve (S-Kurve). Tatsächlich wurde das Konzept zunächst auch als eine Modeerscheinung betrachtet.

Da sich aber diese Begriffskonjunktur über nunmehr 20 Jahre hinweg entwickelt hat, kann sie mit dem Faktor Neuigkeitswert schwerlich erklärt werden.
„Der Korporatismus scheint unausrottbar – sowohl als Gegenstand der Forschung als auch als eine Regierungspraxis". Diese von Schmitter und Streeck (1987: VII) geäußerte Vermutung hat sich offenkundig bewahrheitet. Dabei ist zu berücksichtigen, daß es sich bei dem Korporatismusbegriff um einen durch seine Herkunft aus der organischen Ständestaatslehre (Harada 1989) und durch deren Wiederaufleben im europäischen Faschismus (Viereck 1941) diskreditierten, pejorativen Begriff handelt. Die anhaltende Konjunktur des Korporatismuskonzeptes ist indes nicht nur aus diesem Grund erklärungsbedürftig. Sie erstaunt auch, weil es zahlreiche konkurrierende Ansätze der Pluralismuskritik gegeben hat, von denen einige, etwa im Umfeld der „community power studies", als theoretisch und methodisch fundierter galten (Williamson 1989: 71); zum anderen, weil renommierte Verbändeforscher das Korporatismuskonzept früh in die Nähe eines Etikettenschwindels gerückt hatten, von dem kein nennenswerter Erkenntniszugewinn zu erwarten sei (Heisler 1974, 1979; Almond 1983; Martin 1983; Beyme 1984; Jordan 1984). In der Tat hat bis heute die Kritik an dem einflußreich gewordenen Ansatz nicht nachgelassen. Reutter (1991: 212) attestiert der Debatte den Charakter eines „Scheingefechtes", und Bull (1992: 255) schreibt in Reaktion auf eine Kontroverse, die 1988 unter dem Titel „The Old and New Testaments of Corporatism" zwischen Cox (1988) und Cawson (1988) ausgetragen wurde: „Der maßgebliche Grund für die Beständigkeit der Korporatismusdebatte ist deren Unvermögen, den Standards der politischen Theorie zu genügen und einen überzeugenden Idealtypus vorzulegen, der den Beziehungen zwischen Staat und Interessengruppen gerecht wird".
Die Vorstellung, daß begriffliche Unschärfe eine wissenschaftliche Diskussion beleben und auf Dauer in Gang halten könne, ist nicht von der Hand zu weisen. Kuhn (1970: 157-158, 169) zählt dies ebenso wie Fleck (1936) zu den Erfolgsbedingungen wissenschaftlicher Revolutionen, die sich gerade aus der Kritik theoretisch geschlossener, zur Wirklichkeitserklärung aber unzureichend gewordener Weltbilder entwickeln.[2] Man sollte nun aber annehmen, daß über Jahrzehnte hinweg solche Unschärfen geringer werden und eine Klärung des Konzeptes eintritt. Dies scheint in der Korporatismusdebatte bislang nicht der Fall zu sein. Im Gegenteil: die Dimensionen und Varianten des Konzeptes wurden immer vielfältiger. Was als Versuch zur Beschreibung einer charakteristischen Struktur der Interessenvermittlung (Schmitter 1974) und makroökonomischen Konzertierung (Lehmbruch 1974a; 1977) begonnen hatte, wurde auf nahezu jede Form des institutionell befestigten Umganges von Staat und Interessengruppen ausgeweitet. Schmitters (1989) Ausruf „Der Korporatismus ist tot! Lang lebe der Korporatismus!" verweist auf eine Theorieentwicklung, die oft weniger in die Tiefe als in die Breite gegangen ist – eine beständige „Landnahme", bei der immer neue „Korporatismen" entdeckt wurden, bis schließlich große Teile der Politikwissenschaft und selbst Nachbardisziplinen durchdrungen waren.[3] Läßt man die Vermutung

---

2 Fleck (1936), von dem Kuhn bemerkt, daß er viele seiner Ideen vorwegnahm, hat dies an der Geschichte des Syphillisbegriffes gezeigt, der sich gegen zahlreiche, seit dem 16. Jahrhundert geläufige und relativ geschlossene astrologische, sozialethische, religiöse und pseudomedizinische Erklärungen durchsetzen mußte.
3 Historiker zählen sogar zu den frühen Anregern der Debatte (v.a. H.A. Winkler 1972, 1974; Maier 1975). Ökonomen haben sich meist erst Anfang der achtziger Jahre des Themas angenommen (z.B. Olson 1986).

von Bull (1992) gelten, wonach begriffliche Unschärfe die Debatte vorantrieb, dann erscheint der Vorgang auch als Indiz für den Stand der Theoriebildung in den Sozialwissenschaften. Deren Defizite und Orientierungsbedarfe müssen – so darf man vermuten – außergewöhnlich groß sein, wenn ein in dieser Lesart schillerndes Konzept ein Forschungsfeld nach dem anderen erobern kann, ohne dabei an begrifflicher Schärfe zuzulegen.

Was aus der auf konzeptionelle Konsistenz bedachten theoretischen Sicht berechtigte Zweifel wachruft, kann freilich den Bedürfnissen der empirischen Forschung und praktischen Anwendung gleichwohl entgegenkommen. Nicht immer ist die allgemeingültigere, „tiefere Theorie" (Popper 1984: 205) zugleich das am besten handhabbare Erkenntnisinstrument. Höherer Abstraktionsgrad und systematische Einheit können den praktischen Gebrauch erschweren. Dafür gibt es auch in den Naturwissenschaften zahlreiche Beispiele.[4] Erst recht gilt dies für das Alltagshandeln, das von speziellen anstatt von allgemeinen Theorien beherrscht wird und wo man zum Beispiel mit den Gesetzen der Newtonschen Mechanik besser zurechtkommt als mit der umfassenderen Quantentheorie.

1.2 Realitätsnähe des Konzeptes

Der Kritik des Korporatismuskonzeptes ist am ehesten dort zuzustimmen, wo sie bestreitet, daß es eine größere Tiefe besitze als die Pluralismustheorie (Heisler 1979; Bull 1992). Tatsächlich wurde dies in der theoretisch informierten Korporatismusdebatte auch nie behauptet. Vielmehr erschienen die Mechanismen institutioneller Verbändebeteiligung als eine Alternative zu pluralistischen Einflußbeziehungen und – entsprechend – die Theorie korporatistischer Verbändeeinbindung als Ergänzung zur Pluralismustheorie (Schmitter 1974; Lehmbruch 1977). Anwendungen in der empirischen Verbändeforschung suggerieren gleichwohl häufig, hier habe ein Paradigma das andere abgelöst. Tatsächlich spricht jedoch vieles dafür, daß die rasche Ausbreitung des Korporatismuskonzeptes nicht durch ihren theoretischen Reifegrad, sondern „nachfrageseitig", aus dem Wachstum der empirischen Verbände-, Politik- und Wirtschaftsforschung, zu erklären ist. Dazu gehört die Erschließung immer neuer Verflechtungsformen von Staat und organisierten Interessen. Sie finden sich auf allen Ebenen des politischen Systems, in den meisten Sektoren der Wirtschaft und darüber hinaus in internationalen Regimen und Integrationsräumen (Kohler-Koch 1992, Mazey/Richardson 1993). Als Folge war die Korporatismusdebatte meist „stark von einer deskriptiven Vielfalt gefangen" (Williamson 1989: 71), ohne ihre politik- und staatstheoretischen Implikationen offen darzulegen (ebenda). Sie diente weniger der Theorieentwicklung denn als eine Heuristik zum Aufspüren politischer Lenkungsmechanismen, namentlich der Indienstnahme verbandlicher Steuerungsressourcen durch Politik

---

4 In der Informatik erwiesen sich der Abstraktionsgrad und die theoretische Brillanz der Mathematik und ihrer Softwareentwicklungen letztlich unterlegen gegenüber reinen Pragmatikern, die Betriebssysteme für tatsächlich vorhandene chips und Rechnerarchitekturen ad hoc zusammenstrickten. Ähnlich hatten sich in der Kernergieforschung Pragmatiker aus Ingenieurwissenschaften, Militär und Industrie gegen Forderungen aus der theoretischen Physik durchgesetzt.

und Verwaltung, die ansonsten vielleicht unerkannt geblieben wären oder nur geringe Aufmerksamkeit gefunden hätten. Die Debatte wäre demnach von einer empirischen Forschung gespeist worden, der es weniger um theoretische Kohärenz ging als um ein heuristisches Modell und Kommunikationsmittel.

Wenn dies so wäre, befände sich die korporatistische Verbändeforschung in dem Übergangszustand einer „außerordentlichen bzw. unnormalen (extraordinary, non-normal) Wissenschaft" (Kuhn 1970: 90), die das allgemein anerkannte Fundament einer „Normalwissenschaft" (normal science) noch nicht erreicht hat. Erstens besteht in dieser Phase die Neigung, Dinge auszuprobieren, deren Ergebnis man nur vage oder gar nicht voraussagen kann („random search", vgl. ebenda: 61, 87). Ein solchermaßen exploratives Vorgehen ist im „Krisenzustand" zwischen Phasen der Normalwissenschaft leichter möglich; und Kuhn zeigt an Beispielen aus der Naturwissenschaft, daß dieser Zustand lange dauern kann. Zweitens besteht die Theoriebildung in dieser Phase aus laufenden Modifikationen und Ergänzungen, die nicht der Rettung eines hergebrachten Konzeptes dienen, sondern das neue vorantreiben (ebenda: 86, Hoyningen-Huene 1989: 226). Die lange Welle der Korporatismusforschung ließe sich nach dieser Interpretation nicht mit dem untersuchten Phänomen selbst erklären, sondern wäre Ausdruck eines der Logik wissenschaftlicher Paradigmenwechsel folgenden Theoriewahldiskurses, der freilich hier weniger durch explizite Falsifikationsversuche als durch einen Theorievergleich geprägt wäre (zu dieser Unterscheidung: Hoyningen-Huene 1989: 230f.).

Eine dritte Erklärung für die Konjunktur des Korporatismusbegriffes geht über die Vermutungen eines aus Vagheit sich selbst perpetuierenden Theorieprojektes oder einer forschungspragmatisch nützlichen Heuristik insofern hinaus, als sie bei realen Veränderungen der Staat-Verbände-Beziehungen ansetzt und die wechselvolle Korporatismusdebatte als Reflex dieser Veränderungen betrachtet. Dies wäre die Gegenthese zum Postulat des Paradigmenwechsels, weil hier der Kuhnsche Wissenschaftsbegriff eines Brückenbaues zwischen realer Welt und Erscheinungswelt nicht mehr zuträfe. Wenn reale Veränderungen des Untersuchungsgegenstandes den wissenschaftlichen Diskurs in eine neue Richtung lenken, kann schwerlich von einer *wissenschaftlichen* Revolution gesprochen werden – die Wissenschaft registrierte dann nur, was in der Wirklichkeit revolutioniert wurde. Dies ist eine für die sozialwissenschaftliche Forschung ernstzunehmende Erklärung, weil ihr Gegenstand, anders als die Natur, raschen und bisweilen fundamentalen Änderungen unterworfen ist.

Tatsächlich spielten die aktuelle Politik und daraus abgeleitete Trendbeschreibungen in der Korporatismusdebatte stets eine wichtige Rolle. Streeck und Schmitter (1991: 135, 145ff.) betonen, daß Versuche neokorporatistischer Konzertierung eine Antwort auf Instabilitäten der Jahre 1968 und 1969 sowie auf globale Wirtschaftsprobleme nach 1973 gewesen sind – insbesondere ein Versuch, die Inflationsgefahr dort zu bannen, wo das Forderungsverhalten starker Gewerkschaften den nachlassenden Erfolg keynesianischer Wachstums- und Beschäftigungspolitik vollends vereiteln konnte. Bereits Schmitter (1974, 1982) erklärte die Schwerpunktverlagerung von der pluralistischen zur korporatistischen Interessenvermittlung mit Erfordernissen der Wirtschaftspolitik und prognostizierte einen daran anschließenden Trend zum „Syndikalismus" – eine Spekulation, die angesichts der heutigen Bedeutung dezentraler, betrieblicher und regionaler Institutionen der Interessenvermittlung nicht ganz danebenlag. Ähnlich

betrachtet Lehmbruch (1977) den „liberalen Korporatismus" als eine unmittelbare Antwort auf die Probleme keynesianischer Wirtschaftssteuerung, denen die meisten Regierungen in den westlichen Industriestaaten durch Einwirkung auf die Produzentenorganisationen zu begegnen suchten. Die Verknüpfung des Korporatismusthemas mit der in den siebziger Jahren geführten Auseinandersetzung um industrielle Mitbestimmung verweist ebenfalls auf einen zeitgeschichtlichen Zusammenhang (Streeck 1979, 1982).
Die makroökonomischen Steuerungsversuche der siebziger Jahre scheiterten in vielen westlichen Industriestaaten an widrigen institutionellen, politischen und ökonomischen Bedingungen – sei es, weil die Verpflichtungsfähigkeit der Produzentenverbände nicht ausreichte, sei es, weil die korporatistische „Tauschpolitik" zunehmend von der Kapitalseite konterkariert wurde, oder weil die Verteilungskonflikte infolge externer „Ölschocks" und struktureller Anpassungszwänge komplizierter geworden waren. Mit der Wende von keynesianischer Konjunkturpolitik zu angebotspolitischen Strategien, die ausgehend von den USA und Großbritannien in den frühen achtziger Jahren alle westlichen Industrieländer erfaßt hatte, veränderte sich auch die Korporatismusdebatte. Die neue Wirtschaftspolitik zielte weniger auf konjunkturelle Stabilisierung als auf strukturelle Verbesserung der internationalen Wettbewerbsfähigkeit. Entsprechend trat nun korporatistische Verbändeeinbindung als Beitrag zur Bewältigung von Strukturkrisen und Rationalisierungszwängen in den Vordergrund (Streeck 1981, 1982; Esser/Fach/Väth 1983). In diesem Zusammenhang stießen sektorale und regionalpolitische Formen des Korporatismus auf zunehmendes Interesse. Die Selbststeuerung von Wirtschaftsbranchen war außerdem ab 1982 zum zentralen Thema eines von Schmitter und Streeck geleiteten internationalen Forschungsprojektes über Unternehmerverbände aufgerückt (Schmitter/Streeck 1981; Streeck/Schmitter 1985; Traxler 1985; Farago 1987; Weber 1987; Hilbert 1988). Der publizistische Ausstoß, den dieses Mammutprojekt mit Mitarbeitern aus fast allen europäischen Ländern bewirkte, hat die Konjunktur des Korporatismusthemas bis zu ihrem Höhepunkt im Jahre 1990 (Schaubild 1) enorm beflügelt.
Die Neuorientierung der Korporatismusdebatte korrespondiert indes nicht nur mit der Wende von der Globalsteuerung zur Angebotspolitik und sektoralen Strukturpolitik. Streeck und Schmitter (1991) erklären den Niedergang des europäischen Makrokorporatismus auch mit der europäischen Integration, die nationale Assoziationsmonopole aufweicht sowie eine Pluralisierung und Regionalisierung der Interessenpolitik zur Folge hat. Nach ihrer These bietet die diffuse und dezentralisierte Struktur der europäischen Politikentwicklung weder Anreiz noch Möglichkeiten zu neokorporatistischer Verbändebeteiligung. Die Konjunkturen des Korporatismus sind auch hier Ausdruck politischer Entwicklungen, die von dem Konzept – wie die Beispiele zeigen – bündig erfaßt werden.

2. Grundlinien und Probleme der Korporatismusdebatte

Die Korporatismusdebatte hat sich aus ganz unterschiedlichen Kontexten entwickelt. Schmitter (1974) knüpfte noch an die ständestaatlichen Experimente der Zwischenkriegszeit an, die er Staatskorporatismus nannte, und verglich sie mit den insbesondere in Andrew Shonfields Buch „Moderner Kapitalismus" beschriebenen Formen der wirtschaftspolitischen Konzertierung und Verbändeeinbindung, die er als „gesellschaftlichen Korporatismus" bezeichnet. Hinzu kam seine Beschäftigung mit lateinamerikanischen Entwicklungen (Schmitter 1971). Lehmbruch (1974a,b) verband Erfahrungen, die er aus der Untersuchung konkordanzdemokratischer Praktiken in Österreich und der Schweiz gewonnen hatte, mit einer Analyse damals gängiger Versuche einer fiskal- und einkommenspolitischen Konzertierung von Staat, Gewerkschaften und Arbeitgeberverbänden. „Konzertierte Aktion", „Soziale Programmierung" oder „Social Compact" sind Spielarten der sozio-ökonomischen Konfliktbewältigung, insbesondere des Klassenkonfliktes, der seit den ausgehenden sechziger Jahren im Zentrum der politikwissenschaftlichen Aufmerksamkeit gestanden hatte.

Die Übersicht sozialwissenschaftlicher Veröffentlichungen seit 1973 zeigt, daß auch vor und neben den wegweisenden Konzepten Schmitters und Lehmbruchs von „Korporatismus" gesprochen wurde, allerdings meist in einem ganz anderen als dem heute gebräuchlichen begrifflichen Zusammenhang. Die „Sociological Abstracts" nennen zwischen 1973 und 1994 mehr als 350 in zahlreichen Sprachen publizierte Zeitschriftenaufsätze, die den Begriff Korporatismus (Corporatism) enthalten. Darunter befindet sich im Jahr 1973 ein Aufsatz aus der finnischen Zeitschrift „Sosiologie" mit dem Titel „Funktionale Repräsentation ist Korporatismus, nicht Demokratie", in der sich der Autor, Juha Manninen, mit einem in der gleichen Zeitschrift unterbreiteten Vorschlag von Reijo Wilenius zur funktionalen Gruppenrepräsentation in liberaldemokratischen Systemen auseinandersetzt. Der Aufsatz führte zugleich zur erstmaligen Nennung des Stichwortes „Corporatism" in der Rubrik „Index Phrase" der „Sociological Abstracts". Im gleichen Jahr 1973 findet sich in der „Canadian Review of Sociology and Anthropology" eine Auseinandersetzung mit der von Durkheim im Vorwort zur zweiten Auflage der „Division du travail" formulierten Forderung nach einer neuen Form des Korporatismus, die der Anomie moderner Gesellschaften entgegenwirken sollten (Tepperman 1973). Ebenfalls mit dem Korporatismusbegriff Durkheims und dessen Anliegen einer organisatorischen Fundierung sozialmoralischer Beziehungen im Wirtschaftsleben, einschließlich deren Anwendung auf das damalige jugoslawische Wirtschaftsmodell, beschäftigt sich Jovanovic (1975).

Häufig findet sich der Korporatismusbegriff in Beiträgen zur politischen Entwicklung Brasiliens, Argentiniens und Mexikos. Von 358 in den „Sociological Abstracts" erfaßten Aufsätzen zum Thema handeln sieben von Durkheim und 14 ausschließlich von Lateinamerika. Im übrigen wird der Begriff durchgehend in Aufsätzen verwendet, die sich mit politischen Ideologien und gesellschaftlichen Verbänden der Zwischenkriegszeit befassen. Er bleibt dabei nicht auf Beiträge über Italien und Frankreich oder Deutschland beschränkt, sondern erstreckt sich auch auf den Vergleich des faschistischen Korporatismus mit der amerikanischen Politik des New Deal, in der ebenfalls Elemente einer organischen Erneuerung sozialer Institutionen enthalten sind – allerdings unter Wahrung individueller Freiheitsrechte (de Laubier 1974). Schmitter (1974) schließt – teils explizit – an solche Debatten an und konfrontiert sie mit aktuellen interventions- und wohlfahrtsstaatlichen Entwicklungen der siebziger Jahre. Er gelangt damit zu einem Organisationstypus korporatistischer Verbändeeinbindung, der von Merkmalen der Verbändestruktur und der Staat-Verbändebeziehungen bestimmt wird (Schaubild 2). Dies überrascht insofern, als die Pluralismustheorie keineswegs struk-

Schaubild 2: Schmitters (1974: 97) Idealtypus in der Übersicht

	Korporatismus	Pluralismus
Merkmale der Verbände	Begrenze Anzahl Mitgliedschaftszwang Nichtkompetitiv Hierarchisch geordnet Funktional differenziert	Vielfalt Freiwilligkeit Kompetitiv Nichthierarchisch fließende Grenzen und Mehrfachmitgliedschaft
Merkmale der Staat-Verbände-Beziehungen	Staatliche Anerkennung Repräsentationsmonopol im Austausch gegen Kontrolle der verbandlichen Führungsauslese und Interessenartikulation	Keinerlei staatliche Begünstigung Keine staatliche Intervention in Verbändeangelegenheiten

turalistisch angelegt ist, sondern vor allem die Dynamik des politischen Prozesses erfassen möchte (Bentley 1908; Truman 1951; Schick 1969). Der von Schmitter (1974) zur Antithese des Pluralismus erklärte Korporatismusbegriff enthält dagegen kaum Aussagen zu den Prozeßeigenschaften korporatistischer Politik. Statt dessen stilisiert er das Konzept zu einer *Monopoltheorie* der Interessenvermittlung, um es so von der pluralistischen *Wettbewerbstheorie* abzuheben. Die prozessualen Implikationen dieser Unterscheidung werden aber nicht weiter behandelt.

Gleichwohl hat gerade dieser Ansatz größte Beachtung gefunden. Vergleicht man Zitationsfrequenzen der maßgeblichen Aufsätze zum Korporatismuskonzept, so werden die von Philippe Schmitter am weitaus häufigsten genannt.[5] Ich werde im folgenden näher auf einige Beiträge eingehen, die sich detailliert und kritisch mit Schmitters strukturalistischem Ansatz auseinandersetzen. Sie zeigen, daß die Korporatismusdebatte vor allem in ihrem Bezug zur Pluralismustheorie eine Entwicklung durchlaufen hat, die typische Merkmale eines Paradigmendiskurses aufweist und insofern nicht nur einen Reflex aktueller politischer Entwicklungen oder eine forschungspragmatische Heuristik darstellt.

2.1 Kritik des Konzepts

Verschiedentlich kam es zur Weiterentwicklung des Schmitterschen Idealtyps. Meist führte dies zu eindimensionalen Skalenmodellen und einfachen Kontinua mit der Bildung von entsprechenden Mischformen wie zum Beispiel „Bargained Corporatism" (Crouch 1983: 457) oder „Corporate Pluralism" (Cawson 1986: 42; vgl. Rokkan 1966). Bisweilen sind dabei auch die jeweiligen Extremtypen variiert worden. Martin (1983: 99; vgl. Jessop 1979) nennt verbandliche und parlamentarische Interessenvermittlung als Extremwerte einer Korporatismusskala. In der Skala von Crouch (1983) erscheint

---

[5] Bereits ein grober Überblick mit Hilfe des „Social Science Citation Index" (1989 bis 1993) zeigt diesen Vorsprung sehr deutlich.

die *Disziplinierung* von Verbandsmitgliedern zugunsten der Regierungspolitik als wesentliches Merkmal korporatistischer Interessenvermittlung, im Unterschied zur ausschließlichen *Repräsentation* von Partikularinteressen in Systemen pluralistischer Einflußpolitik. Unter all diesen Versuchen kommt die Skala von Cawson (1986: 42f.) der Definition von Schmitter am nächsten. In ihr wird freilich zugleich die Problematik des korporatistischen Idealtyps besonders deutlich, die darin liegt, daß dieser ein mehrdimensionales Konzept ist, in dem die Beziehungen der Dimensionen untereinander nicht geklärt sind.

Zwar betonen Schmitter und Cawson den gleichgerichteten Zusammenhang der Merkmale des korporatistischen Idealtyps: kleine Zahl, hierarchischer Aufbau, nichtkompetitive Beziehungen, funktionale Differenzierung der Verbände etc. Tatsächlich aber sind dies voneinander unabhängige Dimensionen einer Interessenvermittlungsstruktur, die nicht unbedingt kovariieren. Zumindest ist ihr behauptetes Zusammenwirken bis heute weder theoretisch noch empirisch gesichert, sondern im Gegenteil eher fragwürdig: „Der Wettbewerb zwischen Gruppen führt nicht notwendigerweise zu einer fluiden Struktur oder nichthierarchischen Ordnung. Gerade Wettbewerbsbeziehungen können Interessengruppen veranlassen, sich in Dachverbänden hierarchisch zu organisieren. Umgekehrt eliminiert eine höhere organisatorische Konzentration der Verbände nicht notwendig die Intensität des politischen Wettbewerbs oder begünstigt in jedem Fall funktional abgegrenzte Interessensphären zu Lasten überlappender Organisationsziele" (Sainsbury 1988: 99. vgl. Czada 1992: 61-67). Wie diese Zusammenhänge in der Wirklichkeit aussehen, hängt in erster Linie von den Regierungs- und Verwaltungssystemen ab, auf die sich Interessenpolitik richtet. Verbände werden sich zu Dachverbänden zusammenschließen, wenn sie dadurch ihren Zugang zur Politik verbessern können. Ihre Organisations- und Wettbewerbsbedingungen sind durch staatliche Organisation und Gegenverbände beeinflußt. Dies erfordert einen mehrdimensionalen Erklärungsansatz.

Idealtypen, die zur kategorialen Beschreibung komplexer Zusammenhänge geeignet sind, eignen sich kaum zur Umsetzung in eindimensionale Kontinua. Aussichtsreicher erscheint in solchen Fällen ein Konzept, wie es Lehmbruch (1982: 11) im Anschluß an Sidney Verbas (1967: 114) Überlegungen zur *konfigurativen Analyse* politischer Systeme vorschlägt. Darin werden die verschiedenen Faktoren eines Erklärungskonzeptes als variabel angesehen. So kann jeder empirische Fall als eine charakteristische Merkmalskombination beschrieben werden. Demnach wiche etwa das französische System der Interessenvermittlung von den Schmitterschen Kategorien insoweit ab, als es segmentär und stratifikatorisch statt vornehmlich funktional differenziert ist. Staat-Verbände-Beziehungen unterscheiden sich nach Wirtschaftssektoren, Eigentumsverhältnissen und Betriebsgrößen (auf Gewerkschaftsseite zudem nach politischen Orientierungen), und dies wiederum korrespondiert mit Merkmalen der Verbandsstruktur und charakteristischen Formen der Wirtschafts- und Industriepolitik (Friedberg 1979). Geringer ausgeprägt findet sich so etwas auch in Deutschland. Der Bundesverband der Deutschen Industrie (BDI) und der Deutsche Industrie- und Handelstag (DIHT) repräsentieren überlappende Interessensegmente (Mann 1994: 85-87), die aber ähnlich wie in Österreich unterschiedliche Mitgliedschaftslogiken aufweisen. Der DIHT ist Repräsentant der zwangsverfaßten Industrie- und Handelskammern und von daher im gewerblichen „Mittelstand" verankert sowie in seiner politischen Handlungsfähigkeit eingeschränkt (ebenda). Anders als in Frankreich sind Überlappungen durch Mehrfachmitgliedschaft selbst auf der Ebene von Branchenverbänden verbreitet (H. Weber 1987). Dies zeigt, daß Zentralisierung und strenge Domänenabgrenzung im Verbandswesen nicht immer gemeinsam, sondern in ganz unterschiedlichen Konfigurationen auftreten.

Stephen McBrides (1986) Beobachtung, daß die Intensität politischer Verbändeeinbindung und das Maß staatlicher Eingriffe in die Autonomie von Verbänden anders als im Schmitterschen Idealtypus eine inverse Beziehung bilden, basiert auf dem Vergleich von vier Ländern (Schweden, Vereinigtes Königreich, Kanada, USA). Die Disziplinierung von Verbänden durch staatliche Politik erscheint hier als Kennzeichen pluralistischer Systeme, während der Erfolg korporatistischer Einbindung eine weitgehende Autonomie der Verbände voraussetzt. Lehmbruch (1977) und Streeck (1979) sind frühzeitig auf die prekäre Komplementarität von politischer Einbindung und Verbandsautonomie eingegangen. Gerade in dieser Hinsicht wirft der Schmittersche Idealtyp neben forschungspragmatischen Nachteilen theoretische Probleme auf. Lehmbruch (1977: 110, 1984a: 69; vgl. auch Lehmbruch/Lang 1977: 205) weist darauf hin, daß hierarchische Organisationsstrukturen neokorporatistische Arrangements in dem Maße gefährden, in dem sie die zu ihrer Stabilität notwendige *innerverbandliche Legitimation* schmälern. Das von Schmitter betonte Element der Zwangsmitgliedschaft würde dieses Problem auch dann nicht lösen, wenn korporatistische Strukturen sich durch materielle Vorteile rechtfertigen könnten: auch diese, etwa Arbeitsplatzsicherheit oder gewerkschaftliche Mitbestimmung auf Gewerkschaftsseite, müssen den Mitgliedern vermittelt werden. In diesem Zusammenhang erhält die mittlere Funktionärsebene entscheidende Bedeutung, weil sie den internen Kommunikationsprozeß zwischen Führung und Basis gerade in formalen Organisationen weit stärker beeinflußt, als dies bei charismatischen oder traditionalen Legitimationsmechanismen durch direkte Ansprache oder sozio-kulturelle Integration der Fall ist. Hinzu kommt, daß die von Lehmbruch betonte Beteiligung von Verbänden an der Ausführung korporatistisch ausgehandelter Politiken die Kooperation von Verbandsmitgliedern und Verbandsapparaten zwingend erfordert. Eine hierarchische Organisationsstruktur ist insofern nicht nur Voraussetzung, sondern ebenso auch ein Handikap korporatistischer Verbändeeinbindung. Vermutlich besteht hier eine theoretisch begründbare *kurvilineare Beziehung*, die sich methodisch nur durch eine flexible Merkmalskombinatorik anstelle starrer Idealtypen bzw. eindimensionaler Konzepte erfassen läßt.

2.2 Neokorporatistische Austauschlogik

Lehmbruch (1977, 1982) hat sich mehrfach für ein multidimensionales Korporatismuskonzept ausgesprochen. Nur so, als „empirisch-typologisches Konstrukt", eröffne es den „theoretischen Zugang zu einer vergleichenden Analyse" (Lehmbruch 1984: 131) und lasse sich im Forschungsprozeß weiterentwickeln. So hat etwa die Entfaltung des Konzeptes vom Makrokorporatismus zur sektoralen Verbändebeteiligung und verbandlichen Selbstregulierung ihm ständig neue Dimensionen zugefügt. Lehmbruchs Vorgehen war am Anfang durch fünf Dimensionen bzw. „Schlüsselelemente" gekennzeichnet, die Hicks (1988: 700) folgendermaßen auflistet:

1. Organisation von Produzenteninteressen in Dachverbänden.
2. Vernetzung von Parteien- und Verbändesystem.
3. Institutionalisierte Verhandlungen zwischen Regierung und Verbänden.
4. Gewährträgerfunktion der Regierung.
5. Schlüsselstellung der Gewerkschaften in Konzertierungsnetzwerken.

Eine ähnliche Begriffsverwendung findet sich in Stephens (1979), Crouch (1985), Marks (1986) und Hicks (1988). Diese Autoren nähern sich der Korporatismusproblematik sehr stark von der output-Seite des politischen Systems. Sie behandeln Prozesse der Politikentwicklung, vornehmlich der Einkommenspolitik und makroökonomischen Globalsteuerung. Dabei wird auf organisationsstrukturelle Voraussetzungen oft nur am Rande eingegangen (Hicks 1988; Marks 1986), und insgesamt scheint die Forschung von einer theoretisch überzeugenden Verbindung von Strukturen, Prozessen und Ergebnissen korporatistischer Arrangements weit entfernt. Zwar zeigen sich eindrucksvolle statistische Zusammenhänge zwischen Strukturen der Interessenvermittlung und der gesamtwirtschaftlichen Entwicklung (zuerst Schmidt 1982; Czada 1983). Konfigurative Analysen, die dem institutionellen Zusammenspiel von Parteien, Verbänden, Regierungen und Verwaltungen gerecht würden, sind jedoch selten (vgl. Schmid 1993). Einen theoretischen Zugang, der Strukturen, Prozesse und „outcomes" neokorporatistischer Politikentwicklung verbindet, bietet m.E. bislang nur die *neokorporatistische Tauschhypothese* (Lehmbruch 1978), die eine prozeßtheoretische Ergänzung des organisationsstrukturellen Ansatzes darstellt.

Verbandsführungen intermediärer Organisationen, so das Argument, befinden sich in einem Spannungsfeld von Interessenvertretung und Verhandlungszwängen. Zum einen sind sie einer *Mitgliedschaftslogik* ausgesetzt, die ihnen die Vereinheitlichung und Vertretung ihrer Mitgliederinteressen aufgibt. Zum zweiten unterstehen sie einer *Einflußlogik*, die den Austausch mit anderen Verbandsführungen und mit dem Staat steuert (Schmitter/Streeck 1981: 48-50; Streeck 1992: 105-106). Die Balance zwischen der Durchsetzung von Mitgliederinteressen und der Kompromißbildung in Verhandlungen läßt sich nur durch Austauschprozesse halten, in denen Verbandsführungen ständig als „Makler" auftreten. Die Gefolgschaft der Mitglieder für kompromißförmige Verhandlungsergebnisse und die Merkmale der Konfliktsituation bzw. die Verhandlungsobjekte sind die kritischen Größen dieses Balanceakts. Je mehr Gegenstände getauscht werden können und je positivere Wohlfahrtseffekte damit verbunden sind, um so leichter wird die Rolle der Unterhändler.

Mit der Tauschhypothese und der Unterscheidung von Mitgliedschafts- und Einflußlogik werden den Verbandsführungen autonome Handlungsspielräume zugebilligt und zugleich deren Grenzen abgesteckt. Der Ansatz zeigt deutlich den prekären Balanceakt korporatistischer Interessenvermittlung im Vergleich zum „pressure politics"-Modell der Pluralismustheorie. Er stellt zugleich die Marktanalogie des Schmitterschen Idealtyps in Frage. Die Gegenüberstellung von Wettbewerbs- und Monopoltheorien der Interessenvermittlung (i.a.W., von Pluralismus und Korporatismus) beruht auf der Vorstellung, daß sich das pluralistische Kräftegleichgewicht in einem marktähnlichen Prozeß herstellt, sowie der empirisch bestätigten Erkenntnis, daß korporatistische Verhandlungssysteme in der Regel nur dann funktionieren, wenn die beteiligten Verbände für das von ihnen vertretene Interesse ein Repräsentationsmonopol besitzen. Diese Gegenüberstellung erweist sich bei genauer Hinsicht jedoch als irreführend,

weil hier System- und Akteureigenschaften in einer Weise aufeinander bezogen werden, die für das Regulativ „Markt" zutrifft, bei Anwendung auf korporatistische Verbändeeinbindung aber zu falschen Schlüssen führt.
Anders als in der ökonomischen Monopoltheorie, die von der vollständigen Preissetzungsmacht bzw. Marktbeherrschung eines Monopolisten ausgeht, sind nämlich die Handlungsspielräume korporatistischer Verbandsführungen zweifach eingeschränkt: nach innen folgt aus einem Repräsentationsmonopol, daß die Mitgliedschaft ein breites Spektrum darstellt und daher heterogene Interessen zu aggregieren sind; und im Außenverhältnis sind bei der Auseinandersetzung mit Gegeninteressen Rücksichtnahmen erforderlich. Eine einseitige Festsetzung von Tauschrelationen analog zur ökonomischen Monopoltheorie ist gerade im Fall von verbandlichen Repräsentationsmonopolen unmöglich. Ihr umfassender Vertretungsanspruch kann nur kompromißförmig befriedigt werden (Lehmbruch 1986: 273, 288). Viel eher lassen sich Folgerungen der Monopoltheorie auf pluralistische Sonderinteressengruppen anwenden, die als intern geschlossene und nach außen souveräne Vetogruppen tatsächlich zur Vermachtung politischer Wettbewerbsbeziehungen beitragen können (Olson 1982). Der oft als Stütze der Demokratie bezeichnete Gruppenpluralismus trägt den Keim sozialer Schließung und wechselseitiger Blockade in sich, während korporatistische Verbändeeinbindung einen Zwang zum Interessenkompromiß ausübt (vgl. Lehner 1991). Diese Gegenüberstellung hat Konsequenzen für die demokratietheoretische Behandlung korporatistischer Verbändeeinbindung, auf die ich nun näher eingehe.

2.3 Demokratietheoretische Probleme

Neokorporatistische Austauschbeziehungen und ihre Mitgliedschaftslogik beruhen vornehmlich auf materiellen Legitimationen. Nur wenn die Beteiligten mit den Ergebnissen von Aushandlungsprozessen zufrieden sind, ist deren Stabilität gewährleistet. Dies ist der wesentliche Unterschied zur normativen Ständestaatslehre, die naturrechtlich oder religiös (katholische Sozaillehre) begründet wird. Der universalistische Geltungsanspruch normativer Ordnungsvorstellungen ist allgemeiner und absoluter als die auf Funktionalität und Leistungsfähigkeit angelegte Rechtfertigung korporatistischer Verbändeeinbindung (z.B. Scharpf 1993a: 43-44). Daraus erwächst ein normatives Defizit, das sich nur auf zwei Wegen mildern läßt. Zum einen kann man versuchen, es wegzudefinieren, d.h. eine im Rahmen gängiger politik- und staatstheoretischer Vorstellungen liegende normative Theorie des funktionalen Korporatismus nachzuliefern. Zum anderen wäre die korporatistische Praxis selbst so zu ändern, daß sie die Chance einer formal gleichen Beteiligung für alle betroffenen Interessen sicherstellt. Es ist offenkundig, daß dieser zweite Weg nicht gangbar ist, ohne die Leistungsfähigkeit korporatistischer Arrangements zu schmälern. Innerverbandliche Demokratie und die Öffentlichkeit von Verhandlungen würden die Strategiefähigkeit der Verbände einschränken und Verhandlungen zum Erliegen bringen, die eine hohe Autonomie der Verbandsführungen voraussetzen.
In der jüngeren Debatte um die demokratietheoretische Begründung von Verhandlungssystemen vertritt Scharpf (1993a: 42-44) eine Variante, die Konfliktstrukturen, Orientierungen der Akteure und die Verhandlungspraxis als gegeben hinnimmt und

die kompromißfördernde Wirkung überlappender Mitgliedschaften betont. Da zum Beispiel Lohnempfänger zumeist auch Sparer sind und Unternehmer ebenso wie Umweltschützer unter dem Ozonloch leiden, überlappen sich die Fronten im Verteilungskonflikt um Arbeits- und Kapitaleinkommen, Unternehmensgewinne und Umweltschäden. In dem Maß, wie sich die Mitglieder eines Verbandes dieser Überschneidungen bewußt sind, wird die Verantwortung ihrer Verbandsführung ausgeweitet. Sie muß sich dann nicht mehr an der Durchsetzung von Maximalforderungen gegenüber ihren Kontrahenten messen lassen, sondern kann auch gegenüber der eigenen Mitgliedschaft das allgemeine Interesse aller Beteiligten in Erwägung ziehen (Czada 1992: 61-63).

Dies ändert aber solange grundsätzlich nichts an der materiellen Legitimitätsgrundlage korporatistischer Verhandlungssysteme, wie gegenseitige Rücksichtnahme und Kompromißfähigkeit nicht institutionell begründet werden. Dies würde zwangsläufig institutionellen Reformen voraussetzen – zugunsten eines politischen Systems, das Kompromisse fördert. Solche Systeme sind nun aber dort, wo sie funktionieren, z.B. in der Schweiz, nicht Ergebnis bewußter Gestaltung, sondern Nebenprodukt geschichtlicher Umstände. Wenn ihnen ein korporatistischer Konstitutionalismus zugrundeläge, der Zwangseingriffe in das System verbandlicher Interessenvermittlung zum Verfassungsprinzip macht, würde dadurch die Leistungsfähigkeit des auf Informalität angelegten Systems wieder geschmälert.

Voelzkow (1993) und Eichener/Voelzkow (1991) plädieren für eine formal verfaßte „assoziative Demokratie", in der der Staat gewährleistet, daß alle maßgeblichen Gruppen partizipieren können (siehe auch Cohen/Rogers in diesem Band) und zudem als letztinstanzlicher Schlichter auftritt. Hier aber stellt sich dasselbe Problem. Je mehr der Staat die Beteiligung an korporatistischen Gremien nach allgemeinen Kriterien erzwingen muß, desto weniger kann von Staatsentlastung noch gesprochen werden. Dies ist ein Zusammenhang, der im Schlichtungswesen der Weimarer Republik oder in der gesetzlichen Einkommenspolitik (Armingeon 1983) sehr deutlich wird: Wenn in Verhandlungen der Schatten der Hierarchie zu lang und die Zahl der Beteiligten zu groß wird, geht der Vorzug freiwilliger Einbindung verloren. Die Beteiligten verlassen sich dann mehr und mehr auf eine in Gestalt des Staates herausgehobene Schlichtungsinstanz.

Für das demokratietheoretische Problem innerverbandlicher Mitwirkung und korporatistischer Aushandlungsprozesse gibt es aufgrund seiner inneren Widersprüchlichkeit nur zweitbeste Lösungen. Im übrigen muß auch das Umfeld des jeweiligen Regierungssystems betrachtet werden. So sorgt der Wettbewerb zwischen Großorganisationen für eine gewisse Balance, die demokratische Regierungen zugunsten ihrer Ziele manipulieren können (Dunsire 1993). Hier kann die Verbändeforschung zeigen, daß die pluralistische Interessenvermittlung demokratietheoretisch größere Probleme aufwirft als korporatistische Verbändebeteiligung. Die Möglichkeit einer Regierung, in den Verbändewettbewerb einzugreifen, ist bei einer Vielfalt pluralistischer Gruppen schon aus technischen Gründen sehr gering. Hinzu kommt, daß kleine Sonderinteressengruppen das Allgemeininteresse viel leichter ausbeuten können als umfassende „Monopolverbände" (Olson 1982, 1986). Aufgrund eines engen Interessenspektrums ist ihr „demokratischer Egoismus" viel ausgeprägter. Darüber hinaus können sie ihre Belange nach außen effektiver vertreten, während Dachverbände durch ihre Interes-

senheterogenität oft zur Mäßigung gezwungen sind und einen Großteil ihrer Ressourcen zur inneren Konsensbildung der Mitglieder aufwenden müssen (Streeck 1991). Das Verfahren der Interessenartikulation wird dadurch offener und in gewisser Weise öffentlich (Mann 1994: 115, 122). Großverbände, zumal korporatistisch eingebundene, sind durchschaubarer als kleine Sonderinteressengruppen.
Vor allem aber lassen sich die Entscheidungen korporatistischer Gremien lokalisieren und nachvollziehen, während der pluralistische Wettbewerb undurchsichtig bleibt und jede Verantwortungszuschreibung verhindert. Pluralistischer Wettbewerb kann dennoch, falls er nicht zu stark durch Verteilungskoalitionen vermachtet ist, die allokationseffizientere Form der Interessenvermittlung darstellen (Lindblom 1959, 1965; Scharpf/Mohr 1994). Zugleich müssen aber analog zum Marktgeschehen Effizienzvorteile durch erhebliche Kontrollverluste erkauft werden. Darin liegt eine demokratietheoretische Ambivalenz pluralistischer Interessenvermittlung, die von der Verbändeforschung nicht hinreichend bedacht wurde. Das gängige Urteil, Korporatismustheorien seien demokratietheoretisch bedenklich, während im Pluralismusansatz eine Demokratietheorie par excellence zu sehen sei (Reutter 1991: 27-33, 212-215), erscheint vor dem Hintergrund der neueren, empirisch-analytischen Verbändeforschung revisionsbedürftig.
Ein weiteres demokratietheoretisches Problem liegt in der Existenz „privater Interessenregierungen", die eine eigentümliche Nähe zum Konzept der „administrative capture" aufweisen, wie sie in der Pluralismuskritik zuerst von McConnell (1966) thematisiert wird. Gemeint ist die Instrumentalisierung staatlicher Hoheitsbefugnisse durch Private. Sie kann aus der Delegation öffentlicher Aufgaben an Verbände erwachsen (Kielmannsegg 1977), insbesondere wenn die staatliche Kontrollfunktion infolge einseitiger Informationsabhängigkeit geschmälert ist (Forsthoff 1966: 261-262). Tatsächlich sind es zumeist spezialisierte *Dienstleistungsverbände*, die der Staat ihrer besonderen Kompetenz wegen beauftragt. Ihr Machtpotential liegt nicht in der Mobilisierung von Mitgliedern oder anderer politischer Verbandsressourcen, sondern in eben dieser Kompetenz. Sie aber kann oft durch eigene staatliche Ressourcen ersetzt werden, und es ist prinzipiell „Sache des Staates zu entscheiden, was er sich zutraut" (ebenda: 262). In der Realität dürfte eine solche Erwägung auf ein Kalkül hinauslaufen, das den Effekt der Staatsentlastung gegen die Gefahr der Kolonisierung staatlicher Ressorts aufrechnet. Wenn eine Regierung dabei den einen oder anderen Verband bevorzugt, scheint dies unbedenklich, solange sie sich selbst demokratisch verantworten muß. Ein Problem entsteht dann, wenn die Privilegierung bestimmter Interessen bereits institutionell vorentschieden ist.
Eichener/Voelzkow (1991) zeigen, wie parastaatliche Verbändegremien die technische Normgebung in staatlichem Auftrag gestalten. Technik reglementiert sich dabei durch disziplineigene Kriterien der Effizienz und Risikobewertung selber. Kritiker des Verfahrens sehen darin gerade nicht eine Instrumentalisierung verbandlicher Steuerungsressourcen durch den Staat, sondern die Ausbeutung eines Delegationsverhältnisses für eigennützige Zwecke (Wolf 1986). Es gibt Dienstleistungsorganisationen, deren Hauptzweck in der Beschickung sektoraler Regelungsinstanzen mit Experten besteht und die von privaten und staatlichen Mitgliedern gemeinsam getragen werden; die „Gesellschaft für Reaktorsicherheit" wäre ein solches Beispiel.
Das deutsche Verfahren der technischen Regelsetzung knüpft eine mögliche Beteiligung

an den Monopolstatus der beteiligten Verbände. Das für die USA charakteristische Verfahren der öffentlichen Interessenbeteiligung am „rule-making" von Regulierungsbehörden bietet dagegen keinen Anreiz zu hierarchischer Interessenorganisation. Administrative Regulierungsstile und Verfahrensvorschriften korrespondieren insofern mit Verbändestrukturen und Verflechtungsformen. Daran wird die Auswirkung von Regierungs- und Verwaltungssystemen auf unterschiedliche Strukturen und Praktiken der Interessenvermittlung besonders deutlich. Lehmbruch (1991) erklärt die Pfadabhängigkeit korporatistischer Interessenvermittlung mit spezifischen Staatstraditionen. Demnach bilden weit zurückreichende staatliche Einwirkungen auf Organisationsstrukturen und Interorganisationsnetzwerke einen entwicklungsgeschichtlichen Rahmen für korporatistische Arrangements.

3. Die historischer Perspektive

Jüngste Veränderungen der Interessenpolitik können nicht darüber hinwegtäuschen, daß enge Beziehungen von Staat und Verbänden eine lange Tradition besitzen (Eschenburg 1989; Lehmbruch 1991). In der Korporatismusdebatte mit ihren aktuellen Bezügen wurde dies oft vernachlässigt. Um genau zu prüfen, inwieweit sie bloß „neuer Wein in alten Schläuchen" (Beyme 1984) war, müssen wiederum Makro- und Mesokorporatismus unterschieden werden. Bei der makroökonomischen Konzertierung handelt es sich um das historisch jüngere Phänomen, während Staatsentlastung durch verbandliche Selbstregulierung und sektorspezifische Staat-Verbände-Beziehungen bis in die Anfänge der Industrialisierung zurückreichen.

3.1 Konzertierung und sekorale Selbstregulierung

Freiwillige Konzertierung von Produzentengruppen mit einer keynesianische Wachstumspolitik tritt nicht vor 1938 auf. Damals hatten sich die schwedischen Gewerkschaften in dem sogenannten Saltsjöbaden-Abkommen auf detaillierte Regeln über Tarifverhandlungen eingelassen, die im Endeffekt auf eine Zentralisierung der industriellen Beziehungen hinausliefen. So wollten sie verhindern, daß Einzelgewerkschaften die durch staatliche Wirtschaftspolitik hergestellte Vollbeschäftigung ausnutzten und auf diese Weise die Regierung gefährden konnten. Das Abkommen schaffte institutionelle Vorkehrungen gegen einen kurzsichtigen Gebrauch der prozyklisch wechselnden Marktmacht der Tarifparteien, um die antizyklische Wirtschaftspolitik der Regierung abzustützen (Czada 1988: 70-71). Es wurde ohne direkte Regierungsbeteiligung von den Produzentenverbänden aus einem gemeinsamen Interesse an autonomen Tarifbeziehungen abgeschlossen, woraus schwedische Forscher den Schluß zogen, daß es sich hier nicht um korporatistische Verbändeeinbindung handeln könne (Korpi 1979, 1982).
Tatsächlich ist fraglich, ob eine implizite, ohne direkte Verhandlungen erreichte Berücksichtigung der staatlichen Wirtschaftspolitik durch die Tarifparteien schon als Korporatismus gelten kann. Scharpf (1987) berichtet von der disziplinierenden Rolle der deutschen Bundesbank, die durch ihre Geldpolitik die Verteilungsspielräume be-

grenzen und so die Tarifparteien zu moderaten Tariflohnabschlüssen zwingen kann. Ähnlich hatte die schwedische Regierung nach hohen Lohnsteigerungen und Streiks bereits 1935 erkennen lassen, daß bei einer Fortführung dieser Tarifpolitik ihre Wachstumspolitik gefährdet sei.

Eine solche aus der Kenntnis wechselseitiger Störpotentiale folgende Rücksichtnahme entspricht dem Muster der „negativen Koordination" (Mayntz/Scharpf 1975: 145-150). Sie entspringt einem rationalen Vermeidungsimperativ auf Seiten der Entscheidenden, der ohne Verhandlungen oder institutionalisierte Politikeinbindung wirksam wird. Gleichwohl basiert auch diese Form der impliziten Abstimmung auf institutionellen Voraussetzungen, insbesondere auf politischen Zuständigkeitsstrukturen und Veto-Positionen, wie sie von Scharpf (1987) für die Wirtschaftspolitik beschrieben werden. Diese als Korporatismus zu bezeichnen, erscheint indes fragwürdig, weil dann jede auf Abhängigkeit beruhende Interessenberücksichtigung als Korporatismus gelten könnte und so die Differenz zur pluralistischen Interessenpolitik verschwinden würde. Das zuerst von Bentley (1908) beschriebene pluralistische Kräftemessen, dessen Ergebnis die Resultante eines Kräfteparallelogramms darstellt, ist nämlich nichts anderes als eine implizite, wechselseitige Anpassung der Kontrahenten (Lindblom 1965), also „negative Koordination". Korporatismus dagegen setzt direkte Verhandlungen zwischen den Kontrahenten voraus. Dabei geht es nicht nur um wechselseitige Rücksichtnahme, sondern um die Verwirklichung übergeordneter Ziele, für die sich ein allgemeines, gleichwohl unterschiedlich ausgeprägtes Interesse der Beteiligten reklamieren läßt. Damit verbunden ist die Förderung kooperativer Orientierungen und gemeinschaftlichen Handelns, die das pluralistische Kräftemessen gerade nicht voraussetzt. Vieles, was als Korporatismus erscheint, wäre damit eher dem pluralistischen Interessenausgleich zuzuordnen. Selbst die „Konzertierte Aktion", die der Korporatismusdebatte entscheidende Impulse gab (Lehmbruch/Lang 1977), war keine Verhandlung, sondern ein von der Regierung organisierter Meinungsaustausch. Es gab kein verbindliches Verhandlungsergebnis, wie etwa bei der später eingerichteten „Konzertierten Aktion im Gesundheitswesen" (Wiesenthal 1981).

Auch die „negative Koordination" autonomer Verbände verursacht freilich binnenorganisatorische Probleme, die den Problemen korporatistischer Einbindung gleichkommen. Ob ein Verhandlungsergebnis oder die realistische Drohung einer Nationalbank die Gewerkschaften zur Forderungszurückhaltung veranlaßt, ändert an ihren internen Vermittlungsproblemen wenig – die Gefolgschaft der Mitglieder muß in beiden Fällen mobilisiert werden. Strategiefähigkeit erfordert innere Geschlossenheit, unabhängig davon, ob sich ein Verband autonom seiner Problemumwelt anpaßt oder ob er durch ein Verhandlungsergebnis dazu verpflichtet wird. Der internationale Vergleich vermittelt sogar den Eindruck, daß implizite und informelle Abstimmungen der Tarifparteien erfolgreicher und stabiler sind als institutionalisierte Verhandlungssysteme oder gar eine gesetzliche Einkommenspolitik (Armingeon 1983). Am erfolgreichsten erscheint informelle Konzertierung, die von hochzentralisierten und mitgliederstarken Gewerkschaften getragen wird (Schweden, Österreich), während Lohnbildungsgesetze oder Vereinbarungen im Rahmen von Sozialverträgen ihre Ziele bei der Umsetzung oft verfehlen.

Die Unterscheidung zwischen wechselseitiger Anpassung (Pluralismus) und aktiver Konsensmobilisierung (Korporatismus) gilt im übrigen ebenso für sektorale Regulierungsnetzwerke. Auch sie weisen unterschiedliche Grade der Institutionalisierung und Verpflichtung auf, wobei pluralistische Vielfalt und Domänenüberlappungen häufiger sind als Vertretungsmonopole, und informelle Verpflichtungen den Zusammenhalt solcher Netzwerke stärker prägen als formale Institutionalisierung (Mayntz 1992).

3.2 Instrumentalisierung von Verbänden durch den Staat

Auf dem Feld des Makrokorporatismus und der sektoralen Selbstregulierung können pluralistische und korporatistische Verbändepolitiken nicht immer trennscharf unterschieden werden. Viel einfacher ist die Zuordnung zum Korporatismusbegriff bei dem historisch älteren Phänomen der Indienstnahme verbandlicher Steuerungsressourcen durch den Staat.

Für den modernen Staat der aufkommenden Industriegesellschaft waren Makrokorporatismus und sektorale Selbstregulierung prinzipiell unerwünscht, weil sie eine Herausforderung seines Führungsanspruchs darstellten und weil Gruppenbildung die marktförmige Vergesellschaftung stören konnte. Normative Forderungen nach autonomen Ständevertretungen galten bereits im 18. Jahrhundert als sozialromantisch-konservativ und konnten sich nicht gegen das Konzept des hierarchisch geschlossenen Einheitsstaats behaupten (Harada 1989).

Gleichwohl haben vor allem die deutschen und skandinavischen Staaten gesellschaftliche Verbände als Agenten ihrer sektoralen Wirtschaftspolitik eingesetzt und teilweise sogar selbst mit aufgebaut. So haben Beamte der Agrarverwaltung im 19. Jahrhundert an der Gründung und Führung landwirtschaftlicher Vereine mitgewirkt. Die Bauern selbst stellten anfangs neben Fachbeamten, Lehrern und Pfarrern den kleineren Teil der Mitglieder (Ullmann 1988: 35). Maßgeblich für die personelle, organisatorische und finanzielle Förderung des landwirtschaftlichen Vereinswesens war seine Bedeutung für die staatliche Agrarpolitik. „In ihrem Rahmen fielen den Vereinen wichtige Aufgaben zu, denen die Verwaltungen überhaupt nicht oder nur mit unverhältnismäßig hohem Aufwand nachkommen konnten" (ebenda).

Die Beispiele ließen sich beliebig fortsetzen – vom Beginn des Kammerwesens in Preußen über frühe Versuche sozialpartnerschaftlicher Konfliktschlichtung in Österreich (Holtmann 1988) bis zur staatlichen Förderung von Kartellen im Deutschen Reich und zur Stahlpolitik der Weimarer Republik (vgl. Czada/Dittich 1982). Die seit dem 19. Jahrhundert beobachtbaren Auswirkungen der Interessenverbände auf die Organisierung der Volkswirtschaft hat insbesondere Liefmann (1922) detailliert beschrieben und dabei hervorgehoben, daß die sektorale Wirtschaftsregulierung meist in engster Verbindung mit der Regierung und oft auf der Basis einer Zwangssyndizierung jeweiliger Branchen stattfand. Vor allem Kriegs- und Krisenzeiten begünstigten überall direkte Staatseingriffe in die Struktur von Interessenverbänden (Van Waarden 1991). Insgesamt zeigt die reichhaltige Literatur zum organisierten Kapitalismus (z.B. Liefmann 1922; Winkler 1972, 1974; Berghan 1988; Maier 1975) die vielfältigsten Formen von Staat-Verbände-Beziehungen, denen die Pluralismustheorie vor allem deshalb nicht gerecht werden konnte, weil sie nur die Einflußdimension thematisierte und von autonomen, allein dem demokratischen Egoismus ihrer Mitglieder verpflichteten Verbänden ausging.

Da die Korporatismusdebatte nicht allein auf aktuelle politische Konjunkturen bezogen war, sondern eine neue Sicht auf seit langem existierende, aber nicht hinreichend verstandene Phänomene eröffnet hat, kann tatsächlich von einem Paradigmawechsel in der Verbändeforschung gesprochen werden. Die wesentlichen theoretischen Erkenntnisse, die mit dem Korporatismusbegriff verbunden sind, hätte man – so meine ich – bereits in den zwanziger Jahren machen können, wenn es zu der Zeit in Europa eine breit angelegte politikwissenschaftliche Verbändeforschung gegeben hätte. Die in den USA schon damals stark auf Einflußstudien konzentrierte Politikwissenschaft (Almond 1982: 173-174) war freilich dazu nicht in der Lage, weil sie von der Realität ihres eigenen Landes gefangen war und daraus eine eigene, „allgemeine" Theorie der Interessenvermittlung entwickelt hatte. Und nachdem die amerikanische Pluralismustheorie mit Modifikationen auch in Europa zum Leitbild der Verbändeforschung aufgerückt war, dauerte es bis in die siebziger Jahre, bis sich unter dem Begriff des Neo- bzw. „liberalen" Korporatismus ein neues Paradigma durchsetzen konnte.

4. Verbände in einer Theorie politischer Institutionen

Welche theoretische Bezüge bieten sich der künftigen Verbändeforschung? Anknüpfungspunkte sind in drei Richtungen erkennbar: zum neuen Institutionalismus in der Politikwissenschaft, zur sozialwissenschaftlichen Netzwerkanalyse und zur Forschung über intermediäre Dienstleistungsorganisationen im sogenannten „Dritten Sektor". Zugleich bleibt das Korporatismusthema mit Bemühungen um eine Theorie politischer Steuerung eng verknüpft.

In Deutschland scheint die gegenwärtige Verbändeforschung überwiegend von steuerungstheoretischen Problemen bestimmt zu sein. Mehr als in der Diskussion der siebziger Jahre steht die Frage der politischen Gestaltbarkeit korporatistischer Interessenvermittlung im Vordergrund (z.B. Eichener/Voelzkow 1991). In diesem Kontext erweist sich die empirische Vielfalt und Kontingenz verbandlicher Steuerungsformen zunehmend als theoretisches Problem (Lehmbruch 1991; Heinze/Schmid 1994; Hollingsworth u.a. 1994). Grundsätzlich kann die Vielfalt der Einzelfälle aus einer „Logik des Mißlingens" (Vester) herrühren oder aus einem historischen Erbe. Im ersten Fall scheitert Einheitlichkeit an der Komplexität bzw. Überdeterminiertheit von Rationalisierungsprogrammen, im zweiten an der entwicklungsgeschichtlich-institutionellen Pfadabhängigkeit von Systemen der Interessenvermittlung.

Heinze/Schmid (1994: 34) erläutern an Beispielen vor allem die erste Möglichkeit. Sie beschreiben das mesokorporatistische Arrangement als ein „'Kunststück' politischer Steuerung, das den Akteuren enorme Leistungen abverlangt – wenngleich dabei nur selten der große Wurf gelingt". Variation entsteht in diesem Fall aus den Unberechenbarkeiten des kontingenten Zusammenwirkens vieler Beteiligter. Hollingsworth/ Streeck (1994: 278-279) vermitteln demgegenüber den Eindruck, als ob die „Kunst" der Steuerungsformen vornehmlich in der entwicklungsgeschichtlichen Logik *institutioneller* Bindung liegt:

„Länderspezifische sektorale Regime der Wirtschaftsregulierung entstehen über Zeit und schaffen historisch gewachsene soziale Tatsachen ... Ökonomische Akteure sind stets mit den

Hinterlassenschaften lokaler Institutionen konfrontiert, die sie nicht selbst geschaffen haben; nicht selbst auswählen können; nicht vertragsförmig neu ordnen können; und deren funktionale und evolutorische Logik von denen des Marktes oder formal-organisatorischer Hierarchien abweicht. Im Zentrum der Logik steht die Fähigkeit von Regelungsstrukturen, den Individuen sozial konstruierte kollektive Verpflichtungen aufzuerlegen, wenn nötig gegen ihren Willen" (Hollingsworth/Streeck 1994: 278-279).

Beide Erklärungen – die der inszenieren und der ererbten Regelungsstrukturen – sind mit einem evolutorischen Ansatz vereinbar, sofern er die Möglichkeit proaktiver Umweltanpassung durch Diffusion einschließt. Heinze/Schmid (1994, siehe auch in diesem Band) untersuchen mesokorporatistische Praktiken in deutschen Bundesländern, die in Nordrhein-Westfalen und Sachsen von den dortigen Landesregierungen bewußt geschaffen wurden. Entwicklungsgeschichtlich bedingte Restriktionen, die als Bestandteil situativer Sachzwänge auftreten, lassen hier Spielräume im Sinne eines Handlungskorridors erkennen, der sehr oft durch Übernahme woanders erprobter Konzepte ausgefüllt wird. Dabei kann freilich niemals eine Kopie des Originals entstehen, sondern es werden lediglich vorhandene Entwicklungspfade in eine neue Richtung gelenkt. Lehmbruch (1994: 131) hat dies im Sinn, wenn er „Korporatismus als eine historisch-kontingente Antwort auf aktuelle Steuerungserfordernisse" bezeichnet. Dies schließt die Möglichkeit des Wandels bzw. der Anpassung von Korporatismus (Tálos 1993) nicht aus, begrenzt diese aber auf institutionell zugelassene Alternativen.

Damit nähert sich die Korporatismusdebatte dem neuerwachten Interesse an Institutionen, das in allen Zweigen der Sozialwissenschaft einschließlich der Ökonomie zu beobachten ist. Der neue Institutionalismus in der Staatstheorie (Evans/Rüschemeier/Skocpol 1985), der governance-Ansatz (Hollingsworth/Schmitter/Streeck 1994) und die Institutionenökonomik (North 1981; Moe 1984) können zu einer Klärung des theoretischen und empirischen Status des Korporatismuskonzeptes beitragen. Die genannten Denkansätze betonen, daß die Bewältigung von situativen Problemlagen institutionell gefiltert ist, und zeigen zugleich, daß Institutionenbildung einen permanenten Prozeß darstellt.

Im Kern der institutionentheoretischen Debatte geht es um eine umfassende Erklärung der Bewältigung spezifischer Transaktions- und Steuerungsprobleme durch Markt, Staat, Unternehmen und Verbände (vgl. Streeck/Schmitter 1985). Dabei konkurrieren kontraktualistische (Williamson, North) mit i.w.S. soziologischen (Granovetter, Streeck) Ansätzen. In der reinen Institutionenökonomik werden Institutionen auf einen einzigen Zweck, nämlich die Verpflichtung zur Kooperation zurückgeführt (Moe 1990: 213). Historische, sektorale und internationale Unterschiede können bei diesem Vorgehen kaum erklärt werden.

Gleichwohl bietet die Institutionenökonomik ein theoretisches Modell, aus dem sich substantielle Hypothesen zur Entwicklung korporatistischer Organisationsstrukturen und Interorganisationsbeziehungen gewinnen lassen. So ist anzunehmen, daß die Stabilität vorhandener korporatistischer Netzwerke von Nutzenkalkülen der Beteiligten abhängt (Lehmbruch 1978, 1984a). Solche Netzwerke bieten in der Regel eine höhere Kalkulationssicherheit als das pluralistische Lobbying. Sie reduzieren den situativen Opportunismus der Beteiligten und ersparen so Transaktionskosten (Czada 1992: 64-66, 75-77). Berücksichtigt man darüber hinaus weitere, insbesondere sozialmoralische Aspekte von Gruppensolidarität und institutioneller Bindung, so könnte

das Korporatismuskonzept letztlich in einer umfassenden Theorie institutioneller Ordnungsformen aufgehen, am Ende also nur eine wichtige Station auf dem Weg zu einer Theorie politischer Institutionen darstellen.
Jüngst sind auch Verbindungslinien von der Korporatismusdebatte zu Forschungen über einen „dritten Sektor" zwischen Markt und Staat gezogen worden (Zimmer/Scholz 1992; Kleinfeld/Löbler 1993). Gemeint sind Vereine, etwa der freien Wohlfahrtspflege in Deutschland, deren Status durchaus dem staatsentlastender, intermediärer Organisationen entspricht. Freilich sind sie ihrem Vereinszweck oft mehr verpflichtet als ihrer, kaum sichtbaren, Mitgliedschaft. Dies gilt besonders für die in den USA verbreiteten philanthropischen Stiftungen, mit denen sich die dortige Forschung vornehmlich beschäftigt. Bei ihnen handelt es sich um „gemeinnützige" *Dienstleistungsverbände* mit besonders ausgeprägten Apparateinteressen, in denen Fehlleistungen und Zielverschiebungen kaum Widerstände mobilisieren können (Seibel 1992). Damit bilden sie einen Gegenpart zu mitgliederstarken korporatistischen *Interessenverbänden*, die im Spannungsfeld von Mitgliedschaftslogik und Einflußlogik operieren müssen. Parallelen zwischen Drittsektororganisationen und korporatistischen Interessenverbänden scheinen vor allem dann auf, wenn man aus der Perspektive eines steuerungstheoretischen Funktionalismus an sie herangeht. In dieser Sicht ließen sich allerdings viele funktional äquivalente Arrangements der Interessenvermittlung und Staatsentlastung ausmachen – z.B. „Runde Tische", das Verfahren der Öffentlichkeitsbeteiligung amerikanischer Regulierungskommissionen oder die justizentlastende Funktion skandinavischer Ombudsleute. Deren gemeinsame Untersuchung erscheint nur unter ganz spezifischen Fragestellungen sinnvoll.
Der akteurbezogene Institutionalismus, auf den die Korporatismusdebatte seit geraumer Zeit hinausläuft, würde eher die Unterschiede solcher Arrangements betonen. In diesem Ansatz steht das Wahlhandeln der Akteure im Vordergrund, allerdings normativ geprägt und strategisch begrenzt durch institutionelle Regelsysteme. Die spezifischen Sinngehalte sowie Anreiz- und Kontrollmechanismen von Institutionen führen zu unterschiedlichen Handlungslogiken. Die Mitgliedschafts- und Einflußlogik intermediärer Verbände ist dafür ein Beispiel. Wenn man unterstellt, daß Fortschritte der Theoriebildung am Allgemeinheitsgrad der Erklärung von Differenz erkennbar seien, scheint ein solches Vorgehen tatsächlich mehr zu versprechen als funktionalistische Ansätze, wie sie in der Drittsektorforschung ebenso wie in der Pluralismustheorie (Almond 1983: 180) vorherrschen. Andererseits kann der *empirische* Vergleich intermediärer Organisationen und Interorganisationsnetzwerke durchaus theoretische Anstöße vermitteln. In dieser Hinsicht erscheint der Blick in benachbarte Disziplinen und Subdisziplinen vielversprechend; das zeigt nicht zuletzt die Korporatismusdebatte, die sich durch ein ungewöhnliches Maß an Interdisziplinarität auszeichnet.
Ein weiteres, zukunftsträchtiges Forschungsfeld, das dem Korporatismuskonzept nahe kommt, ist die Beschäftigung mit Politiknetzwerken (Marin/Mayntz 1991). Soweit sie mehr als die Beschreibung von Beziehungsstrukturen im Sinn hat und vor allem der Handlungslogik wechselseitig vernetzter Akteure nachgeht, sind Parallelen zur Korporatismusdebatte offenkundig. Letztere kann sogar als ein Wegbereiter dieser Ansätze gelten (vgl. Lehmbruch 1984a, 1984b). Die Netzwerkanalyse ist freilich keine Theorie, sondern ein Analysewerkzeug, das wie jedes Forschungsinstrument theoretische Implikationen aufweist. Diese liegen vor allem in der Verknüpfung von Struktur und

Akteur. Die herkömmliche Netzwerkanalyse beschreibt nur Strukturen, z.B. Interaktionshäufigkeiten, und versucht zu erklären, wie sie entstehen, stabil bleiben, sich verändern, oder welche Leistungen sie erbringen. Der Prozeßaspekt kommt erst zum Tragen, wenn man die Beziehungen der Netzwerkakteure als strategische Interaktion begreift. Hier bietet sich eine Verbindung netzwerkanalytischer und spieltheoretischer Ansätze an (Scharpf 1993b: 7). Für die empirische Forschung bedeutet dies, daß auf die Abgrenzung, Auswahl und Gewichtung der Akteure ebenso wie auf situationsbedingte Konfliktlagen zu achten ist. Dies zwingt zur Strukturierung und eindeutigen Begrenzung des Forschungsfeldes – um so mehr, je enger man die Verbindung zwischen empirischer und modelltheoretischer Forschung anlegt. Ein solche Verbindung erscheint notwendig, weil der Ansatz sonst in eine Netzwerkmetaphorik abgleitet, deren Erklärungsbeitrag nicht sonderlich groß ist.

Ob die Verbindung von Spieltheorie und Netzwerkanalyse eine neue, postkorporatistische Konjunktur der Verbändeforschung auslöst, bleibt allerdings fraglich. Wenn es stimmt, daß es in der Wissenschaft eine Wechselbeziehung von „rigor and relevance" (Okun) gibt, dann war die Korporatismusdebatte auf der gegenüberliegenden Seite von „rigor" angesiedelt. Die fehlende Strenge des Konzeptes kann als ein Grund für seine rasche und weite Verbreitung gelten. Seine Offenheit für aktuelle Themen – Einkommenspolitik, Mitbestimmung, internationaler Wettbewerb und volkswirtschaftliche Modernisierung, sektorale Anpassung, europäische Integration – deutet zudem darauf hin, daß Wirklichkeitsnähe (nicht zu verwechseln mit Problemlösungsfähigkeit) einen Teil seiner Erfolgsgeschichte ausmacht.

Anfängliche Vagheit, Offenheit und Inkommensurabilität sind wichtige Bedingungen für die Durchsetzung eines wissenschaftlichen Paradigmas (Kuhn 1970: bes. 10, 157-158, 169). Das gilt für das Korporatismuskonzept offenbar ebenso wie für die Astronomie des Kopernikus oder De Broglies Wellentheorie. Gängige Theoreme der Verbändeforschung sind indes weniger esoterisch als die theoretische Physik und daher in einer breiteren Öffentlichkeit kommunizierbar. Ein weiterer Unterschied besteht darin, daß sozialwissenschaftliche Neuerungen unmittelbar, ohne das Zwischenglied technischer Artefakte, auf die Gesellschaft einwirken. Nimmt man dies als Prüfstein, so bietet die Korporatismustheorie schon deutlich weniger konkrete Anzeichen eines erfolgreichen Paradigmenwechsels. Der Begriff ist in der breiten politischen Öffentlichkeit – vor allem in Deutschland – nur bedingt salonfähig geworden und fand bei weitem nicht den Stellenwert, den die Pluralismustheorie als gesellschaftliche Ordnungsvorstellung immer noch hat. Korporatismus ist immer noch mehr Praxis als Debatte.

Wie gewichtig das Konzept andererseits in der einschlägigen Praxis eingeschätzt wird, zeigt eine unlängst von Siegfried Mann, dem langjährigen Hauptgeschäftsführer des „Bundesverbandes der Deutschen Industrie" (BDI), verfaßte Doktorarbeit, in der er die Konfrontation des BDI mit Versuchen „korporatistischer Einvernahme" schildert (Mann 1994: bes. 127-131, 289-298). Die Führung des Dachverbandes sah sich offenkundig der Spannung zwischen Authentizität der Interessenvertetung und staatlicher Vereinnahmung ständig ausgesetzt. Nur wollte sie in dieser Lage interne Verpflichtungsfähigkeit keinesfalls als Folge eines privilegierten Zugangs zur Politik verstanden wissen, sondern als Ausdruck innerer Solidarität: „Verpflichtungsfähigkeit ... der BDI-Verbandsspitze beruht auf ihrem durch das verbandliche Selbstverständnis stabilisierten Vertrauensvorschuß" (ebenda, 131). Es geht demnach in der Verbandsarbeit nicht allein um situative Interessenvertretung, sondern auch um die Ehre der Profession und den guten Ruf der Industrie. „Die Mitgliederpartizipation und das verbandliche Selbstverständnis bilden zugleich jene Ressourcen, auf die eine Verbandsführung ihre Integrationsbemühungen stützen kann und muß" (ebenda, 130). Gelingt ihr die autonome Integration nicht, und dies ist bei heterogenen Spitzenverbänden naheliegend, bleibt sie auf Unterstützung von außen angewiesen – und riskiert dabei wiederum Autonomie und Selbstverständnis. Solche Sorgen eines Verbandsfunktionärs werden von der Korporatismustheorie bündig erfaßt – was ein Gutteil ihrer politikwissenschaftlichen Attraktivität erklärt.

Literatur

Aleman, Ulrich v. (Hrsg.), 1981: Neokorporatismus, Frankfurt/M.
Alemann, Ulrich v./Heinze, Rolf G. (Hrsg.), 1979: Verbände und Staat. Vom Pluralismus zum Korporatismus, Opladen.
Almond, Gabriel A., 1983: Pluralism, Corporatism, and Professional Memory, in: *Gabriel A. Almond* (Hrsg.), A Discipline Divided. Schools and Sects in Political Science, Beverly Hills, 173-188.
Armingeon, Klaus, 1983: Neo-korporatistische Einkommenspolitik. Eine vergleichende Untersuchung von Einkommenspolitiken in westeuropäischen Ländern in den 70er Jahren, Frankfurt/M.
Bachrach, Peter, 1967: Die Theorie demokratischer Elitenherrschaft, Frankfurt/M.
Bentley, Arthur, 1908: The Process of Government: A Study of Social Pressures, Evanston.
Berghahn, Volker, 1988: Corporatism in Germany in Historical Perspective, in: *Andrew Cox/N. O'Sullivan* (Hrsg.), The Corporate State, Cambridge, 104-122.
Beyme, Klaus von, 1984: Der Neokorporatismus – Neuer Wein in alten Schläuchen?, in: Geschichte und Gesellschaft 10, 211-233.
Blanke, Bernhard/Jürgens, Ulrich/Kastendieck, Hans-Dieter, 1975: Kritik der Politischen Wissenschaft, Frankfurt/M.
Bull, Martin J., 1992: The Corporatist Idel-Type and Political Exchange, in: Political Studies 15, 255-272.
Cawson, Alan, 1985: Organized Interests and the State: Studies in Meso-Corporatism, London.
Cawson, Alan, 1986: Corporatism and Political Theory, Oxford.
Cawson, Alan, 1988: In Defence of the new Testament: a reply to Andrew Cox „ The old and new Testaments of Corporatism", in: Political Studies 36, 310-315.
Cox, Andrew, 1988: The old and new Testaments of Corporatism: is it a Political Form of the State or a Method of Policy-Making?, in: Political Studies 36, 294-308.
Crouch, Colin, 1983: Pluralism and the New Corporatism: A Rejoinder, in: Political Studies 31, 452-460.
Crouch, Colin, 1985: Conditions for Trade Union Wage Restraint, in: *Leon N. Lindberg/Charles S. Maier* (Hrsg.), The Politics of Inflation and Economic Stagflation, Washington, 105-139.
Czada, Roland, 1983: Konsensbedingungen und Auswirkungen neokorporatistischer Politikentwicklung, in: Journal für Sozialforschung 23, 421-440.
Czada, Roland, 1988: Auf dem Weg zur Produktionspolitik. Zur Entwicklungslogik neokorporatistischer Gewerkschaftseinbindung in Schweden, in: *Walther Müller-Jentsch* (Hrsg.), Zukunft der Gewerkschaften. Ein internationaler Vergleich, Frankfurt a.M./New York, 70-99.
Czada, Roland, 1992: Interessengruppen, Eigennutz und Institutionenbildung. Zur politischen Logik kollektiven Handelns, in: *Klaus Schubert* (Hrsg.), Leistungen und Grenzen politischökonomischer Theorie. Eine kritische Bestandsaufnahme zu Mancur Olson, Darmstadt, 57-78.

Czada, Roland/Dittrich, Walter, 1980: Politisierungsmuster zwischen Staatsintervention und gesellschaftlicher Selbstverwaltung, in: *Volker Ronge* (Hrsg.), Am Staat vorbei. Politik der Selbstregulierung von Kapital und Arbeit, Frankfurt/M., 195-235.
De Grazia, A., 1951: Public and Republic. Political Representation in America, New York.
deLaubier, Patrick, 1974: Politique Sociale et Ideologies en 1936 (II), in: Revue Française des Affaires Sociales 28, 109-136.
Dunsire, Andrew, 1993: Manipulating Social Tensions: Collibration as an Alternative Mode of Government Intervention, MPIFG discussion paper 93/7, Köln.
Eichener, Volker/Voelzkow, Helmut, 1991: Umweltinteressen in der verbandlichen Techniksteuerung. Eine empirische Untersuchung der technischen Normierung im Bereich der Stadtentwicklung, Dortmund.
Eschenburg, Theodor, 1963: Herrschaft der Verbände?, 2. Aufl., Stuttgart.
Eschenburg, Theodor, 1989: Das Jahrhundert der Verbände. Lust und Leid organisierter Interessen in der deutschen Politik, Berlin.
Farago, Peter, 1987: Verbände als Träger öffentlicher Politik. Aufbau und Bedeutung privater Regierungen in der Schweiz, Grüsch.
Fleck, Ludwik, 1980: Entstehung und Entwicklung einer wissenschaftlichen Tatsache. Einführung in die Lehre vom Denkstil und Denkkollektiv., Frankfurt am Main (Erstausgabe: 1936).
Forsthoff, Ernst, 1966: Hundert Jahre Technische Überwachung. Gemeinsame Aufgabe von Staat und Wirtschaft, in: Technische Überwachung 7, 257-262.
Fraenkel, Ernst, 1991: Deutschland und die westlichen Demokratien, Frankfurt (1. Auflage 1964).
Friedberg, Erhard, 1979: Staat und Industrie in Frankreich. IIM-papers 79-10, Berlin.
Harada, Tetsushi, 1989: Politische Ökonomie des Idealismus und der Romantik: Korporatismus von Fichte, Müller und Hegel, Berlin.
Heinze, Rolf G., 1981: Verbändepolitik und „Neokorporatismus". Zur politischen Soziologie organisierter Interessen, Opladen.
Heinze, Rolf G./Schmid, Josef, 1994: Industrieller Strukturwandel und die Kontingenz politischer Steuerung: Mesokorporatistische Strategien im Vergleich, SIT-wp-2-94, Bochum.
Heisler, Martin O. (Hrsg.), 1974: Politics in Europe, New York.
Heisler, Martin O., 1979: Corporate Pluralism Revisited. Where is the Theory?, in: Scandinavian Political Studies 2, 277-297.
Hicks, Alexander, 1988: Social Democratic Corporatism and Economic Growth, in: The Journal of Politics 50(3), 677-701.
Hollingsworth, J. Rogers/Streeck, Wolfgang, 1994: Countries and Sectors: Concluding Remarks on Performance, Convergence, and Competitiveness, in: *Hollingsworth, J. Rogers/Schmitter, Philippe/Streeck, Wolfgang,* Governing Capitalist Economies: Performance and Control of Economic Sectors, New York.
Holtmann, Everhard, 1988: „Sozialpartnerschaft" und „Sociale Frage", in: Der Staat 27(2), 233-250.
Hoyningen-Huene, Paul, 1989: Die Wissenschaftsphilosophie Thomas S. Kuhns, Braunschweig.
Jessop, Bob, 1979: Corporatism, Parliamentarism and Social Democracy, in: *Philippe Schmitter/Gerhard Lembruch* (Hrsg.), Trends Towards Corporatist Intermediation, London, 185-212.
Jordan, Grant, 1984: Pluralistic Corporatism and Corporate Pluralism, in: Scandinavian Political Studies 7, 137-123.
Jovanovic, Radisa, 1975: Dirkemova koncepcija korporativnog socijalizma, in: Sociologija 17, 151-167.
Kaiser, Joseph H., 1956: Die Repräsentation organisierter Interessen, Berlin.
Katzenstein, Peter, 1985: Small States in World Markets: Industrial Policy in Europe, Ithaca.
Kielmannsegg, Peter Graf, 1977: Organisierte Interessen als „Gegenregierungen"?, in: *Wilhelm Hennis/Ulrich Kielmannsegg/Peter Matz* (Hrsg.), Regierbarkeit, Bd. II, Stuttgart, 139-176.
Kleinfeld, Ralf/Löbler, Frank, 1993: Verbände in Nordrhein-Westfalen – Eine Vorstudie zu Theorie und Empirie von Verbänden in der Landespolitik, polis-Sonderheft, FernUniversität Hagen.
Kohler-Koch, Beate, 1992: Interessen und Integration. Die Rolle organisierter Interessen im westeuropäischen Integrationsprozeß, in: *Michael Kreile* (Hrsg.), Die Integration Europas (PVS-Sonderheft 23), Opladen, 81-119.
Korpi, Walter, 1978: The Working Class in Welfare Capitalism, London.

Korpi, Walter, 1982: The Historical Compromise and its Dissolution, in: *Bengt Ryden/V. Bergström* (Hrsg.), Sweden, Choices for Economic and Social Policy in the 1980's, London.
Kremenmdahl, Hans, 1977: Pluralismustheorie in Deutschland. Entstehung, Kritik, Perspektiven, Leverkusen.
Kuhn, Thomas S., 1970: The Structure of Scientific Revolutions, 2. Auflage, Chicago.
Lange, Peter, 1984: Unions, Workers and Wage Regulation: The Rational Bases of Consent, in: *John H. Goldthorpe* (Hrsg.), Order and Conflict in Contemporary Capitalism: Studies in The Political Economy of Western European Nations. Oxford, 98-123.
LaPalombara, Joseph, 1964: Interest Groups in Italian Politics, Princeton, NJ.
Lehmbruch, Gerhard, 1974a: Consociational Democracy, Class Conflict, and the New Corporatism. Beitrag für den IPSA Round Table on „Political Integration". Jerusalem. Abgedruckt in: *Philippe Schmitter/Gerhard Lehmbruch* (Hrsg.), 1979: Trends Toward Corporatist Intermediation, Beverly Hills, 53-62.
Lehmbruch, Gerhard, 1974b: A Non-competitive Pattern of Conflict Management in Liberal Democracies: The Case of Switzerland, Austria and Lebanon, in: *Kenneth McRae* (Hrsg.), Consociational Democracy: Political Accommodation in Segmented Societies, Toronto, 90-97.
Lehmbruch, Gerhard, 1977: Liberal Corporatism and Party Government, in: Comparative Political Studies 10, 91-126.
Lehmbruch, Gerhard, 1978: Corporatism, Labour, and Public Policy, Ms. International Sociology Association World Conference, Symposium 11 „Social Policies in comparative Perspective", Uppsala.
Lehmbruch, Gerhard, 1979: Concluding Remarks: Problems for Future Research on Corporatist Intermediation and Policy Making, in: *Philippe C. Schmitter/Gerhard Lehmbruch* (Hrsg.), Trends Towards Corporatist Intermediation, London, 299-309.
Lehmbruch, Gerhard, 1982: Introduction: Neo-corporatism in Comparative Perspective, in: *Gerhard Lehmbruch/Philippe C. Schmitter* (Hrsg.), Patterns of Corporatist Policy-Making, London, Beverly Hills, 1-28.
Lehmbruch, Gerhard, 1984a: Concertation and the Structure of Corporatist Networks, in: *John Goldthorpe* (Hrsg.), Order and Conflict in Contemporary Capitalism, Oxford, 60-80.
Lehmbruch, Gerhard, 1984b: Interorganisatorische Verflechtungen im Neokorporatismus, in: *Jürgen Falter/Christian Fenner/Michael Th. Greven* (Hrsg.), Politische Willensbildung und Interessenvermittlung, Opladen, 467-482.
Lehmbruch, Gerhard, 1986: Interest Groups, Government, and the Politics of Protectionism, in: Außenwirtschaft 41, 273- 302.
Lehmbruch, Gerhard, 1991: The Organization of Society, Administrative Strategies, and Policy Networks, in: *Roland Czada/Adrienne Windhoff-Héritier* (Hrsg.), Political Choice: Institutions, Rules and the Limits of Rationality, Frankfurt a.M., Boulder Col., 121-158.
Lehmbruch, Gerhard, 1994: Rezension zu „Tálos, Emmerich (Hrsg.), Sozialparnerschaft: Kontinuität und Wandel eines Modells", in: Österreichische Zeitschrift für Politikwissenschaft 23, 131-133.
Lehmbruch, Gerhard/Lang, Werner, 1977: Die „Konzertierte Aktion": Ansätze zu einem neuen Korporatismus in der Bundesrepublik, in: Der Bürger im Staat 27, 202-208.
Lehner, Franz, 1991: The Institutional Control of Organized Interest Intermediation: A Political-Economic Perspective, in: *Roland Czada/Adrienne Windhoff-Héritier* (Hrsg.), Political Choice: Institutions, Rules and the Limits of Rationality, Frankfurt/M., Boulder Col., 233-256.
Liefmann, Robert, 1922: Kartelle und Trusts und die Weiterbildung der volkswirtschaftlichen Organisation, Stuttgart.
Lindblom, Charles E., 1959: The Science of „Muddling Through", in: Public Administration Review 13, 79-88; deutsch: Inkrementalismus: Die Lehre vom „Sich-Durchwursteln", in: *Wolf-Dieter Narr/Claus Offe* (Hrsg.) 1975, Wohlfahrtsstaat und Massenloyalität, Köln, 161-177.
Lindblom, Charles E., 1965: The Intelligence of Democracy. Decision Making through Mutual Adjustment, New York.
Lowi, Theodore, 1969: The End of Liberalism. Ideology, Policy and the Crisis of Public Authority, New York.
Maier, Charles S., 1975: Recasting Bourgeois Europe: Stabilization in France, Germany, and Italy in the Decade after World War I, Princton.

Mann, Siegfried, 1994: Macht und Ohnmacht der Verbände, Baden- Baden.
Marin, Bernd/Mayntz, Renate, 1991: Policy Networks. Empirical Evidence and Theoretical Considerations, Frankfurt/M.
Marks, Gary, 1986: Neocorporatism and Incomes Policy in Western Europe and North America, in: Comparative Politics 18, 253-277.
Martin, Ross M., 1983: Pluralism and the New Corporatism, in: Political Studies 31, 86-102.
Mayntz, Renate (Hrsg.), 1992: Verbände zwischen Mitgliederinteressen und Gemeinwohl, Gütersloh.
Mayntz, Renate, 1992: Modernisierung und die Logik von interorganisatorischen Netzwerken, in: Journal für Sozialforschung 32, 19-32.
Mayntz, Renate/Scharpf, Fritz W., 1975: Policy Making in the German Federal Bureaucracy, Amsterdam.
Mazey, Sonia/Richardson, Jeremy (Hrsg.), 1993: Lobbying in the European Community, Oxford.
McBride, Stephen, 1985: Corporatism, Public Policy and the Labour Movement: A Comparative Study, in: Political Studies, 33, 439-456.
McBride, Stephen, 1986: Corporatism, Public Policy and the Labour Movement: A Comparative Study, in: Political-Studies 33, 439-456.
McConnell, Grant, 1966: Private Power and American Democracy, New York.
Moe, T.M., 1990: Political Institutions: The Neglected Side of the Story, in: Journal of Law, Economics, and Organization 6, 213-253.
Moe, Terry M., 1984: The New Economics of Organization, in: American Journal of Political Science 28, 739-777.
North, Douglas C., 1981: Structure and Change in Economic History, New York.
Olson, Mancur, 1982: The Rise and Decline of Nations, New Haven.
Olson, Mancur, 1986: A Theory of the Incentives Facing Political Organizations. Neo-Corporatism and the Hegemonic State, in: Internationale Political Science Review 7, 165-189.
Panitch, Leo, 1977: The Development of Corporatism in Liberal Democracies, in: Comparative Political Studies 10, 61-90.
Panitch, Leo, 1980: Recent Theorizations of Corporatism: Reflections on a Growth Industry, in: British Journal of Sociology 31, 159-187.
Popper, Karl, 1984: Objektive Erkenntnis: ein evolutionärer Entwurf, Hamburg.
Reutter, Werner, 1991: Korporatismustheorien: Kritik, Vergleich, Perspektiven, Frankfurt/M.
Rokkan, Stein, 1966: Norway: Numerical Democracy and Corporate Pluralism, in: *Robert A. Dahl* (Hrsg.), Political Oppositions in Western Democracies, New Haven, 70-115.
Sainsbury, Dyane, 1988: Corporatism and Pluralism. On the Utility of the Pluralist/Corporatist Dichotomy in Policial Analysis, in: *Dyane Sainsbury* (Hrsg.), Democracy, State and Justice: Critical Perspectives and New Interpretations, Stockholm, 91-112.
Scharpf, Fritz, W., 1987: Sozialdemokratische Krisenpolitik in Westeuropa, Frankfurt/New York.
Scharpf, Fritz, W., 1993a: Versuch über Demokratie im verhandelnden Staat, in: *Roland Czada/Manfred G. Schmidt* (Hrsg), Verhandlungsdemokratie, Interessenvermittlung, Regierbarkeit. Festschrift für Gerhard Lehmbruch, Opladen, 25-50.
Scharpf, Fritz W., 1993b: Introduction, in: *Fritz W. Scharpf* (Hrsg.) Games in Hierarchies and Networks. Analytical and Empirical Approaches to the Study of Governance Institutions, Frankfurt/M.
Scharpf, Fritz W./Mohr, Matthias, 1994: Efficient Self-Coordination in Policy Networks. A Simulation Study. MPIFG Discussion Paper 94/1, Köln.
Schattschneider, E.E., 1960: The Semisovereign People, New York.
Schick, A., 1969: Systems Politics and Systems Budgeting, in: Public Administration Review 29, 137-151.
Schmid, Josef, 1993: Parteien und Verbände. Konstitution, Kontingenz und Koevolution im System der Interessenvermittlung, in: *Roland Czada/Manfred G. Schmidt,* Verhandlungsdemokratie, Interessenvermittlung, Regierbarkeit. Festschrift für Gerhard Lehmbruch, Opladen, 171-190.
Schmidt, Manfred G., 1982: Does Corporatism Matter? Economic Crisis, Politics and Rates of Unemployment in Capitalist Democracies in the 1970s, in: *Gerhard Lehmbruch/Philippe C. Schmitter* (Hrsg.), Patterns of Corporatist Policy-Making, Beverly Hills, 237-258.
Schmitter, Philippe C., 1971: Interest Conflict and Political Change in Brazil, Stanford.

Schmitter, Philippe C., 1974: Still the Century of Corporatism?, in: Review of Politics 36, 85-131.
Schmitter, Philippe C., 1977: Modes of Interest Intermediation and Models of Societal Change in Western Europe, in: Comparative Political Studies 10, 7-38.
Schmitter, Philippe C., 1989: Corporatism is Dead! Long Live Corporatism! Reflections on Andrew Shonfield's „Modern Capitalism", in: Government and Opposition 24, 54-73.
Schmitter, Philippe C./Streeck, Wolfgang, 1987: Foreword, in: *Ilja Scholten* (Hrsg.), Political Stability and Neo- Corporatism, London, VI-VII.
Schmitter, Philippe/Lehmbruch, Gerhard (Hrsg.), 1982: Trends Toward Corporatist Intermediation, Beverly Hills, London.
Schmitter, Philippe/Streeck, Wolfgang, 1981: The Organization of Business Interests. A Research Design to Study the Associate Action of Business in Advanced Industrial Societies of Western Europe. Wissenschaftszentrum Berlin: IIMV dp81-13, Berlin.
Seibel, Wolfgang, 1992: Funktionaler Dilettantismus. Erfolgreich scheiternde Organisationen im Dritten Sektor zwischen Markt und Staat, Baden-Baden.
Stephens, John D., 1979: The Transition from Capitalism to Socialism, London.
Streeck, Wolfgang, 1979: Staatliche Ordnungspolitik und industrielle Beziehungen. Zum Verhältnis der Integration und Institutionalisierung gewerkschaftlicher Interessenverbände am Beispiel des britischen Industrial Relations Act von 1971, in: *Udo Bermbach* (Hrsg.), Politische Wissenschaft und Politische Praxis (PVS-Sonderheft 9), Opladen, 106-139.
Streeck, Wolfgang, 1981: Neokorporatistische Kooperation und weltwirtschaftliche Konkurrenz, in: *Michael Dauderstädt* (Hrsg.) Pluralismus unter Konkurrenzdruck, Friedrich-Ebert-Stiftung, Bonn.
Streeck, Wolfgang, 1982: Organizational Consequences of Neo-Corporatist Cooperation in West German Labor Unions, in: *Gerhard Lehmbruch/Philippe C. Schmitter* (Hrsg.), Patterns of Corporatist Policy-Making, Beverly-Hills, 29-81.
Streeck, Wolfgang, 1991: Interest Heterogeneity and Organizing Capacity. Two Class Logics of Collective Action?, in: *Roland Czada/Adrienne Windhoff-Héritier* (Hrsg.), Political Choice: Institutions, Rules and the Limits of Rationality, Frankfurt a.M., Boulder Col., 161-198.
Streeck, Wolfgang, 1992: Social Institutions and Economic Performance. Studies of Industrial Relations in Advanced Capitalist Economies, London.
Streeck, Wolfgang/Schmitter, Philippe C. (Hrsg.), 1985: Private Interest Government – Beyond Market and State, London.
Streeck, Wolfgang/Schmitter, Philippe C., 1991: From National Corporatism to Transnational Pluralism: Organized Interests in the Single European Market, in: Politics & Society 19(2), 133- 164.
Tálos, Emmerich (Hrsg.), 1993: Sozialpartnerschaft: Kontinuität und Wandel eines Modells, Wien.
Tepperman, Lorne, 1973: The Multiplication of Opportunities: A Model of Sponsored Mobility in Coventry, England, in: Canadian Review of Sociology and Anthropology 10, 1-19.
Traxler, Franz, 1986: Interessenverbände der Unternehmer, Frankfurt.
Truman, David B., 1951: The Governmental Process, New York.
Van Waarden, Frans, 1991: Wartime Economic Mobilisation and State-Business Relations: A Comparison of Nine Countries, in: *Wyn Grant/Jan Nekkers/Frans Van Waarden* (Hrsg.), Organising Business for War. Corporatist Economic Organisation during the Second World War, New York, Oxford.
Verba, Sidney, 1967: Some Dilemmas in Comparative Research, in: World Politics 20, 111-127.
Viereck, P., 1941: Metapolitics – From the Romantics to Hitler, New York.
Voelzkow, Helmut, 1993: Staatseingriff und Verbandsfunktion: Das verbandliche System technischer Regelsetzung als Gegenstand staatlicher Politik. Max-Planck-Institut für Gesellschaftsforschung: Discussion Paper 93/2, Köln.
Weber, Hajo, 1987: Unternehmerverbände zwischen Markt, Staat und Gewerkschaften. Zur intermediären Organisation von Wirtschaftsinteressen, Frankfurt/M.
Wiesenthal, Helmut, 1981: Die Konzertierte Aktion im Gesundheitswesen: Ein Beispiel für Theorie und Politik des modernen Korporatismus, Frankfurt/M.
Willetts, David, 1994: Civic Conservatism, London: Social Market Foundation.
Williamson, Peter J., 1989: Corporatism in Perspective. An Introductory Guide to Corporatist Theory, London.
Winkler, Heinrich A., 1972: Pluralismus oder Protektionismus?, Berlin.

Winkler, Heinrich A. (Hrsg.), 1974: Organisierter Kapitalismus, Göttingen.
Wolf, Rainer, 1986: Das Recht im Schatten der Technik, in: Kritische Justiz 19, 241-262.
Zimmer, Anette/Scholz, Martina, 1992: Der Dritte Sektor zwischen Markt und Staat – ökonomische und politologische Theorieansätze, in: Forschungsjournal Neue Soziale Bewegungen, 4/92, 21-39.

Mesokorporatistische Strategien im Vergleich: Industrieller Strukturwandel und die Kontingenz politischer Steuerung in drei Bundesländern

Rolf G. Heinze / Josef Schmid

1. Einleitung: Politik, Ökonomie und Neokorporatismus

In der Diskussion um Theorie und Praxis des Neokorporatismus spielen die Beziehungen zwischen demokratischem Staat und Kapitalismus bzw. die Probleme der Vermittlung von Politik und Ökonomie eine zentrale Rolle. Einkommenspolitische Arrangements zwischen Staat, Gewerkschaften und Unternehmerverbänden waren in einer frühen Phase der Debatte nahezu paradigmatisch für diesen Ansatz. Gleichwohl hat sich diese Perspektive einer aktiven Makrosteuerung immer als nur eine von mehreren Möglichkeiten erwiesen, und deren Dominanz war durch eine besondere Konstellation aus wissenschaftsimmanenten und realen politisch-ökonomischen Faktoren bedingt (vgl. Beyme 1991: 129ff.). Mit dem „Ende des sozialdemokratischen Jahrhunderts" (Dahrendorf) jedoch hat sich die politische Landschaft grundlegend verändert: Unregierbarkeit, Steuerungsverzicht und Entstaatlichung rangieren nun hoch auf der politischen Agenda. Parallel dazu hat sich mit dem Zerbrechen des tayloristisch-fordistischen Produktionsmodells auch das „Gesicht des Kapitalismus" (Hirsch/Roth) erheblich gewandelt; er ist mittlerweile sowohl flexibler als auch globaler und instabiler geworden, was C. Offe (1985) auf die Formel vom „Disorganized Capitalism" gebracht hat.

Innerhalb der Verbändeforschung sind diese Veränderungen vor allem im Rahmen von Mesokorporatismus-Konzepten diskutiert worden (vgl. Cawson 1985; Kleinfeld 1989; kritisch dazu Lehmbruch 1987). Insbesondere drei Merkmale unterscheiden diese Variante vom klassischen (Makro-)Korporatismus (Traxler 1991: 148): (a) Steuerungsgegenstand bildet nicht die Nachfrage, sondern das Angebot an Produktionsfaktoren; (b) die Bedeutung der Unternehmerseite als Akteur im Steuerungsverbund ist gestiegen; (c) solche (meist industriepolitischen) Aktivitäten konzentrieren sich weniger auf die gesamtwirtschaftliche Ebene als vor allem auf Branchen bzw. ökonomische Sektoren.[1] Übergeordnetes Ziel ist die Sicherung der Wettbewerbsfähigkeit und die schnelle Anpassung an den technisch-ökonomischen Wandel, wobei verstärkt auf die endogenen Potentiale regionaler bzw. sektoraler Einheiten zurückgegriffen wird. Weitere wichtige Beiträge hierzu stammen ferner aus aktuellen staatstheoretischen sowie in-

---

[1] Hinzu kommt eine hier nicht weiterverfolgte Ausweitung des Konzepts auf weitere Felder, wie Sozial-, Gesundheits-, Berufsbildungs-, Arbeitsmarkt-, Umwelt-, Landwirtschafts- oder Kommunalpolitik (vgl. Döhler/Manow-Borgwardt 1992; Heinze 1992; Heinze/Voelzkow 1994a; Schmid 1994a sowie den Beitrag von Backhaus-Maul/Olk in diesem Band).

dustrie- und wirtschaftssoziologischen Diskussionssträngen. Durch die Betonung der Probleme der politischen Steuerung einerseits und der Restrukturierung der Industrie andererseits haben sie auch zu einer deutlichen Verbreiterung des analytischen Rahmens politisch-ökonomischer Erklärungsansätze beigetragen.

Die Wende zur Mesoebene hat allerdings die regionale Perspektive zu sehr vernachlässigt. Dies gilt sowohl für die theoretischen Anknüpfungspunkte, die sich auf die „geographical anatomy of industrial capitalism" (Scott/Storper 1988; s.a. Piore/Sabel 1984) beziehen, als auch für die vorhandenen politisch-praktischen Beiträge zur Lösung von wirtschaftlichen Strukturproblemen. Durch die stärkere Fokussierung auf die Regionen und auf eine kooperative Industriepolitik auf dieser Ebene läßt sich u.E. bei der Beantwortung der beiden zentralen Fragen „Ist Steuerung heute prinzipiell noch möglich?" und „Ist eine offene Ökonomie überhaupt steuerbar?" durchaus zu einem optimistischeren Ergebnis gelangen, wobei den Verbänden in diesem Zusammenhang eine wichtige Rolle zukommt.

Vor diesem politisch-ökonomischen Hintergrund ist unser Vorgehen, die aktuelle Steuerung des Strukturwandels durch eine *verbandlich konzertierte Industriepolitik* in drei Bundesländern zu untersuchen, zu sehen. Auf Kurzformeln reduziert lassen sich die drei Fallbeispiele auch als Varianten von Mesokorporatismus erfassen: (a) der „unternehmensgeleitete" Korporatismus in Baden-Württemberg; (b) der „inszenierte" Korporatismus in Nordrhein-Westfalen, der wohl dem klassischen tripartistischen Vorbild am nächsten kommt, und (c) der „situative" Korporatismus in Sachsen.

Unser Erkenntnisinteresse ist freilich weniger ein empirisch-deskriptives, eher dienen diese Fallskizzen der realen politischen und ökonomischen Sachverhalte als Illustrationen und Anknüpfungspunkte für Überlegungen über die Verbindungslinien von Steuerung, Produktion und Verbänden sowie deren regionalspezifischer Kontingenz und Fragilität. Dabei geht es nicht zuletzt um die Spezifikation der Rolle, die dem Konzept des Mesokorporatismus in diesem Kontext zukommt bzw. um welche Aspekte eine Ergänzung notwendig ist. Denn Offenheit ist für die hier identifizierten Mesokorporatismen charakteristisch: Sie erscheinen weniger als fixierte Institution oder Struktur, sondern als komplexe Strategie, die sowohl horizontal als auch vertikal Übergänge und Verflechtungen aufweist. Dies bedingt zugleich eine gewisse Unschärfe seitens der Beteiligung von Akteuren und einen kalkulierten Opportunismus in deren Strategiebildungsprozessen, was eine entsprechende Berücksichtigung in der Analyse erfordert. Schließlich geht es uns ebenfalls weniger um den Nachweis der überlegenen Performanz korporatistischer Arrangements als um deren prekäre und komplexe Entstehungs- und Bestandsbedingungen sowie die konkreten Bemühungen und Schwierkeiten der handelnden Akteure. Daher relativiert sich der Anspruch solcher Arrangements, vielfach auf Nichtversagen und Experimentierbereitschaft – mit offenem materiellem Ausgang.

2. Probleme und Chancen des Mesokorporatismus in der Industriepolitik

Der fundamentale Wandel ökonomischer, sozialer und politischer Strukturen scheint das bestimmende Signum dieser Dekade zu sein. Damit verringern sich Sicherheit und Planbarkeit radikal, statt dessen dominiert nun hohes Risiko die Wahrnehmung und das Verhalten individueller und kollektiver Akteure. Tempo und Komplexität der Veränderungen überfordern in den Augen vieler Beobachter die Fähigkeit zur Problemanalyse, Konsensmobilisierung und Steuerung; die Entwicklungen verlaufen damit ohne „Kontrolle" (Etzioni). Die (post-)moderne Gesellschaft wird demnach in weiten Teilen passiv, Politik im Sinne einer zielgerichteten Gestaltung der Arbeits-, Wirtschafts-, Lebensverhältnisse kann immer weniger stattfinden. Diese Situationsdeutung wirft weitreichende Konsequenzen für die politischen Akteure jedweder Art und Couleur auf, und sie tangiert die Frage nach den politischen Steuerungsmöglichkeiten in ihrem Kern. Erst danach läßt sich die Frage nach spezifischeren Formen, Ebenen, Objekten und Zielen politischer Steuerung und Regulierung verfolgen und der Beitrag von Verbänden ermessen.

In der aktuellen steuerungstheoretischen Debatte zeigt sich dementsprechend ein hohes Maß an Skepsis. Für F.W. Scharpf (1991; ders. 1989; Voigt 1993) erweist sich derzeit (und wohl künftig ebenfalls) die „Handlungsfähigkeit des Staates" als beschränkt, da seine „Souveränität" weitgehend unterminiert ist; erfolgreiche staatliche Einflußnahmen finden nicht mehr über „Hierarchie" statt, sie sind allenfalls in Netzwerken von „transnationalen und innergesellschaftlichen Abhängigkeiten und Verhandlungsbeziehungen" partiell zu stabilisieren. Politische Steuerung ist damit relativ schwierig und anspruchsvoll – allerdings nicht prinzipiell unmöglich geworden.

Demgegenüber sehen N. Luhmann und H. Willke das Ende eines Primats des politischen Systems gegenüber den anderen gesellschaftlichen Subsystemen. Als Folge funktionaler Differenzierung haben diese – nicht zuletzt aus Gründen der Effizienzsteigerung – eine eigene Logik entwickelt, die auf spezifischen Medien und Referenzmustern basiert und eine relativ hohe Autonomie erzeugt. Direkte staatliche Interventionen bewirken eher Störung als Steuerung; wenn die Funktionsweise von gesellschaftlichen Teilsystemen beeinflußt werden kann, dann nur indirekt, unter Verzicht auf Hierarchie – etwa als dezentrale Kontextsteuerung (Luhmann 1989; Willke 1983). Der Staat scheint so allenfalls noch als „local hero" (Willke 1992) über eine gewisse Steuerungskapazität zu verfügen.[2]

Hinsichtlich der ökonomischen Dimensionen dieser Szenarien sowie der konkreten Akteurs- und Steuerungskonstellationen findet eine analoge Diskussion vor allem in bezug auf die Industriepolitik im Sinne einer umfassenden Steuerung des Strukturwandels und einer Restrukturierung der ökonomischen Basis statt. Dabei lassen sich drei große Diskussionslinien unterscheiden:
- die „liberalistische", die auf die Selbstregulierung des Marktes setzt und entsprechende Freisetzungen durch den Staat fordert,
- die „internationalistische", die die globalen Handlungsrestriktionen und -perspektiven von supranationaler Politik und transnationalen Konzernen betont,
- die „merkantilistische", die den industriellen Strukturwandel politisch steuern will und dabei vor allem auf sektoraler oder regionaler Ebene agiert (vgl. Fricke 1992; Jürgens/Krumbein 1991; Kremer 1992; Sturm 1991).

---

2 Der Gebrauch des Begriffes „local" bei Willke unterscheidet sich jedoch von unserem; er bezieht sich vor allem auf die Raumgebundenheit von Staat.

Gegen die erste Variante spricht einerseits der Umstand, daß die Herstellung einer
„freien" Wirtschaft einen „starken" Staat erfordert.³ Dies gilt sowohl für die Deregulierungs- und Privatisierungsmaßnahmen in der Wirtschaftspolitik wie für die komplementäre Demontage des Wohlfahrtsstaats und die Preisgabe eines Vollbeschäftigungspostulats. Die Erfahrungen mit den neokonservativen Strategiewechseln in den westlichen Ländern zeigen jedoch deutlich, daß zumindest die institutionellen Bedingungen dafür in der Bundesrepublik Deutschland erheblichen Restriktionen unterliegen. Zudem läßt sich an der Rationalität dieser Strategie zweifeln, da der technischökonomische Wandel mittlerweile auf Voraussetzungen beruht, die sich über Marktprozesse allein kaum herstellen lassen (z.B. Jürgens/Naschold 1994; Katterle 1993 und Streeck 1991a).

Die zunehmende Globalisierung der ökonomischen Aktivitäten und die Internationalisierung der Finanzmärkte stellen für nationale Steuerungsversuche zweifelsohne schwerwiegende offene Flanken dar. Zu Recht hat F.W. Scharpf (1987) deshalb darauf hingewiesen, daß angesichts solcher Umstände keynesianische Nachfragestabilisierungsversuche in einem Land verpuffen. Gleichzeitig erweisen sich bislang transnationale Regulationsmechanismen als wenig effizient bzw. fehlt es an entsprechenden Institutionen. Ähnliche Folgen offener Märkte gelten im übrigen ebenfalls für die Geldmengensteuerungspolitik, was die Währungsspekulationen vergangener Jahre deutlich belegen. Allerdings erscheint es uns als voreilig, für angebotsorientierte und regional angelegte Industriepolitiken dieselbe negative Prognose abzugeben.

Eine Öffnung gegenüber „merkantilistischen" Ideen und Praktiken einer Industriepolitik hat sich in den letzten Jahrzehnten auf der Bundesebene nur langsam und unter erheblichen Schwierigkeiten entwickelt, was nicht zuletzt mit den politisch-ideologischen Präferenzen einer liberal-konservativen Regierung zusammenhängt.⁴ Die aktive Bewältigung des ökonomischen Strukturwandels vollzieht sich vorwiegend auf der Ebene der Bundesländer, ja teilweise der Regionen und Kommunen. Die Föderalisierung oder Regionalisierung der Struktur-, Technologie-, Innovations- bzw. Industriepolitik wird ferner begleitet durch eine „polyzentrische Ausweitung" (Bräunling 1986) der relevanten Akteure und eine „Vielfalt der Politikstrukturen" (Simonis 1992). Nicht mehr nur der Zentralstaat oder die Landesregierungen, sondern auch kommunale und regionale Institutionen, Kammern, Universitäten und Verbände sowie durch die deutsche Einheit bedingt die Treuhandanstalt (vgl. hierzu Fischer et al. 1993) sind zuneh-

---

3 So A. Gamble (1979) zum Musterfall des Thatcherismus in Großbritannien.
4 Die Verhältnisse sind jedoch komplizierter, als die vereinfachte Verortung der Bundesregierung als marktorientiert glauben läßt; als Studie zur innerparteilichen Entwicklung der Industriepolitik in der CDU vgl. Schmid 1991. Auf politischer Ebene deutet sich derzeit im Grundsatzpapier des „Arbeitskreises Industriepolitik" der Wirtschaftsminister und -senatoren der Bundesländer eine neue Sichtweise an. Danach ist das industriepolitische Ziel die aktive und zukunftsorientierte Begleitung des industriellen Strukturwandels. Dabei wird dem Staat die Rolle des Moderators und innovativen Wegbereiters zugeschrieben: „Der Staat kann nicht auf Dauer sektorale Strukturen gegen die Markttendenzen künstlich aufbauen oder erhalten. Dies schließt allerdings nicht aus, daß Staat und Industrie bei der Bewältigung spezifischer Strukturprobleme zusammenarbeiten und abgestimmte Maßnahmen vereinbaren, die der Steigerung der Wettbewerbsfähigkeit dienen" (Arbeitskreis Industriepolitik 1992: 4f.; vgl. auch die Beiträge in Matzner/Streeck 1991, Jürgens/Krumbein 1991 und Kremer 1992; hier wird auch eine breite Definition des Begriffs Industriepolitik entwickelt).

mend in zahllose, komplexe Netzwerke zur Steuerung des Strukturwandels integriert. Auch in der sektoralen bzw. branchenbezogenen Diskussion ist eine solche Ausweitung der relevanten Akteure festzustellen; zudem zeigt sich, daß die Abgrenzung zwischen regionaler und sektoraler Regulierung unter politisch-praktischen Gesichtspunkten wenig trennscharf ist.[5]
Insgesamt betrachtet scheint es so, als ob im Hinblick auf Dezentralität, Kooperation und politisch-ökonomische Netzwerkbildung die steuerungstheoretische Notlösung und die industriepolitische Praxis einen gemeinsamen Fokus entwickelt haben.[6] Um diese Konvergenz konstruktiver als bisher aufzunehmen, ist es jedoch notwendig, die Momente der strukturellen Heterogenität, Diskontinuitäten der Entwicklung und der Kontingenzen der steuerungspolitischen Arrangements stärker in den Vordergrund der Analyse zu rücken. Ansonsten droht die Gefahr, „das Allgemeine im Besonderen zu sehr zu verallgemeinern" (Kern 1989: 259). Diese hier betonte Vielfalt und Uneindeutigkeit industrieller Restrukturierungsprozesse (auf Betriebs-, Branchen-, regionaler und nationaler Ebene) basiert nicht zuletzt auf ihrer Gestaltungsfähigkeit und Politikhaltigkeit, was zugleich eine hohe Variabilität der neokoporatistischen Arrangements erwarten läßt.
Aus der Perspektive der Industriesoziologie ist analog das „Ende des Technikdeterminismus" vielfach belegt worden; ähnliches gilt für die Zwänge, die aus Produkt- und Arbeitsmärkten resultieren, aber auch für den Glauben an die rationale Planungs- und Steuerungsfähigkeit industrieller Strukturen durch den Zentralstaat (zur breiteren Diskussion vgl. z.B. Lehner/Schmid 1992 und Schmid et al. 1993). In verschiedenen Analysen wird ferner betont, daß der Aufbau einer „diversifizierten Qualitätsproduktion" eine Leistung darstellt, die vor allem auf einem adäquaten institutionellen Gefüge und dessen „organizational intelligence" basiert (vgl. Jürgens/Naschold 1994 und Streeck 1991a), also eher von sektoralen und regionalen „industriellen Ordnungen" (Herrigel 1989, 1994) als einem (globalen) Kapitalismus spontaner Märkte zustande gebracht werden kann.
Die überragende Bedeutung von Sektoren als „Sites of Political Economy" heben vor allem Hollingsworth et al. (1994: 8) hervor; Ausgangspunkt für das „Governing Capitalist Economies" auf Branchenebene bildet hierbei die folgende Überlegung: „Our hunch is that a number of changes in technology, market structure and public policy are converging to make this meso-level – that is to say the intermediate location between the micro-level of the firm and the macro-level of the whole economy – particularly salient" (Schmitter 1990: 12).
Sektoren bzw. Branchen lassen sich zum einen abbilden als sozialökonomische Konstrukte, die im Rahmen von Austauschprozessen zwischen Produzenten, Zulieferern und Konsumenten hergestellt und stabilisiert werden. Zum anderen stellen sie jedoch auch den Rahmen und den Bezug für politische Interventionen und Regulierungen dar, wobei neokorporatistische Arrangements als Teil eines umfassenderen „mode of regulation" konzipiert werden (Hollingsworth et al. 1994). Damit wird schließlich auch

---

5 Vgl. zu diesem Problem die Untersuchungen über Stahl, Kohle bzw. Saarland und das Ruhrgebiet (Esser et al. 1983; Heinze et al. 1992 und Kilper et al. 1994).
6 Diese Verlagerung der Steuerungs- und Restrukturierungspoblematik auf die regionale Ebene zeigt sich auch im internationalen Vergleich; siehe etwa Anderson 1991; Fricke 1992; Häußermann 1992; Hesse/Schlieper 1988; Meyer-Krahmer 1988 und Cowan/Buttel 1988.

auf Überlegungen zur sozialen und institutionellen „Embeddedness" (Granovetter 1985) ökonomischer Akteure und Verhaltensmuster rekurriert und auf den Zusammenhang zwischen sektoralem Institutionengefüge und ökonomischer Performanz verwiesen.
Diese konzeptionellen Grundlagen für die Relevanz einer „sektoralen Ökonomie" gelten unseres Erachtens auch und gerade für die bei Schmitter und Hollingsworth et al. nur am Rande erwähnte Region („community or locality"). Deren Bedeutung läßt sich in Deutschland empirisch anhand der industriepolitischen Aktivitäten der Bundesländer oder der unübersehbaren Regionalisierungstendenzen in einer Reihe von Bereichen von Politik und Ökonomie belegen. In theoretischer Hinsicht verringert der primäre Zugriff über Regionen den latenten ökonomistischen bzw. selbstregulativen Bias des Sektorenansatzes, da staatliche Akteure raumgebunden und – nicht immer, aber häufig – im Rahmen kultureller Gemeinsamkeiten agieren und auch die anderen politischen Akteure, wie Parteien und Verbände, entsprechende organisatorische Differenzierungen aufgebaut haben. Dies gilt gerade dann, wenn ökonomisch grundlegende Innovations- und Produktionsmodelle zur Disposition stehen; hier tendieren sektorale Politikformen zur Reproduktion alter Konfliktlinien und Strukturen sowie zu interessenpolitischem Konservatismus. Zwar funktionieren auch regionale Tausch- und Steuerungsnetzwerke nach dem Muster sozialer Schließung, allerdings auf der Basis funktionaler Heterogenität, was die für den erfolgreichen Strukturwandel erforderliche „requisite variety" erhöht.

3. Politik des Strukturwandels in drei Bundesländern

3.1 Zur Methodologie des Vergleichs

Unter den skizzierten Bedingungen einer hohen ökonomischen und politischen Dynamik im Kontext und einer Unschärfe bzw. engen interorganisatorischen Verflechtung mesokorporatistischer Strukturen kann ein Vergleich kaum mehr im strengen Sinne Variablen durch Variablen erklären, sondern er übernimmt vorwiegend eine heuristische Funktion. Diese dient einerseits der Generierung von Hypothesen und andererseits der Gewinnung von Interpretationsmustern im Sinne „dichter Beschreibungen" (Geertz) von komplexen Konfigurationen. Wir folgen damit auch einer Devise aus der praxisorientierten Policy- und Implementationsforschung von R. Mayntz (1983: 14), wonach „hier nicht so sehr die Verallgemeinerung über Beziehungen zwischen isolierten Merkmalen des Untersuchungsgegenstandes angestrebt (wird), als vielmehr ein möglichst differenziertes Verständnis der internen Dynamik, der Eigenart und Ursachen spezifischer komplexer Prozesse" und: „Nicht Reduktion, sondern Komplexität, ... ist das Ziel".
Unser analytisches Interesse gilt der aktuellen Entstehung und der Wirkungsweise mesokorporatistischer Arrangements in drei Bundesländern, d.h. unter unterschiedlichen Rahmenbedingungen. Wir vergleichen also keine Bundesländer, sondern eine spezifische Steuerungsform (von mehreren existierenden) unter einer divergenten ökonomischen, politischen und organisatorischen Umgebung. Ziel des Verfahrens ist die Identifikation von Restriktionen, Kompatibilitätsproblemen und funktionalen Äqui-

valenten bei der korporatistischen Steuerung des ökonomischen Strukturwandels in einer Region. Dabei folgt die Analyse und Bewertung nur in kurzem zeitlichen Abstand, was einerseits mit dem methodischen Problem unvollendeter Prozesse und unsicherer Wirkungen verbunden ist, andererseits allerdings die praxeologischen Bezüge und Bedeutung steigert. Dies führt jedoch zu einigen Schwierigkeiten wegen der begrenzten Verfügbarkeit von Daten, die zum Beispiel in Form von amtlichen Statistiken erst mit einiger Verzögerung vorliegen. Gewichtiger ist jedoch der Umstand, daß klassische Indikatoren, wie Haushaltsdaten oder formale Pakte zwischen Staat und Verbänden, für mesokorporatistische Arrangements bzw. kooperative, prozeßorientierte Industriepolitiken nur begrenzt tauglich sind, da sich vieles im informellen Bereich oder in von den Verbandszentralen tolerierten, ja z.T. initiierten Betriebsvereinbarungen abspielt. Da zudem das zu untersuchende Phänomen von mesokorporatistischer Struktur und politisch-ökonomischem Kontext einigermaßen komplex strukturiert ist, taucht bei diesem Vergleichsdesign ein weiteres methodisches Problem auf: Many variables, small N – wie es A. Lijphart (1975) einmal formuliert hat. Allerdings läßt sich die Fallzahl nicht einfach erhöhen, da die politisch-ökonomische Wirklichkeit nicht einem Zufallsgenerator und dem Gesetz der großen Zahl unterliegt. Die hier untersuchten Bundesländer Baden-Württemberg, Nordrhein-Westfalen und Sachsen bilden gegenwärtig die Gesamtheit der relevanten Fälle; nur hier sind mesokorporatistische Strategien des Strukturwandels einigermaßen hoch entwickelt, vor allem da wird eine aktive Industriepolitik betrieben.[7]

3.2 Fallskizze Baden-Württemberg: „unternehmensgeleiteter" Korporatismus

Aufgrund der besonders günstigen industriestrukturellen Bedingungen hat Baden-Württemberg in den vergangenen Jahrzehnten als Hort der Prosperität und als wirtschaftliches „Musterländle" gegolten. Die wichtigsten ökonomischen Kennziffern lagen z.b. über dem Bundesdurchschnitt und die infrastrukturellen Bedingungen, wie wissenschaftliche Einrichtungen, galten als vorbildlich (vgl. Ott 1983). Erst nach 1990 hat der konjunkturelle und strukturelle Einbruch Baden-Württemberg erreicht und eine Rezession hervorgerufen, die stärker als im Bundesdurchschnitt ausgefallen ist. Dabei sind sowohl die spezifische Branchenkonfiguration (d.h. ein Cluster im Sinne von Porter) aus Automobil-, Maschinenbau- und Elektroindustrie als auch die mittelständische Struktur der Landesökonomie sowie deren Leitkonzern Daimler-Benz unter erheblichen Druck geraten. Dieser wirtschaftliche Hintergrund bildet einen der wesentlichen Motoren für die vielbeachteten industriepolitischen Aktivitäten der Landesregierung und der Tarifparteien in Baden-Württemberg. Ein anderes Moment, das in der aktuellen Diskussion fast schon in Vergessenheit geraten ist, bilden die infrastrukturellen Aufbauleistungen und Modernisierungspolitiken der Ära Späth.
Die Krise bzw. deren Wahrnehmung und Interpretation als grundlegendes Strukturdefizit hat zweifelsohne zu einem erheblichen Mobilisierungsschub in der Landespo-

---

[7] Darüber hinaus sind Regionalisierung, Föderalisierung, Nationalisierung, Europäisierung und Globalisierung sich wechselseitig durchdringende Prozesse, die die präzise und längerfristig stabile Identifikation politisch-ökonomischer Untersuchungseinheiten erschweren.

litik geführt. Verstärkend ist hinzugekommen, daß sich im Sommer 1992 eine schwarzrote Regierung um E. Teufel und D. Spöri gebildet hat. In den Koalitionsvereinbarungen ist bereits die Einberufung einer „Zukunftskommission Wirtschaft 2000" festgelegt und alsbald realisiert worden. Ihre Aufgabe ist es gewesen, die zentralen Herausforderungen zur Erhaltung und zum Ausbau der Wettbewerbsfähigkeit der baden-württembergischen Wirtschaft zu analysieren und entsprechende Lösungsvorschläge zu erarbeiten. Als Ziel gilt es, „die Krise zu nutzen, um die Zukunft zu gewinnen" (Zukunftskommission 1993: 10), d.h. den in Gang befindlichen Anpassungsprozeß der baden-württembergischen Wirtschaft auf breiter Front zu fördern und die Grundlagen zu legen für einen dauerhaften Erfolg. Zur Überwindung der Krise wird der baden-württembergischen und deutschen Wirtschaft insgesamt eine Doppelstrategie empfohlen, die sich bezieht auf:
- einerseits die Wiederherstellung und Sicherung der internationalen Wettbewerbsfähigkeit (weniger der vorhandenen Branchen und Produkte als durch eine massive Verbesserung der ökonomischen Rahmenbedingungen und Zukunftsorientierung),
- andererseits einen massiven Vorstoß bei Schlüsseltechnologien und neuen Produkten, also eine Aufholstrategie in den zukunftsträchtigen industriellen Feldern.

Die Rolle des Staates soll dabei – abgesehen von der Bildungspolitik und der Förderung der Grundlagenforschung – die des „Organisators und Moderators eines Zukunftsdialoges und des Initiators von Fragen und Aufgabenstellungen" (Zukunftskommission 1993: 13) sein. Von großer Bedeutung ist auch die Rolle des Staates als innovativer Nachfrager und damit als Förderer von Zukunftstechnologien. Ferner ist die Gründung eines „Technologierates" auf Bundesebene und eines „Innovationsbeirates" auf Landesebene (Zukunftskommission 1993: 54) vorgeschlagen worden. Hier sollen Defizite identifiziert, Konsens durch Dialog gesucht und Schwerpunkte bei strategischen Technologien gebildet werden.

Diese Vorschläge der Kommission werden ergänzt durch entsprechende Aktivitäten des Wirtschaftsministeriums; sie firmieren unter Stichwörtern wie „marktwirtschaftliche Industriepolitik" und „dialogorientierte Wirtschaftspolitik" (Spöri).[8] Zu den wichtigsten Elementen zählen die sogenannten Branchengespräche, von denen bisher fünf stattgefunden haben zu Themengebieten wie Automobilzulieferer, Maschinenbau, Zukunftsmarkt Umwelttechnologie. Hier kommen Unternehmer aus dem Lande, Verbandsvertreter und Gewerkschafter zu Beratungen über eine langfristige Absicherung der Wettbewerbsfähigkeit zusammen. Diese Gespräche werden durch die Ministerialverwaltung sorgfältig vor- und nachbereitet, gelegentlich sind professionelle Consultants mit am Werk. Zu den solchermaßen gemeinsam entwickelten und beschlossenen Maßnahmen zählen vor allem
- Liquiditätsspritzen für schwer angeschlagene Unternehmen mit Gesundungsaussichten,

---

8 Siehe hierzu Die Zeit vom 14.1.1994: „Neue Töne aus dem Süden"; Die Welt vom 1.6. 1993: „Das Modell Deutschland ist veraltet" und vom 26.11.1993: „Die Krise als Chance begreifen"; Manager-Magazin Nr. 7/1993: „Spätzle Connection"; Der Spiegel Nr. 1/1994: „Schneller auf den Markt" (Interview mit D. Spöri) sowie Sozialdemokratischer Pressedienst vom 17.8.1993: „Grundelemente eines Beschäftigungspaketes von Staat, Unternehmen und Gewerkschaften"; zum Kommissionsbericht vgl. auch Schmid 1994b.

- Beratungsangebote zur Einführung von Lean Production und anderen neuen betrieblichen Organisationsformen,
- Förderung von Verbundforschung zwischen kleinen und mittleren Unternehmen unter der Projektleitung eines der zahlreichen anwendungsorientierten Forschungsinstitute,
- Anreize zur Bildung für strategische Kooperationen und Hilfen bei der Erschließung ausländischer Märkte, besonders im asiatischen Raum (vgl. Manager-Magazin 7/ 1993: 110).

Bereits früh sind die Tarifparteien im Lande dazu übergegangen, Branchen- und Regionalanalysen und Strategiepapiere unter Einbeziehung der anderen Seite zu entwickeln. Mit der Diskussion um die (künftige) Problemregion Stuttgart im Zusammenhang mit einem Gutachten des IMU-Instituts 1987 hat die IG Metall einen ersten Schritt gemacht, der jedoch weitgehend wirkungslos blieb. Im Frühjahr 1994 hat sie wiederum eine solche Studie vorgestellt (vgl. IMU 1994). Stärkere Resonanz haben gewerkschaftliche Tagungen über die Fahrzeugzulieferindustrie und den Werkzeugmaschinenbau gefunden, auf denen Unternehmensvertreter die Branchensituation vorgestellt haben (vgl. Namuth 1994). Umgekehrt hat der Verein deutscher Werkzeugmaschinenfabriken (VDW) angesichts der massiven Probleme der Branche im November 1992 ein Konzept verabschiedet, dessen Grundzüge mit der baden-württembergischen IG Metall diskutiert worden sind (vgl. Kern 1994: 47f.; s.a. Herrigel 1994 zum kooperativen Modus der Krisenverarbeitung).

Für H. Kern ist damit zugleich ein erheblicher Status- und Einflußgewinn der Gewerkschaften bei der „Erneuerung des deutschen Produktionsmodells" sichtbar geworden: „Waren die Skeptiker der IG Metall bis vor kurzem noch industriepolitische Propheten gewesen, die wenig galten im eigenen Land, so avancierten sie in den Augen des anderen ökonomisch-politischen Akteurs jetzt in den Rang eines Partners, der zur Aufhellung der anstehenden Probleme einiges beitragen kann und der zur Implementation von Lösungsschritten geradezu unverzichtbar erscheint" (Kern 1994: 46f.)

Gleichwohl sind die aktuellen Erfolgsberichte über die industriepolitischen Aktivitäten in Baden-Württemberg zu relativieren. Zum einen basiert der Dialog der Tarifparteien hochgradig auf Personen: „Leibinger und Riester – das ist auch so ein Paar, das es schafft, auch ohne Institutionen zu kooperieren" (so die Zeit vom 14.1.1994). Zum anderen ist es bei der Abfassung der schriftlichen Fassung des Berichts der Zukunftskommission zu einer abweichenden Stellungnahme zweier Mitglieder (W. Riester, Bezirksleiter der IG Metall, Stuttgart und Prof. F. Naschold, Wissenschaftszentrum Berlin)[9] gekommen, was doch erhebliche Lücken im Konsens signalisiert. Ferner sind im Landeshaushalt und auf der Ebene „harter" wirtschaftspolitischer Programme keine wesentlichen Maßnahmen zu entdecken, was jedoch nicht bedeuten muß, daß der dialogorientierten Industriepolitik nur symbolischer Charakter zukommen würde. Zumindest als Folge der Branchendialoge der Tarifparteien sind einige Betriebsvereinbarungen zur Beschäftigungssicherung abgeschlossen worden; allerdings lassen sich das genaue Ausmaß und die detaillierten Hintergründe solcher Abkommen nicht ermitteln. Schließlich deuten Ergebnisse einer empirischen Erhebung über den Ma-

---

9 Die Sondervoten sind dokumentiert im jüngsten Jahrbuch Arbeit und Technik (vgl. Fricke 1994).

schinenbau an, daß in Baden-Württemberg in arbeitsorganisatorischer Hinsicht mehr im argen liegt als gemeinhin vermutet wird und in hohem Maße ein technikzentriertes, neotayloristisches Modell vorliegt.[10] Solche Aspekte werden im Bericht der Zukunftskommission überhaupt nicht behandelt wie überhaupt hier ein stark normativer Tenor hervorsticht. Der Umstand, daß Baden-Württemberg seine Erfolge in den vergangenen Jahrzehnten auf einer neotayloristischen Strategie aufgebaut hat, deutet aber im Hinblick auf die Bedeutung der baden-württembergischen Gewerkschaften als langjährige Mahner und Modernisierer auf beachtliche arbeitspolitische Ambivalenzen hin. Sie relativieren die optimistischen Einschätzungen von Kern, Herrigel und anderen zumindest in der Retrospektive.

Last but not least basieren die Politikmuster der gegenwärtigen Landesregierung und die infrastrukturellen Bedingungen hochgradig auf den Arbeitsergebnissen der Vorgängerregierung Späth (vgl. dazu die entsprechenden Beiträge in Bröchler 1990, Jürgens/Krumbein 1991 sowie Sturm 1991: 71ff.). Exemplarisch ist hier auf die Wissenschaftsstadt in Ulm zu verweisen, da sich in diesem Zusammenhang – präziser als in der aktuellen Politik – ein für das Land typisches Steuerungsmuster enthüllt. Mit dem Aufbau einer Wissenschaftsstadt ist Baden-Württemberg japanischen Vorbildern gefolgt und hat die seit Jahrzehnten praktizierte und staatlich alimentierte Kooperation von Wissenschaft und Wirtschaft auf ein qualitativ neues Niveau gehoben. Schräg zu den klassischen Förder- und Interaktionskategorien erfolgt nun eine dichte organisatorische Verknüpfung, eine Streckung der Zeithorizonte sowie eine Zusammenlegung von Ressourcen (finanzielle Mittel, technisches Wissen, Steuerungskapazitäten, Kontrolle von Unsicherheitszonen) der Beteiligten. Dadurch entsteht eine neuartige Institution im Schnittbereich von staatlicher Industriepolitik, Wissenschaft und privater Wirtschaft. Die unterstellte Rationalität einer solchen Wissenschaftsstadt liegt in der Erzeugung von Synergieeffekten durch Kooperation, Vernetzung und Förderung von Forschungs- und Entwicklungsarbeit bei einer Vielzahl von privaten und staatlichen Akteuren (vgl. hierzu Naschold 1990 und Schmid et al. 1993).

Unter Steuerungsgesichtspunkten lassen sich der Fall der Wissenschaftsstadt Ulm und ansatzweise auch die aktuelle industriepolitische Praxis als „autorisierte Selbststeuerung" durch Großunternehmen oder als „unternehmensgesteuerter" Korporatismus charakterisieren. Das bedeutet, daß in einem stark regional geprägten Unternehmensnetzwerk bzw. in der eng verflochtenen Landesökonomie ein Leitkonzern zu erheblichen Teilen die „quasi-politische" (Ronge) Aufgabe der Steuerung übernehmen und durch entsprechende Maßnahmen auf Seiten der Regierung dabei gestärkt werden soll. Damit werden nicht nur die vielfältigen Regulierungskapazitäten eines Großkonzerns genutzt, sondern auch zwei weitere Probleme vereinfacht. Erstens wird den systemischen Grenzen staatlicher Steuerungsfähigkeit mikroökonomischer Prozesse Rechnung getragen und zweitens wird zugleich der innerparteiliche Widerspruch bzw.

---

10 Die Daten sind im Rahmen des Bochumer NIFA-Panels des SFB 187 erhoben worden. Sie zeigen u.a., daß zwar die Ausstattung mit C-Technologien überdurchschnittlich ist – rund 40 % der Maschinenbaubetriebe mit der höchsten Technikausstattung finden sich hier, während dagegen Gruppenarbeit nur in bemerkenswert geringem Maße verbreitet ist – bei enger Definition ca. 10%. Das Problem wird jedoch inzwischen von Gewerkschafter- und Unternehmerseite angegangen (vgl. Stuttgarter Zeitung vom 11. 6. 94: „Alle hoffen auf die Kraft der Gruppe. Maschinenbauer und IG Metall legen erstmals ein gemeinsames Konzept vor").

der ordnungspolitische Spagat zwischen Interventionsabsicht und Marktorientierung, der die Modernisierungspolitik von L. Späth (entgegen der beliebten Absolutismus-Theoreme) charakterisiert hat, erheblich reduziert. Charakteristisch für die Entwicklung des Konzepts einer Wissenschaftsstadt ist ferner die dezentral-evolutionäre Vorgehensweise gewesen, an der eine Vielzahl von Akteuren beteiligt war, und bei der die Landesregierung eine zurückhaltende, vorwiegend moderierende Rolle eingenommen hat, während die Initiative aus der Region Ulm kam sowie der Daimler Benz Konzern die dominierende Position im Formulierungsprozeß übernahm.

Das anfangs weitgehend informelle und dezentrale Verfahren, die thematische Komplexität und hohe Zahl an Akteuren mit unterschiedlichen Interessen (Landesregierung mit verschiedenen Ministerien, Stadt und Region Ulm, Universität und Fachhochschule, IHK, Daimler Benz, andere Groß- und Kleinunternehmen im Lande) haben vor allem den Gewerkschaften Probleme bereitet, ihre Positionen und Vorstellungen frühzeitig und wirkungsvoll in diesen Prozeß einzubringen. Ihre primär auf formale staatliche Wege und tarifpolitische Entscheidungsstrukturen vertrauenden Einfluß- und Konfliktstrategien sind den Bedingungen vernetzter Politik lange Zeit nicht gerecht geworden. Zudem verfügen Gewerkschaften nicht über die für eine „Aufnahme" ins Netzwerk wichtigen F&E-Ressourcen und ingenieurwissenschaftlichen Kompetenzen (vgl. hierzu Schmid et al. 1993 sowie allgemein Bruder/Hofelich 1982).[11]

Der Vergleich zwischen der Ära Späth und der Koalitionsregierung Teufel/Spöri zeigt eine Reihe von bemerkenswerten Kontinuitätslinien in der Politik des industriellen Strukturwandels auf: Dies gilt in prozeduraler Hinsicht für die informelle, personalisierte und teilweise über Expertenkommissionen vollzogene Art und Weise der Konsenssuche. Sie gilt auch für die im Kern immer noch dominante Position der Kapitalseite im „unternehmensgeleiteten" Korporatismus, in dem die Gewerkschaften freilich mittlerweile die Rolle eines „Juniorpartners" einnehmen. Auch in bezug auf die Zielsetzung zeigt sich damals wie heute eine markante Orientierung auf high-tech und Wissenschaft sowie deren – inzwischen etwas reduzierte – Einbindung in das mitunter auch als „Technokoporatismus" gekennzeichnete Modell (Weber 1986).

3.3 Fallskizze Nordrhein-Westfalen: „Inszenierter Korporatismus"

Obwohl im Ordnungsmodell der sozialen Marktwirtschaft so nicht vorgesehen, wurden auch in der politischen Praxis in Nordrhein-Westfalen (NRW) in den letzten Jahrzehnten verschiedene industrie- und strukturpolitische Konzepte angewandt. Wesentliches Ziel der strukturpolitischen Eingriffe des Landes war die Entschärfung akuter wirtschaftsstruktureller Krisen, die sich regional im Ruhrgebiet bündeln. Vor allem durch die seit den 60er Jahren permanenten Krisen von Kohle und Stahl ist das Land als ein Vorreiter für strukturbeeinflussende Maßnahmen anzusehen (vgl. zum

---

11 Während im Falle der Wissenschaftsstadt Ulm die Asymmetrie der Ressourcenverteilung durchschlägt, sind die Gewerkschaften jedoch im Falle der Akademie für Technikfolgenabschätzung in Baden-Württemberg durch politische Vorgaben der Landesregierung gestärkt worden. Auch haben sie sich inzwischen in diese Institution erfolgreich und flexibel eingebracht und mit dem Forum Soziale Technikgestaltung beim DGB-Landesbezirk ein interessantes Diskurs-Netzwerk aufgebaut (vgl. Schmid et al. 1993).

sozialökonomischen Wandel von NRW Heinze et al. 1992 sowie die Beiträge in Bußmann 1988). Mit dem 1968 aufgelegten „Entwicklungsprogramm Ruhr" griff zum ersten Mal in der Geschichte der Bundesrepublik eine Landesregierung aktiv in den wirtschaftlichen Strukturwandel ein. Diesem Entwicklungsprogramm folgte dann eine ganze Reihe weiterer Programme und Aktivitäten, beispielsweise die verschiedenen Technologieprogramme und dann in den 80er Jahren die Regionalisierung der Strukturpolitik mit der „Zukunftsinitiative Montanregionen" (ZIM) und die „Zukunftsinitiative für die Regionen Nordrhein-Westfalens" (ZIN).

Vor allem mit der regionalisierten Strukturpolitik wurde ein neuer industriepolitischer Ansatz entwickelt, der die prozedurale Ausrichtung moderner Steuerungskonzepte durchaus aufnimmt. Sie bildet mit ihrer dezentralen Orientierung ein Gegengewicht zu strukturpolitischen Maßnahmen, die zentral auf Landesebene angesiedelt über lange Zeit die nordrhein-westfälische Politik bestimmt haben (vgl. Heinze/Voelzkow 1991 und 1992). Der Zweck der regionalisierten Strukturpolitik besteht darin, durch eine problembezogene Analyse der regionalen Situation (in der „Zukunftsinitiative Montanregionen" bezog sich dies ausschließlich auf das Ruhrgebiet) und durch eine entsprechende regionalspezifische Formulierung und Umsetzung von Erneuerungskonzepten höhere Wirkungsgrade zu erzielen. Die damit anvisierte Integration verschiedener Politikfelder und die Verdichtung vielfältiger Maßnahmen zu einem gezielten Erneuerungskonzept ist nur durch eine aktive Beteiligung der regionalen Ebene zu leisten. Eine so organisierte regionale Strukturpolitik setzt auf die Sachkenntnis und das Handlungspotential der regionalen und lokalen Akteure, die in Eigenverantwortung neue Koordinierungs- und Kooperationsformen finden sollen. Voraussetzung einer solchen Politik ist damit aber auch eine Dialog- und Konsensbereitschaft der wichtigen Akteure auf regionaler und kommunaler Ebene, seien es Gewerkschaften, Kammern, Arbeitgeberverbände, Stadtverwaltungen etc.

Durch einen derart „inszenierten Korporatismus" (Heinze/Voelzkow 1991) werden gesellschaftliche Interessen in die Strukturpolitik eingebunden und damit deren Kompetenz genutzt. Zudem zielt man auf eine stärkere Förderung interkommunaler Kooperation, um damit die Folgeprobleme sektoral und horizontal fragmentierter Politik abbauen zu können. Eine wesentliche Aufgabe der Regionalisierungspolitik besteht darin, „regionale Entwicklungskonzepte" in Regionalkonferenzen zu erarbeiten. In NRW wurden Anfang der 90er Jahre mit der „Zukunftsinitiative für die Regionen Nordrhein-Westfalens" 15 Regionen gebildet, die ein mittelfristiges Entwicklungskonzept erarbeiten und im Konsens verabschieden sollten. Dieses Ziel haben die meisten Regionen inzwischen erreicht und dokumentieren damit den strukturpolitischen Diskussionsstand in den Regionen. Die Regionalkonferenzen sind als Forum für die „gesellschaftlich relevanten Kräfte" gedacht, die am Strukturwandel beteiligt bzw. von ihm betroffen sind. Der Empfehlung der Landesregierung, ein breites Beteiligungsspektrum sicherzustellen (von den Kammern über die Gewerkschaften bis hin zu Umweltverbänden), sind nicht alle Regionen gefolgt. Teils hatten die Regionalkonferenzen einen sehr exklusiven Mitgliederkreis, teils ein sehr breites Beteiligungsspektrum. Auffallend ist, daß zwar die Verbände des Wirtschafts- und Arbeitssystems vertreten sind, einzelne Unternehmen jedoch kaum präsent waren. Die Regionalkonferenzen sind allerdings nicht nur durch formelle Beteiligungsstrukturen zu erschließen, hinzu kommt die große Bedeutung informeller Interaktionsprozesse. „Betrachtet

man die Binnenstruktur der Konferenzen, können Arbeitseinsatz, Innovations- und Integrationskraft einzelner Führungspersönlichkeiten gar nicht hoch genug eingeschätzt werden. Arbeitsgruppen 'laufen' nur, Projektideen kommen nur dann zustande, wenn Personen engagiert, mit oft erheblichem Aufwand an Zeit und Energie für die Verwirklichung ihrer Vorstellungen eintreten. Hier kommt der Konferenzleitung eine zentrale Bedeutung zu. Neben der laufenden Geschäftsführung kann sie informelle Kontakte zu den Experten in den Arbeitsgruppen nutzen und damit wesentlichen Einfluß auf deren Arbeitsweise und -ergebnisse nehmen" (Krafft/Ullrich 1994: 12; vgl. hierzu auch die Beiträge in ILS 1992 und Heinze/Voelzkow 1994b sowie Fürst 1993).
Ein häufig erwähnter Kritikpunkt an der Regionalisierungspolitik betrifft die institutionellen Grundlagen der Regionalisierung, also die Frage, welche demokratisch legitimierten Institutionen für den Regionalisierungsprozeß die Zuständigkeit erhalten und die Verantwortung übernehmen wollen. Andererseits kann die Offenheit des Verfahrens auch als ein Vorteil gewertet werden, weil sie zu einer Vielfalt von Optionen führte, anstatt einen bestimmten Weg für alle Regionen vorzuschreiben. In den Debatten um die Fortführung der Regionalisierungspolitik wird immer wieder die Frage nach einer Formalisierung dieser Gremien in Form von neuen Institutionen diskutiert. Bislang konnte sich ein solches Votum für institutionelle Strukturreformen nicht durchsetzen und auch in Zukunft wird die Regionalisierung der Strukturpolitik in Nordrhein-Westfalen wohl innerhalb der vorhandenen politisch-institutionellen Strukturen ablaufen. Dies schließt nicht den Aufbau neuer kooperativ gestalteter Einrichtungen zur Umsetzung strukturpolitischer Maßnahmen aus.
Zusammenfassend ist festzustellen, daß der von der Landesregierung inszenierte Prozeß eine Eigendynamik in den Regionen entfaltet hat und sich nun auch in gemeinsam betriebenen Vorhaben umzusetzen scheint. Damit wird ein Weg beschritten, der ansatzweise als Organisation kollektiver Lernprozesse gekennzeichnet werden kann. Neue strukturpolitische Handlungsoptionen und gemeinsame Projekte (etwa Entwicklungs- oder Marketingagenturen) werden durch Diskussion, vertrauensbildende Maßnahmen und Verhandlungen entwickelt. Da die wirtschaftliche Entwicklung, vor allem aber auch die wirtschaftsnahe Infrastruktur über Jahrzehnte durch eine tayloristische Arbeits- und Denkweise geprägt wurde, ist es nicht weiter verwunderlich, daß diese kollektiven Lernprozesse sich nur langsam durchsetzen können. In der Anwendung prozedural ausgerichteter Strategien besteht allerdings die Möglichkeit, zwischen Denkmustern zu vermitteln, die oft noch zu stark polarisiert werden. Dies zeigt sich besonders an dem Spannungsverhältnis von Konkurrenz und Kooperation. Mit einer so verstandenen Industrie- und Standortpolitik können Impulse für den Aufbau von neuen Produktions- und Dienstleistungsclustern gegeben werden, die positiv auf die regionale Ökonomie einwirken können. Diese Verknüpfungen können jedoch weder verordnet werden noch reichen finanzielle Anreize zur Initiierung einer entsprechenden Zusammenarbeit aus (zum konzeptionellen Ansatz vgl. auch die Strategie des „Learning by monitoring" bei Sabel 1994a sowie ders. 1994b). Das Bestreben der Landesregierung war und ist es, die regionalen Institutionen und gesellschaftlichen Organisationen, aber auch in jüngster Zeit verstärkt die Unternehmen über ihre klassische (oft passive) Rolle hinaus aktiv an dem Umgestaltungsprozeß zu beteiligen; so jüngst in der „Gemeinschaftsaktion Standort Nordrhein-Westfalen" (vgl. Einert 1994). Durch eine derartige Mobilisierung der regionalen Potentiale und die Bildung eines

breiten Konsenses werden – so die Hoffnung – die traditionellen Schwächen der Strukturpolitik (z.B. Mitnahmeeffekte, mangelnde Abstimmung zwischen verschiedenen Politikfeldern) direkt angegangen. Dadurch sind Diskussionsprozesse in den Regionen ausgelöst worden und „konzertierte Aktionen" in einzelnen Handlungsfeldern entstanden. Ob die ebenfalls anvisierte Integration verschiedener Förderinstrumente auf regionaler Ebene auch effektiv in der Landespolitik genutzt wird, ist bislang noch zweifelhaft. Eine durchgreifende Regionalisierung der Strukturpolitik ist auch im Ministerium für Wirtschaft, Mittelstand und Technologie erst einmal administrativ durchzusetzen, zumal in jüngster Zeit wieder der ökonomische Anpassungsdruck in den klassischen „altindustriellen" Regionen wächst und damit der Handlungskorridor für eine an den Prinzipien der Regionalisierung orientierte Reformpolitik eher schmaler zu werden scheint.

3.4 Fallskizze Sachsen: „Situativer" Korporatismus

Die strukturpolitischen Herausforderungen, vor denen die neuen Bundesländer stehen, sind kaum vergleichbar mit dem Anpassungsdruck, wie er sich in „altindustriellen" Regionen der alten Bundesrepublik (z.B. dem Ruhrgebiet) darstellt. Der wesentliche Unterschied liegt darin, daß im Ruhrgebiet schon mit der ersten Kohlekrise in der zweiten Hälfte der 50er Jahre ein Anpassungsprozeß an den Strukturwandel einsetzte und schrittweise zu einem Umbau der Wirtschaftsstruktur führte. Demgegenüber hat ein regelrechter Transformationsschock die traditionellen Wirtschaftsstrukturen der ehemaligen DDR erschüttert und kurzfristig unter einen hohen Anpassungsdruck gesetzt. Das Bundesland Sachsen, das zu DDR-Zeiten die meisten Industriebeschäftigten aufwies, hat zwischen Anfang 1991 und Anfang 1993 fast zwei Drittel der Industriearbeitsplätze verloren. Zudem sind erhebliche Standortdefizite zu verzeichnen: „Nach westdeutschen Maßstäben lagen Branchen sächsischer Industrieproduktion, wie der Automobilbau in Zwickau, um mindestens zwei Jahrzehnte zurück und zwar sowohl hinsichtlich der Produktentwicklung als auch der Produktionsorganisation. In betriebswirtschaftlichen Bereichen wie Vertriebstechniken, Vertriebsorganisation, Vertriebslogistik und strategischer Produktentwicklung mußte nach fast sechzig Jahren zunehmend zentral gelenkter Wirtschaft bei Null begonnen werden" (Revel 1993: 6).[12]
Der Deindustrialisierungsprozeß ist inzwischen so weit fortgeschritten, daß kein ostdeutsches Bundesland „auch nur annähernd den vergleichsweise niedrigen Industriebesatz der vorwiegend landwirtschaftlich geprägten Westländer Schleswig-Holstein und Niedersachen erreicht" (Nolte 1994, 33). Dennoch nimmt Sachsen im Vergleich zu den anderen Ländern im Osten Deutschlands noch eine vergleichsweise gute ökonomische Position ein, was sich u.a. an den relativ hohen Investitionszusagen zeigt. So liegt das Bruttoinlandsprodukt an der Spitze und auch die Arbeitslosenquote ist auf einem niedrigeren Niveau, wenngleich sich insgesamt auch innerhalb Sachsens

---

12 Zur vielfältigen Literatur über die De- und Reindustrialisierungsprozesse in Ostdeutschland vgl. Pfeiffer 1993; Industriepolitik 1991; Wegner 1994 sowie Heidenreich 1994; Kern/ Voskamp 1994 und Lippold et al. 1992.

starke regionale Disparitäten existieren. Einen noch immer relativ hohen Industrialisierungsgrad weisen die Regionen Dresden, Leipzig und Chemnitz mit den sektoralen Schwerpunkten Maschinen- und Fahrzeugbau, Textilindustrie sowie Elektrotechnik und Leichtindustrie auf.
Vor dem Hintergrund dieses Transformationsschocks stellen sich Modernisierungsaufgaben von einer Dimension, die in den letzten Jahrzehnten keine Vorbilder kennt. Der massive Deindustrialisierungsprozeß klassischer „altindustrieller" Regionen in Sachsen führte denn auch schon bald nach der ersten Euphorie über ein gemeinsames Deutschland zu massiven Protesten gegen die Treuhandpolitik und zu deutlichen Forderungen an die CDU-geführte Landesregierung. Gerade weil die Bevölkerung in den neuen Bundesländern im Hinblick auf neue Beschäftigungsmöglichkeiten vor allem den Staat in der Verantwortung sieht, entstehen für die politischen Akteure auch größere Handlungszwänge. Solche Schlußfolgerungen lassen sich aus einer empirischen Studie über wirtschafts- und beschäftigungsrelevante Einstellungen und Verhaltensweisen der Erwerbsbevölkerung in Sachsen ableiten: „Wahrscheinlich übertragen die sächsischen Erwerbspersonen die angemaßte 'Sorgepflicht' der früheren Behörden um so bruchloser als Aufgabe auf die gegenwärtigen, da die Wahlzusagen nicht weniger Politiker von den Menschen in Sachsen nur zu bereitwillig als Selbstverpflichtung verstanden wurden, nun für sie in der Frage der Beschäftigung im gleichen Maße zu 'sorgen', wie der frühere Staat, nur ungleich besser und effizienter" (Müller-Syring 1993: 191).
Der Ministerpräsident des Freistaates Sachsen, K. Biedenkopf, hat bereits 1991 die massiven Signale aus der Bevölkerung und die vor allem von den Gewerkschaften erhobenen Forderungen nach einem substantiellen Erhalt der industriellen Kerne in Sachsen und eine aktive Industriepolitik aufgenommen. Dadurch gilt das Land Sachsen unter vielen Experten als Pionier in industriepolitischen Aktivitäten im Osten Deutschlands. Schon früh gab es enge Kontakte und Beratungen zwischen der IG-Metall, die in Sachsen eine relativ starke Position innehat, und der Landesregierung, so daß von einem „bipartistischen Korporatismus" zwischen Gewerkschaften und der CDU-Regierung gesprochen wurde. Mit dem Aufbau von Verbandsstrukturen auch auf Unternehmerseite, die sich etwas langsamer entfalteten als auf seiten der Gewerkschaften, wurde aus dem „bipartistischen" ein „tripartistischer" Korporatismus, wenngleich die Unternehmerorganisationen und auch die Kammern noch immer „eine eher untergeordnete Rolle" (Krumbein 1992: 214, vgl. Schmid et al. 1994) spielen.
Interessant an der industriepolitischen Konstellation in Sachsen und dem sich dort herausgebildeten Korporatismus ist neben der großen Situationsbedingtheit und dem Zeit- und Handlungsdruck die Frontstellung gegenüber der Treuhandanstalt, die sogar schon als „Gegenakteur" des sächsischen Korporatismus gekennzeichnet wurde. Gleichzeitig weisen sowohl die IG Metall wie auch das Unternehmerlager in Sachsen die Besonderheit auf, daß nur in diesem neuen Bundesland eigenständige Regionalorganisationen installiert worden sind (vgl. die entsprechenden Beiträge in Schmid et al. 1994).[13]

---

[13] Trotz aller Probleme scheint auch der Verwaltungsaufbau in Sachsen weiter vorangeschritten zu sein als in anderen östlichen Bundesländern. Beobachter sprechen sogar von einer „innovationsorientierten Verwaltungskultur" (vgl. FAZ vom 3.8.1993: „Regieren lernen in Kantinen").

Aufschlußreich ist in diesem Zusammenhang die Gründung des „Interessenverbands Chemnitzer Maschinenbau", der im April 1992 von zwei unmittelbar betroffenen Geschäftsführern und dem ersten Bevollmächtigten der IG-Metall Chemnitz initiiert wurde. Hierin zeigen sich einerseits das große Engagement und die regionale Verantwortung der IG-Metall, die auch vor unkonventionellen Schritten nicht zurückschreckt und sich sogar an der Stärkung der verbandlichen „Unternehmermacht" beteiligt. „Gleichzeitig reflektiert die Verbandsgründung die Auffassung vieler ostdeutscher Manager, daß in der Bundesrepublik bestehende, im Zuge des Vereinigungsprozesses auf die neuen Bundesländer ausgedehnte Verbände zur Vertretung von Unternehmensinteressen wie der VDMA und der VSME die spezifischen Belange ostdeutscher Betriebe bisher nicht wirksam zu vertreten vermochten" (Preusche 1993: 2; vgl. auch die Beiträge in Eichener et al. 1992, Schmid et al. 1994 sowie Wiesenthal in diesem Band). Die Kooperation zwischen der IG-Metall, dem neuen Interessenverband und der Kommune wurde weiter intensiviert und zeigt sich nun auch in gemeinsamen Projekten vor Ort, beispielsweise dem Aufbau eines sächsischen Industriemuseums in Chemnitz, das auch einen „Handwerkerhof" etc. beinhalten soll.
Angesichts eines oberflächlichen Konsenses zwischen der Landesregierung und den Gewerkschaften sowie den Unternehmerverbänden hinsichtlich der Notwendigkeit des Erhalts industrieller Kerne und der Sanierung der noch verbliebenen bedeutenden Industrieunternehmen suchte man nach unkonventionellen Ideen und Projekten zur Stabilisierung der regionalen Wirtschaftsstrukturen, wobei die Landesregierung im Gegensatz zu Vorschlägen aus der IG-Metall den Aufbau von staatlichen Industrieholdings ablehnte. Das Land setzte weiterhin auf Privatisierung und baute primär auf verschiedene Arbeitsmarkt- und weitere Beratungs- und Finanzierungsinstitutionen auf. „Das entscheidende Merkmal dieser Institutionen bestand in den Augen der CDU-Landesregierung, die sie ins Leben rief, in ihrem dezentralen Charakter und in ihrer Positionierung an der Schnittstelle zwischen dem öffentlichen und dem privaten Bereich. Statt als einfache Auslagerungen von Landesbehörden betrieben zu werden, legte man sie als semiautonome Organisationen an" (Kern/Sabel 1993: 484; vgl. auch Czada 1993 und Wiesenthal 1993b).
Die geringen Erfolge einer schnellen Privatisierungspolitik führten bereits im Herbst 1991 dazu, einen Landesfonds („Sachsenfonds") in der Öffentlichkeit zu präsentieren, an dem sich das Land indirekt beteiligen wollte, der aber primär das Gesellschaftskapital von privaten Unternehmen akquirieren und in dem von der Treuhandanstalt zu kaufende sanierungsfähige Unternehmen wettbewerbsfähig gemacht werden sollten. Aufgrund der abwartenden und eher skeptischen Haltung der privaten Kapitalgeber konnte dieser Länderfonds – wie auch andere (z.B. in Berlin und Brandenburg) – nicht realisiert werden (vgl. Nolte 1994: 35 und Seibel 1994: 29).
Ein Projekt wird immer wieder als Experimentierfeld eines sächsischen Korporatismus genannt: das ATLAS-Projekt (= Ausgesuchte Treuhandunternehmen vom Land angemeldet zur Sanierung). Basis dieses kooperativen industriepolitischen Modells ist eine Vereinbarung zwischen der Treuhandanstalt und dem Land Sachsen von April 1992, die einerseits die Treuhandanstalt verpflichtete, ausgewählte und für sanierungsfähig gehaltene Unternehmen mit auch mehrjährigen Sanierungskonzepten zu tragen, während das Land Sachsen diese Unternehmen mit allen staatlichen Förderungsmitteln (sowohl aus der Gemeinschaftsaufgabe, aber auch mit öffentlichen Infrastrukturmaß-

nahmen und arbeitsmarktpolitischen Hilfen) unterstützt. Obwohl gerade die IG-Metall weitergehende industriepolitische Konzepte favorisierte (etwa die Bildung von Landessanierungsgesellschaften), unterstützte sie diesen „Mittelweg" der sächsischen Landesregierung, die von ihrem Selbstverständnis her Konzepte, die auf ein „Mehr an Staat" hinauslaufen, ablehnt und sich weiter am vordringlichen Privatisierungsziel orientiert. „Insgesamt stellt die Vereinbarung einen klassischen Kompromiß zwischen sehr gegensätzlichen Positionen – konsequent staatlich unterstützte versus Primat der privatwirtschaftlich ausgerichteten Sanierung – dar. Die Treuhand öffnet den Weg für mehrjährige öffentlich finanzierte Sanierungen, besteht aber darauf, mit ihren Unternehmen jederzeit veranstalten zu können, was sie in einer wie auch immer sich ergebenden aktuellen Situation für richtig hält (Privatisierung bleibt jederzeit möglich). Die sich daraus ergebende Crux ist, daß die zu sanierenden Firmen ständig wieder in den politischen Bargaining-Prozeß gezogen werden können, was sich erfahrungsgemäß auf die Gesundung von Unternehmen sehr problematisch auswirkt. Dennoch war diese karge gemeinsame Basis mit der Treuhand den sächsischen Sozialpartnern genug, mit einer erheblichen Kreativität ans Werk zu gehen. Die sächsischen Sozialpartner verfolgen mit ATLAS das Ziel, dem Prozeß der Deindustrialisierung in Sachsen aktiv entgegenzusteuern. Als regional bedeutsam werden Unternehmen angesehen, deren Einfluß auf den Arbeitsmarkt erheblich ist, sei es als Arbeitgeber oder durch Lieferverflechtungen. Im Rahmen einer mehrjährigen (3 – 5 Jahre) Sanierung sollen diese Betriebe wettbewerbsfähig werden" (Revel 1993: 52; vgl. auch Kern/Sabel 1993; Nolte 1993; Schommer 1993 und Seibel 1994).
Von gewerkschaftlich orientierter Seite wird der entscheidende Schwachpunkt des ATLAS-Modells darin gesehen, daß die Treuhandanstalt weiterhin allein über Liquidation oder Sanierungsfähigkeit entscheidet (vgl. Nolte 1994: 37). Andere Autoren gehen im Hinblick auf die Analyse der strategischen Probleme von ATLAS noch einen Schritt weiter und identifizieren diese in der „Unentschiedenheit" und dem Fehlen klarer langfristiger Verpflichtungen der einzelnen Vertragspartner bzw. von klaren Regeln bei der Regulierung der Kooperation: „Firmen sind als sanierungswürdig eingeschätzt worden, ohne daß das Land oder die Anstalt verpflichtet wären zu sagen, welche finanziellen Konsequenzen für sie daraus folgen werden" (Kern/Sabel 1993: 503). Das ATLAS-Projekt wird zwar als ein „nahezu bilderbuchähnliches Korporatismusmodell" (Revel 1993: 57) dargestellt, da es aber hinsichtlich der Entscheidungsfähigkeit und vor allem Ausführung von Entscheidungen äußerst defizitär erscheint, ist es nicht verwunderlich, daß angesichts der nicht gelösten ökonomischen Probleme weitere industriepolitische Initiativen in Sachsen diskutiert werden. Genannt werden soll an dieser Stelle nur die sächsische Initiative für die Gründung einer staatlichen Sanierungsgesellschaft (eine Industrieholding), die wiederum an ganz zentraler Stelle von der IG-Metallspitze vorbereitet und mitformuliert wurde.
In bezug auf die Einbindung von Verbänden in eine Industriepolitik auf Landesebene und in den Regionen zeigen sich in Sachsen zusammenfassend gerade im Hinblick auf die Gewerkschaften vielfältige Kooperationsbeziehungen bis hin zu gemeinsamen Projekten und Initiativen. Die Vielzahl der im intermediären Bereich zwischen Markt und Staat entstandenen Organisationen in Ostdeutschland (sei es die „Beratungsagentur für arbeitsorientierte Strukturentwicklung in Sachsen" (BASIS) oder auch das „Aufbauwerk" in Sachsen, das 1992 gegründet wurde und sich primär um beschäfti-

gungssichernde Projekte aus den Bereichen des Umweltschutzes und der Stadt- und Dorfsanierung kümmern soll) macht deutlich, wie groß das Engagement der Gewerkschaften auch vor Ort ist. Nicht umsonst spricht Revel (1993) in einer neueren Studie vom „sächsischen Korporatismus vor Ort", der sich aus unserer Sicht nicht strukturell unterscheidet von industriepolitischen Strategien, wie sie seit einiger Zeit in Nordrhein-Westfalen oder auch anderen Regionen präferiert werden.[14]

4. Mesokorporatismen im Vergleich: Strukturen und Interpretationen

Auf den ersten Blick werden in Baden-Württemberg, Nordrhein-Westfalen und Sachsen Varianten des Mesokorporatismus auf regionaler Ebene sichtbar, die sich durch eine konvergente Logik und divergente infrastrukturelle Merkmale auszeichnen. So weist die Steuerungslogik des industriellen Strukturwandels in den drei Bundesländern grosso modo zwei elementare Gemeinsamkeiten auf:
- Erstens erfolgt die Steuerung in hohem Maße durch Einbindung und Konzertierung relevanter verbandlicher Akteure und läßt sich damit als korporatistisch charakterisieren;
- zweitens wird als globales Ziel der Erhalt einer leistungsfähigen industriellen Basis in der Region verfolgt.

Zugleich wird diese gemeinsame korporatistisch-industrialistische Logik im Zusammenspiel mit unterschiedlichen politisch-organisatorischen Infrastrukturen und ökonomischen Problemlagen verfolgt. Insbesondere die folgenden Sachverhalte sind hier zu nennen:
- Am auffälligsten sind die Abweichungen im ökonomischen Kontext dieser mesokorporatistischen Arrangements. Geht es in Baden-Württemberg teils um eine präventive Sicherung der Wettbewerbsfähigkeit der Industrie, teils um eine schnelle Krisenlösung im „Musterländle", vollzieht sich in Nordrhein-Westfalen ein langwieriger Umstrukturierungsprozeß von traditionellen zu modernen Industrien. In Sachsen besteht die ungünstigste ökonomische Lage, da hier als Folge der deutschen Einheit die weitere Existenz einer industriellen Basis massiv bedroht ist.
- Die konkreten Konsensfindungsmuster und Machtverteilungen weichen bei den drei Untersuchungsfällen erheblich voneinander ab. So dominiert in Baden-Württemberg die Industrie bzw. ein Großunternehmen (Daimler Benz), während Nordrhein-Westfalen eine relative breite soziopolitische Zusammensetzung der korporatistischen Strukturen aufweist. In Sachsen dagegen fungiert insbesondere die IG Metall als Promotor innovativer industriepolitischer Konzepte, während im Hinblick auf die Machtverteilung jedoch u.E. der Staat dominiert.
- Auch die industriepolitischen Umsetzungsinstitutionen und Förderinstrumente, die zur Anwendung gelangen, unterscheiden sich in den drei Ländern. Vereinfacht verbleibt in Baden-Württemberg vieles im informellen Bereich der beteiligten Or-

---

14 Insofern teilen wir nicht die Ansicht von Krumbein (1992: 221f.), daß NRW und Sachsen zwei unterschiedliche Modelle einer „postfordistischen Industriepolitik" darstellen. Eine derartige Interpretation war vielleicht Anfang 1992 verständlich, ist jedoch vom Gang der Entwicklung überholt worden. Ähnliches gilt im übrigen für die früher als Alternativmodelle gehandelten Fälle Baden-Württemberg und NRW.

ganisationen und wird ohne neue Programme „nebenbei" implementiert. In Nordrhein-Westfalen hingegen dominieren explizit neue Institutionen (Regionalkonferenzen) und strukturpolitische Programme, die vorwiegend im Rahmen vorhandener staatlicher Verwaltungsstrukturen abgewickelt werden. Aufgrund der Besonderheiten in Sachsen kommt es dort dagegen zur Etablierung separater Sonderinsitutionen wie z.B. ATLAS.
- Soweit hierzu überhaupt Erkenntnisse vorliegen, spielt bei der Bewältigung des Strukturwandels der Korporatismus gegenüber anderen Steuerungsformen vor allem in Nordrhein-Westfalen und Sachsen wohl die dominante Rolle. Umgekehrt haben vor allem in Baden-Württemberg andere Mechanismen wie Marktkoordinierung, Selbststeuerung und primär ökonomische Netzwerke im gesamten Ensemble der industriellen Ordnung eine relativ hohe Bedeutung.

Die skizzierten Beziehungen zwischen Staat und Verbänden in der Industriepolitik der drei Bundesländer lassen sich jedoch nur schwer in eine generelle Systematik oder eine gängige Theorie einordnen; dazu sind die konkreten Strukturen zu sehr im Fluß und die Phänomene zu unscharf. Drei Aspekte sind jedoch bei einer Interpretation von Bedeutung bzw. können als Anknüpfungspunkte für eine theoretische Vertiefung dienen: (a) die Frage nach den relevanten Akteuren und Determinanten einer kooperativen Industriepolitik, (b) die Diskussionen um regionale Ökonomien, Industrial Districts und Produktionscluster sowie (c) die Debatte um die Vielfalt an Steuerungsformen zwischen Markt und Staat.

4.1 Akteure und Determinanten einer kooperativen Industriepolitik

Die Gegenüberstellung von Gemeinsamkeiten und Unterschieden in Struktur, Strategie und Kontext des Mesokorporatismus (und damit auch der verbandlich konzertierten Industriepolitik) in den drei Ländern wirft erhebliche Zweifel an zwei verbreiteten Erklärungsmustern der politischen Ökonomie auf.
- Offensichtlich spielt die parteipolitische Hypothese keine Rolle, da es sich um eine CDU-SPD-Koalition (Baden-Württemberg), eine langjährige SPD-Alleinregierung (NRW) und eine junge CDU-Regierung (Sachsen) handelt.
- Auch die Gegenthese einer ökonomischen Determinierung der Landespolitik findet angesichts des doppelten Gefälles aus Ost-West und Nord-Süd keine ausreichende Unterstützung.

Damit stellt sich aber die Frage, was denn Mesokorporatismus und regionale Industriepolitik überhaupt bestimmt. Sind es etwa die handelnden Personen und deren „political will and skill" (Shonfield)? Dieser Faktor scheint zumindest eine deutlich höhere Bedeutung zu besitzen, als es die einschlägigen Forschungen nahelegen. Gerade der postmoderne „touch" des real existierenden Korporatismus in einer Region und die „Komplexität der industriepolitischen Arena" verleihen „psychosozialen Faktoren eine prominente Funktion; sie überlagern, motivieren und steuern die Prozesse strategischer Kalkulation" (Simonis 1992: 165f.). Anders ist die Unübersichtlichkeit und Riskanz solcher Arrangements nicht zu bewältigen; erst durch solche gemeinsamen kognitiven Landkarten, Situationsdefinitionen und Einstellungen werden Akteure, Interessen und Identitäten konstituiert. Dabei werden Gemeinsamkeiten nicht zuletzt durch den Bezug auf die Region, auf deren Geschichte und auf das soziokulturelle Ambiente verstärkt, was die Neigung zu einem kooperativen Verhalten (auch gegenüber ökonomischen Konkurrenten und Kontrahenten) erhöht.

Ein zweites Moment, das die Enstehung einer korporatistischen Industriepolitik befördert, ist das der Krise und der daraus resultierenden Mobilisierungsschübe. Die Krisenrhetorik bildet dann durchaus eine Form von symbolischer Politik: „The Shaping of Beliefs Through Politics" (Edelmann 1975: 309). Besonders bürgerliche Regierungen tun sich bekanntlich mit industriepolitischen Interventionen schwer. Dies haben schon die heftige Reaktion auf die Modernisierungspolitik von L. Späth oder derzeit die Auseinandersetzungen um den Kurs von K. Biedenkopf in der Bundespartei gezeigt. Die faktische oder fingierte ökonomische Krise fungiert hier als Legitimierungs- und Aktivierungsimpuls; erst unter solchen schwierigen Bedingungen ist die Wahl solcher interventionistischer Instrumente erlaubt.

Drittens kommt die Spezifik des Regionalen hinzu; besonders dann, wenn starke regionale Kulturen wie in den drei untersuchten Bundesländern existieren, die Bindungen erzeugen und dadurch die Exit-Optionen der Akteure restringieren können. Allerdings ist dieser Effekt einer räumlichen Vergemeinschaftung umso größer, je weniger weltmarktorientiert bzw. je kleiner die Unternehmen sind und je wichtiger der Regionalbezug für sie ist – sowohl was Ressourcen als auch Identitäten angeht. Bei regionalen Ökonomien ist daher von einer geringeren Mobilität des Kapitals auszugehen, was eine prekäre Flanke korporatistischer Arrangements stabilisiert. Andererseits ist der „regionale Staat" ein schwacher Akteur, zumindest ist er kaum in der Lage, wichtige Rahmenparameter selbst zu definieren oder enorme Ressourcen zu mobilisieren. Dies kann besser auf der nationalen Ebene geleistet werden. Allerdings verfügt der „regionale Staat" auch über Vorzüge – wobei daran zu erinnern ist, daß den Ländern in Deutschland durchaus auch faktisch Staatsqualität zukommt. Zukunftsgerichtete ökonomische Impulse und Orientierungen zu geben, erfordert in jeder Hinsicht nahe am Geschehen zu sein. Die Ideen, Ressourcen und Wegbereiter von industriepolitisch wichtigen Entwicklungen sind vor Ort in den staatlichen Verwaltungen und Kommunen, aber auch in Unternehmen, Verbänden etc., also in einem regionalen Netzwerk zu finden. Das heißt allerdings nicht, sich nur noch an lokalen Gegebenheiten zu orientieren oder gar „Kirchturmpolitik" zu betreiben. Zur Konzeptionierung und Umsetzung neuer industriepolitischer Maßnahmen bedarf es allerdings auch und unabdingbar der regionalen Promotoren und Innovatoren, die sich für bestimmte Entwicklungen engagieren und bestehende Hemmnisse ggf. überwinden können[15] – nicht zuletzt auch in den eigenen nationalen Organisationen.

---

15 Interessant ist in diesem Zusammenhang ein Ansatz, den Ch. Sabel (1994) als „Learning by monitoring" bezeichnet. Dabei geht es vorrangig um die Organisation kollektiver Lernprozesse und Aktivitäten. Die grundlegende Idee ist es, neue Handlungsoptionen der politischen Steuerung durch Diskussion, Vertrauensbildung und offene Verhandlungen zusammenzufügen. Somit wird auch das Spannungsverhältnis zwischen Vertrauen und Mißtrauen, zwischen Kooperation und Konkurrenz zum zentralen Gegenstand der Überlegungen. Gefragt ist also nicht nur die bloße Inszenierung „runder Tische", sondern es kommt entscheidend darauf an, wie die neuen steuerungspolitischen Instrumente konkret eingesetzt werden und wie sie in die gesamte Industriepolitik und interessenpolitische Konfiguration eingebunden sind.

4.2 Regionale Ökonomien, Industrial Districts und Produktionscluster

Der beobachtbare Trend zur Regionalierung der industriellen Produktion, der wiederum zu entspechenden industriepolitischen Strategien führt, stellt vor allem eine Reaktion auf den Wandel der Märkte dar. „Die Logik der Diversifizierung und Spezialisierung, die den unternehmensseitigen Antworten auf die Ausdifferenzierung der Märkte unterlegt ist, führt zur Formierung und schärferen Konturierung regionaler Ökonomien – zu räumlichen Bündeln von Firmen oder operativen Einheiten mit unterschiedlichen Spezialitäten, die in verschiedenartigen Kombinationen daran mitwirken, gemeinsame Märkte zu beliefern" (Kern/Sabel 1990: 146). Richtungsweisend für diese Form der Regionalisierung ökonomischer Aktivitäten war die Analyse florierender regionaler Wirtschaftsräume, beispielsweise dem „dritten" Italien, Baden-Württemberg oder des Silikon Valley in den USA (vgl. Piore/Sabel 1984 sowie Sabel 1989). Ohne an dieser Stelle intensiv auf die sich an diese Thesen anschließende Diskussion eingehen zu können (vgl. auch Mahnkopf 1994; Streeck 1992 und Hilbert et al. 1991), gibt es trotz aller Differenzen in dieser Debatte (z.B. hinsichtlich des Stellenwertes von kleinen und mittleren Firmen oder der Dezentralisierung der Großbetriebe) eine für unseren Zusammenhang der politischen Steuerung wesentliche Gemeinsamkeit in der relativ großen Bedeutung sog. „weicher" Standortfaktoren, die sich vor allem in Netzwerkbeziehungen zwischen Unternehmen und öffentlichen Einrichtungen (z.B. in Ausbildungs- und Forschungseinheiten) auf regionaler Ebene niederschlagen (vgl. Klemmer/Schubert 1992).

Die Bedeutung dieser regionalen Netzwerke wird auch in der in den letzten Jahren florierenden Diskussion um „Industrial Districts" hervorgehoben (vgl. die Beiträge in Pyke/Sengenberger 1992). Die solchen Wirtschaftsregionen zugrundeliegenden Konstruktionsmechanismen gehen weit über das herkömmliche Verständnis von Standortfaktoren (z.B. Lohn- und Lohnnebenkosten, Arbeitszeiten) hinaus. Der relative ökonomische Erfolg solcher Regionen wird auf flexible Spezialisierung, korporatistische Strukturen, effektive Qualifikationsstrategien und nicht zuletzt eine regionalspezifische Wirtschaftskultur zurückgeführt. Charakteristisch für „Industrial Districts" ist, daß diese Faktoren einen regionalspezifischen Mix aus Institutionen, Strukturen, Akteurskonstellationen und Netzwerken bilden, der den Erfolg der jeweiligen Region ausmacht. Die Funktionsweise derartiger Wirtschaftsräume, in denen neben ökonomischen auch soziale und politische Logiken zum Tragen kommen, ist allerdings auf eine Vielfalt jeweils spezifischer Faktoren und Faktorkonstellationen aufgebaut, die bislang nur unzureichend in ein verallgemeinerbares Muster zu bringen sind.

In diesem Zusammenhang ist auch die Betrachtung von Produktionsclustern hilfreich, die sich zwischen der ausschließlichen Betrachtung von Regionen oder Sektoren gebildet haben (vgl. Porter 1991) und in hohem Maße durch den ökonomischen Tausch von Ressourcen geprägt sind. Derartige Cluster oder auch regionale Standorte haben sich entlang der gesamten Wertschöpfungskette entwickelt und sind gekennzeichnet durch die räumliche Aggregation mehrerer interdependenter Branchen. Ihr Design ist unterschiedlich, je nach dem welche Verflechtungsstrukturen bestehen. Das jüngst entfachte Interesse an Clustern bezieht sich vor allem auf die wirtschaftliche Dynamik, die sie entfalten, die aber im positiven wie im negativen Sinne zu verstehen ist (vgl. Kilper et al. 1994 und Zukunftskommission 1993). Wettbewerbsfähige Branchen können verwandte oder unterstützende Branchen nachziehen, die Funktionsmechanismen des Clusters durch externe Effekte (Infrastrukturausbau etc.) stützen und damit zum Anziehungspunkt anderer wettbewerbsfähiger Branchen werden. Geraten Teile eines Produktionsclusters hingegen in schwere Krisensituationen (etwa in „altindustriellen" Regionen die Kohle), übertragen sich die negativen Effekte aber auch schnell auf die anderen Teile (in diesem Fall z.B. den Bergwerksmaschinenbau). Obwohl Porter (1991) sich in seiner Studie auf die nationale Ebene bezieht, ist das Konzept auch auf Regionen übertragbar, die ebenfalls häufig eine spezifische, interdependente Branchenstruktur aufweisen. Durch räumliche Nähe wird die Möglichkeit von persönlichen Kontakten und Kooperationsbeziehungen eröffnet und es ist wahrscheinlich, daß sich eine Infrastruktur herausbildet, die speziell an die Bedürfnisse des Clusters angepaßt ist und zu der nicht zuletzt verbandliche und andere politische Akteure zählen.

Branchencluster können also im positiven wie im negativen Sinne eine Stabilisierung regionaler Strukturen erzeugen. Ihre „Entdeckung" hat industriepolitische Konsequenzen, insofern sie einzelbetriebliche wie sektorale Förderungsansätze gleichermaßen relativiert. Traditionelle industriepolitische Maßnahmen, bei denen einzelne Unternehmen oder Branchen als Bezugspunkt gewählt werden, haben meist strukturkonservierend gewirkt. Stattdessen wird aus dem Blickpunkt von Clustern die Aufwertung ganzer Wirtschaftsbereiche erforderlich. Im Mittelpunkt muß deshalb der Aufbau einer Infrastruktur stehen, die positive Externalitäten von Clustern fördert und die negativen Effekte von Krisenclustern auffängt. Daraus folgt dann auch, daß industriepolitische Steuerungsmaßnahmen an die konkreten Gegebenheiten regionaler Wirtschaftsräume gebunden sind – was sich entsprechend ebenfalls auf die Zusammensetzung mesokorporatistischer Gremien auswirkt (vgl. die Dialoge mit Zulieferern in Baden-Württemberg und NRW).

Als ein grundlegendes Prinzip moderner industriepolitischer Steuerung und als ein konstitutives Element regionaler Ökonomien kann eine prozeßgerichtete, kooperative Strategie angesehen werden. Das folgt nicht zuletzt aus der zunehmenden Bedeutung von Dialogstrukturen und der Zusammenarbeit der industriepolitisch relevanten Akteure – vor allem Kammern, Gewerkschaften und regionale Administrationen. Die Anwendung der prozeßgerichteten Logik stellt im wesentlichen zwei Anforderungen: (a) die Veränderung des Steuerungsrepertoires und (b) die Anwendung von Beratungs-, Moderations- und Koordinationsstrategien. Die Veränderung der Steuerungsstrategien zielt auf die Modifikation und Ergänzung der traditionellen Steuerungsmedien Recht und Geld. „Industriepolitik arbeitet nicht mehr hauptsächlich mit harten Eingriffsinstrumenten wie Recht und Geld, sondern mit konsensorientierten 'weichen' Regulierungsmitteln. Dementsprechend ist die zentrale staatliche Administration nicht mehr alleiniger oder auch nur primärer Regulierungsakteur. In den Vordergrund rücken quasipolitische Organisationen zwischen Staat und Markt. Die verschiedenen Politikbereiche werden in diesem neuen Regulierungsmodell über dialogorientierte Netzwerkstrukturen miteinander verzahnt" (Krumbein 1991: 49; vgl. hierzu auch Czada 1990; Hilbert/Schmid 1994; Kilper et al. 1994; Streeck 1993 und Welsch 1992).

4.3 Steuerungsformen zwischen Markt und Staat

Neben korporatistischen, von Verbänden geprägten industriellen Ordnungen existieren eine ganze Reihe weiterer „mechanisms of governance" (Hollingsworth et al. 1994: 5ff.; vgl. auch Schmitter 1990: 17). Klassischerweise zählen Märkte samt Unternehmenshierarchien und der Staat dazu, ferner finden neuerdings informelle Netzwerke, strategische Allianzen, Produktionscluster und Gemeinschaften zunehmend Beachtung. Die auffindbare „Artenvielfalt staatlicher, halbstaatlicher und nichtstaatlicher, an der Erfüllung öffentlicher Aufgaben beteiligter Organisationen" (Schuppert 1989: 49) – „Quangos" und „Quagos" genannt – wirft mittlerweile erhebliche Probleme der analytischen Abgrenzug und Klassifikation auf der einen sowie der politisch-praktischen Auswahl und Bewertung auf der anderen Seite auf. Die Interessenvermittlung wird zusehends unübersichtlich und die politische Steuerung pluralisiert (- jedoch nicht unbedingt pluralistisch). Insofern beschränkt sich Mesokorporatismus auf Aushandlungsprozesse und Strukturen, an denen staatliche und verbandliche Akteure beteiligt sind, die auf die konzertierte Formulierung und Implementierung von Policies abzielen und damit – gemessen an den Bedingungen im jeweiligen Politikfeld und der Mesoebene – relativ formalisierter und umfassender Natur sind.

Im Zusammenhang mit der Bewältigung des industriellen Strukturwandels sowie verstärkt durch die Einflüsse der deutschen und der europäischen Integration[16] tritt ein Phänomen auf, das schlagwortartig als „GmbHisierung" bezeichnet werden kann und in einigen wichtigen Punkten von den genannten Steuerungsformen abweicht. So treten im Bereich der Qualifizierung, der Beschäftigung oder der Technologieberatung (meist gemeinnützige) Gesellschaften (bürgerlichen Rechts) als Akteure auf, die im Grunde jedoch als Auslagerungen von Verwaltungen, Verbänden und (Groß-)Unternehmen zu betrachten sind. Neben den technischen Vorzügen wie haushalts- und personalrechtliche Flexibilität, besseren Zugangs zu finanziellen Mitteln Dritter (besonders der Europäischen Union) oder größerer Experimentierfähigkeit weisen diese Organisationsformen auch die Eigenschaft der „beschränkten Haftung" in einem politischen Sinne auf. Sie erzeugen wegen ihrer geringen Auffälligkeit und Formalisierung weniger Widerstand, und sind zugleich auch Ausdruck einer nur halbherzigen, jederzeit aufkündbaren politischen Strategie – mithin kooperative Institutionen auf Abruf und auf „kleiner Flamme" (vgl. hierzu mit Bezug auf Ostdeutschland Czada 1993; Kern/Voskamp 1994; vgl. auch Fürst 1993 und Simonis 1992).

Die skizzierten Verhältnisse einer ausdifferenzierten Steuerung[17] in der regionalen Industriepolitik lassen sich graphisch folgendermaßen darstellen:

---

16 Ohne die komplexen Einflüsse der EU auf die regionale Industriepolitik im einzelnen zu verfolgen, zeigt sich doch eine deutliche Kompatibilität der regional und kooperativ ausgelegten Politiken der Landesregierungen (v.a. in Sachsen) und der europäischen Fördermaßnahmen. Hier kommt es zu Konflikten mit der Bundesregierung, die diese Mittel im Rahmen der Gemeinschaftsaufgabe nach traditionellem Muster verausgaben will (vgl. dazu Die Zeit vom 13. 5.1994 („Subventionen: Brüssel, Bonn und die neuen Bundesländer streiten um Milliarden") sowie ausführlicher zur Problematik Europa und Verbände Eichener/Voelzkow 1994 und Kohler-Koch 1993).

17 Vgl. hierzu ferner die Überlegungen in Glagow 1984; Kaufmann et al. 1986; Schmid 1994a; Schuppert 1989 und Voigt 1993.

Schaubild

Markt		Staat
	Parastaatliche Einrichtungen	
	(Quangos und Quagos)	
	GmbHisierung	
	Tripartismus	
	Verbandliche Selbststeuerung	
	(Private Interest Government)	

Eine solche Ambivalenz und Unübersichtlichkeit des Feldes zwischen Markt und Staat wird seit Ende der 70er Jahre in der Sozialpolitikforschung als „dritter Sektor" bezeichnet. A. Evers (1990: 50ff.) arbeitet beispielsweise vier gemeinsame Merkmale heraus, die die Spannungen und die Dynamik erfassen sollen, und die auch für den Bereich einer korporatistischen Industriepolitik auf regionaler Ebene von Bedeutung sind: (a) Beim dritten Sektor handelt es sich es dabei um einen Teil des öffentlichen Raums der Civil Society; (b) er ist im intermediären Spannungsfeld von Pluralismus, Demokratie und Marktwirtschaft angesiedelt; (c) er besteht aus hybriden und polyvalenten Organisationen und (d) es existiert ein Potential für Synergien, falls die richtigen Arrangements und Mischungsverhältnisse etabliert werden.

In diesem Ansatz wird von strukturellen Leistungsgrenzen („failure") durch die Systeme Markt und Staat sowie von komparativen Vorteilen des dritten Sektors und seiner Organisationen ausgegangen. Nonprofit-Organisationen bzw. darauf basierende Steuerungsformen (Subsidiarität, Delegation, Selbststeuerung) produzieren weder nach dem Muster profitorientierter Unternehmen noch unterliegen sie der Logik der bürokratischen Hierarchie oder des am Medianwähler orientieren Parteienwettbewerbs (Hansmann 1987: 28). Sie verbinden die Vorzüge dieser Steuerungsmodi und können daher öffentliche Güter und Leistungen von relativ hoher sachlicher und sozialer Spezifität erzeugen. Solche Arrangements können eine stärkere Selektivität bzw. Legitimität als vergleichbare staatliche bzw. unternehmerische Aktivitäten und so eine höhere Steuerungswirkung entfalten, was für eine korporatistische Industriepolitik von großer Bedeutung ist (und die entsprechenden Einwände von Kenworthy 1990 relativiert).

Solche institutionellen Formen sind zugleich in der Lage, den Tausch einer besonders schwierigen Art von Gütern und Dienstleistungen zu erleichtern, deren Wert sich erst durch Erfahrung und Benutzung ermitteln läßt bzw. wo massive Informationsasymmetrien die Transaktionen erschweren. So sind Dienstleistungen oder Beratungen über Organisationsstrategien, Qualifizierung, neue Technologien und Kooperationen in Produktionsnetzwerken in hohem Maße Vertrauensangelegenheiten (vgl. Sabel 1992). In der Regel verfügt nämlich der Anbieter über einen deutlichen Informationsvorsprung, so daß sich der Käufer kaum vor Mißbrauch (z.B. überhöhte Preise, schlechte Qualität, Betrug, Opportunismus) schützen kann. In solchen Situation kann durch einen Vertrauensvorschuß die Aufnahme von Transaktionen erleichtert werden, wobei der organisatorische Status der Gemeinnützigkeit oder die Besetzung von Kontrollgremien durch gesellschaftliche Gruppen, etwa einer Beratungs- und Koordinierungsagentur, als institutionelle Stabilisierung fungieren, da in diesem Falle die Möglichkeiten einer unfairen Profitmaximierung eingeschränkt sind (vgl. Hansmann 1987: 29 und Tietzel/ Weber 1991).

5. Politischer Überbau und organisatorische Basis des Mesokorporatismus

Als Phänomen der politisch-ökonomischen Mesoebene setzt eine korporatistische Industriepolitik ein Mindestmaß an Autonomie und ein erfolgreiches Management der interorganisatorischen Beziehungen zur Mikro- und zur Makroebene voraus. Zugleich erfordert dies die Lösung einiger binnenstruktureller Probleme und strategischer Prämissen der beteiligten Akteure, was bei freiwilligen Mitgliederverbänden wie den Gewerkschaften auch bei einer Fokussierung auf die Mesobene nicht als unproblematisch anzusehen ist (vgl. Wiesenthal 1993a, Streeck 1991b, ders. 1992). Die Existenz und Funktionsfähigkeit mesokorporatistischer Arrangements basiert daher nicht nur auf den regional spezifischen Opportunitäten und Restriktion von Politik und Ökonomie. Hinzu kommen einer Reihe weiterer, bislang wenig beachteter Aspekte, wozu vor allem
– die Verflechtung unterschiedlicher Politikebenen,
– der Nexus vom Korporatismus zum Parteiensystem und
– die strukturellen Grenzen der Gewerkschaftspartizipation zählen.

5.1 Mesokorporatismus und Mehrebenenspiel

Eine regionale Steuerung des Strukturwandels bzw. das Verhalten der Akteure auf dieser Ebene und der Erfolg mesokorporatistischer Arrangements wird entscheidend durch die korrespondierenden Verhältnisse auf der Mikro- bzw. der Makroebene bzw. durch interorganisatorische Verflechtungen beeinflußt (Lehmbruch 1987; Müller-Jentsch 1988; Wassenberg 1982). Vereinfacht und mit Hirschman formuliert ermöglichen erst eine restringierte „Exit-Option" nach unten und eine ebenso restringierte „Voice-Option" nach oben die notwendige „Loyality" in der Mitte. Oder profaner: Manche landespolitische Initiative verdankt ihren sachlichen Erfolg nicht zuletzt ihrer zentralstaatlichen Alimentierung (z.B. Kohle und Stahl) und profiliert sich auch politisch auf Kosten der Bundesregierung (z.B. Biedenkopf in Sachsen). Zugleich ist es nicht selten auch nur eine Frage der Zeit, bis durch Imitation und Diffusion innovative Vorstösse in der Industriepolitik einzelner Länder sich verbreitet haben und – ohne zentrale Koordination – eine gewisse Vereinheitlichung hergestellt worden ist (vgl. Schmid 1991).
Die Betonung von Interdependenz und Interpenetration der drei Ebenen ist jedoch nur eine Seite der komplexen Beziehungen, zugleich existieren gerade in föderativen Systemen starke Momente einer relativen Autonomie von räumlichen Subsystemen.[18]

---

18 Damit handelt es sich beim Mesokorporatismus auch nicht um ein aus der nationalen Politik abgeleitetes Phänomen, wie Lehmbruch (1987) andeutet, sondern sehr wohl um eigenständige Varianten regionaler und sektoraler Art. Nicht zuletzt basiert dies auf der Wirkung des

Diese variieren erheblich unter den gegebenen konkreten konjunkturellen und institutionellen Bedingungen; sie sind beispielsweise bei Kammern relativ hoch und bei Unternehmerverbänden eher niedrig einzustufen. Zugleich entstehen je nach Problem bzw. Steuerungsobjekt unterschiedliche Informations- und Kooperationsbedürfnisse für den Staat (hier: Landesregierung und -verwaltung) und daraus resultierende Ressourcenabhängigkeiten. Diese steigen beispielsweise massiv an, wenn von einer Verbesserung der wirtschaftlichen Rahmenbedingungen und der Infrastruktur zu einer Politik übergegangen wird, die industrielle Strukturen direkt ändern will und stärker auf weiche Strategien setzt.

Umgekehrt bestimmen die Ressourcenausstattung und die konkrete Problemlage nicht nur die Stellung, sondern auch die räumliche Fixierung der gesellschaftlichen Akteure im mesokorporatistischen Netzwerk. Die Logik der regionalen Issues bzw. die der „task contingencies", wie Lehmbruch (1987: 21) im Anschluß an die Organisationstheorie formuliert, prägt aus dieser Perspektive das Verhalten der Verbände genauso wie die Mitgliedschaft und der politisch-administrative Einfluß. Diese gemeinschaftliche Orientierung an der begrenzten Sache kann sich etwa durch Betroffenheit in einem regionalen Kontext oder durch normative Gemeinsamkeiten von professionellen Mitarbeitern zeigen und zur Steigerung der Kooperationsneigung beitragen. Neben fachlichen „Bruderschaften", die Politikebenen und Verwaltungsressorts übergreifen, kommt es in der Industriepolitik auch zur Bildung von Netzwerken und „Seilschaften", die auf Partei- und Verbändemitgliedschaften basieren und politische Arenen verbinden, was die Externalitätenproblematik von Sektoralisierung und Subsystembildung reduziert bzw. umfassende Kommunikationsmöglichkeiten beinhaltet.

5.2 Korporatismus und Parteien

Zumindest unter bundesrepublikanischen Bedingungen bewegen sich Verbände und korporatistische Arrangements im Kontext eines parlamentarisch-parteienstaatlich verfaßten politischen Systems. Vor allem G. Lehmbruch (1979a,b) hat betont, daß es sich bei Neokorporatismus um eine Form funktionaler Ausdifferenzierung handelt, bei der insbesondere die Wirtschaftspolitik von tripartistischen Strukturen bearbeitet wird. Sie stehen zum Parteienparlamentarismus in einem eher „symbiotischen" Verhältnis. Neokorporatistische Verbundsysteme verfügen in Bereichen wie der Einkommenspolitik über eine Fähigkeit zur Konsensbeschaffung und eine Flexibilität des Zeithorizontes, die dem Parteiensystem überlegen sind. Andererseits übernehmen Parteien und Parlamente die Funktion der Gewährleistung von Garantien und Kompensationen neokorporatistischer Arrangements im Bereich der Gesetzgebung und staatlichen Politik. Darüberhinaus fungieren auf der Makroebene vor allem starke Sozialdemokratien als zentrale Weichensteller und Initiatoren neokorporatistischer Arrangements. Umgekehrt sind Parteien jedoch auch in der Lage, Kooperationsangebote von Verbänden zurückzuweisen und deren Einflußbereich einzuschränken (vgl. Schmid 1993).

Diese Überlegungen gelten auch auf der Mesoebene, jedoch sind gerade hier wegen der Kleinheit der politischen und ökonomischen Systeme sowie der räumlichen Nähe

---

föderativen politischen Systems auf die Verbände: vgl. Mayntz 1990; Kleinfeld/Löbler 1993 sowie bezogen auf Wirtschaftsverbände Anderson 1991 und Lippold/Schunck 1988.

vielfältige personelle Überlappungen, polyvalente Organisationsformen und ein hohes Maß an Informalität kennzeichnend, so daß eine saubere Abgrenzung schwer fällt. Bei der regionalen Steuerung des Strukturwandels kommt ferner neben den materiellen und prozeduralen Regelungen und Anreizen dem Phänomen der „Deutungspolitik" (Wiesenthal 1993b: 17; ders. 1994; vgl. auch Fürst/Henke 1988) eine wesentliche Rolle zu. Diese bezieht sich auf die aktive Veränderung bzw. die Stabilisierung von akteursübergreifenden „cognitive frameworks", symbolischen Orientierungen und „Ideologien" (North), die durchaus auf regionale Identitätsmuster und Kulturen sowie parteipolitische Programmatiken zurückgreifen und durch die Steuerungs- und Legitimationspotentiale mobilisiert werden können.
Allerdings sind die Beziehungen zwischen der SPD und den Gewerkschaften seit einiger Zeit im Umbruch. Es findet ein Wechsel von traditional-normativ geprägten Beziehungen zu rational kalkulierten statt, der nicht zuletzt auf die weitreichenden sozialstrukturellen Wandlungsprozesse, die den gemeinsamen sozialmoralischen Bezug durch Individualisierungs- und Pluralisierungstendenzen unterminieren, zurückzuführen ist. Daneben kommt es zunehmend insbesondere bei den mittleren Organisationseliten zu einer politisch-kulturellen Entfremdung und einem deutlichen Rückgang der SPD-Bindung (am Beispiel IGM vgl. Schmid/Tiemann 1991). In den neuen Bundesländern – so läßt sich aus den jüngsten Kandidatenaufstellungen für die Landtagswahlen, bei der prominente Gewerkschafter in mehreren Fällen nur wenig Rückhalt gefunden haben, ableiten, droht sogar eine zusätzliche Belastung der Beziehungen zwischen den beiden Flügeln der Arbeiterbewegung durch die Überlagerung mit Ost-West-Spannungen und „Einheitsfrust". Ob dies schon eine Gefährdung der Einheit der Arbeiterbewegung und die Krise des (sozialdemokratischen) Korporatismus (vor seiner Realisierung) signalisiert, mag derzeit noch offen sein; dafür förderlich sind diese distanzierten Parteien-Verbände-Beziehungen sicherlich nicht.
Eine ähnlich begrenzte Unterstützung erhalten korporatistische Arrangements durch bürgerlichen Parteien. Nicht daß sie – wie die Neokorporatismusforschung zumeist unterstellt – nur einen Störfaktor abgeben. Der nationale (Baden-Württemberg und Sachsen), aber auch der internationale Vergleich (Niederlande) zeigt, daß eine Beteiligung an korporatistischen Arrangements durch bürgerliche Parteien durchaus stattfindet. Diese erfolgt jedoch vor allem dann, wenn der Parteienwettbewerb intensiv ist, es sich um Christdemokraten mit starkem Arbeitnehmerflügel handelt und eine massive ökonomische Krise (bzw. deren Inszenierung) den Korporatismus als Ausweg aus der Not erscheinen lassen. Allerdings bilden diese Faktoren in der Regel keine überaus günstigen Bedingungen für die langfristige Stabilität und den Erfolg einer korporatistischen Industriepolitik – weder national noch regional.

5.3 Grenzen der Gewerkschaftspartizipation

Den viefach artikulierten Interessen der Gewerkschaften an einer umfassenden Beteiligung an einer korporatistischen Industriepolitik stehen erhebliche organisatorische Grenzen gegenüber. Sie geraten nicht selten auch und gerade durch den Erfolg ihrer eigenen Forderungen in eine „Partizipationsfalle" (Bosch 1993: 102). Diese basiert jedoch weniger auf den generellen Dilemmata „strategisch ambitionierter Mitglieder-

verbände" (vgl. dazu Wiesenthal 1993a), sondern vor allem auf relativ trivialen infrastrukturellen Engpässen und taktischen Fehlleistungen. Zum einen mangelt es oft an den entsprechenden personellen und finanziellen Ressourcen, um eine adäquate Formulierungs- und Konzertierungsleistung auf regionaler Ebene zu erbringen. Nicht nur, daß die Gewerkschaften sich derzeit in einer erheblichen Finanzkrise befinden, sie sind in ihrer Strategie noch stark bundespolitisch orientiert und verfügen außerhalb der Tarifpolitik vielfach nicht über ausreichende apparative Strukturen für eine aktive Industriepolitik. Zum anderen wirkt sich die etablierte Arbeitsteilung zwischen den Einzelgewerkschaften und dem DGB, der zwar zuständig ist, allerdings nicht über die spezifische Expertise und betriebliche Einbindungen verfügt, negativ aus.[19]
Darüber hinaus sind diese Organisations- und Ressourcenprobleme bislang auch nicht durch eine verstärkte Mobilisierung und Einbindung des ehrenamtlichen Sachverstandes[20] oder auch eine deutlichere Setzung von Prioritäten und die entsprechenden infrastrukturellen Maßnahmen behoben worden (zum Stand der gewerkschaftlichen Reformdiskussionen vgl. Leif et al. 1993). Statt dessen reduziert sich notgedrungen die Beteiligung an kooperativen Verfahren auf regionaler Ebene nicht selten auf die Besetzung von Gremien; eine formale Beteiligung in den Vorständen und Beiräten muß dann ausreichen, um die gewerkschaftlichen Gestaltungsinteressen wenigstens formal zu befriedigen. Eine solche Strategie des „Dabeisein ist alles" ist allerdings besser für die Verfolgung von Blockadestrategien als für konstruktive Aktivitäten in der Industriepolitik geeignet.

Hier stellt sich durchaus die Frage nach einer staatlichen Unterstützung der Gewerkschaften für deren Engagement in der kooperativen Industriepolitik als einer öffentlichen Aufgabe. In Nordrhein-Westfalen zum Beispiel ist die Entwicklungsagentur für arbeitsorientierte Strukturpolitik (EFAS) mit EG-Mitteln gefördert worden und war lediglich auf diese Weise in der Lage, eigene Akzente zu setzen. In Baden-Württemberg gewährleistet die mittlerweile doch relative erfolgreiche Einbindung und Vernetzung der Gewerkschaften in die Akademie für Technikfolgenabschätzung einen Zugang zu entsprechenden Informationen und strategischen Diskursen.

Der Verweis auf die relativ schwache Rolle der Gewerkschaften in der regionalen Industriepolitik (mit einer Ausnahme in Sachsen) deutet generell auf die strukturelle Asymmetrie von Kapital und Arbeit hin. Ohne hier auf die Debatte um die „Two Logics" (Offe/Wiesenthal 1980, Streeck 1991b) einzugehen, soll an dieser Stelle der pragmatische Hinweis genügen, daß es meist die Kammern und weniger die Unternehmer- und Arbeitgeberverbände sind, die an solchen meso-korporatistischen Ar-

---

19 Zumindest im Bereich der regionalen Struktur- und Technologiepolitik in Nordrhein-Westfalen wird dieses Defizit auch seitens der Gewerkschaften so benannt (vgl. Bosch 1993: 102ff.; vgl. Krafft/Ullrich 1993: 65f. sowie die Beiträge in Heinze/Voelzkow 1994b). Ähnliches gilt ebenfalls für die aktuellen Diskussionen um Lean Production (vgl. Hilbert/Schmid 1994) sowie die generellen Modernisierungsstrategien der Gewerkschaften (vgl. Müller-Jentsch 1993).
20 Diese Vorstellung schließt an die These von der Produktivkraft Partizipation an und weicht damit von der in der Neokorporatismus-Diskussion häufig behaupteten Notwendigkeit einer innergewerkschaftlichen Zentralisierung und begrenzten Demokratie ab. Dabei sind sicherlich auch Unterschiede im jeweiligen Handlungsfeld in Rechnung zu stellen, da die Bedeutung von Effizienz, Partizipation und Demokratie, etwa bei Tarifkonflikten, anders strukturiert ist als bei regionaler Industriepolitik.

rangements auf regionaler Ebene teilnehmen (vgl. Anderson 1991; Heinze/Voelzkow 1992; dies. 1994a,b; dagegen betonen Lippold/Schunck 1988 die Rolle der regionalen Dachverbände stärker). Als Zwangskörperschaften verfügen sie über eine hohe Autonomie gegenüber der eigenen Mitgliederbasis wie auch dem gesamtverbandlichen Bezugsrahmen. Zudem dienen in Nordrhein-Westfalen die Kammerbezirke als räumlicher Bezug für die politische Definition von Regionen, was einen Kompatibilitätsvorsprung dieser Organisationen erzeugt.

6. Schluß: Mesokorporatismus als kontingente Strategie

Der regional operierende Mesokorporatismus bildet keine schlanke, simplere Version von Makrokorporatismus. Im Gegenteil, die Voraussetzungen, ausreichend Ressourcen zu mobilisieren sowie sachlich und institutionell adäquate Strategien zu formulieren, sind bei den beteiligten Organisationen und Individuen relativ hoch. Es bedarf der Einbettung der Ökonomie in Politik und Kultur auf regionaler Ebene, der Kooperation von Staat und Verbänden und der Vernetzung von regionalen und überregionalen Gliederungen und Maßnahmen. Die aktive Gestaltung des industriellen Strukturwandels wird so zu einem „Kunststück" politischer Steuerung, das den Akteuren enorme Leistungen abverlangt – wenngleich dabei nur selten der große Wurf gelingt und ein Scheitern nicht auszuschließen ist.[21] Ähnlich unprätentiös sollte sich die wissenschaftliche Analyse des Phänomens verhalten – interdisziplinär in der theoretischen Orientierung, deskriptiv-fragmentarisch im Ansatz und skeptisch-realistisch in der Bewertung der Ergebnisse (zur steuerungspolitischen und politikwissenschaftlichen Bescheidenheit vgl. Beyme 1991: 337ff. und Wiesenthal 1994).
Solche Kautele machen die Bildung von mesokorporatistischen Arrangements äußerst voraussetzungsvoll, komplex und riskant sowie angesichts der prekären Balance von Optionen und Restriktionen zu einem relativ wenig wahrscheinlichen Ereignis. Insofern ist auch die geringe Fallzahl unserer Untersuchung nicht zufällig. Die Entstehung und Aufrechterhaltung solch regionaler steuerungspolitischer Arrangements wie auch anderer Formen von industriepolitischer Konzertierung (etwa verbandliche Selbststeuerung, unternehmensbezogene Netzwerke etc.) basieren auf kontingenten Effekten, informatorischen und strukturellen Defiziten und weniger auf einem überlegenen funktionalen Modell. Solche mesokorporatistischen Strategien sind weniger abstrakt effizient als konkreten politisch-ökonomischen Situationen angemessen: sie machen also aus der Not eine Tugend. Nicht zuletzt nehmen diese Aktivitäten gelegentlich eher sisyphoshafte Züge an, als daß sie Souveränität ausstrahlen oder als deus ex machina funktionieren.

---

21 Die Zuspitzung des Pluralismusbegriffs, das Ende der klassischen Legitimationstheorien, die Entsubstantialisierung der Macht und der Antifunktionalismus sind nach Beyme (1991: 187ff.) Ausdruck eines postmodernen Denkens und durchaus ein wichtiges Element einer Theorie der Politik. Damit werden korporatistische Arrangements nicht der Beliebigkeit preisgegeben, sondern nur in ihrer Kontingenz und Fragilität ernstgenommen und von jedwedem staatlichen bzw. staatlich verliehenen Souveränitätsgedanken befreit.

Literatur

Anderson, Jeffrey J., 1991: Business Associations and the Decentralization of Penury: Functional Groups and Territorial Interests, in: Governance 4, 67-93.

Arbeitskreis Industriepolitik der Wirtschaftsminister und -senatoren der Länder, 1992: Struktur-, Technologie- und Industriepolitik (Grundsatzpapier), o.O.

Beckenbach, Nils/Treeck, Werner von (Hrsg.) 1994, Umbrüche gesellschaftlicher Arbeit (Soziale Welt Sonderband 9), Göttingen.

Beyme, Klaus von, 1991: Theorie der Politik im 20. Jahrhundert, Frankfurt.

Bosch, Gerhard, 1993: Neue Herausforderungen und Konzepte der zukünftigen Strukturpolitik, in: Harry W. Jablonowski/Rolf Simons (Hrsg.), 93-122.

Bräunling, Gerhard, 1986: Ansätze, Konzepte und Instrumente staatlicher Technologiepolitik, in: Hans Hermann Hartwich (Hrsg.), Politik und die Macht der Technik, Opladen, 264-277.

Bröchler, Stefan (Hrsg.), 1990: Modernisierungspolitik in der Bundesrepublik Deutschland, Frankfurt.

Bruder, Wolfgang/Hofelich, Peter 1982: Interessengruppen und staatliche Forschungspolitik, in: Aus Politik und Zeitgeschichte B 35/82, 19-33.

Bußmann, Ludwig (Hrsg.), 1988: Die Wirtschaft des Landes Nordrhein-Westfalen, Köln u.a.

Cawson, Alan, 1985: Organized Interests and the State. Studies in Meso-Corporatism, Beverly Hills/London.

Cowan, J. Tadlock/Buttel, Frederick H., 1988: Subnational Corporatist Policymaking: The Organization of State and Regional High-Technology Development, in: Research in Politics and Society 3, 241-268.

Czada, Roland, 1990: Wirtschaftsstrukturpolitik, Institutionen, Strategien und Konfliktlinien in der Bundesrepublik, in: Klaus von Beyme/Manfred G. Schmidt (Hrsg.), Politik in der Bundesrepublik, Opladen, 283-308.

Czada, Roland, 1993: Die Treuhandanstalt im Umfeld von Politik und Verbänden, in: Wolfram Fischer et al. (Hrsg.), 148-173.

Döhler, Marian/Manow-Borgwardt, Philip, 1992: Korporatisierung als gesundheitspolitische Strategie, in: Staatswissenschaften und Staatspraxis 3, 64-106.

Edelman, Murray, 1975: Symbolism in Politics, in: Leon N. Lindberg et al. (Hrsg.), Stress and Contradiction in Modern Capitalism. Public Policy and the Theory of the State, Toronto/London, 309-320.

Eichener, Volker/Kleinfeld, Ralf/Schmid, Josef/Pollak, Detlef/Schubert, Klaus/Voelzkow, Helmut (Hrsg.), 1992: Organisierte Interessen in Ostdeutschland, 2 Bde, Marburg.

Eichener, Volker/Voelzkow, Helmut (Hrsg.), 1994: Europäische Integration und verbandliche Interessenvermittlung, Marburg (i.E.).

Einert, Günther, 1994: „Gemeinschaftsaktion Industriestandort Nordrhein-Westfalen – Unternehmen, Staat und Organisationen arbeiten zusammen", Rede anläßlich des industriepolitischen Kongresses in Köln am 26.5.1994, MS MWMT, Düsseldorf.

Esser, Josef/Fach, Wolfgang/Väth, Werner, 1983: Krisenregulierung, Frankfurt.

Evers, Adalbert, 1990: Im intermediären Bereich. Soziale Träger und Projekte zwischen Haushalt, Staat und Markt, in: Journal für Sozialforschung 39, 189-210.

Fischer, Wolfram/Hax, Herbert/Schneider, Hans Karl (Hrsg.), 1993. Treuhandanstalt. Das Unmögliche wagen, Berlin.

Fricke, Werner (Hrsg.), 1992: Jahrbuch Arbeit und Technik. Schwerpunktthema: Industriepolitik, Bonn.

Fricke, Werner (Hrsg.), 1994: Jahrbuch Arbeit und Technik. Schwerpunktthema: Zukunftstechnologien und gesellschaftliche Verantwortung, Bonn.

Fürst, Dietrich/Henke, Klaus Dieter, 1988: Zwischen Wunsch und Realität. Ökologische Erneuerung des Industriestaats, in: Thomas Ellwein et al. (Hrsg.), Jahrbuch zur Staats- und Verwaltungswissenschaft, Bd. 2, 305-327.

Fürst, Dietrich, 1993: Intermediäre Organisationen zwischen offenen Netzwerken und festen Strukturen, in: Dietrich Fürst/Heiderose Kilper (Hrsg.), Effektiviät intermediärer Organisationen für den regionalen Strukturwandel, MS IAT, Gelsenkirchen, 21-34.

Gamble, Andrew, 1979: The Free Economy and the Strong State, in: Socialist Register 1979, 1-25.

Glagow, Manfred (Hrsg.), 1984: Gesellschaftssteuerung zwischen Korporatismus und Subsidiarität, Bielefeld.

Granovetter, Mark, 1985: Economic Action and Social Structure. The Problem of Embeddedness, in: American Journal of Sociology 91, 481-510.
Hansmann, Henry, 1987: Economic Theories of Nonprofit Organization, in: *Walter W. Powell* (Hrsg.), The Nonprofit Sector. A Research Handbook, New Haven, 27-42.
Häußermann, Hartmut (Hrsg.), 1992: Ökonomie und Politik in alten Industrieregionen Europas: Probleme der Stadt- und Regionalentwicklung in Deutschland, Frankreich, Großbritannien und Italien, Basel u.a.
Heidenreich, Martin, 1994: Netzwerke im Transformationsprozeß. Zur Umbildung industrieller Strukturen in Osteutschland, MS, Bielefeld.
Heinze, Rolf G. 1992: Verbandspolitik zwischen Partikularinteressen und Gemeinwohl – Der Deutsche Bauernverband, Gütersloh.
Heinze, Rolf G./Voelzkow, Helmut, 1991: Kommunalpolitik und Verbände. Inszenierter Korporatismus auf lokaler und regionaler Ebene?, in: *Hubert Heinelt/Hellmut Wollmann* (Hrsg.), Brennpunkt Stadt, Basel u.a., 187-206.
Heinze, Rolf G./Voelzkow, Helmut, 1992: Neue Politikmuster in der nordrhein-westfälischen Strukturpolitik: Regionalisierung und Korporatismus, in: *ILS* (Hrsg.), 43-54.
Heinze, Rolf G./Voelzkow, Helmut, 1994a: Verbände und „Neokorporatismus", in: *Roland Roth/ Hellmut Wollmann* (Hrsg.), Kommunalpolitik, Opladen, 245-255.
Heinze, Rolf G./Voelzkow, Helmut (Hrsg.), 1994b: Die Regionalisierung der Strukturpolitik in Nordrhein-Westfalen, Opladen.
Heinze, Rolf G./Voelzkow, Helmut/Hilbert, Josef, 1992: Strukturwandel und Strukturpolitik in Nordrhein-Westfalen, Opladen.
Herrigel, Gary B., 1989: Industrial Order and the Politics of Industrial Change: Mechanical Engineering, in: *Peter J. Katzenstein* (Hrsg.), Industry and Politics in West Germany, New York, 185-220.
Herrigel, Gary B., 1994: Industry as a Form of Order, in: *J. Rogers Hollingsworth* et al. (Hrsg.), 97-128.
Hesse, Jens J./Schlieper, Andreas, 1988: Ökonomischer Strukturwandel und Regionalpolitik im inernationalen Vergleich, Speyerer Arbeitshefte 81, Speyer.
Hilbert, Josef/Kleinaltenkamp, Michael/Nordhause-Janz, Jürgen/Widmaier, Britta (Hrsg.), 1991: Neue Kooperationsformen in der Wirtschaft. Können Konkurrenten Partner werden?, Opladen.
Hilbert, Josef/Schmid, Josef, 1994: Schlanke Produktion – neue Herausforderungen an die Arbeits- und Industriepolitik der Gewerkschaften, in: *Hajo Weber* (Hrsg.), Lean Management, Wiesbaden, (i.E.).
Hollingsworth, J. Rogers/Schmitter, Philippe C./Streeck, Wolfgang, 1994: Capitalism, Sectors, Institutions, and Performance, in: diess. (Hrsg.), 3-16.
Hollingsworth, J. Rogers/Schmitter, Philippe C./Streeck, Wolfgang (Hrsg.), 1994: Governing Capitalist Economies. Performance and Control of Economic Sectors, New York/Oxford.
ILS (Institut für Landes- und Stadtentwicklungsforschung des Landes NRW) (Hrsg.), 1992: Regionale Politik und regionales Handeln, Duisburg/Dortmund.
IMU (Institut für Medienforschung und Urbanistik GmbH), 1994: Industriegürtel „Mittlerer Nekkar". Entwicklung und Perspektiven der Metallindustrie in der Region Stuttgart, Stuttgart.
Industriepolitik für Sachsen. Ergebnisse einer Tagung am 30. Oktober 1991 in Dresden, Basis Manuskripte Nr. 11, Dresden.
Jablonowski, Harry W./Simons, Rolf (Hrsg.), Strukturpolitik in Ost und West: zwischen Steuerungsbedarf und ordnungspolitischem Sündenfall, Köln.
Jürgens, Ulrich/Krumbein, Wolfgang (Hrsg.), 1991: Industriepolitische Strategien. Bundesländer im Vergleich, Berlin.
Jürgens, Ulrich/Naschold, Frieder, 1994: Entwicklungspfade der deutschen Industrie, in: Die Mitbestimmung 40, 11-17.
Kaufmann, Franz-Xaver/Majone, Giandomenico/Ostrom, Vincent (Hrsg.), 1986: Guidance, Control, and Evaluation in the Public Sector, Berlin/New York.
Katterle, Siegfried, 1993: Grenzen staatlichen Handelns in der Wirtschafts- und Strukturpolitik. Schlußfolgerungen aus 40 Jahren bundesdeutscher Wirtschaftsgeschichte und ordnungspolitischer Debatte, in: *Harry W. Jablonowski/Rolf Simons* (Hrsg.), 73-92.
Kenworthy, Lane, 1990: Are Industrial Policy and Corporatism Compatibel?, in: Journal of Public Policy 10, 233-263.

Kern, Horst, 1989: Über die Gefahr, das Allgemeine im Besonderen zu sehr zu verallgemeinern. Zum soziologischen Zugang zu Prozessen der Industrialisierung, in: Soziale Welt 40, 259-268.
Kern, Horst, 1994: Intelligente Regulierung. Gewerkschaftliche Beiträge in Ost und West zur Erneuerung des deutschen Produktionsmodells, in: Soziale Welt 45, 33-59.
Kern, Horst/Sabel, Charles F., 1990: Gewerkschaften in offenen Arbeitsmärkten, in: Soziale Welt, 41, 140-166.
Kern, Horst/Sabel, Charles F., 1993: Die Treuhandanstalt: Experimentierfeld zur Entwicklung neuer Unternehmensformen, in: *Wolfram Fischer* et al. (Hrsg.), 481-504.
Kern, Horst/Voskamp, Ulrich, 1994: Bocksprungstrategie – Überholende Modernisierung zur Sicherung ostdeutscher Industriestandorte, in: SOFI-Mitteilungen Nr. 21, 98-139.
Kilper, Heiderose./Latniak, Erich/Rehfeld, Dieter/Simonis, Georg, 1994: Das Ruhrgebiet im Umbruch. Strategien regionaler Verflechtung, Opladen.
Kleinfeld, Ralf, 1989: Mesokroporatismus in den Niederlanden. Die Entwicklung eines politikbereichs- und politikebenenspezifischen Modells zur Analyse institutionalisierter Staat-Verbände Beziehungen und seine Anwendung auf regionale wirtschaftspolitische Beratungs- und Verhandlungsgremien in den niederländischen Provinzen, Frankfurt.
Kleinfeld, Ralf/Löbler, Frank, 1993: Verbände in Nordrhein-Westfalen. Eine Vorstudie zu Theorie und Empirie von Verbänden in der Landespolitik. Polis Sonderheft der FernUniversität Hagen, Hagen.
Klemmer, Paul/Schubert, Klaus (Hrsg.), 1992: Politische Maßnahmen zur Verbesserung der Standortqualitäten, Berlin.
Kohler-Koch, Beate, 1993: Regionen als Handlungseinheiten in der europäischen Politik, Papier zur Tagung „Legitimation und Handlungsfähigkeit der EG nach Maastrich" im November 1993.
Krafft, Alexander/Ullrich, Günter, 1993: Chancen und Risiken regionaler Selbstorganisation, Opladen.
Krafft, Alexander/Ullrich, Günter, 1994: Die Regionalisierung der Wirtschafts- und Strukturpolitik in systemtheoretischer Perspektive, MS, Oldenburg.
Kremer, Uwe, 1992: Industriepolitik im Vormarsch? Eine Zusammenstellung zur aktuellen industriepolitischen Debatte, in: WSI-Mitteilungen 45, 274-283.
Krumbein, Wolfgang, 1991: Industriepolitik. Die Chance einer Integration von Wirtschfats- und Gesellschaftspolitik, in: *Ulrich Jürgens/Wolfgang Krumbein* (Hrsg.), 34-56.
Krumbein, Wolfgang, 1992: Situativer Korporatismus, in: *Volker Eichener* et al. (Hrsg.), 211-224.
Lehmbruch, Gerhard, 1979a: Parteiensystem und Interessenverbände in der Politikentwicklung. Diskussionsbeitrag des Fachbereich Politische Wissenschaft/Verwaltungswissenschaft, Konstanz.
Lehmbruch, Gerhard, 1979b: Wandlungen der Interessenpolitik im liberalen Korporatismus, in: *Ulrich von Alemann/Rolf G. Heinze* (Hrsg.): Verbände und Staat, Opladen, 50-71.
Lehmbruch, Gerhard, 1987: Comparative political economy of neo-corporatism: interorganizational and institutional logics, ECPR Joint Sessions of Workshops, MS, Amsterdam.
Lehner, Franz/Schmid, Josef, (Hrsg.), 1992: Technik – Arbeit – Betrieb – Gesellschaft. Beiträge der Industriesoziologie und Organisationsforschung, Opladen.
Leif, Thomas/Klein, Ansgar/Legrand, Hans J. (Hrsg.), 1993: Reform des DGB. Herausforderungen, Aufbruchspläne und Modernisierungskonzepte, Köln.
Lijphart, Arend, 1975: The Comparable-Cases Strategy, in: Comparative Research, in: Comparative Political Studies 8, 158-177.
Lippold, Klaus/Schunck, Stefan, 1988: Regionale Wirtschaftsverbände – ihre Strukturen, Inhalte und das Umfeld, in: *Manfred Groser* (Hrsg.), Beiträge zur sozialen Ordnungspolitik, Baden-Baden, 213-234
Lippold, Stefan, Lohr, Karin/Neudel, Jeanette/Schmidt, Evelyn, 1992: Anpassung oder Modifikation industrieller Beziehungen im Transformationsprozeß. Graue Reihe der KSPW, Halle.
Luhmann, Niklas, 1989: Politische Steuerung, in: Politische Vierteljahresschrift 30, 4-9.
Mahnkopf, Birgit, 1994: Markt, Hierarchie und soziale Beziehungen, in: *Nils Beckenbach/W. v. Treeck* (Hrsg.), S. 65-84.
Matzner, Egon/Streeck, Wolfgang, 1991: Introduction: Towards a Socio-Economics of Employment in a Post-Keynesian Economy, in: diess. (Hrsg.), Beyond Keynesianism – The Socio-Economics of Production and Full Employment, Vermont, 231-260.

Mayntz, Renate (Hrsg.), 1983: Implementation politischer Programme II, Opladen.
Mayntz, Renate 1990: Organisierte Interessenvertretung und Föderalismus, in: *Thomas Ellwein* et al. (Hrsg.), Jahrbuch zur Staats- und Verwaltungswissenschaft, Baden-Baden, 145-156
Meyer-Krahmer, F., 1988: Industrielle Innovation und regionale Entwicklung in europäischen Ländern, in: DIW-Vierteljahreshefte, 56. Jg., 5-14.
Müller-Jentsch, Walther 1988: Industrial Relations Theory and Trades Union Strategy, in: The International Journal of Comparative Labour Law and Industrial Relations 4, 177-190.
Müller-Jentsch, Walther 1993: Gewerkschaftliche Antworten auf den gesellschaftlichen Wandel, in: *Wolfgang Kowalsky/Wolfgang Schroeder* (Hrsg.), Linke, was nun, Berlin, 137-153.
Müller-Syring, Rolf, 1993: Wirtschafts- und beschäftigungsrelevante Neigungen und Verhaltensweisen der Erwerbsbevölkerung in Sachsen, in: *Wolfram Pfeiffer* (Hrsg.), 155-194.
Namuth, Michaela, 1994: Teamwork auf schwäbisch, in: Die Mitbestimmung 40, 54-56.
Naschold, Frieder, 1990: Soziotechnische Modernisierungspolitik in der Bundesrepublik, in: *Werner Fricke* (Hrsg.), Jahrbuch Arbeit und Technik, Bonn, 123-135.
Nolte, Dirk, 1993: Strukturpolitik in Sachsen. Sanierungskooperation zwischen dem Freistaat Sachsen und der Treuhandanstalt, in: WSI-Mitteilungen 46, 56-59.
Nolte, Dirk, 1994: Industriepolitik in Ostdeutschland am Beispiel des Bundeslandes Sachsen, in: Aus Politik und Zeitgeschichte B 17/94, 14-23.
Offe, Claus, 1985: Disorganized Capitalism, Oxford.
Offe, Claus/Wiesenthal, Helmut, 1980: Two Logics of Collective Action. Theoretical Notes on Social Class and Organizational Form, in: Political Power and Social Theory 1, 67-115.
Ott, Alfred E. (Hrsg.), 1983: Die Wirtschaft des Landes Baden-Württemberg, Stuttgart.
Pfeiffer, Wolfram (Hrsg.), Regionen unter Anpassungsdruck, Marburg.
Piore, Michael J./Sabel, Charles F., 1984: Das Ende der Massenproduktion, Berlin.
Porter, Michael E., 1991: Nationale Wettbewerbsvorteile. Erfolgreich konkurrieren auf dem Weltmarkt, München.
Preusche, Evelyn, 1993: „Hilfe zur Selbsthilfe" – Der Interessenverband Chemnitzer Maschinenbau, MS, Chemnitz.
Pyke, Frank/Sengenberger, Werner (Hrsg.), 1992: Industrial districts and local economic regeneration, Geneva (ILO).
Revel, Saul W., 1993: Regionalpolitik der Gewerkschaften in Sachsen, MS, Dresden.
Sabel, Charles F., 1989: Flexible specialisation and the reemergence of regional economies, in: *Paul Hirst/Jonathan Zeitlin* (eds.), Reversing industrial decline. Industrial struktures and policy in Britain and her competitors, Oxford, 17-70.
Sabel, Charles F., 1992: Studied trust: Building new Forms of co-operation in a volatile economy, in: *Frank Pike/Werner Sengenberger* (Hrsg.), Industrial districts and local economic regeneration, Geneva, 215-250.
Sabel, Charles F., 1994a: Bootstrapping Reform: Rebuilding Firms, the Welfare State and Unions, Address to the Conféderation des syndicats nationaux Montréal, Nov. 15-16 1993, MS, o.O.
Sabel, Charles F., 1994b: Learning by monitoring: The Institutions of Economic Development, in: *Neil Smelser/Richard Swedberg* (eds.), Handbook of Economic Sociology, Princeton (NJ) (i.E.).
Scharpf, Fritz W., 1987: Sozialdemokratische Krisenpolitik in Europa, Frankfurt.
Scharpf, Fritz W., 1989: Politische Steuerung und Politische Institutionen, in: Politische Vierteljahresschrift 30, 10-21.
Scharpf, Fritz W., 1991: Die Handlungsfähigkeit des Staates am Ende des zwanzigsten Jahrhunderts, in: Politische Vierteljahresschrift 32, 621-634.
Schmid, Josef, 1991: Industriepolitik der CDU. Innovation, Variation, Diffusion, in: *Ulrich Jürgens/Wolfang Krumbein* (Hrsg.), 171-193.
Schmid, Josef, 1993: Parteien und Verbände. Konstitution, Kontingenz und Koevolution im System der Interessenvermittlung, in: *Manfred G. Schmidt/Roland Czada* (Hrsg.), Verhandlungsdemokratie, Interessenvermittlung, Regierbarkeit, Opladen, 171-190.
Schmid, Josef, 1994a: Der Welfare Mix in der vergleichenden Politikforschung, in: *Aldalbert Evers/Thomas Olk* (Hrsg.), Wohlfahrtspluralismus, Opladen (i.E.).
Schmid, Josef, 1994b: Aufbruch aus der Krise in Baden-Württemberg? Zum Bericht der Zukunftskommission „Wirtschaft 2000", in: Die Mitbestimmung 40, 60-62.

Schmid, Josef/Dye, Louise/Freriks, Rainer/Hauptmanns, Peter/Ostendorf, Barbara/Saurwein Rainer G., 1993: Grundfragen und aktuelle Themen der Industriesoziologie. Ein systematischer Querschnitt aus der aktuellen Forschung, in: Arbeit (Zeitschrift für Arbeitswissenschaft, Arbeitsgestaltung und Arbeitspolitik) 2, 279-304.

Schmid, Josef/Löbler, Frank/Tiemann, Heinrich, 1993: Ulm, the Science City. A new concept for the advancement of industrial innovation and competitivness, in: International Journal of Urban and Regional Research 17, 120-128.

Schmid, Josef/Löbler, Frank/Tiemann, Heinrich, 1994: Organisationsstrukturen und Probleme von Parteien und Verbänden. Berichte aus den neuen Ländern, Marburg.

Schmid, Josef/Tiemann, Heinrich, 1991: Elite in Wartestellung. Zum Profil der Hauptamtlichen in der IG Metall, in: *Thomas Leif* et al. (Hrsg.), Die politische Klassen in Deutschland, Bonn, 331-338.

Schmitter, Phillip C., 1990: Sectors in Modern Capitalism: Modes of Governance and Variations in Performance, in: *Renato Brunetta/Carlo Dell'Aringa* (Hrsg.), Labour Relations and Economic Performance. Proceedings of a conference held by the International Economic Association in Venice, Italy, 3-39.

Schommer, Kajo, 1993: Arbeitnehmer, Wirtschaft und Politik ziehen an einem Strang, in: Demokratische Gemeinde 45, 40-41.

Schuppert, Gunnar F., 1989: Markt, Staat, Dritter Sektor – oder noch mehr? Sektorspezifische Steuerungsprobleme ausdifferenzierter Staatlichkeit, in: *Thomas Ellwein* et al. (Hrsg.), Jahrbuch zur Staats- und Verwaltungswissenschaft, Bd. 3, Baden-Baden, 47-87.

Scott, Allen J./Storper, Michael, (Hrsg.) 1988: Production, Work, Territory. The geographical anatomy of industrial capitalism, London.

Seibel, Wolfgang, 1994: Strategische Fehler oder erfolgreiches Scheitern? Zur Entwicklungslogik der Treuhandanstalt 1990-93, in: Politische Vierteljahresschrift 35, 3-39.

Simonis, Georg, 1992: Gouvernment-Industry Relations. Wer bestimmt und wem nützt Industriepolitik?, in: *Heidrun Abromeit/Ulrich Jürgens* (Hrsg.), Die politische Logik wirtschaftlichen Handelns, Berlin, 150-170.

Streeck, Wolfgang, 1991a: On the Institutional Conditions of Diversified Quality Production, in: *Egon Matzner/Wolfgang Streeck* (Hrsg.), Beyond Keynesianism. The Socio-Economics of Full Employment, Aldershot, 21-61.

Streeck, Wolfgang, 1991b: Interest Heterogenity and Organizing Capazity. Two Logics of Collective Action, in: *Roland Czada/Adrienne Windhoff-Héritier* (Hrsg.), Political Choice, Frankfurt, 161-198.

Streeck, Wolfgang, 1992: Klasse, Beruf, Unternehmen, Distrikt: Organisationsgrundlagen industrieller Beziehungen im europäischen Binnenmarkt, WZB-discussion papers FS I 91-11, Berlin.

Streeck, Wolfgang, 1993: The Governance of Industry: Upgrading Industrial Policy in Europe, Madison (Wisconsin), (MS.).

Sturm, Roland, 1991: Die Industriepolitik der Bundesländer und die europäische Integration. Unternehmen und Verwaltungen im erweiterten Binnenmarkt, Baden-Baden.

Tietzel, Manfred/Weber, Marion, 1991: Von Betrügern, Blendern und Opportunisten. Eine ökonomische Analyse, in: Zeitschrift für Wirtschaftspolitik 40, 109-137.

Traxler, Franz., 1991: Regieren die Verbände? Ihr wirtschaftspolitischer Einfluß und dessen Effekte im internationalen und intersektoralen Vergleich, in: *Hans H. Hartwich/Göttrik Wewer* (Hrsg.), Regieren in der Bundesrepublik Bd. 3: „Systemsteuerung" und „Staatskunst", Opladen, 133-150.

Voigt, Rüdiger (Hrsg.), 1993: Abschied vom Staat – Rückkehr zum Staat? Baden-Baden.

Wassenberg, Artur F.P., 1982: Neo-Corporatism and the Quest for Control: The Chuckoo Game, in: *Gerhard Lehmbruch/Philippe C. Schmitter* (Hrsg.), Patterns of Corporatist Policy-Making, Beverly Hills/London, 83-108.

Weber, Hajo, 1986: Technokorporatismus. Die Steuerung des technologischen Wandels durch Staat, Wirtschaftsverbände und Gewerkschaften, in: *Hans-Hermann Hartwich* (Hrsg.), Politik und die Macht der Technik, Opladen, 278-297.

Wegner, Manfred, 1994: Produktionsstandort Ostdeutschland. Zum Stand der Modernisierung und Erneuerung der Wirtschaft in den neuen Bundesländern, in: Aus Politik und Zeitgeschichte B 17/94, 14-23.

Welsch, Johann, 1992: Akute „Standortschwäche" oder Strategie-Defizite? Industrie- und unternehmenspolitische Versäumnisse als Zukunftsrisiken für den Standort Deutschland, in: WSI-Mitteilungen 45, 283-293.

Wiesenthal, Helmut, 1993: Akteurkompetenz im Organisationsdilemma. Grundprobleme strategisch ambitionierter Mitgliederverbände und zwei Techniken ihrer Überwindung, in: Berliner Journal für Soziologie 3, 3-18.

Wiesenthal, Helmut, 1993a: Die „Politische Ökonomie" des fortgeschrittenen Transformationsprozesses und die (potentiellen) Funktionen intermediärer Akteure, Max-Planck-Gesellschaft, Arbeitspapiere AG TRAP, Berlin.

Wiesenthal, Helmut, 1994b: Lernchancen der Risikogesellschaft, in: Leviathan 22, 135-159.

Willke, Helmut, 1983: Die Entzauberung des Staates. Überlegungen zu einer sozietalen Steuerungstheorie, Königstein.

Willke, Helmut, 1992: Die Ironie des Staates. Grundlinien einer Theorie des Staates polyzentrischer Gesellschaften, Frankfurt.

Zukunftskommission 1993: Aufbruch aus der Krise. Bericht der Zukunftskommission „Wirtschaft 2000". Hrsg. vom Staatsministerium Baden-Württemberg, Stuttgart.

Von Subsidiarität zu „outcontracting": Zum Wandel der Beziehungen von Staat und Wohlfahrtsverbänden in der Sozialpolitik

Holger Backhaus-Maul / Thomas Olk

1. Einleitung

In der deutschen Sozialpolitik gründet sich die enge Zusammenarbeit zwischen Staat und einer begrenzten Anzahl etablierter Wohlfahrtsverbände auf eine fast 100jährige Tradition. Spätestens seit Mitte der 20er Jahre dieses Jahrhunderts lassen sich hier neokorporatistische Strukturen der Interessenvermittlung sowie der Einbindung von privaten Verbänden in die Formulierung und Umsetzung staatlicher Maßnahmen und Programme nachweisen (vgl. Heinze/Olk 1981 und 1984 sowie Thränhardt 1984). Dieses „Paradebeispiel" neokorporatistischer Strukturen und Strategien stand aber bis zum heutigen Zeitpunkt nicht unbedingt im Mittelpunkt der Aufmerksamkeit von politischer Soziologie und Politikwissenschaft. Ein wesentlicher Grund hierfür ist darin zu sehen, daß sich die vergleichende Wohlfahrtstaats- bzw. Sozialpolitikforschung bisher überwiegend auf die Entstehung, den Umfang und die Verteilungswirkungen von Transferleistungen konzentriert hat und damit den bundesdeutschen Sozialstaat primär als „Sozialversicherungsstaat" untersucht hat. Hinzu kommt, daß die deutschen Wohlfahrtsverbände lange Zeit nicht in die vorherrschenden Denkkategorien und Suchraster einer am Modell des pluralistischen Lobbyverbandes orientierten politikwissenschaftlichen Verbändeforschung einzuordnen waren und daher an den Rand der theoretischen wie empirischen Aufmerksamkeit gedrängt wurden.

Inzwischen läßt sich ein steigendes Interesse an der theoretischen Analyse und empirischen Erforschung von Verbänden und Organisationen im Sozialbereich feststellen (vgl. z.B. Seibel 1992; Schmid 1994). Mit dem wachsenden sozialwissenschaftlichen Interesse an sozialen Dienstleistungen als wichtiger Leistungsform des Sozialstaates werden die im Bereich sozialer Dienste existierenden Strukturen der Koproduktion von öffentlichen und freien Trägern „entdeckt". Zudem hat die am Paradigma des Neokorporatismus orientierte Politikwissenschaft inzwischen ihre Zurückhaltung abgelegt, auch Verflechtungsformen und Strukturen zwischen öffentlichen und verbandlichen Akteuren jenseits des „Tripartismus" von Staat, Gewerkschaften und Unternehmerverbänden zu thematisieren.

Im folgenden Beitrag geht es darum, das System neokorporatistischer Strukturen und Strategien im Sozialbereich sowohl im Hinblick auf seine historische Konstituierung als auch hinsichtlich seiner Entwicklungsperspektiven zu analysieren. Äußerer Anlaß hierfür ist der Befund, daß die institutionalisierte Verflechtung von Staat und Wohlfahrtsverbänden im Bereich der bundesdeutschen Sozialpolitik, die im Vergleich mit den übrigen europäischen Ländern einen deutschen Sonderweg darstellt, angesichts veränderter ökonomischer und politischer Rahmenbedingungen ihre Funktionalität und Legitimität zu verlieren beginnt. Die gegenwärtige historische Konstellation, die durch den Prozeß der deutschen Vereinigung und zukünftig verstärkt durch die europäische Integration geprägt wird, könnte sich als „Wendemarke" in den Beziehungsmustern zwischen Staat und Verbänden im deutschen Sozialstaat erweisen. Ob hierdurch eine Abkehr von neokorporatistischen Formen der Interessenvermittlung im Bereich der Sozialpolitik eingeleitet wird, ist eine empirische Frage, die in den folgenden Ausführungen geprüft werden soll.

Zu diesem Zweck wird in einem ersten Schritt die historische Herausbildung und Verfestigung des neokorporatistischen Interessenkartells im Sozialbereich nachgezeichnet (Abschnitt 2); sodann werden die besonderen Strukturmerkmale dieses Neokorporatismus expliziert (Abschnitt 3) sowie einige Entwicklungstrends, die dieses korporatistische Kartell zu gefährden scheinen, benannt (Abschnitt 4). Sodann geht es darum, am Beispiel der öffentlichen Politik im Zusammenhang mit dem Aufbau verbandlicher Wohlfahrtspflege in den neuen Bundesländern zu prüfen, ob ein Strategiewechsel gegenüber den etablierten Wohlfahrtsverbänden nachweisbar ist (Abschnitt 5). Anhand wichtiger, in den letzten Jahren verabschiedeter oder novellierter Sozialgesetze wird untersucht, ob sich in diesen sozialrechtlichen Regelungen Veränderungen hinsichtlich der Definition von Rolle und Status verbandlicher Träger finden lassen (Abschnitt 6). Abschließend werden die Befunde zu den Veränderungen im Verhältnis von Staat und Wohlfahrtsverbänden resümiert (Abschnitt 7).

2. Das Subsidiaritätsprinzip als Regulativ für das Verhältnis von Staat und Wohlfahrtsverbänden

2.1 Subsidiaritätspolitik in Kaiserreich und Weimarer Republik

Das geregelte Zusammenwirken von öffentlicher und freier Wohlfahrtspflege im deutschen Sozialstaat wird in der einschlägigen wissenschaftlichen Literatur als „duales System der Wohlfahrtspflege" bezeichnet (vgl. z.B. Heinze/Olk 1981; Sachße/Tennstedt 1988: 152 sowie Kaiser 1993). Dessen Ursprünge lassen sich bis in das Kaiserreich zurückverfolgen. Zunächst bildete sich unabhängig von der Armenfürsorge der Kommunen im ausgehenden 18. sowie vor allem im Verlauf des 19. Jahrhunderts insbesondere in den größeren Städten des Deutschen Reiches eine aktive lokale Vereinskultur, die durch eine Vielzahl wohltätiger Vereine, Stiftungen und sozialer Einrichtungen konfessioneller und nichtkonfessioneller Art geprägt war.[1]

Eine überlokale Zusammenfassung und Organisierung dieser verstreuten privaten Aktivitäten konnte sich im 19. Jahrhundert kaum entwickeln. Mit dem Central-Ausschuß für Innere Mission der Deutschen Evangelischen Kirche (CAfIM), der 1848 im Anschluß an den Wittenberger Kirchentag gegründet wurde (vgl. Olk/Heinze 1981),

---

[1] Damit bediente sich die überwiegend konfessionell geprägte Privatwohltätigkeit neben der Stiftung zunehmend der Organisationsform des bürgerlichen Vereins (vgl. Conze 1960 sowie Nipperdey 1972).

und dem fast 50 Jahre später (1897) gegründeten Deutschen Caritasverband (DCV) (vgl. Kaiser 1989), wurden zwar für die konfessionelle Verbändewohlfahrt Spitzen auf nationaler Ebene organisiert, aber „sie besaßen keine direkten Weisungsbefugnisse gegenüber den angeschlossenen Vereinen und mußten sich mit Koordinierungsaufgaben und wissenschaftlicher Fachberatung der einzelnen Arbeitszweige begnügen" (Kaiser 1993: 29). Es gelang den beiden konfessionellen Zentralen in dieser historischen Phase noch nicht, geeignete nachgeordnete Verbandsstrukturen auszubilden und die Kontrolle über die lokalen Vereine, Anstalten und sozialen Einrichtungen zu erlangen. Da die Durchführung von Aufgaben der Armenfürsorge und Wohlfahrtspflege ausschließlich in der Zuständigkeit der Gemeinden lag, entwickelten weder das Reich noch die Länder entsprechende wohlfahrtspolitische Aktivitäten, so daß staatlicherseits keine Anreize für die Bildung von Spitzenverbänden gesetzt wurden.

Mit dem 1. Weltkrieg und vor allem in der Zeit der Weimarer Republik veränderte sich diese Konstellation grundlegend. Im Rahmen der Kriegswohlfahrtspflege wurde das Verhältnis zwischen privaten, halböffentlichen und öffentlichen Trägern und Hilfeleistungen neu geordnet. Zudem gab es erste staatliche Interventionen in den Bereich der freien Wohlfahrtspflege. Angesichts eines „Wildwuchses" neuer Vereinigungen und Einrichtungen der Privatwohltätigkeit im 1. Weltkrieg auf lokaler und regionaler Ebene und hiermit verbundener Begleiterscheinungen, wie ineffektive Organisationsformen und betrügerische Aktivitäten, erließ das Reich in den Jahren 1915 und 1917 zwei Verordnungen, mit denen die Kriegswohlfahrtspflege partiell unter staatliche Aufsicht gestellt werden sollte (vgl. Kaiser 1993: 40). Sowohl Caritas als auch Innere Mission wehrten sich gegen solche Zentralisierungs- und Rationalisierungsbestrebungen des Staates, insbesondere weil sie sich nicht ausschließlich als soziale Leistungsträger verstanden, sondern als nebenkirchliche Institutionen, die an einer Re-Christianisierung der Gesellschaft und an einer Zurückdrängung der Säkularisierung mitwirken.[2]

Mit der Entstehung der Weimarer Republik und den hiermit verbundenen politischen, ökonomischen und sozialkulturellen Wandlungsprozessen ergaben sich völlig neue Anforderungen an die Privatwohltätigkeit, die nun zunehmend als „freie Wohlfahrtspflege" firmierte (vgl. Sachße/Tennstedt 1988: 68ff. sowie Kaiser 1993: 42ff.). Der Weimarer Staat entwickelte ein wohlfahrtspolitisches Programm und übernahm damit eine soziale Gesamtverantwortung, die sich u.a. auch einschränkend auf den Gestaltungsspielraum kommunaler Selbstverwaltung auswirkte. Das Reich wurde nun im Bereich der lokalen Fürsorge und Wohlfahrtspflege zu einer zentralen regulierenden und finanzierenden Instanz.

Unter diesen Umständen konnten sich die bereits im 19. Jahrhundert entwickelten spitzenverbandlichen Strukturen verfestigen und weiterentwickeln. Die proklamierte staatliche Zuständigkeit im Bereich der Wohlfahrtspflege, die Entstehung eines zentralen Ansprechpartners für die Wohlfahrtsverbände in Gestalt des Reichsarbeitsmi-

---

2 Schon hier wird deutlich, daß im Selbstverständnis der konfessionellen Wohlfahrtsverbände ein „wesensmäßiger Unterschied" zwischen der weltanschaulich neutralen kommunalstaatlichen und der konfessionellen Wohlfahrtspflege formuliert wurde. Die Vertreter der konfessionellen Wohlfahrtspflege sahen die christliche Liebestätigkeit als die „wahre" Form der Wohlfahrtspflege an, da sie neben der Vermittlung von Hilfeleistungen und sozialer Unterstützung immer auch den Anspruch auf weltanschauliche Sinngebung mit erfüllte.

nisteriums, die von der Sozialdemokratie propagierten Forderungen nach einer „Kommunalisierung" und „Entkonfessionalisierung" der Privatwohltätigkeit sowie nicht zuletzt die Erosion einer sozialkulturellen Basis für die klassisch-bürgerliche Form privater Wohltätigkeit verdichteten sich zu einer realen bzw. vermeintlichen Bedrohung für die freie Wohlfahrtspflege. Sie reagierte auf diese wahrgenommene Gefährdung ihrer sozialen und politischen Bestandsbedingungen mit Bestrebungen zur Zentralisierung, organisatorischen Rationalisierung und politischen Koalitionsbildung.

Als Folge dieser Entwicklung entstanden weitere Spitzenverbände der freien Wohlfahrtspflege. Bereits 1917 hatte sich die Zentralwohlfahrtsstelle der Juden in Deutschland gebildet; in der Weimarer Republik gründete nun auch die Sozialdemokratie – trotz ihrer kritischen Einwände gegen die Idee der Privatwohltätigkeit – im Jahre 1919 mit dem Hauptausschuß der Arbeiterwohlfahrt einen eigenen Wohlfahrtsverband; 1921 wurde als Reaktion des christlichen Lagers darauf der Zentralwohlfahrtsausschuß der christlichen Arbeiterschaft gegründet; und im Jahre 1924 konstituierte sich die Vereinigung der freien gemeinnützigen Wohlfahrtseinrichtungen Deutschlands (seit 1932 Deutscher Paritätischer Wohlfahrtsverband); auch das Deutsche Rote Kreuz formierte sich im Jahre 1921 nun auch als Spitzenverband der freien Wohlfahrtspflege (vgl. Olk/Heinze 1981: 102; Sachße/Tennstedt 1988: 161-163 sowie Kaiser 1989: 97).

Dieser Organisierungsschub wird durch die Bildung gemeinsamer Dach- und Fachverbände vervollständigt. In diesem Zusammenhang ist insbesondere der Zusammenschluß der Spitzenverbände im Jahre 1924 – allerdings zunächst noch ohne die Arbeiterwohlfahrt – in der Deutschen Liga der Freien Wohlfahrtspflege sowie die Gründung der „Hilfskasse Gemeinnütziger Wohlfahrtseinrichtungen Deutschlands" zu nennen, mit der die Wohlfahrtsverbände sich ein Instrument schafften, um die staatlichen Subventionen zu verwalten.

Dieser Transformationsprozeß von überwiegend auf lokaler und regionaler Ebene operierenden Vereinen im deutschen Kaiserreich hin zu einem zentralisierten System durchorganisierter Spitzenverbände ist das Resultat spezifischer Interessenkonstellationen im Bereich der Wohlfahrtspflege in der Weimarer Republik. In den Auseinandersetzungen um die Aufgabenteilung zwischen öffentlichen und verbandlichen Trägern der Wohlfahrtspflege bzw. um Rolle und Stellenwert von Wohlfahrtsverbänden wird nun erstmals auch das aus der katholischen Soziallehre stammende Subsidiaritätsprinzip als Selbstbeschreibungs- und „Kampfformel" eingesetzt. Die widerstreitenden Akteure sind nicht mehr – wie in der Zeit des 1. Weltkrieges – die verbandliche Wohlfahrtspflege und der Staat; vielmehr entdecken liberale und konfessionelle Gruppierungen jetzt in der Sozialdemokratie, deren linker Flügel eigene wohlfahrtspolitische Konzepte zu entwickeln beginnt, ihren Hauptgegner (vgl. Kaiser 1993: 42-44).

Gegen die wohlfahrtspolitischen Forderungen und Ideen der Sozialdemokratie, die auf eine Kommunalisierung und Entkonfessionalisierung sowie Durchsetzung des Rechtsanspruchs auf fürsorgerische Leistungen hinausliefen, bildete sich ein Abwehrkartell sowohl konfessioneller wie auch nichtkonfessioneller Wohlfahrtsverbände. Unterstützt wurden die Bestrebungen der Vertreter der freien Wohlfahrtspflege nach größtmöglicher Unabhängigkeit von Staatsaufsicht und -reglementierung sowie nach Aufwertung und Stabilisierung ihrer wohlfahrtspolitischen Bedeutung durch die Politik des Reichsarbeitsministeriums. Trotz der Beteiligung der Sozialdemokratie an den Weimarer Koalitionsregierungen dominierte im Feld der Wohlfahrtspolitik die Zen-

trumspartei, die sowohl im Reichsarbeitsministerium als auch im Wohlfahrtsministerium zentrale Positionen mit Personen des eigenen Lagers besetzte.³
Die Subsidiaritätspolitik des Reichsarbeitsministeriums wurde allerdings durch handfeste Eigeninteressen des Ministeriums begünstigt: „Angesichts der noch ungefestigten Reichskompetenzen im Bereich der Wohlfahrtspflege mußte man diese gegenüber den öffentlichen Altträgern in Ländern, Preußischen Provinzen und Kommunen erst einmal durchsetzen. Das war nicht einfach und führte zu Interessenkollisionen, bei denen es immer wieder auch um die Frage der Finanzmittelverteilung ging. Die reichsweit operierenden nichtstaatlichen Wohlfahrtsorganisationen erschienen vor diesem Hintergrund als natürliche Verbündete, da sie es auf Länder- und kommunaler Ebene mit dem gleichen Widerpart zu tun hatten. Außerdem arbeiteten sie nachweislich kostengünstiger als der öffentliche Dienst, wenngleich in hohem Maße zu Lasten ihres nicht oder nur unzureichend durch Tarifverträge abgesicherten Personals" (Kaiser 1993: 44). Konkreter Ausdruck dieser Subsidiaritätspolitik des Reichsarbeitsministeriums war eine massive Subventionierung der freien Wohlfahrtspflege sowie eine enge und frühzeitige Einbindung der Spitzenvertreter der Wohlfahrtsverbände in die Entwicklung und Formulierung der Politik des Reichsarbeitsministeriums auf regelmäßig durchgeführten sogenannten „Sprechtagen". Das Reichsarbeitsministerium hatte auch einen gewichtigen Anteil daran, daß das katholische Subsidiaritätsprinzip in die zentralen Gesetzgebungswerke des Jugend- und Fürsorgebereichs der Weimarer Zeit Eingang fand. So legte das Reichsjugendwohlfahrtsgesetz von 1922 (RJWG) zum ersten Mal die Zusammenarbeit zwischen öffentlichen und privaten Trägern in der Jugendfürsorge und -pflege gesetzlich fest. In den Sitzungen der Sachverständigenkommission zur Beratung des RJWG sowie des zuständigen Reichstagsausschusses betrieben die Vertreter der freien Wohlfahrtspflege daher eine konsequente Lobbypolitik. Angesichts der heftigen Auseinandersetzungen um Funktion und Stellenwert der Privatwohltätigkeit im Jugend- und Sozialbereich kann nicht überraschen, daß die Formulierungen der einschlägigen Paragraphen einen ausgesprochenen Kompromißcharakter aufweisen. Die vage gehaltene Formulierung des § 1 Abs. 4 des RJWG lautet dementsprechend: „Insoweit der Anspruch des Kindes auf Erziehung von der Familie nicht erfüllt wird, tritt unbeschadet der Mitarbeit freiwilliger Tätigkeit öffentliche Fürsorge ein."
Auch sicherten sich die Vertreter der freien Wohlfahrtspflege einen maßgeblichen Einfluß auf die Politik der öffentlichen Jugendämter, indem sie dafür Sorge trugen, daß die Vertreter in Vorstand und Beirat des Jugendamtes „insbesondere aus den freien Vereinigungen zu berufen" waren(vgl. Hasenclever 1978: 66). Den vorläufigen Abschluß des institutionellen „Einbaus" der freien Wohlfahrtspflege in die öffentliche Wohlfahrtspolitik bildete die Reichsfürsorgepflichtverordnung (RFV) von 1924, die das Unterstützungswohnsitzgesetz von 1870 ablöste. Hier wurden die Verbände und Einrichtungen der freien Wohlfahrtspflege zum ersten Mal ausdrücklich erwähnt und

---

3 Insbesondere das Reichsarbeitsministerium, das mit Heinrich Brauns (Zentrum) durch einen vom Verbandskatholizismus geprägten Minister geführt und dessen wohlfahrtspolitisches Handeln durch weitere dem Sozialkatholizismus verpflichtete Persönlichkeiten wie dem Ministerialdirektor Erwin Ritter und der Ministerialrätin Julia Dünner geprägt wurde, förderte und unterstützte die freie Wohlfahrtspflege konsequent und verstand diese Politik ausdrücklich als praktische Umsetzung des Subsidiaritätsprinzips (vgl. Sachße/Tennstedt 1988: 152-172).

in die Erbringung öffentlicher Aufgaben einbezogen. So bestimmt etwa § 5 Abs. 3 RFV, daß die öffentlichen Fürsorgeverbände eigene Einrichtungen nicht schaffen sollen, „soweit geeignete Einrichtungen der freien Wohlfahrtspflege ausreichend vorhanden sind". In der dritten Verordnung zur Durchführung des Gesetzes über die Ablösung öffentlicher Anleihen vom 4. Dezember 1926 erhalten die damaligen sieben Spitzenverbände der Freien Wohlfahrtspflege gesetzliche Anerkennung, indem sie namentlich aufgeführt und ihnen bestimmte Rechte eingeräumt werden. Damit hatte sich das spezifisch deutsche System der dualen Wohlfahrtspflege etabliert, das in seinen Grundzügen mit den Elementen der Förderungsverpflichtung und Gesamtverantwortung öffentlicher Träger bei einer gesetzlichen Bestands- und Eigenständigkeitsgarantie der freien Träger bis heute fortbesteht.

Bei den wohlfahrtspolitischen Auseinandersetzungen der Weimarer Republik spielt die im Subsidiaritätsprinzip zusammengefaßte weltanschauliche Position bereits eine gewichtige Rolle, obwohl dieses Prinzip als einer der zentralen Leitsätze der katholischen Soziallehre erst im Jahre 1931 in der Sozialenzyklika „Quadragesimo anno" formuliert wurde. Dies war möglich, weil das katholische Subsidiaritätsdenken bereits in der zweiten Hälfte des 19. Jahrhunderts entwickelt und schon durch die Sozialenzyklika „Rerum novarum" von Pabst Leo XIII aus dem Jahre 1891 zur offiziellen Doktrin erhoben wurde (vgl. Sachße/Tennstedt 1988: 169-172).

Das für vielfältige Auslegungen offene sozialethische Subsidiaritätsprinzip erfuhr bereits bei seiner ministeriellen Umsetzung in der Weimarer Zeit eine charakteristisch verkürzte Auslegung. In der katholischen Soziallehre wird Subsidiarität eigentlich als ein aus dem Naturrecht begründetes Prinzip verstanden, das die Einzelperson bzw. die untergeordnete Gemeinschaft gegen übergeordnete Instanzen und Mächte schützen soll. Entsprechend diesem Subsidiaritätsverständnis ist nur derjenige Beistand förderlich und hilfreich, der die Selbstentfaltung der Person ermöglicht und unterstützt (vgl. von Nell-Breuning 1976). Ebenso gilt für das Verhältnis verschiedener Sozialgebilde untereinander, daß die größere der kleineren Einheit keine Aufgaben abnehmen darf, die diese selbst zu leisten imstande ist. Zwar besteht auch eine Verpflichtung zum Beistand, wenn die Hilfsmittel der kleineren Einheit nicht ausreichen, aber die Entscheidung für den Vorrang der Person bzw. der kleineren Gemeinschaft bedeutet immer auch ein Handlungsverbot für die größeren Gemeinschaften. Insofern entspricht das Subsidiaritätsdenken eher der staatsfernen Vereinskultur der Privatwohltätigkeit im Kaiserreich. „In der Weimarer Republik jedoch zielte die Subsidiaritätspolitik des Reichsarbeitsministeriums auf die staatliche Förderung privater Großorganisationen der Wohlfahrtspflege, auf den staatlich gestützen Auf- und Ausbau von privaten Wohlfahrtsbürokratien als Gegengewicht zu den Sozialisierungstendenzen kommunaler Sozialpolitik. (...) Faktisch entwickelte sich die Organisation der freien Wohlfahrtspflege in Weimar als verbandliches Pendant zum Ausbau eines zentralisierten Wohlfahrtstaates" (Sachße/Tennstedt 1988: 172).

2.2 Der „Subsidiaritätsstreit" der sechziger Jahre

Nach dem Nationalsozialismus und der Gründung der Bundesrepublik Deutschland kam es erneut zu heftigen und lang anhaltenden Auseinandersetzungen um die Frage der Aufgaben- und Kompetenzverteilung zwischen öffentlichen und verbandlichen Trägern der Wohlfahrtspflege. Äußerer Anlaß hierfür war zunächst die Gesetzgebung im Jugend- und Sozialbereich. Zum Ende der dritten Legislaturperiode, d.h. im Sommer 1961, verabschiedete der Deutsche Bundestag das Bundessozialhilfegesetz (BSHG) und das Jugendwohlfahrtsgesetz (JWG), die – abgesehen von ihrer jeweiligen Regelungsmaterie – das Verhältnis von öffentlichen und freien Trägern der Wohlfahrtspflege normieren (zu diesem „Subsidiaritätsstreit" Sachße 1990).

Die Vorrangstellung der verbandlichen Wohlfahrtspflege wurde in diesen Gesetzgebungswerken gegenüber den bislang geltenden Bestimmungen der Weimarer Zeit gestärkt. Zusätzlich zur bereits bekannten Verpflichtung der öffentlichen Träger zur Zusammenarbeit mit den Wohlfahrtsverbänden kam nun eine *„Funktionssperre"* der öffentlichen Wohlfahrtspflege bei der Schaffung von Einrichtungen, Diensten und Hilfemaßnahmen. So heißt es in § 93 BSHG: „Die Träger der Sozialhilfe sollen darauf hinwirken, daß die zur Gewährung der Sozialhilfe geeigneten Einrichtungen ausreichend zur Verfügung stehen. Sie sollen eigene Einrichtungen nicht neu schaffen, soweit geeignete Einrichtungen der in § 10 Abs. 2 genannten Träger der Freien Wohlfahrtspflege vorhanden sind, ausgebaut oder geschaffen werden können." Eine ähnliche Formulierung findet sich in § 5 JWG: „Soweit geeignete Einrichtungen und Veranstaltungen der Träger der Freien Jugendhilfe vorhanden sind, erweitert oder geschaffen werden, ist von eigenen Einrichtungen und Veranstaltungen des Jugendamtes abzusehen."

In erster Linie an diesen Formulierungen entzündete sich der Konflikt zwischen der alleinregierenden CDU/CSU einerseits sowie den Oppositionsparteien SPD und FDP andererseits. Da die Opposition der Meinung war, daß diese Formulierungen den Selbstverwaltungsspielraum der kommunalen Träger unzulässig einengen können, legten vier Städte und vier Bundesländer in insgesamt zehn Verfahren Verfassungsbeschwerde ein. In den Folgejahren bis zur Entscheidung des Bundesverfassungsgerichts 1967 wurde die Auseinandersetzung mit hoher Intensität sowohl auf rechtlicher wie publizistischer Ebene weitergeführt (vgl. z.B. die vielbeachteten Stellungnahmen von Rendtorff 1962 und Herzog 1963). In diesem Zusammenhang waren die Verfahrensbeteiligten insbesondere bemüht, durch entsprechende Gutachten, die ihre jeweilige Position festigten, Einfluß auf die gerichtliche Auseinandersetzung zu nehmen.

Die zentrale Bedeutung, die diesem „Subsidiaritätsstreit" von den beteiligten Akteuren beigemessen wurde, wird nur vor dem Hintergrund der Geschichte der Auseinandersetzungen um die Aufgabenteilung zwischen öffentlichen und freien Trägern der Wohlfahrtspflege verständlich. Denn die politischen Rahmenbedingungen und Interessenkonstellationen in der bundesdeutschen Nachkriegsgesellschaft weisen eine hohe Übereinstimmung mit entsprechenden Konstellationen in der Weimarer Republik auf. Es war wieder eine konservative Bundesregierung, die sich in Auseinandersetzung mit einigen sozialdemokratisch regierten Ländern und zahlreichen sozialdemokratisch geführten Städten und Gemeinden befand. Während insbesondere die konfessionellen Spitzenverbände bemüht waren, ihre sozialpolitische Position in dieser für sie günstigen Machtkonstellation zu festigen, sahen die Gemeinden erneut ihre kommunale Autonomie und Finanzhoheit gefährdet. Dabei ging es den konfessionellen Wohlfahrtsverbänden insbesondere um zweierlei. Zum einen waren sie bestrebt, ihre führende Stellung im Bereich der Anstaltsfürsorge und der halboffenen Einrichtungen der Ju-

gendhilfe zu stabilisieren, also ihre Trägerinteressen gegenüber anderen potentiellen Leistungsträgern zu sichern. Zum anderen ging es ihnen darum, konfessionell geprägte Einrichtungen und Dienste für die entsprechenden Bevölkerungsgruppen zur Verfügung zu stellen, um so insgesamt die gesellschaftliche Bedeutung der beiden großen christlichen Kirchen und ihrer Milieus in der bundesrepublikanischen Nachkriegsgesellschaft gegen spürbare Säkularisierungstendenzen zu verteidigen.
Die Instrumentalisierung des Subsidiaritätsprinzips für gesellschaftspolitische Auseinandersetzungen um die Kompetenzbestimmung und Aufgabenabgrenzung zwischen hoheitlichen und verbandlichen Trägern der Jugend- und Sozialhilfe wirft allerdings auch in dieser Phase erhebliche Probleme auf. Die Anwendung eines dogmatischen Prinzips auf konkrete gesellschaftliche Sachverhalte eröffnet den Konfliktbeteiligten erhebliche Auslegungsspielräume. Als ein höchst abstrakt formuliertes sozialethisches Prinzip ist das Subsidiaritätsprinzip viel zu allgemein, um eindeutige ordnungspolitische Regelungen vorgeben zu können. Deshalb konnte es dazu kommen, daß es in den 60er Jahren weniger als Legitimationsformel für die Garantie kultureller und weltanschaulicher Pluralität fungierte, sondern vielmehr als Instrument zur Durchsetzung der Bestandsinteressen formal organisierter und zentralisierter Wohlfahrtsverbände instrumentalisiert wurde (vgl. Matthes 1964).
Die Unversöhnlichkeit der widerstreitenden Interessen und die Heftigkeit der Auseinandersetzungen konnten nicht verhindern, daß in der darauf folgenden Entwicklungsphase die faktische Bedeutung des Subsidiaritätsprinzips für die Regulierung des Verhältnisses zwischen freien und öffentlichen Trägern allmählich abnahm. Im Jahre 1967 bestätigte das Urteil des Bundesverfassungsgerichts die Verfassungskonformität der inkriminierten Formulierungen (vgl. BVerfGE 22, 180). Die Art der Begründung ist allerdings selbst bereits ein Ausdruck der inzwischen eingetretenen Bedeutungsminderung des Konflikts und deutet erstmalig – wenn auch wegen der Kürze der Ausführungen nur ansatzweise – die Umrisse einer veränderten Umgangsweise des Staates mit den verbandlichen Trägern in der Wohlfahrtspflege an. In den Ausführungen wird auf den normativen Gehalt des Subsidiaritätsprinzips kein Bezug genommen; selbst der Begriff Subsidiarität wird im Urteil nicht genannt. Die Urteilsbegründung basiert auf einem „säkularisierten" Subsidiaritätsverständnis, demzufolge die Arbeitsteilung zwischen öffentlichen Trägern und Wohlfahrtsverbänden aus Zweckmäßigkeits- und Wirtschaftlichkeitsgründen geboten sei (vgl. Münder u.a. 1978: 107). Trotz der weiterhin geltenden bedingten Vorrangstellung der Wohlfahrtsverbände bei gleichzeitiger Letztverantwortlichkeit öffentlicher Träger nahm in der Folgezeit der relative Anteil öffentlicher Einrichtungen und Dienste ständig zu. Zugleich wurden die freien Träger der Wohlfahrtspflege zunehmend in die Planungsaktivitäten der öffentlichen Träger einbezogen. Insbesondere der Ausbau kommunaler Planung im Sozialsektor stärkte die hoheitlichen Träger, da diese über die Planungsdaten verfügten sowie über das Instrument der Pläne die verbandlichen Träger in umfassende Rahmenplanungen einbeziehen konnten. Aber auch Gesetzgebungswerke wie die Krankenhausgesetzgebung von Bund und Ländern, verschiedene Landeskindergartengesetze und andere Sozialgesetze ermöglichten es den öffentlichen Trägern, über die Vorgabe baurechtlicher, personeller und konzeptioneller Standards den Autonomiespielraum der freien Träger faktisch einzuengen (vgl. Münder 1987).
Damit aber kann das Verhältnis öffentlicher und freier Träger der Wohlfahrtspflege

nicht länger als schlichtes Vorrang-Nachrang-Verhältnis beschrieben werden; vielmehr handelt es sich um einen komplexen Kooperationszusammenhang, der durch gegenseitige Abhängigkeiten und Verflechtungen zusammengehalten wird. „Auf den unterschiedlichen Ebenen sind die Wohlfahrtsverbände über institutionalisierte Formen unterschiedlicher Art – ständige Arbeitsgemeinschaften, Fachverbände, ministerielle Beratungsgremien, gesetzlich geregelte Beteiligungsformen wie den Jugendwohlfahrtsauschuß und anderes mehr – in den Willensbildungsprozeß inkorporiert. Sie sind einerseits Teil der Willensbildungsstruktur, wobei ihr Einfluß weit über Lobbyfunktionen hinausgeht. Andererseits sind sie Abnehmer finanzieller Zuschüsse der unterschiedlichen 'öffentlichen Hände', je nach Arbeitsfeldern, Verbänden und auch Regionen sehr unterschiedlicher Höhe. Ein besonderer Fall öffentlicher Finanzierung sind auch die Einnahmen, die den Verbänden aus staatlich regulierten Quellen wie Wohlfahrtsbriefmarken, Lotterie- und Spielbankgeldern sowie Gerichtsbußen zuwachsen. Andererseits sind sie Mitentscheider im Konzept der öffentlichen Willensbildung – in mehr oder weniger formalisierter Form –, sie beherrschen einen großen Teil der Umsetzung und Administration der Wohlfahrtspolitik und sie fungieren schließlich auch als Anwälte ihrer 'Klienten'" (Thränhardt u.a. 1986: 23).

3. Neokorporatistische Strukturen und Strategien in der Sozialpolitik: Zur Inkorporierung der Spitzenverbände der freien Wohlfahrtspflege in die Formulierung und Implementation staatlicher Sozialpolitik

Die vorstehende Analyse der Entwicklung des Verhältnisses von Staat und Wohlfahrtsverbänden hat gezeigt, daß die enge und dauerhafte, sozialrechtlich kodifizierte Zusammenarbeit von öffentlichen und verbandlichen Trägern durch den Verweis auf das katholische Subsidiaritätsdenken legitimiert und durchgesetzt worden ist. Der Nachweis einer verbändepolitischen Instrumentalisierung der sozialethischen Subsidiaritätsformel läßt es allerdings nicht geraten erscheinen, „Subsidiarität" – wie Schimank und Glagow (vgl. dies. 1984) vorgeschlagen haben – als eine spezifische Form politischer Steuerung anzusehen und damit die Subsidiaritätskategorie als einen analytischen Begriff zu verwenden.[4]

Vor diesem Hintergrund wird verständlich, daß seit den frühen 80er Jahren die stabilen und wohlgeordneten Verflechtungen zwischen (Sozial-)Staat und Wohlfahrtsverbänden mit Hilfe des politikwissenschaftlichen Neokorporatismus-Theorems typisiert und analysiert werden (vgl. zuerst Heinze/Olk 1981 und 1984 sowie Thränhardt 1984). Diese Ausdehnung bzw. Übertragung des ursprünglich primär im Bereich der makroökonomischen Konzertierung angewendeten Neokorporatismuskonzeptes auf Verflechtungsbeziehungen zwischen Staat und Verbänden in der Sozialpolitik war lange Zeit aus grundsätzlichen Erwägungen heraus umstritten (vgl. Schmitter/Lehmbruch

---

4 Nicht zuletzt die Bemühungen um eine Neufassung des Subsidiaritätsbegriffs unter dem Etikett „Neue Subsidiarität" in der zweiten Hälfte der 80er Jahren zur Kennzeichnung einer Politik der staatlichen Förderung von Selbsthilfeinitiativen und -organisationen bestätigen ein weiteres Mal, daß die Subsidiaritätsformel als normative Begründungsformel zu verstehen ist, mit deren Hilfe sich durchaus konträre Politikformen und steuerungsstrategische Entwürfe propagieren lassen (vgl. die Beiträge in Heinze 1986).

1979; Lehmbruch/Schmitter 1982; v. Beyme 1984 sowie Lehmbruch 1983). Inzwischen ist das Neokorporatismuskonzept allerdings längst auf eine Vielzahl von Formen und Bereichen der engen und dauerhaften Verknüpfung von Staat und Interessengruppen ausgeweitet worden (vgl. Schmitter 1989).[5]
Die neokorporatistische Einbindung der Spitzenverbände der freien Wohlfahrtspflege in die staatliche Sozialpolitik weist allerdings einige besondere Merkmale auf, die für ein adäquates Verständnis dieser Verflechtungsstrukturen von Bedeutung sind. Neokorporatistische Strukturen und Strategien in diesem Feld folgen nicht dem Muster der grundsätzlich zeitlich begrenzbaren informellen Konzertierung von Interessenorganisationen, wie sie vor allem aus den konzertierten Aktionen zwischen Staat und Tarifparteien bekannt geworden sind. Vielmehr handelt es sich um geordnete Bereichsregelungen und Verflechtungsmuster, in denen staatliche Regelungs- und Gewaltmonopole mit nichtstaatlichen Akteuren dauerhaft verknüpft sind. Während bei konzertierten Aktionen die beteiligten Interessenträger, wie zum Beispiel Gewerkschaften oder Unternehmerverbände, grundsätzlich aus der kooperativen Verflechtungsstruktur aussteigen können, also von Kooperation auf Konflikt (exit-option) umschalten können, wenn ihnen dies nach ihren Nutzenerwartungen günstiger zu sein scheint, stehen im *„sektoralen Korporatismus"* des Wohlfahrtsbereichs stabile Austauschbeziehungen im Vordergrund, die die beteiligten kollektiven Akteure aufgrund ihrer dauerhaften Abhängigkeit von den Ressourcen anderer Partner nur um den Preis einer einschneidenden Verschlechterung ihrer Interessenpositionen verlassen können (vgl. Thränhardt u.a. 1986: 24).
Die Partizipation der Verbände an staatlicher Politik erstreckt sich hier nicht nur auf die Phase der Politikformulierung, sondern bezieht vor allem auch die Umsetzung öffentlicher Maßnahmen und Programme ein. Da es auch im Bereich der Sozialpolitik darum geht, daß verbandliche Interessenträger neben ihrer Aufgabe der Repräsentation von Partikularinteressen zusätzlich Regierungsfunktionen übernehmen und auf diese Weise den Staat bei seinen Steuerungs- und Ordnungsaufgaben entlasten, setzt die Herausbildung und Verfestigung korporatistischer Strategien und Strukturen auch in diesem gesellschaftlichen Regelungsbereich mit den Spitzenverbänden der freien Wohlfahrtspflege das Vorhandensein einiger weniger zentralisierter Interessenverbände voraus, die in der Lage sind, ihre Mitglieder auf die ausgehandelten Politikresultate zu verpflichten. In diesem Zusammenhang ist freilich auf einige Besonderheiten hinzuweisen, die sich aus den Strukturmerkmalen des Systems der Spitzenverbände der freien Wohlfahrtspflege einerseits und den spezifischen Steuerungsproblem im Sozialsektor andererseits ergeben.
Insbesondere spielt hier eine Rolle, daß die Spitzenverbände der freien Wohlfahrtspflege sowie ihre Untergliederungen und angeschlossenen Einrichtungen und Dienste – im Gegensatz etwa zu Gewerkschaften, Unternehmerverbänden und typischen Lobbyverbänden – nicht primär Interessenverbände, sondern „Sozialleistungsverbände"

---

[5] Offensichtlich erweist sich die bis zum gegenwärtigen Zeitpunkt geltende relativ geringe Geschlossenheit und „Hermetik" dieses Konzeptes für die empirische Anwendung in unterschiedlichen Forschungsfeldern als fruchtbar, ohne daß damit automatisch eine theoretische Weiterentwicklung und Fundierung einhergehen würde (vgl. Czada in diesem Band).

sind.[6] Die zentrale Funktion von Wohlfahrtsverbänden besteht im Gegensatz zu den üblichen Interessenverbänden nicht darin, die Interessen von sozialökonomischen Gruppierungen bzw. ihrer Mitglieder zu aggregieren, selektieren und gegenüber den politischen Entscheidungsgremien zu vertreten, sondern darin, insbesondere durch die ihnen angeschlossenen Dienste und Einrichtungen soziale Dienstleistungen für bestimmte Klientelgruppen bereitzustellen.

Dieses Strukturmerkmal hat erhebliche Auswirkungen auf das verbandspolitische Problem der Balancierung von „Mitgliedschaftslogik" und „Einflußlogik" (vgl. Schmitter/Streeck 1981 sowie Lehmbruch in diesem Band). Die Mitgliedschaftsbasis der Wohlfahrtsverbände besteht nicht aus den Konsumenten sozialstaatlicher Leistungen, wie etwa Behinderte, alte Menschen, Obdachlose, Kinder und Jugendliche. Primär wird sie durch die inzwischen stark gewachsende Anzahl von Mitgliedsorganisationen gebildet, die von großen Anstaltkomplexen bis hin zu kleinen ambulanten Beratungsstellen und Fachverbänden spezifischer Berufsgruppen reichen sowie von einer verbandsspezifisch unterschiedlich starken persönlichen Mitgliederschaft. Letztere konstituiert sich aus sozial engagierten Personen, die insbesondere in den ehrenamtlichen Vorständen und Gremien Führungs- und Leitungsaufgaben übernehmen bzw. die historischen Restbestände des Vereinslebens der Verbändewohlfahrt gestalten. Die Artikulation von Mitgliedschaftsinteressen wird durch die korporativen Mitglieder, also die Anbieter von Diensten und Einrichtungen, dominiert; hier sind insbesondere die großen Anstalten und stationären Einrichtungen zu erwähnen, die die Interessenpolitik der Wohlfahrtsverbände seit jeher prägen. Die Betroffenen, deren Interessen gewissenmaßen stellvertretend und „anwaltschaftlich" vertreten werden sollen, verfügen dagegen nicht über die Möglichkeit, durch Beteiligung an der innerverbandlichen Willensbildung auf die Verbandspolitik direkt Einfluß zu nehmen. Die Sichtweisen, Interessenpositionen und Bedürfnisse unterschiedlicher Klientelgruppen finden daher vor allem insoweit Berücksichtigung, als sie Ressourcenforderungen der Mitgliedseinrichtungen und Verbände begründen helfen.

Diese wichtige Struktureigenschaft der Verbändewohlfahrt wirkt sich auch auf die Einfluß- und Verpflichtungsbeziehungen zwischen den jeweiligen Verbandsspitzen und ihrer „Basis" aus. Greift man auf die Typologie von Komponenten der Mitgliedschaftslogik bei Etzioni (ders. 1970; vgl. auch den Beitrag von Lehmbruch in diesem Band) zurück, so sind in der verbandlichen Wohlfahrtspflege bei der Verpflichtung der Mitglieder auf ausgehandelte Politikresultate Zwangsmittel kaum einsetzbar. Die örtlichen und regionalen Anstalten, Einrichtungen, Mitgliedsorganisationen und Vereine sind rechtlich und wirtschaftlich selbständig; die verbandliche Wohlfahrtspflege weist mit ihrem ineinandergeschachtelten System von eingetragenen Vereinen auf kommunaler, Landes- und Bundesebene eine stark ausgeprägte föderale Struktur auf, die Hierarchisierungs- und Zentralisierungstendenzen enge Grenzen setzen. Eine direkte Weisungsbefugnis „von oben nach unten" besteht nicht. Statt dessen ist das

---

6 Vgl. zum Begriff „Sozialleistungsverbände" v. Alemann 1989. Analytisch ist diese deskriptive Kategorie durchaus irreführend, weil durch die eindimensionale Kennzeichnung der Wohlfahrtsverbände als „Sozialleistungsverbände" deren Multifunktionalität ausgeblendet wird. Wohlfahrtsverbände erfüllen neben ihrer dominanten Funktion zusätzlich Funktionen des geselligen Vereinslebens, der sozialanwaltschaftlichen Interessenvertretung und der symbolischen Integration spezifischer gesellschaftlicher Milieus.

System der Repräsentation durch die Spitzenverbände der freien Wohlfahrtspflege darauf ausgerichtet, die jeweilige Mitgliedschaftsbasis unter Verweis auf gemeinsam geteilte kulturelle Werthaltungen und Grundüberzeugungen (symbolische Identifikation) sowie durch Befriedigung utilitaristischer Nutzenerwartungen der angeschlossenen Einrichtungen, Dienste und verbandlichen Untergliederungen – mittels Beratung, fachlicher Unterstützung und Sicherung von Ressourcen – zu integrieren.
Darüber hinaus fehlen im Bereich der Verbändewohlfahrt antagonistische Interessendivergenzen zwischen den beteiligten Akteuren, wie sie von einigen Autoren als konstituierend für neokorporatistische Formen der Verflechtung unterstellt worden sind. Solche grundlegenden Konfliktverhältnisse bestehen weder zwischen einzelnen verbandlichen Trägern noch zwischen den Spitzenverbänden der Wohlfahrtspflege und dem Staat. Statt dessen sind die Beziehungen zwischen den einzelnen verbandlichen Trägern bzw. den ihnen angeschlossenen Anstalten, Diensten und Einrichtungen durch Ressourcenkonkurrenz und gleichzeitige wechselseitige Abhängigkeit gekennzeichnet. Sowohl die sechs Spitzenverbände der freien Wohlfahrtspflege als auch die einzelnen Mitgliedsorganisationen der Verbände konkurrieren untereinander um den Zugang zu knappen organisatorischen, personellen, technischen und klientenbezogenen Ressourcen. Zugleich sind sie aber bei der Verfolgung ihrer jeweiligen Partikularinteressen auf Austauschbeziehungen zu den jeweils anderen verbandlichen Trägern sowie vor allem zu den öffentlichen Trägern (Bund, Länder und Gemeinden) angewiesen und daher an dauerhafter Kooperation interessiert. Der Ressourcenfluß kann nur unter der Bedingung stabilisiert werden, daß zwischen den Verbänden Koalitionen gebildet und politische Tauschprozesse mit der öffentlichen Seite aufrecht erhalten werden.
Trotz der erwähnten heterogenen Mitgliedschaftsbasis der verschiedenen Spitzenverbände der freien Wohlfahrtspflege sind daher offen ausgetragene intra- und interverbandliche Konflikte z.B. über ausgehandelte Politikresultate kaum zu erwarten. Angesichts der Ressourcenabhängigkeit der Mitglieder von öffentlichen Kostenträgern können sie sich von einer Gefährdung des Repräsentationsmonopols der Spitzenverbände keine Vorteile erwarten. Aus diesem Grund ließen sich Mitgliedschafts- und Einflußlogik lange Zeit bei unangefochtener Dominanz der großen Anstaltskomplexe und stationären Einrichtungen verbandspolitisch gut miteinander vereinbaren. Das Tauschverhältnis zwischen Staat und Wohlfahrtsverbänden – so läßt sich zusammenfassen – ist dadurch geprägt, daß der Sozialstaat die infrastrukturellen, personellen und sozialkulturellen Ressourcen sowie den bereichsspezifischen Sachverstand der Wohlfahrtsverbände für die Realisierung sozialpolitischer Ziele und Programme instrumentalisiert und im Gegenzug die Spitzenverbände der freien Wohlfahrtspflege einen privilegierten Zugang zu den Verfahren und Prozessen der Formulierung sozialpolitischer Programme und Maßnahmen erhalten sowie an der Umsetzung sozialpolitischer Programme und Maßnahmen bevorzugt beteiligt und durch öffentliche Zuwendungen und Förderprogramme maßgeblich unterstützt werden.

4. Bedingungen eines Niedergangs korporatistischer Verflechtungen im Sozialbereich

Die Spitzenverbände der freien Wohlfahrtspflege repräsentieren mit ihren knapp 81.000 Einrichtungen und Diensten, 2,9 Mio. Betten bzw. Plätzen sowie ihren insgesamt knapp

940.000 hauptberuflichen Mitarbeiterinnen und Mitarbeitern und ca. 1,5 Millionen Ehrenamtlichen ein herausragendes Leistungspotential (Bundesarbeitsgemeinschaft der Freien Wohlfahrtspflege 1994) und sind einer der größten Arbeitgeber der Bundesrepublik. Die dominante Stellung der verbandlichen Wohlfahrtspflege im Jugend- und Sozialbereich läßt sich auch daran ablesen, daß sich knapp 55 % aller Alten- und Behindertenheime sowie über zwei Drittel aller Jugendhilfeeinrichtungen sowie jedes dritte Allgemeine Krankenhaus in verbandlicher Trägerschaft befinden (vgl. Bundesarbeitsgemeinschaft der Freien Wohlfahrtspflege 1994).

Verengte Verteilungsspielräume öffentlicher Finanzmittel, auch als Folge des deutschen Einigungsprozesses, und eher ansteigende sozialpolitische Regulierungserfordernisse könnten erwarten lassen, daß die „bewährte Zusammenarbeit" zwischen Staat und Wohlfahrtsverbänden gerade wegen der gegenwärtig erschwerten Rahmenbedingungen fortgeführt würde. Dennoch gibt es Indizien dafür, daß sich das Verhältnis zwischen Sozialstaat und Wohlfahrtsverbänden grundlegend zu ändern beginnt. Zentrale Akteure der öffentlichen Seite scheinen die veränderten ökonomischen und politischen Rahmendaten für einen grundlegenden Strategiewechsel im Bereich der Sozialpolitik nutzen zu wollen. Dieser könnte auf einen Einstieg in die Deregulierung der Beziehungen zwischen Sozialstaat und etablierten Wohlfahrtsverbänden hinauslaufen, also auf einen Niedergang neokorporatistischer Formen der Verflechtung von öffentlichen und freien Trägern im Sozialbereich. Im folgenden sollen die wichtigsten Entwicklungstendenzen, die diesen Strategiewechsel zu begünstigen scheinen, dargestellt werden. Es handelt sich hierbei um Entwicklungen, die auf unterschiedlichen Ebenen und in unterschiedlichen Handlungsfeldern weitgehend unabhängig voneinander zu beobachten sind. Ihnen ist gemeinsam, daß sie den angesprochenen Wandel in den Beziehungen zwischen Sozialstaat und Wohlfahrtsverbänden vorantreiben.

4.1 Größenwachstum und Bürokratisierung bei gleichzeitigem Verlust öffentlichen Ansehens

Prozesse der gesellschaftlichen Modernisierung und Enttraditionalisierung und das sich aus ihnen ergebende wachsende Engagement des Sozialstaates im Bereich der Wohlfahrtspflege führen zu dem paradoxen Effekt, daß die Wohlfahrtsverbände an ihrem eigenen Erfolg zugrundezugehen drohen. Die Lücke zwischen dem traditionell von der Verbändewohlfahrt proklamierten Anspruch, flexibel, individuell und innovativ auf (neue) soziale Problemlagen und Hilfsbedürftigkeiten mit einem Hilfeangebot reagieren zu können, und den realen Möglichkeiten und Formen verbandlichen Handelns, wird immer größer.

Hierfür sind u.a. Prozesse der wechselseitigen Angleichung der Angebote, Dienste und organisatorischen Binnenstrukturen der einzelnen Wohlfahrtsverbände verantwortlich. Mit der Ausweitung des Sozialleistungssystems und der rechtlichen Kodifizierung von Leistungs- und Ausstattungsstandards ging eine zunehmende Professionalisierung der Dienstleistungserbringung einher, die das traditionelle weltanschauliche Selbstverständnis der Wohlfahrtsverbände überlagerte (vgl. Gabriel 1990). Parallel zum Rückgang der traditionellen Kirchlichkeit nahm zudem die gesellschaftliche Relevanz konfessioneller und weltanschaulicher Unterschiede ab. Innerhalb der Wohl-

Schaubild 1: Entwicklung BRD 1970 – 1993

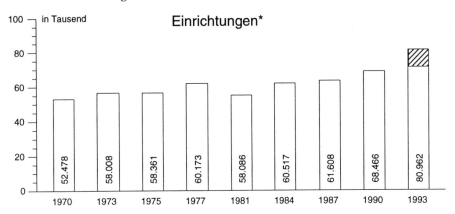

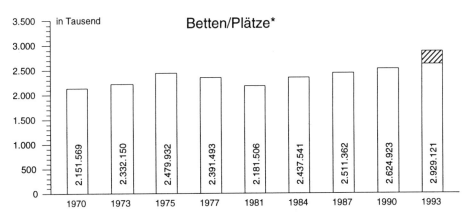

Gesamtstatistik der Bundesarbeitsgemeinschaft der Freien Wohlfahrtspflege 1993

* ▨ 1993 Anteil Ostdeutschland

Quelle: Bundesarbeitsgemeinschaft der Freien Wohlfahrtspflege 1994 (Stand: 01.01.1993)

fahrtsverbände war das hauptamtliche Personal immer weniger von der Identifikation mit dem Träger geprägt, sondern orientierte sich vielmehr an professionellen Standards des jeweils ausgeübten Berufes. Die Professionalisierung und Entkonfessionalisierung, die mit einem Bürokratisierungs- und Zentralisierungsschub verbunden war, hat gleichzeitig die engen Verbindungen zwischen Wohlfahrtsverbänden und gesellschaftlichen Milieus gelockert. Diese garantierten den Verbänden bislang eine hohe Akzeptanz und Legitimität sowie freiwillige Mitwirkungsbereitschaft in den entsprechenden Bevölkerungsgruppen. Wachsende Schwierigkeiten bei der Rekrutierung und Bindung ehrenamtlicher Mitarbeiterinnen und Mitarbeiter verweisen auf eine nachlassende Bindungsfähigkeit der Wohlfahrtsverbände gegenüber ihrer sozialen Basis und lassen es berechtigt erscheinen, auch hier von einem „Aussterben des Stammkunden" (Streeck 1987) zu sprechen. Bei wachsender Heterogenität der (potentiellen) Mitgliedschaftsbasis der Verbändewohlfahrt sind somit für die Zukunft erhöhte Managementanforderungen im Hinblick auf die Vereinbarung von (potentiellen) Mitgliederinteressen und Organisationszielen zu erwarten.

Die Öffnung der Schere zwischen Anspruch und faktischen Handlungsmöglichkeiten wird auch durch den drastischen Wachstumsschub von Einrichtungen, Diensten und Beschäftigung in der verbandlichen Wohlfahrtpflege verursacht. Schaubild 1 zeigt die Zuwächse der Leistungskapazitäten der verbandlichen Träger zwischen 1970 und 1993. Insbesondere für die Jahre zwischen 1970 und 1975 läßt sich ein starker Wachstumsschub feststellen. „Allein in diesen fünf Jahren ist nicht nur die Zahl der Betten/Plätze um 15 Prozent und diejenige der Einrichtungen um 11 Prozent angestiegen, sondern gleichzeitig hat die Zahl der hauptamtlichen Vollzeitbeschäftigen um 28 Prozent und diejenige der hauptamtlichen Teilzeitkräfte sogar um 60 Prozent zugenommen" (Hegner 1992: 177).

Das beachtliche Größenwachstum von Einrichtungen, Diensten und Beschäftigtenzahlen in der verbandlichen Wohlfahrtspflege sowie ihr Einbau in das Gesamtsystem öffentlich geregelter und finanzierter Sozialpolitik hat die Umweltabhängigkeit der Verbändewohlfahrt gesteigert und ihre Flexibilität verringert. Die Wohlfahrtsverbände sowie die ihnen angeschlossenen Einrichtungen und Dienste sind nun in höherem Maße von Fremdmitteln abhängig, weil ihre Eigenmittel – d.h. Spenden, Beiträge und unbezahlte Arbeit der Ehrenamtlichen – nicht im Tempo des Wachstums von Aufgaben und Einrichtungen gesteigert werden konnten. Zudem wurde der Handlungsspielraum der eigenen Einrichtungen und Dienste durch die Vorgaben und Vorschriften der Fremdmittelgeber eingeengt. Von zentraler Bedeutung ist aber insbesondere, daß die verbandliche Wohlfahrtspflege immer mehr von einer diffusen öffentlichen Meinung abhängig wird, die auch das Verhalten der Zuwendungsgeber in den politischen Gremien und Verwaltungen beeinflußt. Solche Entwicklungen führen insgesamt zu dem paradoxen Resultat, daß der dargestellte Wachstumsprozeß von Strukturen und Leistungen der verbandlichen Wohlfahrtspflege mit einem zunehmenden Imageverlust der Verbändewohlfahrt einhergeht (vgl. Hegner 1992: 181-183).[7]

---

[7] Solche Legitimationseinbußen der verbandlichen Wohlfahrtspflege lassen sich sowohl in den Meinungsumfragen über das Image der Wohlfahrtsverbände in der bundesdeutschen Bevölkerung (vgl. Noelle-Neumann/Piel 1985; Institut für angewandte Sozialwissenschaft 1993) als auch an der wachsenden öffentlichen Resonanz ablesen, die Medienberichte über diverse Finanzskandale der Wohlfahrtsverbände hervorrufen. So häufen sich seit der zwei-

4.2 Entstehung und öffentliche Anerkennung konkurrierender nichtstaatlicher Träger im Sozialbereich

Ein weiterer zentraler Entwicklungstrend, der sich nachteilig auf bislang selbstverständliche Privilegien und Zuständigkeiten der verbandlichen Wohlfahrtspflege auswirkt, ist mit der Entstehung und Verbreitung selbstorganisierter Initiativen und Selbsthilfegruppen im Jugend- und Sozialbereich angesprochen. Die wachsende Attraktivität selbstorganisierter sozialer Dienste hängt durchaus – wenn auch nicht ausschließlich – mit der Verfestigung des Interessenkartells im Sozialsektor zusammen. Die Tatsache, daß die Interessen „Dritter", nämlich der nicht am korporatistischen Kartell beteiligten Organisationen – wie Bürgerinitiativen und Selbsthilfegruppen – sowie der Betroffenen selbst (Sozialhilfeempfänger, Arbeitslose, Ausländer, Alte etc.) nicht einbezogen sind und die Problemdefinitionen der Programmadressaten durch institutionelle Eigeninteressen verfremdet werden, hat zu Unzufriedenheit sowie zu wachsender Bereitschaft geführt, die Initiative selbst in die Hand zu nehmen. Als Alternative zum korporatistischen Wohlfahrtskartell entsteht und entwickelt sich seit den 70er Jahren eine inzwischen etablierte Szene von kleinen, solidarisch organisierten Projekten, Initiativen und Selbsthilfegruppen im Sozial- und Jugendbereich. Da die Akteure dieser neuen nichtstaatlichen Träger sowohl praktisch als auch propagandistisch die etablierten Wohlfahrtsverbände kritisieren und für sich selbst beanspruchen, dem Ziel der Verbändewohlfahrt, flexibel und unbürokratisch auf soziale Probleme zu reagieren, besser als diese gerecht zu werden, setzen sie die etablierten Verbände einem verstärktem Legitimationsdruck aus.

Da in Sozialministerien und kommunalen Sozialbehörden seit Beginn der 80er Jahre eine Strategie der Selbsthilfeförderung an Bedeutung gewinnt, die unter dem Etikett einer „neuen Subsidiaritätspolitik" eine direkte Förderung von örtlichen Selbsthilfeprojekten und -initiativen unter Umgehung der Verbändewohlfahrt anstrebte, wurde das Repräsentationsmonopol der Spitzenverbände der freien Wohlfahrtspflege politisch wirksam in Frage gestellt. Die Verbändewohlfahrt reagierte auf diese Herausforderung mit einem verbandspolitisch kalkulierten Mix aus Inklusions- und Exklusionsstrategien (vgl. Olk 1987). Auf der Grundlage von Absprachen zwischen den Vertretern der Spitzenverbände wurde eine arbeitsteilige Strategie umgesetzt. Während insbesondere die großen weltanschaulich geprägten Wohlfahrtsverbände eine restriktive Politik des Umgangs mit den neuen sozialpolitischen Akteuren der Selbsthilfe- und Selbstorganisationsszene pflegten, wurde der Paritätische Wohlfahrtsverband mit der Aufgabe betraut, diesen als Dachverband fördernd und unterstützend zur Verfügung zu stehen (vgl. Merchel 1989).

Bemerkenswert ist nun, daß die öffentlichen Träger auf Bundes-, Landes-, und Kommunalebene sowohl Ansätze einer infrastrukturellen Förderung und Unterstützung von Selbsthilfe entwickelt und erprobt haben (Braun/Opielka 1992) als auch die faktisch entstandene „Pluralisierung der Trägerlandschaft" inzwischen politisch anerkennen, was sich nicht zuletzt an Beschlüssen von Fachministerkonferenzen und amtlichen

---

ten Hälfte der 80er Jahre Berichte über illegale finanzielle Praktiken der Wohlfahrtsverbände (vgl. z.B. Der Spiegel Nr. 25, 1988 sowie Der Spiegel Nr. 1, 1990), die ein starkes öffentliches Echo hervorrufen und eine intensive Debatte über förderpolitische und organisatorische Konsequenzen auslösen.

Berichten von Expertenkommissionen ablesen läßt (vgl. Kreft 1987 sowie Bundesministerium für Jugend, Familie, Frauen und Gesundheit 1990). In der fachpolitischen Debatte des Jugend- und Sozialbereichs hat es sich inzwischen eingebürgert, von einer „neuen Trägersäule" zu sprechen, wobei neben die etablierten öffentlichen und verbandlichen Träger nun die Selbsthilfegruppen, Initiativen und Projekte treten (vgl. Kreft 1987).

4.3 Deprivilegierungstendenzen von Wohlfahrtsverbänden durch den EU-Binnenmarkt

Zunehmenden Einfluß auf Rolle und Stellenwert verbandlicher Wohlfahrtspflege gewinnt der Prozeß der europäischen Integration. Obwohl die faktischen Konsequenzen der europäischen Einigung im Sozialbereich bislang als eher gering zu veranschlagen sind, gilt bereits jetzt, daß politische Entscheidungen und Strategien in wachsendem Maße durch Rücksichten auf die Kompatibilität mit europäischen Regelungen geprägt werden. Das deutsche System der Spitzenverbände der freien Wohlfahrtspflege ist eine Institution, die in anderen Ländern der europäischen Union keine Entsprechung findet. Es ist daher unwahrscheinlich, daß sich die Politik der EU von den Interessen und Besonderheiten der bundesdeutschen Verbändewohlfahrt nachhaltig beinflussen läßt. Vielmehr ist umgekehrt zu erwarten, daß sich ordnungspolitische Regelungen der europäischen Kommission auf den Status der deutschen Wohlfahrtsverbände verändernd auswirken werden.

In diesem Zusammenhang ist insbesondere von Belang, „wie die innerdeutsche Förderung und Bezuschussung der Wohlfahrtspflege mit den klassischen Freiheiten des Binnenmarktes zu verbinden sind" (Loges 1994: 217). Grundsätzlich fördert die EU-Politik freien Wettbewerb, Nichtdiskriminierung und Niederlassungsfreiheit für erwerbswirtschaftliche Akteure. „Alle Maßnahmen auf EG-Ebene sind darauf ausgerichtet, allen Ländern und allen Beteiligten aus allen Ländern jeweils gleiche Chancen einzuräumen, Diskriminierungen aufgrund nationaler Unterschiede zu verhindern und den freien Wettbewerb zu fördern" (Prognos/Bank für Sozialwirtschaft 1991: 30). Die Tätigkeit der Wohlfahrtsverbände wird durch die EU-Administration als Bestandteil einer „Economie Sociale" klassifiziert. Dies bedeutet vor allem, daß auch für die Wohlfahrtsverbände die Kriterien der Freizügigkeit, Niederlassungsfreiheit und Dienstleistungsfreiheit gelten sollen. Damit tritt jedes Sozialunternehmen aus anderen EU-Staaten, das dieser „Economie Sociale" zuzurechnen ist, potentiell in direkten Wettbewerb mit den deutschen Wohlfahrtsverbänden.

Die bisherigen Erfahrungen mit der EU-Politik zeigen, daß Wohlfahrtsverbände nicht prioritär bei der Umsetzung neuer EU-Programme, wie z.B. den „Programmen gegen die Armut", beteiligt werden. Statt dessen geht die EU-Politik von einer dualen Trägerstruktur staatlicher und privat-gewerblicher Unternehmen aus (vgl. Kuper 1992). Bei der dezentralen Umsetzung von EU-Programmen greift die europäische Verwaltung daher typischerweise nicht auf etablierte freigemeinnützige Wohlfahrtsverbände, sondern auf privatgewerbliche Anbieter sowie auf selbstgeschaffene Implementationsstrukturen zurück, die ihren Vorstellungen einer „Economie Sociale" besser entsprechen als die deutsche Verbändewohlfahrt. Unter Kriterien der Wettbewerbsverzerrung und Diskriminierung gerät im EU-Zusammenhang auch der sozialrechtliche Sonderstatus der deutschen Wohlfahrtspflege insbesondere bei ihrer steuerrechtlichen Besserstellung sowie bei den sozialrechtlichen Vorrangregelungen zugunsten der Wohlfahrtsverbände im Pozeß der Leistungserbringung unter Legitimationsdruck: „Es ist zu erwarten, daß die gesetzliche Verankerung der freien Wohlfahrtspflege (z.B. im Bundessozialhilfegesetz) kritisch hinterfragt wird. Auch deren 'bedingte' Vorrangstellung (d.h. das Subsidiaritätsprinzip) wird von der EU-Kommission bereits thematisiert" (Eichhorn 1994: 102).

Insgesamt kann erwartet werden, daß unter dem Druck europäischer Politik das Kartell der sechs Spitzenverbände durch neue Verbände aufgelockert und die wohlfahrtsverbandlichen Einrichtungen und Dienste in Konkurrenz zu privatgewerblichen Anbietern geraten werden. Dies ist insbesondere im stationären und ambulanten Gesundheits- und Sozialbereich festzustellen, wo kommerzielle Anbieter, etwa im Krankenhausbereich, bei Heimen und ambulanten Diensten, bereits tätig sind. Solchen Tendenzen wird die Verbändewohlfahrt schon deshalb kaum entgegentreten können, da sie aufgrund ihres nationalen Sonderstatus auf EU-Ebene kaum politische Verbündete (mit Ausnahme von Caritas und dem Roten Kreuz) für die Durchsetzung ihrer Verbandsinteressen mobilisieren kann.

Insgesamt steht die Erosion von Privilegien und einer historisch begründeten Vorrangstellung in Einklang mit Strategien und Modellen der Reorganisation öffentlicher Sozialverwaltungen, die unter dem Stichwort „new public management" auf betriebswirtschaftliche Effizienz- und Effektivitätssteigerung administrativer Strukturen, Aufgabenüberprüfung sowie größtmögliche Delegation von Aufgaben auf nichtstaatliche Träger hinauslaufen (vgl. Naschold 1993 sowie die Beiträge in Steger 1994). Insbesondere im Kontext einer sozialadministrativen Reformpolitik gibt es Bestrebungen, die Beziehungen zwischen öffentlichen Sozialverwaltungen und nichtstaatlichen Trägern nach dem Muster von Vertragsbeziehungen im Sinne eines „contracting out" neu zu gestalten. Mit Hilfe solcher Verträge werden den privaten Trägern öffentliche Aufgaben als klar umrissene „Leistungspakete" überantwortet und im Gegenzug zumeist finanzielle Festbeträge gezahlt. Im Zusammenhang mit solchen Leistungsbeziehungen spielen kulturelle Definitionen und historisch begründete Sonderrechte einzelner Trägerformen naturgemäß keine Rolle. Im Mittelpunkt der Vertragsverhandlungen stehen Wirtschaftlichkeitsüberlegungen und Qualitätsstandards.

5. Staat und Wohlfahrtsverbände im Prozeß der deutschen Vereinigung

Während auf europäischer Ebene die Vorrangsstellung von Wohlfahrtsverbänden im System der sozialen Versorgung als „deutscher Sonderweg" zur Diskussion steht, ist in der faktischen Förderpolitik auf Landes- und Kommunalebene in den neuen Bundesländern bereits eine Auflösung dieser ordnungspolitischen Prioritätensetzung beobachtbar.

5.1 Institutionentransfer und Förderpolitik des Bundes

Der Aufbau von Wohlfahrtsverbänden in den neuen Bundesländern[8] basiert auf einem Institutionentransfer mit entsprechenden rechtlichen Regelungen, staatlichen Förderprogrammen und ordnungspolitischen Vorstellungen, wie sie in Art. 32 des Einigungsvertrages, dem Bundessozialhilfegesetz, dem Kinder- und Jugendhilfegesetz sowie institutionellen und aufgabenbezogenen Förderprogrammen des Bundes zum Ausdruck kommen (vgl. Backhaus-Maul/Olk 1991; Bundesministerium für Familie und Senioren 1991). Die politische Strategie der Bundesregierung und des für die Förderung von Wohlfahrtsverbänden zuständigen Bundesministeriums für Familie und Senioren war darauf ausgerichtet, das „im Westen aus unserer Sicht bewährte System des Zusammenspiels freier und öffentlicher Träger (...) auch im Osten lebendig werden zu lassen." Für die Politik des Bundes war die Vorstellung von einer schnellen und möglichst bruchlosen Übertragung des westdeutschen Institutionensystems handlungsleitend (vgl. Lehmbruch 1993). Unter dieser Maxime sollten die in den alten Bundesländern bewährten Handlungsroutinen und rechtlichen Regelungen der Zusammenarbeit zwischen Staat und Wohlfahrtsverbänden in den neuen Bundesländern fortgeführt werden. Angesichts der angestrebten politischen Kontinuität des westdeutschen Institutionensystems wurde weitgehend darauf verzichtet, Sinn und Zweck der übertragenen Institutionen normativ zu begründen. Vielmehr beschränkte man sich darauf, die förderpolitischen Prioritäten des Bundes als „bewährt" zu kennzeichnen. In den ersten Jahren waren die Bundesregierung und die Bundesministerien die Hauptakteure im Prozeß der deutschen Vereinigung. Der Bund nahm auf der Grundlage von Art. 15 des Einigungsvertrages[9] gewissermaßen in „Vorleistung" administrative und fachliche Aufgaben der im Aufbau befindlichen Länder[10] wahr, so daß für die administrative Aufbauphase von einer deutlichen Zentralisierung von Entscheidungskompetenzen zu Lasten von Ländern und Kommunen gesprochen werden kann (vgl.

---

8 Die folgenden empirischen Angaben wurden im Forschungsprojekt „Transformation intermediärer Organisationen im deutschen Einigungsprozeß" erhoben, das von der Deutschen Forschungsgemeinschaft im Schwerpunktprogramm „Sozialer und politischer Wandel im Zuge der Integration der DDR-Gesellschaft" von 1992 bis 1995 gefördert wird (vgl. Backhaus-Maul/Olk 1992). Die kenntlich gemachten Zitate stammen aus Experteninterviews mit den für die Förderung der freien Wohlfahrtspflege zuständigen Mitarbeitern und Mitarbeiterinnen im Bundesministerium für Familie und Senioren und den Bundesorganisationen der Wohlfahrtsverbände sowie den Sozialministerien, Wohlfahrtsverbänden und ausgewählten kommunalen Sozialverwaltungen in den neuen Bundesländern Sachsen und Sachsen-Anhalt. Wenn im folgenden aus Gründen einer vereinfachten Darstellung von Mitarbeitern gesprochen wird, so sind damit sowohl Mitarbeiterinnen als auch Mitarbeiter gemeint.
9 „(2) Die anderen Länder und der Bund leisten Verwaltungshilfe beim Aufbau der Landesverwaltung. (3) Auf Ersuchen der Ministerpräsidenten der in Artikel 1 Abs. 1 genannten Länder leisten die anderen Länder und der Bund Verwaltungshilfe bei der Durchführung bestimmter Fachaufgaben, und zwar längstens bis zum 30. Juni 1991. (...) (4) Soweit der Bund Verwaltungshilfe bei der Durchführung von Fachaufgaben leistet, stellt er auch die zur Durchführung der Fachaufgaben erforderlichen Haushaltsmittel zur Verfügung (...)" (vgl. BGBl. II, 1990: 889).
10 Der Aufbau von Kommunalverwaltungen nach westdeutschem Muster wurde bereits 1989 begonnen und vielerorts Ende 1991 abgeschlossen. Der Aufbau von Landesverwaltungen dagegen zog sich bis Ende 1993 hin.

die Beiträge in Seibel/Benz/Mäding 1993). Im hier interessierenden Bereich der sozialen Versorgung wurde über Grundsatzfragen des Verhältnisses von Staat und Wohlfahrtsverbänden zwischen der Bundesregierung und dem Bundesministerium für Familie und Senioren einerseits sowie den Spitzenverbänden der freien Wohlfahrtspflege andererseits verhandelt.

Über die Prioritätensetzung zugunsten von Wohlfahrts- und Jugendverbänden gab es zwischen den an den Verhandlungen Beteiligten „keine fachlichen und ideologischen Auseinandersetzungen". Schon Art. 32 des Einigungsvertrages hatte festgelegt: „Die Verbände der Freien Wohlfahrtspflege und die Träger der Freien Jugendhilfe leisten mit ihren Einrichtungen und Diensten einen unverzichtbaren Beitrag zur Sozialstaatlichkeit des Grundgesetzes. Der Auf- und Ausbau einer Freien Wohlfahrtspflege und einer Freien Jugendhilfe in dem in Artikel 3 genannten Gebiet wird im Rahmen der grundgesetzlichen Zuständigkeiten gefördert."[11] Das Subsidiaritätsprinzip wurde damit in einer traditionellen verbandszentrierten Variante (vgl. Sachße 1990) auf die neuen Bundesländer übertragen: die Wohlfahrtsverbände wurden als Träger öffentlicher Aufgaben staatlich prioritär gefördert, während andere freie Träger, wie z.B. privatgewerbliche Anbieter sowie verbandsunabhängige Vereine und Initiativen, in der Förderpolitik des zuständigen Bundesministeriums nicht berücksichtigt wurden. Im Mittelpunkt der konkreten Zusammenarbeit zwischen politisch-administrativen Akteuren und Verbandsvertretern stand die Frage der Übertragung von öffentlichen Aufgaben auf Wohlfahrtsverbände. Die Förderpolitik des Bundes orientierte sich dabei am „Marktanteil" der verbandlichen Wohlfahrtspflege in den Altbundesländern: Während in den Altbundesländern „der Anteil der freien Träger an sozialen Einrichtungen und Diensten bei erheblichen Unterschieden nach Regionen und Fachbereichen durchschnittlich über 60 % der Einrichtungen und Dienste bzw. der Platzzahlen in diesen liegt, liegt der Anteil in den neuen Bundesländern inzwischen etwa zwischen 10 % und 30 %" (Bundesarbeitsgemeinschaft der Freien Wohlfahrtspflege 1993a: 1). Der im Vergleich mit den Altbundesländern geringe „Marktanteil" der Wohlfahrtsverbände im System der sozialen Versorgung der neuen Bundesländer wurde vom Bund als Argument für Sonderprogramme zur Förderung von Wohlfahrtsverbänden angeführt. Damit wurden in der entscheidenden Aufbauphase, in der die Grundstrukturen des sozialen Versorgungssystems gelegt wurden, prioritär die Organisations- und Leistungsstrukturen von Wohlfahrtsverbänden gefördert.

5.2 Förderpolitik auf Landesebene

In der Förderung von Wohlfahrtsverbänden seitens der Sozialministerien der neuen Bundesländer lassen sich in ordnungs- und fachpolitischer Hinsicht zwei divergierende Grundpositionen herausarbeiten, die in der Förderpolitik der Sozialministerien von Sachsen und Sachsen-Anhalt zum Ausdruck kommen. Die Förderpolitik des Sächsischen Staatsministeriums für Soziales, Gesundheit und Familie wies anfangs eine deutliche ordnungspolitische Präferenz zugunsten konfessioneller Wohlfahrtsverbände auf. Diese kommt auch in den entsprechenden verfassungsrechtlichen Bestimmun-

---
11 Vgl. BGBl. II, 1990: 889.

gen zum Ausdruck. In der ersten Förderphase verstand sich die politische Spitze des Sächsischen Staatsministeriums für Soziales, Familie und Gesundheit als Protagonist eines traditionellen Subsidiaritätsverständnisses, wie es für die Weimarer Republik kennzeichnend war. In dessen Mittelpunkt stand eine enge Zusammenarbeit zwischen Staat und Kirchen bzw. konfessionellen Wohlfahrtsverbänden. Diese ordnungspolitische Position ist besonders bedeutsam, als der Sächsische Sozialminister an der Formulierung von Art. 32 des Einigungsvertrages maßgeblich beteiligt war und damit auch Einfluß auf die Förderpolitik des Bundes hatte.

Von seiten der zuständigen Ministeriumsmitarbeiter bemühte man sich nach Abschluß der administrativen Aufbauphase allerdings darum, „die Dinge relativ neutral zu verteilen", was bedeutet, daß in einer zweiten Phase der Förderpolitik *alle* Wohlfahrtsverbände in die Förderung einbezogen wurden. Die Ausrichtung auf Verbände wird damit begründet, daß diese im Gegensatz zu verbandsunabhängigen Vereinen und Initiativen ein wichtiges „Sicherheits- und Vertrauenskriterium" darstellen. Als entscheidend für den „erfolgreichen" Aufbau aller Wohlfahrtsverbände wird aus Sicht der zuständigen Ministeriumsmitarbeiter die kommunale Politik der Übertragung öffentlicher sozialer Dienste und Einrichtungen auf freie Träger eingestuft. Auf diese nimmt das Ministerium dann Einfluß, wenn die „Dinge im besonderen Staatsinteresse liegen", sowie dort, wo „es freie Träger besonders schwer haben". Derartige Interventionen werden unter Verweis auf quantitative Verteilungskriterien und fachliche Mindeststandards begründet: „Wir versuchen, Mißproportionen zu verhindern und fachliche Standards zu setzen."

Im Anschluß an diese beiden Phasen der Verbändeförderung zeichnet sich eine dritte Phase ab, in der die Förderpolitik des Staatsministeriums stärker von finanzpolitischen Überlegungen geprägt wird. Dabei ist die Deutung maßgeblich, daß „Wirtschaftlichkeit bei Privaten eher gegeben ist". So wird im Ministerium z.B. die Position vertreten, daß sich „15-20 % der Altenheime in privatgewerblicher Trägerschaft befinden sollten". Die aktuelle Förderpolitik des Ministeriums ist somit primär auf kostengünstige Formen der Leistungserbringung durch freie Träger, seien es Wohlfahrtsverbände oder privatgewerbliche Unternehmen, ausgerichtet. Infolgedessen wird der privilegierte Status der freigemeinnützigen Verbände für die Zukunft als „gefährdet" angesehen. Diese skeptische Einschätzung des ordnungspolitisch privilegierten Status der Wohlfahrtsverbände wird noch durch den Verweis auf Homogenisierungstendenzen in der verbandlichen Wohlfahrtspflege verstärkt: alle Verbände in den neuen Bundesländern seien bestrebt, das ganze Leistungsspektrum abzudecken, ohne daß eine „Spezialisierung auf eine bestimmte Richtung der Wohlfahrt", d.h. spezifische Aufgabenbereiche, erfolge.

Im Gegensatz zur Förderpolitik in Sachsen wurde vom Ministerium für Arbeit und Soziales in Sachsen-Anhalt zu keinem Zeitpunkt eine ordnungspolitische Präferenz zugunsten einzelner Wohlfahrtsverbände bzw. konfessioneller Träger vertreten. Die Gleichbehandlung der Wohlfahrtsverbände in der Förderpolitik wird damit begründet, daß die Unterschiede zwischen den Verbänden „eher atmosphärischer Art" seien. Im Mittelpunkt der Förderpolitik steht das Bemühen um eine finanzielle und aufgabenbezogene Staatsentlastung durch Übertragung öffentlicher Aufgaben auf freie Träger. So besteht die Funktion von Wohlfahrtsverbänden aus der Sicht der zuständigen Ministeriumsmitarbeiter darin, daß diese „öffentliche Aufgaben im sozialen Bereich erfüllen und deshalb ein wichtiger Bestandteil unseres Sozialnetzes sind". Die Leistungen der Wohlfahrtsverbände im Sozialsystem würden staatlicherseits dadurch honoriert, daß sie als freigemeinnützige Organisationen steuerlich begünstigt seien. In der Förderpolitik des Ministeriums wird der Übertragung von öffentlichen Aufgaben auf freigemeinnützige Verbände prioritäre Bedeutung beigemessen, sofern deren Leistungs- und Organisationsstrukturen an die der öffentlicher Verwaltungen adaptiert sind, sie sich in fachlicher Hinsicht aber weiterhin positiv von öffentlichen Trägern abheben.

Zum Zweck der Staatsentlastung werden in Sachsen-Anhalt, insbesondere im Bereich der Altenhilfe, zunehmend auch privatgewerbliche Träger in die Erbringung öffentlicher Aufgaben einbezogen. In diesem Zusammenhang wird auf eine „gesetzliche Lücke" verwiesen, derzufolge im Sozialrecht zwar das Verhältnis zwischen Staat und Wohlfahrtsverbänden im Sinne eines Vorrangs von Wohlfahrtsverbänden gegenüber öffentlichen Trägern geregelt sei, während das Verhältnis zwischen den verschiedenen freien Trägern, wie Wohlfahrtsverbänden und privatgewerblichen Unternehmen, unbestimmt und insofern interpretations- und gestaltungsbedürftig sei.

Somit läßt sich in der Förderpolitik beider Sozialministerien eine gemeinsame Grundtendenz feststellen. Das Sächsische Staatsministerium für Soziales, Gesundheit und Familie verfolgte anfangs eine Förderpolitik zugunsten konfessioneller Wohlfahrtsverbände, die in einer zweiten Förderphase auf alle Wohlfahrtsverbände ausgedehnt wurde. In der gegenwärtigen dritten Phase ist das Ministerium bestrebt, alle freien Träger zu fördern, die in der Lage sind, öffentliche Aufgaben zu erbringen. Die Förderpolitik des Sozialministeriums in Sachsen-Anhalt weist keinen derartigen Phasenverlauf und keinerlei ursprüngliche Orientierung an traditionellen Subsidiaritätsvorstellungen auf, sondern entspricht von Anfang an der Politik, die das Sächsische Sozialministerium erst seit Beginn der dritten Phase verfolgt. Damit wird weder in Sachsen noch in Sachsen-Anhalt Wohlfahrtsverbänden ein prioritärer Status im Sozialbereich mehr eingeräumt. Vielmehr sind die Sozialministerien primär daran interessiert, öffentliche Aufgaben auf leistungsfähige freie Träger jeder Art zu übertragen, sofern sich damit finanzielle, personelle und politische Entlastungseffekte erzielen lassen. Dabei fühlen sich die Sozialministerien nicht normativen Subsidiaritätsvorstellungen verpflichtet, sondern sind angesichts der restriktiven finanzpolitischen Rahmenbedingungen in den neuen Bundesländern bestrebt, die sich bietenden Möglichkeiten zur Staatsentlastung zu nutzen.

5.3 Kommunale Förderpolitik und Verbandsaufbau

Die kommunale Förderpolitik im Sozialbereich der neuen Bundesländer war zu Beginn dadurch gekennzeichnet, daß einem Großteil des Leitungs- und Führungspersonals in kommunalen Sozialverwaltungen der sozialpolitische Stellenwert von Wohlfahrtsverbänden unklar war. Vielerorts wirkte entweder ein Verständnis aus DDR-Zeiten fort, demzufolge soziale Aufgaben staatlich zu erbringen seien oder es kam zu „marktwirtschaftlichen Reaktionen" von Sozialverwaltungen, die bestrebt waren, soziale Dienste und Einrichtungen in erster Linie auf privatgewerbliche Träger zu übertragen, häufig verknüpft mit der Erwartung, sich damit auch aller finanziellen Verpflichtungen entledigen zu können.[12]

In öffentlichen Diskussionen unter maßgeblicher Beteiligung von Ministerien und Bundesverbänden sowie in Beratungen durch westdeutsche Partnerstädte und -verbände wurde in der Regel ein formal-rechtliches, verbändezentriertes Verständnis von Subsidiarität vertreten (vgl. u. a. Bundesarbeitsgemeinschaft der Freien Wohlfahrtspflege 1993b; Deutscher Verein für öffentliche und private Fürsorge 1992). In diesen „Präsentationen" des Subsidiaritätsprinzips wurde eingangs zwar auf die prioritäre Bedeutung der verschiedenen Formen sozialer Selbsttätigkeit gegenüber sozialstaatlichem Handeln verwiesen, im Fortgang der Argumentation wurde daraus aber ein Vorrang von Großverbänden gegenüber öffentlichen Sozialverwaltungen als Leistungsträgern abgeleitet.

Die Übertragungspolitik der untersuchten Kommunen unterscheidet sich in ihrem zeitlichen Verlauf, dem „Marktanteil" öffentlicher und privatgewerblicher Träger im System der sozialen Versorgung und im Hinblick auf die Bedeutung, die einzelnen Wohlfahrtsverbänden beigemessen wird. Diese Unterschiede sind mit ordnungs-, sozial- und parteipolitischen Präferenzen der jeweiligen kommunalpolitischen Mehrheit zu begründen. Trotz dieser politischen Differenzen ist das Ergebnis der Übertragungspolitik in den untersuchten Kommunen insofern gleich, als ein Großteil der als gesetzliche Pflichtleistungen definierten öffentlichen Aufgaben letztlich auf Wohlfahrtsverbände übertragen wurde.

In bezug auf die öffentliche Förderpolitik läßt sich der Aufbau von Wohlfahrtsverbänden in den neuen Bundesländern als „Lernprozeß im Zeitraffer" darstellen: Wohlfahrtsverbände haben innerhalb weniger Jahre gelernt, mit verbandspolitischen Strategien auf die Entwicklung des Subsidiaritätsverständnisses der öffentlichen Sozialverwaltungen von einem „ordnungspolitischen Vakuum" bis hin zu einem funktionalen Subsidiaritätsverständnis Bezug zu nehmen. Letzteres ist unter der Prämisse der Staatsentlastung darauf ausgerichtet, öffentliche Aufgaben auf Wohlfahrtsverbände zu übertragen und diese „pragmatisch" in ihrer Funktion als Leistungsträger zu fördern.

Die Ausgangssituation von Wohlfahrtsverbänden in den neuen Bundesländern ist insbesondere dadurch geprägt, daß sie nicht wie in den Altbundesländern auf soziale Milieus rekurrieren können, die ihnen „Gratis-Ressourcen" in Form von freiwilliger Unterstützung und sozialer Akzeptanz zur Verfügung stellen. Vor dem Hintergrund

---

12 Das grundsätzliche Bestreben, öffentliche soziale Aufgaben auf freie Träger zu übertragen, erklärt sich insbesondere aus der prekären finanziellen Situation der ostdeutschen Kommunalhaushalte. Die Ausgangssituation in der kommunalen Sozialpolitik ist dadurch gekennzeichnet, daß sich Anfang 1990 ca. 90 % aller sozialen Dienste und Einrichtungen in öffentlicher – in der Regel kommunaler – Trägerschaft befanden. Dies ist mit einer entsprechend hohen Mitarbeiterzahl im kommunalen Sozialbereich verbunden. So beschäftigte das Sozialdezernat einer knapp 300.000 Einwohner zählenden Stadt in den neuen Bundesländern 1992 rund 4.500 Mitarbeiter. Hinzu kommt, daß das Verwaltungspersonal in den neuen Bundesländern aus sehr unterschiedlichen, teilweise auch fachfremden Tätigkeitsfeldern rekrutiert wurde, so daß kosten- und zeitaufwendige Qualifizierungs- und Weiterbildungsmaßnahmen erforderlich sind. Für die Kommunen in den neuen Bundesländern besteht deshalb aus finanziellen, organisatorischen und personalpolitischen Gründen die unmittelbare Notwendigkeit, nach Möglichkeiten der Entlastung durch Übertragung öffentlicher Aufgaben auf freie Träger zu suchen.

fehlender eigener Ressourcen und einer spezifischen öffentlichen Förderpolitik zeichnet sich bei allen Wohlfahrtsverbänden in den neuen Bundesländern – wenn auch in unterschiedlicher Intensität – ein dominanter Entwicklungstrend in Richtung auf den *Typ eines „verschlankten", vorwiegend an Kostendeckung und Leistungsfähigkeit orientierten Wohlfahrtsverbandes* ab (ausführlich dargestellt bei Angerhausen u.a. 1995). Der Aufbau eines Vereinslebens und eines sozialpolitischen Profils sind diesem Ziel – wenn sie überhaupt thematisiert werden – nachgeordnet. Diese Entwicklung dürfte auch für die Wohlfahrtsverbände in den alten Bundesländern nicht ohne Folgen bleiben. Erweist sich der Prototyp eines „verschlankten" Wohlfahrtsverbandes, der sich auf die Erbringung gesetzlicher Pflichtaufgaben beschränkt und von einem in wirtschaftlichen Kategorien denkenden Geschäftsführer „gemanagt" wird, als leistungs- und überlebensfähig, so geraten die Wohlfahrtsverbände in den Altbundesländern unter erheblichen organisatorischen Rationalisierungs- und politischen Legitimationsdruck. Unter dieser Prämisse ist es von besonderem Interesse, den aktuellen Stand der Entwicklung im Verhältnis von Staat und Wohlfahrtsverbänden in den Altbundesländern zu betrachten. Hierfür bietet sich eine Untersuchung des Sozialrechts an, da in der aktuellen Gesetzesentwicklung die ordnungspolitischen Deutungen und Zielsetzungen des Staates gegenüber Wohlfahrtsverbänden und anderen freien Trägern zum Ausdruck kommen.

6. Veränderungen im Verhältnis von Staat und Wohlfahrtsverbänden in der aktuellen Sozialgesetzgebung

Im folgenden soll das Verhältnis von Wohlfahrtsverbänden und Staat anhand wichtiger Sozialgesetze, wie des Kinder- und Jugendhilfegesetzes (KJHG), der Neuregelung der §§ 93 und 94 des Bundessozialhilfegesetzes (BSHG) sowie des Pflegeversicherungsgesetzes (PflegeVG) diskutiert werden. Dabei soll herausgearbeitet werden, welchen ordnungspolitischen Status der Gesetzgeber Wohlfahrtsverbänden als Verhandlungspartnern und Leistungsträgern beimißt.

6.1 Kinder- und Jugendhilfegesetz (KJHG)

Das Kinder- und Jugendhilfegesetz trat in den neuen Bundesländern mit der staatlichen Vereinigung am 3.10.1990, in den alten Bundesländern jedoch erst am 1.1.1991 in Kraft. Es löst nach einer fast dreißigjährigen Diskussion das Jugendwohlfahrtsgesetz (JWG) von 1961 ab (vgl. Deutsches Jugendinstitut 1973; Wiesner 1991). Im Vergleich mit dem JWG zielt das KJHG auf verstärkte Professionalisierung, Dezentralisierung von Entscheidungskompetenzen und Erweiterung des Spektrums freier, nicht-gewerblicher Träger in der Kinder- und Jugendhilfe. Diese Orientierung ist eng verknüpft mit der Vorstellung eines kontinuierlichen Wachstums wohlfahrtsstaatlicher Leistungen. In der aktuellen Diskussion treten derartige konzeptionelle Überlegungen allerdings deutlich gegenüber finanzpolitischen Erwägungen zurück. So entsteht insbesondere aufgrund der gesetzlichen Garantie eines Kindergartenplatzes für jedes Kind im Alter von drei bis sechs Jahren bei den örtlichen Trägern der Kinder- und Jugendhilfe eine Ausgabensteigerung, die durch Kürzungen bei den freiwilligen sozialen Leistungen ausgeglichen werden soll. Dabei ist zu bedenken, daß die Mehrzahl der KJHG-Leistungen keine gesetzlichen Pflichtleistungen, sondern freiwillige Aufgaben sind, so daß der jeweils zuständige Kostenträger der Kinder- und Jugendhilfe darüber entscheiden kann, ob er diese Leistungen überhaupt erbringen will (vgl. Backhaus-Maul 1994). Angesichts stark gestiegener Haushaltsdefizite sind viele Kommunen bestrebt, im Bereich der freiwilligen sozialen Leistungen zu kürzen und die für freiwillige Maßnahmen zur Verfügung stehenden Mittel durch eine Kostendeckelung oder Budgetierung zu begrenzen.[13]

Kennzeichnend für das KJHG ist die herausgehobene Stellung von freien, nicht-gewerblichen Trägern sowohl bei der Erbringung von Leistungen in der Kinder- und Jugendhilfe als auch bei der Formulierung der Kinder- und Jugendpolitik. Bei der Erbringung von Leistungen entsprechend §§ 11-41 KJHG[14] besteht ein bedingter Vorrang von freien gegenüber öffentlichen Trägern,[15] während bei den sogenannten „anderen Aufgaben" (§§ 42-60)[16], die weitgehend hoheitlicher Art sind, in erster Linie Jugendämter als Träger vorgesehen sind, die aber freie Träger an der Aufgabenerbringung beteiligen können.

Die weitreichenden Handlungsmöglichkeiten für freie, nicht gewerbliche Träger der Jugendhilfe gehen einher mit einer Erweiterung des Begriffs des freien Trägers. Während das Jugendwohlfahrtsgesetz (JWG) in § 5 Abs. 4 ausschließlich Verbände und Kirchen als freie Träger einstuft (vgl. Münder u.a. 1978: 111), werden im KJHG neben Verbänden auch unabhängige Vereine, Initiativen und Projekte genannt, wie z.B. Jugendinitiativen, Selbsthilfegruppen, Zusammenschlüsse von Tagespflegepersonen und selbstorganisierte Kinderbetreuungseinrichtungen (vgl. Münder u.a. 1993: 458-462; Merchel 1990).

Der gesetzlichen Gleichstellung von Verbänden, Vereinen, Initiativen und Projekten

---

13 Bei einer Budgetierung wird den Trägern jährlich ein Festbetrag zur Finanzierung ihrer Arbeit zur Verfügung gestellt, der nicht kostendeckend ist und daher die Träger vor die Notwendigkeit stellt, ergänzende Finanzierungsquellen zu erschließen. Mit dieser Festbetragsfinanzierung erhalten die Träger ein jährliches Budget, das zwar äußerst knapp bemessen ist, ihnen aber die Möglichkeit eröffnet, über den Mitteleinsatz weitgehend eigenständig zu entscheiden.
14 Unter den Begriff „Leistungen der Jugendhilfe" werden folgende Aufgabenbereiche gefaßt:
   a) Jugendarbeit, Jugendsozialarbeit, erzieherischer Kinder- und Jugendschutz,
   b) Förderung der Erziehung in der Familie,
   c) Förderung von Kindern in Tageseinrichtungen und Tagespflege sowie
   d) Hilfe zur Erziehung, Eingliederungshilfe für seelisch behinderte Kinder und Jugendliche und Hilfe für junge Volljährige.
15 Ein Vorrang zugunsten von freien Trägern bei der Einbringung von Leistungen ist nicht bedingungslos, sondern setzt die Eignung des Dienstes oder der Einrichtung voraus, wobei unter anderem Anzahl und Qualifikation des Personals, die räumliche und örtliche Situation und die Kapazitäten des Dienstes oder der Einrichtung berücksichtigt werden. Wenn im folgenden von einem bedingten Vorrang von freien gegenüber öffentlichen Trägern im Prozeß der Leistungserbringung die Rede ist, so ist aber zu bedenken, daß der öffentlichen Sozialverwaltung als Gewährleistungsträger im Sinne des § 79 KJHG und des § 10 Abs. 5 Satz 2 BSHG die Gesamtverantwortung für die Erbringung öffentlicher Sozialaufgaben obliegt.
16 Hierzu gehören vorläufige Maßnahmen zum Schutz von Kindern und Jugendlichen, der Schutz von Kindern und Jugendlichen in Familienpflege und in Einrichtungen, die Mitwirkung in gerichtlichen Verfahren, Pflegschaft und Vormundschaft für Kinder und Jugendliche sowie Beurkundung und Beglaubigung.

als freie Träger wird durch die Ausgestaltung des öffentlichen Anerkennungs- und Förderverfahrens Rechnung getragen. Bei der öffentlichen Förderung ist zwischen einer befristeten und einer dauerhaften Förderung zu unterscheiden. Ein freier Träger kann erst dann eine Dauerförderung erhalten, wenn er die Anerkennung als freier Träger der Jugendhilfe nach § 75 KJHG erlangt hat. Diese ist wiederum Voraussetzung für freie Träger, um in den Gremien der Kinder- und Jugendhilfe, wie dem Jugendhilfeausschuß (§ 71 KJHG) und den Arbeitsgemeinschaften (§ 78), mitwirken zu können. Voraussetzung der Anerkennung ist eine mindestens dreijährige Tätigkeit des freien Trägers in der Kinder- und Jugendhilfe. Als wichtiger Indikator für die Dauerhaftigkeit eines freien Trägers gilt die Rechtsform des eingetragenen Vereins. Damit eröffnet das KJHG die Möglichkeit, daß (noch) nicht anerkannte freie Träger der Jugendhilfe befristet mit öffentlichen Mitteln gefördert werden können und sich verbandsunabhängige Träger nach Abschluß des Anerkennungsverfahrens um eine Mitwirkung im kommunalen Jugendhilfeausschuß und um eine öffentliche Dauerförderung bewerben können (vgl. Wiesner 1991: 23).
Im KJHG wird der Begriff des freien Trägers nicht nur um verbandsunabhängige Vereine und Initiativen erweitert, sondern insbesondere auch in Richtung auf verschiedene Formen der sozialen Selbsthilfe. So ist in § 4 Abs. 3 KJHG festgelegt, daß die „öffentliche Jugendhilfe (...) die freie Jugendhilfe nach Maßgabe dieses Buches fördern und dabei die verschiedenen Formen der Selbsthilfe stärken" soll. Diese Präferenz zugunsten gering formalisierter Organisationsformen wird in § 74 Abs. 4 KJHG explizit fachlich begründet: „Bei sonst gleich geeigneten Maßnahmen soll solchen der Vorrang gegeben werden, die stärker an den Interessen der Betroffenen orientiert sind und ihre Einflußnahme auf die Ausgestaltung der Maßnahme gewährleisten."
Die verschiedenen freien Träger sind aber nicht nur als Leistungsträger von Bedeutung, sondern im KJHG ist auch deren Mitwirkung an der Politikformulierung im Rahmen kommunaler Jugendhilfeausschüsse und Arbeitsgemeinschaften vorgesehen (vgl. Ronge 1993). Der Jugendhilfeausschuß hat entsprechend § 71 KJHG Beschlußrecht in allen Angelegenheiten der kommunalen Jugendhilfe. Der Jugendhilfeausschuß setzt sich zu 3/5 aus Mitgliedern der kommunalen Vertretungskörperschaft und zu 2/5 aus Vertretern der anerkannten Träger der freien Jugendhilfe zusammen. Bemerkenswert ist dabei, daß – entsprechend § 71 Abs. 1 Satz 2 KJHG – die freien Träger nicht allein durch Jugend- und Wohlfahrtsverbände vertreten sind: diese sind vielmehr bei der Zusammensetzung des Jugendhilfeausschusses nur „angemessen zu berücksichtigen". Somit ermöglicht das KJHG, daß Vereine, Initiativen und Projekte, die keinem Wohlfahrts- oder Jugendverband angehören, ebenso wie diese an der Politikformulierung und Leistungserbringung beteiligt werden.[17] Das KJHG forciert damit eine Pluralisierung der Trägerlandschaft im Sozialbereich.

---

17 Diese Entwicklung zu einem Pluralismus freier, nicht gewinnorientierter Organisationen wird auch beim Vergleich der Richtlinien des alten Bundesjugendplanes (vgl. Bundesministerium für Jugend, Familie und Gesundheit 1985) mit denen des neuen, seit dem 1.1.94 gültigen Kinder- und Jugendplanes des Bundes deutlich (vgl. Bundesministerium für Frauen und Jugend 1994). Bereits die Richtlinien des Bundesjugendplanes sehen unter dem Titel „Weiterentwicklung und Erprobung neuer Wege der Jugendhilfe" eine besondere Möglichkeit zur Förderung von selbstorganisierten Projekten vor, die alternative Wege in der Jugendhilfe erproben. Die Vergabe der Zuwendungen erfolgte bisher über die im JWG vorgesehenen Träger der Jugendhilfe, so daß für selbstorganisierte Projekte durchaus eine

6.2 Neuregelung der §§ 93 und 94 des Bundessozialhilfegesetzes (BSHG)

Im BSHG ist das Verhältnis zwischen Staat und freien Trägern bei der Errichtung von Einrichtungen im Sinne eines bedingten Vorrangs von Wohlfahrtsverbänden gegenüber öffentlichen Trägern geregelt. Der Vorrang von Wohlfahrtsverbänden setzt deren Eignung voraus, wobei unter anderem Anzahl und Qualifikation des Personals, die räumliche und örtliche Situation und die Kapazitäten des Dienstes oder der Einrichtung berücksichtigt werden. Demzufolge dürfen öffentliche Träger dann keine sozialen Einrichtungen in eigener Trägerschaft neu errichten, wenn Wohlfahrtsverbände mit vergleichbaren Mitteln zur Schaffung geeigneter Einrichtungen bereit und in der Lage sind (vgl. Schellhorn u.a. 1993: 516-517). Diese Abgrenzung geht auf das eingangs bereits dargestellte „Subsidiaritätsurteil" des Bundesverfassungsgerichts aus dem Jahre 1967 zurück. Dessen Subsidiaritätsverständnis kommt in den §§ 10 und 93 des BSHG zum Ausdruck:

- „Die Träger der Sozialhilfe sollen bei der Durchführung dieses Gesetzes mit den Kirchen und Religionsgemeinschaften des öffentlichen Rechts sowie den Verbänden der freien Wohlfahrtspflege zusammenarbeiten und dabei deren Selbständigkeit in Zielsetzung und Durchführung ihrer Aufgaben achten" (§ 10 Abs. 2 BSHG).
- „Zur Gewährung von Sozialhilfe sollen die Träger der Sozialhilfe eigene Einrichtungen nicht neu schaffen, soweit geeignete Einrichtungen der in § 10 Abs. 2 genannten Träger der freien Wohlfahrtspflege vorhanden sind, ausgebaut oder geschaffen werden können" (§ 93 Abs. 1 BSHG).
- „Die Vereinbarungen und die Kostenübernahme müssen den Grundsätzen der Wirtschaftlichkeit, Sparsamkeit und Leistungsfähigkeit Rechnung tragen (...)" (§ 93 Abs. 2 Satz 2 BSHG).

Hieraus ergibt sich für die öffentliche Sozialverwaltung ein bedingter Vorrang von Wohlfahrtsverbänden gegenüber öffentlichen Trägern bei der Schaffung von Einrichtungen und ein Gebot zur Zusammenarbeit mit den Spitzenverbänden der Freien Wohlfahrtspflege, d.h eine Förderverpflichtung von Bund, Ländern und Kommunen gegenüber Wohlfahrtsverbänden als Trägern öffentlicher Aufgaben (vgl. auch Benda 1989). Aufgrund der 1994 in Kraft getretenen Neuregelungen im BSHG verliert diese arbeitsteilige und exklusive Zusammenarbeit zwischen Wohlfahrtsverbänden und Staat, wie sie insbesondere in den bis zum 30.6.94 geltenden Pflegesatzregelungen zum Ausdruck kommt, nun aber eine wichtige sozialrechtliche Grundlage. Bisher wurden Pflegesätze in bilateralen Verhandlungen zwischen öffentlichen Kostenträgern und den Spitzenverbänden der freien Wohlfahrtspflege ausgehandelt (vgl. Neumann 1989; Schellhorn u.a. 1993: 518). In den Pflegesatzverhandlungen wurden entsprechend dem Selbstkostendeckungsprinzip „günstige" Pflegesätze vereinbart, die für die Wohlfahrtsverbände eine solide und dauerhafte Finanzierungsgrundlage darstellten. Privatgewerbliche Träger wurden an diesen Pflegesatzverhandlungen nicht beteiligt. Mit ihnen trafen die öffentlichen Kostenträger gesonderte Vereinbarungen, wobei die Ko-

---

Notwendigkeit zur Mitgliedschaft in einem Verband bestand. Demgegenüber eröffnet der neue Kinder- und Jugendplan des Bundes unter dem Titel „Neue Wege der Kinder- und Jugendhilfe" direkte, verbandsunabhängige Fördermöglichkeiten für „selbstorganisierte Projekte, die alternative Wege in der Kinder- und Jugendhilfe erproben" (vgl. Bundesministerium für Frauen und Jugend 1994: 45).

stensätze in der Regel unter den mit den Wohlfahrtsverbänden vereinbarten Pflegesätzen lagen.
Aufgrund finanzpolitischer Probleme wurde bereits 1984 mit dem Haushaltsbegleitgesetz das Gebot der Wirtschaftlichkeit, Sparsamkeit und Leistungsfähigkeit in § 93 Abs. 2 BSHG aufgenommen. Die steigenden öffentlichen Ausgaben infolge der deutschen Vereinigung waren für die Bundesregierung Anlaß für weitere Bestrebungen zur Ausgabensenkung in der Sozialhilfe. Durch das Gesetz zur Umsetzung des Föderalen Konsolidierungsprogramms (FKPG)[18] vom 28. Mai 1993 wurde § 92 Abs. 2 Satz 2 BSHG dahingehend geändert, daß „(...) Bestimmungen über Inhalt, Umfang, Qualität und Kosten der Leistungen und deren Prüfung durch die Kostenträger" zu treffen sind. Aufgrund des sogenannten Spar-, Konsolidierungs- und Wachstumsprogramms (SKWP)[19] vom 13.7.93 wird die Vereinbarung von Pflegesätzen zwischen Trägern von Einrichtungen und öffentlichen Sozialhilfeträgern sowie die Übernahme von Kosten in Einrichtungen durch die Träger der Sozialhilfe neu geregelt. Diese Neuregelungen zielen auf eine Kostenreduzierung ab (vgl. auch Hesse-Schiller 1994). Dabei wird das bisher im Pflegesatzverfahren praktizierte Selbstkostendeckungsprinzip durch ein System leistungsbezogener Entgelte abgelöst, das auf vorauskalkulierten Pflegesätzen mit einer festgelegten Laufzeit basiert und einen nachträglichen Defizitausgleich weitgehend ausschließt (vgl. Vigener 1994). Prospektive Pflegesätze sollen Anreize für unternehmerisches Handeln im Sozialbereich setzen, so daß durch ein effizientes Wirtschaften „Überschüsse" erzielt werden, die zur Verbesserung des Leistungsangebots reinvestiert werden sollen (vgl. Friedrich 1994).
An den Pflegesatzverhandlungen sind nach der Neuregelung nunmehr alle verschiedenen freien Träger, die Hilfe in Einrichtungen nach dem Bundessozialhilfegesetz gewähren, gleichberechtigt beteiligt, gleichgültig ob es sich um verbandliche, privatgewerbliche oder öffentliche Träger handelt. In den Pflegesatzverhandlungen werden Inhalt, Umfang und Qualität der Leistungen von den Einrichtungs- und Kostenträgern gemeinsam bestimmt. Wohlfahrtsverbände und privatgewerbliche Leistungsträger werden damit in eine direkte Verhandlungsbeziehung gesetzt, wobei zu erwarten ist, daß die in der Regel kostengünstiger wirtschaftenden privatgewerblichen Träger Wohlfahrtsverbände unter einen Rationalisierungsdruck setzen werden (vgl. auch Hegner 1992). Darüber hinaus müssen Leistungs- und Kostenträger in den Verhandlungen Festlegungen über die Prüfung der Wirtschaftlichkeit und Qualität von Leistungen treffen.
Die Neuregelungen im § 93 BSHG garantieren den Wohlfahrtsverbänden bei der Schaffung von Einrichtungen und der Vereinbarung von Pflegesätzen nach wie vor einen bedingten Vorrang gegenüber öffentlichen und privatgewerblichen Trägern (vgl. § 93 Abs. 6 BSHG). In den Pflegesatzvereinbarungen, an denen all diejenigen beteiligt sind, mit denen Vereinbarungen getroffen werden sollen, sind freigemeinnützige, privatgewerbliche und auch öffentliche Anbieter einander gleichgestellt. Die Vereinbarung über die Kostenübernahme durch den öffentlichen Sozialhilfeträger ist in der Neufassung von § 93 BSHG an die Bedingung geknüpft, daß ein Vertrag mit dem jeweiligen Einrichtungsträger bestehen muß. Die Vereinbarungen zwischen öffentlichen Kosten-

---
18 BGBl. I, 1993: 991.
19 BGBl. I, 1993: 2374.

trägern und verschiedenen freien Einrichtungsträgern konstituieren ein *Vertragsverhältnis*, in dessen Mittelpunkt die Festlegung und Kontrolle von Wirtschaftlichkeits- und Qualitätskriterien steht.[20] Während sich im BSHG ein formales Subsidiaritätsverständnis im Sinne eines bedingten Vorrangs von Wohlfahrtsverbänden bei der Schaffung von Einrichtungen nachweisen läßt, wird im konkreten Prozeß der Leistungserbringung zwischen allen freien Trägern, mit denen Leistungsvereinbarungen getroffen worden sind, die Konkurrenz um Wirtschaftlichkeits- und Qualitätsstandards forciert.

6.3 Pflegeversicherungsgesetz (PflegeVG)

Am 26.5.94 hat der Bundestag das Gesetz zur sozialen Absicherung des Risikos der Pflegebedürftigkeit verabschiedet.[21] Im Rahmen der Pflegeversicherung werden Geld- und Sachleistungen für häusliche und stationäre Pflege zur Verfügung gestellt. Das Gesetz (PflegeVG) ist das Ergebnis einer zwanzigjährigen Diskussion (Götting/Hinrichs 1993). Ein wesentlicher Grund für die Verabschiedung des Gesetzes waren die Bestrebungen der örtlichen Sozialhilfeträger, ihren durch steigende Sozialhilfezahlungen für Pflegebedürftige stark in Anspruch genommenen Sozialhilfeetat zu entlasten (Haug/Rothgang 1994). Das PfegeVG läßt aufgrund der Beitragszahlungen der Versicherten und der verstärkten Einbeziehung aller freien Leistungsträger eine deutliche Entlastung der Kommunen erwarten.

Die Zusammenarbeit zwischen Staat und Wohlfahrtsverbänden ist im PflegeVG nicht gesondert geregelt, da Wohlfahrtsverbänden gegenüber anderen freien Trägern im PflegeVG kein ordnungspolitisch priorärer Status eingeräumt wird. So sieht § 8 PflegeVG, ohne daß eine Differenzierung zwischen den verschiedenen freien Trägern vorgenommen wird, nur eine enge Zusammenarbeit zwischen Ländern, Kommunen, Pflegeeinrichtungen und Pflegekassen unter Beteiligung des medizinischen Dienstes vor. Dieses allgemeine Zusammenarbeitsgebot bricht mit der korporatistischen Vorstellung einer exklusiven Zusammenarbeit zwischen etablierten Spitzenverbänden der freien Wohlfahrtspflege und dem Staat. So werden etwa an den Verhandlungen über Leistungen nach dem PflegeVG alle Kosten- und Leistungsträger gleichberechtigt beteiligt. Dieses bedeutet, daß der Gesetzgeber keine Prioritätensetzung und -abstufung zwischen Wohlfahrtsverbänden und privatgewerblichen Trägern vornimmt. In § 11 Abs. 2 Satz 2 und 3 PflegeVG wird die Gleichrangigkeit der freien Träger ausdrücklich betont: „Dem Auftrag kirchlicher und sonstiger Träger der freien Wohlfahrtspflege, kranke, gebrechliche und pflegebedürftige Menschen zu pflegen, zu betreuen, zu trösten und sie im Sterben zu begleiten, ist Rechnung zu tragen. Freigemeinnützige und private Träger haben Vorrang gegenüber öffentlichen Trägern". Damit wird zwar öffentlichen Trägern bei der Erbringung von Pflegeleistungen ein Nachrang gegenüber den verschiedenartigen freien Leistungsträgern zugewiesen, verbandliche und privatgewerbliche Träger werden aber gleichgestellt. Die Berechtigung zur Erbringung von

---

20 Diese Entwicklung zeichnet sich bereits im sogenannten „Subsidiaritätsurteil" des Bundesverfassungsgerichts von 1967 ab, in dem eine vernünftige Arbeitsteilung und eine wirtschaftliche Mittelverwendung als wesentliche Kriterien zur Beurteilung der Zusammenarbeit zwischen Verbänden und öffentlichen Sozialverwaltungen angeführt werden.
21 BGBl. I, 1994: 1014.

Pflegeleistungen wird nicht an den Status eines Trägers, z.B. dessen Gemeinnützigkeit, sondern ausschließlich an fachliche, wirtschaftliche und bedarfsorientierte Kriterien geknüpft. Bedenkt man die herausragende Bedeutung finanzpolitischer Argumente im Gesetzgebungsprozeß, so wird deutlich, daß es bei den Regelungen zur Zusammenarbeit zwischen Staat und freien Trägern nicht um deren Beteiligung an der Politik- und Gesetzesformulierung, sondern um finanzielle Entlastungseffekte geht.

Die leistungsbezogenen Regelungen des PflegeVG sind weitgehend identisch mit den Bestimmungen in den §§ 93 und 94 BSHG. Die Zusammenarbeit zwischen öffentlichen Kostenträgern (Pflegekassen) und freien Leistungsträgern (Pflegeeinrichtungen) wird entsprechend § 72 PflegeVG in sogenannten Versorgungsverträgen geregelt. Der Abschluß eines Versorgungsvertrages, in dem Art, Inhalt und Umfang der zu erbringenden Pflegeleistungen vereinbart werden, bildet die Zulassungsvoraussetzung zur Erbringung gesetzlicher Pflegeleistungen (vgl. Sans 1994). Auf die Leistungserbringung finden Wirtschaftlichkeits- und Qualitätskriterien Anwendung, deren Einhaltung überprüft werden soll (§§ 79 und 80 PflegeVG). An den konkreten Pflegesatzverhandlungen, die in der Regel auf Landesebene geführt werden, sind die verschiedenen freien Pflegeheimträger, d.h. Wohlfahrtsverbände und privatgewerbliche Träger, gleichberechtigt vertreten. Über die Finanzierung von stationär erbrachten Pflegeleistungen werden zwischen Pflegekassen und Einrichtungen Pflegesatzvereinbarungen auf der Grundlage prospektiver Pflegesätze getroffen, so daß auch das PflegeVG für die Pflegeeinrichtungen Anreize für ein wirtschaftliches Handeln schafft.

6.4 Die Bedeutung neuer sozialrechtlicher Regelungen für das Verhältnis von Staat und Wohlfahrtsverbänden

Angesichts der skizzierten Entwicklungen in der sozialrechtlichen Gesetzgebung zeichnen sich folgende aktuelle Veränderungen im Verhältnis von Wohlfahrtsverbänden und Staat ab:

1) Das Verhältnis zwischen Staat und Wohlfahrtsverbänden wurde traditionell durch das katholische Subsidiaritätsverständnis und die entsprechenden sozialrechtlichen Regelungen geprägt, die Wohlfahrtsverbänden normativ begründete Vorrechte gegenüber öffentlichen Trägern zuschreiben. Auf dieser Grundlage wurden Wohlfahrtsverbände an der Politikformulierung beteiligt und wurde ihnen ein bedingter Vorrang bei der Leistungserbringung, insbesondere bei der Schaffung von Einrichtungen, eingeräumt. Der normative Gehalt des Subsidiaritätsprinzips ist infolge gesellschaftlicher Modernisierungsprozesse und einer damit einhergehenden Säkularisierung weitgehend erodiert. Dieses schlägt sich seit dem „Subsidiaritätsurteil" des Bundesverfassungsgerichts in einem veränderten Umgang des Sozialstaats mit Wohlfahrtsverbänden nieder. Damit ist auch die *Legitimation des prioritären Status von Wohlfahrtsverbänden im System der sozialen Versorgung in Frage gestellt.*

2) Die „Versachlichung" des Verhältnisses von Staat und Wohlfahrtsverbänden hat sowohl eine *Pluralisierung des Begriffs des freien Trägers* als auch eine *arbeitsteilige Beziehung zwischen Staat und freien Trägern als Vertragspartnern* zur Folge. Der Begriff des freien Trägers erfährt im KJHG eine deutliche Erweiterung in Richtung auf gering

formalisierte Organisationen, d.h. Vereine, Initiativen und Projekte, die keinem Wohlfahrts- oder Jugendverband angehören. Darüber hinaus wird der Begriff des freien Trägers in den Neuregelungen des BSHG und des PflegeVG auch auf privatgewerbliche Anbieter angewandt. Im Zuge dieser sozialrechtlichen Entwicklungen treten anstelle einer normativ begründeten und gesetzlich geregelten Vorrangstellung der Spitzenverbände der freien Wohlfahrtspflege versachlichte Vertragsbeziehungen zwischen öffentlichen Kostenträgern und verschiedenen freien Leistungsträgern, d.h. Verbänden, privatgewerblichen Unternehmen, Vereinen und Initiativen. Öffentlichen Trägern wird gegenüber den freien Trägern ein Nachrang bei der Leistungserbringung, mit Ausnahme des eng begrenzten Bereichs hoheitlicher Aufgaben, zugewiesen. Im Sinne eines „contracting out" werden leistungsfähige freie Träger mit der Erbringung öffentlicher Aufgaben beauftragt, wobei sich zwischen Staat und freien Trägern als Auftragnehmern ein Vertragsverhältnis entwickelt, in dessen Mittelpunkt Wirtschaftlichkeits- und Qualitätsstandards stehen, die in pluralistisch besetzten Gremien ausgehandelt werden. Das Verhältnis zwischen den verschiedenen freien Trägern ist dadurch bestimmt, daß zwar ein bedingter Vorrang von Wohlfahrtsverbänden bei der Schaffung von Einrichtungen fortbesteht, allerdings werden im konkreten Prozeß der Leistungserbringung alle beteiligten freien Träger, insbesondere Wohlfahrtsverbände und privatgewerbliche Unternehmen, in Konkurrenz miteinander um Wirtschaftlichkeits- und Qualitätsstandards gesetzt. In diesem neuen Arrangement zwischen Staat und freien Trägern wird den Wohlfahrtsverbänden die Position von Leistungsträgern zugewiesen, die sich als Vertragsnehmer in Konkurrenz mit insbesondere privatgewerblichen Anbietern behaupten müssen.

7. Schlußbemerkung

Der besondere Status einer begrenzten Anzahl von Wohlfahrtsverbänden im Bereich der Sozialpolitik ist eine deutsche Sonderentwicklung und hängt eng mit den ökonomischen und politischen Akteurskonstellationen im Kaiserreich, in der Weimarer Republik und der entstehenden Bundesrepublik zusammen. Das katholische Subsidiaritätsprinzip wirkte bis in die späten sechziger Jahre als normative Maxime der Regelung des Verhältnisses zwischen öffentlichen und verbandlichen Trägern. Ergebnis dieser „Subsidiaritätspolitik" war eine dauerhafte sektorale Inkorporierung der Spitzenverbände der freien Wohlfahrtspflege in die deutsche Sozialpolitik. Unter Bedingungen expandierender Sozialstaatlichkeit und ausreichender Verteilungsspielräume wurden die großen Sozialorganisationen sowohl als Träger von Einrichtungen, Diensten und Fachpersonal als auch als Repräsentanten eines sektoralen Expertenwissens bei der Implementation sozialstaatlicher Ziele beteiligt und im Gegenzug mit finanziellen Mitteln und privilegierten Einflußchancen ausgestattet.

Der bedingte Vorrang einer begrenzten Anzahl von staatlich lizensierten Spitzenverbänden wird im Verlauf der siebziger Jahre durch nicht-intendierte Effekte der neokorporatistischen Steuerung erschüttert. So stellen Entwicklungen wie das allmähliche Abschmelzen der soziokulturellen Grundlagen der Wohlfahrtsverbände sowie die aufkommende Selbsthilfebewegung das Repräsentationsmonopol der Wohlfahrtsverbände in Frage. Ferner geht das Größenwachstum wohlfahrtsverbandlicher Einrich-

tungen und Dienste mit sinkender Unterstützungsbereitschaft der Bevölkerung einher. Läßt bereits die Entkonfessionalisierung und Bürokratisierung der Wohlfahrtsverbände ihren Sonderstatus prekär werden, so sorgt heute insbesondere der europäische Binnenmarkt für eine weitere Relativierung der bedingten Vorrangstellung verbandlicher Wohlfahrtspflege. Diese Tendenz fällt zusammen mit veränderten ordnungspolitischen Strategien im Bereich der Sozialpolitik, die eine „Verschlankung sozialstaatlicher Leistungen" anstreben und die Delegation öffentlicher Aufgaben auf nichtstaatliche Träger durch Deregulierung etablierter Beziehungsmuster zwischen Sozialstaat und Wohlfahrtsverbänden vorantreiben.
Unter diesen Bedingungen läßt sich der durch die deutsche Einigung möglich gewordene Institutionentransfer der freien Wohlfahrtspflege in die neuen Bundesländer als katalytischer Prozeß verstehen, in dessen Verlauf sich Entwicklungstendenzen, die sich bereits in der „alten Bundesrepublik" abgezeichnet hatten, beschleunigen und verstetigen. Angesichts völlig andersartiger Ausgangsbedingungen und ohne die gewohnte sozialkulturelle Verankerung entwickeln sich die Wohlfahrtsverbände in den neuen Bundesländern als „schlanke Unternehmen", die sich durch betriebswirtschaftliches Effizienzdenken, weitgehenden Verzicht auf normative Zielbestimmungen sowie durch Kundenorientierung auszeichnen. Gleichzeitig zielt insbesondere die Politik der neuen Länderministerien und vieler ostdeutscher Kommunen darauf ab, durch Beteiligung sämtlicher nichtstaatlicher Träger Kostenentlastungseffekte zu erzielen. Damit läßt sich die anfängliche Politik des Bundes, die auf eine Etablierung „bewährter Formen der Zusammenarbeit" zwischen öffentlichen und freien Trägern abzielte, nicht mehr umstandslos verwirklichen.
Vielmehr wird in den neuen Bundesländern gewissermaßen in einem „Zeitraffer" eine Entwicklung realisiert, die sich allmählich auch in den alten Bundesländern durchgesetzt hat: eine Deregulierung und Öffnung des bislang eng begrenzten wohlfahrtspluralistischen Trägersystems zugunsten ausgeschlossener bzw. benachteiligter gewerblicher und selbstorganisierter Träger.
Die neue Abkehr von der Privilegierung der etablierten Wohlfahrtsverbände muß nicht einen völligen Niedergang neokorporatistischer Strategien und Strukturen im Sozialbereich nach sich ziehen. Vielmehr scheint sich eine Differenzierung der staatlichen Umgangsweisen mit verbandlichen Trägern durchzusetzen. Während beim Einbezug nichtstaatlicher Träger in die Umsetzung staatlicher Maßnahmen und Programme eine deutliche Deprivilegierung der Wohlfahrtsverbände zugunsten der gewerblichen und selbstorganisierten Träger zu verzeichnen ist, bietet der informelle und frühzeitige Einbezug der Spitzenverbände der freien Wohlfahrtspflege in die Formulierung sozialstaatlicher Politik beiden Seiten anscheinend immer noch Vorteile. Darüber können auch erste Anzeichen dafür nicht hinweg täuschen, daß einige Wohlfahrtsverbände – insbesondere der Paritätische Wohlfahrtsverband und der Deutsche Caritasverband – mit Hilfe einer Politisierung des Armutsthemas den bisherigen Stil der informellen und nichtspektakulären Aushandlung sozialpolitischer Strategien zu verlassen beginnen.

Literatur

Alemann, Ulrich von, 1989: Organisierte Interessen. Von der „Herrschaft der Verbände" zum „Neokorporatismus"?, in: *Stephan von Bandemer/Göttrik Wewer* (Hrsg.), Regierungssystem und Regierungslehre, Opladen, 219-234.

Angerhausen, Susanne/Backhaus-Maul, Holger/Schiebel, Martina, 1995: Nachwirkende Traditionen und besondere Herausforderungen. Strukturentwicklung und Leistungsverständnis von Wohlfahrtsverbänden in den neuen Bundesländern, erscheint in: *Thomas Olk/Thomas Rauschenbach/Christoph Sachße* (Hrsg.), Von der Wertgemeinschaft zum Dienstleistungsunternehmen. Wohlfahrts- und Jugendverbände im Umbruch, Frankfurt a.M.

Backhaus-Maul, Holger, 1994: Kommunale Sozialpolitik, in: *Roland Roth/Hellmut Wollmann* (Hrsg.), Kommunalpolitik. Politisches Handeln in den Gemeinden, Opladen, 527-537.

Backhaus-Maul, Holger/Olk, Thomas, 1991: Intermediäre Organisationen und kommunale Sozialpolitik im deutschen Einigungsprozeß, in: Zeitschrift für Sozialreform 37, 676-700.

Backhaus-Maul, Holger/Olk, Thomas, 1992: Intermediäre Organisationen als Gegenstand sozialwissenschaftlicher Forschung. Theoretische Überlegungen und erste empirische Befunde am Beispiel des Aufbaus von intermediären Organisationen in den neuen Bundesländern, in: *Winfried Schmähl* (Hrsg.), Sozialpolitik im Prozeß der deutschen Vereinigung, Frankfurt a.M/New York, 91-132.

Benda, Ernst, 1989: Die Arbeit der Freien Wohlfahrtspflege als Gestaltungselement des Sozialstaates, in: Soziale Arbeit 38, 251-259.

Beyme, Klaus von, 1984: Der Neokorporatismus – neuer Wein in alte Schläuche?, in: Geschichte und Gesellschaft 10, 211-233.

Boll, Fritz/Olk, Thomas (Hrsg.), 1987: Selbsthilfe und Wohlfahrtsverbände, Freiburg.

Braun, Joachim/Opielka, Michael, 1992: Selbsthilfeförderung durch Selbsthilfekontaktstellen, Stuttgart/Berlin/Köln.

Bundesarbeitsgemeinschaft der Freien Wohlfahrtspflege, 1993a: Spitzengespräch in Weimar über den Aufbau der Freien Wohlfahrtspflege, Ms., Weimar, 6.5.93.

Bundesarbeitsgemeinschaft der Freien Wohlfahrtspflege (Hrsg.), 1993b: Partnerschaftliche Zusammenarbeit zwischen den Trägern der öffentlichen und freien Wohlfahrtspflege in Sachsen-Anhalt, Bonn.

Bundesarbeitsgemeinschaft der Freien Wohlfahrtspflege, 1994: Gesamtstatistik der Einrichtungen der Freien Wohlfahrtspflege, Bonn.

Bundesministerium für Familie und Senioren, 1991: Fördermöglichkeiten zur Verbesserung der Situation älterer und behinderter Menschen in den neuen Bundesländern, Bonn.

Bundesministerium für Frauen und Jugend, 1994: Kinder- und Jugendplan des Bundes. Richtlinien, in: Gemeinsames Ministerialblatt, Heft 3, 42-56.

Bundesministerium für Jugend, Familie, Frauen und Gesundheit, 1990: Achter Jugendbericht, Bonn.

Bundesministerium für Jugend, Familie und Gesundheit, 1985: Richtlinien für den Bundesjugendplan, in: Gemeinsames Ministerialblatt, Heft 32, 653-672.

Campenhausen, Axel von/Erhardt, Hans Jürgen (Hrsg.), 1982: Kirche – Staat – Diakonie. Zur Rechtsprechung des Bundesverfassungsgerichts im diakonischen Bereich, Hannover.

Cawson, Allen, 1982: Corporatism and Welfare, London.

Conze, Wolfgang, 1960: Der Verein als Lebensform des 19. Jahrhunderts, in: Die Innere Mission 8/9, 226-240.

Czada, Roland, 1994: Konjunkturen des Korporatismus. Zur Geschichte eines Paradigmenwechsels in der Verbändeforschung (in diesem Band).

Deutscher Verein für öffentliche und private Fürsorge (Hrsg.), 1992: Die Zusammenarbeit öffentlicher und freier Träger der sozialen Arbeit in den neuen Bundesländern, Frankfurt a.M.

Deutsches Jugendinstitut (Hrsg.), 1973: Zur Reform der Jugendhilfe. Analysen und Alternativen, München.

Döhler, Marian, 1993: Ordnungspolitische Ideen und sozialpolitische Institutionen, in: *Roland Czada/Manfred G. Schmidt* (Hrsg.), Verhandlungsdemokratie, Interessenvermittlung, Regierbarkeit. Festschrift für Gerhard Lehmbruch, Opladen, 123-141.

Eichhorn, Peter, 1994: Wohlfahrtsunternehmen und Europäische Union, in: Caritas 95, 100-105.

Etzioni, Amitai, 1970: Modern Organizations, Englewood Cliffs.

Friedrich, Ursula, 1994: Die neue Pflegesatzregelung im Bundessozialhilfegesetz, in: Nachrichtendienst des deutschen Vereins für öffentliche und private Fürsorge 74, 166-173.

Gabriel, Karl, 1990: Verbandliche Caritas im Postkatholizismus, in: Caritas 91, 575-584.
Götting, Ulrike/Hinrichs, Karl, 1993: Probleme der politischen Kompromißbildung bei der gesetzlichen Absicherung des Pflegefallrisikos – eine vorläufige Bilanz, in: Politische Vierteljahresschrift 34, 47-71.
Hasenclever, Christel, 1978: Jugendhilfe und Jugendgesetzgebung seit 1900, Göttingen.
Haug, Karin/Rothgang, Heinz, 1994: Das Ringen um die Pflegeversicherung – ein vorläufiger sozialpolitischer Rückblick, in: Recht der sozialen Dienste und Einrichtungen, Heft 24, 1-30.
Hegner, Friedhart, 1992: Organisations-„Domänen" der Wohlfahrtsverbände: Veränderungen und unscharfe Konturen, in: Zeitschrift für Sozialreform 38, 165-190.
Heinze, Rolf G., 1986: Neue Subsidiarität. Leitidee für eine zukünftige Sozialpolitik?, Opladen.
Heinze, Rolf G./Olk, Thomas, 1981: Die Wohlfahrtsverbände im System sozialer Dienstleistungsproduktion. Zur Entstehung und Struktur der bundesrepublikanischen Verbändewohlfahrt, in: Kölner Zeitschrift für Soziologie und Sozialpsychologie 33, 94-114.
Heinze, Rolf G./Olk, Thomas, 1984: Sozialpolitische Steuerung. Von der Subsidiarität zum Korporatismus, in: *Manfred Glagow* (Hrsg.), Gesellschaftssteuerung zwischen Korporatismus und Subsidiarität, Bielefeld, 162-194.
Herzog, Roman, 1963: Subsidiaritätsprinzip und Staatsverfassung, in: Der Staat 4, 399-423.
Hesse-Schiller, Werner, 1994: Die Bedeutung des Föderalen Konsolidierungsprogramms für die sozialen Dienste und Einrichtungen, in: Recht der sozialen Dienste und Einrichtungen, Heft 23, 58-64.
Institut für angewandte Sozialwissenschaft, 1993: Die Freie Wohlfahrtspflege im Spiegel der Öffentlichkeit, Bonn.
Kaiser, Jochen-Christoph, 1989: Die zeitgeschichtlichen Umstände der Gründung des Deutschen Caritasverbandes am 9. November 1897, in: *Michael Manderscheid/Hans-Josef Wollasch* (Hrsg.), Lorenz Werthmann und die Caritas, Freiburg, 11-29.
Kaiser, Jochen-Christoph, 1989: Sozialer Protestantismus im 20. Jahrhundert. Beiträge zur Geschichte der Inneren Mission, München.
Kaiser, Jochen-Christoph, 1993: Freie Wohlfahrtspflege im Kaiserreich und in der Weimarer Republik. Ein Überblick, in: *Klaus Tenne* (Hrsg.), Westfälische Forschungen, Band 43, Münster, 26-57.
Kreft, Dieter, 1987: Öffentliche Träger, Wohlfahrts- und Jugendverbände, selbstorganisierte (alternative) Projekte und Initiativen – Zur Entwicklung ihres Verhältnisses, in: *Fritz Boll/ Thomas Olk* (Hrsg.), Selbsthilfe und Wohlfahrtsverbände, Freiburg, 56-68.
Kuper, Bernd-Otto, 1992: Wohlfahrtsverbände und Europäische Gemeinschaft, in: *Rudolph Bauer* (Hrsg.), Sozialpolitik in deutscher und europäischer Sicht, Weinheim, 50-64.
Lehmbruch, Gerhard, 1983: Neokorporatismus in Westeuropa: Hauptprobleme im internationalen Vergleich, in: Journal für Sozialforschung 23, 407-420.
Lehmbruch, Gerhard, 1993: Institutionentransfer. Zur politischen Logik der Verwaltungsintegration in Deutschland, in: *Wolfgang Seibel/Arthur Benz/Heinrich Mäding* (Hrsg.), Verwaltungsreform und Verwaltungspolitik im Prozeß der deutschen Einigung, Baden-Baden, 41-66.
Lehmbruch, Gerhard, 1994: Dilemmata verbandlicher Einflußlogik im ostdeutschen Transformationsprozeß (in diesem Band).
Lehmbruch, Gerhard/Schmitter Philippe C., 1982 (Hrsg.): Patterns of Corporatist Policy-Making, London.
Loges, Frank, 1994: Entwicklungstendenzen Freier Wohlfahrtspflege im Hinblick auf die Vollendung des Europäischen Binnenmarktes, Freiburg.
Matthes, Joachim, 1964: Gesellschaftspolitische Konzeptionen im Sozialhilferecht, Stuttgart.
Merchel, Joachim, 1989: Der Deutsche Paritätische Wohlfahrtsverband. Seine Funktion im korporatistisch gefügten System sozialer Arbeit, Weinheim.
Merchel, Joachim, 1990: Veränderungen in der kommunalen Jugendhilfepolitik. Auswirkungen des Kinder- und Jugendhilfegesetzes auf das Zusammenwirken verschiedener Träger der Jugendhilfe, in: Nachrichtendienst des Deutschen Vereins für öffentliche und private Fürsorge 70, 377-380.
Merchel, Joachim, 1993: Unkonventionelle Träger auf dem Weg zur Normalität. Thesen zur Entwicklung von Selbsthilfe- und Initiativgruppen in der sozialen Arbeit, in: Soziale Arbeit 42, 110-115.
Münder, Johannes, 1987: Subsidiarität, in: *Hans Eyferth/Hans-Uwe Otto/Hans Thiersch* (Hrsg.), Handbuch zur Sozialarbeit/Sozialpädagogik, Neuwied/Darmstadt, 1147-1160.

Münder, Johannes/Bartel, Hans-Jürgen/Frenz, Reinhard/Grieser, Martin/Jordan, Erwin/Kern, Horst-Achim/Kreft, Dieter/Lauer, Hubertus/Zimmermann, Georg, 1978: Frankfurter Kommentar zum Gesetz für Jugendwohlfahrt, Weinheim/Basel.
Münder, Johannes/Greese, Dieter/Jordan, Erwin/Kreft, Dieter/Lakies, Thomas/Lauer, Hubertus/Proksch, Roland/Schäfer, Klaus, 1993: Frankfurter Lehr- und Praxiskommentar zum Kinder- und Jugendhilfegesetz, Münster.
Naschold, Frieder, 1993: Modernisierung des Staates. Zur Ordnungs- und Innovationspolitik des öffentlichen Sektors, Berlin.
Nell-Breuning, Oswald von, 1976: Das Subsidiaritätsprinzip, in: Theorie und Praxis der sozialen Arbeit 37, 6-17.
Neumann, Volker, 1989: Die Allgemeinen Pflegesatzvereinbarungen als Konfliktregelungen im Sachbereich Wohlfahrtspflege, in: Beiträge zum Recht der sozialen Dienste und Einrichtungen, Heft 5, 21-49.
Nipperdey, Thomas, 1972: Verein als soziale Struktur im späten 18. und frühem 19. Jahrhundert, in: Hartmut Boockmann/Arnold Esch/Hermann Heimpel/Thomas Nipperdey/Heinrich Schmid, Beiträge zur Geschichte historischer Forschung in Deutschland, Göttingen, 1-44.
Noelle-Neumann, Elisabeth/Diel, Edgar, 1985: Die Stellung der Freien Wohlfahrtspflege. Ergebnisse repräsentativer Bevölkerungsumfragen 1962-1985, Allensbach.
Olk, Thomas, 1987: Zwischen Verbandsmacht und Selbstorganisation, in: Fritz Boll/Thomas Olk (Hrsg.), Selbsthilfe und Wohlfahrtsverbände, Freiburg, 144-174.
Olk, Thomas/Heinze, Rolf G., 1981: Die Bürokratisierung der Nächstenliebe. Am Beispiel von Geschichte und Entwicklung der „Inneren Mission", in: Christoph Sachße/Florian Tennstedt (Hrsg.), Jahrbuch soziale Arbeit, Band 4, 233-271.
Olk, Thomas/Rauschenbach, Thomas/Sachße, Christoph (Hrsg.), 1995: Von der Wertgemeinschaft zum Dienstleistungsunternehmen. Wohlfahrts- und Jugendverbände im Umbruch, Frankfurt a.M.
Prognos/Bank für Sozialwirtschaft (Hrsg.), 1991: Freie Wohlfahrtspflege im zukünftigen Europa. Herausforderungen und Chancen im zukünftigen Europa, Köln/Berlin.
Rendtorff, Trutz, 1962: Kritische Erwägungen zum Subsidiaritätsprinzip, in: Der Staat 3, 405-430.
Ronge, Volker, 1993: Die Verflechtung von Staat und Drittem Sektor auf kommunaler Ebene, in: Rüdiger Voigt (Hrsg.), Abschied vom Staat – Rückkehr zum Staat?, Baden-Baden, 333-350.
Sachße, Christoph, 1990: Zur aktuellen Bedeutung des Subsidiaritätsstreits der 60er Jahre, in: Johannes Münder/Dieter Kreft (Hrsg.), Subsidiarität heute, Münster, 32-43.
Sachße, Christoph/Tennstedt, Florian, 1988: Geschichte der Armenfürsorge in Deutschland, Band 2: Fürsorge und Wohlfahrtspflege 1871-1929, Stuttgart.
Sans, Reiner, 1994: Freie Wohlfahrtspflege und Pflegeversicherung, in: Recht der sozialen Dienste und Einrichtungen, Heft 23, 49-57.
Schellhorn, Walter/Jirasek, Hans/Seipp, Paul, 1993: Das Bundessozialhilfegesetz, Neuwied.
Schimank, Uwe/Glagow, Manfred, 1984: Formen politischer Steuerung, Etatismus, Subsidiarität, Delegation und Neokorporatismus, in: Manfred Glagow (Hrsg.), Gesellschaftssteuerung zwischen Korporatismus und Subsidiarität, Bielefeld, 4-28.
Schmid, Josef, 1987: Wohlfahrtsverbände und Neokorporatismus – kritische Anmerkungen zur Übertragung einer Theorie, in: Mensch, Medizin, Gesellschaft 12, 119-123.
Schmid, Josef, 1994: Der Wohlfahrtsstaat Europa und die deutschen Wohlfahrtsverbände, Ms., Bochum.
Schmitter, Philippe C., 1974: Still the Century of Corporatism?, in: Review of Politics 36, 85-131.
Schmitter, Philippe C., 1989: Corporatism is Dead! Long Live Corporatism!, in: Government and Opposition 24, 54-73.
Schmitter, Philippe C./Lehmbruch, Gerhard (Hrsg.), 1979: Trends Toward Corporatist Intermediation, Beverly Hills.
Schmitter, Philippe C./Streeck, Wolfgang, 1981: The Organization of Business Interests. A Research Design to Study the Associative Action of Business in the Advanced Industrial Societies of Western Europe, WZB-discussion-paper IIM/LMP 81-13, Berlin.
Seibel, Wolfgang/Benz, Arthur/Mäding, Heinrich (Hrsg.), 1993: Verwaltungsreform und Verwaltungspolitik im Prozeß der deutschen Einigung, Baden-Baden.
Steger, Ulrich (Hrsg.), 1994: Lean Administration. Die Krise der öffentlichen Verwaltung als Chance, Frankfurt a.M.

Streeck, Wolfgang, 1987: Vielfalt und Interdependenz. Überlegungen zur Rolle intermediärer Organisationen in sich ändernden Umwelten, in: Kölner Zeitschrift für Soziologie und Sozialpsychologie 39, 452-470.

Thränhardt, Dietrich, 1984: Von Thron und Altar zur bürokratischen Verknüpfung. Die Entwicklung korporatistischer Beziehungen zwischen Wohlfahrtsverbänden und Staat in Deutschland, in: *Rudolph Bauer* (Hrsg.), Die liebe Not: Zur historischen Kontinuität der 'Freien Wohlfahrtspflege', Weinheim/Basel, 164-171.

Thränhardt, Dietrich/Gernert, Wolfgang/Heinze, Rolf G./Koch, Franz/Olk, Thomas (Hrsg.), 1986: Wohlfahrtsverbände zwischen Selbsthilfe und Sozialstaat, Freiburg.

Vigener, Gerhard, 1994: Prospektive Pflegesätze in Einrichtungen der Alten- und Behindertenhilfe nach Änderung des Bundessozialhilfegesetzes, in: Nachrichtendienst des deutschen Vereins für öffentliche und private Fürsorge 74, 122-124.

Wiesner, Reinhard, 1991: Rechtliche Grundlagen, in: *Reinhard Wiesner/Walter H. Zarbock* (Hrsg.), Das neue Kinder- und Jugendhilfegesetz, Köln/Bonn/Berlin/München, 1-31.

Solidarity, Democracy, Association

Joshua Cohen / Joel Rogers*

The egalitarian democratic political project aims at "a reconciliation of liberty with equality" (Rawls 1971: 204). Committed to a framework of universal civil and political liberties, it seeks to advance an ideal of *substantive political equality*, ensuring that citizens' political influence is not determined by their economic position, a requirement of *real equality of opportunity*, condemning inequalities in advantage tracing to differences in social background,[1] and a conception of the general welfare giving *priority to the least well-off*.[2]

Until the second half of this century, such a reconciliation was only a theoretical possibility.[3] But the rise and postwar consolidation of social democracy and its central creation – the modern welfare state – gave the egalitarian-democratic project practical force. Social democracy was always criticized by some egalitarians for accommodating capitalism and by others for excessive statism. Still, it achieved considerable success in both protecting basic liberties and severing the fate of equal citizens from their unequal advantages in the labor market.

Today, however, the characteristic ideology and political practice of social democracy, including the welfare state as a form of social administration and guarantor of equality,[4] are in considerable disarray.[5] With the decline of the social democratic model – at once a *particular* model of egalitarian-democratic governance and the *only* one to have

---

* We thank the editor, and Charles Sabel, for countless discussions of this subject.
1 Ronald Dworkin (1981: 309-311) calls this a conception of "starting gate equality".
2 This priority need not be absolute, but it does imply that greater gains among the more advantaged get less weight than improvements among people who are less well-off. For the classic argument for priority see Rawls (1971); see also Nagel (1991).
3 At least since John Stuart Mill, some political theorists have held out the prospect of reconciling broad rights of suffrage, protections of basic individual liberties, and greater distributive equality. See, for example, Keynes's remarks on "social philosophy" (1964: chapter 24). Not until the 1950s, however, did we have an up-and-running, practical model of such reconciliation.
4 There is no consensus on the degree to which the modern equality-promoting welfare state can survive absent explicit organizational commitments to an ideal of egalitarian democracy. Some seem to believe that individual citizen commitments to the welfare state make it robust even in the absence of such organization. With the possible exception of very general insurance programs (in particular, health and old age insurance), we doubt it. This is only one instance of our general doubts about stand-alone "asset-based redistribution" models, discussed below at pp. 143-145.
5 We take this claim to be uncontroversial. For review of some of the electoral evidence, see (ignoring his bizarre commentary on the U.S. case) Lipset (1991); or, taking account of recent gains, *Economist* (1994). The *Economist* discussion sharply underscores our point about the need for a constructive model.

enjoyed much success – genuine doubts have reemerged about the prospects for a happy marriage of liberty and equality.

We assume that current difficulties in egalitarian democratic practice owe less to changes in human nature or aspiration than to what may be broadly classed as "organizational" problems – specifically, to a mismatch between the characteristic organizing and governance practices of social democracy and changed material conditions. Our question is how this mismatch might be remedied. Given changed circumstances, what institutional model might again advance egalitarian-democratic ideals? In what follows we explore the contribution "associative democracy" might make to answering this question.[6] The project of associative democracy is defined by deliberate efforts to encourage a role for secondary associations[7] in economic coordination and in administration and to create arenas of democratic discussion among such associations. Our exploration of it proceeds in three steps. Step one ("Social Democracy And Its Discontents") briefly describes the social democratic model and the sources of its current problems. Step two ("What Is To Be Done?") characterizes varied responses to that disorder, including our own suggestion of associative democracy. Step three ("Why Associative Democracy?") defends the suggestion against objections and argues for certain moral and practical advantages of the associative approach.

The gist of our argument is that advancing egalitarian-democratic ideals requires a social base of support for those ideals; that realizing such a social base requires deliberate attention to its creation; that the appropriate form of attention includes the devolution of certain characteristically state responsibilities to associative arenas of civil society; that such devolution has been made plausible by the same forces that account for the evident disarray in traditional social democratic politics; and that associations with devolved responsibility might help to support democratic political consensus and increase social learning capacities – both essential to stable egalitarian order, and currently in short supply.

As its emphasis on devolution might suggest, associative democracy aims to carry social democracy's egalitarian ideals forward through a more *radical democratization* of traditional egalitarian practice. In so doing, it seeks a *reconciliation* of the radical democratic and egalitarian traditions while moving beyond them both. We offer a word at the outset on the terms of that reconciliation.

The central ideal of radical democracy is to root the exercise of public power in practices of free discussion among equal citizens, with the understanding that the relevant conditions of discussion cannot be confined to formal political arenas.[8] Proceeding

---

6 We present this view in Cohen and Rogers (1992, 1993a, 1993b, 1994). The current account differs from earlier treatments in emphasizing the connection with radical democratic ideals, the importance of coordination across policy areas, and the idea of deliberative arenas.

7 Our definition of "secondary associations" is conventional, and undemanding; they are the large social organization residual of the "primary" institutions of the family, firm, political parties, political parties, and the state.

8 The ideal, as Habermas (1992: 446) puts it, is to establish "all those conditions of communication under which there can come into being a discursive formation of will and opinion on the part of a public composed of the citizens of a state". (See also Cohen 1989.) Habermas's own version of this ideal also emphasizes the restricted scope of discussion: discourses "generate a communicative power that cannot take the place of administration but can only

from this concern for participation and discussion, radical democrats have expressed persistent disquiet with the *statism* of the egalitarian tradition and of social democracy in particular. They criticize statist versions of egalitarianism for undervaluing the benefits of decentralized authority for citizen education and self-government; for exaggerating commonalities of citizens at the expense of their heterogeneity, and thus promoting an assimilationist conception of social unity; and for advancing a distributive conception of politics that inevitably promotes the administration of passive, consumption-oriented clients rather than self-rule by active citizens.

Telling as these criticisms may be, the *constructive* content of a radical-democratic institutional model has long been obscure.[9] According to some critics of radical democracy, this obscurity should come as no surprise, as it reflects the political irrelevance in a mass democracy of the radical democratic ideal of discussion among equal citizens.[10] The alleged irrelevance has two principal sources. First, mass democracy's characteristic pluralism implies that political discussion cannot assume a unitary community with a shared conception of the good; the absence of such a community raises doubts about the ideal of discussion aimed at consensus. Second, in large societies with complex divisions of social labor, democratic discussion cannot simply replace such conventional mechanisms of social coordination as markets, administrative hierarchies, and group bargaining; this throws into question the practical interest of discussion as an organizing principle.[11]

Our proposed reunion of radical democratic and egalitarian traditions seeks to accommodate their mutual criticisms. We think that the radical democrat has identified important limits of statist egalitarianism, and that these limits are now evident in social democratic difficulties. At the same time, in the design of a constructive institutional model, we premise pluralism and concomitant limits on consensus;[12] we also assume the need for markets, hierarchies, and bargaining and accept the bar their existence imposes on over-ambitious versions of the radical democratic project.

On these terms, how far might reconciliation proceed? We do not know, and the answer makes a difference to how associative democracy is understood. Conceived minimally, associative democracy offers a *strategy* to relieve some of the difficulties of social democracy by harnessing associative energies more deliberately – it provides a tool that can, for example, aid in the performance of regulatory tasks lying beyond the competence of the state. At the (untested) maximum, it suggests a new form of *political-constitutional order*. Characterized simultaneously by greater reliance on non-state

---

influence it. This influence is limited to the procurement and withdrawal of legitimation. Communicative power cannot supply a substitute for the systematic inner logic of public bureaucracies. Rather, it achieves an impact on this logic 'in a siege-like manner'" (1992: 452). Our conception of associative democracy is more ambitious, perhaps because we are less struck by the "systematic inner logic of public bureaucracies". In any case, we do have "communicative power" picking up some of the work of the administrative state, not simply imposing a siege upon it.

9 For one effort to remedy that obscurity, see Unger (1987: 441-539).
10 As Carl Schmitt (1985: 6) stated this view, without nuance: "the development of modern mass democracy has made argumentative public discussion a mere formality". See also Weber (1968: 1381-1469) and Schumpeter (1942: chapters 21-22).
11 On the contrast between discussion and these other means of coordination, see Elster (1968), Cohen (1989).
12 Though we do not agree that pluralism excludes consensus. See below at pp. 150-151.

Social Democracy and its Discontents

How did social democracy work in its heyday, and why has that day passed?
First and last a working-class political project, social democracy offered "soft" redistribution[13] toward workers and limited power-sharing, in both the firm and the state, between workers and capitalists. Social democratic economic policy relied on Keynesian alchemy to transform the particular interests of workers to general social interests. Wage increases or state-led redistribution toward labor increased effective demand, which was captured by domestic firms supplying employment; stabilization of markets encouraged investment, which increased productivity, which lowered the real costs of consumption goods, which, along with wage increases, spurred further consumption and rising living standards for all. In everyday politics and governance, strong industrial union movements made deals with "monopoly" capital directly – in centralized systems of wage-bargaining – or through the state – classically, exchanging wage moderation for commitments to increased social welfare spending and guarantees of full employment.[14] By relieving some of the competition among capitalists, these deals facilitated cooperation between the classes in meeting the more stringent standards on capitalist performance they also imposed.

What undid social democracy, most basically, was the collapse of a series of key background conditions that supported the advances just described. Most prominently these included:[15]

- A *nation-state* capable of directive control of the economic environment within its territory. This control assumed a national economy sufficiently insulated from foreign competitors that the benefits of demand-stimulus could be reliably captured within its borders, and a monetary policy apparatus sufficiently insulated from world-wide financial flows to permit unilateral correctives to recession. Of particular relevance to social cohesion, the sheer competence of the state in managing the macro-economy – Keynes's central discovery – provided compelling material reasons for participation in national political discourse.
- The organization of capital into a system of *mass production*[16] and an economy

---

13 The term comes from Bowles and Gintis (1993). Redistribution was "soft" in the sense that it proceeded in a context providing increased living standards for all, even if the disproportionate share of that increase was captured by the less well-off.
14 The expansion of the welfare state – both in expenditures and formal guarantees – was of course intimately tied to the maintenance of effectively full employment. The latter provided the tax base for expenditures, while reducing the rate at which safety-net protections were invoked. The social democratic welfare state was always a high-employment welfare state.
15 While the story has been told many times, the next three paragraphs draw from Rogers and Streeck (1994).
16 We recognize that not all production was "mass" in the relevant sense – that craft was not

dominated by large, lead, stable firms in different key industry clusters. Such firms provided ready targets for worker organization, and levers in extending the benefits of organization throughout the economy they dominated. In the mass production setting, firm stability – underwritten by demand stabilization policies – also meant career stability for the workers within them. Stability of mass producers and careers in turn facilitated the evolution of the "industrial" model of union organization, centered on centralized bargaining and joint administration of the internal labor market.

– The overwhelming dominance of *class concerns* in the politics of equality. The dominance owed to the existence of a more or less determinate working class, the strength and superiority of whose organization dwarfed other secular, non-business organizations and concerns. Aided by pre-existing "organic" solidarities and all manner of social restrictions, the distinctiveness and integrity of this class was assured by the levelling tendencies of mass production. These both limited the force of traditional craft divisions and, on the assembly line, forcefully clarified the distinctive interests of labor and capital.

These premises, both institutional and social, can no longer be taken with confidence. Instead, current circumstances include:

• More sharply delineated *limits on and of the state*. Increased internationalization of product and capital markets has qualified the old Keynesian alchemy. Simple unilateral reflations can no longer proceed in confidence that increased demand will be met by domestic firms. The same factors have enlarged domestic capital's possibilities of exit from progressive national tax regimes. In addition to new limits on the state, moreover, changes in the sorts of problems the state is asked to address or in the background conditions under which it does so have highlighted longstanding incapacities of state institutions.[17]

In economic policy, for example, concern has in some measure shifted from macro-economic demand stabilization to the intricacies of moving individual firms or industries toward higher and more socially satisfying levels of performance. This has underscored the limits of "strong thumbs" and the need for local cooperation and "nimble fingers" of the sort the state commonly cannot provide or secure. In social policy, the hollowing out of communities and other sources of informal self-regulation, along with irreversible increases in female labor market participation, have encouraged the state to take on functions previously discharged by families or communities with sensibilities and local knowledge unavailable to it. The increase in generic regulation of capital – in, for example, the areas of environmental regulation or occupational safety and health – has underscored the difficulty of applying general standards to dispersed, heterogenous sites, or imposing a particular solution prior to negotiation among affected actors. And the concatenation of these problems with a widening range of citizen demands[18] has underscored the degree to which successful governance

---

obliterated – and that there was considerable variation in the forms of mass production, but still find this generalization useful.

17 To be more precise, these incapacities are not just "longstanding", but more or less definitive of modern state governance.

18 See the discussion of political heterogeneity, below at p. 142.

strategies require coordination and negotiation across traditional policy domains or organized interests, and then often in areas so murky or turbulent as to defy any single correct or stable solution. From this, all manner of problems with legitimation and administration follow.[19]

The unsurprising result of these changing problems and background conditions is that the state is commonly, and in considerable measure properly, perceived as incompetent. It lacks the monitoring and enforcement capacity to make rules stick; it is inefficient in its required compliance strategies; it is incapable on its own of solving any truly complicated social problem.[20]

- The collapse of traditional mass production, and with that collapse, *increased social heterogeneity*. Competition among firms has vastly increased and in response the organization of production has changed. Whatever the final result of the ongoing battle among different strategies of response – from simple sweating of labor to lean production to the many variants of high-skill strategies geared to product distinctiveness – virtually all appear to disrupt the commonalities of experience that provided the foundation of traditional industrial unionism. There is greater firm decentralization and, within more decentralized units as well as across them, greater variation in the terms and conditions of work, the structures of career paths and rewards, the marketability of heterogenous skills. Even before it is enlarged by variations across worksites, moreover, workforce heterogeneity is underscored by increased mobility of workers across firms, the casualization of much employment, and the increased distance of worksites from homes.

In addition to immensely complicating the development of general standards on economic performance and wage and benefit equality, increased workforce heterogeneity disrupts the possible agent of such equalization. It goes without saying that any political project needs a social base which supports that project against opposition. Given possibilities of defection from general social norms – possibilities enlarged by the existence of markets – egalitarian democratic alternatives must be especially attentive to the need for social integration and solidarity. Again, social democracy found that base in a working class partially "made" under conditions of mass production.[21] But the world of relatively stable employment for workers performing relatively common tasks in relatively stable firms has widely disappeared, "unmaking" the working class as a mass agent. Moreover, because the articulation of work and family within the welfare state meant that conceptions of class were gendered, the increases of women's labor market participation have had similar effects. In brief, workforce heterogeneity now approximates the heterogeneity of the broader society, qualifying the working class as a determinate agent of that society's transformation.[22]

---

19 For details, see below at pp. 146-147.
20 Understandable, then, the declaration of the Partito Democratico della Sinistra (1992: 136): "We have abandoned every preconceived sympathy for the public sector ...because it is not justifiable in light of the principles which our party supports: the satisfaction of needs, and therefore efficiency in the supply of goods and services, equality, solidarity, and democracy". Cited in Bowles and Gintis (1993).
21 On the evolution of social democracy as a working class project, see Przeworski (1985: 7-46).
22 Of course, working-class solidarity also drew from sources outside the firm – from working-class neighborhoods for example or shared cultures outside work. But the news gets no

- Increased *political heterogeneity* within the broader class of citizens who might support egalitarian ideals. In addition to social solidarity, any political project needs agreement among its agents on the terms of that project, and that agreement must be sufficiently encompassing to provide the fuel for mass action. Social democracy dealt with the problem essentially by declaring class interests to be – in a way braved rhetorically since Marx but demonstrated materially only after Keynes – universal. Assuming the primacy of the class cleavage, it solved a problem for capitalism – and so for everyone – by redistributing to workers.

Today, however, not just this particular universal class, but the idea of universalism itself, is in disrepair. As an organizational matter, no single set of institutions – save perhaps, business firms – is sufficiently powerful to *impose* its interest as the general interest. And as a matter of ideology, none but the sectarian are prepared to elevate any particular interest – whether class or gender or race or the environment or sexual toleration – to that exalted status. Even where, as is less and less the case, political party organization remains a site of broader convergence, that convergence suffers from its distance from the most vital organizations and practices within this divided field. The convergence is less passionate than that found in old social democratic parties fueled by an insurgent labor movement. Nor is there any obvious basis in everyday life and culture for some other-regarding universalism of new citizen subjects. If anything, indeed, the relentless commodification and privatization of civic culture, combined with a general failure to refashion 18th-century political rights in light of late-20th-century conditions, makes the informed, active, other-regarding citizen increasingly fugitive.

With its means of administration widely regarded as incompetent or worse, its social base decomposing, and its political cohesion come unstuck, little wonder that social democracy has fallen on hard times. For those committed to egalitarian-democratic ideals, these troubles underscore the need to look for an alternative institutional model. But such a model cannot simply derive new institutions and policies from attractive principles of justice. It must also take the sources of disruption of social democracy seriously. And that means presenting an institutional model that successfully addresses or avoids these problems in constructing a social base for that alternative.

---

better here. Neighborhood life today, which is both more planned (by a distant state) and anarchic (made so by a faceless capital) than in the past, is less visibly authored by residents. Culture is deeply commodified and privatized (shopping and watching TV consume most leisure time, usually pursued alone). The decline in such community life threatens even the most limited of egalitarian practices by making the organization of people, on whom any such practice depends, more costly. But a more ambitious egalitarianism, rooted in more encompassing understandings of self than those defined by narrow communities, is also threatened with their disruption. Commodification and the extension of administrative power have not only eroded the agency of particular communities. In doing so they have undermined the socialization practices that, while particular, sustained citizens in the exercise of a more universal and other-regarding public reason. As Habermas (1992: 453) observes: "A public sphere that functions politically requires more than the institutional guarantees of the constitutional state; it also needs the supportive spirit of cultural traditions and patterns of socialization, of the political culture, of a populace accustomed to freedom".

What Is To Be Done?

The problems of social democracy have generated considerable disarray among people sympathetic with its egalitarian aims. Here we sketch three lines of response, distinguishing them by the implications they draw from the declining social base of social democracy.

Lowered Expectations

One characteristic response to social democratic difficulties is to lower expectations - to take the decline of social democracy as signalling the impossibility of realizing the procedural and substantive political values that define the egalitarian democratic project.

A popular version of this response begins by noting the new heterogeneity of politically relevant identities – the dominance of an "identity politics" – and concluding that the more encompassing solidarities required to advance any egalitarian project have irreparably collapsed. In a social world densely populated by hyphenated, particularistic identities, citizens will not be prepared to "regard the distribution of natural talents as a common asset and to share in the benefits of this distribution whatever it turns out to be" or to "share one another's fate" (Rawls 1971: 101, 102). Absent the relevant solidarities, the fact that some people have "drawn blanks rather than prizes in the lottery of life" (Friedman 1962: 163) may be mourned but it cannot be remedied. The best political hope is a commitment to fair procedures for collective decision-making among unequals.

Considered on its own terms, such a chastened aspiration to a merely procedural justice risks incoherence. It assumes, implausibly, the robustness of fair procedures independent of substantive agreement. Associated with that, it draws an overly sharp distinction between the solidarities required to sustain fair procedures, which it assumes to be relatively thin, and the attachments required to sustain substantive fairness, which it supposes to be relatively thick.[23] Moreover, it presumes an implausible fixity of current, fissiparous political identities.

Intellectual coherence aside, among those committed to egalitarian-democratic ideals the position should only be considered in default. Premised on the unavailability of something better, lowered expectations should only be accepted after that premise is truly tested.

Redefined Property Rights

Social democracy sought to meliorate the consequences of the exercise of capitalist property rights through popular organization and political power. Leaving the basic assignment of those rights undisturbed, it countered them with unions, political parties, and the welfare state. With problems having emerged for these organizational forms,

---

23 See Cohen (1994a) for an attack on the importance of this distinction in political argument.

one egalitarian strategy is to alter that basic property rights assignment – to redistribute initial property rights – and to construct new sorts of markets for their exercise. In essence, the strategy is to accommodate the decline in social democracy's organizational basis by focusing attention on reordering economic background conditions.

John Roemer's (1994) recent market socialist scheme is an example of such a strategy. Premising the importance of markets as sources of dynamic efficiency, Roemer's proposal would promote greater equality by distributing the profits of firms to citizens – giving citizens shares that can be traded on a stock market, that cannot be cashed in, and that revert to the state upon the holder's death. Samuel Bowles and Herbert Gintis (1993) have suggested a similarly "asset-based redistribution" approach. They propose to remove productivity-suppressing wealth inequalities while enabling average citizens to vote with their feet (vouchers, etc.) in the accountability of public institutions, and to protect citizens from the vicissitudes of the market by constitutionalizing certain citizen property rights – to, for example, benefits in the areas of health, education, training, and disability insurance.

Should egalitarian democrats endorse such strategies? Certainly, any fairer distribution of property rights is to be welcomed. And certainly, properly designed markets can provide powerful accountability mechanisms on runaway or incompetent government. On these terms, then, at this level of abstraction, the answer is "absolutely".

But any endorsement should stop short of agreement that the organizational issue can be fully dodged, or treated as a sociological supplement to an already well-defined and robust new property rights regime. To be sure, the property rights variant of egalitarianism makes an important point: realist assumptions of market governance under capitalism and of pluralism and dissensus within politics, along with attention to the decline in "organic" solidarities of all kinds, recommend economizing on the scarce motives of trust and solidarity. Still, *some* such motives are necessary. And that means that some strategy for achieving them – if need be, through deliberate encouragement and construction – must also be at the core of any new egalitarian model. Trust and solidarity are important because no social design is "strategy proof". No matter how careful its initial setup[24] or ingenious its incentives to equality-enhancing behavior, those motivated only by self-interest or narrow group concerns will find a way to muck it up. And once they do, even those earlier prepared to be bound by minimal solidaristic norms will depart from them; to be solidaristic is not, after all, to be a sucker. The stability of any egalitarian scheme depends, then, on a social basis of support more robust than the qualified support among the self-interested that might be offered a generally attractive property rights regime. To maintain equality, it needs an egalitarian political culture and a "civic consciousness" in its participants congruent with egalitarian ends.

Such consciousness cannot, moreover, depend exclusively for its institutional support on the fact that individuals enjoy the status of equal citizenship. Assuming democratic conditions and rights of association, organized groups will emerge that provide potentially competing bases of political identity, with dispersed "veto powers" to block alternatives that do not conform to their particular ends. So, a political culture friendly to equality requires support in those groups themselves. Such organizations must be

---

24 And under realistic conditions, just how careful could it possibly be?

sufficiently rooted in the particularity of individual experience to be regarded by members as compelling expressions of their identity and instruments of their interests. At the same time, they need to be congruent with a general interest in equality – else the constitutionally-equalizing property regime fall prey to the same group rent-seeking and particularism that now plagues all pluralist democracies.

In short, there is no way around the problem of ensuring a social base for egalitarian governance. If existing institutions do not provide it, new ones must be built. And the need to build them must inform the overall conception of an egalitarian political project.

Reconstruction

Without gainsaying the importance of procedural fairness or, certainly, a fairer or smarter distribution of initial property rights, strategies of reconstruction aim more directly at the problem of the missing social base.

Most such strategies are pursued within an explicitly social democratic frame – to "reinvent" social democratic parties as appealing to a collection of particular interests beyond those of labor, or "reinvent" labor unions as something more than collective bargaining institutions (or at least as bargaining institutions concerned with more than wages and working conditions). They propose, however, no fundamental alteration of the traditional social democratic model now in difficulty. If our diagnosis of social democracy's problems is right, those problems lie deeper than such conventional strategies of reconstruction suggest. Whatever their immediate importance, then, for our purposes here such conventional strategies are not very interesting.

We come then to our own associative strategy. We begin with a now familiar premise: any working egalitarian-democratic order requires an organized social base. We assume that what was true of the social democratic model is true of any egalitarian model operating under mass democratic conditions with rights of association: secondary associations are needed to represent otherwise underrepresented interests (e.g., trade unions supporting redistributive policies) and to add to state competence in administration (e.g., trade unions and employer associations negotiating standards on training). We observe the obvious: that the right kinds of associations do not naturally arise in either the representative or more functional spheres. Pathologies of inequality and particularism abound in representation, while the range of areas where associative sorts of governance or assistance is imaginable in theory but not available in practice is vast – and, we believe, expanding.

Putting the need for a favorable associative environment together with the fact that such an environment is not naturally provided, we propose a deliberate use of public powers to promote the organizational bases needed for egalitarian regimes – to encourage the development of the right kinds of secondary association. Where manifest inequalities in political representation exist, we recommend promoting the organized representation of presently excluded interests. Where group particularism undermines democratic deliberation or popular sovereignty, we recommend efforts to encourage the organized to be more other-regarding in their actions. Where associations have greater competence than public authorities for achieving democratic ends, or where their participation could more effectively promote political values, we recommend encouraging a more direct and formal governance role for groups.[25]

We concentrate here on this last recommendation – the more deliberate use of associations in regulation – both because of its relative concreteness and because it, perhaps more clearly than the other recommendations, suggests both the minimum and maximum possibilities of associative democracy: its appeal as a strategy and as an alternative order.

In our earlier discussion of the limits of the state, we sketched the background problem of state regulation in general terms.[26] For reasons ranging from a wider array of social concerns to the decline of traditionally "self-regulating" institutions, the state is called upon to declare and enforce standards of performance in a vast range of areas. In some areas, such declaration and enforcement is fairly straightforward. Broad purposes are clear or readily discernible through legislative debate; centralized mechanisms of monitoring and enforcement – supplemented by civil liability schemes or field inspectorates – suffice to generate compliance; ongoing negotiation of terms is unnecessary or even unwelcome.

But in four broad classes of cases – each densely populated with issues of social concern on which state action is sought – things are not so straightforward:

- Where government has the competence to set specific regulatory terms, but the objects of regulation are sufficiently numerous, dispersed, or diverse to preclude serious government *monitoring* of compliance. Many workplace regulations – on appropriate wages and hours, compensation, and especially the appropriate organization of work, pertaining for example to occupational health and safety – provide instances of this monitoring problem.
- Where government has the competence to set general standards of performance, but the objects of regulation are sufficiently diverse or unstable to preclude government specification of the most appropriate *means* of achieving them at particular regulated sites. Much environmental regulation is of this kind. Although the state is competent to declare general air quality standards and end-of-pipe abatement goals or standards of toxic source reduction, divergent and changing technologies or production patterns constantly shift the efficient strategies for achieving these goals; and what is most efficient or appropriate is known only by those with local knowledge of heterogeneous circumstances.
- Where government may (or may not) be able to enforce standards once set, but cannot set appropriate *ends* itself.[27] Often, an appropriate standard can only be determined by those with local knowledge not readily available to government, or can only be specified as the outcome or in the context of prolonged cooperation among non-government actors. Industry standards on product or process uniformity and performance are often of this kind. So too are education and especially training standards. The appropriate norm shifts constantly; the content of the norm derives from cooperation in the process of its establishment.

---

25 See the references in footnote 2.
26 See above at pp. 139-142.
27 Or it can set them only in very abstract terms, for example, as requirements of "reasonableness" or "due care".

– Where problems are substantially the product of multiple causes and connected with other problems, crossing conventional policy domains and processes. In such cases, the appropriate strategy requires *coordination* across those domains as well as cooperation from private actors within them. Urban poverty, local economic development, and effective social service delivery are among the familiar problems that occupy this class. None can be solved without cooperation across quite different institutions and groups – lending institutions, health care providers, technology diffusers, education and training establishments, housing authorities, community development corporations, neighborhood associations – operating wholly or substantially outside the state itself. These and other "stakeholders" in the problem and its proposed solution, however, typically have distinct if not competing agendas, and different identities and interests.

When these sorts of problems are encountered – and as described they are more or less co-extensive with modern regulation – our associative approach recommends explicit harnessing of the distinctive capacity of associations to gather local information, monitor compliance, and promote cooperation among private actors by reducing its costs and building the trust on which it typically depends. In those areas where the problems are more or less *functionally specific*[28] – where ends are set but monitoring capacities need to be enhanced, or means or ends are uncertain but the area of concern is narrowly cabined – European social democracy is rife with examples of just such associative governance. As a general matter, they are most developed in the areas of workplace regulation and training, and rely on institutions controlled by the traditional "social partners" of labor and capital. The use of plant committees to enforce occupational safety and health regulations, for example, or groupings of trade unions and employers to facilitate technology diffusion, or employer and union associations to set standards on training, are all familiar.

We have suggested that the lessons of practice in these areas be more explicitly generalized to include non-traditional stakeholders, and that where necessary appropriate supports for that generalization be deliberately constructed. Moreover, as the scope of associative efforts moves beyond functionally specific problems to issues that are decidedly more sprawling and open-ended – as in the urban poverty or regional economic development examples – the associative strategy recommends the construction of new arenas for public deliberation that lie outside conventional political arenas,[29] and whose ambit is not exhausted by any particular interest solidarity at all.

Notice, however, that both the inclusion of non-traditional stakeholders and the decline of functional specificity suggest a new possibility: that the bases of social solidarity may partially shift from "found" commonalities rooted *outside* the process of defining and addressing common concerns – and relating to those concerns only incidentally or in ways not transparent to those doing the relating – to commonalities that are, and are understood to be, constructed *through* that process. It is one thing for a well-funded union to be asked to participate in the design of training standards of obvious concern to it as well as the broader society. It is quite another for an under-

---

28 Corresponding more or less to the first three classes of cases described above.
29 Though to the extent that they receive public support, they are to be subject to constitutional constraints, in particular guarantees of equal protection.

funded community environmental organization to gain significant resources (and thus greater organizational life) on condition of its assistance in the design of an environmental "early warning" system, and for those recruited to that project to be recruited essentially on the basis of public service. Or for a neighborhood association and economic development corporation in a poor community to receive assistance conditional on their jointly organizing a training program for parents and a child care program for trainees as part of a broader job-training effort.

Such solidarities will, of course, differ from those rooted in common culture and life circumstance. They will be the bonds of people with common concerns – say, a concern to address persistent urban poverty – treating one another as equal partners in the resolution of those shared concerns.[30] But the bonds arising from participation in such arenas, in the solution of large and commonly-recognized problems, need not be trivial or weak; and they could be strengthened by the repeated experience of cooperation itself. There is, after all, no limit to the number of arenas that might thus be constructed, and folded upon the completion of the task; no restriction on the number of times individuals or groups might have the experience of such joint problem-solving under conditions that are defined only by their intended facilitation of that problem-solving. The role of deliberative arenas in the associative conception is perhaps the sharpest expression of its radical democratic inspiration. To highlight the importance of such arenas, it may help to conclude this sketch by distinguishing associative democracy from another project of radical democratic inspiration: the project of building economic democracy around worker cooperatives or self-management at the level of individual firms.

Increased workplace democracy would be an important social improvement, and we certainly believe that associational rights within the workplace should be strengthened to that end. But we are much less confident than traditional workplace democracy advocates that the firm provides an appropriate unit of organizational analysis in the construction of a democratic society.

The reason why goes back to the stylized facts of social democratic decline offered above. In a world of high mobility across firms and heterogeneity of interests within them, the individual firm *per se* is diminished as a locus for the aggregation of interests and formation of solidarities. While the degree to which the real economy approximates a "virtual" one – with Moebius-like boundaries between carnivalesque firms and plastic identities of workers within them – is commonly exaggerated, we take it now to be beyond question that an exclusively firm-based system of economic democracy no longer fits the actual economy.[31] In addition to institutions within firms, then, we need mechanisms of economic democracy articulated on a supra-firm basis. Moreover, the fact of political heterogeneity indicates a need for different mechanisms to address different dimensions of concern – for example, wages, education and training, environment, health and safety. We need, in short, more broadly defined deliberative arenas than those suggested by workplace democracy.

If the social solidarity arising from practice within such deliberative arenas was not

---

30 This claim depends, of course, on the background assumption of a democratic state protecting basic liberties and ensuring equal protection.
31 The carnival metaphor comes from Peters (1992: 15-17).

trivial, it would comprise a sort of *tertium quid*: a form of solidarity operative in civil society, transparently not "natural" or "found" or particularistic, not based in direct participation in the national project of citizenship, but definitely founded on participation in deliberative arenas designed with a cosmopolitan intent.

An ample supply of this new kind of solidarity, finally, at least hints at a way through the present morass of social democratic distemper and increasingly barren exchanges between radical, participatory democrats and statist egalitarians. At once more efficient in administration and more directive of secondary association, more encompassing in its ambitions and less indicative on all but the terms of civil deliberation, more attentive to the construction of solidarity but less patient with its found forms, here associative democracy the *strategy* might become associative democracy the different *order*.

Why Associative Democracy?

For some, this associative democratic project may appear fanciful or worse. Objections to it might be summarized as charges of undesirability, impossibility, and futility – respectively, that the associative strategy will give rise to new and dangerous forms of group abuse of organized power; that it cannot get started because patterns of group organization and behavior lie beyond deliberate politics; that it will not work because the associations it fosters lack the very characteristics that make associative solutions attractive.

Because we have addressed the undesirability and impossibility objections at length elsewhere,[32] we give them short shrift here. Suffice it to say that the undesirability objection understates the extent to which the current group system infirms egalitarian-democratic order, while the impossibility argument exaggerates the fixity of associations, beginning with the assumption that secondary associations are a product of nature, or culture, or some other unalterable substrate of a country's political life.[33]

Concentrating then on the futility objection, the issue is this. Assume that the impossibility objection is wrong, and that the structure of the secondary associative environment is indeed subject to influence and artifaction. Still, such artifaction may come at the expense of the very features that make secondary associations attractive. These features derive principally from the ability of associations to elicit cooperation and trust among otherwise disconnected subjects. But this ability depends, the objection goes, on the experience of associations as organized expressions of a pre-political identity. As the politics of associations grows increasingly deliberate and intentional, then, associations will lose their distinctive ability, and thus add less to more remote forms of governance. The more social solidarities are not simply found but fabricated, the less useful they are in addressing real problems.

Our response to this objection accepts its premise about the change in character of associations that follows from artifaction, but draws more optimistic conclusions about the implications of that change. That is, we agree that the solidarities engendered in

---

32 See sources cited in footnote 6.
33 Robert Putnam (1992) seems to have this view: if your associative environment is not good, your only option is to "get a history".

our proposed practice would be different from "natural" solidarities – different, at a minimum, because they would not be experienced as natural, and would lack the dense cultural texture associated with things so experienced. But rather than treating these differences as deficiencies, we think they are *desirable*, given the changes in the world that provide our point of departure.

How could this possibly be? How could more cosmopolitan but thinner solidarities be exactly what is needed now? The answer has both moral and functional elements. It concerns both the fit of such new solidarities with the need for democratic consensus and the contribution such new solidarities might make to social learning.

New Solidarities and Morals[34]

To see the case on the moral side, recall the social and political heterogeneity we take to be standing features of the world. Such heterogeneity makes it difficult to achieve consensus on a political conception of justice, including the conception summarized by egalitarian democracy. This is a problem. Consensus on political fundamentals is desirable for any conception of justice, and is particularly important for an egalitarian conception operating under the realist constraints – capitalism, markets, strategic behavior – we elsewhere accept.

For any conception of justice, consensus increases the likelihood that the order will stably conform to the conception. Moreover, consensus directly promotes a variety of more specific values – social trust and harmony, social peace, simplified decision-making, reduced monitoring and enforcement costs, and (assuming the consensus is reflected in public debate and decisions) reduced citizen alienation from public choices. Furthermore, it helps reconcile the ideal of an association whose members are politically independent and self-governing with the fact that social and political arrangements shape the self-conceptions of members and limit their choices.[35] Consensus also encourages mutual respect among citizens – with political argument offered in the form of considerations that others are willing to accept and state action justified and cabined by the same considerations.

Reaching such consensus under democratic pluralist conditions, however, is difficult. The reason is that a political consensus that reflects values of self-government and mutual respect must be arrived at under free conditions, including the protection of basic expressive and associative liberties. And under such conditions citizens will be drawn to competing comprehensive moral, religious, and philosophical outlook – with some founding their political values on an Aristotelian ideal of human flourishing or a Kantian morality of autonomy or conscientious religious conviction and others endorsing pluralistic moralities that combine relatively autonomous political and personal values. A political consensus suited to such conditions, then, cannot rest on any particular comprehensive outlook.

---

34 The discussion that follows draws on Rawls (1993: lectures 1, 4); Cohen (1994a, 1994b).
35 When a consensus on norms and values underlies and explains collective decisions, citizens whose lives are governed by those decisions may still be said to be independent and self-governing. Each citizen endorses the considerations that produce the decisions as genuinely moral reasons and affirms their implementation.

But a consensus on a *political* conception of justice can perhaps survive such *moral* pluralism. Citizens endorsing conflicting moral, religious, and philosophical convictions may still enjoy an "overlapping consensus" on a political conception that includes principles of justice, political values such as fairness and toleration, and a conception of the person identifying relevant features of citizens from a political point of view.[36] Citizens might endorse the same political *theorems*, as it were, even as they derived those theorems from different moral, religious, and philosophical *axioms*. What is essential is that the value of fair cooperation among equals find support within each of their respective sets of axioms (as it does within the comprehensive views offered in illustration above).

Political consensus is possible, then, under conditions of pluralism. But possibility is one thing, and real practicality is another. Practicality depends, at a minimum, on the availability of institutional mechanisms that might promote an overlapping consensus. Are there any such mechanisms?

One ready answer is that consensus is advanced by political discussion within a stable democratic process. Assuming consensus on constitutional democracy, the fact that individuals and parties need to win support for their views and projects puts pressure on their views to accommodate the deeper idea of citizens as equal persons, both reconfirming the constitutional consensus and at the same time deepening and extending it.[37]

Consider, for example, the evolution of the political rhetoric and project of socialist parties in this century (Przeworski 1986: 7-46). They begin the century with a class project, presenting themselves as agents of the industrial working class; they expect the maturation of capitalism to turn the working class into a majority of the population; and they understand that they can only sustain their claim to serve as an agent of the working class if they participate in democratic politics, winning near-term gains by winning elections. But the identification of the industrial working class with the majority is increasingly baffled by its numerical minority status in the population. Hence their electoral dilemma. To serve that class through elections they need to win elections, but winning elections means extending their political appeal beyond the working class itself. The result is that socialist parties – at least those that preserve electoral commitments – universalize their appeal and address themselves to all citizens, as equals. As Przeworksi observes:

Differentiation of the class appeal ... reinstates a classless vision of politics. When social democratic parties become parties of "the entire nation", they reinforce the vision of politics as

---

36 On the ideas of overlapping consensus and political conception of justice, see Rawls (1993, Lecture 1).
37 Robert Dahl (1989) suggests this. He discerns a "rough pattern" in the idea of the intrinsic equality of human beings "has steadily gained strength as an element in the constitutional consensus and political culture" (1989: 187) along with the associated requirement of giving equal consideration to the interests of citizens. Dahl urges that stable democracy requires constitutional consensus – a widespread belief in the value of democratic process and "habits, practices, and culture" (1989: 172) suited to that belief. But he suggests as well that constitutional consensus tends to a deeper, overlapping consensus extending beyond democratic process to "an ever more inclusive commitment to ideas like intrinsic equality and equal consideration" (1989: 179).

a process of defining the collective welfare of "all members of the society". Politics once again is defined on the dimension individual-nation, not in terms of class. (Przeworksi 1985: 28).

But while political argument under democratic conditions can deepen consensus by encouraging commitments to the idea of citizens as equals, formal political arenas are unlikely to foster widespread commitment to the value of fair cooperation among equals if that commitment is too sharply at odds with convictions formed outside the public political arena. Consider a state whose citizens are divided into two religious groups with strong religious identities, whose members live entirely separate lives, never associating with members of the other group. In such a world there are no social pressures for religious convictions themselves to accommodate the idea of citizens as moral equals. Apart from the epiphanies of national politics there is no experience that supports that idea – no regular practices of discussion in which each group is called upon to find terms that the others can accept.

And so we ask: are there practices *outside* the formal political arena that are educative in the ways of overlapping consensus – schools of overlapping consensus that encourage non-particularistic forms of solidarity? We would argue that the experience of cooperation within specifically artefactual arenas of deliberation appears to provide just such encouragement.

Such arenas are "schools of democracy" in a special way. Apart from generating enlarged sensibilities, and encouraging a sense of competence and self-confidence, they foster solidarities congruent with the mutual respect among citizens that lies at the heart of overlapping consensus. This is especially so when coordination is not functionally specific. Deliberative arenas established for such coordination bring together people with very different identities. Successful cooperation within them should encourage willingness to treat others with respect as equals, precisely because discussion in these arenas requires fashioning arguments acceptable to those others. In this respect a social world in which solidarities are formed in deliberative arenas is distinct from a social world in which arenas (other than the state itself) have a more particularistic cast, perhaps encouraging comprehensive views to which values of fair cooperation among equals are foreign. Organic solidarities stand in a more tenuous relationship to the equal citizenship than do artifactual solidarities built on a background of common purposes and discussion.

To emphasize, associations and deliberative arenas are not and are not intended to be alternative loci of solidarity as classically understood. Nor is the intent to supplant existing comprehensive moral or religious views with new ones. The idea is that the bonds they foster are more like the solidarities of citizenship. They develop shared ground among people with different identities and views, thus encouraging the elaboration of comprehensive views in ways that are congruent with values of fair cooperation among equals. The effort might be thought of as one of "decolonizing the life world" – of establishing arenas of discussion that lie outside the formal political system and are not mediated by money and power. What we claim is that just such an effort is what is needed today to establish an overlapping consensus on an egalitarian-democratic conception of justice.

New Solidarities and Functions

What we have just argued as a moral matter may also be argued functionally, with the virtues of looser solidarities now translated into practical benefits in matters of governance.[38]

For functionally specific sorts of problems, the case for the benefits of integrating secondary association in regulative governance is made easily enough. Often, to recur to our ideal-typical classes of regulatory problems, the *monitoring* of compliance with clear norms across numerous or dispersed sites overtaxes the capacities of state inspectorates; and often, within well-defined problem areas, specific *means* to the achievement of compliance with agreed-upon standards are best left to the discretion of local actors. In such circumstances, the recruitment or encouragement of extra-state popular capacities in the achievement of regulatory goals is often recommended, and secondary associations are a natural target of recruitment. Always, of course, there are problems in identifying the appropriate groups in civil society and in guaranteeing against their domination in local sites or their abuse of the public powers effectively devolved to them. But none of these problems seems intractable. If workers in firms are assigned monitoring and enforcement powers in occupational safety and health, they clearly need to get training in the exercise of those powers, and to be linked back into the wider system of state enforcement. If neighborhood groups are permitted to negotiate out local compliance strategies with area polluters, the deals they arrive at must themselves be reviewed in light of broad statutory purposes. Throughout, however, the specificity and clarity of those purposes provides a legitimating framework for devolution.

As functional specificity declines, however, things get more interesting. We begin to approach such areas when the precise *ends* of policy are unclear, even if there is broad background agreement on the purposes against which those ends are measured.

Consider again the example of training. The precise breadth and depth of skill standards in what is *already understood* as an occupationally-based human capital system is usefully subject to local negotiation. Such negotiation can also be mandated and encouraged by the state with some confidence that the range of outcomes is more-or-less cabined and the relevant players in the discussion more-or-less known and not subject to challenge. But changes in firm production strategies owing to changes in the external terms of competition, and spillovers from human capital decisions to other areas of social concern (e.g., gender equity) may begin to disrupt such confidence, throwing the routines of policy formation into question.

Generally stated, as the range of social concerns implicated in any given problem area shifts or expands or as the interdependence of solution strategies in different areas becomes more obvious or fluid, we can expect administrative or legitimation difficulties. In such cases, social problems typically do not correspond to the competences of *any* particular state agency or any particular found group or interest. In consequence,

---

38 Our case bears a certain affinity to Unger's "negative capability" argument about the practical benefits that flow from less fixed forms of identity and less entrenched social practices, to Habermas's suggestions about a connection between social learning and more reflective forms of identity, and to Sabel's "learning by monitoring". See Unger (1987: 277-312); Habermas (1979: 130-177); Sabel (1994).

addressing such problems requires coordination within the state across its formal decision-making or administrative machinery in different policy domains, and agreement on that coordination with the relevant – and mutually distant – private actors affected by each. To solve such problems, routinely what is needed within the state, but *especially* among scattered private actors, is some institutionalized learning capacity – a capacity specifically to identify new problems and experiment with solutions that disrespect existing organizational boundaries and competences.

But this learning capacity will not be forthcoming absent discussion and negotiation across such bounded interests and organizations. And that discussion and negotiation, for familiar reasons, is unlikely to happen at all, let alone routinely, without deliberate encouragement. What is needed is the deliberate construction of arenas for such deliberation, and deliberate inducements to enter them.

That the state could engage in such construction and inducement we take to be just short of uncontroversial. Typically, in any given problem area, affected interests are known to the state, if not yet organized. And certainly, the promise of a solution to the relevant problem itself provides inducement to discussion. So too would signals from the state that its policies and future distribution of sanctions and supports would be shaped by that discussion – for example, through offers of state support to select projects generated out of arenas in which stakeholders address common concerns. Indeed, the demarcation of such deliberative arenas that bring together organizations concerned to address commonly-recognized social problems is *easier* for the state than direct efforts to revive solidarity. Easier, that is, than imposing its view of civic vibrancy on a neighborhood, or attempting to specify the new terms of worker culture, or founding a new religion, or in some other improbable way seeking literally to construct the sorts of deeper and more particularistic solidarities that have eroded.

The only relevant questions about such an exercise concern purpose and effect. Are problems of this kind widespread enough to warrant deliberate attention? And would the construction of new deliberative arenas not based on strong prior solidarities – initially, not based on anything stronger than a common commitment to addressing an issue of serious social concern – plausibly generate the desired learning capacities? Our short answer to the first question is "yes" – just such problems now occupy a growing, dominant share of commonly-recognized problems. That they do explains many of the governance problems of the modern administrative state. The legitimacy and effectiveness that under classical liberal legal regimes was secured by enforcing abstract rules on the terms of individual contracting, and in more innocent times in the welfare state secured by discrete interventions in cabined problem areas of visible concern only to major actors in those areas,[39] is today denied a state asked to accommodate a wider range of substantive concerns but lacking the capacity to coordinate across them. Holding social organization fixed, problems are thus increasingly defined in ways that point up the impossibility of their solution. On the one hand, most important problems require the cooperation of a wide range of "stakeholders". On the other, the lack of vehicles for the coordination of those stakeholders – accepted as a tragic fact, or as a residue of senseless modernization or the politics of the "claimant

---

39 Consider here most industry-specific regulation, which described an "interest group" politics, intent on rent-seeking, widely taken to be definitive of modern regulatory efforts.

state" – precludes that cooperation. From this perspective then, the construction of arenas of deliberation attractive to such stakeholders is of *surpassing* importance.

Should the effort be successful, notice at once its legitimacy effects for the state itself. Instead of being held responsible for its failure to solve problems that all recognize it cannot solve on its own, the state could throw back to civil society a large share of responsibility in devising and implementing their solution. It would say: "in this area we all know, however rarely we admit it, that the following interests are at stake; if you get in a room together and, under reasonable conditions of deliberation, come up with a plan, the government will help you implement it". The role of government in such a scheme would in effect be to help staff the deliberation, to set the broad requirements of participant inclusion, to ensure the integrity of the process, and, finally, to authorize the strategy conceived. It would devolve power to the civil society, but under universal terms not now embraced by its members. It would retain its own capacities for final authorization, but with the confidence that decisions made enjoyed, from the moment of their enunciation, organized social support. It would, in short, establish a more coherent, and acceptable, definition of its role in social governance. But is there much reason to expect success? To answer this question, consider first the effects such a process, such a style of governance, might plausibly have on the participants in it.

Assuming fair conditions of discussion and an expectation that the results of deliberation will regulate subsequent action, the participants would tend to be more *other-regarding* in their political practice than they would otherwise be inclined to be. Just as constitutionalized respect for democratic practice affects formal political strategies, so it would affect informal ones. The structure of discussion – the requirement of finding terms that others can agree to – would plausibly drive argument and proposed action in directions that respect and advance more general interests. Moreover, pursuing discussion in the context of enduring differences among participants would incline parties to be more *reflective* in their definition of problems and proposed strategies for solution; it would tend to free discussion from the preconceptions that commonly limit the consideration of options within more narrowly defined, stand-alone groups. Furthermore, *mutual monitoring* in the implementation of agreements would be a natural byproduct of ongoing discussion.[40] And, assuming progress toward solution, we would also see growing confidence in the possibility of future *cooperation*.

If these claims about effects on participants are right, then the functional benefits of deliberative arenas are clear. For example, other-regardingness would encourage a more complete revelation of private information. This information would permit sharper definition of problems and solutions, straightforwardly adding learning capacity. At the same time, reflectiveness would, by suspending conventional preconceptions, lead to a more complete definition and imaginative exploration of problems and solutions. Combined with such informed and inclusive definition, mutual monitoring would heighten the willingness to experiment in solution strategies, itself bringing additional learning effects. Cooperation in those strategies would permit an expansion of the capacities they could draw on, making success more likely.

In all these ways, then, deliberation about common problems with diverse participants

---

40 See Sabel (1994).

might thus reasonably be thought to enhance social learning and problem-solving capacity. The relative "thinness" of the common identity as participants – both entering the process of deliberation and leaving it – here begins to look like a real benefit.

Moreover, as this strategy was pursued more routinely, as the deliberate construction of deliberative arenas across groups became more-or-less standard operating procedure, and as group experience of it was repeated in partially overlapping arenas and problem clusters, we could expect the character of groups to change. At the margin, they would shift toward practices more geared to multi-valence, open-endedness, and learning. The unsubtle mechanism of this expected effect is two-fold. On the one hand, the new character becomes more available, settled, and familiar through repetition itself. On the other, the fact that this character is sought and rewarded in governance induces its consolidation.

Greater openness and experimentation would, in turn, alter our expectations about what it means to be an effective association or interest group. Some forms of joint firm-community management of environmental problems, or joint labor-feminist-environmental-health-education community-led strategies of economic development in major cities, or multi-firm and multi-union efforts to establish regional wage or product quality norms already suggest that participation changes the internal institutional character and behavior of their participants in the ways we have described.[41] Just as labor-management cooperation in one area commonly has the side-effect of promoting cooperation in others, with cumulative effects eventually affecting global strategies and expected by their respective members, so too cross-group discussion and exploration of joint strategies alters internal group governance and membership expectation. Under such conditions, the conception of effective representation itself shifts. Instead of meaning that the representing group expresses a particular core demand of its members, it comes to mean that the group acts with a more comprehensive understanding of the good of its members and is more open to cooperatively addressing that good.

Given the changes in the economy and society inventoried above, such internal institutional reform and behavioral change is precisely what is needed in administration and governance *generally*. As the organization of production changes, as new demands are put on human capital systems, as career paths become less certain, as the boundaries of firms become less definite, as the reconciliation of diverse social interests stands ever more clearly as a precondition for the solution of common problems, as found solidarities disappear ... what could be more helpful in social management than the promotion of solidarities of deliberative learning, mutual respect in navigating change, openness to new institutional forms, provisional commitments to supporting those forms given like commitment by others – all developed under terms of universalism, with a practical intent?

---

41 For evidence from cases directly known to us, see Rogers (1994a, 1994b).

Conclusion

We have been arguing that the sorts of new solidarity engendered by an associative democratic strategy – more provisional and open-ended than the found solidarities of particularism, with benefits for learning capacity and pragmatic functionality, more cosmopolitan not just in their framing but in their own content – are well-suited to a pluralist democracy going through rapid change and needful of new forms of governance both more socially rooted and more adaptive than the state or fierce particularism can provide.

But are these "new" solidarities redundant? More cosmopolitan groups, with learning capacities, deliberating about public ends ... isn't that what the state and citizenship are supposed to be about? Perhaps associative governance makes sense when it comes to monitoring occupational safety and health laws or devising a new training regime – functionally specific duties that have in the past been devolved to groups. But particularly in functionally inspecific areas, isn't this a very long way around to an active citizenry? Isn't one state enough?

Our response here is roughly that the objection names our project correctly but draws the wrong conclusion. It is true that we are promoting what once marched under the banner of "citizenship". But the fact that it no longer marches indicates the utility of the project. Once more, our starting point is the decline of a base of active and informed citizens supportive of egalitarian democracy. If such a base can be engendered by the more explicit engagement of citizens in social problem-solving, under universalist terms of deliberation, then value is indeed added.

Assuming some such addition, moreover, the broader point is this. Statist forms of egalitarianism have fallen on hard times because they premised natural solidarities which have now eroded; given that erosion, the state itself appears distant from, hostile to, or incapable of the solution to real-world social problems. Radical democracy has long called for the effective liquidation of the state into more socially rooted popular governance; but it must now confront not just the need for the universal ordering that only can be provided by the state but as well the dissolution of the social base on which it presumptively relies. Threading between these failures while drawing lessons from both, we have here suggested a different route for egalitarian governance: use the state in part to construct solidarities; pursue that construction by focusing on recognized problems, with partial agreement at least on their existence and need for solution; and set the deliberative arenas within a democratic state that imposes universalist constraints on the processes and content of their solutions. The net of this is that practices within civil society come to look more like the state, even as they are given more autonomy from the state and assigned a proportionately greater role in governance. Radical democracy and egalitarianism are joined through a state that stakes deeper social roots in a more cosmopolitan civil society.

Whether such reunion will ever be achieved is one more thing we just don't know. And how the order it implies – in which the state-society distinction is blunted by the existence of a plurality of deliberative arenas standing in uncertain relations to conventional political ones – might be constitutionally regulated is something on which we don't wish here to speculate. What we are persuaded of, however, is that something like this sort of order is in fact possible and desirable – it can be imagined, there are intimations of it all around us, and it may well be necessary to the advance of egalitarian-democratic ideals.

References

Bowles, Samuel/Gintis, Herbert, 1993: An Economic Strategy for Democracy and Equality. Unpublished mimeo.
Cohen, Joshua, 1989: Deliberation and Democratic Legitimacy, in: *Alan Hamlin/Phillip Petit* (eds.), The Good Polity. Oxford: Blackwell, 17-34.
Cohen, Joshua, 1994a: Pluralism and Proceduralism. Chicago-Kent Law Review. In press.
Cohen, Joshua, 1994b: A More Democratic Liberalism. Michigan Law Review. In press.
Cohen, Joshua/Rogers, Joel, 1992: Secondary Associations and Democratic Governance, in: Politics & Society 20 (December), 393-472.
Cohen, Joshua/Rogers, Joel, 1993a: Democracy and Associations, in: Social Philosophy and Policy 10 (Summer), 282-312.
Cohen, Joshua/Rogers, Joel, 1993b: Associative Democracy, in: *Pranab Bardhan/John Roemer* (eds.), Market Socialism: The Current Debate. New York: Oxford University Press, 236-252.
Cohen, Joshua/Rogers, Joel, 1994: My Utopia or Yours? Comments on A Future for Socialism, in: Politics & Society. In press.
Dahl, Robert, 1989: Democracy and Its Critics. New Haven: Yale University Press.
Dworkin, Ronald, 1981: What Is Equality? Part Two: Equality of Resources, in: Philosophy and Public Affairs 10 (Fall), 283-345.
Economist, 1994: The Left in Western Europe: Rose-tinted visions. 331 (June 11-17, 1994), 17-19.
Elster, Jon, 1986: The Market and the Forum: Three Varieties of Political Theory, in: *Jon Elster/ Aanund Hylland* (eds.), Foundations of Social Choice Theory. Cambridge: Cambridge University Press, 103-32.
Friedman, Milton, 1962: Capitalism and Freedom. Chicago: University of Chicago Press.
Habermas, Jürgen, 1979: Communication and the Theory of Society. Boston: Beacon Press.
Habermas, Jürgen, 1992: Further Reflections on the Public Sphere, in: *Craig Calhoun* (ed.), Habermas and the Public Sphere. Cambridge: MIT Press, 421-461.
Keynes, John Maynard, 1964: The General Theory of Employment, Interest and Money. New York: Harcourt Brace.
Lipset, Seymour Martin, 1991: No Third Way: A Comparative Perspective on the Left, in: *Daniel Chirot* (ed.), The Crisis of Leninism and the Decline of the Left: The Revolutions of 1989. Seattle: University of Washington Press, 183-232.
Nagel, Thomas, 1991: Equality and Partiality. New York: Oxford University Press.
Partito Democratico della Sinistra, 1992: L'italia verso il 2000: Analisi e proposte per unprogramma di legislatura. Rome: Editori Riuniti.
Peters, Tom, 1992: Liberation Management. New York: Fawcett Ballentine.
Przeworski, Adam, 1985: Capitalism and Social Democracy. Cambridge: Cambridge University Press.
Putnam, Robert, 1993: Making Democracy Work: Civic Traditions in Modern Italy. Princeton: Princeton University Press.
Rawls, John, 1971: A Theory of Justice. Cambridge: Harvard University Press.
Rawls, John, 1993: Political Liberalism. New York: Columbia University Press.
Roemer, John, 1994: A Future for Socialism. Cambridge: Harvard University Press.
Rogers, Joel, 1994a: The Wisconsin Regional Training Partnership: A National Model for Regional Modernization Efforts? Proceedings of the 46th Annual Meeting of the Industrial Relations Research Association. In press.
Rogers, Joel, 1994b: Sustainable Milwaukee: A Community Plan for Metropolitan Economic Development. Unpublished mimeo.
Rogers, Joel/Streeck, Wolfgang, 1994: Productive Solidarities: Economic Strategy and Left Politics, in: *David Miliband* (ed.), Reinventing the Left. London: Polity Press. In press.
Sabel, Charles, 1994: Learning by Monitoring: The Institutions of Economic Development, in: *Neil J. Smelser/Richard Swedberg* (eds.), The Handbook of Economic Sociology. Princeton, NJ: Princeton University Press, 137-65.

Schumpeter, Joseph, 1942: Capitalism, Socialism, and Democracy. New York: Harper & Row.
Schmitt, Carl, 1985: The Crisis of Parliamentary Democracy. Cambridge: MIT Press.
Streeck, Wolfgang (Hrsg.), 1994: Staat und Verbände. Sonderheft der Politischen Vierteljahresschrift. Wiesbaden: Westdeutscher Verlag.
Unger, Roberto, 1987: False Necessity. Cambridge: Cambridge University Press.
Weber, Max, 1968: Economy and Society. Vol. 3. *Guenther Roth* and *Claus Widditch* (eds.). New York: Bedminster Press.

Interests, Associations and Intermediation in a Reformed Post-Liberal Democracy

Philippe C. Schmitter

The Problem: Of all the things that do not work well in contemporary liberal democracies, the system of organized and specialized interest intermediation must be rated among the worst.[1] Everywhere, both the Right and the Left love to complain about the influence of "special interests" – and to accuse each other of being more indebted to them.

No one can question that where associability is *liberal*, i.e. a free and voluntary choice of individuals to form or support organizations, and where the resultant organizations are *autonomous*, i.e. not created, subsidized, licensed or otherwise controlled by state authorities, their distribution will be systemically uneven. Unfortunately, the outcome of this "liberal-pluralist paradox" is that the uneven distribution of the capabilities for organized and specialized collective action in defense of individual interests and passions tends to reinforce the already unequal distribution of resources embedded in capitalist societies. Those persons who have the greatest necessity to engage in collective action, i.e. those categories which are large in number, poorly endowed with own resources and/or dispersed in location, are the least likely to be able to organize themselves according to liberal principles. Small groups with favorable initial endowments and concentrated networks of communication may objectively need the assistance of public authorities less, but they will almost always be in a better position to create and fund specialized interest associations. Whereas, in principle, freedom of association[2] should have placed a powerful weapon in the hands of those who, with few economic or social resources of their own, could voluntarily join their meager individual contributions together into an enormous collective effort; in practice, it has been the compact, "privileged" groups who have best been able to take advantage of the opportunity. The policy process of liberal democracies has become overloaded

---

1 This article is an unabashed (and, for me, unusual) exercise in speculative thought and normative advocacy. Moreover, it constitutes a sequel to another unscientific essay, "Post-Liberal Democracy: What are its Chances in the Post-Industrial, Post-Cold War Era?" that will shortly appear elsewhere. I am grateful to the editor for tolerating this indulgence on my part and hope that readers will find it an interesting and perhaps even useful respite from their usual fare.

2 This is even more the case where this freedom is interpreted "negatively", namely, to prohibit the use of coercive or obligatory mechanisms which would force members to join associations defending their collective interests. One of the central "illiberal" assertions of this essay is that it may be more democratic to compel citizens to contribute to the representation of their interests than to encourage them to free-ride on the efforts of others. I suppose this could be considered a modern version of Rousseau's paradox that it may be necessary to force some people to be free.

with well-organized interests whose initial assets in property and wealth should enable them to fend for themselves, while the large and diffuse groups most in need of political protection, subsidization and compensation are least capable of organizing to obtain the public goods they need so much. This contributes significantly to a widespread sense of alienation from politics *via* the diffuse perception that the government is always in the hands of small groups of privileged "others", no matter who the people elect.

Even the well-established democracies that have gradually and almost clandestinely introduced "illiberal practices" in their systems of interest intermediation are facing rising discontent – albeit of a different sort. These "neo-corporatist" polities with their recognized monopolies of representation, impressive sectoral and class associational hierarchies, compulsory memberships and/or contributions, direct and guaranteed access to decision-making and devolved responsibilities for policy implementation may not have the same problems of skewed distribution and uneven influence, but they are having a difficult time adjusting to the shifting content of interests. These systems were constructed in the late 1930s and the post-World War II period on the basis of functional and fixed categories, i.e. class, sector and profession. The presumption behind this was twofold: (1) these categories were, and would remain, predominant over other ways of defining group interests or collective passions in the society; and (2) they encompassed a sufficiently broad and stable set of demands which, if properly incorporated in a process of tripartite or bipartite negotiation, could guarantee "social peace" or, at least, a relatively high level of citizen satisfaction.

Neither of these presumptions still holds. The interest bases of class, sectoral and professional associability have fragmented. The members of such functionally privileged organizations no longer depend upon them in the same way – either for the formation of their preferences or the implementation of public polices. Repeatedly, "causes" have mobilized groups of citizens in ways that cut across the old rigid categories. Being locked into a specific organizational format and interest domain, corporatist institutions have usually failed to adjust and become increasingly perceived as bureaucratized instruments of governance, rather than self-determining units of representation. Faced with the appeals of neo-liberal deregulation, privatization and individuation, they have found it increasingly difficult to justify their special semi-public status – and the European Community/Union with its Single Market initiative has added yet another element of corrosion by threatening to unleash competition between the national regulatory regimes organized around such corporatist arrangements.

Faced at both ends of the pluralism-corporatism continuum with rising dissatisfaction, what can be done to improve the quality of interest intermediation and, with it, the quality of modern democracy? The strategy I propose is Madisonian in inspiration.[3] Its intent is not to prohibit those who are already active in interest politics from continuing to participate, much less to oblige those who are presently inactive to get mobilized, and even less to convince everyone that they have identical interests in the

---

3 Although as a liberal, Madison would certainly not have approved of the illiberal idea of, in effect, levying a tax on everyone to accomplish what could be (unequally) accomplished through voluntary action.

"public good". It respects and empowers the diversity of preferences that prevail within the citizenry. It even provides a place for recognizing and supporting sources of interest differentiation that are presently underrepresented and even those that might emerge in the future. Instead of trying to eliminate by regulation or repression the inequalities that are now entrenched in "lobbies", "pressure groups", "political action committees", and so forth, it seeks to distribute these same capacities for collective action more evenly across the population, thereby, countermanding the effect of these inequalities. Just as Madison's solution to faction was to increase the scale of the polity as a whole and multiple the levels of authority within it, my solution would be to expand the resources and diversify the bases of modern associability.

Moreover, these measures would leave untouched (at least, formally and directly) all the other institutions of modern democracy: parties, elections, parliaments, executive powers, local and regional governments, etc. My assumption is that these would remain the most visible and salient linkages between the citizenry and public authorities, but that they would be supplemented by a better-endowed and better-distributed "second tier"[4] of interest representation. For most countries, none of these reforms would even require a change in the existing judicial system, constitution, civil or criminal code.[5]

In nuce, I can state the purpose of my reform quite simply: *the capacity for collective action through interest associations should be separated from both the ability and the willingness to pay for it.* The impact upon interest politics of the unequal distribution of property, wealth and status in the economic and social realm can be neutralized (but not necessarily reversed), if the basis of associability is shifted from an individual voluntary calculus to one of collective obligation.[6] Borrowing (but inverting) a slogan from an earlier struggle for democracy, one could say that what I am advocating is "NO (INTEREST) REPRESENTATION WITHOUT (EAR-MARKED) TAXATION!"

Below, I will develop an argument about specific reforms that might be introduced to produce a system of intermediary associations that would better reflect the growing diversity of interests and overcome the intrinsic inequalities that plague existing liberal democracies, especially their pluralist sub-species. Central to this argument is the concept of *"secondary citizenship"* to be exercised by both individuals and organizations in specific and specialized functional contexts that would not replace, but supplement the practices of primary citizenship presently vested exclusively in individuals and territorial constituencies.

---

4 The expression is Stein Rokkan's. He was the first to observe the "dual-layered" nature of representation in modern democratic polities and to attempt to explain the causes for its emergence (Rokkan 1965).

5 The exception would be those countries with explicit provisions or established precedents for *Negative Koalitionsfreiheit* – the freedom from being compelled to join any association other than the state itself.

6 Claus Offe has reminded me that this would only resolve one of the two sources of intrinsic inequality in interest politics. It might eliminate the differences in *Organisationsfähigkeit* – in the voluntary propensity for collective action – but it would do little to correct systematic biases in *Konfliktfähigkeit* – in the disposition to struggle together to attain common goals. Two categories of citizens might have at their disposition equal organizational resources: money, expertise, available time, etc., but one might remain markedly less disposed to use them to attain its goals, especially where that involved the use of unconventional or illegal means.

A Possible Solution: The core of what I propose consists of three, closely intertwined, general reforms:
(1) *the establishment of a semi-public status for interest associations;*
(2) *the financing of these associations through compulsory contributions; and*
(3) *the distribution of these funds by means of citizen vouchers.*

Before going into further details, let me stress that the proposed arrangement is not intended to be exclusive. Interest associations and social movements that do not wish to constitute themselves under the rules of "semi-publicness" or prefer to finance themselves purely on the basis of voluntary payments by members would be free to opt out and yet remain active in the political system. They would not be allowed to receive the voucher-distributed contributions, however, unless they agreed to abide by certain public constraints on their procedures and behavior. Individuals could continue to join and to contribute to "un-certified" associations in whatever way and amount they preferred, although everyone (or, more accurately, all taxpayers) would have to pay a fixed amount for interest representation in general. All citizen-taxpayers could distribute their vouchers in varying proportions, but only to the semi-public associations of their choice.

In many continental European polities, the Chamber system for the representation of industrial, commercial, artisanal and/or agricultural interests has established a legal precedent for this form of associability, even if – as shall be developed below – what is being proposed here differs from it in important ways. These compulsory arrangements for sectoral representation offer a good example of measures that were deliberately instigated – beginning in the Napoleonic period and later expanded and strengthened toward the end of the Nineteenth Century – to serve the dual purpose of overcoming intrinsic deficiencies in the "art of association" for certain socio-economic groups, and of fulfilling specific public policy goals. One could quarrel over whether it was democratic to establish these systems so selectively, or whether their subsequent performance did meet public expectations – but the arrangements have persisted and not proven antithetic to other democratic institutions.

In the contemporary period, the most obviously analogous reforms have been the provision of public funding for political parties and the extension of guarantees that accused persons will be provided with adequate legal counsel. Vouchers, of course, have been proposed by a wide variety of advocates as a means for introducing competition and accountability into the provision of public service, and some experiments with them have already been carried out and evaluated. To my knowledge, however, this is the first suggestion to use vouchers for the purpose of choosing and funding interest representatives.

Semi-Public Status: Modern interest associations already perform a variety of public functions in the dual sense that they affect the public with their actions and that they carry out policies at the command (and sometimes, under the subsidization) of public authorities, but they rarely are required to operate under a specific public charter which specifies their rights and obligations. Chambers, of course, are the exception, but the liberal laws of the Nineteenth and early Twentieth Century deliberately made it easy to form and register an association and, thereby, to acquire a "juridical personality" in most Western polities. Trade unions, however, were a frequent exception and have been subjected to elaborate rules and procedures for attaining the coveted status of "most representative" or "exclusive bargaining agent". In state corporatist systems, this reaches the extreme where the very categories of class or sectoral interest are pre-established by these authorities who then license only a single organization to occupy that space. The system proposed here would deliberately avoid the specification of any fixed category of representation based on class, status, sector or profession, but would leave the organizational boundaries surrounding these semi-public bodies to the initiative of interest entrepreneurs, the self-determination of social groups and the subsequent competition for vouchers from individual citizens.

The central idea behind the development of a semi-public status is to encourage associations to become better citizens, i.e. to treat each other on a more equal basis and to respect the interests of the public as a whole. This effort would involve nothing less that an attempt to establish a "Charter of Rights and Obligations" for interest associations who would, thereby, be recognized as "secondary (organizational) citizens" – alongside the usual individual variety. It would be naive to suppose that merely imposing certain forms and rules would *eo ipso* make them into more "fact-regarding, other-regarding and future-regarding"[7] actors. The legislation of most Western democracies is strewn with unsuccessful attempts to regulate lobbies and pressure groups. What is distinctive about this approach is the coupling of respect for certain conditions of self-organization and management with quite concrete incentives for support and a competitive process of allocation.

It would be presumptuous of me to specify here all the rights and obligations that might be included in such a charter. This would require a great deal of comparative research into existing legislation, for much of what would be involved is probably already on the books in one way or another. The purpose served by bringing it together in one formalized "status" and asking individual interest associations whether they would agree to abide by that specific package of rights and obligations would be to clarify ambiguities and jurisdictions – and to place eventual enforcement under a single, standard authority.

For purposes of illustration only, I could imagine the following general provisions:
1. a special registration procedure and title for all associations operating under the charter that engage in the activity of interest representation/intermediation;
2. an assurance of access to public authorities concerning all deliberations relevant to legislation and implementation in their respective interest domains (*Vernehmlassungsverfahren* is the inimitable Swiss German expression);
3. a guarantee of democratic procedures for the election of all executive officers and their accountability to the full membership, with provisions for the protection of minority rights;
4. a commitment to accepting as members all individuals, firms, families, etc. whose interests fall within the association's self-defined domain of representation, without regard for partisan affiliation, gender, race, nationality, etc.;
5. a prohibition against the advocacy of violence, racism and other forms of criminal behavior;
6. a commitment to full public disclosure of associational revenues and expenditures;

---

7 For this 'trilogy' of types of regardingness I am indebted to Claus Offe.

7. a prohibition against engaging in profit-making activities;
8. a prohibition against contributing to the financing of political parties, social movements or other interest associations (except those which are their members);
9. an assurance of capacity to participate directly in the implementation of public policies – even a presumption that relevant policies will be administered to the maximum feasible extent through associational channels;
10. a guarantee that public authorities will not intervene in the internal deliberations and choices of semi-public associations, except to ensure compliance with the above provisions of their status and the applicable sections of the civil and criminal codes;
11. finally, permission to receive public funds, raised by obligatory contributions from citizens and distributed by voucher, in addition to funds raised voluntarily from members.

In my opinion, the above list does not represent a massive set of new entitlements or constraints, but more a formalization and condensation of existing norms contained either in public legislation or in the private constitutions of most associations.

Obligatory Contributions: No one advocates the creation of a new tax lightly – especially in the face of neo-liberal diatribes against fiscal obligations that are supposed to be already too high. But this proposal rests squarely on the need to develop a new method for financing interest intermediation that is independent of the ability and willingness of individual citizens to pay – and that means extracting resources involuntarily from all those who ultimately will benefit. It may be disguised under some other label: "an associative contribution" or "a representative donation", but it would still have to be a coercive levy.[8]

The contribution/tax should be extracted from all persons resident in a given territory, but not from firms or corporations since they would be forced to pay twice and could, therefore, exert more influence over the resultant distribution of revenues (and would, in any case, just pass on the cost to their consumers). Persons who wished could also give voluntarily to various causes, but this would not exempt them from the general "representative donation". Note that, by tolerating such a freedom, small and compact "privileged groups" would still be more likely to attract disproportionate resources, since their members would continue to have greater incentives to give voluntarily in addition to the general levy. Nevertheless, given the large numbers involved, a very considerable evening-out of resources across interest categories and passionate causes would be likely.

---

8 The tax would be novel, but the amounts of revenue transferred to interest associations might not be. Since first presenting this idea in Norway several years ago, I have become increasingly aware of the very substantial sums that some continental European governments provide as subsidies to specific organizations – ostensibly because they are accomplishing some public purpose. Norway, Spain and France are three cases in point, even if the amounts involved are rarely publicized. In my view, this subsidization of civil society is much less democratic than the one that I propose since the criteria used to determine eligibility are secret, bureaucratic and non-competitive; whereas, under a voucher-based scheme, this would all take place publicly and accountably – and would be accompanied by specific binding obligations to behave as "secondary citizens". If the countries that are presently subsidizing associations by clandestine means would agree to stop these practices, they might be able to switch to a better arrangement at virtually no cost!

The most feasible manner for doing this would be to attach the obligation (and the voucher system) to the annual filing of income taxes – at least, in those countries where virtually all adult residents are required to file, if not to pay, such taxes. Indeed, in the interest of equity, those with such low revenue that it exempts them from paying income taxes could also be exempted from the representation levy, but they would still be empowered to distribute vouchers which would count toward determining which specific associations received money from the common fund.

Even if the amounts involved are quite small, it will not be easy to generate consent for such a measure. For example, if each taxpayer in the United States would be required to contribute a modest $25, that would raise the tidy sum of almost $2.5 billion. That would fund a lot of associative action and, depending on how citizens "spend" their vouchers, it could go a long way to rectifying existing inequities in organizational resources and systemic underrepresentation. What is important is to retain the low level of individual payments in order not to scare away potential supporters of the reform, but make the aggregate level of resources provided sufficient to compensate for persistent inequalities between interests. It is also essential to convince the public that such an arrangement would constitute an important extension of democratic rights – analogous to the previous extension of the franchise. This is where the voucher notion comes in.

Choice by Voucher: What pulls the entire scheme together is the mechanism of vouchers. These specially designated, non-transferable units of account could only be assigned to interest associations with a semi-public status, in proportions chosen by the individual citizen/taxpayer. Their value would be established by public policy at some uniform level ($25 per person in the above example) and there would be no way of avoiding paying for them, but the only cost to spending them would be the time and effort in getting acquainted with alternative recipients, plus the few moments it would take to check off boxes or fill in blanks.

There are many attractive features of vouchers in the domain of interest representation:
(1) they would permit a relatively free expression of the multiplicity of each citizen's preferences – rather than confine them to one party list or a single candidate as do most territorially-based voting systems;
(2) they allow for an easy resolution of the "intensity problem" that has long plagued democratic theory, since their proportional distribution by individuals across associations should reflect how strongly each person feels about various interests;
(3) they equalize the amount and sever the decision to contribute from the disparate command over resources that is intrinsic to the property system;
(4) they offer no rational motive for waste or corruption since they cannot provide a direct or tangible benefit to the donor and can only be spent by certified associations for designated purposes;
(5) in fact, they provide a very important incentive for reflection on the nature of one's interests and, as they are repeated over time, a virtually unique opportunity to evaluate the consequences of one's past choices;
(6) they would, therefore, become a powerful mechanism for enforcing the accountability of existing associations since, if the behavior of their leaders differs too

remarkably from the preferences of those who spent their vouchers on them, citizens could transfer their vouchers elsewhere;
(7) they make it relatively easy, not just to switch among existing rival conceptions of one's interest, but also to bring into existence previously latent groups that presently cannot make it over the initial organizational threshold;
(8) finally, they offer a means of extending the citizenship principle and the competitive core of democracy[9] that neither makes immediate and strong demands on individuals, nor directly threatens the entrenched position of elites.

The Putative Impact: All of the above represent significant improvements over the present practices of electoral democracy and pluralist intermediation, in my judgement. What is perhaps not so clear is how the voucher system would dramatically improve the performance of the more corporatist systems. Most centrally, it eliminates the favorable and fixed designation accorded to class, sectoral or professional categories. With vouchers, all categories of interest and passion represented by associations with semi-public status stand the same hypothetical chance of attracting support and no single organization would be granted a permanent monopoly over any specific domain. Granted that some are going to receive more vouchers than others and that there are good arguments (to be explored below) in favor of encouraging the chances of more encompassing categories and more monopolistic associations, but even this degree of intentional rigging of the outcome could be upset if citizens persist in spending their vouchers elsewhere. Moreover, under the voucher system, contributors would not automatically become members. They would vote their vouchers and neither be compelled to join or to obey the association they had chosen. Granted that with the increased resources and salience that are likely to flow to them, associations will become more attractive sites for individual participation. The competition among organizations for vouchers may lead them to invest substantial amounts in convincing potential supporters, not just to spend their voucher on them, but to become regular members with a say in how the money from those vouchers will be spent.

As with many reform proposals, their eventual impact may hinge more on seemingly insignificant details that on their general conception. Space and a lack of familiarity with the implementation of previous voucher schemes in other areas leave me incapable of specifying thoroughly their *mode d'emploi* in this case, but I will advance a few suggestions:
(1) Vouchers would be administered jointly with the income tax, and would probably take the form of a set of questions and an accompanying brochure listing the eligible "semi-public" associations.
(2) Citizens could distribute their support among a limited number of associations (say, five) and small fractional distributions (say, less than 20%) would be discouraged for simplicity of accounting (and in an indirect effort to discourage the fragmentation of support).
(3) Citizens would check off their preferred contributions from a list of semi-public associations. This list could be structured in such a way that organizations with

---

9 Cf. Schmitter (1983), where the role of competitiveness is evaluated along with such other normative standards for democracy as participation, access, responsiveness and accountability.

larger memberships and more comprehensive interest domains would be listed first and perhaps in a special "favored" section. More specialized and localized groups would be encouraged to join these encompassing and national groups – and, thereby, to receive their financial support indirectly from them, rather than by competing with them. Associations below a certain size in proven membership would be ineligible for inclusion in the national voucher system, although smaller thresholds could be established for regional or local systems (where the tax system is articulated in that fashion).

(4) In the initial iterations of the scheme, existing associations which accepted semi-public status would naturally be at a considerable advantage. Their names and symbols are better known and they could expect a considerable loyalty from the membership they have already acquired. In one sense, this is desirable since it may lead these organizations to support the scheme in the first place; in another sense, it could have the undesirable effect of perpetuating organizations that are no longer representative. Eventually, the logic of competitive appeals for vouchers would have the effect of either revivifying moribund groups or displacing them by more authentic others.

(5) Given the advantages of monopolistic (or highly oligopolistic) representation stressed in the corporatist literature, it is preferable that these be "certified" and "ratified" by the voucher mechanism. Other than the modest "favors" accorded large and comprehensive associations that were sketched out in (3) above, no measures should be imposed to insure this outcome à la Mussolini and the *Carta del Lavoro*. If overlapping and multiplicity within an interest category is established or emerges, there should be no authoritative fixing to correct it. What vouchers do permit is for bystanders, i.e. non-members but potential contributors, to have a say in whether such fragmentation is to persist. If they swing their voucher-votes around in ways that differ from the entrenched behavior of militants, then the organizational structure may change and differences over the perception of interests and the pursuit of strategies will be worked out within associations rather than between them.

(6) Citizens could also write in unlisted associations which, however, would receive the ear-marked funds only if they accepted the conditions of semi-publicness and only if the write-ins exceeded some minimal amount, similar to the 5% threshold in the electoral laws of some countries.

(7) Citizens/taxpayers who chose not to indicate a specific *déstinataire* or *déstinataires* would have their contributions distributed according to the distribution of preferences of the citizenry as a whole.

(8) Non-citizens who pay taxes would also receive vouchers which they could offer to associations representing their interests. In distributing them, they would be exercising rights of citizenship that are currently denied them in the party, electoral and legislative arena.

(9) The voucher funds would be distributed by the state tax collection agency automatically to all eligible associations every year, but the voucher selection system would only function every other year – partly to reduce the burden on individuals, but mainly to allow associations a sufficient time-horizon to adjust their policies

and programs to changing group preferences and to protect them against momentary surges of enthusiasm or unpopularity.

(10) Associations would be prohibited from "bribing" citizens by simply offering to return to them some proportion of their vouchers in cash or direct services.

I am convinced that, if implemented, this proposal with its three closely intertwined components of a semi-public status for associations, a compulsory mode of financing and a voucher system for distributing resources would represent a significant improvement over either pluralism or corporatism in the governance of modern democracies. Its implementation might even lead to a dynamic and self-disciplining solution to the problem of resolving interest conflicts that would not require constant monitoring and intervention by the state, and that would not leave citizens at the mercy of an erratic and unjust marketplace. Central to that conception of a future stable and consensual order is the notion that it will depend on the continuous negotiation of a social contract – not one based only on a class compromise among individuals signed by an invisible hand, but one comprising a multitude of cleavages between groups, negotiated and implemented by visible and accountable organizations.

I have been deliberately silent on the substantive changes that would ensue from such a restructuring of interest politics. That there would be significant differences in their *cui bono* I am fully convinced, but I am not at all sure what they would be. In major part, this is because it is fundamentally "unknowable" how citizens would express the scope and intensity of their true preferences if given the opportunity to do so at such a low cost and with such ease. Moreover, it is equally difficult to envisage how the other institutions of democracy: parties, movements, legislatures, local governments, etc. would react to a more equal distribution of the organizational weapon in the hands of interest associations. Hopefully, this ambiguity with regard to policy outputs and substantive outcomes will facilitate the implementation of the reforms – if only because many groups will see in it an attractive solution to their existing deficiencies and future aspirations, even if in the long-run these solutions in the aggregate prove to be incompatible.

I am also aware that the appeal of my scheme is "unheroic".[10] It advocates not "strong" democracy, but "weak" democracy. It makes no claim to return to a glorious past of direct and individual participation in public deliberations. It promises no future with civic-minded citizens exercising eternal vigilance over the public interest. Implicitly, it denies both these historical quests of democratic theory. It empowers associations, not individuals; it initiates a process, not an end-state. It accepts the ubiquity of partial and private interests in modern society and rejects the possibility of an overriding general and public interest. In so doing, it affirms that "only self-interests can counter self-interests", not nobler passions or an enlightened vanguard.[11]

Within these limitations, the proposed reforms focus on removing much (but not all) of the inequalities rooted in wealth, property and status that systematically discriminate between interests in our present democracies – not by eliminating them outright – but by controlling their effects. They would recognize and exploit persistent cleavages,

---

10 Or, as Terry Karl puts it: "It is not sexy."
11 The discerning reader will see the hand of Bernard Barber (1984) behind these remarks. It was my critical reading of this provocative book that got me started, and I have considered it as a useful foil throughout my subsequent musings.

and attempt to transform these differences in interest intensity into equivalences in organizational capacity. They would not attempt to extract more or better participation from the citizenry, but to make it easier for it to express its preferences. They would not seek harmony and concord "beyond adversary democracy",[12] but establish a more equitable *modus vivendi* within it.

The (Unresolved) Issue of Agency: Precisely some of the issues of modern democracy that the associational voucher proposal is designed to address make the agency problem very difficult to resolve. Heretofore, most political reforms have been closely linked to the interests or passions of a concrete social group or alliance that was expected to benefit from its enactment. Depending on the power resources of that targeted population and the political *virtù* of its self-proclaimed leaders, the reform stood a more-or-less predictable chance of being enacted. Proposals such as the one made above were quite explicitly advanced – usually by intellectuals – in the interests or passions of the bourgeoisie, the working class, oppressed ethno-linguistic minorities, the silent majority, Christian Fundamentalists, disenfranchised women, and so forth.

The fragmentation of interests, the emergence of new "passions", the decline in the power of traditional symbols, the weakening of "core clienteles", the eclipse of "classes with a historical mission", the growing disinterest in politics and lack of faith in political solutions have all conspired to make it much more difficult to specify *ex ante* who is likely to benefit significantly from any proposal for reforming existing liberal democracies – least of all, from one that would tinker indirectly and indiscriminately with organizational attributes and not offer direct and selective advantages to particular individuals, firms or places. The pattern of discrimination that is being addressed – namely, the systemic under- and over-representation of interests/passions – does not seem to translate predictably into the sort of broad coalition that would be necessary to put the proposal into effect.

But what if the Gramscian assumption were no longer so compelling? What if reform were possible precisely because it was *not* made in the name of or backed by a coherent social class or "historical bloc"? What if, in the absence of such large alternative aggregates in the social structure and the consequent implausibility of "organic intellectuals" pretending to speak for them,[13] ideas for change could draw support from a broad range of existing and potential "factions" that are aware of the limits that the liberal paradox imposes on their associability – even though they have conflicting substantive interests and passionate causes? Is it not possible that a combination of deep dissatisfaction with the present state of affairs and a willingness to experiment in ways that are not too costly and do not manifestly divide the population into winners and losers might bring about a diffuse coalition of support for change – even if such an outcome were inexplicable in terms of rational calculation? In my view, this is precisely the generic context which generated the Wave of Democratization that has

---

12 With apologies to my former colleague, Jane Mansbridge, and her *Beyond Adversary Democracy* (1980).

13 In a seminar at the University of Geneva that discussed an earlier version of this essay in my absence, a particularly astute graduate student asked "For whom does Schmitter think he is the organic intellectual"? (Hans-Peter Kriesi, personal communication, 1992). My (unsatisfactory) answer would have been: "No one".

swept across so many countries and continents since 1974 – an individually irrational political outcome if there ever was one!

From this perspective of "diffuse agency", the associational voucher proposal could be appealing. For one thing, it is calculatedly ambiguous in its impact. It claims (perhaps a bit disingenuously) not to know exactly who its eventual beneficiaries will be, but promises that they will be numerous! Its costs are relatively minor, even nil in those cases where heavy state subsidization of civil society is already in place. It could be implemented at virtually any level of political aggregation, perhaps initially in an experimental fashion in individual regions, counties or municipalities. The competition it establishes between associations is potentially self-correcting, and leaves open the possibility that even those who do not immediately benefit will be able to do so in the future. Its focus on "secondary citizenship" opens up the possibility of taping public-regarding sentiments and sources of symbolic satisfaction that are presently suppressed. Finally, it empowers a gradual process of institutional change rather than a dramatic transfer of resources from one person or group to another. *In summa*, it is not just an idea that is intellectually appealing; it might even be politically feasible!

References

Barber, B., 1984: Strong Democracy: Participatory Politics for a New Age
Mansbridge, J., 1984: Beyond Adversary Democracy, New York: Basic Books
Rokkan, S., 1985: Norway: Numerical Democracy and Corporate Pluralism, in: R. Dahl (ed.), Political Oppositions in Western Democracies, New Haven: Yale University Press
Schmitter, Ph.C., 1983: Democratic Theory and Neo-Corporatist Practice, in: Social Research, Vol. 50, No. 4 (Winter), 885-928.

II.

Internationalisierung: Staat und Verbände in der Europäischen Union

Inflation und Zerfaserung: Trends der Interessenvermittlung in der Europäischen Gemeinschaft

Rainer Eising / Beate Kohler-Koch

1. Die Inflation des europäischen Lobbying und ihre Folgen für das Regieren in der Europäischen Gemeinschaft

Das Binnenmarkt-Projekt hat nach übereinstimmender Einschätzung eine Dynamisierung des europäischen Integrationsprozesses ausgelöst, der über die Stufen Einheitliche Europäische Akte, Maastrichter Vertrag und Wirtschafts- und Währungsunion umfassender und direkter als je zuvor alle wirtschaftlichen Akteure betrifft. Die vorbehaltlose Öffnung der Märkte und mehr noch die zunehmende Verlagerung staatlicher Steuerungskompetenz auf die Gemeinschaft hat private Unternehmen und Verbände, aber auch öffentliche Einrichtungen, Kommunen und Regionen bewogen, ihre Kenntnisse über und Einflußmöglichkeiten auf EG-Politik zu stärken.[1] Seit Mitte der 80er Jahre ist eine Veränderung der Organisation privater Interessen, v.a. eine Pluralisierung der Akteurslandschaft und eine verstärkte sektorielle Ausdifferenzierung zu beobachten.[2] Nationale Verbände, Großunternehmen und substaatliche öffentliche Akteure haben eine Vielzahl direkter Interessenvertretungen eingerichtet. Die Vertretung von Interessen wird zunehmend professionellen Lobbyisten übertragen. Aber auch etablierte Interessenorganisationen haben ihre Lobbyarbeit professionalisiert und zudem versucht, die Verselbständigungstendenzen von Großunternehmen dadurch aufzufangen, daß sie ihnen über Organisationsreformen erhöhten Einfluß eingeräumt haben. Der Lobby-Stil auf der EG-Ebene scheint sich mit diesen Entwicklungen ebenfalls gewandelt zu haben. In den Beziehungen zwischen Politik und Wirtschaft wird verstärkt auf individualisierte Verbindungen mit einzelnen Unternehmen und allenfalls sektoriellen Verbänden gesetzt, während die Bedeutung der sektorübergreifenden Euroverbände weiter sinkt.

Bislang wurden diese Veränderungen nur konstatiert und zu der verbreiteten Einschätzung verdichtet, daß sich die Muster europäischer Interessenvermittlung in einem Übergangsstadium befinden. Diese Transformation ist von politischer Bedeutung, weil plausible Gründe dafür sprechen, daß sie zum einen nicht auf die europäische Ebene beschränkt bleiben wird und daß sie zum anderen über den Wandel der Interessen-

---

1 Da sich die Ausführungen auf die 1. Säule der Europäischen Union (EU), d.h. die im EG-Vertrag geregelten Politikfelder, Institutionen und Verfahrensweisen begrenzen, wird im folgenden nur von der Europäischen Gemeinschaft (EG) gesprochen.
2 Zu dieser Entwicklung vgl. die Beiträge in Greenwood/Grote/Ronit 1992a; Mazey/Richardson 1993; Van Schendelen 1992a; sowie Andersen/Eliassen 1991; Benz 1993; Engel 1993; Kohler-Koch 1992a, 1994a; Marks 1992; Streeck/Schmitter 1991.

vermittlungsstrukturen und Lobbying-Strategien hinausgehen und weitreichende Wirkungen auf die Politikgestaltung in Europa haben wird. Zentrale Hypothese dieses Beitrages ist, daß der Wandlungsprozeß die *Fragmentierung der Politikgestaltung* forciert (vgl. Peters 1992; eher spekulativ Lange 1992) und die *Komplexität europäischer Mehrebenenverhandlungssysteme* steigert (vgl. Scharpf 1991, 1993). Bereits jetzt zeichnet sich eine zunehmende Verflechtung und Ausdifferenzierung transnationaler und innerstaatlicher Politiknetze als Folge der Europäisierungs- und Internationalisierungsprozesse ab, die mit einer wachsenden Zerstückelung von zuvor stärker zusammenhängenden Politikbereichen verbunden ist. Sie läßt kaum noch die Gestaltung kohärenter Politik in der EG zu. Desweiteren gibt es Anhaltspunkte dafür, daß sich die Balance zwischen öffentlichen und partikularen privaten Interessen weiter zugunsten des privaten Sektors verschiebt. Beide Entwicklungen gefährden die Effizienz, die politische Verantwortbarkeit und die Verteilungsgerechtigkeit europäischer Politik und damit den Integrationsprozeß: wenn die Integrationsdynamik sich aus dem Glauben an die der einzelstaatlichen Politik überlegene Effizienz gemeinschaftlicher Problemlösungen nährt, zugleich aber das Entscheidungssystem der Gemeinschaft zunehmend an interner Blockierung leidet und sich durch eine einseitige Interessenrepräsentation auszeichnet, so muß dies die Legitimität europäischer Politik gefährden. Ebenso würde eine undurchsichtige Zerfaserung europäischer Politik die Legitimationssicherung über Verfahren unterminieren.

Die Veränderungen in der europäischen Interessenlandschaft haben dazu geführt, daß diesem Ausschnitt europäischer Politik wieder vermehrt Aufmerksamkeit gewidmet wird. Die Mehrzahl der Studien auch aus jüngster Zeit sind eher beschreibender Natur oder suchen die „generellen Trends im europäischen Lobbying" aufzuspüren (Mazey/Richardson 1993a; auch Van Schendelen 1992a). Die weiterreichende Frage nach den Konsequenzen für den Prozeß der Integration und die Zukunft des Regierens in Europa wird selten gestellt. Soweit der Zusammenhang von Interessen und Integration thematisiert wird, konzentriert sich die Frage auf den Einfluß, den organisierte Interessen auf die Integration genommen haben.[3] Die wissenschaftliche Kontroverse kreist im wesentlichen noch um die Frage, ob die Integrationsfortschritte Ende der 80er Jahre eher der „winning coalition" zwischen Kommission und interessierten subnationalen Akteuren (Großunternehmen oder Verbänden) zu verdanken ist (Sandholtz/Zysman 1989) oder dem situationsbedingten Interessenkalkül der großen Mitgliedstaaten entsprang (Moravcsik 1991). Oder sie versteht sich als Beitrag zur Neo-Korporatismusdebatte, in der man sich vor allem mit der These des Umschlags „from national corporatism to transnational pluralism" (Streeck/Schmitter 1991) auseinandersetzt (Greenwood/Grote/Ronit 1992a). Die Folgewirkungen für Form und Qualität des Regierens werden selten untersucht. Soweit Arbeiten sich mit der „Veränderung von Staatlichkeit" (Grande 1994) im Kontext der Integration befassen, so stammen sie meist aus der Feder von Autoren, die sich aus der Perspektive der Policy-Forschung der EG genähert haben (Windhoff-Héritier 1993) und über die Untersuchung der Besonderheiten der Politikformulierung und -implementation im Mehrebenensystem die Be-

---

3 Ein Überblick über die Entwicklung der Literatur zur Interessenvermittlung in der EG findet sich in Beate Kohler-Koch: „Interessen und Integration. Die Rolle organisierter Interessen im westeuropäischen Integrationsprozeß" in Michael Kreile (Hrsg.), Die Integration Europas; PVS Sonderheft 23, Opladen 1992, S. 81-119.

sonderheiten und Probleme dieses „Polity-Typus" entdeckt haben (Schumann 1991, 1994).
Da hier offensichtlich ein Defizit besteht, soll der Zusammenhang zwischen der Transformation des Systems der europäischen Interessenvermittlung und den Spezifika des europäischen politischen Systems und seiner Entwicklungsdynamik im Mittelpunkt der folgenden Ausführungen stehen. Zunächst wird die Entwicklung der europäischen Interessenvermittlungsstrukturen dargestellt und geprüft, ob sie als Indikator für einen grundlegenden Transformationsprozeß gewertet werden kann. Anschließend wird die politische Bedeutung dieser Veränderungen im Zusammenhang mit der Segmentierung und Verflechtung des EG-Entscheidungsgefüges diskutiert. Ihre Auswirkungen auf das Verhältnis zwischen privaten und öffentlichen Akteuren werden untersucht und ihre Folgen für die Asymmetrie in der Repräsentation verschiedenartiger Interessen in der EG werden analysiert. Im Mittelpunkt stehen theoretische Erörterungen, die sich auf eine breite Literaturauswertung und eigene empirische Arbeiten stützen.

2. Die Transformation des europäischen Interessensystems als pfadabhängiger Prozeß

Die skizzierten Veränderungen in der europäischen Interessenlandschaft werden nur dann von Bedeutung für die Zukunft des Regierens in Westeuropa sein, wenn sie nicht lediglich ein konjunkturelles Phänomen darstellen. Daher ist zunächst zu prüfen, ob wirklich eine dauerhafte Transformation der europäischen Interessenorganisation vorliegt. Ist dies der Fall, müssen die Auswirkungen auf die Beschaffenheit des Gesamtsystems der Interessenvermittlung innerhalb der EG untersucht werden. Sodann sind die Folgen der Transformation für den Integrationsverlauf und die Qualität des Regierens in der Europäischen Gemeinschaft zu untersuchen.
Die *Frage nach der langfristigen Relevanz der Veränderungsprozesse* wird in jüngeren Untersuchungen insbesondere unter der Perspektive diskutiert, ob der Einfluß der europäischen Integration zur generellen Angleichung der Muster der Interessenvermittlung beiträgt und sich ein einheitlicher europäischer Politikstil herausbildet (z.B. Mazey/Richardson 1993c), welcher seinerseits wiederum den Prozeß der europäischen Integration begünstigen würde (skeptisch hierzu Grant 1993: 45). Einige Beobachter befürchten, daß das dynamische, nichtintendierte und nichtgesteuerte Wachstum des Lobbying auf der EG-Ebene die Gefahr eines „Overload" für das politische System der EG in sich berge (Andersen/Eliassen 1991: 185; vgl. Van Schendelen 1992b: 283). Daraus werden die Forderung nach einer politischen Regulierung und Vorhersagen über verstärkte Tendenzen zur Entwicklung korporatistischer Strukturen der Interessenvermittlung abgeleitet (Andersen/Eliassen 1991: 186). Hier sind auch Hoffnungen auf eine stärkere Strukturierung der Muster der Interessenvermittlung durch Lernprozesse auf Seiten der politischen Akteure und der Interessengruppen anzusiedeln (so Mazey/Richardson 1993c: 253). Im Rahmen solcher Strukturierungsprozesse wird insbesondere die Herausbildung sektor- oder politikfeldspezifischer Interaktionsmuster in der EG mit der Kommission im Zentrum für wahrscheinlich gehalten (vgl. Mazey/Richardson 1993c: 256; Windhoff-Héritier 1993; Greenwood/Grote/Ronit 1992b). Hinter solchen Einschätzungen und Hoffnungen verbirgt sich eine „Ideologie der Überschaubarkeit". Sie impliziert zum einen, daß die Übersichtlichkeit der euro-

päischen Interessengruppenlandschaft wesentliche Voraussetzung für die effektive Gestaltung europäischer Politik ist. Zum anderen beinhaltet sie, daß das Zusammenwachsen auf Seiten der Interessenorganisationen Voraussetzung für eine effektive transnationale Organisation von Politik ist. Dies geht einher mit Vorbehalten gegenüber pluralistischen Interessensystemen, die tendenziell mit Unregierbarkeit und ungleichgewichtiger Interessenrepräsentation gleichgesetzt werden.

Zwar mögen Auslese- und Einbindungsprozesse zu einer stärkeren Konzentration der Interessengruppenlandschaft beitragen. Andererseits ist von solchen Prozessen, die nicht ohne Verwerfungen oder Widerstände abliefen, aber nicht zu erwarten, daß sie in eine neue Übersichtlichkeit führen. Die gegenwärtige Unübersichtlichkeit wird sich zwar lichten, weil der „run" auf Brüssel auch als ein konjunkturelles Phänomen zu interpretieren ist: Erstens sind eine Reihe von Nachahmungseffekten in der gegenwärtigen Übergangsphase zu verzeichnen, und zweitens sind die gegenwärtigen Erwartungen über die Bedeutung der EG nach Maastricht noch unsicher.[4] Dann ist die Suche nach Koalitionspartnern und nach Möglichkeiten, Verbände in die Interessenvermittlung einzuschalten, noch nicht abgeschlossen. Schließlich bestehen in Unkenntnis des EG-Systems und seiner Handlungsbedingungen auch überhöhte Nutzenerwartungen in die Möglichkeiten partikularer Interessenvertretung.

Neue Anläufe zur Vertiefung der europäischen Integration – wie zuvor die Gipfelkonferenz von Den Haag (1969), der Plan zur Errichtung einer europäischen Wirtschafts- und Währungsunion (1972) und die Lancierung des Europäischen Währungssystems (1979) – waren immer schon von einer Verstärkung europäischer Verbandsaktivitäten begleitet,[5] die sich anschließend auf niedrigerem Niveau zu konsolidieren pflegten. Die konkrete Praxis, die solchen politischen Integrationsschüben folgte, klärte das jeweilige Kosten-Nutzen-Verhältnis für die Beteiligten und führte zu einer Verfestigung von Repräsentationsstrukturen. Die Interaktionsmuster blieben gleichwohl sehr fließend, und dies ist auch für die absehbare Zukunft zu erwarten. Zum einen liegt dies in der Dynamik des Integrationssystems. Auch ohne Vertragsveränderung finden stetig schleichende Kompetenzverschiebungen statt. Damit verändern sich die Handlungsbedingungen für Interessendurchsetzung. Gleichzeitig ist dieser Aktionsrahmen Gegenstand der Interessenpolitik. Kompetenzverschiebungen finden zwar auch in staatlich organisierten föderativen Systemen statt, doch die Europäische Gemeinschaft ist in ihrer Verfassungsstruktur sehr viel modellierbarer. Hinzu kommt, daß mit den Erweiterungssprüngen die Gemeinschaft in einer für eine Institutionengeschichte kurzen Zeit Länder mit jeweils sehr unterschiedlichen politischen Strukturen und Akteursgruppen aufgenommen hat. Dies führte nicht nur zu einer Vervielfältigung der Akteure und aufgrund divergierender Interessen zu neuen Akteurskonstellationen, sondern auch zur Einführung neuer Politikstile und Lobbytraditionen. Diese färben

---

4 Die Behauptung, das Wachstum der europäischen Verbandsorganisationen habe sich mit der zunehmenden Bedeutung gemeinschaftlicher Politik entwickelt (Sidjanski/Ayberk 1974: 35, 1990: 46; Schwaiger/Kirchner 1981: 38), erweist sich bei genauer Betrachtung als brüchig. Nationale Verbände haben sich zu supranationalen Verbandsföderationen häufig in Antizipation eines zukünftigen Bedeutungsgewinns europäischer Politik zusammengeschlossen und erlebten einen Wachstumseinbruch just dann, wenn der EG wesentliche Kompetenzen übertragen worden sind (Kohler-Koch 1988).

5 Dies läßt sich auch an der Zunahme von Neugründungen von EG-Verbänden ablesen, vgl. das Schaubild in Kohler-Koch 1992a: 93.

die organisationsspezifischen Handlungsmuster auch jener EU-Organe in national unterschiedliche Schattierungen ein, denen ein hoher Grad an „Gemeinschaftscharakter" attestiert wird – Kommission, EP, WSA.

Die Einschätzung, daß auch bei fortschreitender Integration die Prozesse der Interessenvermittlung verschlungen und vielschichtig bleiben werden, wird auch von anderen Autoren geteilt, aber mit der Erwartung verknüpft, daß sich ein „European policy style" und damit „more stable and manageable networks of policy-makers and groups" entwickeln wird (Mazey/Richardson 1993c: 257). Solche weitreichenden Schlußfolgerungen sollten sicher nicht aus Studien gezogen werden, die sich lediglich auf der Analyseebene des Gemeinschaftssystems bewegen. Betrachtet man das Gesamtsystem der EG unter Einschluß der Mitgliedstaaten, weisen solche Erwartungen dennoch eine gewisse Plausibilität auf. Diese beruht allerdings auf einer stark funktionalistisch geprägten Sichtweise. Dabei wird von der Prämisse ausgegangen, daß Interessenvermittlungssysteme von ihrer jeweiligen „Einflußlogik" und ihrer „Mitgliederlogik" abhängen (hierzu Schmitter/Streeck 1981). Folglich verlieren in dem Maße, in dem regulative Befugnisse auf die EG-Ebene verschoben werden, die heterogenen nationalen Arenen ihre Bedeutung und werden durch eine weitaus homogenere Konstellation ersetzt, die ihre eigene „Einflußlogik" entwickelt. Gleichzeitig könnten die gesteigerte ökonomische Interdependenz und die wachsende Harmonisierung von rechtlichen Rahmenbedingungen dazu beitragen, daß die Entwicklung der „Mitgliederlogik" nach ähnlichen Charakteristika verliefe. Somit entstünde mit der wachsenden Bedeutung der europäischen Integration ein einheitliches „europäisches System der Interessenvermittlung".[6]

Eine solche Argumentation erschiene uns jedoch kurzschlüssig, denn die Herausbildung eines neuen europäischen Interessenvermittlungsmusters ist „nicht einfach funktional auf gegenwärtig beobachtete Anforderungen an Strukturen zurückzuführen" (Lehmbruch 1987: 29). Institutionelle Entwicklungen sind erwiesenermaßen in hohem Maße pfadabhängig (vgl. Hall 1986; Krasner 1984; Steinmo/Thelen/Longstreth 1992). Die Transformation der Interessenvermittlungsstrukturen wird wesentlich von den Gegebenheiten überkommener institutioneller Konfigurationen und deren Anpassung an den Integrationsprozeß geprägt: von den *Markt- und Machtstrukturen der einzelnen Wirtschaftssektoren, deren Abhängigkeit von und Einbindung in die staatliche Regulierung* und schließlich von dem *Einfluß nationaler Institutionen und Stile*. Innerhalb dieser Konfigurationen haben sich in langfristigen Interaktionsmustern kulturspezifische „'Strategien' und 'Spielregeln'... in kollektiven Lernprozessen ausgebildet" (Lehmbruch 1987: 28), deren Einbeziehung unabdingbar ist, um die Art, Richtung und Reichweite der Transformation der europäischen Interessenvermittlungsmuster vorhersagen zu können.

---

6 So erwarten Hodges/Woolcock (1993: 341) die Herausbildung eines spezifischen Modells der Wirtschaftsregulierung in der EG: „a minimalist structure of regulation and corporate governance along the lines of the German model, but with some Atlantic Capitalist undertones." Das deutsche Modell ist ihrer Ansicht nach durch genaue Regelung von staatlichen diskretionären Eingriffsmöglichkeiten in die Wirtschaft und die Betonung des sozialen Konsenses gekennzeichnet. Das britische Modell läßt demgegenüber relativ breite staatliche Eingriffsmöglichkeiten zu und betont den Marktmechanismus als effizientes Allokationsinstrument.

Die Bedingungen der Handlungslogik ergeben sich zu einem wesentlichen Teil aus den Attributen der Akteure, die den Verlauf der Veränderungsprozesse partiell zu erklären vermögen. Vor allem die jeweilige *Marktstruktur und Wettbewerbslage* – Konzentrationsgrad, Zahl und Größenverhältnisse der Unternehmen, Internationalisierungsgrad – werden in einer Vielzahl von Untersuchungen als bedeutende Einflußfaktoren auf den Wandel der Organisation unternehmerischer Interessen betrachtet (vgl. Cawson 1992; Greenwood/Ronit 1992; McLaughlin/Jordan/Maloney 1993). Nur gewichtige Akteure können sich aus den allgemeinen Systembedingungen lösen und in ihrem unmittelbaren Einzugsbereich Veränderungen bewirken. Dies sind die großen, wettbewerbsstärkeren Unternehmen mit internationaler Präsenz. Sie haben in den von ihnen dominierten Wirtschaftssektoren bereits die europäischen Verbandsstrukturen in ihrem Sinne reorganisiert, auch komplementäre Anpassungen auf der nationalen Ebene durchgesetzt oder aber ergänzende Interessenorganisationen eingerichtet (vgl. Kohler-Koch 1990: 228-32). In Sektoren mit einer stärkeren Präsenz kleiner und mittelständischer Unternehmen hingegen wird die Fähigkeit einzelner Unternehmen, die sektoriellen Organisationsstrukturen der Interessenvermittlung zu restrukturieren, geringer sein. Dabei ist aber offen, ob auch die Anpassungsfähigkeit dieser sektoriellen Interessenvermittlungsmuster an Veränderungen in der politischen Organisation geringer ist. In solchen Sektoren nimmt auch die Bedeutung von Verbänden als „'Relais' (Crozier/Friedberg 1979: 95) zwischen Administration und Unternehmen" zu, da „die industrielle Klientel selbst fragmentierter und für die [Verwaltung] unzugänglicher ist" (Grande 1994: 343).

Zur bedeutenden Rolle internationaler Großunternehmen in der europäischen Interessenvermittlung gibt es bereits eine Reihe von Untersuchungen:
- Die Umstrukturierung von UNICE hat den Großunternehmen den Vorsitz in zentralen Ausschüssen gewährt und ihre Entscheidungsspielräume innerhalb der europäischen industriellen Verbandsföderation stark erhöht (Green-Cowles 1993: 17; Platzer 1984b).
- Die europäischen Großunternehmen der Informationstechnologie wurden von der Kommission direkt in die Gestaltung des ESPRIT-Programms in der EG-Technologiepolitik miteinbezogen (Sharp/Shearman 1987; Sandholtz 1992). Auch zur Lancierung des Binnenmarktprogramms hat die Kommission die Initiative zur Konzertierung der europäischen Industrie ergriffen (Sandholtz/Zysman 1989).
- Die europäischen und nationalen Fachverbände z.B. der Unterhaltungselektronik werden eher als Legitimationsbasis der Elektro-Großunternehmen für die Verfolgung eigener Interessen betrachtet denn als eigenständige Akteure (Cawson 1992: 107-10).
- Die aus der europäischen Verbandsföderation der Chemieindustrie CEFIC herausgelöste SAGB (Senior Advisory Group Biotechnology), in der die europäischen Chemiegroßunternehmen direkte Mitglieder sind, spielt eine zentrale Rolle in der Formulierung der EG-Biotechnologiepolitik (Greenwood/Ronit 1992: 91-4).
- In der Autoindustrie räumte die 1990 erfolgte Umstrukturierung der europäischen Interessenverbände den 14 Mitgliedsunternehmen der neu gegründeten ACEA (Association of European Automobile Constructors) die alleinigen Stimmrechte ein. Sie hatte eine „marginalization of the role of national trade associations" zur Folge. „[These] have no voting power, no representation on the Board of Directors and

can only participate in working and strategy groups" (McLaughlin/Jordan/Maloney 1993: 207).
- Das Lobbying einzelner Großunternehmen ist mittlerweile üblich und auch das Lobbying von multinationalen Unternehmen in europäischen „Produzentenclubs" nimmt zu.

Eine Ausnahme von der individuellen Vorgehensweise der Großunternehmen oder der Formierung von 'Produzentenclubs' scheint der europäische Verband der pharmazeutischen Industrie EFPIA (European Federation of Pharmaceutical Industry Associations) zu bilden. EFPIA hat z.B. einer EG-Regulierung der Preisgestaltung durch die Selbstregulierung der pharmazeutischen Industrie vorgebeugt. Der Verband wird als Beispiel für „a neo-corporatist European 'private interest government' relationship" genannt (Greenwood/Ronit 1994: 41; vgl. Platzer 1984a). Diese Fähigkeit wird zum einen auf den internationalen Charakter der europäischen Pharmaindustrie und die Ähnlichkeit der Problemlagen selbst angesichts unterschiedlich strukturierter Gesundheitssysteme in den einzelnen Ländern (vgl. Alber/Bernardi-Schenkluhn 1992; Deppe/Lehnhardt 1990) zurückgeführt. Zum anderen ist sie – und dies scheint entscheidend zu sein – in der *sektoriellen Einbindung in die staatliche Regulierung* verankert. Zwar gibt es eine Reihe jeweils nationaler und problemspezifischer Besonderheiten in der nationalen Regulierung des Pharmasektors zu beachten (Baumheier 1993: 470-3). Insgesamt aber hat sich in Westeuropa eine langjährige Zusammenarbeit zwischen den nationalen Verwaltungen und den Industrieverbänden in der Pharmaregulierung entwickelt (Greenwood/Ronit 1994: 37), die ein verbandliches Handeln auch auf europäischer Ebene ermöglicht hat.

Ausschlaggebend für die Art und Weise, wie diese Europäisierung des Verbandshandelns erfolgt, sind die Intensität staatlicher Regulierung und das Ausmaß sowie die Sequenz in der Verschiebung politischer Verantwortung von der einzelstaatlichen auf die gemeinschaftliche Ebene (zur Arzneimittelregulierung vgl. Hart/Reich 1990; Reich 1988). Die Öffnung der Märkte im Zuge der Verwirklichung von Handels-, Niederlassungs- und Kapitalfreiheit hat zu Veränderungen der Wettbewerbslage geführt, die je nach Gegebenheit ganze Sektoren oder auch die Wettbewerbstruktur innerhalb eines Sektors berühren kann. Insoweit dadurch die Mitglieder eines Wirtschaftssektors in unterschiedlichem Maße betroffen sein können, verändert sich die „Mitgliederlogik" eines Verbandes. Eine Neustrukturierung etablierter Organisations- und Handlungsstrategien ist jedoch solange nicht zu erwarten, wie die Veränderungsprozesse im wesentlichen marktinduziert sind und die Integration die produktspezifische Regulierungskompetenz der Einzelstaaten noch nicht angetastet hat. Erst die Politik der europäischen Deregulierung und die anschließend einsetzenden Maßnahmen der EG-einheitlichen Re-Regulierung haben neue Handlungsbedingungen geschaffen. Es änderte sich die „Einflußlogik", die für eine jede Wirtschaftsbranche, die in hohem Maße von staatlicher Regulierung abhängig ist, bedeutsamer ist als für die stärker marktregulierten Branchen. Die Änderung war auch insofern tiefgreifend, weil sie in eine Zeit des Übergangs vom Einstimmigkeits- zum Mehrheitsprinzip in der Politik der europäischen Rechtsangleichung fiel.

Die Veränderung der „Einflußlogik" heißt jedoch nicht lediglich, daß ein zusätzlicher politischer Adressat mit sehr spezifischen Eigenschaften die Bühne betritt. Vielmehr eröffnen sich gleichzeitig mehrere zusätzliche Handlungsebenen (transnational zwischen Unternehmen und Verbänden, multinational in EG-Verbandsföderationen und Unternehmensverbänden, supranational in direkter Interaktion mit dem politischen Entscheidungsgefüge der EG), die zu neuen vertikalen und horizontalen Verflechtungen von Politikarenen führen. Daraus ergeben sich ganz neue Herausforderungen für die Verknüpfung der organisationsinternen und der inter-organisatorischen Handlungszusammenhänge.

Um die sich daraus ergebenden Veränderungsprozesse in den Blick zu bekommen, sollten die Organisationsstrukturen, die sich in langfristigen Interaktionsmustern herausgebildet haben, nicht lediglich als „restringierende Determinanten" begriffen werden. Vielmehr erscheint es fruchtbarer, sie in Anlehnung an die Analyse von Verhandlungssystemen im innerstaatlichen Mehrebenen-System als „Merkmale von Entscheidungsarenen, die in Verhandlungsbeziehungen hineinwirken, ihrerseits aber auch durch diese beeinflußt werden", zu betrachten (Benz 1992: 149). Damit öffnet sich der Blick dafür, daß die Eröffnung neuer Arenen durch die EG sektoriell unterschiedlich aufgegriffen wird und sich aus dem neuen Zusammenwirken der Handlungsebenen eine Dynamik zur Veränderung ergeben wird, die in unterschiedlichen Wirtschaftssektoren nach jeweils eigenen Gesetzen abläuft. Danach erscheint es eher unwahrscheinlich, daß es zu sektorübergreifenden Angleichungsprozessen kommen wird.

Auch wenn die Wirkungen der Marktintegration vergleichbar sein sollten und in den einzelnen Ländern ein hohes Maß an Abhängigkeit von den regulativen Befugnissen der EG besteht, werden neben den bestehenden sektoriellen Organisationsformen die *nationalen Institutionen und Traditionen politischer Kultur* dem entstehenden neuen System der Interessenorganisation seine Gestalt geben. Die Prozesse der Imitation und Anpassung werden nicht zu einer Konvergenz der nationalen Interessenvermittlungssysteme führen. Durch die Veränderung der Einflußarenen verlieren die nationalen politischen Institutionen zwar tendenziell die Fähigkeit, nationale öffentliche und private Interessen zu koordinieren. Die konkreten Formen der Veränderung der Interessenvermittlungsmuster aber unterscheiden sich von Land zu Land.[7] Es ist festzustellen, daß spezifische nationale Merkmale die Staat-Wirtschaft-Beziehungen sektorübergreifend prägen. Die folgenden Variablen werden übereinstimmend als zentrale Einflußfaktoren auf die länderspezifischen Staat-Wirtschaft-Konfigurationen in der EG genannt (vgl. Atkinson/Coleman 1989, 1992; Cawson 1985; Katzenstein 1978; Van Schendelen 1992a; Wilks/Wright 1987):

- Tradition/Struktur des Regierungssystems
- Tradition/Struktur der privaten Interessenvermittlung
- Entscheidungsstile der öffentlichen Akteure
- private und öffentliche Beziehungen zur EG-Ebene
- Struktur des Wirtschaftssystems: Struktur des Finanzsystems, ordnungspolitische Leitbilder, Organisation der Arbeitsbeziehungen

Unter der Prämisse, daß die interessenpolitische Handlungsfähigkeit wirtschaftlicher Akteure wesentlich durch die etablierten Beziehungsmuster zum Staat geprägt wird, sind die aus dem Zusammenspiel dieser Faktoren resultierenden länderspezifischen

---

7 Dies zeigt sich eindrücklich in den Länderstudien über die EG-Interessenvermittlung in dem Sammelband: M.P.C.M. Van Schendelen (Hrsg.), National Public and Private EC Lobbying; Aldershot u.a. 1992.

Konfigurationen als intervenierende Variablen zu betrachten, welche die Deutung der EG-Politik und deren Wirkung auf die Handlungsstrategien der einzelnen Akteure kanalisieren. Dies soll exemplarisch für die Bundesrepublik und Großbritannien gezeigt werden: Die Staat-Wirtschaft-Beziehungen in den beiden Ländern, die innerhalb des breiten Spektrums zwischen Pluralismus und Neokorporatismus angesiedelt sind, zeichnen sich durch eine jeweils unterschiedliche Einbeziehung wirtschaftlicher Interessen in politische Prozesse aus (z.B. Van Waarden 1993a). Diese Muster reflektieren die unterschiedlichen Organisationsformen politischer Macht und die Strukturen der Interessenvertretung.

In *Großbritannien* sind die Beziehungen zwischen Staat und Wirtschaft auf der Makroebene unter verschiedenen Regierungen durch eine größere Diskontinuität in einem eher adversativen Kontext gekennzeichnet als in der Bundesrepublik (vgl. Grant 1989). Die „hochkonzentrierte Staatsmacht" (Van Waarden 1993b: 196) verleiht den jeweiligen Regierungen große Handlungsspielräume (vgl. Lehmbruch u.a. 1988). Dachverbände wie der CBI (Confederation of British Industry) und andere Produzentenverbände sind in europäischen und nationalen Fragen zwar aktiv, aber ihr Einfluß und ihr Zugang zur Politik sind nicht stetig, da sie aufgrund ihrer heterogenen Mitgliedschaft (Greenwood/Jordan 1992: 67) und ihrer begrenzten Ressourcen (Van Waarden 1993b: 198) nicht über eine besonders ausgeprägte Fähigkeit zur Interessenaggregation verfügen. Sektorielle Verbände sind in einigen Wirtschaftszweigen von Bedeutung, aber die direkte, häufig informelle Interessenvertretung von Unternehmen und das professionelle Lobbying werden als besonders wichtig empfunden (vgl. Greenwood/Jordan 1992: 67; Van Waarden 1993b: 196). Der CBI hat im Zuge der Binnenmarktentwicklung seine EG-Tätigkeiten in Brüssel weiter ausdifferenziert und auch sein Personal erweitert (Eberlie 1993: 208). Trotz der zunehmenden Nutzung direkter Kanäle nach Brüssel sind die lange bestehenden nationalen Kanäle aber weiterhin von größerer Bedeutung (Greenwood/Jordan 1992: 75; vgl. Grant 1993). Die britischen Regierung-Industrie-Beziehungen erfuhren in der vergangenen Dekade auf der Makroebene einige Veränderungen: Die Bedeutung des National Economic Development Council und auch die fördernde Rolle des Department of Trade and Industry und anderer wichtiger Ministerien erodierten in der Thatcher Ära (vgl. Grant 1989: 34-5). Die Beziehungen zwischen Verwaltung und Wirtschaft werden dagegen eher als „symbiotisch" (Mazey/Richardson 1993b: 9), kooperativ und konsensual eingestuft (vgl. Van Waarden 1993a). Finanzielle Institutionen wie Banken verfügen nicht über enge Verbindungen zur Industrie, was v.a. mit der großen Bedeutung der Börsenfinanzierung in Großbritannien zusammenhängt, aber auch auf die Offenheit des Kapitalverkehrs und die insgesamt geringere Bedeutung der Industrie in GB als in der BRD zurückzuführen ist (Grant 1990).

Die *bundesrepublikanische* Politikverflechtung zwingt zur wechselseitigen Abstimmung und Konsensbildung (Kohler-Koch 1992b: 23). Das deutsche Muster der Regierung-Industrie-Beziehungen besteht traditionell in einer engen Partnerschaft auf der Ebene des Bundes mit lange etablierten formellen Beziehungen zwischen Politik und Dachverbänden bzw. Spitzenverbänden, welche auch in die Implementation von Politik miteinbezogen werden. Hier ist allerdings zum einen zu fragen, ob diese im internationalen Vergleich recht enge Koordination im Rahmen der Debatte um den „Standort Deutschland" infolge der strukturellen Belastungen durch den Vereinigungsprozeß und den verschärften internationalen Wettbewerb aufgebrochen wird und zum anderen, welche Rückwirkungen die Transformation der Staat-Wirtschaft-Beziehungen in den neuen Bundesländern auf die etablierten westlichen Strukturen und Strategien entfaltet. Die bisherige Kooperation basiert auf einem breiten Konsens über die Ordnungspolitik einschließlich der europäischen Integrationspolitik und auf dem gemeinsamen Vertrauen in die Rationalität eines auf Expertise basierenden politischen Entscheidungsprozesses (Kohler-Koch 1992b: 39). Das direkte Lobbying von Einzelunternehmen und das professionelle Lobbying sind eher ungebräuchlich (Kohler-Koch 1992b: 27). Die Beziehungen zwischen Wirtschaft und Verwaltung sind infolge des Ressortprinzips i.d.R. sektor- oder politikfeldspezifisch ausgerichtet, wobei nicht nur die einzelnen Ministerien, sondern auch deren Abteilungen über relativ große Handlungsspielräume verfügen. Die formellen und informellen Beziehungen dienen auf Bundesebene vornehmlich der Vorbereitung der Gesetzgebung. Die Länderebene ist für die Implementation von besonderer Wichtigkeit. Die Beziehungen zwischen dem Industrie- und dem Finanzsektor – v.a. Banken und Versicherungen – sind im internationalen Vergleich eng, was eine Folge des Hausbanksystems und der wechselseitigen Verflechtungen in Aufsichtsräten ist, wohingegen die Eigen- und Fremdkapitalfinanzierung durch das Börsensystem (noch) nicht sehr ausgeprägt ist. Hier müssen allerdings starke sektorielle Variationen und internationale Angleichungstendenzen im Gefolge der dynamischen Entwicklung der Kapitalmärkte vermerkt werden (Grant 1990).

Großbritannien und die Bundesrepublik weisen somit erhebliche Unterschiede in den Beziehungsmustern zwischen Staat und Wirtschaft auf. Die Bundesrepublik wird bislang durch vornehmlich zweckrationale und konsensuale Beziehungen zu Dachverbänden und sektorspezifische Beziehungen mit Fachverbänden geprägt, während das britische Muster eher durch selektive, häufig personalisierte und symbiotische direkte Kontakte zu Unternehmen und in geringerem Maße zu Verbänden bestimmt ist. In diesem Zusammenhang ist die Frage von besonderer Relevanz, ob der britische individualisierte und informelle Stil der Interessenvermittlung vielleicht einen besseren Zugang organisierter Interessen im fragmentierten EG-Mehrebenensystem erlaubt als das eher formelle und verbandsorientierte deutsche Muster und ob durch einen „Wettbewerb der Interessenvermittlungsstile" die Übernahme einzelner Strategieelemente gefördert wird. Anhaltspunkte gibt es beispielsweise im direkten Euro-Lobbying deutscher Großkonzerne.

Insgesamt kann die gegenwärtige „Unübersichtlichkeit" somit als Ausdruck der Fortentwicklung der national und sektoriell geprägten Organisationsmuster von Interessen gewertet werden. In Anbetracht nationaler, sektorieller und problemspezifischer Variationen ist die Entstehung eines konvergenten Musters europäisch gesamtwirtschaftlicher oder auch nur sektorspezifischer Organisationsformen und Handlungsstrategien nicht zu erwarten. Fällt es schon auf der Ebene der Mitgliedstaaten schwer, die Vielfalt der Interessenvermittlungsstrukturen einem als dominant erscheinenden Typ zuzuordnen, so ist angesichts der Offenheit des EG-Systems gegenüber seinen Mitgliedstaaten und den politikfeldspezifischen Unterschieden im Integrationsstand zu erwarten, daß klientelistische Muster neben neo-korporatistischen bestehen, und ein pluralistischer „pressure group"-Wettbewerb neben Mechanismen des „capture" existieren werden.

Es ist davon auszugehen, daß die aktuellen Bemühungen der EG-Kommission und des Europäischen Parlaments, den Zugang von Interessengruppen stärker zu strukturieren (Kommission der Europäischen Gemeinschaft 1993a; Europäisches Parlament 1992; Lodge 1993), daran wenig ändern werden. Die These ist vielmehr, daß die zukünftige Gestalt der europäischen Interessenorganisation durch die Spezifika des Gemeinschaftssystems geprägt wird. Auch die politische Relevanz der Transformation der Muster der Interessenvermittlung wird erst im dynamischen Zusammenspiel mit den institutionellen Bedingungen der Gemeinschaft deutlich. Die Folgen der Wechselwirkungen für den weiteren Integrationsverlauf und die Qualität des Regierens im Mehrebenensystem der EG sollen im nächsten Abschnitt erörtert werden.

3. Segmentierung und Verflechtung europäischer Politik und Interessenvermittlung

Die Zuständigkeitsregelungen der EG-Verträge sowie die Organisationsmerkmale der Kommission, des Rates und des Parlaments tragen dazu bei, daß auf der nationalen Ebene relativ zusammenhängende Politikbereiche auf der EG-Ebene zerschnitten und in Mehrebenennetzwerken mit einer heterogenen Zusammensetzung verhandelt werden. Institutionelle Untersuchungen der EG-Politik sehen das EG-Entscheidungsgefüge durch eine jeweils ausgeprägte horizontale und vertikale sowie intra- und interinstitutionelle Segmentierung von Kompetenzen bei einem hohem Verflechtungsgrad der einzelnen Institutionen und Ebenen gekennzeichnet. In diesem Zusammenhang wird bei jeweils unterschiedlicher Schwerpunktsetzung die Verquickung von verschiedenen „Spielen" (Peters 1992: 106-7) oder „Verhandlungsebenen" (Grande 1994: 187), von „prozeduralen und substantiellen Fragen" (Héritier 1993: 443) betont. So wird erstens die *horizontale funktionale Segmentierung und Verflechtung* zwischen den einzelnen supranationalen Organen Rat, Kommission und Parlament in legislativen und exekutiven Prozessen hervorgehoben. Dieses „institutionelle Spiel" ist allerdings kaum vom zweiten, dem *„nationalen Spiel"* zu trennen (Peters 1992: 106).[8]

Für die *Kommission* wird die überragende Bedeutung des Initiativrechts betont, das ihr eine zentrale Rolle in der Agenda-Gestaltung und Politikformulierung einräumt und ihr Rollenverständnis in hohem Maße geprägt hat. In der frühen Phase der Ausarbeitung eines Vorschlags ist die Kommission von zentraler Bedeutung als Ansprechpartner für Interessengruppen: „Within the broad framework of the treaties it will decide whether, when, and in which direction European rules and regulations ought to be generated" (Kohler-Koch 1994a: 172). Infolge ihrer zentralen Position in der Politikformulierung konnte sie die graduelle politische und die ökonomische Integration der Mitgliedstaaten forcieren (vgl. Bach 1992: 16-20), auch wenn administrative und vertragsmäßige Handlungsbegrenzungen diese Möglichkeit einschränken: So muß sie zum einen die notwendige Expertise für die EG-Politik aufgrund ihrer knappen personellen, finanziellen und organisatorischen Ressourcen von außen rekrutieren. Zum anderen muß sie die Unterstützung der Mitgliedstaaten und der relevanten gesellschaftlichen und ökonomischen Akteure für ihre politischen Vorschläge

---

8 An dieser Stelle kann nicht das gesamte Institutionengefüge der EG dargestellt werden. Hierzu vgl. die zitierte Literatur.

sicherstellen. Diese nur analytisch, nicht aber in der politischen Praxis zu trennenden Erfordernisse resultieren in komplexen und vielschichtigen Konsensbildungsverfahren im Rahmen der europäischen Mehrebenenverflechtung.[9] Jene ist gekennzeichnet durch die enge institutionelle Verflechtung der EG-Institutionen v.a. mit nationalen Verwaltungen, und zunehmend auch mit gesellschaftlichen und ökonomischen Organisationen sowie subnationalen Institutionen. Durch die verflochtenen Entscheidungs- und Konsultationsprozesse verwischt sich die Grenzlinie zwischen Initiative und Legislative in der EG-Politik.

Damit eng zusammen hängt die große Bedeutung nationaler Interessenkonflikte für die EG-Politik, welche durch die Entscheidungsgewalt des *Ministerrates* und des *Europäischen Rates* Eingang finden. Im Rahmen der Interaktion auf Verwaltungsebene wird bereits versucht, die technischen und rechtlichen Probleme der vorgeschlagenen politischen Maßnahmen sowie deren ökonomische, soziale oder auch umweltpolitische Wirkungen einzuschätzen. Weiterhin werden distributive und redistributive Effekte und mögliche andere nicht intendierte Konsequenzen in Betracht gezogen, die eine Opposition in den einzelnen Mitgliedstaaten nach sich ziehen könnten. Die zentrale Schwierigkeit in der Lösung solcher Probleme liegt darin, daß der Ministerrat mit seinem Unterbau eine spannungsgeladene Rolle innerhalb des Institutionengefüges der EG ausübt. Auf der einen Seite agiert er als Legislative der Gemeinschaft und versucht zu konsensfähigen und angemessenen Problemlösungen zu gelangen. Auf der anderen Seite ist er aus Vertretern der Mitgliedstaaten zusammengesetzt und vertritt nationale Interessen.[10] Ansätze zur Auflösung von Konflikten gibt es zum einen durch die Vereinfachung von Verhandlungen durch „'Formeln', 'Referenzprinzipien', 'Verhandlungsregeln' und deren Trennung von 'Details'" (Grande 1994: 219). Zum anderen bestehen sie in Form von häufig problemfeldübergreifenden, komplexen Paketlösungen. Für jene ist v.a. der Europäische Rat zuständig, dessen Beschlüsse sich durch eine übergreifendere Perspektive und eine größere strategische Relevanz für die EG-Entwicklung auszeichnen als diejenigen des Ministerrates (Wessels 1991: 143). Nicht nur zwischen den einzelnen Mitgliedstaaten, auch auf der intra-nationalen Ebene erfolgt eine Abstimmung der Positionen der verschiedenen öffentlichen Akteure und auch zwischen öffentlichen und privaten Akteuren.

In der Entscheidungsphase werden folglich die nationalen Verwaltungen zu einem wichtigen Adressaten der Lobbying-Aktivitäten. Nationale Interessengruppen nehmen hier eine zentrale Position im europäischen Lobbying ein. Das galt insbesondere für die „dark ages" (Keohane/Hoffmann 1991: 8) der Europäischen Integration vom Luxemburger Kompromiß bis zur Einheitlichen Europäischen Akte. Unter Geltung der

---

9 Vgl. diesbezüglich die unterschiedlichen theoretischen Perspektiven bei Scharpf 1985; Wessels 1990, 1992; H. Wallace 1983, 1990.
10 Joseph Weiler setzt den intergouvernementalen Charakter der EG-Entscheidungsprozesse v.a. bis zur EEA in einen engen Zusammenhang mit dem bindenden und seiner Auffassung nach zunehmend „konstitutionellen" Charakter des EG-Rechts infolge der Fortentwicklung durch den EuGH. Er betrachtet diese Prozesse als wechselseitig bedingt; sie produzieren ein Gleichgewicht zwischen der umfassenden transnationalen Integration und der Bewahrung handlungsfähiger Nationalstaaten (1982: 46-47). Nach seiner Ansicht ist dieses Gleichgewicht durch die Einführung der Mehrheitsregel zerstört worden (1991: 2462), was dauerhafte Probleme bei der Umsetzung von EG-Regelungen in den Mitgliedstaaten bedingen könnte (1991: 2465).

Einstimmigkeitsregel konnte jede nationale Interessengruppe, die die nationalen Regierungen und Verwaltungen von ihrem Gesichtspunkt überzeugte, den legislativen Prozeß zum Scheitern bringen. Durch die EEA wurden Mehrheitsentscheidungen im Rat gestärkt. Dadurch ist es für die nationalen Interessengruppen notwendig geworden, Koalitionspartner in den anderen Mitgliedstaaten zu finden und den Politikformulierungsprozeß in einem frühen Stadium zu verfolgen und zu beeinflussen. Damit hat die Interessenvertretung auf der EG-Ebene im Verhältnis zur nationalen Ebene stark an Bedeutung gewonnen.

Auch die Rolle des *Europäischen Parlaments*, das zuvor im wesentlichen beratende Funktionen hatte, wurde durch die EEA und den Maastrichter Vertrag aufgewertet. Es wurde dadurch v.a. für solche Interessengruppen attraktiver, die Probleme mit einem breiten öffentlichen Interesse aufgreifen (Van Schendelen 1993).

Drittens wird auch *innerhalb der einzelnen EG-Institutionen eine starke funktionale Segmentierung* konstatiert. Vor allem für die Kommission wird die große Autonomie der Generaldirektionen und selbst der einzelnen Direktorate hervorgehoben, welche sogar die Entwicklung jeweils eigener Verwaltungsstile begründet (Donnelly 1993: 74; Greenwood/Ronit 1994: 35). Aus diesen Organisationsmerkmalen läßt sich in Verbindung mit einer – trotz des Kollegialprinzips – mangelhaften horizontalen Koordination (Pag 1987: 473; W. Wallace 1977: 311), dem Fehlen einer vereinheitlichenden parteipolitischen Ausrichtung oder Ideologie (Donnelly 1993: 75) und einer unterentwickelten einheitlichen Rekrutierungs- und Ausbildungspolitik (Mazey/Richardson 1993b: 6) durchgängig eine „fragmentierte Problemwahrnehmung und -bearbeitung" (Grande 1994: 195) auch innerhalb einzelner Politikfelder ableiten.[11] In Verbindung mit den stark zwischen und auch innerhalb von Politikfeldern variierenden Kompetenzen (Kohler-Koch 1992a: 109) der EG ergibt sich für die Kommission insgesamt eine disparate und fragmentierte Entscheidungsstruktur (Pag 1987: 474). Aber auch der Ministerrat und sein administrativer Unterbau auf der EG-Ebene sind durch eine ausgeprägte horizontale Differenzierung gekennzeichnet (Wessels 1991: 141).

Durch die Mehrebenenverflechtung werden solche Segmentierungstendenzen verfestigt: Die wechselseitige Abschottung erfolgt durch die bereichsspezifische Organisation der Willensbildung im mehrstufigen Verfahren der Politikformulierung. Dies geht einher mit der Stabilisierung von Politiknetzwerken durch das gemeinschaftliche Ausschußwesen: „there are a whole series of different 'policy communities', and even different and specialized forms of exchanges within such communities themselves when conceived as domain governance mechanisms" (Greenwood/Ronit 1994: 35; vgl. W. Wallace 1977: 310). Berücksichtigt man, daß sich die Koalitionsmöglichkeiten, die Konflikt- und Kooperationskonstellationen infolge der anstehenden Erweiterung des Mitgliederkreises der EU und der bereits erfolgten Ausweitung ihrer Aktionsfelder vervielfältigen, so erscheint die Einschätzung gerechtfertigt, daß auch in Zukunft eine segmentierte und inkohärente Politikgestaltung in der EG dominieren wird.

Die zunehmende Differenzierung nach Politikfeldern wird durch weitere institutionelle Charakteristika der EG-Institutionen verstärkt. Ihre *Kompetenzen sind eher im Bereich der Politikformulierung* als in der Implementationsphase angesiedelt, so daß sich die

---

11 Zur Umweltpolitik vgl. Héritier 1993, zur Technologiepolitik Grande 1994, zur Sozialpolitik Lange 1992.

Rolle organisierter Interessen auf der EG-Ebene auf eine Strategie des Lobbying im Prozeß der gemeinschaftlichen Willensbildung konzentriert, während auf der nationalen Ebene Interessengruppen eine wichtige Rolle auch in der Implementation spielen. Die auf der nationalen Ebene agierenden Verbände und die mit der Implementation betrauten nationalen administrativen Akteure besitzen vielfach die Fähigkeit, die auf der EG-Ebene formulierte Politik im Prozeß der Implementation neu zu definieren (vgl. Windhoff-Héritier 1993; Peters 1992), so daß im Ergebnis eine dezentrale Problembearbeitung resultieren kann. Auch die Bedeutung verbandlicher Selbstregulierung und -kontrolle könnte mit der einsetzenden Phase der Implementation des Binnenmarktprogramms steigen, falls die privaten Akteure der Auffassung sein sollten, daß dies vorteilhafter für sie ist als eine Politikvorgabe und Vollzugskontrolle durch die EG und eine Zusammenarbeit mit der nationalen öffentlichen Verwaltung.[12] Dies könnte die ohnehin divergierenden Implementationsmuster in den Mitgliedstaaten weiter auseinander klaffen lassen. Somit ist eine hohe Variation von Akteurkonstellationen und Probleminterpretationen und -lösungsansätzen je nach der Ebene und der Phase des Politikprozesses auch innerhalb eines Politikfeldes zu erwarten.

Die organisatorische Fragmentierung der EG-Institutionen findet ihr Pendant in der zunehmenden *Ausdifferenzierung der Interessengruppenlandschaft*, v.a. der trans- und multilateralen, (aber auch der nationalen) Interessenverbände, die zunehmend ihre Filter- und Aggregationsfunktion auf europäischer und nationaler Ebene verlieren. Die These ist plausibel, daß infolge der Vergemeinschaftung von Politikfeldern und der Veränderung der institutionellen Entscheidungsregeln in der EG sowie der Internationalisierung von Sektoren Entscheidungsarenen derart verändert werden, daß sich v.a. wirtschaftlichen Akteuren neue „Koalitions-, Konflikt- und Tauschmöglichkeiten" eröffnen, die sie zu nutzen suchen, um ihren Einfluß auf Politikformulierung und -durchführung zu vergrößern (Windhoff-Héritier 1993: 110). Auf der europäischen Ebene erfolgt die Interessenvertretung in immer höheren Maße an den umfassenden europäischen Verbandsföderationen vorbei durch Zusammenschlüsse von Unternehmen in Zweckbündnissen oder sektoriellen und sub-sektoriellen Zusammenschlüssen und Fachverbänden (Greenwood/Grote/Ronit 1992c: 244-5; vgl. z.B. Cawson 1992). Dies wird auf die mangelnde Handlungsfähigkeit dieser Verbandsföderationen zurückgeführt, die Folge ihrer im Verhältnis zu nationalen Verbänden geringen Ressourcen und heterogenen nationalen Mitgliedschaft ist (Grant 1993: 30-1). Sie lassen sich „sehr viel schwerer zu einer einheitlichen Willensbildung zusammenführen" als etwa nationale Verbände (Kohler-Koch 1992a: 102). Auf der nationalen Ebene ist zwar festzuhalten, daß sich die Fähigkeit von Dachverbänden, Mitgliederinteressen zu bündeln infolge der veränderten Handlungsspielräume von Spitzenverbänden und Unternehmen verringert. Die Notwendigkeit, sich in einem europäischen Abstimmungsprozeß zu behaupten, hat allerdings auch den empirisch nachweisbaren Effekt gehabt, daß

---

12 Van Waarden (1993b: 208-9) nennt als Beispiel die Einbeziehung der niederländischen Fischereiverbände in die Durchsetzung der EG-Fischereipolitik. Durch die laxe verbandliche Kontrolle hätten allerdings niederländische Fischer die ihnen zugewiesenen Fischereiquoten überschreiten können, was nach der Aufdeckung zum Rücktritt des niederländischen Landwirtschafts- und Agrarministers führte.

die Handlungsfähigkeit nationaler Interessenorganisationen gestärkt wurde (Kohler-Koch 1992a: 102-3).[13]
Insgesamt entsteht so das Bild einer fragmentierten und verflochtenen Mehrebenenentscheidungsstruktur mit einer Vielzahl von Zugangspunkten, dem eine Vielzahl verschiedenartiger Interessenorganisationen mit unterschiedlichen Einflußstrategien gegenübersteht. Unter diesen Bedingungen ist es offen, ob *Mechanismen zur Entwicklung kohärenter Politikgestaltung* in der EG entwickelt werden können: Die Erwartung, daß der Europäische Rat als oberste europäische Richtlinieninstanz Leitlinien für eine einheitliche Gemeinschaftspolitik vorgeben werde, scheitern an seinem intergouvernementalen Selbstverständnis. Auf dieser Ebene ist lediglich eine „situative 'Verhandlungskohärenz', die aus dem Schnüren von Paketen über unterschiedliche, nicht miteinander verbundene Politiksektoren hinweg erwächst" zu finden (Héritier 1993: 442; vgl. W. Wallace 1977: 312). An dieser Stelle können nur vorläufige spekulative Überlegungen zu alternativen Ansatzpunkten erfolgen, die sich zum einen auf die Rolle des Europäischen Parlaments und zum anderen auf die Bedeutung von Politik-Konzepten in der EG beziehen. Zukünftige Untersuchungen zu dieser Frage müßten berücksichtigen, ob über eine Politisierung von Themen z.B. durch das *Europäische Parlament* und dessen insgesamt stärkere institutionelle Einbeziehung übergreifende politische Zielvorgaben entwickelt werden könnten, die eine Zusammenführung partikularistischer Detailinteressen bewirken würden. Voraussetzung dafür ist, daß das Europäische Parlament in der Lage wäre, diejenigen Integrationsfunktionen zu erbringen, die von Repräsentativorganen in parlamentarischen Systemen – dort in Zusammenarbeit mit den Parteien – erwartet wird. Die Möglichkeiten der Entstehung einer europäischen Öffentlichkeit werden bislang allerdings sehr skeptisch beurteilt (vgl. Gerhards 1993; Scharpf 1992). Zu überprüfen ist in diesem Zusammenhang auch, ob die sich aus dem neuen Mitentscheidungsverfahren ergebenden Zwänge zur interinstitutionellen Kooperation zu einem themenübergreifenden Aushandlungsprozeß weiterentwickeln und somit den Fragmentierungstendenzen entgegenwirken.
Zum anderen könnte sich eine *Überlegenheit des konzeptionellen Faktors* über partikulare Interessen herausbilden, die durch organisatorische Faktoren zur Stärkung des Führungspotentials der politischen Akteure in der EG und zur Stützung der von diesen bevorzugten politischen Konzeptionen abgesichert wird. Solche institutionellen Mechanismen der Politikgestaltung könnten dazu beitragen, die Kohärenz und die Kontinuität der Politiken der Gemeinschaft zu sichern. Die Aufnahme und Durchsetzung neuer Ideen und Konzepte könnte dann in persistente Politik-Programme münden, die gegen Einwände und andere Konzepte verteidigt werden (vgl. Majone 1980). Hinter diesen Aussagen verbirgt sich zum einen die Beobachtung, daß „die Teilnehmer eines Policy-Diskurses vielfach durch institutionelle Festlegungen organisiert sind, d.h. die

---

13 So hat der Zwang zur Koordinierung in einigen EG-Staaten zum Zusammenschluß von Verbänden geführt (zum Agrarbereich vgl. Burckhardt-Reich/Schumann 1983). In Verbänden mit atomisierter Mitgliedschaft erfuhr der hauptamtliche Apparat eine Aufwertung, da zumeist nur dieser in der Lage ist, die immer komplexere EG-Politik zu überblicken und bei drängenden Entscheidungen kurzfristig zu handeln. Die Europäisierung stärkte die nationale Verbandsebene gegenüber den regionalen Mitgliedsverbänden: So mutierten die Landesverbände des Deutschen Bauernverbandes (DBV) zu Dienstleistungsorganen und ihre politischen Einflußmöglichkeiten wurden auf rein regionale Belange zurückgedrängt.

Diskurs-Situation wird stets durch Verfahren der Konsultation und der Beratung mehr oder weniger geregelt" (Singer 1993: 157). Dies erfordert eine Untersuchung der Meinungsbildungsprozesse im Beratungssystem der EG und des gesamten Ausschußwesens in der EG unter Einbeziehung der institutionellen Anbindung externer Informationsquellen und Interessengruppen. Innerhalb solcher Politiknetzwerke könnten sich gemeinsame, dauerhafte Handlungsorientierungen herausbilden, die nur mit diesen konforme Politik-Konzepte zulassen und zu deren Dauerhaftigkeit beitragen: „Wegen der Vielfalt möglicher Policy-Restriktionen sind gemeinsame Wertvorstellungen über die Grenzen des Möglichen in der Politikgestaltung zentral, wenn Möglichkeiten des kollektiven Nutzengewinns gesucht werden ... Wenn Vereinbarungen unvollständig sind, erfüllen gemeinsame Wertvorstellungen über den Sinn von Vereinbarungen eine wichtige Rolle, soll die Kooperation aufrecht erhalten werden" (Majone 1993: 108). Das oben skizzierte Bild einer segmentierten Politikgestaltung in der Europäischen Union wirft aber demgegenüber die Frage auf, welche Implikationen es für die Aufnahme und Durchsetzung von Policy-Konzepten hat. Den europäischen Politiknetzwerken ist eine „strukturinhärente Rivalität von Problemsichten und Lösungsansätzen eigen, die mühsam zu einem Ausgleich gebracht werden bzw. in denen je nach Aushandlungssituation, Aufmerksamkeit und Expertenwissen manchen Mitgliedstaaten eine Problemlösungssicht und -lösungsstrategie von anderen auferlegt werden" kann (Héritier 1993: 438). Selbst die Durchsetzung wenigstens politikfeldumfassender materieller Policy-Konzepte scheint in dieser Perspektive kaum mehr möglich. Vielmehr könnte sich eine für die EG möglicherweise charakteristische Art von formellen Policy-Konzepten herausbilden, die eine ganzheitlich wirkende Hülle darstellen, hinter der sich heterogene Interessen verbergen. Derartige Politik-Konzepte sind inhaltlich nicht vorbestimmt. Sie verkörpern lediglich einen formellen Konsens, dessen konkrete Ausgestaltung jeweils situationsgebundenen Interessenkoalitionen vorbehalten ist. Policy-Programme bilden in einer solchen Perspektive lediglich eine Konsensstrategie mit offenem Ausgang. So muß beispielsweise das Vernetzungskonzept in der EG-Technologiepolitik gravierende politikfeld- und konzeptinhärente Konflikte wie auch Interessenkollisionen zwischen den Mitgliedstaaten überbrücken.[14]

---

14 Dieses zentrale Konzept der EG-Forschungspolitik hat die europaweite Vernetzung von Forschung und Industrie zum Ziel. Inhärente Konflikte des Politikfeldes und des Vernetzungskonzeptes sind folgende: Technologie als öffentliches Gut contra Technologie als privates Gut; Kooperation von Unternehmen contra Konkurrenz von Unternehmen; kurzfristige Logik der Forschungsprojekte contra langfristiger Ansatz der Vernetzungsstrategie; Vorwettbewerblichkeit der Projekte contra Marktrelevanz der Ergebnisse. Als EG-spezifische Zielkonflikte zwischen den Mitgliedstaaten sind zu nennen: Förderung der Kohäsion contra Steigerung der industriellen Wettbewerbsfähigkeit; Präferenzunterschiede in bezug auf den Stellenwert struktur- und regionalpolitischer Effekte der Innovationspolitik; ordnungspolitische Divergenzen über die Marktkonformität staatlicher F&T-Politik. Zu diesem Themenkomplex ist am Mannheimer Zentrum für Europäische Sozialforschung gegenwärtig ein Forschungsprojekt in Vorbereitung.

4. Politische Gewichtsverteilung in der europäischen Interessenvermittlung

4.1 Europamacht der organisierten Interessen?

Parallel zu den Veränderungen in der Interessenvermittlung verschieben sich auch das Steuerungsmuster der EG-Politik und die Balance zwischen privaten und öffentlichen Interessen innerhalb der Europäischen Gemeinschaft: Mit der wachsenden Verflechtung zwischen privaten und öffentlichen Akteuren geht ein Abbau der hierarchischen Form staatlicher Steuerung und eine Aufwertung der horizontalen Abstimmung in Netzwerken einher (Windhoff-Héritier 1993: 108). Zwar wird nicht die „Herrschaft der Verbände" prognostiziert, doch wird im Zuge dieser Entwicklung ein hoher Einfluß privater wirtschaftlicher Interessen erwartet. Strukturelle Gründe hierfür sind erstens die *Hegemonie der Marktintegration in der EG-Politik*, zweitens der *Bedarf der Kommission an externer Information und Expertise* und schließlich das *System der „Komitologie"*.

(1) Die auch auf mitgliedstaatlicher Ebene zu beobachtenden Tauschbeziehungen zwischen privaten und öffentlichen Akteuren resultieren auf der EG-Ebene in einer besonderen Problematik: Solange der Integrationsprozeß der EG vornehmlich auf dem Weg der *Marktintegration* fortschreitet, liefern die von der Rechtsangleichung unmittelbar betroffenen Wirtschaftsakteure die notwendige Fachkenntnis. Damit wird zwangsläufig den Produzenteninteressen eine privilegierte Stellung eingeräumt. Solange die über Jahrzehnte bewährte Integrationslogik beibehalten wird, d.h. der engere politische Zusammenschluß über die wirtschaftliche Zusammenarbeit gesucht wird und diese den Prinzipien von Wirtschaftlichkeit und Wettbewerb verpflichtet bleibt, wird sich die Gemeinschaft weiter in Richtung von „Markt ohne Staat" (Joerges 1991) entwickeln. Diese Tendenz erhielt mit der wirtschaftspolitischen Wende Anfang der 80er Jahre neuen Auftrieb, als in wichtigen Mitgliedstaaten der Gemeinschaft eine neo-liberale Politik der Deregulierung als dringlich erforderliche Remedur wirtschaftlicher Wettbewerbsschwäche und Stagnation an Popularität gewann. Die Strategie einer Liberalisierung der Märkte war auf der Ebene der Gemeinschaft um so leichter durchzusetzen, weil sie starke Unterstützung in Kreisen der führenden europäischen Industrie fand, es keine institutionellen Barrieren wie in den Mitgliedstaaten zu überwinden galt und es den widerstrebenden Gewerkschaften nicht gelang, eine politisch wirksame Gegenposition aufzubauen.

Die vielversprechende Strategie, über einen „Wettbewerb der Systeme" und eine gezielte Begrenzung der harmonisierenden Rechtsangleichung den Binnenmarkt zu verwirklichen, hat aber nicht unbedingt zu einer Entschlackung der Verfahren geführt. Dies demonstriert Joerges für die Regulierung der Produktsicherheit: „Die als Deregulierungsstrategie angekündigte neue Harmonisierungspolitik produziert zunächst kooperative Arrangements zwischen der Gemeinschaft und den Normungsorganisationen, erzwingt sodann Kooperationen zwischen den innerstaatlichen Verwaltungen, führt schließlich zur Verschärfung des Produktsicherheitsrechts und zur Etablierung eines neuen Politikfeldes der Gemeinschaft" (Joerges 1991: 248).

Die Produzenteninteressen sind auf der EG-Ebene immer noch, wenn auch mit abnehmender Tendenz, stärker repräsentiert als andere Gruppen (vgl. Abb.). Sie haben nicht nur zahlenmäßig ein deutliches Übergewicht, sondern sind auch besser mit

Schaubild 1: Verteilung der EG-Verbände (Stand 1992)

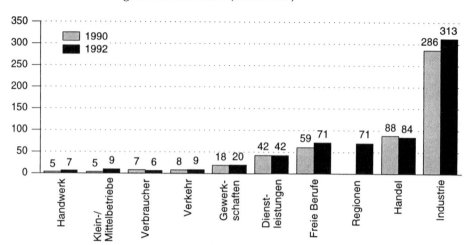

Quelle: Kommmission der Europäischen Gemeinschaft 1990, 1992; Zusammenstellung der Regionenbüros 1994; eigene Berechnung.

personellen, finanziellen und organisatorischen Ressourcen ausgestattet. Sie konnten aufgrund ihrer frühen Gründung mehr Erfahrungen sammeln und haben ein effizientes Netz transnationaler Information und Kommunikation entwickelt (vgl. Kohler-Koch 1992a: 95-6). Im Rahmen der Dominanz der Marktintegration sind die Gemeinschaftsorgane demnach v.a auf ihre Expertisekompetenz und ihre politische Unterstützung angewiesen.

(2) Durch die abgeschwächte Bindekraft der Verbände läßt deren Attraktivität als Gesprächspartner nach und eine Privilegierung „verläßlicher" und handlungsfähiger Akteure, als welche beispielsweise eher internationale Kartelle von Großunternehmen angesehen werden, ist zu erwarten. Zwar stärkt ganz generell die Berücksichtigung von Interessen gesellschaftlicher und ökonomischer Gruppen die Legitimationsfähigkeit der Gemeinschaft, aber der asymmetrische Charakter der Interessenvertretung auf EG-Ebene weckt die Sorge, daß die Suche der *Kommission* nach externen Informationsquellen und ihre Offenheit gegenüber Interessenorganisationen dazu führen könnte, daß Sonderinteressen die Politikformulierung bereichsspezifisch kontrollieren (vgl. H. Wallace 1993: 299-300). Die Zunahme an EG-Kompetenzen wird infolge der begrenzten Ressourcen der Kommission einen Zuwachs an privater Interessenvertretung zur Folge haben. Majone (1989: 163) hat bereits für die Zunahme der Regulierungstätigkeit der EG in Anlehnung an das Say'sche Gesetz gefolgert: „the supply of regulation creates its own demand of expertise." Die Ressourcenknappheit der Kommission hat schon immer zu einer Informationsabhängigkeit geführt, die durch kooperative Beziehungen zu Interessengruppen befriedigt wurde. Entsprechend hat sie vielfach die Bildung europäischer Interessenorganisationen unterstützt und sich um eine enge Zusammenarbeit mit ihnen bemüht (Kohler 1984: 293).[15] Die Offenheit der Kommission

---

15 Vor den jetzt einsetzenden Bemühungen um eine Regelung des Zugangs von Interessen-

gegenüber Interessengruppen ist durchaus als rationales Verwaltungshandeln zu werten – sie versucht, durch diese Tauschprozesse Steuerungsressourcen gegenüber ihrer Umwelt zu gewinnen (vgl. Lehmbruch 1991: 130), um ihre Rolle als 'Motor der Integration' wahrzunehmen.

Es gibt aber Bereiche, in denen ein mögliches 'capture' der europäischen Politik durch transnational tätige Großunternehmen und Interessenorganisationen und deren Interessendurchsetzung auch am Heimatstaat vorbei Anlaß zur Sorge gibt. So hält Claire Shearman für die Technologie- und die Telekommunikationspolitik fest: „In all of the European initiatives the policy process leaves little room for public debate. Decisions are made by small groups of industrialists and civil servants with vested interests; little opportunity is provided to voice the opinion of, for instance, the small company or trade unions" (1986: 158). Die Dynamisierung des Integrationsprozesses in der vergangenen Dekade hat dieses Problem offensichtlich verschärft: „The Commission, nurtured in another age, is trying to do too much with too few resources" (Ludlow 1991: 128). So hält eine Untersuchung des starken Wachstums des Ausschußwesens der EG in den 80er Jahren fest (Grote 1990), daß „die Kontrollkapazitäten der Kommission bezüglich der in ihrem eigenen Verwaltungsbereich liegenden Gremien außerordentlich begrenzt" seien (S. 245). Die Kommission wird „bereits heute an der Grenze ihrer operationellen Fähigkeiten" gesehen (S. 247). Die Ressourcenknappheit der Gemeinschaftsinstitutionen im Verhältnis zu nationalen politisch-administrativen Strukturen und die ungleichzeitigen Integrationsgeschwindigkeiten von Wirtschaft und Politik spiegeln sich auch in der Fähigkeit von Unternehmen zur transnationalen Absprache von privaten Regimen wider sowie in der Bereitschaft von Rat und Kommission, aus Gesichtspunkten der Entscheidungseffizienz und besseren Durchsetzungsfähigkeit Standardisierungsaktivitäten auf private Akteure zu delegieren.

Auch im Gesetzgebungsverfahren der Gemeinschaft sind die jeweils direkt betroffenen und 'sachverständigen' Akteure eingebunden, ohne daß diese Praktiken einer öffentlichen oder parlamentarischen Kontrolle unterworfen sind. Die institutionelle Komplexität des EG-Systems macht die Beantwortung der Frage, „who...is ultimately responsible and accountable for decisions" schwierig (Lodge 1989: 30). Joerges geht noch weiter, wenn er feststellt, daß die Komitologie mittlerweile als „ein zentrales Regulierungs- und Vermittlungsinstrument" fungiere (Joerges 1994: 7). Auch die Urteile des EuGH zum Ausschußwesen, in denen „die rechtliche Eigenverantwortung der Organe" der EG unterstrichen wird (Joerges 1994: 20), bieten keine praktikablen Anhaltspunkte für eine Eindämmung von dessen politischer Rolle. Offen ist, „wann die Grenzen einer rechtlich unbeachtlichen Beteiligung der Ausschüsse an der Entscheidungsfindung überschritten werden und wie insbesondere eine Beteiligung nicht-staatlicher Stellen

---

gruppen zur EG (Kommission der EG 1993a) hat die Kommission bereits Anfang der 60er Jahre die Kooperation mit den europäischen Verbänden zu regeln versucht – analog zur Gemeinsamen Geschäftsordnung der Bundesministerien in der Bundesrepublik. Diese Bemühungen scheiterten jedoch am Einspruch der französischen Regierung. Diese stellte generell das Recht der Kommission in Frage, die Interessenverbände zu konsultieren; jene solle sich an das vertragliche Konsultationsgremium, den WSA halten, andere Kontakte mit Verbänden seien ausschließliche Angelegenheiten der Regierungen. Diese Argumentation wurde zwar in einem vertraulichen Gutachten des Juristischen Dienstes vom Mai 1966 zurückgewiesen. Die Kommission verzichtete damals aber auf eine weitere Formalisierung ihrer Beziehungen zu den Interessenverbänden.

zu bewerten ist" (Joerges 1994: 19). Die intransparenten Verhandlungsprozesse werden als ein elementares Problem für die Legitimität der EG empfunden. Im Zusammenhang mit den Problemen um die Ratifizierung des Maastrichter Vertrages wurden deswegen bereits Maßnahmen ergriffen, um die Transparenz der EG für die Öffentlichkeit zu erhöhen (Kommission der Europäischen Gemeinschaft 1993b) und auch die „ground rules for an open, structured dialogue between the Commission and special interest groups" aufzustellen (Lodge 1993: 7).

Bei genauerer Betrachtung erscheint das Bild aber differenzierter. In einigen Untersuchungen konnte gezeigt werden, daß der Integrationsprozeß zu einer Stärkung der öffentlich-rechtlichen Akteure geführt hat. So war die Vergemeinschaftung der Agrarpolitik von einer Reorganisation der Entscheidungs- und Koordinierungsmechanismen auf nationaler Ebene begleitet: In verschiedenen Ländern erlaubte dies den nationalen Verwaltungen, sich aus ihren klientelistischen Verklammerungen mit nationalen Verbänden zu lösen.[16] Organisierte Interessen haben weiterhin eine Beschränkung ihrer Macht dadurch erfahren, daß eine verbandliche Einvernahme der Regierung auf nationaler Ebene nicht mehr die Durchsetzung des Verbandsinteresses in der EG-Politik sichert, gleichzeitig aber die Durchsetzung einzelverbandlicher Interessen auf der europäischen Ebene auf Grenzen stößt und in den verschiedenen Phasen der EG-Politik sehr unterschiedlich ausfällt.

Im Bereich der Interessenvermittlung in der Forschungs- und Technologiepolitik der EG wird – im Gegensatz zu der o.g. Sorge eines 'capture' gerade in diesem Politikfeld – aus den institutionellen Bedingungen des EG-Mehrebenenentscheidungsgefüges gar ein „Paradox der Schwäche" abgeleitet (Grande 1994: 361): Die Fragmentierung und Mehrebenenverflechtung der politischen Akteure in diesem Politikfeld bedinge zwar einen „Autonomieverlust der staatlichen Akteure im Inneren". Dieser aber gehe einher „mit einem Autonomiegewinn des Staates gegenüber seiner gesellschaftlichen 'Umwelt'" (Grande 1994: 365). Jener wird zum einen auf die Stärkung der externen Verhandlungsposition der staatlichen Akteure infolge ihrer internen Selbstbindungen zurückgeführt und zum anderen auf ihre Fähigkeit, Entscheidungsprozesse gegenüber gesellschaftlichen Akteuren zeitweilig zu schließen.

Die Ergebnisse der einzelnen Untersuchungen bleiben also bisher uneindeutig. Aus den bisher vorliegenden Einzelfallstudien sind nur schwer generalisierungsfähige Aussagen über die Transformation der europäischen Politikgestaltung zu ziehen, weil die jeweiligen Umweltbedingungen und Untersuchungsdesigns sehr unterschiedlich sind. Aufschlußreich wären Vergleichsuntersuchungen, bei denen gezielt der jeweilige Handlungskontext variiert würde. Erst auf einer solchen Grundlage ließen sich begründete Einschätzungen über eine Wiederbelebung eines sektorspezifischen Pluralismus auf Kosten neo-korporativer Arrangements abgeben.

---

16 Burckhardt-Reich/Schumann (1983) kommen für Dänemark und Großbritannien zu dieser Einschätzung.

4.2 Ungleichgewichte zwischen Interessengruppen

Der im vorangegangenen Abschnitt dargestellten umfassenden Präsenz von Produzenteninteressen steht immer noch eine untergewichtige Repräsentation von sozialen, gesellschaftlichen und Umweltinteressen gegenüber. Dies läßt sich zum einen auf die teilweise späte Entwicklung dieser Dimensionen in der EG-Politik zurückführen. So wurden z.B. umweltpolitische Probleme erst in den 70er Jahren punktweise aufgegriffen und erst die EEA erhob den *Umweltschutz* zu einem eigenständigen Gegenstand europäischer Politik. Bis dahin war die europäische Umweltpolitik der Logik der Marktintegration untergeordnet (Kohler-Koch 1994b): Zum einen gerieten die Umweltvorschriften nur unter einer bestimmten Perspektive in den Blickwinkel gemeinschaftlicher Politik, nämlich als nichttarifäre Handelshemmnisse, die im Interesse des „Funktionierens des Gemeinsamen Marktes" (Art. 100 EWG-V) rechtlich anzugleichen waren. Zum anderen kann die Gemeinschaft ihre Tätigkeit nach Art. 235 EWG-V nur auf neue Handlungsfelder erstrecken, wenn dies nachweislich notwendig ist, „um im Rahmen des Gemeinsamen Marktes eines ihrer Ziele zu verwirklichen". Diese vertraglich auferlegte Begrenzung galt auch für die Umweltpolitik. Die Unterordnung der Umweltpolitik unter das Ziel der Errichtung des Gemeinsamen Marktes war allerdings Schranke und Motor zugleich. Je rascher die Marktintegration voranschritt, desto häufiger befaßte die Gemeinschaft sich mit Problemen des Umweltschutzes. In keiner anderen Region der Welt ist folglich die transnationale Regulierung von Umweltproblemen so weit vorangeschritten wie in Westeuropa. Seit der Verabschiedung der EEA und des 5. Umweltaktionsprogramms kann nicht mehr von einer Subordination der gemeinschaftlichen Umweltpolitik unter die wirtschaftliche Integration gesprochen werden. Trotzdem ist die Vertretung umweltpolitischer Interessen auf europäischer Ebene nach wie vor unterentwickelt.

Dieses Partizipationsdefizit liegt auch in der schwachen Organisationsfähigkeit dieser Interessen begründet. Wie können die Mitglieder einer Gesellschaft dazu veranlaßt werden, für die Bereitstellung oder Bewahrung eines öffentlichen Gutes eine eigene Leistung zu erbringen, wenn diese weder durch soziale Kontrolle oder staatliche Sanktionsdrohung eingefordert wird, noch aufgrund eines individuellen Kosten-Nutzen-Kalküls aus der Sicht eines Einzelnen rational ist? Es entspricht der „Logik des kollektiven Handelns" (Olson 1968), daß „in einer großen Gruppe, in der der Beitrag keines Einzelnen sich auf die Gruppe als ganzes oder auf die Belastung bzw. den Gewinn irgendeines einzelnen Mitgliedes fühlbar auswirkt, ein Kollektivgut sicher *nicht* bereitgestellt werden [wird]" (Olson 1968: 43; Hervorhebung im Original). Daher ist damit zu rechnen, daß Versuche, diese Interessen in umfassenden Organisationen zu vereinen, scheitern werden. Auch aus diesem Grund überrascht es nicht, daß sie in den ersten Jahrzehnten der europäischen Integration kaum oder nur symbolisch repräsentiert waren (Europäischer Verbraucherverband/BEUC, Europäisches Umweltbüro/EEB).

Der transnationalen europäischen Integration von *Arbeitnehmerinteressen* steht die ausgeprägte Heterogenität der nationalen Strukturen entgegen (vgl. Ebbinghaus/Visser in diesem Band): So unterscheiden sich die nationalen Gewerkschaftsbewegungen neben der Sprache durch stark divergierende Ressourcen, Organisationsgrade, Repräsentativität, ideologische Ausrichtungen und ihre Einbettung in die nationalen Systeme der Arbeitsbeziehungen und wohlfahrtsstaatlichen Institutionen (vgl. Visser/Ebbinghaus 1992: 209-14; Grant 1993: 41). Die tiefe Verwurzelung der Gewerkschaften in der historischen Entwicklung ihrer jeweils nationalen Gesellschaft und ihre Bindung als Massenorganisationen an den Wahrnehmungshorizont breiter Bevölkerungsschichten zieht ihrer Europäisierung somit sehr enge Grenzen (Kohler-Koch 1990: 232). Als besonders hinderlich für die europäische Kooperation erwies sich die parteipolitische Orientierung, als deren Folge sich zunächst drei konkurrierende Gewerkschaftsverbindungen auf der EG-Ebene bildeten. Erst 15 Jahre nach Einrichtung der EWG konnte die europäische gewerkschaftliche Zusammenarbeit im Europäischen Gewerkschaftsbund konsolidiert und erst im Laufe der 70er Jahre die parteipolitische Zersplitterung weitgehend überwunden werden. Die Heterogenität der Mitgliedsorganisationen des EGB ist besonders ausgeprägt, da dieser sich als europaweite und nicht nur als EG-Organisation versteht.[17] Sie behindert auch in erheblichem Maße die Handlungsfähigkeit des Verbandes. Der Organisationsgrad der Zusammenarbeit auf Branchenebene ist teilweise noch niedriger. Diese strukturelle Schwäche der Gewerkschaften deckt gleichzeitig die Schwierigkeiten und die Unterentwicklung der gesellschaftlichen Integration der EG-Mitgliedstaaten auf.

Die transnationale gewerkschaftliche Zusammenarbeit wird auch durch die mangelnden Ansatzpunkte einer europäischen Interessenvertretung erschwert. Die Gewerkschaften haben sich zwar nachhaltig und dauerhaft für eine Ausdehnung gemeinschaftlicher Kompetenzen auf das Gebiet der Wirtschafts- und Sozialpolitik eingesetzt und auch die Stärkung der Gemeinschaftsinstitutionen unterstützt. Sie konnten die Kommission für ihr Anliegen, eine Formalisierung gewerkschaftlicher Mitsprache in der europäischen Meinungsbildung zu erreichen, gewinnen. Doch letztlich scheiterte der in der zweiten Hälfte der 70er Jahre gestartete Versuch der Einführung eines gemeinschaftlichen „Tripartismus". Auch die Bemühungen um einen 'sozialen Dialog' in den 80er Jahren haben nicht vermocht, die Position der Gewerkschaften im Gemeinschaftssystem zu stärken. Strukturelle Restriktionen ergeben sich zum einen aus dem Konstruktionsprinzip der EG als Wirtschaftsgemeinschaft, demgemäß das gesamte Beratungssystem auf die Kernaufgabe – nämlich die Verwirklichung des Gemeinsamen Marktes – angelegt ist, so daß sachlich in erster Linie die Zu- und Mitarbeit der Produzenten gefragt ist und politisch die Logik ökonomischer Rationalität dominiert. Auch von den Befürwortern der Absicherung der „sozialen Dimension" des Binnenmarktes wird nur die Gewährleistung von Mindeststandards für akzeptabel gehalten. Zum anderen besteht für die Unternehmerseite kein Anreiz, die Gewerkschaften auf europäischer Ebene durch Konzertierungsmechanismen aufzuwerten, um sich dann ihren eigenen Handlungsspielraum durch gemeinschaftsweite Vereinbarungen einschränken zu lassen (Kohler-Koch/Platzer 1986; vgl. Schmitter/Streeck 1991: 54). Im Ergebnis ist eine Aufwertung des EGB und damit eine vertikale Verlagerung der politischen Gewichte auf die europäische Ebene zu Lasten der nationalen Gewerkschaftsverbände gegenwärtig nicht zu erwarten.

Das Bild der Unterlegenheit gesellschaftlicher und sozialer Interessen wird durch die folgenden Elemente partiell korrigiert, aber ohne daß sich der Gesamteindruck wesentlich verändert: So ist die Kommission vielfach bemüht, die partizipationsschwa-

---

17 Der EGB vereint 40 Dach- und Spitzengewerkschaften aus 21 Ländern.

chen Organisationen zu stärken. Die Vereinbarung zum sozialen Dialog innerhalb des Protokolls zur Sozialpolitik, das von den Mitgliedstaaten – mit Ausnahme Großbritanniens – als Anhang zu den Maastrichter Verträgen unterzeichnet wurde, legt ihr im Bereich der Sozialpolitik die Verpflichtung auf, die Sozialpartner zu konsultieren (ausführlich Obradovic 1994). Der ursprüngliche, ambitionierte Entwurf der Kommission zur „sozialen Dimension des Binnenmarktes", der neben Maßnahmen der sozialen Sicherung auch die Stärkung des sozialen Dialogs vorsah (vgl. Kommission der Europäischen Gemeinschaft 1988, 1989), wurde stark verwässert (Seidel 1990: 169). Selbst aus der Perspektive des Generalsekretariats des Rates werden die sozialpolitischen Anstrengungen der EG im Rahmen der Einheitlichen Europäischen Akte als „kaum mehr als eine Arabeske" gewertet (Weinstock 1989: 24). Wesentliche Elemente der 'sozialen Dimension des Binnenmarktes' liegen weiterhin außerhalb der Reichweite der EG-Sozialpolitik – z.B. die Lohnpolitik, das Vereinigungsrecht, das Streikrecht (Gorges 1993: 79). In zentralen anderen Bereichen ist der einstimmige Entschluß des Ministerrates erforderlich.

In Teilbereichen der Sozialpolitik wird aber die Schwäche der Gewerkschaften kompensiert durch die Rolle der Kommission als 'Motor der Regulierung und Harmonisierung' (vgl. Eichener/Voelzkow in diesem Band): So wird für die Harmonisierung des technischen Arbeitsschutzes durch die EG festgehalten, daß sie sich „nicht nur auf höchstem Niveau" befindet, sondern auch den in den Niederlanden und Dänemark verfolgten „innovativen Ansätzen" folge (Eichener 1993: 213). Auch Joerges (1994) konstatiert einen überwiegend „sachhaltige[n] Europäisierungsprozeß" (S. 36) und einen „diskursiven Pluralismus" (S. 30) in diesem Bereich der Sozialregulierung. Dies läßt sich im wesentlichen auf die Besonderheiten der Regulierung in diesem Politikfeld zurückführen. Diese Harmonisierung steht in einem funktionalen Zusammenhang zur Binnenmarktprogrammatik (Art. 100a Abs. 1 EGV). Die Kommission muß Regelungsvorschläge vorlegen, die ein „hohes Schutzniveau" in den Bereichen Sicherheit, Gesundheit, Umweltschutz und Verbraucherschutz realisieren sollen (Art. 100a Abs. 3 EGV). Die Erarbeitung der Richtlinien erfolgt in relativ geschlossenen, aus Experten bestehenden Beratungsausschüssen, in denen „auf einem hohen technologischen Niveau diskutiert" werde (Eichener 1993: 219) und das „Augenmerk sich auf technische und juristische, nicht auf politische Probleme" beziehe (S. 221). Eine „Positivintegration" erfolge auch deshalb, weil die Kommission „nicht einfach ein bestimmtes nationales Regelungsmodell übernehmen" kann und daher durch sie die Möglichkeit eines sachlichen Konsenses vergrößert wird (Joerges 1994: 9).

Während die *nicht-staatlichen Organisationen aus dem Sozialbereich* über lange Zeit in der EG-Interessenvermittlung nahezu abwesend waren (Mazey/Richardson 1994: 18), kam es in den vergangenen Jahren zu einem starken Wachstum auch dieser Interessenvertretungen auf europäischer Ebene. Die Kommission unterstützt Gruppen, die in verschiedenen Problemfeldern tätig sind: z.B. Frauenarmut, Wohnsitzlose, Alleinerziehende, etc. (vgl. Harvey 1993: 190). Die Einschätzungen dieser – auch finanziellen – Förderung gehen aber auseinander: Auf Seiten der Kommission wird betont, daß die Zusammenführung in transeuropäische Organisationen für sie von Vorteil sei, um eine konvergente Sozialpolitik anstreben zu können. Von einigen Mitgliedern der Organisationen wird hingegen befürchtet, die Förderung sei lediglich „an inexpensive method of expressing social concern and 'putting a human face' on '1992'; a subtle means, too, of capturing networks and inhibiting their role" (Harvey 1993: 191). Die Einflußmöglichkeiten solcher Organisationen werden v.a. im Bereich der Agendagestaltung und der Erweiterung und Sensibilisierung der politischen und sozialen Diskussion gesehen (vgl. Mazey/Richardson 1994: 10). In diesem Zusammenhang spielen auch die Kontakte zum Europäischen Parlament eine gewichtige Rolle. Das dem EP mit dem Maastrichter Vertrag zur Europäischen Union neu eingeräumte Petitionsrecht (Art. 138 EGV) wird bereits von Umweltschutzgruppen genutzt (Faulks/Rose 1994: 9). Der Einfluß der Aktivitäten dieser sozialen Gruppen auf „legislation, programmes, or changes in funding priorities" wird dagegen bislang als kaum meßbar beurteilt (Harvey 1993: 199).

Für die sozialen Gruppen wird festgestellt, daß sie stark von ihren Beziehungen zu einer bestimmten Generaldirektion innerhalb der Kommission abhängen, die eine Sponsor-Funktion erfülle. So ist der EGB auf seine Beziehungen zur GD V (Soziale Angelegenheiten) angewiesen. Die Relevanz des europäischen Umweltbüros EEB für die EG-Umweltpolitik hängt stark von der Stellung der für die Umweltpolitik zuständigen GD XI in den Entscheidungsprozessen der Gemeinschaft ab (vgl. Grant 1993: 41-2).

Die Organisationen können auch in der Implementationsphase der EG-Politik eine gewichtige Rolle einnehmen. In der Umweltpolitik z.B. fördert die Kommission die Entstehung direkter Verbindungen zu Umweltverbänden und auch zu subnationalen staatlichen Akteuren. Durch eine „Mobilisierung von unten" soll die korrekte Umsetzung von EG-Regelungen durchgesetzt werden (Héritier 1993: 439). Allerdings sind gegenwärtig auch zwei Fälle vor dem EuGH anhängig, in denen Umweltschutzgruppen der Kommission selbst unrechtmäßiges Verhalten im Sinne von Art. 173 EGV vorwerfen (vgl. Faulks/Rose 1994: 8).

Schließlich wird die Kommission auch von Organisationen zur Kompensation ihrer Schwäche in der nationalen Politik genutzt (zum folgenden vgl. Geyer 1992: 18-9): So hat der britische Trade Union Congress nach langen Jahren wechselhafter Einstellung in der zweiten Hälfte der 80er Jahre eine deutlich positivere Haltung gegenüber der EG eingenommen. Die Schwächung der eigenen Position in Großbritannien durch die gezielte neoliberale Politik der konservativen Regierung hat die britischen Gewerkschaften veranlaßt, weniger als zuvor auf die Durchsetzung ihrer Interessen durch freie kollektive Verhandlungen – ganz gemäß der Tradition des common law mit geringer rechtlicher Absicherung – zu vertrauen. Vielmehr eröffnet aus der Sicht des TUC die europäische Sozialcharta nunmehr die Möglichkeit, „to lock positive rights into the British parliamentary government structure ... as a foundation below which a future Thatcher-like government would be incapable of going" (Geyer 1992: 19). Dadurch wird natürlich ein Abhängigkeitsverhältnis vom Erfolg der EG-Sozialpolitik geschaffen, das einen hohen Grad an Unsicherheit und internationaler Interdependenz in die britische Gewerkschaftsbewegung hineinträgt (S. 25).

5. Europäisierung von Interessen und die Legitimität europäischen Regierens

Resumiert man die wesentlichen Elemente der vorangegangenen Darstellung, so ist festzuhalten, daß die Trendaussagen zur Transformation der europäischen Interessenvermittlungsmuster in den verschiedenen Studien problematisch sind. Zum einen stützen sich die Aussagen auf eine relativ schmale empirische Basis. Aufgrund der mangelnden Vergleichbarkeit der jeweiligen Untersuchungskontexte sind Verallgemeinerungen nur mit großen Vorbehalten zu treffen. Zum anderen besteht die Neigung, sich lediglich auf eine Analyseebene zu begrenzen, d.h. die Prozesse der Interessenvermittlung in den Entscheidungsabläufen zwischen und innerhalb der EG-Institutionen nachzuvollziehen. Dabei wird der eigentliche Prozeß der Europäisierung der Interessen und der Umstrukturierung der einzelstaatlichen Systeme der Interessenvermittlung im Zuge der europäischen Integration ausgeklammert. Untersuchungen zu einzelnen Politikbereichen umfassen häufiger alle Stufen des EG-Mehrebenensystems. Ihr Defizit liegt aber meist darin, daß sie von einem Analyse- und Erklärungsmodell begrenzter Reichweite ausgehen: gefragt wird nach der relativen transnationalen und supranationalen Organisationsfähigkeit, dem Organisationsgrad und der Organisationsform sowie der Artikulations- und Konfliktfähigkeit gesellschaftlicher europäischer Interessen. Aussagen darüber, ob sich mit diesen Veränderungen auch die bisherigen Chancen unterschiedlicher gesellschaftlicher Gruppen, ihre eigenen Belange wirkungsvoll zu Gehör zu bringen, gewandelt haben, sind jedoch erst dann zu treffen, wenn die Wechselwirkungen zwischen Interessenvermittlung und den Veränderungen im Regieren in den Blick genommen werden. Die in dieser Untersuchung erfolgte Aussage über die zunehmende Fragmentierung, Privatisierung und Unausgewogenheit europäischer Politik ist zwar nur mit Vorsicht zu treffen. Generell ist aber festzuhalten, daß die Komplexität des EG-Mehrebenensystems steigt. Dadurch wachsen die Probleme seiner Steuerung und seiner politischen Berechenbarkeit. Die Lokalisierung und Einforderung politischer Verantwortlichkeit wird zunehmend schwieriger.

Diese Zusammenhänge werden vor allem in den Arbeiten von Fritz W. Scharpf, in denen er sich generell mit der Frage von Demokratie im ausdifferenzierten, verflochtenen und verhandelnden Staat auseinandergesetzt, thematisiert (Scharpf 1991, 1993). Im Mittelpunkt steht die Frage, ob „die zunehmende Differenzierung und Verflechtung eine Steigerung der gesellschaftlichen Koordinations- und Problemlösungskapazitäten" mit sich bringe oder aber ob sie – gemessen an einem idealtypisch hierarchischen Modell staatlicher Steuerung – eher als „Verfallserscheinung" zu deuten sei (Scharpf 1991: 623). Eine diesem Analyseansatz verpflichtete empirische Untersuchung der europäischen Mehrebenenverflechtung in der Technologiepolitik kommt dabei zu dem Ergebnis, daß solch „verflochtene Entscheidungsstrukturen andere Lösungen ergeben, die nicht notwendig schlechter sein müssen" als diejenigen entflochtener Entscheidungsstrukturen (Grande 1994: 371). Allerdings befassen sich diese Studien nur am Rande mit der demokratischen Legitimität solcher Entscheidungsstrukturen (vgl. Scharpf 1993), die anerkanntermaßen jedoch ein Kernproblem der gegenwärtigen Transformationsprozesse darstellt. Das Problem der Integration liegt darin, daß die europäischen Politikverflechtungsprozesse eine wachsende Nachfrage nach politischer Kontrolle und öffentlicher Partizipation auslösen, die nicht durch Regeln und Verfahren befriedigt werden können, die dem traditionellen Verständnis demokratischer Verfassungsstrukturen entsprechen.

Konkrete Überlegungen zur Reform des europäischen politischen Systems, die bei der Regierungskonferenz zur Revision des Vertrages über die Europäische Union einge-

bracht werden sollen, orientieren sich deswegen zunehmend an der Realität des heutigen EG-Systems. Hierzu zählen Vorschläge zur Festlegung einer Rangordnung der Rechtsakte der Gemeinschaft.[18] Vordergründig wirkt dies wie eine rein rechtstechnische Veränderung, die jedoch weitreichende Implikationen hat. Sie enthält „much broader and very intricate problems of subsidiarity, the separation of powers, and the rule of the law ... by proposing a distinction between acts of legal and of regulatory value the EP and the Commission attempt to gain the role of a true legislator and of a true executive, respectively" (Winter 1993: 2-3).
Auch die Anwendung des Subsidiaritätsprinzips zeigt nur scheinbar eine Verfahrenslösung für eine als angemessen erachtete Regelung von politischer Verantwortung und Handlungskompetenz auf. Allgemein sind die Einschätzungen, mit Hilfe des Subsidiaritätsprinzips die Allokation von Kompetenzen optimal auf die verschiedenen politischen Ebenen zu verteilen, eher skeptisch (Dehousse 1992: 28-29). Die bisherige Erfahrung zeigt bereits, daß die Forderung nach mehr Subsidiarität nicht die Kompetenzanhäufung auf der Gemeinschaftsebene reduziert und den Verflechtungsgrad europäischer Politik schmälert. Folglich wird es angesichts der wachsenden Binnenkomplexität des Entscheidungsgefüges der EG als zunehmend wichtig erachtet, die Transparenz der Entscheidungsprozesse zu erhöhen und die Zurechenbarkeit von Entscheidungen und damit die politische Verantwortlichkeit zu verbessern (vgl. Joerges 1994 zur Komitologie).
Es ist auffallend, daß bei diesen Reformversuchen die Wechselwirkungen mit etablierten Praktiken der politischen Einflußnahme partikularer Interessen und den EG-spezifischen Tauschbeziehungen zwischen öffentlichen und privaten Interessen nicht bedacht werden. Insgesamt fehlt es an Studien, die die Effekte institutioneller Änderungen untersuchen und eine Einschätzung ihrer Auswirkungen auf die Prozesse der Interessenvermittlung und Politikgestaltung in der EG ermöglichen. Solche Untersuchungen sind jedoch von hoher Bedeutung, weil davon auszugehen ist, daß die Verschränkung von Handlungsebenen, die Ausweitung der Arenen und die Multiplizierung von Akteuren zu grundlegenden Veränderungen in den Arrangements zwischen organisierten Interessen und Staat und zu einer Gewichtsverlagerung zwischen nationaler und europäischer Ebene beitragen werden. Sie werden jedoch nur dann einen Erkenntnisgewinn erbringen können, wenn sie von einer theoretisch begründeten Einschätzung der Bedingungen und Möglichkeiten politischer Interessenvermittlung in einem supra- und transnationalen Kontext ausgehen. Empirische Studien werden dann von Nutzen sein, wenn sie als vergleichende Analysen über verschiedene zeitliche Perioden hinweg, quer über verschiedene ökonomische Sektoren, Politikfelder und Länder hin angelegt sind. Ihre Durchführung ist dringend erforderlich, um die übergeordnete Frage nach der Verträglichkeit suprastaatlicher Integration mit demokratischem Regieren gleich welcher Form beantworten zu können.

---

18 Vgl. Erklärung 16 der Schlußakte des Vertrages über die Europäische Union, die auf eine Initiative des Europäischen Parlaments (vgl. PE Dok A3 – 0085/91) zurückgeht.

Literatur

Alber, Jens/Bernardi-Schenkluhn, Brigitte, 1992: Westeuropäische Gesundheitssysteme im Vergleich. Bundesrepublik Deutschland, Schweiz, Frankreich, Italien, Großbritannien, Frankfurt a.M., Schriften des Max-Planck-Instituts für Gesellschaftsforschung Bd. 8.
Andersen, Svein S./Eliassen, Kjell A., 1991: European Community Lobbying, in: European Journal of Political Research 20, 173-87.
Atkinson, M.M./Coleman, W.D., 1989: Strong States and Weak States: Sectoral Policy Networks in Advanced Capitalist Economies, in: British Journal of Political Science 19, 47-67.
Atkinson, M.M./Coleman, W.D., 1992: Policy Networks, Policy Communities and the Problems of Governance, in: Governance: An International Journal of Policy and Administration 5, 154-80.
Bach, Maurizio, 1992: Eine leise Revolution durch Verwaltungsverfahren. Bürokratische Integrationsprozesse in der Europäischen Gemeinschaft, in: Zeitschrift für Soziologie 21, 16-30.
Baumheier, Ulrike, 1993: Staat-Industrie-Beziehungen und Politikkoordination im Pharmasektor, in: Politische Vierteljahresschrift 34, 455-73.
Benz, Arthur, 1992: Zusammenarbeit zwischen den norddeutschen Bundesländern: Probleme, Lösungsversuche und Lösungsvorschläge, in: *Arthur Benz/Fritz W. Scharpf/Reinhard Zintl*, Horizontale Politikverflechtung. Zur Theorie von Verhandlungssystemen, Frankfurt a.M./New York, 29-50.
Benz, Arthur, 1993: Regionen als Machtfaktor in Europa?, in: Verwaltungsarchiv B4, 328-348.
Burkhardt-Reich, Barbara/Schumann, Wolfgang, 1983: Agrarverbände in der EG, Straßburg.
Cawson, Alan (Hrsg.), 1985: Organized Interests and the State. Studies in Meso-Corporatism, London u.a.
Cawson, Alan, 1992: Interests, Groups and Public Policy-Making: the Case of the European Consumer Electronics Industry, in: *Justin Greenwood/Jürgen R. Grote/Karsten Ronit* (Hrsg.), Organized Interests in the European Community, London u.a., 99-118.
Crozier, Michel/Friedberg, Erhard, 1979: Macht und Organisation: Die Zwänge kollektiven Handelns, Königstein/Ts.
Dehousse, Renaud, 1992: Does Subsidiarity Really Matter?, Florenz: EUI-Working Paper LAW No. 92/32.
Deppe, Hans-Ulrich/Lenhardt, Uwe, 1990: Westeuropäische Integration und Gesundheitspolitik, Marburg.
Donnelly, Martin, 1993: The Structure of the European Commission and the Policy Formation Process, in: *Sonia Mazey/Jeremy Richardson* (Hrsg.), Lobbying in the European Community, Oxford u.a., 74-81.
Eberlie, Richard, 1993: The Confederation of British Industry and Policy-Making in the European Community, in: *Sonia Mazey/Jeremy Richardson* (Hrsg.), Lobbying in the European Community, Oxford u.a., 201-12.
Eichener, Volker, 1993: Entscheidungsprozesse bei der Harmonisierung der Technik in der Europäischen Gemeinschaft. Soziales Dumping oder innovativer Arbeitsschutz, in: *Werner Süß/Gerhard Becher* (Hrsg.), Politik und Technologieentwicklung in Europa. Analysen ökonomisch-technischer und politischer Vermittlungen im Prozeß der europäischen Integration, Berlin, 207-35.
Engel, Christian, 1993: Regionen in der EG: rechtliche Vielfalt und integrationspolitische Rollensuche. Gutachten im Auftrag der Staats- und Senatskanzleien der Länder, Bonn.
Europäisches Parlament. Committee on the Rules of Procedure, the Verification of Credentials and Immunities, 1992: Proposals for the Enlarged Bureau with a view to laying down rules governing the representation of special interest groups at the European Parliament. Raporteur Marc Galle, Strasbourg/Brüssel 08.10.92, PE 200.405/fin.
Faulks, John/Rose, Laurence, 1994: Common Interest Groups and the Enforcement of European Environmental Law, Paper presented to the Conference „Enforcing EC Environmental Law", Warwick University 07.07.-08.07.1994.
Gerhards, Jürgen, 1993: Westeuropäische Integration und die Schwierigkeiten der Entstehung einer europäischen Öffentlichkeit, in: Zeitschrift für Soziologie 22, 96-110.
Geyer, Robert, 1992: Democratic Socialism and the EC: The British Case, in: Journal of European Integration 16, 5-27.

Grande, Edgar, 1993: Die neue Architektur des Staates. Aufbau und Transformation nationalstaatlicher Handlungskapazitäten – untersucht am Beispiel der Forschungs- und Technologiepolitik, in: *Roland Czada/Manfred G. Schmidt* (Hrsg.), Verhandlungsdemokratie. Interessenvermittlung. Regierbarkeit, Opladen, 51-71.

Grande, Edgar, 1994: Vom Nationalstaat zur europäischen Politikverflechtung. Expansion und Transformation moderner Staatlichkeit – untersucht am Beispiel der Forschungs- und Technologiepolitik. Habilitationsschrift. Konstanz.

Grant, Wyn, 1989: Pressure Groups, Politics and Democracy in Britain, New York u.a.

Grant, Wyn, 1990: Government-Industry Relations, in: *D.W. Urwin/W.E. Paterson* (Hrsg.), Politics in Western Europe today: Perspectives, Policies and Problems since 1980, London/New York, 59-84.

Grant, Wyn, 1993: Pressure Groups and the European Community: An Overview, in: *Sonia Mazey/Jeremy Richardson* (Hrsg.), Lobbying in the European Community, Oxford u.a., 27-46.

Green-Cowles, Maria, 1993: The Rise of the European Multinational, in: International Economic Insights 4, 15-18.

Greenwood, Justin/Grote, Jürgen R./Ronit, Karsten (Hrsg.), 1992a: Organized Interests in the European Community, London u.a.

Greenwood, Justin/Grote, Jürgen R./Ronit, Karsten, 1992b: Introduction, in: dies., 1992a, 1-41.

Greenwood, Justin/Grote, Jürgen R./Ronit, Karsten, 1992c: Conclusions: Evolving Patterns of Organizing Interests in the European Community, in: dies., 1992a, 238-52.

Greenwood, Justin/Jordan, Grant, 1992: The United Kingdom: A Changing Kaleidoscope, in: M.P.C.M. Van Schendelen, 1992a, 65-89.

Greenwood, Justin/Ronit, Karsten, 1992: Established and Emergent Sectors: Organized Interests at the European Level in the Pharmaceutical Industry and the New Biotechnologies, in: *Justin Greenwood/Jürgen R. Grote/Karsten Ronit* (Hrsg.), Organized Interests in the European Community, London u.a., 69-98.

Greenwood, Justin/Ronit, Karsten, 1994: Interest Groups in the European Community: Newly Emerging Dynamics and Forms, in: West European Politics 17, 31-52.

Grote, Jürgen R., 1990: Steuerungsprobleme in transnationalen Beratungsgremien: Über soziale Kosten unkoordinierter Regulierung in der EG, in: *T. Ellwein* u.a. (Hrsg.), Jahrbuch zur Staats- und Verwaltungswissenschaft Bd. 4, Baden-Baden, 227-254.

Hall, Peter, 1986: Governing the Economy. The Politics of State Intervention in Britain and France, Oxford u.a.

Hart, Dieter/Reich, Norbert, 1990: Integration und Recht des Arzneimittelmarktes in der EG, Baden-Baden, Schriftenreihe des ZERP an der Universität Bremen Bd. 13.

Harvey, Brian, 1993: Lobbying in Europe: The Experience of Voluntary Organizations, in: *Sonia Mazey/Jeremy Richardson* (Hrsg.), Lobbying in the European Community, Oxford u.a., 188-200.

Héritier, Adrienne, 1993: Policy-Netzwerkanalyse als Untersuchungsinstrument im europäischen Kontext: Folgerungen aus einer empirischen Studie regulativer Politik, in: *dies.* (Hrsg.), Policy-Analyse. Kritik und Neuorientierung, Politische Vierteljahresschrift – Sonderheft 24/1993, Opladen, 432-447.

Hodges, Michael/Woolcock, Stephen, 1993: Atlantic Capitalism versus Rhine Capitalism in the European Community, in: West European Politics 16, 329-44.

Joerges, Christian, 1991: Markt ohne Staat? Die Wirtschaftsverfassung der Gemeinschaft und die regulative Politik, in: *Rudolf Wildenmann* (Hrsg.), Staatswerdung Europas? Optionen für eine europäische Union, Baden-Baden, 225-67.

Joerges, Christian, 1994: Die Beurteilung der Sicherheit technischer Konsumgüter und der Gesundheitsrisiken von Lebensmitteln in der Praxis des europäischen Ausschußwesens („Komitologie"): Ein Projekt zu den Rechtsgrundlagen, zur Funktionsweise und zur Legitimationsproblematik der Sozialregulierung in der Europäischen Gemeinschaft, Universität Bremen, Manuskript.

Katzenstein, Peter J. (Hrsg.), 1978: Between Power and Plenty. Foreign Economic Policies of Advanced Industrial States, Madison/London.

Keohane, Robert O./Hoffmann, Stanley, 1991: Institutional Change in the 1980s, in: *dies.* (Hrsg.), The New European Community. Decisionmaking and Institutional Change, Boulder CO u.a., 1-39.

Kohler, Beate, 1984: Der Einfluß von Verbänden in der EG, in: Gegenwartskunde. Zeitschrift für Gesellschaft, Wirtschaft, Politik und Bildung 33, 289-300.
Kohler-Koch, Beate, 1984: Die Verbände in der Kreditwirtschaft unter den Herausforderungen internationaler Interdependenz. DFG-Projektbericht, Darmstadt.
Kohler-Koch, Beate, 1990: Vertikale Machtverteilung und organisierte Wirtschaftsinteressen in der Europäischen Gemeinschaft, in: *Ulrich von Alemann/Rolf G. Heinze/Bodo Hombach* (Hrsg.), Die Kraft der Region: Nordrhein-Westfalen in Europa, Bonn, 221-35.
Kohler-Koch, Beate, 1992a: Interessen und Integration. Die Rolle organisierter Interessen im westeuropäischen Integrationsprozeß, in: *Michael Kreile* (Hrsg.), Die Integration Europas, Opladen, PVS Sonderheft 23, 81-119.
Kohler-Koch, Beate, 1992b: Germany: Fragmented but Strong Lobbying, in: *M.C.P.M. Van Schendelen* (Hrsg.), National Public and Private EC Lobbying, Aldershot u.a., 23-48.
Kohler-Koch, Beate, 1994a: Patterns of Interest Intermediation in the European Union, in: Government and Opposition 29, 165-80.
Kohler-Koch, Beate, 1994b: Umweltpolitische Konflikte in der Europäischen Union, in: *Peter Eichhorn* (Hrsg.), Ziele und Wege zur öko-sozialen Marktwirtschaft (i.E.).
Kohler-Koch, Beate (unter Mitarbeit von *R. Brümmer, B. Myrzik, H.W. Platzer*), 1988: Wirtschaftsverbände als Transnationale Akteure: Der Beitrag deutscher Verbände zum Management von internationalen Interdependenzen, DFG-Abschlußbericht, Darmstadt.
Kohler-Koch, Beate/Platzer, Hans-Wolfgang, 1986: Tripartismus – Bedingungen und Perspektiven des sozialen Dialogs in der EG, in: Integration 9, 166-80.
Kommission der Europäischen Gemeinschaft, 1993a: Ein offener Dialog zwischen der Kommission und den Interessengruppen, Abl. C 63/1993.
Kommission der Europäischen Gemeinschaft, 1993b: Eine verstärkte Transparenz bei der Arbeit der Kommission, Abl. C 63/1993.
Kommission der Europäischen Gemeinschaft (Hrsg.), 1992: Verzeichnis der europäischen Verbände in der EG, Luxemburg, 5. Auflage.
Kommission der Europäischen Gemeinschaft (Hrsg.), 1990: Verzeichnis der europäischen Verbände in der EG, Luxemburg, 4. Auflage.
Kommission der Europäischen Gemeinschaft, 1989: Vorentwurf. Gemeinschaftscharta der sozialen Grundrechte. KOM (89) 248 vom 30.05.1989.
Kommission der Europäischen Gemeinschaft, 1988: Zwischenbericht der interdirektionalen Arbeitsgruppe. Die soziale Dimension des Binnenmarktes (=Soziales Europa, Sondernummer), Luxemburg.
Krasner, Stephen, 1984: Approaches to the State. Alternative Conceptions and Historical Dynamics, in: Comparative Politics 17, 223-46.
Lange, Peter, 1992: The Politics of the Social Dimension, in: *Alberta M. Sbragia* (Hrsg.), Europolitics. Institutions and Policymaking in the „New" European Community, Washington D.C., 225-56.
Lehmbruch, Gerhard, 1987: Administrative Interessenvermittlung, in: *Adrienne Windhoff-Héritier* (Hrsg.), Verwaltung und ihre Umwelt. Festschrift für Thomas Ellwein zum 60. Geburtstag, Opladen, 27-43.
Lehmbruch, Gerhard, 1991: The Organization of Society, Administrative Strategies, and Policy Networks: Elements of a Developmental Theory of Interest Systems, in: *Roland M. Czada/Adrienne Windhoff-Héritier* (Hrsg.), Political Choice. Institutions, Rules, and the Limits of Rationality, Frankfurt a.M./Boulder CO, 121-158.
Lehmbruch, Gerhard/Singer, Otto/Grande, Edgar/Döhler, Marian, 1988: Institutionelle Bedingungen ordnungspolitischen Wandels, in: *Manfred G. Schmidt* (Hrsg.), Staatstätigkeit. International und historisch vergleichende Analysen, Opladen, PVS Sonderheft 19, 251-83.
Lodge, Juliet, 1989: EC-Policymaking: Institutional Considerations, in: dies. (Hrsg.), The European Community and the Challenge of the Future, London, 26-57.
Lodge, Juliet, 1993: Transparency and Democratic Legitimacy, unveröff. Papier, University of Hull, 30 S.
Ludlow, Peter, 1991: The European Commission, in: *Robert O. Keohane/Stanley Hoffmann* (Hrsg.), The „New" European Community. Decisionmaking and Institutional Change, Boulder CO u.a., 85-132.
Majone, Giandomenico, 1980: Policies as Theories, in: OMEGA – The International Journal of Management Science 8, 151-162.

Majone, Giandomenico, 1993: Wann ist Policy-Deliberation wichtig?, in: *Adrienne Héritier* (Hrsg.): Policy-Analyse. Kritik und Neuorientierung, Opladen, PVS-Sonderheft 24, 97-115.

Majone, Giandomenico, 1989: Regulating Europe: Problems and Prospects, in: *Thomas Ellwein/Joachim Jens Hesse/Renate Mayntz/Fritz W. Scharpf* (Hrsg.), Jahrbuch zur Staats- und Verwaltungswissenschaft Bd. 3, Baden-Baden, 159-77.

Marks, Gary, 1992: Structural Policy in the European Community, in: *Alberta M. Sbragia* (Hrsg.), Europolitics: Institutions and Policymaking in the „New" European Community, Washington D.C., 191-224.

Mazey, Sonia/Richardson, Jeremy (Hrsg.), 1993a: Lobbying in the European Community, Oxford u.a.

Mazey, Sonia/Richardson, Jeremy, 1993b: Transference of Power, Decision Rules, and the Rules of the Game, in: *dies.* (Hrsg.), Lobbying in the European Community, Oxford u.a., 3-26.

Mazey, Sonia/Richardson, Jeremy, 1993c: Conclusion: A European Policy Style?, in: *dies.* (Hrsg.), Lobbying in the European Community, Oxford u.a., 246-58.

Mazey, Sonia/Richardson, Jeremy, 1994: Interest Groups and Representation in the European Union. Paper presented to the ECPR Joint Sessions Workshops, Madrid.

McLaughlin, Andrew M./Jordan, Grant/Maloney, William A., 1993: Corporate Lobbying in the European Community, in: Journal of Common Market Studies 31, 191-212.

Moravcsik, Andrew, 1991: Negotiating the Single European Act: National Interests and Conventional Statecraft in the European Community, in: International Organization 45, 660-696.

Obradovic, Daniela, 1994: Interest Representation and the Legitimacy of the EC-Decisionmaking Process. Paper Submitted to the 22nd Annual ECPR Joint Sessions, Madrid, April 1994.

Olson, Mancur Jr., 1968: Die Logik des kollektiven Handelns, Tübingen.

Pag, Sabine, 1987: The relations between the Commission and national bureaucracies, in: *Sabino Cassese* (Hrsg.), The European Administration, Maastricht, 443-96.

Peters, B. Guy, 1992: Bureaucratic Politics and the Institutions of the European Community, in: *Alberta M. Sbragia* (Hrsg.), Europolitics. Institutions and Policymaking in the „New" European Community, Washington D.C., 75-122.

Platzer, Hans-Wolfgang, 1984a: Industrieverbände im Prozeß der Internationalisierung von Wirtschaft und Politik. Die Verbände der chemischen und pharmazeutischen Industrie. DFG-Projektbericht, Darmstadt.

Platzer, Hans-Wolfgang, 1984b: Unternehmensverbände in der EG. Ihre nationale und transnationale Organisation und Politik, Kehl.

Reich, Norbert (Hrsg.), 1988: Die Europäisierung des Arzneimittelmarktes – Chancen und Risiken, Baden-Baden, Schriftenreihe des ZERP an der Universität Bremen.

Sandholtz, Wayne, 1992: High Tech Europe: The Politics of International Co-operation, Berkeley u.a.

Sandholtz, Wayne/Zysman, John, 1989: 1992: Recasting the European Bargain, in: World Politics 42, 95-128.

Scharpf, Fritz W., 1985: Die Politikverflechtungs-Falle: Europäische Integration und deutscher Föderalismus im Vergleich, in: Politische Vierteljahresschrift 26, 323-56.

Scharpf, Fritz W., 1991: Die Handlungsfähigkeit des Staates am Ende des zwanzigsten Jahrhunderts, in: Politische Vierteljahresschrift 32, 621-34.

Scharpf, Fritz W., 1992: Europäisches Demokratiedefizit und deutscher Föderalismus, in: Staatswissenschaften und Staatspraxis 3, 293-306.

Scharpf, Fritz W., 1993: Versuch über Demokratie im verhandelnden Staat, in: *Roland Czada/Manfred G. Schmidt* (Hrsg.), Verhandlungsdemokratie, Interessenvermittlung, Regierbarkeit. Festschrift für Gerhard Lehmbruch, Opladen, 25-50.

Schmitter, Philippe C./Streeck, Wolfgang, 1981: The Organization of Business Interests. A Research Design to Study the Associative Action of Business in the Advanced Industrial Societies of Western Europe. International Institute of Management Discussion Paper IIM/LMP, 81-13, Berlin.

Schmitter, Philippe/Streeck, Wolfgang, 1991: Organized Interests and the Europe of, 1992, in: *Norman J. Ornstein/Mark Perlman* (Hrsg.), Political Power and Social Change: The United States Faces a United Europe, Washington, D.C., 46-67.

Schumann, Wolfgang, 1991: EG-Forschung und Policy-Analyse. Das Beispiel der Milchquotenregelung, Kehl/Straßburg.

Schumann, Wolfgang, 1994: Das politische System der Europäischen Union als Rahmen für Verbandsaktivitäten, in: *Volker Eichener/Helmut Voelzkow* (Hrsg.), Europäische Integration und verbandliche Interessenvermittlung, (i.E.).
Schwaiger, Konrad/Kirchner, Emil, 1981: Die Rolle der Europäischen Interessenverbände. Eine Bestandsaufnahme der europäischen Verbandswirklichkeit, Baden-Baden.
Seidel, Bernhard, 1990: Sozial- und Regionalpolitik, in: *Werner Weidenfeld/Wolfgang Wessels* (Hrsg.), Jahrbuch der Europäischen Integration 1989/90, Bonn, 167-77.
Sharp, Margaret/Shearman, Claire, 1987: European Technological Collaboration, London.
Shearman, Claire, 1986: European Collaboration in Computing and Telecommunications: A Policy Approach, in: West European Politics 9, 145-62.
Sidjanski, Dusan/Ayberk, Ural, 1974: Bilan des groupes et du processus de décision dans la communauté des six, in: Res Publica 16, 33-61.
Sidjanski, Dusan/Ayberk, Ural, 1990: L'Europe du Sud dans la Communauté Européenne, Paris.
Singer, Otto, 1993: Policy Communities und Diskurs-Koalitionen: Experten und Expertise in der Wirtschaftspolitik, in: *Adrienne Héritier* (Hrsg.), Policy-Analyse. Kritik und Neuorientierung, Opladen, PVS-Sonderheft 24, 149-74.
Steinmo, Sven/Thelen, Kathleen/Longstreth, Frank (Hrsg.), 1992: Structuring Politics. Historical Institutionalism in Comparative Analysis, Cambridge u.a.
Streeck, Wolfgang/Schmitter, Philippe C., 1991: From National Corporatism to Transnational Pluralism: Organized Interests in the Single European Market, in: Politics and Society 19, 133-64.
Van Schendelen, M.P.C.M (Hrsg.) 1992a: National Public and Private EC Lobbying, Aldershot u.a.
Van Schendelen, M.P.C.M, 1992b: Conclusion: From National State Power to Spontaneous Lobbying, in: ders. (Hrsg.) 1992a, 275-291.
Van Schendelen, M.P.C.M, 1993: Die wachsende Bedeutung des europäischen Lobbying, in: Zeitschrift für Parlamentsfragen 24, 64-72.
Van Waarden, Frans, 1993a: Verwaltungskultur. Je mehr Demokratie, je mehr Bürokratie, in: *H.G. Wehling* (Hrsg.), Der Bürger im Staat. Themanummer über Politische Kultur, Stuttgart, Heft 1.
Van Waarden, Frans, 1993b: Über die Beständigkeit nationaler Politikstile und Politiknetzwerke. Eine Studie über die Genese ihrer institutionellen Verankerung, in: *Roland Czada/Manfred G. Schmidt* (Hrsg.), Verhandlungsdemokratie, Interessenvermittlung, Regierbarkeit. Festschrift für Gerhard Lehmbruch, Opladen, 191-212.
Visser, Jelle/Ebbinghaus, Bernhard, 1992: Making the Most of Diversity? European Integration and Transnational Organization of Labour, in: *Justin Greenwood/Jürgen R. Grote/Karsten Ronit* (Hrsg.), Organized Interests and the European Community, London u.a., 206-37.
Wallace, Helen, 1993: European Governance in Turbulent Times, in: Journal of Common Market Studies 31, 293-303.
Wallace, Helen, 1990: Making Multilateral Negotiations Work, in: *William Wallace* (Hrsg.), The Dynamics of European Integration, London/New York, 213-28.
Wallace, Helen, 1983: Negotiations, Conflict and Compromise: The Elusive Pursuit of Common Policies, in: *Helen Wallace/William Wallace/Carole Webb* (Hrsg.), Policy Making in the European Community, Chichester u.a., 43-80.
Wallace, William, 1977: Walking Backwards Towards Unity, in: *Helen Wallace/William Wallace/Carole Webb* (Hrsg.), Policy Making in the European Communities, Chichester u.a., 301-23.
Weiler, Joseph, 1982: Community, Member States and European Integration: Is the Law Relevant?, in: Journal of Common Market Studies 21, Nr 1-2, Special Issue: The European Community. Past, Present and Future, 39-56.
Weiler, Joseph, 1991: The Transformation of Europe, in: Yale Law Journal 100, 2403-2483.
Weinstock, Ulrich, 1989: Europäische Sozialunion – historische Erfahrungen und Perspektiven, in: *Wolfgang Däubler* (Hrsg.), Sozialstaat EG? Die andere Dimension des Binnenmarktes, Gütersloh, 15-33.
Wessels, Wolfgang, 1990: Administrative Interaction, in: *William Wallace* (Hrsg.), The Dynamics of European Integration, London/New York, 229-41.
Wessels, Wolfgang, 1991: The EC Council: The Community's Decisionmaking Center, in: *Robert O. Keohane/Stanley Hoffmann* (Hrsg.), The New European Commnunity. Decisionmaking and Institutional Change, Boulder CO, 133-54.

Wessels, Wolfgang, 1992: Staat und (westeuropäische) Integration: Die Fusionsthese, in: *Michael Kreile* (Hrsg.), Die Integration Europas, Opladen, PVS Sonderheft 23, 36-61.
Wilks, S./Wright, M. (Hrsg.), 1987: Comparative Government-Industry Relations. Western Europe, the United States, and Japan, Oxford.
Windhoff-Héritier, Adrienne, 1993: Die Europäische Gemeinschaft als Faktor nationaler Politik: Hierarchisierung oder Dezentrierung?, in: *Werner Süß/Gerhard Becher* (Hrsg.), Politik und Technologieentwicklung in Europa. Analysen ökonomisch-technischer und politischer Vermittlungen im Prozeß der europäischen Integration, Berlin, 105-29.
Winter, Gerd, 1993: Reforming the Hierarchy of Community Acts. A Research Proposal, Zentrum für Europäische Rechtspolitik an der Universität Bremen, Manuskript.

Die Regulierung der kollektiven Arbeitsbeziehungen in der Europäischen Union

Klaus Armingeon

1. Einleitung

Bislang sind alle Versuche fehlgeschlagen, ein System prozeduraler Regeln der kollektiven Arbeitsbeziehungen auf der Ebene der Europäischen Union zu schaffen (vgl. Keller 1993; Silvia 1992).[1] Es gibt keine gemeinsamen europäischen Normen in bezug auf Tarifverhandlungen und Tarifverträge, Rechte und Pflichten von Gewerkschaften, kein europäisches Streik- und Aussperrungsrecht und keine europäischen Regelungen der Arbeitnehmermitbestimmung auf der betrieblichen Ebene.[2] Diese Verfahrensregeln („prozedurale Regeln") auf deren Grundlage materielle Fragen gelöst werden, bilden freilich den Grundstock eines Systems der kollektiven Arbeitsbeziehungen mit formal staatlich unabhängigen Interessenverbänden – so wie es von nationalstaatlichen Systemen her bekannt ist.

In der neueren vergleichenden Verbandsforschung wurde argumentiert, staatliche Stellen hätten eine wichtige Rolle bei der Schaffung eines nationalen Verbändesystems und – insbesondere – bei der Schaffung eines Systems der kollektiven Arbeitsbeziehungen (Lehmbruch 1991; vgl. Lindberg/Campbell 1991). Damit wird eine Sichtweise ergänzt und korrigiert, die Variationen der Arbeitsbeziehungen entweder mit unterschiedlichen wirtschaftlichen und sozialen Problemen und Notwendigkeiten oder mit der Interessenvertretung und dem organisatorischen Kräfteverhältnis von Kapital und Arbeit erklären. Staatliche Instanzen wären mithin eine aktiv und eigenständig prägende Kraft. In einigen Fällen – beispielsweise der Schaffung zentralisierter Verbände

---

1   Der EU-Sozialministerrat hat am 22. September 1994 eine Richtlinie über einen „Europäischen Ausschuß" verabschiedet, die nur in jenen elf Ländern – also nicht in Großbritannien – anzuwenden ist, die das Maastrichter Protokoll über die Sozialpolitik unterschrieben haben. Beim Ausschuß handelt es sich um eine internationale Einrichtung zur Information und Anhörung von Arbeitnehmern in europaweit tätigen Unternehmen. Er hat keine Mitbestimmungs- oder Mitwirkungsrechte. Er wird auf Antrag von mindestens 100 Arbeitnehmern eingerichtet und mindestens einmal pro Jahr oder bei außergewöhnlichen Ereignissen von der Unternehmensleitung informiert und angehört. Er wird nur in Unternehmen geschaffen, die insgesamt mindestens 1000 Beschäftigte und in mindestens zwei Mitgliedstaaten mindestens je 150 Arbeitskräfte haben. Diese Richtlinie ist vorläufiger Endpunkt vielfältiger Initiativen zur Schaffung eines europäischen Betriebsrates, die 1970 begonnen haben (vgl. NZZ vom 23. Juni 1994, Seite 23 und vom 23. September 1994, Seite 21).
2   Materielles und individuelles Arbeitsrecht sind nicht Gegenstand dieses Beitrages. In diesem Gebiet sind andere als die hier analysierten Motive der Akteure und kausalen Zusammenhänge zu vermuten.

in der Schweiz – habe der Staat den wichtigsten Einfluß auf die Organisationsstrukturen ausgeübt.

Generalisiert man diese Befunde, so wäre die Entstehung europäischer Arbeitsbeziehungen kaum ausschließlich aufgrund der autonomen Politik von Unternehmern und Gewerkschaften zu erwarten. Vielmehr hätten die Kommission und der Ministerrat als Zentren des politischen Systems der Europäischen Union eine aktive Rolle spielen und von sich aus Institutionen der Arbeitsbeziehungen schaffen oder deren Einrichtung anregen müssen. Die Kommission hat bekanntlich – insbesondere bei der Arbeitnehmermitbestimmung – vereinzelt solche Versuche unternommen, die jedoch spätestens am Ministerrat gescheitert sind.

In diesem Beitrag gehe ich der Frage nach, wie sich dieses Ausbleiben einer Regelung der kollektiven Arbeitsbeziehungen erklären läßt und welchen Anteil die drei Akteure – Staat, Gewerkschaften, Unternehmer – am Scheitern dieses Projektes haben.

Dafür sind mindestens sechs Antworten vorgeschlagen worden:
1. Die nationalen Gewerkschaften der Europäischen Union – die das stärkste Interesse an Regelsetzung hätten – seien zu schwach und zu heterogen, um Ministerrat und Kommission zwingen zu können, solche Regeln zu schaffen.
2. Die Unternehmer und ihre Verbände hätten kein Interesse an einem europäischen System der Arbeitsbeziehungen – solange dieses nicht in einem Maße unreguliert sei, wie man es beispielsweise in den Vereinigten Staaten von Amerika vor dem New Deal angetroffen habe.
3. Die Tatsache, daß bislang noch kein europäisches System der Arbeitsbeziehungen entstanden sei, sei noch kein Beleg dafür, daß dies in Zukunft nicht gelingen könne. Bei einem Fortschreiten der ökonomischen Integration wären über kurz oder lang Mindestregelungen unvermeidbar. In dieser Sichtweise erklärt sich die ausgebliebene Formierung eines solchen Systems mit dem bisherigen Stand der ökonomischen Integration oder der Zeit, die dafür benötigt werde, institutionelle Antworten auf funktionale Erfordernisse zu geben.
4. Prozedurales Recht sei mit größerer Unsicherheit belastet als materielles Recht. Da für die Mitgliedsregierungen und Kommissionsmitglieder die verbandlichen Akteure in den anderen Ländern in Hinblick auf ihre Programme und Ideologien schlecht abzuschätzen seien, läge es als Strategie der Risikominimierung nahe, nicht die Verfahren, sondern direkt die materiellen Ergebnisse festzulegen.
5. Starke nationale oder sektorale Koalitionen von Gewerkschaften, Arbeitgebern und – zuweilen – staatlichen Stellen verhinderten die Schaffung eines europäischen Systems der Arbeitsbeziehungen, da die geltenden (nationalen) Regelungen für diese Koalition vorteilhafter seien.
6. Institutionelle Beharrungskräfte veranlaßten nationale Akteure, supranationale neue Regulierungen zu verhindern. Die Organisationen seien auf ein nationales System von Regeln ausgerichtet und dafür ausdifferenziert. Jede Regeländerung sei für die Organisationen kostspielig und riskant – und dies um so mehr, je größer die Unterschiede zwischen alter und neuer Regel seien.

Jede dieser Erklärungen ist plausibel und paßt zur Entwicklung der Arbeitsrechtspolitik der Gemeinschaft und der Union. Bei einer Entscheidung über die Erklärungskraft der einzelnen Hypothesen treten gravierende methodologische Probleme auf. Fallstudien zu einzelnen Politiken der Union sind mit dem Makel der mangelnden Generalisierbarkeit der Ergebnisse behaftet. Darüber hinaus endeten alle Versuche der Schaffung kollektiver Arbeitsbeziehungen auf der Ebene der Union mit einem Mißerfolg. Aus methodologischen Gründen sind jedoch für die Beurteilung von kausalen Hypothesen auch Fälle erfolgreicher Politik notwendig.[3]

Eine Alternative zu Fallstudien stellt die vergleichende Analyse von mehreren ähnlichen Fällen in anderen politischen Systemen dar (vgl. auch Sbragia 1992). Es wären Politiken zu untersuchen, durch die Systeme der Arbeitsbeziehungen geschaffen oder verändert wurden. Diese Strategie wird im vorliegenden Beitrag verfolgt. Meine Daten stammen aus einem Projekt über die Reformen der prozeduralen Regeln der kollektiven Arbeitsbeziehungen in 21 Nationen im Zeitraum zwischen der Einführung der Koalitionsfreiheit und den 90er Jahren dieses Jahrhunderts.[4] Im folgenden werden die sechs hier aufgelisteten Erklärungen diskutiert. Dabei frage ich nach dem Erklärungswert der für die Europäische Union entwickelten oder adaptierten Hypothesen für vergleichbare Fälle der Bildung und Reform von nationalen Systemen der kollektiven Arbeitsbeziehungen. Ich versuche zu zeigen, daß die drei ersten Erklärungen (schwache und heterogene Gewerkschaften, abweisende Unternehmer, Notwendigkeiten der wirtschaftlichen Integration) sich weniger bewähren, als die drei letzten (Risikominimierung durch materielles Recht, nationale/sektorale Koalitionen, institutionelle Beharrungskräfte).

2. Schwache Gewerkschaften, abweisende Unternehmer

Die europäischen Gewerkschaftssysteme unterscheiden sich beträchtlich. Ihre absoluten und relativen Mitgliederzahlen, ihre Organisationsstrukturen, ihre Programme und die tatsächlich verfolgten Politiken weisen eine große Streubreite auf. Der Europäische Gewerkschaftsbund hat weder die Fähigkeit entwickelt, die unterschiedlichen nationalen gewerkschaftlichen Ziele zu durchsetzungsfähigen Programmen zu aggregieren, noch hat er wirksame Mittel, um die Mitgliedsverbände auf die Einhaltung einer von ihm ausgehandelten Regelung zu verpflichten (Visser/Ebbinghaus 1992; Keller 1993; Silvia 1992). Die Unternehmer haben bislang kein Interesse an einer europaweiten Regulierung der kollektiven Arbeitsbeziehungen gezeigt. Sie befürchten insbesondere ein Aufleben des Korporatismus auf supranationaler Ebene. Ihre Zentralorganisation UNICE ist – stärker noch als der Europäische Gewerkschaftsbund – gegenüber den nationalen Mitgliedsverbänden nicht verpflichtungsfähig. Diese organisatorische Schwäche der Unternehmer stelle ihre politische Stärke dar. Weder könnten sie in ein europäisches korporatistisches System einbezogen werden, noch könnten

---

3 Im Falle der ausschließlichen Berücksichtigung der politischen Prozesse auf der Ebene der Union wäre man auf die Millsche Konkordanzmethode angewiesen. Seine Differenzmethode wäre nicht anwendbar. Ihr zufolge wäre nur dann auf ein Kausaleffekt zu schließen, (1) wenn ein Ereignis eintritt, sobald der verursachende Faktor vorhanden ist und (2) wenn dieses Ereignis nicht eintritt, sobald der verursachende Faktor vorliegt (Ragin 1987).
4 Armingeon 1984. Nähere Beschreibungen und Quellenangaben zu den Daten finden sich dort. Bei den Ländern handelt es sich um Australien, Belgien, Dänemark, Deutschland, Finnland, Frankreich, Griechenland, Großbritannien, Irland, Italien, Japan Kanada, Neuseeland, Niederlande, Norwegen, Österreich, Portugal, Schweden, Schweiz, Spanien und die USA.

sie als ein Verband in den Prozeß der Schaffung kollektiver Arbeitsbeziehungen involviert werden (Streeck/Schmitter 1991). In bezug auf nationale Systeme der Arbeitsbeziehungen wäre mithin zu erwarten, daß Regeln, die für Gewerkschaften günstig sind, dann um so eher entstehen, je stärker und geschlossener die Arbeitnehmerverbände sind. Ferner wäre zu vermuten, daß die Unternehmer und ihre Verbände zumindest das Potential zur Verhinderung von Regeln haben, die sie als ihre Interesse verletzend betrachten.

Diese Vermutung soll an zwei vergleichbaren Reformen auf nationaler Ebene überprüft werden. Es handelt sich dabei um die Einführung der Koalitionsfreiheit und um die Einführung von Grundregeln der Arbeitsbeziehungen, die über lange Zeit das System der nationalen Arbeitsbeziehungen geprägt haben.

Das Recht der Arbeitnehmer, sich in Gewerkschaften zusammenzuschließen und legal Druck auf die Arbeitgeber auszuüben, wurde in den untersuchten 21 Ländern zwischen 1839 und 1945 eingeführt.[5] Vorreiternationen waren die skandinavischen Länder und die Schweiz, Nachzügler waren die USA (1932), Kanada (1934) und Japan (1945).

Eine klassische Erklärung zum Fall der Koalitionsverbote stammt von Marx (1974: 768-769): „Die grausamen Gesetze gegen die Koalitionen fielen 1825 vor der drohenden Haltung des Proletariats ... (N)ur widerwillig und unter dem Druck der Massen verzichtete das englische Parlament auf die Gesetze gegen Strikes und Trade Unions ..."

Für drei der möglichen Operationalisierungen des Drucks der Maßen und der drohenden Haltung des Proletariats lassen sich Daten finden: (1) Das Gründungsdatum einer landesweit organisierten Arbeiterpartei; (2) das Datum, zu dem erstmals eine Arbeiterpartei im Parlament vertreten war und (3) das Gründungsdatum einer landesweiten Gewerkschaft.[6] Im Anschluß an diese Erklärung wäre zu erwarten, daß der Einführung der Koalitionsfreiheit die gewerkschaftliche und parteipolitische Organisierung der Arbeiterschaft vorausgegangen war.

Wenig spricht für die These, die Koalitionsfreiheit sei Resultat der politischen und gewerkschaftlichen Stärke der Arbeiterschaft gewesen. In nur 60 % der Fälle bestand eine landesweit organisierte Arbeiterpartei bei Einführung der Koalitionsfreiheit; in nur 50 % gab es eine organisierte Gewerkschaftsbewegung und nur in einem Drittel der Fälle war auch die Arbeiterpartei bei der Reform schon im Parlament vertreten. „Die politische Arbeiterbewegung hat sich um die Erringung des Koalitionsrechts nicht übermäßig verdient gemacht" (Tenfelde 1987: 108) – diese Feststellung gilt nicht nur für Deutschland.

Andererseits stützt auch wenig die Vermutung, die Forderung nach Koalitionsfreiheit habe die Unternehmer in Interessenverbände zusammengetrieben und sie wären nach dieser organisatorischen Vorleistung in der Lage gewesen, die Reform hinauszuschie-

---

5 Ein Sonderfall, der hier ausgeklammert wird, bildet Griechenland. Dort wurde erstmals die Koalitionsfreiheit 1982 dauerhaft eingeführt.

6 Zum Zeitpunkt der Einführung der Koalitionsfreiheit waren gewerkschaftliche Vereinigungen in einer Reihe von Ländern bereits erlaubt. Allerdings handelte es sich dabei nur um das Recht auf den gewerkschaftlichen Zusammenschluß. Damit war noch nicht Recht verbunden, beispielsweise in Streiks, Konzessionen vom Arbeitgeber zu erzwingen. Aus diesen Gründen gab es vielerorts bereits vor der Einführung der Koalitionsfreiheit Gewerkschaften. Es ist deshalb sinnvoll zu fragen, ob zwischen der Existenz von Gewerkschaften und dem Datum der Einführung der Koalitionsfreiheit ein Zusammenhang besteht.

ben. Bei Einführung der Koalitionsfreiheit gab es gerade in sechs von 19 Ländern einen zentral organisierten Unternehmerverband.

Ähnliche Zusammenhänge zeigen sich auch bei der Entscheidung über zentrale Regeln der Arbeitsbeziehungen, die über längere Zeit hinweg das Verhältnis von Gewerkschaften, Unternehmern und Staat geprägt haben. Beispiele sind das Abkommen von Saltsjöbaden in Schweden, das schweizerische Friedensabkommen oder das Tarifvertrags-, das Betriebsverfassungs- und Mitbestimmungsgesetz in der Bundesrepublik Deutschland.

Unterscheidet man diese nationalen Regelungen nach dem Grad, zu dem sie Gewerkschaften bei der Organisierung und Vertretung von Arbeitnehmern begünstigen, so lassen sich drei Gruppen bilden. Das Regelsystem der ersten Gruppe stützt Gewerkschaften und entlastet sie von der Mobilisierung ihrer Mitglieder für ihre Ziele. Die Regeln in der zweiten Gruppe stützen Gewerkschaften, zwingen sie jedoch zu wiederholter Mobilisierung ihrer Mitglieder in vereinzelten Konflikten mit Unternehmer. Die Normen in der dritten Gruppe bieten kaum Stützen für die Gewerkschaften; deren Politikfähigkeit ist eine nahezu ausschließliche Funktion der Mobilisierbarkeit ihrer Mitglieder. In den meisten Fällen, in denen eine Regelung gewählt wurde, die besonders günstig für Gewerkschaften ist, waren die Gewerkschaften zum Zeitpunkt der Reform organisatorisch nicht sonderlich stark. Dies gilt sowohl im historischen wie im internationalen Vergleich (Neuseeland 1894, Dänemark 1899, Schweiz 1937, Belgien 1944).

Nur beschränkte Erklärungskraft bietet die Stärke der sozialistischen/sozialdemokratischen Parteien (gemessen in Stimmenanteilen bei nationalen Wahlen unmittelbar vor Einführung der Regelung. Als Grenzziehung für den Fall einer starken Linken wurde 40 % gesetzt). In nur sieben von 12 Fällen der besonders günstigen Regelung der Gewerkschaften war die Linke nach dieser Messung stark. Mehr schon vermag die Stärke des bürgerlichen Lagers zu erklären. Es wird als schwach definiert, wenn eine der zwei folgenden Bedingungen gegeben ist: Eine christdemokratisch-katholische Partei erhält die meisten Stimmen innerhalb des bürgerlichen Lagers (die Parteien, die als rechts von der Sozialdemokratie stehend eingestuft werden) oder es ist fragmentiert. Dies sei dann der Fall, wenn die Wahrscheinlichkeit mehr als 60 % beträgt, daß zwei durch Zufall bestimmte Wähler dieser Parteiengruppe für unterschiedliche Parteien votiert haben. Mit zwei Ausnahmen (Australien 1904, Frankreich 1936) sind besonders günstige Regelungen für Gewerkschaften dann eingeführt worden, wenn das bürgerliche Lager schwach war.

Diese Analyse der Reformen nationaler Arbeitsbeziehungen zeigt die Wichtigkeit der parlamentarischen und parteipolitischen Kräfteverhältnisse und insbesondere der organisatorischen Einheit des bürgerlichen Lagers im Parlament. Hinzu kommt eine weitere Variable, die im Zusammenhang der Fragestellung dieses Beitrages nicht weiter diskutiert werden kann: Es handelt sich dabei um den Zwang zur Vermeidung des Ausbruches sozialer Konflikte. Er rührt aus äußeren Bedingungen – im wesentlichen der Weltmarktabhängigkeit einer nationalen Ökonomie[7] – her. Diese exogene Variable erklärt zusammen mit den parteipolitischen und parlamentarischen Kräfteverhältnis-

---

7 Die wirtschaftliche Verletzbarkeit eines Landes wurde mit seiner Bevölkerungsgröße operationalisiert. Es ist anzunehmen, daß mit der Größe eines Landes die Größe seines Binnenmarktes wächst und sich damit seine internationale Abhängigkeit verringert.

Tabelle 1: Grundregeln der Arbeitsbeziehungen, Kräfteverhältnisse und Größe des Landes

Land	Grundregel Jahr	Grundregel Typ	Größe[1] (1 kleinstes, 21 größtes)	Stärke der Linken	Stärke des bürgerlichen Lagers
				(1 stark, 0 schwach)	
Neuseeland	1894	A	1	0	0
Irland	1941-46	B	2	0	0
Norwegen	1935	A	3	1	0
Finnland	1940-46	A	4	0	0
Dänemark	(1899-)1936	A	5	1	0
Schweiz	1937	A	6	0	0
Österreich	1918	A	7	1	0
Österreich	1945ff.	A	7	1	0
Schweden	1938	A	8	1	0
Portugal	1977	B	9	1	0
Belgien	1936	B	10	0	0
Belgien	1944ff.	A	10	0	0
Griechenland	1982	B	11	1	1
Niederlande	1945ff.	A	12	0	0
Australien	1904	A	13	1	1
Kanada	1944	C	14	0	1
Spanien	1977-80	B	15	0	0
Frankreich	1936	A	16	0	1
Frankreich	1950	B	16	0	0
Großbrit.	1871-75	C	17	0	1
Italien	1947	B	18	0	0
Deutschland	1949-52	B	19	0	0
Japan	1945-49	C	20	0	0
USA	1935/47	C	21	0	1

Vgl. zu den operationalen Regeln den Text.
Die Indikatoren wurden anhand der Wahlergebnisse berechnet, die der Entscheidung vorausgingen.
Im Fall der Rückkehr zur Demokratie handelt es sich um die Ergebnisse der ersten freien Wahlen.

Grundregeln:
Typ A: Regelsystem stützt Gewerkschaften und entlastet sie von der Mobilisierung ihrer Mitglieder für ihre Ziele.
Typ B: Regelsystem stützt Gewerkschaften, zwingt sie jedoch zu wiederholter Mobilisierung ihrer Mitglieder in vereinzelten Konflikten mit Unternehmern.
Typ C: Regelsystem bietet kaum Stützen für die Gewerkschaften; deren Politikfähigkeit ist eine nahezu ausschließliche Funktion der Mobilisierbarkeit ihrer Mitglieder.
1 Rangreihe der Bevölkerungsgröße aufgrund der Daten für 1987.
Quelle: Armingeon 1994: 141.

sen beträchtliche Anteile der Variation von nationalen Reformprozessen. Wesentlich weniger Varianzaufklärung stammt von der organisatorischen Stärke der Gewerkschaften und Unternehmer (vgl. Tabelle 1).
Überträgt man in einem Analogieschluß diese Befunde auf die Ebene der Europäischen Union, so wird die Hypothese nicht gestützt, derzufolge sich das Scheitern der Schaffung europäischer Arbeitsbeziehungen auf schwache Gewerkschaften oder widerstre-

bende Unternehmer zurückführen lasse. Die nationalen Reformprozesse zeigen, daß Kommission und Ministerrat auch ohne Druck einer starken Gewerkschaftsbewegung[8] und auch ohne organisatorisch geeinte und kooperationswillige Unternehmer in der Lage sein müßten, europäische Arbeitsbeziehungen zu schaffen. Dieses Resultat wird durch vereinzelte Evidenz aus dem Bereich der Union gestützt. 1991 einigten sich der europäische Unternehmerdachverband UNICE, das Europäische Zentrum öffentlicher Unternehmen (CEEP) und der Europäische Gewerkschaftsbund auf die Möglichkeit, multinationale Tarifverträge abzuschließen. Der Unternehmerverband hat sich dazu jedoch nicht aufgrund der organisatorischen Kräfteverhältnisse durchgerungen. Vielmehr ging es ihm um die Verringerung des Druckes von Kommission und Ministerrat und der Abwehr der Gefahr einer suprastaatlichen Arbeitsrechtsgesetzgebung (Keller 1993). Auch in diesem Zusammenhang sind in bezug auf das Verhältnis zwischen organisierten Interessen und Staat die Verbände eher die abhängige Variable als die verursachende Größe staatlicher Politik.

3. Stand der Integration

In einer funktionalistischen Sichtweise (Zellentin 1992) könnte man argumentieren, mittel- oder langfristig müsse die Europäische Union gemeinsame Regeln der kollektiven Arbeitsbeziehungen etablieren – und wenn es auf der Basis des kleinsten politischen Nenners sein müsse. Dies würde beispielsweise einen Grad des Staatsinterventionismus bedeuten, wie man ihn in Großbritannien findet. In dieser funktionalistischer Perspektive liegt dem Zwang zur Regelsetzung die wachsende ökonomische Integration zugrunde. Wenn starke wirtschaftliche Integration ein Mindestmaß an gemeinsamen Regeln erzeugt, so müßte auch in anderen Fällen des regionalen Zusammenschlusses dieser Zusammenhang beobachtet werden können. Bundesstaaten sind in dieser Hinsicht vergleichbare Fälle zur Europäischen Union. Für sie läßt sich zweierlei zeigen: (1) Trotz starker ökonomischer Integration haben die meisten Staaten nur wenige gemeinsame Verfahrensregeln entwickelt. (2) Es gibt keine lineare Beziehung zwischen ökonomischer Integration und Regulierung der kollektiven Arbeitsbeziehungen. Vielmehr wird an einem kritischen Punkt in der Geschichte des Landes eine Art und eine Tiefe der Regulation gefunden, die sich hinterher – bei Abwesenheit größerer politischer oder ökonomischer Umwälzungen – kaum mehr substantiell reformieren läßt.

In der OECD-Ländergruppe gibt es sechs föderale politische Systeme. In zwei von ihnen – Deutschland und Österreich – werden Arbeitsbeziehungen auf zentralstaatlicher Ebene reguliert. Dies läßt sich mit der Übernahme von Regulierungen aus historischen Perioden erklären, in denen das politische System stärker zentralisiert war. In Deutschland war dies das Kaiserreich im Ersten Weltkrieg und der Beginn der Weimarer Republik. In Österreich stammen die nach dem Zweiten Weltkrieg restituierten Gesetze

---

8 Die Stärke der Gewerkschaften läßt sich nicht über ein Jahrhundert hinweg mit denselben Indikatoren darstellen – selbst dann nicht, wenn die entsprechenden Daten vorhanden wären (was in unserem Beispiel nicht der Fall ist). Insofern sollten Analogieschlüsse aufgrund fehlender identischer operationaler Regeln mit der entsprechenden Vorsicht bewertet werden.

aus der Habsburger Monarchie und der Periode zwischen dem Ende des Ersten Weltkrieges und der Verfassung von 1920.

In den vier verbleibenden Ländern – USA, Kanada, Australien und Schweiz – haben bundesstaatliche Institutionen (Regierung, Parlament und Arbeitsgerichte) nur eingeschränkte Kompetenzen. Der extremste Fall ist Australien. In seiner Verfassung von 1901 wurde dem neuen Bundesparlament nur eine begrenzte Macht im Bereich der Arbeitsbeziehungen zugestanden. Sie war und ist darauf beschränkt, ein Arbeitskampf zu regulieren, der in mehr als in einem Bundesstaat stattfindet. Alle Bundesstaaten haben für ihr Gebiet die ausschließliche Regelungskompetenz in Fragen der industriellen Beziehungen (Brooks 1987: 9).

Auch in Kanada liegt die Gesetzgebung im Bereich der kollektiven Arbeitsbeziehungen weitgehend bei den Einzelstaaten. Die Zuständigkeit des Bundes ist auf Sektoren wie Transport, Kommunikationswesen und Banken beschränkt. 1980 waren weniger als 10 % der kanadischen Arbeitskräfte dem Bundesrecht unterworfen (Meltz 1985: 322). Trotz dieses beträchtlichen Handlungsspielraumes für Parlamente der Provinzen gleichen sich die Landesgesetzgebungen zum kollektiven Arbeitsrecht – mit der Ausnahme der Prince Edward Island – sehr stark. Dies geht auf eine Vereinheitlichung in der Zeit des Zweiten Weltkrieges zurück. Damals bekam der Bund Sonderkompetenzen im Bereich der Arbeitsbeziehungen. In diesem Zusammenhang wurden die arbeitsrechtlichen Normen des New Deals der USA auf alle Teile Kanadas angewandt. Nach dem Auslaufen der Bundeskompetenzen übernahmen die Provinzen in den späten 40er und frühen 50er Jahren diese Bundesregelungen.

In den USA sind sowohl Einzelstaaten als auch Bundesinstitutionen berechtigt, Verfahrensfragen der Arbeitsbeziehungen zu regulieren. Bundesgesetze – insbesondere jene von 1935 und 1947 – haben allerdings einen Rahmen geschaffen, in dem sich die Gesetzgebungen der einzelnen Staaten bewegen müssen. Dennoch haben die Einzelstaaten noch immer beträchtliche Handlungsspielräume. Dies gilt besonders für Regeln über die Organisationssicherungen von Gewerkschaften.

In der Schweiz erlaubt die Verfassung dem Bund, Gesetze zu kollektiven Arbeitsbeziehungen zu erlassen. Solange kein Bundesgesetz vorliegt, haben die Kantone die Gesetzgebungskompetenz. Grundsätzliche Wandlungen vollzogen sich 1874 und 1947. 1874 erhielt der Bund erstmals das Recht, einige Aspekte des individuellen Arbeitsrechtes zu bestimmen (Kinderarbeit, Arbeitszeiten, Sicherheit und Gesundheit der Arbeitnehmer). 1947 erwarb er die Kompetenz, die Beziehungen zwischen Arbeitnehmern und Unternehmern zu regulieren. Dieses Recht wurde jedoch kaum genutzt. Vereinheitlichend hat das – formal privatvertragliche – Friedensabkommen von 1937 gewirkt. Ausgehend von der Metallindustrie definiert es die bei Konfliktregulierung zulässigen Mitteln.

In bezug auf die Europäische Union zeigen diese Fälle, daß ein hoher Grad der ökonomischen Integration im Bundesstaat vereinbar ist mit unterschiedlichen Systemen der Arbeitsbeziehungen in den einzelnen Bundesländern. Es gibt keine Automatik, der zufolge ein hohes Integrationsniveau eine Vereinheitlichung der Arbeitsbeziehung erzwingt.

Freilich: In keinem Bundesstaat differieren die regionalen Systeme der Arbeitsbeziehungen so stark, wie dies die nationalen Systeme in der Europäischen Union tun.

Die Geschichte der Arbeitsbeziehungen in den Bundesstaaten zeigt darüber hinaus noch ein Zweites: Alle Systeme der Arbeitsbeziehungen entstanden in einer „kritischen" oder außerordentlichen Phase der politischen Entwicklung dieser Länder. Grundsätzliche Reformen, die nur durch zunehmende ökonomische Integration ausgelöst wurden, gab es nicht.

In Österreich und in Deutschland entstand das System der Arbeitsbeziehungen in der Übergangsperiode nach dem zweiten Weltkrieg. In Australien wurde das eigentümliche System der Arbeitsbeziehungen mit dem Institut der Zwangsschlichtung zunächst in unabhängigen Staaten entwickelt. Als sich diese Staaten zum Bund zusammenschlossen, wurden einzelne der dezentral entwickelten Institutionen auf die Ebene des Bundes übernommen.

In Kanada trat eine Vereinheitlichung der Regeln der Arbeitsbeziehungen im Zweiten Weltkrieg ein. In den USA entstand die zentrale Regelung in einer außerordentlichen historischen Situation, die durch die Gleichzeitigkeit von ökonomischer Krise, Arbeiterprotesten und einem umfassenden Wandel der politischen Zusammensetzung der Exekutiven gekennzeichnet war.

In der Schweiz vollzog sich der Durchbruch zu einem gemeinsamen Satz prozeduraler Regeln in einer historisch außergewöhnlichen Situation, als drei Ereignisse zeitlich zusammenfielen: (1) Beträchtliche Teile der politischen Elite und der Bevölkerung befürchteten eine Aggression von Nazi-Deutschland. (2) Als die ökonomische Krise ihrem Höhepunkt zutrieb, deutete die Bundesregierung ihre Bereitschaft an, eine Zwangsschlichtung durchzuführen, um die ökonomischen Effekte der Abwertung des Schweizer Frankens zu sichern. (3) Die politischen Kräfteverhältnisse wandelten sich grundlegend: Die Sozialdemokraten wurden in die Regierungen der größeren Industriekantone aufgenommen. All dies machte den Unternehmern die Gefahr deutlich, ein Opfer sozialdemokratischer Staatsinterventionen zu werden, wenn sie sich nicht fähig zeigen sollten, kooperative Beziehungen mit den Gewerkschaften aufzubauen.

In diesen historischen Fällen vollzog sich ein grundlegender Wandel der Regeln unter außerordentlichen Umständen. Wachsende Integration unter normalen Bedingungen verursachte wenige Reformen der kollektiven Arbeitsbeziehungen. Dies nährt die Skepsis von Analytikern des europäischen Einigungsprozesses, die keine notwendige Verbindung zwischen ökonomischer und politischer Integration sehen.

4. Materielles Recht als Strategie der Risikominimierung

Die Europäische Union ist bei der materiellen Regelungen der individuellen Arbeitsbeziehungen durchaus erfolgreich gewesen. Dies betrifft beispielsweise die Gleichstellung von Mann und Frau im Arbeitsleben, den Arbeitsschutz, den Schutz von Arbeitnehmern bei Massenentlassungen oder die Regelung des Mutterschaftsurlaubs (Teague 1989; Teague/Grahl 1991). Paul Windolf (1992: 136-138) hat die These aufgestellt, diese Differenz zwischen beschränkten Erfolgen bei materiellen Regelungen und Mißerfolgen bei prozeduralen Regeln wäre mit der größeren Unsicherheit zu erklären, mit der prozedurales Recht belastet sei. Die Folgekosten des materiellen Arbeitsrechts ließen sich für Unternehmer und Regierungen abschätzen. Bei prozeduralem Recht sei hingegen ungewiß, wann welche Gruppe innerhalb der geschaffenen Institutionen ihre Interessen in welchem Ausmaße durchsetze. Beispielsweise könne ein deutsches Be-

triebsverfassungsgesetz gänzlich andere Wirkungen in Kontexten entfalten, in denen Gewerkschaften und Arbeitgeber konfliktive und stark politisierte Strategien verfolgten.
Diese These der Unabschätzbarkeit der Folgen prozeduralen europäischen Arbeitsrechts könnte gut erklären, weshalb der Ministerrat sich nicht auf ein Minimum von Verfahrensregeln einigen kann. Man würde in diesem Falle selbst unter der Voraussetzung, daß jedes Mitgliedsland eine Regelung wünscht, diese nicht erwarten.
Freilich ist die eigenständige Erklärungskraft der These beschränkt. In sozial und kulturell homogenisierten Bundesstaaten wäre zu erwarten, daß einem landesweit gültigen prozeduralen Recht nichts im Wege stünde. Dagegen sprechen die offensichtlichen Reformblockaden in Bundesländern trotz weitgehender sozialer und kultureller Einheitlichkeit. Insbesondere der australische Fall ist schwer mit dieser Hypothese zu vereinbaren. Denn die Versuche der letzten zehn Jahre, dort substantielle Reformen der Arbeitsbeziehungen durchzuführen, setzten weniger an prozeduralen, sondern eher an materiellen Regeln – insbesondere über Löhne – an (Dabscheck/Niland 1985; Lansbury 1985; Niland 1987; Kyloh 1989; OECD 1994: 83-90).
Diese Befunde legen die Vermutung nahe, daß die Unabschätzbarkeit prozeduraler Regeln in sozial und kulturell heterogenen politischen Einheiten ein zusätzliches, nicht jedoch das ausschließliche Reformhindernis von Arbeitsbeziehungen ist. Für die Fragestellung dieses Beitrags bedeutet dies: Selbst wenn die Unterschiede der Politik und Institutionen nationaler Arbeitsbeziehungen in den Mitgliedsländern der Europäischen Union wesentlich geringer wären, als sie es derzeit sind, wäre die politische Schaffung eines europäischen Systems der kollektiven Arbeitsbeziehungen damit noch nicht garantiert.

5. Nationale und sektorale Koalitionen

Peter Lange (1992) hat in einer Analyse der „Sozialen Dimension" der europäischen Integration argumentiert, bei wohlfahrtsstaatlichen Politiken sei nicht zu erwarten, daß sich auf der Ebene der Europäischen Union die Konfliktkonstellationen wiederholten, wie sie in den entsprechenden Auseinandersetzung auf der nationalen Ebene aufgetreten sind. Vielmehr würden sektorale oder nationale Koalitionen von Gewerkschaften, Unternehmern und nationalen politischen Instanzen daraufhin wirken, daß ihre gemeinsamen Interessen befriedigt würden. Eine wichtige Ursache dieser gemeinsamen Interessen sei eine spezifische nationale oder sektorale Mischung von Infrastruktur, Fähigkeiten, Qualifikation und Technologie. Diese Mischung entspreche den ökonomischen und institutionellen Randbedingungen des Landes oder des Sektors. Bei ganz unterschiedlichen Voraussetzungen stelle sich so ein national eigentümliches Gleichgewicht ein, auf dessen Grundlage diese Länder und Wirtschaftsbereiche wettbewerbsfähig sein können. Jeder Versuch einer vereinheitlichenden supra-nationalen Regelung bedrohe dieses Gleichgewicht und aktiviere folglich Interessen an der Aufrechterhaltung des status quo. Diese Interessen würden von Unternehmern wie Arbeitnehmern gleichermaßen geteilt.
Lange entwickelte dieses Argument am Fall der Sozialpolitik und des individuellen (materiellen) Arbeitsrechts. Es läßt sich unschwer auf kollektive Arbeitsbeziehungen

übertragen. So kommt auch Philippe Schmitter (zusammen mit Franz Traxler 1994) zur Prognose, daß sich in bezug auf die Regulierung von Produktmärkten sektorale Koalitionen auf der Ebene der Europäischen Union bilden werden. Hingegen sei damit zu rechnen, daß Arbeitsbeziehungen national ausgestaltet werden. Er relativiert damit eine frühere Prognose, derzufolge das System der Arbeitsbeziehungen in Europa auf jenes eines „pre-New Deal liberal state" (Streeck/Schmitter 1991: 152) hintreiben würden. Schließlich hat Wolfgang Streeck (1991) für die deutschen Gewerkschaften auf die offensichtlichen Probleme der Vereinbarkeit von bisherigen nationalen Institutionen mit Notwendigkeiten der europäischen Integration aufmerksam gemacht.
Die Analyse von Lange ist an einer Stelle ergänzungsbedürftig: Sektorale Interessen und Koalitionen sind keineswegs ein Spezifikum der Europäischen Union. Nationale Systeme der kollektiven Arbeitsbeziehungen waren seit jeher mit Interessenkonflikten zwischen Sektoren (und zuweilen Regionen) sowie den dort Beschäftigten konfrontiert. Dies wird am Falle Australiens deutlich, als es nach der Verfassungsgebung von 1901 galt, aus verschiedenen Systemen der Arbeitsbeziehungen der zukünftigen Bundesländer ein System für den Bund auszuwählen. Und unterschiedliche sektorale Interessen haben sich besonders deutlich in den nordischen Ländern zwischen den weltmarkt- und den binnenmarktorientierten Bereichen bemerkbar gemacht. Nicht zuletzt die britischen Arbeitsbeziehungen – wie sie der Donovan-Report beschrieben hat – sind ein Musterbeispiel für konfligierende Interessen zwischen Wirtschaftseinheiten in einem System der Arbeitsbeziehungen. Die unter dem Gesichtspunkt der europäischen Integration zentrale Frage bezieht sich deshalb weniger auf die Existenz von sektoralen und regionalen Konflikten, sondern darauf, wie nationale Systeme der kollektiven Arbeitsbeziehungen trotz sektoraler Konflikte zustande kommen und bestehen bleiben.
Aus dem internationalen und historischen Vergleich lassen sich vier Schlußfolgerungen ziehen:
(1) Grundlegende Reformen und gar die Schaffung eines nationalen Systems der Arbeitsbeziehungen ereigneten sich in der OECD-Ländergruppe seit dem Beginn des 19. Jahrhunderts nur unter außerordentlichen politischen Umständen. Hierzu zählen Kriege, die Wiedereinführung der Demokratie, „große Regierungswechsel", Weltwirtschaftskrisen oder umfangreiche Arbeitskämpfe. Freilich waren sie lediglich eine unverzichtbare Voraussetzung für große Reformen und nur in wenigen Fällen führten sie allein zu einer grundlegenden Veränderung des Systems der Arbeitsbeziehungen. Bezogen auf die Europäische Union scheint es deshalb wenig wahrscheinlich, daß die konfligierenden Interessen im „Normalbetrieb" des politischen Prozesses so reguliert werden können, daß ein europäisches System der Arbeitsbeziehungen entsteht.
(2) Keine der großen nationalen Reformen vollzog sich nur als Folge der Auseinandersetzungen zwischen Gewerkschaften und Arbeitgebern. Jedesmal waren staatliche Akteure einbezogen und ihre Rolle beschränkte sich nicht darauf, die Entscheidungen der Arbeitsmarktparteien im Gesetzgebungsprozeß zu ratifizieren. Selbst bei den „privaten Friedensschlüssen" in den nordischen Ländern und der Schweiz hatte der Staat eine prägende und treibende Rolle, da im Falle des Mißlingens einer freiwilligen Lösung staatliche Zwangsmaßnahmen angedroht oder zu befürchten waren. Solche erfolgreichen staatlichen Maßnahmen setzen allerdings

eine geschlossene und deshalb handlungsfähige Regierung oder Parlamentsmehrheit voraus. Diese Voraussetzung sind auf der Ebene der Europäischen Union und namentlich auf jener des Europäischen- und Ministerrats nicht gegeben. Die nationalen Regierungen scheinen vielmehr die Interessen zu vertreten, die mit der jeweiligen Struktur der nationalen Systeme der Arbeitsbeziehungen verbunden sind. Insofern stellt sich die Schaffung europäischer Arbeitsbeziehungen als ein Verteilungskonflikt zwischen den Mitgliedern des Ministerrates dar. Aus diesem Grund ist eine geschlossene Haltung von Rat und Kommission kaum zu erwarten.

(3) Der staatliche Handlungsbedarf zur Schaffung eines europäischen Systems kollektiver Arbeitsbeziehungen wäre gering, wenn die Entscheidung zugunsten eines Modells der „Nicht-Intervention" fallen könnte. Dieses Modell der Ausgrenzung eines Raumes aus der staatlichen Zuständigkeit, in dem Gewerkschaften und Unternehmern ihre Beziehungen autonom gestalten können, hat bekanntlich der britischen Gesetzgebung zwischen 1871 und 1971 zugrundegelegen – ohne je strikt verwirklicht worden zu sein. Beispielsweise intervenierte schon 1891 das Unterhaus mit der Fair Wages Resolution in den Lohnbildungsprozeß und seit 1971 kann ernsthaft nicht mehr von „Nichteinmischung" die Rede sein (vgl. Streeck 1978). Gegen die Übernahme dieses alten britischen Modells in die Europäische Union spricht zum einen die Schwierigkeiten, in der politischen Praxis dem Grundsatz der Nicht-Einmischung treu zu bleiben. Viel gewichtiger ist jedoch, daß diese Minimallösung für einige, wenn nicht sogar die meisten der nationalen Regierungen nicht akzeptabel ist. Diese sind aus ideologischen und aus Gründen der Wiederwahl dem Leitbild eines sozialdemokratischen oder eines konservativen Wohlfahrtsstates verpflichtet (Esping-Andersen 1990; Schmidt 1988). Damit ist die Vorstellung nicht vereinbar, die Durchsetzungschancen der Gewerkschaften allein von deren Mobilisierungsfähigkeit abhängig zu machen.

(4) Eine der typischen Institutionen zur Regelung sektoraler oder regionaler Konflikte zwischen Arbeitnehmergruppen stellen umfassende Gewerkschaften dar. Vorgelagert in einem innerorganisatorischen Prozeß arbeiten sie Konflikte so klein, daß sie zur gruppenübergreifenden Interessenvertretung im System der kollektiven Arbeitsbeziehungen fähig sind (vgl. Streeck 1979). Der Europäische Gewerkschaftsbund und seine (nationalen) Mitgliedsverbände sind derzeit weit davon entfernt, solche Aggregationsleistungen europaweit zu erbringen. Dafür sind nicht nur seine Defizite in bezug auf Kompetenzen und Ressourcen verantwortlich zu machen. Vielmehr deuten auch nationale Entwicklungen darauf hin, daß Gewerkschaften diese Vereinheitlichung der Mitgliederinteressen nur beschränkt und – seit Mitte der 70er Jahre – mit abnehmendem Erfolg gelingt.

6. Institutionelle Beharrungskräfte

Einer der bemerkenswertesten Befunde systematischer, historisch und international vergleichender Analysen der Entwicklungen kollektiver Arbeitsbeziehungen ist die Differenz zwischen den aufgrund der Umweltveränderungen zu erwartenden und den tatsächlich eingetretenen Veränderungen der kollektiven Arbeitsbeziehungen. Reformen der Regeln sind pfadabhängig: „Usually ... a solution will be sought that

involves as little disturbance as possible to known and understood principles of organization, that enables most use to be made of predictabilities from past experience" (Crouch 1993: 296). Für die Stärke dieser institutionellen Beharrungskräfte können eine Reihe von Gründen angeführt werden (Armingeon 1994: 130-135):
(1) Die beteiligten Organisationen spezialisieren sich in einem langen und kostenreichen Lernprozeß für ein gegebenes System von Regeln der kollektiven Arbeitsbeziehungen. Der Übergang zu einem qualitativ anderen System(element) bedeutet zunächst organisatorische Kosten. Allein schon aus diesem Grund kann es für eine Organisation sinnvoll sein, nicht für den Wechsel zu einem System zu votieren, das langfristig und aus der Sicht der Organisationsmitglieder vorteilhafter ist.
(2) Mit jeder organisatorischen Spezialisierung sind Zuweisungen von Machtpositionen und Einkommen verbunden. Die Entscheidung einer Organisation, ein anderes Regelsystem anzustreben, setzt voraus, daß die Widerstände jener Positionsinhaber überwunden werden können, für die Macht und Einkommen durch die Reform verloren gehen.
(3) Systeme der kollektiven Arbeitsbeziehungen sind interorganisatorische Netzwerke. Kein Akteur kann von sich aus eine neue Regel einführen, ohne daß die anderen Beteiligten unter einen organisatorischen Anpassungszwang gesetzt werden. Dieser kann Widerstand mobilisieren.
(4) Diese Netzwerke haben nicht nur eine horizontale (Gewerkschaften, Arbeitgeber und ihre Verbände, staatliche Stellen), sondern auch eine vertikale Dimension (Bundesstaat, Länder, Regionen, Sektoren, Unternehmen). Reformen können durch ihren organisatorischen Anpassungsdruck Widerstand auch auf höher oder tiefer liegenden Ebenen hervorrufen.
(5) Unter diesen Umständen ist jeder Reformprozeß mit erheblichen Kosten belastet. Hinzu kommt die Unsicherheit, ob sich die Abschaffung der bisherigen Regel (deren Vor- und Nachteil sicher bekannt sind) durch eine neue Regel (deren Mindestkosten sicher bekannt und deren Vorteile ungewiß sind) auch aus der Sicht der Organisation und ihrer Mitglieder lohnt.
Aus all diesen Gründen ist es für Organisationen rational, Veränderungen nur in dem Maße anzustreben, wie diese auf dem historischen Entwicklungspfad der nationalen Institutionen liegen. Es gibt keine überzeugende Hinweise darauf, daß diese Entwicklungspfade europäischer Länder konvergieren (Armingeon 1991). Das immense organisatorische Risiko, das bisherige System zu verlassen und ein neues europäisches System zu akzeptieren, wird nur unter zwei Bedingungen für die privaten Verbände einzugehen sein: (1) Äußere, soziale oder ökonomische Entwicklungen erlauben keine Fortsetzung der bisherigen Praktiken oder (2) die supra-nationale Regierung hat ein einheitliches Leitbild zukünftiger europäischer Arbeitsbeziehungen und kann dieses gegen den Widerstand der Verbände durchsetzen. Nichts deutet derzeit darauf hin, daß eine dieser Bedingungen in der Europäischen Union gegeben ist.

7. Schluß

In diesem Beitrag wurden sechs Erklärungen für das Fehlen eines europäischen Systems der kollektiven Arbeitsbeziehungen diskutiert. Die Tragkraft dieser Erklärungen wurde auf der Grundlage vergleichbarer nationaler Entwicklungen geprüft. In einem weiteren Schritt wurde von nationale Bedingungskonstellationen auf Determinanten der prozeduralen Regeln der kollektiven Arbeitsbeziehungen auf der Ebene der Europäischen Union geschlossen. Der Vorteil dieses Verfahrens ist eine größere Varianz bei den untersuchten Reformen und das Vermeiden der Überinterpretation von einer oder mehreren spezifischen Entscheidungssituationen auf der Ebene der Europäischen Union. Der Nachteil besteht im Analogieschluß von der nationalen auf die supra-nationale Ebene. Dieses Problem wird dadurch verschärft, daß viele nationale Reformfälle zeitlich weit zurückliegen und mithin Randbedingungen nur noch beschränkte Ähnlichkeiten mit jenen der Europäischen Union aufweisen.

Geht man davon aus, daß sich in der Politikwissenschaft empirische Regelmäßigkeiten feststellen lassen, die es erlauben, von einem untersuchten Fall auf einen anderen zu schließen (skeptisch: Scharpf 1988: 60-63), so kann auf der Grundlage dieser Studie folgendes Fazit gezogen werden:

Das Fehlen eines europäischen Systems der kollektiven Arbeitsbeziehungen läßt sich nicht vordringlich mit der organisatorischen Schwäche und Heterogenität der nationalen Gewerkschaftssysteme erklären, die die Ausübung vom Druck auf Ministerrat und Kommission verhindern. Auch der Widerstand der Unternehmer und ihre politische Stärke aufgrund ihrer organisatorischen Schwäche liefern keine starken Erklärungen. Und schließlich weisen nationale Erfahrungen darauf hin, daß der Zusammenhang zwischen Problemen, funktionalen Erfordernissen und politischen Reformen der Arbeitsbeziehungen vielfach vermittelt ist. Es besteht kein linearer Zusammenhang zwischen diesen Variablen; selbst ein Grenzwert, oberhalb dem eine politische Reaktion unausweichlich wird, ist nicht zu erkennen.

Wesentlich mehr Erklärungskraft können die drei anderen Hypothesen für sich beanspruchen. Die Unsicherheiten der Ergebnisse prozeduraler Regeln könnten ein, – allerdings nicht ausschließlicher Grund – für fehlende Regelungen durch den Ministerrat bilden. Vieles spricht dafür, daß sektorale und nationale Koalitionen von Gewerkschaften, Unternehmern und staatlichen Stellen eine europaweite Regulierung der Arbeitsbeziehungen verhindern. Den nationalen Koalitionen liegen jedoch nicht nur – wie Langes Analyse dies nahelegt – Interessen an materiellen Lösungen und an der Bewahrung der internationalen Wettbewerbsfähigkeit zugrunde. Große Bedeutung haben auch die Interessen von Verbänden als Organisationen an der Beibehaltung von nationalen Institutionen. Diese Blockierungen der Entstehung eines europäischen Systems des Arbeitsbeziehungen ließen sich – so legen dies die nationalen Entwicklungen nahe – durch außerordentliche soziale, ökonomische oder politische Ereignisse oder durch eine programmatisch konsens- und damit handlungsfähige supra-nationale Regierung aufheben. Beides ist derzeit in der europäischen Union nicht in Sicht.

In seiner wichtigen Analyse hat Peter Lange die Vermutung geäußert, mit dem Maastrichter Vertrag und dem Abkommen über die Sozialpolitik sei die Periode folgenloser Bekenntnisse (cheap talks) zur Sozialen Dimension der Europäischen Union vorbei. Der britische Sündenbock sei aus dem Politikfeld ausgegrenzt und in vielen Punkten seien Entscheidungen mit qualifizierten Mehrheit nunmehr möglich. An dieser Prognose kann allerdings gezweifelt werden. Die hier präsentierten Befunde zu Determinanten nationaler Arbeitsbeziehungen weisen auf erwartbare Implementationsschwierigkeiten hin, sollte auch nur eine nationale Regierung überstimmt werden. Dies könnte der Beginn einer neuen Koalition einer einzelnen nationalen Regierung mit den Verbänden des Landes gegen die restlichen Akteure darstellen. Bei einer Veränderung der in langen historischen Prozessen entstandenen „Systeme der Konfliktinstitutionalisierung und paktierten nationalen Verteilungsgerechtigkeiten" (Lepsius 1991: 28) werden Entscheidungen jenseits der Einstimmigkeit extrem unabschätzbar in bezug ihre Folgen nach versuchter Implementation auf nationaler Ebene.

Literatur

Armingeon, Klaus, 1991: Towards a European System of Labor Relations?, in: Journal of Public Policy 11, 399-413.
Armingeon, Klaus, 1994: Staat und Arbeitsbeziehungen. Ein internationaler Vergleich, Opladen: Westdeutscher Verlag.
Brooks, Brian T., 1988: Australia, in: Roger Blanpain (ed.), International Encyclopedia for Labour Law and Industrial Relations, Deventer: Kluwer.
Dabscheck, Braham/Niland, John, 1985: Australian Industrial Relations and the Shift to Centralism, in: Hervey Juris/Mark Thompson/Wilbur Daniels (Hrsg.), Industrial Relations in a Decade of Economic Change, Maddison: IRRA, 41-72.
Esping-Andersen, Gösta, 1990: The Three Worlds of Welfare Capitalism, Princeton: Princeton University Press.
Keller, Berndt, 1993: Die soziale Dimension des Binnenmarktes. Zur Begründung einer euro-pessimistischen Sicht, in: Politische Vierteljahresschrift 34, 588-612.
Kyloh, Robert H., 1989: Flexibility and structural adjustment through consensus. Some lessons from Australia, in: International Labour Review 128, 103-123.
Lange, Peter (1992): The Politics of the Social Dimension, in: Alberta Sbragia (Hrsg.), Euro-Politics. Institutions and Policymaking in the „New" European Community, Washington, D.C.: Brookings, 225-256.
Lansbury, Russel D., 1985: The accord between the unions and government in Australia: A new experiment in industrial relations?, in: Labour and Society 10, 223-235.
Lehmbruch, Gerhard, 1991: The Organization of Society, Administrative Strategies, and Policy Networks, in: Roland M. Czada/Adrienne Windhoff-Héritier (Hrsg.), Political Choice. Institutions, Rules, and the Limits of Rationality, Frankfurt a.M./Boulder, Col.: Campus/Westview Press, 121-158.
Lepsius, M. Rainer, 1991: Nationalstaat oder Nationalitätenstaat als Modell für die Weiterentwicklung der Europäischen Gemeinschaft, in: Rudolf Wildenmann (Hrsg.), Staatswerdung Europas? Optionen für eine Europäische Union, Baden-Baden: Nomos, 19-40.
Lindberg, Leon N./Campbell, John L., 1991: The State and the Organization of Economic Activity, in: Leon N. Lindberg/John L. Campbell (Hrsg.), Governance of the American Economy, Cambridge: Cambridge University Press, 356-395.
Meltz, Noah M., 1985: Labor Movements in Canada and the United States, in: Thomas A. Kochan (Hrsg.), Challenges and Choices Facing American Labor, Cambridge, Mass.: MIT-Press, 315-334.
Niland, John, 1987: Gaining Against the Tide: Australian Unionism in the 1980s, in: Bulletin of Comparative Labour Relations 16-1987 (Special Issue), 129-149.
OECD, 1994: Economic Surveys. Australia, Paris: OECD.
Ragin, 1987: The Comparative Method, Berkeley/Los Angeles/London: University of California Press.
Sbragia, Alberta, 1992: Thinking about the European Future: The Uses of Comparison, in: Alberta Sbragia (Hrsg.), Euro-Politics. Institutions and Policymaking in the „New" European Community, Washington, D.C.: Brookings, 257-291.
Schmidt, Manfred G., 1991: Machtwechsel in der Bundesrepublik (1949-1990). Ein Kommentar aus der Perspektive der vergleichenden Politikforschung, in: Bernhard Blanke/Hellmut Wollmann (Hrsg.), Die alte Bundesrepublik. Kontinuität und Wandel, Leviathan Sonderheft 12/1991, Opladen: Westdeutscher Verlag, 179-203.
Schmidt, Manfred G., 1988: Sozialpolitik, Opladen: Leske und Budrich.

Silvia, Stephan J., 1991: The social charter of the European Community: A defeat for European labor, in: Industrial and Labor Relations Review 44, 626-643.

Streeck, Wolfgang, 1978: Staatliche Ordnungspolitik und industrielle Beziehungen, in: *Udo Bermbach* (Hrsg.), Politische Wissenschaft und Politische Praxis (PVS-Sonderheft 9/1978), Opladen: Westdeutscher Verlag 106-139.

Streeck, Wolfgang, 1979: Gewerkschaftsorganisation und industrielle Beziehungen, in: Politische Vierteljahresschrift 20, 242-257.

Streeck, Wolfgang, 1991: More Uncertainties: German Unions Facing 1992, in: Industrial Relations 30, 317-349.

Streeck, Wolfgang/Schmitter, Philippe C., 1991: From National Corporatism to Transnational Pluralism: Organized Interests in the Single European Market, in: Politics & Society 19, 133-164.

Teague, Paul, 1989: European Community Labour Market Harmonisation, in: Journal of Public Policy 9, 1-33.

Teague, Paul/Grahl, John, 1991: The European Community Social Charter and Labour Market Regulation, in: Journal of Public Policy 11, 207-232.

Tenfelde, Klaus, 1987: Die Entstehung der deutschen Gewerkschaftsbewegung. Vom Vormärz bis zum Ende des Sozialistengesetzes, in: *Ulrich Borsdorf* unter Mitarbeit von *Gabriele Weiden* (Hrsg.), Geschichte der deutschen Gewerkschaften von den Anfängen bis 1945, Köln: Bund, 15-165.

Traxler, Franz/Schmitter, Philippe, 1994: Perspektiven europäischer Integration, verbandlicher Interessenvermittlung und Politikformulierung, in: *Volker Eichener/Helmut Voelzkow* (Hrsg.), Europäische Integration und verbandliche Interessenvermittlung, i.E.

Visser, Jelle/Ebbinghaus, Bernhard, 1992: Making Most of Diversity? European Integration and Transnational Organization of Labour, in: *Justin Greenwood/Jürgen R. Grote/Karsten Ronit* (Hrsg.), Organized Interests and the European Community, London: Sage, 206-237.

Windolf, Paul, 1992: Mitbestimmung und „corporate control" in der Europäischen Gemeinschaft, in: *Michael Kreile* (Hrsg.), Die Integration Europas (PVS Sonderheft 23/1992), Opladen: Westdeutscher Verlag, 120-142.

Zellentin, Gerda, 1992: Der Funktionalismus – eine Strategie gesamteuropäischer Integration?, in: *Michael Kreile* (Hrsg.), Die Integration Europas (PVS Sonderheft 23/1992), Opladen: Westdeutscher Verlag: 262-277.

Barrieren und Wege „grenzenloser" Solidarität: Gewerkschaften und Europäische Integration

Bernhard Ebbinghaus / Jelle Visser

1. Einleitung

„Proletarier aller Länder vereinigt Euch!" Vor fast 150 Jahren rief das Kommunistische Manifest die Arbeiter zur „grenzenlosen" Solidarität auf. Arbeitnehmer organisierten sich zuerst in Europa und Nordamerika, dann in aller Welt, jedoch entgegen Marx und Engels vor allem in nationalen Gewerkschaftsbewegungen. „Grenzenlose" Solidarität war und bleibt ein idealistisches Ziel. Heute stellen weltweite Verflechtungen und politische Integration Herausforderungen an die „begrenzte" Solidarität unter Arbeitnehmern. Während Kapital und Politik sich internationalisieren, geraten die Arbeitnehmer ins Hintertreffen, teilweise als Folge der erfolgreichen nationalen Integration, teilweise weil es eine mühselige Aufgabe ist, Solidarität unter Arbeitnehmern einer Weltwirtschaft neu zu schaffen.

Die Suche nach „grenzenloser" Solidarität kann man durchaus mit einer Gebirgsexpedition vergleichen. Es gibt *Herausforderungen*, die die Expedition in Bewegung setzten. Auch wenn die Beweggründe nicht immer eindeutig und verständlich waren, wurde sie einmal begonnen, ist es zunehmend schwerer inne zu halten oder gar umzukehren. Im Verlauf der Expedition trifft man weiter auf *Barrieren:* interne Hürden resultieren aus der fehlenden Einigkeit, schlechter Führung und organisatorischer Schwächen; andere, externe Hürden ergeben sich wegen des schwierigen Geländes. Die Expedition wird folglich in verschiedene Richtungen geschoben und gezogen. Schließlich eröffnen sich, wenn einmal entdeckt, *Wege* hinauf und hinüber, die somit näher zum Ziel führen. Diese Metapher illustriert unsere Argumentationsführung: um die Fehlschläge und Aussichten von gewerkschaftlicher Transnationalisierung zu verstehen, sollten wir die Herausforderungen, Barrieren und Wege „grenzenloser" Solidarität genauer betrachten.

Zuerst behandeln wir die *Herausforderungen*, die Gewerkschaften dazu drängen, nach Lösungen jenseits nationaler Wege zu suchen. Wir wägen die Anreize, Kosten und Alternativen ab, und fragen, was wir von vergangenen Zentralisierungserfahrungen der Gewerkschaften lernen können. Zweitens wenden wir uns den *Barrieren* zu. Wir beginnen mit den *endogenen* Hindernissen, die der Gewerkschaftsvielfalt entspringen, den unterschiedlichen Interessen, Machtmittel und Organisationsformen, die einer effektiven länderübergreifenden Zusammenarbeit im Wege stehen. Zusätzlich decken wir *exogene* Hürden auf, nicht nur solche, die die Gewerkschaften selbst aufbauen, sondern auch solche die aus den länderspezifischen Interessenvermittlungsformen herrühren. Drittens erörtern wir die *Wege*, die nationale Gewerkschaften einschlagen um länderübergreifend zusammenzuarbeiten. Wir verweisen auf das Problem, die unterschiedlichen Gewerkschaftsbewegungen zusammen zu bringen und zu halten. Viertens wenden wir uns der Interessenvermittlung zwischen Gewerkschaften und Staat, beziehungsweise Arbeitgebern, zu. Weitere *exogene* Barrieren bilden die politischen und organisatorischen Unzulänglichkeiten des europäischen Staatswerdungsprozesses und der Kapitalinteressen in Europa.

Das Studium der *transnationalen Beziehungen* wird eine der wichtigen Aufgaben der europäischen Soziologie werden (Bamyeh 1993; de Swaan 1994). Die Beziehungen, die Individuen und Organisationen über Ländergrenzen hinweg verbinden, ob direkt oder indirekt, durch staatliche oder transnationale Organisationen vermittelt, werden zunehmend häufiger und intensiver. Ob dies zu einer europäischen Gesellschaft führt, in der Solidaritätsbindungen quer zu existierenden Ländergrenzen geknüpft werden, ist eine Frage, die ein vorrangiges Anliegen der modernen Soziologie werden sollte.[1] Eine der wesentlichen Fragestellungen sollte sein: wie werden kollektive Zugehörigkeit und Solidarität geformt und verformt durch Nationalstaaten und supranationale Institutionen, durch nationale Verbände und transnationale Organisationen? Wir wählten Gewerkschaften als Gegenstand unserer Untersuchung: Sind Gewerkschaften mögliche Träger von „grenzenloser" Solidarität unter Arbeitnehmern? Jedoch ziehen wir eine Grenze: wir beschränken unsere Erörterungen auf einen Weltteil, nämlich Westeuropa. Diese Wahl folgt nicht allein aus pragmatischen Erwägungen, sondern erkennt die Wichtigkeit des europäischen Integrationsprozesses an. Sicherlich ist er der am weitesten fortgeschrittene und folglich ein paradigmatischer Fall von Transnationalisierung. Indem wir untersuchen, wie länderspezifische Organisations- und Austauschmuster den aufkommenden transnationalen Beziehungen im Wege stehen, aber auch durch sie verändert werden, hoffen wir zu neuen Einsichten in der Analyse von Staat-Verbände-Beziehungen beitragen zu können.

Unser Ansatz verbindet Erkenntnisse und Methoden der vergleichenden Soziologie mit denen der Integrationstheorie. Wir glauben, daß beide analytische Ausrichtungen notwendig sind, um die ganze Komplexität der noch jungen grenzüberschreitenden Solidarität zu verstehen, wenn wir auch noch keine integrierte Theorie anbieten können (Hix 1994). Für unseren Vergleich haben wir viel von der politische Soziologie, den Neo-Korporatismus Studien und vergleichenden Studien der Arbeitsbeziehungen gelernt. Wir stehen der „top down" Perspektive der Integrationstheorie mit ihrem Hauptaugenmerk auf den europäischen Institutionen und die sie umgebenden Interessenverbands-Trabanten kritisch gegenüber. Denn diese Sichtweise läßt den politischen Beamten oder den Gewerkschaftsfunktionären zu viel Freiraum in der Gestaltung der Brüsseler Europapolitik. Eine Studie allein der Spitze des Institutionsgefüges wird daran mangeln, daß sie nicht die Statik des sozialen Fundaments, auf dem Politik ruht, überprüft. Manche funktionalistischen und ökonomischen Integrationsmodelle tun die europäische Vielfalt als eine Ablagerung vergangener Zeiten ab, welche sowieso

---

[1] Dieser Versuch führt zurück zu den Grundlagen der klassischen Soziologie. Durkheim, Weber und Simmel waren fasziniert vom Modernisierungsprozeß, der die traditionellen Solidaritätsbindungen einer Gemeinschaft auflöste und in *organische Solidarität* (Durkheim 1893), durch einen Prozeß der *Vergesellschaftung* (Weber 1922), der zur *Kreuzung sozialer Kreise* (Simmel 1906) beitrug, umwandelte.

durch den Druck findiger politischer Koordinierung und unbarmherziger Marktintegration geglättet werden wird.

Komparative Studien lassen die Verflechtungen und Beeinflussungen zwischen Nationalstaaten, Volkswirtschaften und Gesellschaften außer acht. Der Vergleich kann nichtsdestoweniger einen wichtigen Beitrag zur Integrationstheorie liefern. Erstens, gibt uns die vergleichende Analyse einen Einblick in die fest verankerte länderspezifische Vielfalt, die die Lösungssuche und Koordinierung über die Grenzen hinweg erschweren. Sie ermöglicht uns aufzuzeigen, welches Politikfeld einer Konvergenztendenz in Europa unterliegt und wo die Möglichkeiten für transnationale Zusammenarbeit besonders groß sind (Kaelble 1987). Zweitens, die Opportunitätskosten internationaler Solidarität und die Transaktionskosten supranationaler Koordination können nur dann abgewogen werden, wenn die unterschiedlichen Interessenlagen, Machtressourcen und Austauschbeziehungen der nationalen korporativen Akteure benannt werden können. Drittens, die vergleichende Theorie der Nationalstaatsbildung könnte die Integrationstheorie erneuern, indem die „kopflastige" Institutionenanalyse auf ein soziologisches Fundament gestellt wird. Schließlich mag sie auch hilfreich sein um die Kontingenz und Singularität des gegenwärtigen europäischen Integrationsprozesses zu begreifen; indem sie zum Beispiel die Implikationen eines fehlenden Staatsmodells der politische Struktur der Europäischen Union verdeutlicht (Schmitter 1992).

Folglich verbindet unsere Studie komparative Forschungsergebnisse über die sozial verwurzelte Vielfalt der Interessenlagen, Mobilisierungsmuster und Vermittlungsstrategien mit der Analyse übergeordneter, supranationaler Zusammenarbeit. Die *europäischen Arbeitsbeziehungen* sind unseres Erachtens ein Mehr-Ebenen-Geflecht von widerstreitenden und kooperativen Beziehungen zwischen korporativen und staatlichen Akteuren auf verschiedenen nationalen und supranationalen Ebenen.[2] Dies erklärt, warum Komparatistik und Integrationsansatz, wenn einzeln angewandt, entweder ein zu flaches oder ein zu abgehobenes Bild des vielschichtigen Terrains zeichnet, ähnlich einer Karte die nur die Distanz oder nur die Höhe wiedergibt. Sie führen oft zu unzulänglichen Hypothesen, entweder in dem sie zu viel voraussagen (wie beim Neo-Funktionalismus), oder aber zu wenig (wie die neo-realistische Annahme starrer nationaler Interessenkonflikte).

Über ein Jahrhundert wurden Gewerkschaften als soziale Bewegungen, Arbeitsmarktinstitutionen und organisierte Interessenverbände geformt und haben sich in länderspezifische Rahmenbedingungen eingefügt. Gewerkschaften in Europa sind folglich von Land zu Land verschieden (Visser 1990). Die *Gewerkschaftsvielfalt* in Europa entspringt tief verwurzelten Unterschieden in nationalen Konfliktstrukturen *(cleavages)*, sozialen Mobilisierungsmustern und Interessenvermittlungsformen (Crouch 1993; Ebbinghaus 1993). Nach 1945 erlebte Westeuropa sicherlich eine zunehmende staatliche Zusammenarbeit, Binnenmarktintegration und Globalisierung der Wirtschafts- und Technologieentwicklung. Weder der zunehmende ausländische Konkurrenzdruck auf die Volkswirtschaften noch die Aushöhlung der nationalen Souveränität haben zur Gleichförmigkeit gewerkschaftlicher Organisation oder der Arbeitsbeziehungen ge-

---

2 Diese Vorstellung ist dem Ansatz der *horizontalen Politikverflechtung* in föderativen Staaten ähnlich (Scharpf 1985).

führt (Poole 1986), entgegen früheren Voraussagen einer universellen Modernisierungs-„Logik der Konvergenz" (Kerr 1960, 1983).
In den 80er und 90er Jahren führten Weltmarktkonkurrenz, hohe Arbeitslosigkeit, Neoliberalismus und neue europäische Integrationsschritte zur Unterhöhlung der Schlagkräftigkeit von nationalen Gewerkschaften. Trotz gemeinsamer Herausforderung und ihrer gemeinsamen Ursachen haben die Unterschiede der Gewerkschaftsorganisationen in mancher Hinsicht sogar zugenommen. Dies vergrößert das Problem der Zusammenlegung *(pooling)* von ungleich verteilten Ressourcen in einem transnationalen Handlungskollektiv. Globale und ähnliche Herausforderungen werden weder zwangsläufig gleich verstanden noch führen sie zu gleichartigen Problemen, da sich die Ziele, Allianzen und Machtressourcen der Gewerkschaften (und der Arbeiterbewegung im weiteren Sinne) zwischen den Ländern unterscheiden. Daher können wir nicht von den selben oder gleichen Reaktionen auf die gemeinsamen Herausforderungen ausgehen (Kastendieck 1992; Scharpf 1987). Abgesehen von unterschiedlichen Einschätzungen, Interessen und Alternativen, setzt effektives länderübergreifendes Handeln komplexe und kostspielige Organisationslösungen voraus. „Grenzenlose" Solidarität unter Arbeitnehmern muß zweierlei überwinden: das „Einheit-in-Vielfalt" Rätsel *(conundrum of crossnational diversity)* und das „Einheit-über-Vielfalt" Dilemma *(quandary of supranational associability)* – die beiden zentralen Thesen unserer Analyse. Neben dem Fehlen eines „Stoßes" von unten in Richtung gewerkschaftlicher Transnationalisierung sollten auch die Schwäche des „Soges" von oben berücksichtigt werden. Die „Soziale Dimension" (Euro-Sprachregelung für supranationale Regulierung im Bereich der Arbeits- und Sozialpolitik) fällt weit hinter die wirtschaftliche und politische Integration zurück. Hierfür gibt es viele Gründe. Seit der Gründung des Gemeinsamen Marktes war das ökonomische Rationalitätskriterium der europäischen Integration in erster Linie Faktormobilität und Effizienzsteigerung, kaum Umverteilungs- und Gerechtigkeitserwägungen (Addison/Siebert 1991; Lepsius 1992). Ursprünglich war davon ausgegangen worden, daß wirtschaftliche Verflechtung soziale Konvergenz nach sich ziehen werde oder sollte. Als sich jedoch ein solcher Trend nicht einstellte, wurde Harmonisierung als Politikziel aufgegeben. Trotz regionaler Umverteilungspolitik und Kohäsionsmaßnahmen zugunsten von peripheren Volkswirtschaften und Regionen, sind sich verschiedene Beobachter darin einig, daß dies nicht der Beginn eines eigenständigen EU-Wohlfahrtsstaates oder einer Sozialpolitik ist, die Chancengerechtigkeit durch garantierte soziale Rechte gegenüber den Wechselfällen des Marktes herstellt (Keller 1993; Lange 1992; Majone 1993; Marks 1992; Mosley 1991; Rhodes 1991; Silvia 1991; Streeck 1994).
Der intergouvernmentale Politikstil der europäischen Integration und die Vielfalt europäischer Arbeitsbeziehungen sind weitere Gründe, warum wir nicht erwarten, daß der Verlust von nationalen Regulierungskompetenzen auf der supranationalen Ebene wieder aufgefangen wird. Entscheidungen über Arbeits- und Sozialpolitik innerhalb der Europäischen Union unterliegen, von einigen wichtigen Ausnahmen abgesehen, der Vetomacht der einzelnen Mitgliedsstaaten. Die Wiederbelebung des europäischen Integrationsprozesses seit Mitte der 80er Jahre wurde als ein Versuch angesehen, durch Ressourcenzusammenlegung gegenüber anderen Wirtschaftsblöcken – vor allem USA und Japan – verlorene nationale Souveränität wiederzugewinnen (Hoffmann 1989). Die Nationalstaaten klammern sich in der Arbeits- und Sozialpolitik weiter an die

letzte Hälfte ihrer Semi-Souveränität, wobei sie sich individuell dem Druck eines weniger freundlichen Wirtschafts- und Politikklimas anpassen (Leibfried/Pierson 1992).

2. Die Herausforderung an Gewerkschaften in Europa

Wie viele Politiker sind auch Gewerkschaftsführer in Europa zwischen nationaler und transnationaler Strategie hin und her gerissen. Sie sind in ihren Ländern (bzw. Sektoren) häufig in der Lage, Arbeitsmärkte mitzugestalten und Einfluß auf wirtschaftliche Restrukturierung und Sozialpolitik auszuüben. Es wäre naiv anzunehmen, daß sie diese beachtlichen nationalen Machtressourcen aufgeben würden. Vorausschauende Gewerkschaftsführer wissen jedoch, daß die Zeit der drei traditionellen Formen „begrenzter" Solidarität, nämlich unter Arbeitskollegen, zwischen Arbeitnehmer und Management und zwischen Arbeitnehmer und dem Nationalstaat, zu Ende gehen wird. Dekollektivierung der Arbeitsbeziehungen, Arbeits- und Produktionsumstrukturierung und Internationalisierung werden die bisherigen gewerkschaftlichen Organisationsformen der Solidarität untergraben. Gewerkschaften können nicht warten und auf besseren Zeiten hoffen. Nationale Gewerkschaften befinden sich wie auf Eisbergen in einer rauhen See, wobei die Haltemöglichkeiten zunehmend weniger werden und kaum für den Brückenschlag zur „grenzenlosen" Solidarität reichen.

2.1 Die Herausforderung der Internationalisierung

Wirtschaftliche Integration ist die Ausdehnung des Marktes durch die Beseitigung von Barrieren, die die grenzüberschreitende Bewegung von Gütern, Dienstleistungen, Kapital, Arbeit und Informationen behindern (Pelkmans/Winters 1988). Sie weitet die Marktgrenzen über die Zuständigkeitsbereiche des Nationalstaates und der Gewerkschaften hinaus aus. Die Gewerkschaften können darauf reagieren, indem sie sich horizontal durch Organisationsexpansion ausdehnen oder indem sie sich vertikal durch grenzüberschreitende Zentralisierung von Entscheidungsprozessen koordinieren oder durch beides. Ihr Niedergang droht jedoch, wenn sie keines von beiden angehen. Internationalisierung unterstreicht die „conditional viability" sozialer Institutionen wie Nationalstaat und Gewerkschaften.
Als Agenten der Internationalisierung nehmen *multinationale Konzerne* eine führende Rolle ein. Ihr Anteil am Welthandel nähert sich gegenwärtig 40 Prozent (Wilks 1993: 40).[3] Multinationale Konzerne sind „transnationale Entscheidungszentren, die von kosmopolitischen 'Technokraten' geführt werden, die in ihren Entscheidungen über Standort, Arbeitsplätze und Entlohnung ökonomischen Rationalitätskriterien ver-

---

3 „Multinationale" Konzerne ist eine unzutreffende Bezeichnung, da die meisten zwar in mehreren Ländern aktiv sind aber Eigentum und Führung in einem Land konzentriert sind. Die Britisch-Niederländischen Shell und Unilever Konzerne sind Ausnahmen. Die Management-Stile der multinationalen Konzerne variieren erheblich, d.h. deutsche, französische, britische, amerikanische oder japanische Unternehmen koordinieren ihre weltweiten Aktivitäten auf unterschiedliche Art und Weise (Bartlett/Goshall 1989; Hirst/Thomson 1992).

pflichtet sind. Sie sind die privatwirtschaftliche Inkarnation des alten funktionalistischen Traums einer durch ökonomische Rationalität verbundenen Welt (Nye 1972: 52)". Die beiden Rationalitätsparadigmen der internationalen Wirtschaftsverflechtung sind niedrigere Arbeitskosten und „economies of scales" (Barnet/Cavanagh 1994). Durch das Machtmittel der „locational arbitrage" kann das internationale Kapital den Standortpoker um Investitionen und Arbeitsplätze zu ihren Nutzen bestimmen. Die Möglichkeit von nationalen Regierungen, die internationalen Kapitalflüsse zu kontrollieren, sind beschränkt. Das Scheitern des Keynesianismus-in-einem-Land, wie von den französischen Sozialisten 1981/1982 versucht, und die EMS Krise 1993 verdeutlichen, daß selbst größere Staaten keinen Alleingang unternehmen können und daß intergouvernementale Regelwerke gebrochen werden können. Frühe Analysen der europäischen Integration legten nahe, daß die Machtzunahme von multinationalen Konzernen dem politischen Willen eines europäischen „would-be"-Staates untergeordnet werden könnten (Lindberg/Scheingold 1970).[4] Die Hoffnung, daß engere politische Integration die Jahrhunderte alten europäischen Traditionen von sozialen Rechten in einem neuen weltweiten Machtgefüge ausgleichen könnte, kam während der Maastricht-Verhandlungen auf, ist aber bald wieder verschwunden. Die Versprechungen, politische Kontrolle durch ein neues supranationales Herrschaftssystem wiederzugewinnen und mit einer zusätzlichen „Sozialen Dimension" zu versehen, erfüllten sich jedoch nicht (Streeck 1993: 88).

Damit Gewerkschaften der Marktmacht entgegen treten können, muß ihr Organisationsgebiet deckungsgleich sein mit den Marktgrenzen (Reder/Ulman 1993). Wenn Produkt- oder Arbeitsmärkte räumlich ausgeweitet oder integriert werden, können Gewerkschaften versuchen, auch ihr Organisationsgebiet auszudehnen.[5] Gewerkschaften, die nur einen Teil des Marktes beeinflussen, sind der Lohnkonkurrenz von Marktteilnehmern außerhalb ihres Zugriffes ausgesetzt. In einer offenen Marktwirtschaft müssen ausgehandelte Verbesserungen von Löhnen und Arbeitsbedingungen durch höhere Produktivität und Qualität, geringere Lohnnebenkosten oder immaterielle öffentliche Güter wie Arbeitsfrieden, Zusammenarbeit und Vertrauen gerechtfertigt werden. Aber dies ist leicht aus dem Gleichgewicht zu bringen, wenn Gewerkschaften und Arbeitgeberverbände nicht die Kosten mit nicht-organisierten Unternehmen oder Arbeitnehmern teilen können. Wenn Gewerkschaften nicht grenzüberschreitend kooperieren und keinen Beitrag zur Qualitätskonkurrenz leisten können, dann sind sie vom Niedergang bedroht, solange sie nicht den Rückzug in eine geschützte Nische antreten.

---

4 Die europäischen „Regionalisten" wurden als eine moderne Form der Nationalisten des 19. Jahrhunderts gesehen, die um die Identität und Wohlfahrt eines bestimmten Teils der Erde bemüht waren und versuchten, die großen Unternehmen zugunsten ihrer Region anzulocken (Nye 1972: 52). Solche Kritik der „Festung Europa" wurde schon früh in den USA und den Entwicklungsländern geäußert.

5 In der Literatur gibt es zwei Thesen, wie die Marktintegration in der amerikanischen Gewerkschaftsgeschichte wirkte (Sherer/Leblebici 1993). Nach Commons (1909) waren die Gewerkschaften gezwungen sich zu zentralisieren und landesweit zu operieren als die Produktmärkte sich ausdehnten. Dies diente dazu, Lohnkonkurrenz unter Arbeitgebern zu verhindern. Ulman (1955) sah in der Integration nationaler Arbeitsmärkte die treibende Kraft, die die Gewerkschaften zwang, wachsende Arbeitsmobilität durch nationale (Berufs-)Gewerkschaften zu kontrollieren.

Die Internationalisierung untergräbt tendenziell die nationale Arbeitnehmersolidarität und Gewerkschaftsmacht. Die grenzüberschreitende Zentralisierung von Entscheidungsprozessen ist die naheliegende Reaktion, vergleichbar der nationalen Gewerkschaftszentralisierung als Folge nationaler Produkt- und Arbeitsmarktintegration. Wenn jedoch die politische Integration hinter den Marktintegration zurück bleibt und wenn der Nationalstaat weiterhin Herr der Arbeits- und Sozialpolitik bleibt, dann werden Gewerkschaften Gründe haben, sich auf eine nationale Allianzbildung zu konzentrieren. Sie mögen für kurze Zeit sogar glauben, daß nur der Nationalstaat die harten Tatsachen der internationalen Konkurrenz abzufedern vermag. Wie die zahlreichen Konflikte über Betriebsschließungen, sektorielle Umstrukturierung und Rentenreformen zeigen, können Gewerkschaften sich der unausweichlichen Marktlogik entziehen, indem sie versuchen, ihre Stärke im „politischen Markt" auszuüben. Zum Beispiel können sie Wahlunterstützung anbieten bzw. verweigern oder drohen, den sozialen Frieden zu stören (Pizzorno 1978). Wegen der Schwäche des Europäischen Parlaments und wegen des Demokratiedefizits von Kommission und Ministerrat besteht (bisher) auf der europäischen Ebene jedoch kein solcher politischer Markt.

2.2 Die Herausforderung transnationaler Organisierung – Die Hierarchie-Option

Wenn Gewerkschaften die Hierarchie-Option wählen, versuchen sie im internationalen Maßstab die erfolgreiche nationale gewerkschaftliche Zentralisierung zu wiederholen. Über ein Jahrhundert hinweg haben sich Gewerkschaften von zersplitterten lokalen Arbeiterkoalitionen zu landesweiten integrierten Organisationen entwickelt. In diesem Prozeß haben lokale oder regionale Gewerkschaftszusammenschlüsse viel von ihrer Macht und Funktion verloren; sie wurden der landesweiten bürokratischen Gewerkschaftszentrale unterstellt, die über Verwaltung und Finanzen wacht. Neben der Binnenmarktintegration wurde gewerkschaftliche Zentralisierung auch durch politische Konflikte und Allianzen vorangetrieben. Gewerkschaftsbewegungen in Europa entstanden vor dem allgemeinen Wahlrecht, für dessen Einführung sie sich einsetzten. Sie gingen eine enge Allianz mit sozialistischen Parteien ein, welche ihrerseits die Zentralisierungstendenzen stärkten (Marks 1989; Fulcher 1991; Ebbinghaus 1993). In der Folge entstanden landesweite Gewerkschaftsbünde, die zu den „Zentralen" der nationalen Arbeiterbewegungen wurden, wenn auch ihre Macht und ihr Prestige in Europa stark variiert (Visser 1990).
Um die Chancen für eine europäische Gewerkschaftszentralisierung zu beurteilen, ist es wichtig sich daran zu erinnern, daß Zeitpunkt, Schnelligkeit und Reihenfolge der wirtschaftlichen und politischen Entwicklung im nationalen Kontext von größter Wichtigkeit waren. Dort wo politische und wirtschaftliche Konflikte in relativ kurzer Zeit zusammentrafen, war der Zentralisierungsdruck auf Gewerkschaften und Arbeitsbeziehungen besonders stark. Dort wo sie ungleichzeitig oder nur in geringem Maße auftraten, konnten sich frühere Organisationsformen bereits festsetzen und waren schwer zu erneuern. Es gibt durchaus einen Rückkoppelungsprozeß zwischen der Organisation von Arbeit und Kapital: je mehr Arbeitnehmerorganisationen eine ernstzunehmende Zentralisierungskraft wurden, um so mehr wurden die Arbeitgeber zur Gegenorganisierung getrieben. Die aufwärtsgerichtete Zentralisierungsspirale schuf ei-

ne „Figuration" in den Arbeitsbeziehungen, die typisch für heutige nationale Wohlfahrtsstaaten ist: „the process of amalgamation and federation of employers' and workers' organizations reveals many traits in the dynamics of state formation: it is an example of a figuration in which opponents compel one another to evolve to higher levels of integration" (de Swaan 1988: 175). Dieser Zentralisierungsdruck fehlt jedoch in den gegenwärtigen europäischen Arbeitsbeziehungen. Die Aussichten auf einen europäischen „would-be"-Staat, der eine gewerkschaftliche Zentralisierung unterstützen, erzwingen oder auslösen könnte, sind äußerst vage. Es gibt auch keine europäische sozialistische Partei, die die Arbeitnehmerschaft einigen und einen Machtzuwachs des schwachen Europäischen Parlaments gemeinsam mit den Gewerkschaften erringen könnte.

Ulman (1975) gibt aufgrund der amerikanischen Erfahrungen drei Marktkräfte an, die zur Internationalisierung der Gewerkschaften führen könnten: steigender Niedrig-Lohndruck durch *Binnenmarktintegration*; zunehmende *Faktormobilität* von Kapital und Arbeit; und *Standortpoker* („whip-saw tactics") der Arbeitgeber. Auch wenn diese Marktkräfte im heutigen Europa wirken, so überwiegen sie bisher nicht in der nationalen Wirtschaftspolitik. Die Schaffung europäischer Produktmärkte hat zu einer Zunahme des grenzüberschreitenden EG-Binnenhandels und in machen Branchen zu stärkerer Weltmarktkonkurrenz geführt.[6] Auch wenn die Kapitalmobilität nach 1992 weniger eingeschränkt ist, so gibt es (bisher) kaum eine Investitionsverlagerung weg von den Hoch-Lohn Ländern (Pelkmans 1990). Die niedrige Arbeitsmobilität und die anhaltenden regionalen Disparitäten können auf die Fragmentierung europäischer Arbeitsmärkte, kulturelle und sprachliche Hürden und die Zurückhaltung der Arbeitnehmer zum Wohnortwechsel zurückgeführt werden. Der Niedergang der Massenproduktion (Fordismus) ist ein zusätzlicher Faktor. Der Aufstieg der „global firm" und die Umstrukturierung ihrer internen Arbeitsmärkte könnte jedoch den Standortpoker zu einem permanenten Phänomen werden lassen. Es gibt vereinzelt Beispiele „sozialen Dumpings", aber die Erwartung einer breiten Tendenz zum „regime shopping" (Streeck 1989) erweist sich bisher als zu pessimistisch (Dehousse 1992). Es gibt einen zunehmenden Abwärtsdruck auf Löhne und Nebenleistungen, besonders für weniger produktive Arbeitsplätze, der vor allem durch die anhaltende (Langzeit-)Arbeitslosigkeit und die begleitenden Deregulierungsphilosophie internationaler Institutionen (z.B. Weltbank, OECD) ausgelöst wird. Da Lohnkonkurrenz jedoch eher Folge der globalen Arbeitsteilung ist und gewerkschaftliche Zentralisierung auf die Europäische Union beschränkt bliebe, wäre dies nur eine ungenügende Teillösung.

2.3 Die Herausforderung transnationaler Verhandlungen – Die Markt-Option

Gewerkschaften steht auch die Markt-Option offen, indem sie sich zum Zweck grenzübergreifender Kollektivverhandlungen koordinieren. Dies setzt jedoch einige notwendige Bedingungen für ein effektives Verhandlungskartell voraus, nämlich daß die

---

6 Über 70 Prozent des EG-Handels wird innerhalb des Binnenmarkt getätigt. Der Außenhandel liegt bei 15 Prozent des BSP für die drei wichtigsten ökonomischen Weltmächte (Vereinigte Staaten, Japan und EG) (Hirst/Thompson 1992: 3768).

Gewerkschaften gegenseitige Vorteile von einer Zusammenarbeit haben, zutreffend Informationen über das Handeln der Nichtmitglieder des Kartells besitzen und Überschreitungen entdecken und sanktionieren können (McLean 1977). Einsicht in die gegenseitigen Vorteile ist nicht leicht unter Gewerkschaften, die Arbeitnehmer von Niedrig-Lohn und Hoch-Lohn Länder vertreten.[7]
Gewerkschaften, die Arbeitnehmer in Nord- und Südeuropa vertreten, müssen unterschiedliche Interessen überbrücken können. Jede transnationale Lösung würde intensive Verhandlungsrunden zwischen den Gewerkschaften voraussetzen. Dies würde ein komplexes *Drei-Ebenen-Spiel* (Reder/Ulman 1993) beinhalten, in dem sich die Teilnehmer über folgendes zu verständigen hätten: inwieweit der gemeinsame Standard zugunsten von Gewerkschaften, die fortgeschrittene Bedingungen und Leistungen ausgehandelt haben, ausgerichtet sein soll; inwieweit die schwächeren Glieder der Allianz subventioniert werden sollen; und inwieweit sie „ein Auge zudrücken" müssen, wenn die Standards ungenügend von Mitgliedern implementiert werden, die zu diesem Zeitpunkt Arbeitsplätze verlieren.
Selbst wenn es sich um ein „ebenes" Spiel mit gleichwertigen und wohlverstanden Spielregeln handelt, ist eine dauerhafte Lösung nicht leicht zu finden. Aber das Spielfeld ist keineswegs „eben", da die rechtlichen und außerrechtlichen Regeln und Verpflichtungen, die die Kollektivverhandlungen anleiten und die aus ihnen folgen, nicht nur extrem unterschiedlich, sondern auch undurchsichtig sind. Gesetze, Traditionen, Abkommen sowie die Satzungen der Gewerkschaften und Arbeitgeberverbände umschreiben unterschiedliche Machtbeziehungen und Handlungsspielräume. Angesichts extremer Variationen und Unsicherheiten, ist die Versuchung einer arglistigen Täuschung so groß, daß ein transnationaler Kollektivvertrag ein kaum voraussetzbares gegenseitiges Vertrauen erfordert.

2.4 Die Herausforderung transnationaler Konzerne – Die Netzwerk-Option

Um auf die Internationalisierung zu reagieren können sich die Gewerkschaften auch für die Netzwerk-Option entscheiden. In diesem Fall würden sie zum Zwecke des Informationsaustausches und der Handlungskoordination horizontale, transnationale Verbindungen zwischen Arbeitnehmer und Gewerkschaften aus verschiedenen Ländern schaffen. Diese Verbindungen können auf verschiedenen Ebenen geknüpft werden, jeweils mit unterschiedlichem Formalisierungsgrad und Einsatz. Transnationale Netzwerke zwischen Gewerkschaften sind ein erster Schritt gegen den Informationsvorteil und den Standortpoker der Arbeitgeber. Vernetzung kann das gemeinsame Problemverständnis verbessern. Netzwerke können auch schrittweise zu einer Vertiefung der sozialen Bindungen und des gegenseitigen Vertrauens beitragen – eine wesentliche Voraussetzung für ein Verhandlungskartell.
In seiner Analyse der Gewerkschaftsstrategien im Hinblick auf die Herausforderung

---

7 Es bedurfte eines Jahrzehnts, bis die amerikanischen Gewerkschaften ihre deutschen Kollegen davon überzeugten, einen Weltkonzernrat für Ford, General Motors und andere Autohersteller einzurichten. Die amerikanischen Interessen galten der Sicherung von heimischen Arbeitsplätzen und Löhnen, diese mußten mit den deutschen Anliegen für Technologie und Investitionen in Einklang gebracht werden.

der multinationalen Konzerne hob Cox die Möglichkeit einer *Symbiose* anstelle von Opposition hervor. Eine Symbiose würde beinhalten, daß ein soziales Sicherungssystem für Arbeitnehmer im Rahmen des Konzernes (anstelle des Wohlfahrtsstaates) geschaffen würde, das z.B. die Löhne, Renten und individuellen Karriereverläufe festschreibt (Cox 1972: 12). Demnach würden Arbeitnehmer sich nicht mit den Kollegen in anderen Unternehmen der gleichen Branche, Region oder Volkswirtschaft identifizieren, sondern mit Kollegen zu Hause und im Ausland, die in den verschiedenen Teilen desselben multinationalen Konzerns beschäftigt sind. Diese Alternative verspricht nicht viel Gutes, da sie all das, was übrig bleibt von Gewerkschaftseinheit, nationaler Lohnsolidarität und umfassender sozialer Absicherung durch ein eher exklusives, fragmentiertes transnationales System, welches nur für eine privilegierte Arbeitnehmergruppe innerhalb von transnationalen Unternehmen verwirklichbar ist, ersetzt. Zudem würde diese Strategie um so weniger Erfolg haben je stärker die territoriale Arbeitsteilung zunimmt und die globalen transnationalen Unternehmen sich ausdifferenzieren (Bartlett/Goshall 1989).

Die symbiotische Konzeption „grenzenloser" Solidarität setzt voraus, daß „Betriebssozialpolitik", auch wenn ungenügend ausgestaltet, die in Krise befindliche staatliche Sozialpolitik ersetzen würde. In den vergangen Jahrzehnten, haben die multinationalen Unternehmen mit Hilfe und zu Lasten des Wohlfahrtsstaates versucht, ihre Produktion zu modernisieren und ihre Beschäftigungsstruktur zu verbessern. Arbeitslose stehen zuhause in direkter Konkurrenz um Arbeitsplätze und Nebenleistungen mit Arbeitnehmern der selben Region oder Branche, jedoch nur indirekt mit Arbeitnehmern in ausländischen Niederlassungen. Es ist deshalb unwahrscheinlich, daß die symbiotische Strategie die heutige „begrenzte" Solidarität um den nationalen Wohlfahrtsstaat ersetzen kann, mit der möglichen Ausnahme einer kleinen Elite kosmopolitische Techniker und Manager.

2.5 Ungewisse Handlungsoptionen

Kollektives Handeln stößt prinzipiell auf das Problem der Grenzziehung. Gewerkschaften müssen sich einer Anzahl strategischer Entscheidungen stellen. Sie betreffen ihre Größe, Interessenheterogenität und kollektive Identität (Olson 1965; Hechter 1987). Weber (1922) unterstreicht die Wichtigkeit des sozialen Schließungsprozesses, durch den Statusgruppen und Interessenverbände ihre Gruppenidentität, Solidarität und Privilegien kontrollieren und sichern können. Die soziale Öffnung gegenüber neuen Gruppen und Bereichen ist eine der schwierigsten strategischen Entscheidungen einer Organisation und erfolgt im Allgemeinen nur zur Zeit einer Krise oder wenn alle anderen Alternativen ausgeschlossen sind (Brunsson/Olsen 1993).

In den Debatten über internationales Gewerkschaftshandeln wurde oft angenommen, daß organisierte Arbeitnehmerinteressen langsam aber unausweichlich in Richtung „grenzenlose" Solidarität gedrängt werden. Die funktionalistische Integrationstheorie der 50er Jahre behauptete, daß Gewerkschaften sich in hoch-integrierten Politikfeldern transnationalisieren werden, auch wenn eingeräumt wurde, daß jede nationale Gewerkschaft andere, länderspezifische Interessen vertrete (Haas 1958). Manche Gewerkschaftsführer und Intellektuelle sahen in den 60er und 70er Jahren in den Weltkon-

zernräten die Wiege transnationaler Kollektivverhandlungen (Casserini 1972; Levinson 1972; Piehl 1974). Ein Jahrzehnt später lautete das Urteil jedoch: nicht viel hat sich bewegt (Enderwick 1987; Northup/Rowan 1979; Rose 1987). Neben der Ausblendung rechtlicher und organisatorischer Hürden wurden die Vorteile für die Gewerkschaften und ihre Bereitschaft transnationale Kollektivverhandlungen einzugehen, überbewertet (Roberts 1973; Northrup 1978).
Angesichts des Verlusts nationaler Souveränität mag es erstaunlich sein, daß die Gewerkschaftsbewegungen nicht schon früher die Notwendigkeit internationalen Gewerkschaftshandelns erkannten (Ross 1981). Internationalisierung beinhaltet jedoch nicht für alle Gewerkschaften gleich hohe Opportunitätskosten. Wichtig ist auch, ob Gewerkschaften fähig sind, die kurzfristigen Nachteile für ihre Mitglieder gegenüber dem langfristigen Nutzen und den externen Effekten abzuwägen. Was aus der Mikroperspektive als Verlust angesehen wird, z.B. wenn eine Fabrik geschlossen oder ins Ausland verlagert wird, mag aus der Makroperspektive als ein Gewinn erscheinen, da dies zu einer effizienteren Ressourcenallokation, zu neuen Produktionstechniken, oder mehr Welthandel führt. Landesweite Industriegewerkschaften, die wichtige Wirtschaftssektoren abdecken und Arbeiter wie Angestellte organisieren, sind aber eher offen gegenüber strukturellem Wandel und wollen diesen auch mitlenken (Olson 1982). Betriebsgewerkschaften oder Gewerkschaften, die nur enge Branchen, Berufsgruppen, oder eine ausgewählte Region organisieren, haben gute Gründe, sich bei weitem mehr bedroht zu fühlen.[8] Große und umfassende Einheitsgewerkschaften, wie die deutschen und schwedischen Industriegewerkschaften, haben mehr Ressourcen für internationale Gewerkschaftsarbeit, jedoch sind sie weniger gezwungen sich für transnationale Verhandlung einzusetzen.

2.6 Vier alternative Wege

Aus unserer Sicht können die Gewerkschaften vier alternative Wege beschreiten um auf die internationale Verflechtung in Europa zu reagieren.
Die *nationalistisch-ablehnende Haltung* basiert auf nationaler Schließung. Die Europäische Integration wurde z.B. von den kommunistischen Gewerkschaften in den 50er Jahren und auch heute noch von der französischen CGT abgelehnt. Die transnationale Gewerkschaftsarbeit wurde eher aus prinzipiellen Gründen als aus einer pessimistischer Einschätzung ihrer Chancen abgelehnt. Der Nationalstaat wird als das geeignete Instrument und somit als Zielscheibe für die Verteidigung der Arbeitnehmerinteressen im Kampf gegen das internationale Kapital angesehen. Rose (1989) gibt viele Beispiele für diese Jacobinische Haltung der CGT.
Die *national-partikularistische Haltung* ist weniger prinzipiell. Sie sieht jedoch ebenfalls in der nationalen Politik den geeigneten Platz zur Verteidigung von Arbeitnehmerin-

---

8 Dies mag erklären, warum amerikanische und später britische und französische Gewerkschaften verzweifelter um transnationale Kollektivverhandlungen bemüht waren als deutsche oder schwedische Gewerkschaften. Außerdem waren deutsche und schwedische Gewerkschaften (und Arbeitgeberverbände) besorgter um die Risiken, die von einer Verstärkung der Betiebsebene ausgehen, da dies branchenspezifische und flächenddeckende Verhandlungsstrukturen untergraben könnte.

teressen. Diese Strategie wurde von vielen europäischen Gewerkschaften gewählt. Das offensichtlichste Beispiel ist der britische TUC. Erst 15 Jahre nach Großbritanniens EWG-Beitritt nahm der TUC eine positive Integrationshaltung ein, indem er 1988 die Kampagne der Kommission für eine „Soziale Dimension" gut hieß. Teague und Grahl (1992: 208) haben dies trocken wie folgt kommentiert: „to be pro-EC was virtually synonymous with being anti-Thatcher".

Die *transnational-opportunistische* Strategie wird von Interessenverbänden angenommen, die erkennen, daß Vorteile durch regionale Zusammenarbeit entstehen, die aber zögern sich ganz einer supranationalen Ordnungsstruktur unterzuordnen. Diese offene Strategie wurde von den europäischen Arbeitgebern in ihrer „Europa 1992" Kampagne eingeschlagen. Im Fall der Gewerkschaften bevorzugen die meisten aus prinzipiellen Gründen gemeinsames Handeln. Tatsächlich wird aber Unterstützung nur soweit gewährt, wie es den eigenen nationalen Interessen genügt. Grenzüberschreitende Solidarität, die noch immer nationale Gewinne und Verluste zurechnen läßt, ist typisch für diese Haltung. Dies gleicht der von Simmel (1908) beschrieben mittelalterlichen Gesellschaft, die auf konzentrischen Kreisen der Gruppenidentität und Solidarität aufgebaut ist. Ähnlich dem Subsidiaritätsprinzip erstreckt sich diese von dem inneren Kreis lokaler Berufsgemeinschaft zu größeren Zirkeln mit fernerer Zugehörigkeit aus. Die vierte Alternative, nämlich die offene und inklusive *supranationale* Haltung, ist die gegenwärtig utopischste. Sie verkörpert das, was wir mit „grenzenloser" Solidarität bezeichnen. Diese Strategie setzt alles auf eine Karte: die des supranationalen Staates, in welchem Interessen so organisiert, aggregiert und vermittelt werden, daß funktionale (Klassen-) vor territorialen (nationalen) Interessen gehen. Identität und Solidarität würden so nicht auf konzentrischen, sondern auf sich kreuzenden sozialen Kreisen beruhen, die zu multiplen nicht-territorialen Bindungen führen. „If workers are to enjoy collective rights in the new world order, they will have to invent new strategies at the scale of international capital" (Tilly 1994: 17).

3. Barrieren transnationaler Gewerkschaftseinheit

„Einheit in Vielfalt" ist Voraussetzung und Zielsetzung zugleich. Europa bleibt ein Kontinent sehr verschiedener Kulturen mit eigener Geschichte und Sprache, wie stark auch immer die transnationalen Markt- und Politikkräfte wirken mögen. Jedoch wird auf diesem Kontinent mit fest verwurzelter Vielfalt „Einheit" zum Imperativ in einer zunehmend unsicheren und konkurrierenden Welt um Kriege zu verhindern und Wohlfahrt zu mehren. Europa kann seine Einheit nur dann erreichen, wenn es gelingt seine „Vielfalt" als Chance zu begreifen und produktiv zu wenden. In ganz Europa werden Arbeitnehmerinteressen unterschiedlich organisiert, mobilisiert und vertreten. Diese Unterschiede entspringen den dauerhaften und fest verwurzelten nationalen Konfliktlinien und Institutionen. Europäische Gewerkschaftseinheit steht vor dem gleichen Problem wie die politische Einigung: wie kann man dieser europäischen Vielfalt Ausdruck verleihen, ohne sie zu unterdrücken? „Making the most of diversity" heißt auch die Herausforderung an die Gewerkschaftsbewegung (Visser/Ebbinghaus 1992).

3.1 Institutionalisierung nationaler Konfliktlinien

Gewerkschaften entstanden in Europa vor der allgemeinen Wahlrechtsreform und umfassender Demokratisierung. Als Teil einer sozialen Bewegung sind sie wesentliche soziale Akteure im Kampf für politische Rechte gewesen. Wie die Parteien mobilisieren und organisieren nationale Gewerkschaftsbewegungen unterschiedliche soziale und politische Konfliktlinien (cleavages), die Europas Gesellschaften durchquerten (Ebbinghaus 1993). Diese Spaltungen entsprangen dichotomen Konflikten als Folge von Umbrüchen, die durch die Nationalstaatsbildung und kapitalistische Wirtschaftsentwicklung hervorgerufen wurden, wenn auch Abfolge und Intensität in Europa nach Ländern variieren. Mit dem rapide wachsenden Industrieproletariat entstanden soziale Konflikte und infolge der Wahlrechtsausdehnung auf die Arbeiterklasse politische Konflikte, die zusammen die *Arbeit-Kapital-Spaltung* formten. Auch wenn diese Spaltung überall in Europa zum Entstehen von Arbeiterparteien und Gewerkschaften führte, so variierten jedoch die Partei-Gewerkschafts-Beziehungen zwischen den Ländern. Wenn sie auch die bedeutendste Konfliktlinie war, so gab es noch weitere: Die Staat-Kirche und Reform-Revolution Spaltungen führten zu starken Organisationsverwerfungen in der Arbeiterklasse. In den religiös-gemischten und katholischen Ländern entstanden katholische (und teilweise protestantische) Gewerkschaftsbewegungen, die gegen die Sozialisten und die liberale kapitalistische Gesellschaft mobilisierten. In einigen südeuropäischen und wenigen anderen Länder spaltete die kommunistische Bewegung die Arbeiterklasse, zu Teil als Folge der langen revolutionär-syndikalistischen und lokalistischen Traditionen der Peripherie. Arbeitsmarktkonflikte und Statusorientierungen gaben des weiteren Anlaß zur Interessenfragmentierung. Diese funktionalen Spaltungen fanden ihren Ausdruck in konkurrierenden Organisationsprinzipien innerhalb von und zwischen Gewerkschaftsbewegungen: Berufs- oder Industrieverband, Trennung oder Integration von Angestellten, Privatwirtschaft gegen öffentlichen Bereich. Das „Einheit-in-Vielfalt" Rätsel zeigt sich in der intensiven Fragmentierung der Interessenaggregierung sowohl innerhalb von nationalen Gewerkschaftsbewegungen als auch in länderübergreifender Perspektive.[9]
Gewerkschaftliche Vielfalt ist Bestandteil der sozialen und politischen Vielschichtigkeit Europas und ein Resultat der erfolgreichen nationalen Integration der Arbeiterschaft in Politik und Gesellschaft. Wie Sturmthal (1953: 16) vor vier Jahrzehnten bemerkte: „In the process of growing from small sectarian groups into large mass organisations, the labor movements were inevitably 'nationalized'. They took on the characteristics and, with them, the diversities of the nations in which they developed". Die Geschichte der Gewerkschaftsbewegungen gleicht der Erstarrung (freezing) von Spaltungsmu-

---

9 Heute sind die Spaltungen in sozialistische, christliche und kommunistische Richtungsgewerkschaften noch immer von Bedeutung in Belgien, Frankreich, Italien, Luxemburg, den Niederlanden, Portugal, Spanien und der Schweiz. Das Berufsverbandsprinzip (*craft*-neben-*general unionism*) hat langfristige Spuren in den britischen, dänischen und irischen Organisationsstrukturen hinterlassen. Getrennte Angestelltenverbände sind typisch für Skandinavien, die Schweiz, Österreich, Belgien, Großbritannien und Irland; wenn auch in den vier zuletzt genannten Ländern diese Mitglieder eines umfassenden Gewerkschaftsbundes sind. Separate Beamten- oder öffentliche Bediensteten-Verbände existieren in Skandinavien, Frankreich, Deutschland, Griechenland und den Niederlanden. Regionale Spaltungen gibt es vor allem in Spanien, teilweise auch in Belgien, der Schweiz und Italien.

stern in Parteiensystemen (Lipset/Rokkan 1967). Anhaltende Konflikte in der nationalen Arena haben ihre Spuren hinterlassen in der Art und Weise, wie Gewerkschaften kollektive Arbeitnehmerinteressen definieren, organisieren und gegenüber Arbeitgebern und Staat vertreten. Die *Nationalisierung* der Gewerkschaften hat tiefe und dauerhafte organisatorische Wurzeln, die weit über nationale Interessen, Werte und Symbole hinausgehen. Die Hürden für „grenzenlose" Solidarität sind heute höher als noch vor dem Ersten Weltkrieg, dem Wendepunkt zu dem die Arbeiterschaft in die nationale Politik und Gesellschaft integriert wurde. Auch die internationale gewerkschaftliche Zusammenarbeit hat sich nach *Weltanschauung* und teilweise nach funktionalen Konfliktlinien entwickelt, was zu konkurrierenden internationalen Richtungsgewerkschaften und zu separaten Angestellten- und Beamtenverbänden führte (Windmuller 1980). Wie kann Einheit in einem so zersplitterten Europa geschaffen werden? Wie kann sie auf der europäischen Ebene erreicht werden, wenn sie bisher nicht einmal in den einzelnen Gesellschaften verwirklicht wurde? So finden sich Gewerkschaften auf der internationalen Bühne anderen Bewegungen gegenüber, die sie zuhause eher bekämpfen. Die funktionalen Konfliktlinien erschweren zusätzlich die transnationale Gewerkschaftkoordination, vor allem in bezug auf Kollektivverhandlungen. Was könnte das Organisationsprinzip sein, das die zahlreichen Arbeiter-, Berufs-, Industrie-, Angestellten-, oder Beamtenverbände in einer transnationalen Gewerkschaft zusammenbringt?

3.2 Vielfalt der sozialen Mobilisierungsmuster

Die gewerkschaftlichen Organisationsunterschiede in Europa haben auch Folgen für die Mobilisierung. Eine wichtige Frage ist, ob Gewerkschaften in der Lage sind, ihre potentielle „Klientel" zu einem Beitritt, einem Beitrag und kollektivem Handeln zu mobilisieren. Ein kurzer Blick auf vergleichende Indikatoren der gewerkschaftlichen Mitgliedschaft, Ressourcenmobilisierung und Streikbeteiligung zeigt tief verankerte Unterschiede in den Mobilisierungsmustern (Shalev 1992; Visser 1991, 1992). Die Abhängigkeit der Gewerkschaften von Arbeitgebern, staatlichen Stellen und politischen Verbündeten verändert zwangsläufig die Rolle der Gewerkschaften in der jeweiligen Gesellschaft (Rosanvallon 1988). Folglich variiert von Land zu Land die Fähigkeit von Gewerkschaften, Arbeitnehmer zu mobilisieren und zu vertreten.
Was sind die Folgen solch ausgeprägter und andauernder Gewerkschaftsvielfalt für die transnationale Zusammenarbeit? Das Problem des kollektiven Handelns tritt auf, wenn Ressourcen von „Schwachen" mit denen von „Starken" zusammengelegt werden sollen. Bessergestellte Gewerkschaften haben gute Gründe, sich vor einer Ausbeutung durch weniger Bemittelte zu fürchten, während diese kaum wünschen, von jenen bevormundet zu werden. Wenn eine Zentralisierung ausbleibt, wird die gemeinsame Kasse eher durch die Finanzkraft der Schwächsten und die Spendierfreudigkeit der Stärksten bestimmt.[10] Innerhalb der europäischen Gewerkschaftsbewegung würden

---

[10] Dieses Problem trat oft in der Gewerkschaftsentwicklung auf, als Gewerkschaften eine zentrale Streikkasse einrichten wollten (Fulcher 1991). Die Finanzkontrolle folgte normalerweise der Verwaltungszentralisierung und der Aufhebung lokaler Autonomie (Webb/Webb 1894).

potentielle „Netto-Zahler" substantielle Ressourcen dann aufbringen, wenn sie über ihre Verwendung bestimmen können. Dies wiederum würde die Befürchtungen einer nördlichen (d.h. deutschen) Hegemonie vermehren. Wie bereits erwähnt ist jedoch der Ressourcenausgleich eine notwendige Bedingung für transnationale Gewerkschaftsarbeit.

Eine Lösung dieses Problems ist zusätzlich erschwert durch die gegenwärtige Mitglieder- und Finanzkrise vieler Gewerkschaften. Nationale Gewerkschaftsbewegungen, vor allem die krisengeschüttelten, sind unter Druck gekommen, ihre mageren Mittel für sichtbarere Mitgliederdienstleistungen zu verwenden. Ihre Finanz- und Personalmittel wurden gekürzt, auch als Antwort auf die Dezentralisierung von Kollektivverhandlungen. In vielen Gewerkschaften und ihren Bünden werden daher die internationalen Ausgabenverpflichtungen überprüft, da diese ja am weitesten von den „rank-and-file" Interessen entfernt sind. Wie wir später zeigen werden, bekommen so die transnationalen Gewerkschaftsorganisationen nur Krümel eines kleiner gewordenen Kuchens.

3.3 Vielfalt der nationalen Interessenvermittlung

Selbst wenn die Probleme der Vielfalt und Ungleichgewichtigkeit lösbar wären, so gibt es eine dritte, exogene Barriere transnationaler Gewerkschaftsarbeit. Es handelt sich um die ausgeprägten länderspezifischen Unterschiede in der Interessenvertretung. Gewerkschaftsbewegungen unterhalten unterschiedliche Verbindungen zum politischen System ihres Landes. Einige sind in ein traditionelles Geflecht von sozialpartnerschaftlicher Konzertierung eingebettet, während andere dies ablehnen. Studien der vergleichenden Arbeitsbeziehungen, Staat-Verbände Verbindungen und des Neo-Korporatismus haben eine anhaltende Vielfalt der Interessenvermittlungsformen Westeuropas beschrieben (Crouch 1993; Lehmbruch/Schmitter 1982; Slomp 1991).
In der Vergangenheit konnten Gewerkschaftsbewegungen Macht durch ihre politischen Verbindungen, vor allem mit verbündeten (linken) Regierungsparteien gewinnen (Korpi 1983). Die andere Seite der Medaille ist aber, daß Parteibindungen gerade zu Spaltungen in der Arbeiterbewegung und großen Unterschieden zwischen europäischen Ländern führten. Auch wenn Parteibindungen weniger bedeutend wurden (Taylor 1989), so nahm doch das politische Engagement der Gewerkschaften angesichts der staatlichen Intervention in die Nachkriegswirtschaft zu, zumindest bis zum Wiedererstarken des Neo-Liberalismus (Baglioni/Crouch 1990; Streeck 1993). Es gibt in Westeuropa immer noch beachtliche Variationen in den nationalen Einflußmöglichkeiten von Interessenverbänden (Kohler-Koch 1992; Mazey/Richardson 1993; Thomas 1993; van Schendelen 1993). Angleichungs- und Nachahmungserwartungen der europäischen Interessenverbandssysteme haben sich nicht bewahrheitet; tatsächlich sind Interessenorganisation und Klassenallianzen eher fragmentiert (Thomas 1993: 223-227). Dadurch wurde die Vorrangstellung des organisierten Kapitals und der Gewerkschaften eher vermindert.
Die Vielfalt in den Arbeitsbeziehungen wurde in zahlreichen Studien dokumentiert: in bezug auf Arbeitgeberverbände, Kollektivverhandlungen, staatliche Regulierung und Partizipationsformen für Arbeitnehmer (Bispinck/Lecher 1993; Ferner/Hyman

1992). Entgegen den Konvergenzvorstellungen, sind die unterschiedlichen politischen, rechtlichen und kulturellen Rahmenbedingungen durchaus von Bedeutung für die Arbeitsbeziehungen (Poole 1986). Gewerkschaften bleiben weiterhin in nationalen Interessenvermittlungsnetzen verankert. Das Brüsseler „Power-Play" ist nicht gleichermaßen attraktiv. Einige Gewerkschaftsbewegungen fürchten begründeterweise den Verlust ihres quasi-„öffentlichen" Status (Offe 1981) zuhause. Andere haben so wenig Status in der nationalen Politik, daß sie von einem Schritt nach Brüssel nur gewinnen können. Man hat durchaus den Eindruck, daß diejenigen Gewerkschaften, die am meisten von der Zusammenarbeit profitieren würden, am wenigsten in der Lage sind, diese zu fördern und nationale Unterstützung geltend machen können. Auf der anderen Seite sind jene Gewerkschaften, die am meisten Druck auf Brüssel ausüben können, eher zurückhaltend, die nationale Politikarena aufzugeben. Das „Einheit-in-Vielfalt" Rätsel der Interessenvermittlung erschwert die Suche nach einer europäischen Strategie. Nach einer insbesondere von den französischen Gewerkschaften und dem EGB-Sekretariat vertretenen Position soll der EGB Rahmenabkommen abschließen können, die jetzt zum ersten Mal im Rahmen des Zusatzprotokolls zur Sozialpolitik des Maastrichter Vertrages erreichbar scheinen. Dahinter hätten Befürchtungen zurückzutreten, die Arbeitgeber würden die neueröffneten Verfahrenswege nur unter dem Aspekt der Hinhaltetaktik oder der Verwässerung der Abkommensinhalte infolge des schwächeren Umsetzungsdrucks der Kollektivvereinbarungen gegenüber den härteren gesetzlichen EU-Regelungen nutzen (Lecher 1993: 403). Gewerkschaften in Deutschland, Skandinavien und den Niederlanden sind skeptisch gegenüber europäischen Kollektivverhandlungen und ziehen einen gesetzlichen Weg vor. Sie glauben, daß nur politische Entscheidungen und Re-regulierung auf Brüsseler Ebene, Schutz gegen „Soziales Dumping" gewähren kann. Sie mißtrauen auch der demokratischen Grundlage und der Effektivität von Tarifverträgen oder Selbstregulierung in Ländern mit schwacher Gewerkschaftsvertretung (Dolvik 1992; Groux u.a. 1993).

4. Wege zur transnationalen Gewerkschaftseinheit

Ungeachtet der vielen Barrieren fanden die Gewerkschaften in Europa durchaus Wege zur grenzüberschreitenden Zusammenarbeit. Auf den ersten Blick ist die Organisationsstruktur der europäischen Gewerkschaftsbewegung der nationalen ähnlich. Es gibt Dachverbände mit Mitgliedsverbänden auf nationaler Ebene und darüber hinaus horizontale Netzwerke zur Koordinierung der Gewerkschaftsarbeit. Das „Einheit-über-Vielfalt" Dilemma entspringt dem Problem der gleichzeitigen horizontalen und vertikalen Integration. Die übergreifende Integration der Interessenheterogenität muß mit der Verpflichtung von Mitgliedern und Organisationen der unterschiedlichen Ebenen auf eine gemeinsame Politik verbunden werden. Gewerkschaftsbünde können nur indirekt – über ihre Mitgliedsverbände – mit den individuellen Mitgliedern kommunizieren. In der europäischen Gewerkschaftsbewegung kann man noch weniger von direkten Mitgliederbeziehungen reden als von einem europäischen Bürgerrecht in der Europäischen Union, das immerhin zur Direktwahl des Parlaments berechtigt. Die transnationale Zusammenarbeit der europäischen Gewerkschaften ist eine Allianz zwischen Verbänden (oder deren Funktionären) und somit weit entfernt von den Arbeitnehmern.

4.1 Stärken und Schwächen europäischer Gewerkschaftseinheit

Der *Europäische Gewerkschaftsbund* (EGB) umfaßt eine atemberaubende Vielfalt von Organisationen, Ideologien und Politikvorstellungen. Der Preis für diese Leistung ist jedoch eine schwache Organisation ohne effektive supranationale Autorität und ohne Mitgliederbeteiligung. Die territoriale „Erweiterung" des EGB kam vor der „Vertiefung" seiner Autorität und hat sie gebremst. Seiner territorialen Reichweite nach ist der EGB eher dem alten Europarat vergleichbar als der Europäischen Gemeinschaft, wie sie bis Maastricht existierte.

Der EGB ist eine breite Sammlungsbewegung von 46 nationalen Gewerkschaftsbünden aus 21 Ländern und 16 transnationalen (europäischen) Branchenverbänden. Die Gründer und wichtigsten Mitgliedsverbände sind die nationalen Gewerkschaftsbünde. Darunter fallen sowohl solche, die alle Wirtschafts- und Berufssektoren umfassen, als auch stärker spezialisierte Gewerkschaftsbünde.[11] Der EGB repräsentiert zwischen 85 und 90 Prozent aller gewerkschaftlich organisierten Arbeitnehmer in Europa, oder ungefähr jeden Dritten von allen Arbeitnehmern. Der EGB ist ohne Zweifel Europas wichtigste Gewerschaftsorganisation. Der Organisationsgrad variiert von ungefähr 10 Prozent in Frankreich und Spanien bis zu 70 oder sogar 80 Prozent in Dänemark, Schweden, Finnland und Island (Visser 1991). EGB-Mitgliedsverbände haben einen Verbandsmonopol in allen EU Ländern (außer Portugal) und in allen Wirtschafts- und Berufssektoren mit Ausnahme des führenden Leitungspersonals und der höheren Beamten. Für letztere gibt es zwei kleine – mit dem EGB konkurrierende – europäische Dachverbände.[12]

Vor 1973 waren die europäischen Gewerkschaftsbünde nach Richtungen (sozialistisch, christlich, kommunistisch) und Gebiet (EWG/EG gegenüber EFTA) geteilt (Visser/Ebbinghaus 1992: 214-220). Nach schwierigen Verhandlungen zwischen nationalen Mitgliederverbänden des (sozialistischen) *Bund der Freien Gewerkschaften* (IBFG) wurde mit der Gründung des EGB Anfang 1973 entschieden, daß sich nicht-IBFG Mitglieder und Gewerkschaftsbünde aus nicht-EG Länder der neuen europäischen Organisation anschließen können (Barnounin 1986). Die Entscheidung die Euro-kommunistische CGIL aus Italien aufzunehmen, bahnte auch anderen (ex-)kommunistischen Gewerkschaften den Weg, unter der Bedingung, daß sie sich von dem von Moskau angeführten

---

[11] Mitglieder des EGB waren Ende 1993 nach Land (und Bund): Belgien (CSC/ACV, FGTB/ABVV), Dänemark (LO, FTF, AC), Deutschland (DGB, DAG), Finnland (SAK, AKAVA, STTK), Frankreich (CGTFO, CFDT, CFTC), Griechenland (GSEE, ADEDY), Großbritannien (TUC), Irland (ITUC), Island (ASI, BSRB), Luxemburg (CGTL, LCGB), Malta (GWU, CMTU), Niederlande (FNV, CNV, MHP), Norwegen (LO), Österreich (ÖGB), Portugal (UGTP), San Marino (CSdL, CDLS), Spanien (UGT, CCOO, ELASTV), Schweden (LO, TCO), Schweiz (SGB, CNG, VSA), Türkei (DISK, TürkIS), Zypern (SEK, TürkSEN).

[12] Der europäische Bund unabhängiger Gewerkschaften (CESI) versammelt 10 kleinere Landesverbände, einen europäischen (höheren) Beamtenbund (CIF) und zwei europäische Gewerkschaften von Euro-Beamten und Lokomotivführern. Der europäische Bund der leitenden Angestellten (CEC) hat 11 Mitgliedsverbände.

Weltgewerkschaftsbund WGB völlig lossagten. Die spanische kommunistische Gewerkschaftszentrale CCOO, die nie WGB-Mitglied war, trat dem EGB 1990 bei, aber die Tür blieb für die französische CGT und die portugiesische *Intersindical* verschlossen, die zwei wichtigsten Richtungsgewerkschaften außerhalb des EGBs. Der EGB überbrückt zwei weitere Spaltungen. Die meisten europäischen Mitgliedsverbände des (christlichen) *Weltbund der Arbeitnehmer* (WVA) traten dem EGB schon 1974 bei. Dieser Beitritt erweiterte die Repräsentanz des EGB insbesondere in Benelux und der Schweiz.[13] Der EGB brauchte längere Zeit zur Überwindung der funktionalen Spaltungen. Die schwedische Angestelltenzentrale TCO war eines der Gründungsmitglieder des EGB und ähnliche Organisationen in Dänemark, Finnland und Island folgten nach kurzer Zeit; die norwegische Berufsgewerkschaftszentrale, die überwiegend Angestellte vertritt, blieb außen vor. Nationale Konflikte verzögerten den Beitritt der Angestelltenorganisationen in Deutschland, Schweiz und den Niederlanden, vor einigen Jahren wurden auch sie zugelassen. Wie die meisten Mitgliedsverbände vertritt der EGB Arbeitnehmer im privaten und öffentlichen Bereich. In einigen Ländern (Dänemark, Finnland, Griechenland, Island) wurden zusätzlich Berufs- und Beamtenzentralen in den EGB aufgenommen, aber der Zugang für vergleichbare Organisationen in Deutschland, den Niederlanden, Norwegen und Schweden blieb versperrt.

Die Gründung des EGB war allerdings das Resultat unterschiedlicher strategischer Vorstellungen über internationale Gewerkschaftsarbeit. Die Gewerkschaftszentralen aus den sechs EWG-Gründer-Staaten wollten eine Brüsseler Lobby-Organisation. Die Briten und Skandinavier befürworteten hingegen eine Organisation, die der internationalen Solidarität verpflichtet wäre. Sie kritisierten, daß die „kleine" Lösung den Kampf gegen die Multinationalen schwächen und die Befürchtungen speisen würde, die Gewerkschaften seien Partner des „Rich Men's Club".[14] Die damit verbundenen Konflikte über die Autorität und Stellung, sowie über die territoriale und ideologische Breite des EGB führten zu entgegengesetzten Koalitionen. Der *Deutsche Gewerkschaftsbund* (DGB), obwohl stärkster Bund, befand sich jeweils in einer Verlierer-Koalition. Er hatte für die Beibehaltung der Bezeichnung „Frei" im Namen des neuen europäischen Bundes plädiert um die kommunistische Gewerkschaften fernzuhalten, aber er wurde nur von der französischen FO unterstützt. Eine Koalition unter der Führung von britischem TUC, italienischem CISL und belgischem FGTB und in Begleitung von der französische CFDT (die damals mit der CGT kooperierte) wollte eine Öffnung hin zur Linken und setzte sich am Ende durch. DGB, FO (im Streit mit CGT und CFDT), der schweizerische SGB (im Streit mit der christlichen CNG) und der österreichische ÖGB (seit 1945 geeint) wollten die christlichen Gewerkschaften nur aufnehmen, wenn diese sich nach gegebener Zeit einer Einheitsgewerkschaft anschließen würden. Jedoch war die vorgeschlagene Regel „ein Land – ein Verband" Gift für die Italiener und Niederländer, die zur Zeit nationale Einigungsgespräche führten. Diese Regel wäre

---

13 Ein Disput zwischen französischen Gewerkschaften verzögerte die Aufnahme der kleinen katholischen CFTC bis 1991. Der DGB konnte den kleinen CGB heraushalten; der kleinere Christ-Demokratische Gewerkschaftsbund in Spanien, eine kleinere protestantische Gewerkschaft in Dänemark und ein Arbeiterverein des Vatikans blieben ebenfalls außerhalb.
14 Die skandinavischen Gewerkschaften fürchteten eine Spaltung der Gewerkschaften im Nordischen Rat nach Dänemarks EWG-Beitritt. Der TUC war gegen einen EWG-Beitritt und lehnte eine supranationale Brüssel-orientierte Gewerkschaftsorganisation ab.

auch nicht attraktiv für die skandinavischen Gewerkschaften gewesen; die finnischen hatten gerade eine „Bruderfehde" hinter sich gebracht und die schwedischen und dänischen Arbeiterzentralen pflegten freundschaftliche Beziehungen mit den Angestelltenverbänden. Als die britischen und dänischen Gewerkschaften drohten, einer EWG-Organisation nicht beizutreten, lenkte der DGB ein, um nicht von neuem eine territoriale Spaltung zu provozieren (Jung 1973).

Die europäische Gewerkschaftsbewegung ist diesmal ihrer Zeit voraus. Sie mußte sich kaum wegen Gemeinschaftserweiterungen anpassen, auch nicht im Hinblick auf den bevorstehenden Beitritt der EFTA Länder zur Europäischen Union 1995. Einige Gewerkschaftsbewegungen Osteuropas haben in der Erwartung von Unterstüzung und Anerkennung durch Vollmitgliedschaft an EGBs Türe geklopft.[15] Ob der EGB soweit gehen wird, ihnen mehr als einen Beobachterstatus zuzugestehen, ist noch ungewiß und hängt auch von der zukünftigen Debatte über die Ausweitung oder Vertiefung der EU ab. Ihre Aufnahme würde sicherlich die Heterogenität vergrößern und die Versuche erschweren, die diversen Arbeitnehmerinteressen in einer sinnvollen Weise zu aggregieren und zu vertreten.

EGBs „Ökumene" ist auch ihre Schwäche. Der EGB hat keine Autorität über seine Mitgliedsverbände, die frei sind ihre Politik zu entwerfen, wie es ihnen gefällt. Auch wenn eine Zwei-Drittel (qualifizierte) Mehrheitsentscheidung 1991 eingeführt wurde, kann der EGB doch nicht Entscheidungen ohne den Konsens der wichtigsten Mitgliedsverbände treffen. Wegen der Vielfalt der Mitgliedsverbände kann eine eher symbolische „kleinster gemeinsamer Nenner"-Politik bei Entschließungsanträgen kaum ausbleiben. Der EGB leidet darunter, daß die beiden größten Mitgliedsverbände, DGB und TUC, von gleicher Größe und viel größer als die restlichen Zentralen sind. Ansonsten unterscheiden sie sich in allen anderen relevanten Aspekten, nämlich in Struktur, Organisation und Ressourcen, wie auch in der Interessenvermittlung und den Arbeitsbeziehungen. Bis vor kurzem waren beide tief gespalten im Hinsicht auf die Europäische Integration und hatten gegensätzliche Ansichten über die Rolle des EGBs in Europa. Eine deutsch-französische Koalition, vergleichbar der Paris-Bonn-Axe in der Europäischen Politik, konnte wegen der politischen Spaltungen und relativen Schwäche des französischen Gewerkschaftswesens nicht entstehen.

Der EGB ist ein transnationaler Dachverband von nationalen Spitzenverbänden, das heißt, sie ist eine Organisationsform, die noch komplexer ist als die nationale Dachverbände, welche über ein Jahrhundert hinweg heranreiften. Ähnlich der technisch-bürokratischen Europäischen Union, bleibt der EGB die Angelegenheit von nationalen Gewerkschaftsführern, die sporadisch nach Brüssel kommen, und von ehemaligen Gewerkschaftsfunktionären, die dort ständig ihren Dienst tun. Desweiteren gibt es das „Einheit-über-Vielfalt" Dilemma (oder Mehrebenen-Organisations-Problem). Nicht nur sind einige der führenden EGB-Mitgliedsverbände zurückhaltend in der Übertragung notwendiger Ressourcen. Vielfach erhalten sie von ihren Mitgliederverbänden auch kein Mandat. Im Besonderen haben der TUC und der DGB kein Mandat in

---

15 Ende 1993 hatten die folgenden osteuropäischen Gewerkschaftsbewegungen EGB-Beobachterstatus: Bulgarien (CITUB, PODKREPA), Polen (Solidarnosc, NSZZ), Rumänien (CNSLRFratia, ALFA), Slowakei (KOZ SR), Tschechische Republik (CMK OS), Ungarn (MSzOSz, LIGA, MOSz).

Kollektivvertrags-Angelegenheiten von ihren Mitgliedsverbänden. Es ist deshalb schwierig, sich vorzustellen, wie der EGB ein glaubwürdiger Verhandlungspartner sein könnte. Aus diesem Grund wird der EGB manchmal auch als „a head without a body" (Dolvik 1992) bezeichnet. Ein anderer Beobachter urteilt über den EGB „(it) is listened to, but not followed" (Portelli, zitiert in Groux u.a. 1993). Die Nordischen Gewerkschaften kritisierten das Demokratie-Defizit des EGBs, da Gewerkschaftsführer Entscheidungen in Brüssel treffen können, welche sie nicht zuhause verteidigen müssen. Es gibt aber auch ein Entscheidungsdefizit, da die nationalen Gewerkschaftsführer und Delegierten einer Vielzahl von komplexen und zeitaufwendigen Prozeduren unterliegen, auf die sie sich immer dann berufen können wenn es opportun ist. Der EGB gleicht mehr seinen machtloseren und finanzschwächeren Mitgliedsverbänden als den stärkeren (Visser/Ebbinghaus 1992).[16] Kurz gesagt: die indirekten Mitgliedschaftsbeziehungen, ein eingeschränktes und doppelt gefiltertes Mandat wie auch die knappen Ressourcen beschränken die Autorität und Macht der wichtigsten europäischen Gewerkschaftsorganisation – und zwar nach innen und außen.

4.2 „Grenzenlose" Solidarität zwischen Branchen

Die solidarische Handlungslogik zwischen Arbeitnehmern verschiedener Länder ist wesentlich für die Erreichung „grenzenloser" Solidarität. Die branchenspezifische Ebene ist in diesem Zusammenhang besonders wichtig. Eine solche Perspektive unterstreicht, wie notwendig es ist, über die „top-down" EG-Interessenverbands-Analyse hinaus zu gehen und die tatsächliche Gewerkschaftsarbeit zu betrachten, vor allem in bezug auf Kollektivverhandlungen. Nationale Gewerkschaften, die Arbeitnehmer in bestimmten Berufen und Branchen organisieren, sind oft früher entstanden und verfügen über mehr Macht als ihre Dachverbände. Kollektivverhandlungen sind meist eine Aufgabe der Einzelgewerkschaften. Die Dachverbände haben oft nicht mehr als eine Koordinationsrolle (Visser 1990).
Transnationale Koordination von Berufs- oder Branchenverbänden in *Internationalen Berufssekretariaten* (IBS) entstanden bereits vor über hundert Jahren, das heißt, sie sind oft früher entstanden als die internationalen Richtungsgewerkschafen. Zahlreiche transnationale Branchenorganisationen wurden zwischen 1873 und 1913 in Europa gegründet, gefördert von den rasch wachsenden deutschen Gewerkschaften (Leich/Kruse 1991). In der Zwischenkriegszeit und vor allem nach 1945 dehnten sie ihren geographischen Bereich aus. Sie wurden dabei aber von den ideologischen und politischen Konflikten der internationalen Gewerkschaftsbewegungen erfaßt (Windmuller 1980). In den letzten Jahrzehnten enstanden zwei Arten von europäischen Branchenverbänden: einerseits Brüssel-orientierte Interessenverbände, die auf technische Expertise und Beratung in hoch-integrierten Sektoren spezialisiert sind (vor allem: Montanbereich, Landwirtschaft und Nahrungsmittel); andererseits solche, die als Regionalorganisationen vorhandener IBS hervorgegangen sind. Folglich unterscheiden sich

---

16 Der EGB hat nur 32 Mitarbeiter und 7 bezahlte Gewerkschatfsfunktionäre in Brüssel, ein kleines Forschungsinstitut, ein technisches Büro und eine Gewerkschaftsakademie, welche teilweise von der EU subventioniert werden.

gegenwärtig die europäischen Branchenverbände nach Struktur, Mitgliedschaft, Vertretung, Ressourcen und Strategie (Stöckl 1986; Rütters/Tudyka 1990).
Das Problem der hierarchischen Ordnung, die Schaffung branchenübergreifender Solidarität, blieb lange Zeit in der öffentlichen und akademischen Diskussion unbeachtet. Vor der Gründung des EGBs entwickelten sich die europäischen Branchenverbände ganz unkoordiniert mit oder sogar gegen Versuche einer politischen Zusammenarbeit der Gewerkschaftsbünde. Nach der Gründung begann der EGB, einzelne *europäische Gewerkschaftsausschüsse* (EGA) anzuerkennen. Bis zur jüngsten EGB-Satzungsänderung war der Einfluß der EGAs beschränkt. Seit 1991 entsenden sie ein Drittel der Delegierten der EGB Kongresse, mit vollem Stimmrecht bis auf Finanz- und Satzungsfragen.[17] Auch wenn die letzte EGB Reform durchaus die Notwendigkeit anerkennt, die funktionalen Interessen direkt und nicht über nationale Vermittler einzugliedern, bleibt das Problem der hierarchischen Ordnung in einem transnationalen Dachverband ungelöst. Die Vorrangstellung der politischen gegenüber den funktionalen Interessen dauert an. Die daraus entstandene duale Vertretungstruktur steht im Gegensatz zur Organisationsentwicklung nationaler Gewerkschaftsbünde in Nordeuropa, wo territoriale den funktionalen Interessen untergeordnet wurden. Innerhalb des EGB müssen jedoch beide – territoriale und funktionale – Interessen in Einklang gebracht werden, zumindest solange die Regierungen und somit auch die nationalen Gewerkschaftszentralen im Brennpunkt der EU Politik stehen.

4.3 Transnationale Koordination auf der regionalen und lokalen Ebene

Schließlich kann transnationale Gewerkschaftskoordination auch auf lokaler Ebene versucht werden. Die Einbeziehung der „rank-and-file" ist ein wichtiger Schritt auf dem Weg zur „grenzenlosen" Solidarität. Koordination kann territorial zu grenzüberschreitenden regionalen gewerkschaftlichen Netzwerken führen als Reaktion auf die Entstehung von Euro-Regionen. Eine weitere Möglichkeit sind funktional transnationale Netzwerke in Form von Arbeitnehmerausschüssen auf der Ebene von multinationalen Konzernen.
In einigen Regionen mit beachtlichen grenzüberschreitenden Arbeitskräftebewegungen und wirtschaftlicher Integration wurden *Interregionale Gewerkschaftsräte* (IGR) gegründet. Ende 1992 gab der EGB 16 existierende IGR an und sprach von 3 geplanten. Ihre Aktivitäten sind begrenzt auf regionale Angelegenheiten und Unterstützung von Grenzgängern. Die IGRs stoßen oft auf Sprachprobleme, Informationsdefizite und Ressourcenknappheit, aber auch auf fehlende politische Zugangsmöglichkeiten in Brüssel, den Hauptstädten oder den Regionen. Die finanzielle und politische Unterstützung durch den EGB ist begrenzt. In den kommenden Jahren wird die regionale Zusammenarbeit wahrscheinlich um so wichtiger, je mehr die *Kohäsion* in der EU an Bedeutung gewinnt. Die IGRs mögen sich in ihrer Stellung dadurch verbessern, daß die EU darauf abzielt, den Regionen entsprechend dem Subsidiaritätsprinzip mehr

---

[17] Auf EGB-Kongressen werden die Branchenvertreter aus den nationalen Gewerkschaften rekrutiert, die EGA-Funktionäre haben nur eine Beraterrolle im EGB-Vorstand (Platzer 1991: 9292).

Macht zu geben. Folge dieser Politik ist der ansteigende Regionalfond und der neue konsultative europäische Regionalausschuß, der dem WSA nachgebildet ist.
Arbeitnehmergremien in multinationalen Konzernen sind eine zweite Form transnationaler „rank-and-file"-Koordinierung. Anstrengungen, Gewerkschaftsarbeit in multinationalen Konzernen zu koordinieren, begannen in den 60er Jahren. Soweit transnationale Kollektivverhandlungen die Zielsetzung waren, sind diese Versuche gescheitert. In späteren Jahren entstanden neue Initiativen, Verbindungen zwischen Arbeitnehmervertreter des gleichen Unternehmens in verschiedenen Ländern aufzubauen. Dies muß vor dem Hintergrund der geplanten EU Richtlinie über europäische Betriebsräte gesehen werden. Arbeitnehmerpartizipation in Unternehmen war immer kontrovers, da sie in Form und Inhalt Grundsätzliches nationaler Gewerkschaftsstrategien berührt (Sorge 1976; Turner 1992; Windolf 1992). Angesichts der Unterschiede ist es kein Wunder, daß Gewerkschaften nicht viel Enthusiasmus für das europäische Gesetzgebungsprojekt zur Arbeitnehmerpartizipation entwickelten. In den 70er Jahren versuchte der EGB die Unterstützung der EG für ein deutsch-holländisches Mitbestimmungsmodell zu finden, aber er fand keine breite Unterstützung unter den Regierungen, Arbeitgebern oder innerhalb die eigenen Reihen. Spätere Versuche der Kommission, Informations- und Beratungsrechte in Unternehmen zu regeln (Europäische Aktiengesellschaft, „Vredeling"-Richtlinie), scheiterten und wurden in den 80er Jahren auf Eis gelegt.
Harmonisierungsversuche wurden zwischenzeitlich zugunsten eines „Menüs" mit mehren Wahlmöglichkeiten, unter anderem einer deutschen Option aufgegeben. Nach Verhandlungen zwischen EGB und UNICE konnte die Kommission jüngst eine verwässerte Richtlinie zu europäischen „Betriebsräten" durch den Ministerrat bringen. Da es im Rahmen des Sozialabkommens verabschiedet wurde, bezieht es sich nicht auf Großbritannien, doch sind Niederlassungen von britischen Multinationalen auf dem Kontinent davon tangiert. Die Richtlinie betrifft circa 1200 bis 1600 Unternehmen mit mehr als 1000 Arbeitnehmern in der EU und davon mindestens jeweils 150 in zwei Ländern. Sie lädt das Management ein, mit den Gewerkschaften und Arbeitnehmervertretern die Gründung von europäischen „Betriebsräten" mit Informationsrechten zu verhandeln. Wenn die Verhandlungen zu keinem Abkommen finden, sollen Mindestvorschriften angewendet werden. Es ist unmöglich vorauszusagen, was die Zukunft dieser Euro-Betriebsräte sein wird. Aber es ist sicher, daß dieser Weg zur „grenzenlosen" Solidarität der Arbeitnehmer nicht nur den Widerstand der Arbeitgeber erfahren wird. Dieser Weg findet oft schon seine Hürden durch die interne Heterogenität der Gewerkschaften, so wie Organisations-, Politik-, und Führungsunterschiede, aber auch Parochialismus und unsolidarisches „job-bargaining" um eigene Arbeitsplatzsicherheit auf der Seite lokaler Arbeitnehmer.

5. Barrieren transnationaler Interessenvermittlung

Selbst wenn Gewerkschaften die internen Barrieren überwinden, würden sie bei ihrem Aufstieg zur transnationalen Zusammenarbeit über weitere beachtliche exogene Barrieren stolpern. Unser Hauptargument hinsichtlich dieser Barrieren ist, daß die Europäische Union zu weit von einem föderativen Staat mit Regulierungskompetenzen in der Arbeits- und Sozialpolitik entfernt ist und daß europäische Arbeitgeber nicht Willens oder nicht in der Lage sind mit den Gewerkschaften gemeinsam selbstregulierend einzugreifen.[18] Der „Sog" Effekt, der in der Vergangenheit die Koordinierung und Zentralisierung der nationalen Arbeitsbeziehungen förderte, scheint auf der europäischen Ebene nicht gegeben zu sein.

5.1 Der fragmentierte europäische „would-be"-Staat

Entgegen populärer Befürchtungen vor einem zentralistischen europäischen „would-be"-Staat fehlen der Europäischen Union die notwendigen Kompetenzen und Instrumente, selbst im Vergleich zu ihren schwächsten Mitgliedsstaaten. Trotz der Ausdehnung der qualifizierten Mehrheitsregel im Maastrichter Vertrag von 1991 bleibt die EU Politik in vielen Bereichen intergouvernemental. Für die Politikimplementierung muß sich die Europäische Union im wesentlichen auf die Behörden und Instrumentarien der Mitgliedsländer verlassen, was weitere Rückzugsmöglichkeiten eröffnet. Das schwammige Subsidiaritätsprinzip kann auch leicht zur Einschränkung der supranationalen Kompetenzen und Interventionsmöglichkeiten führen. In der Arbeits- und Sozialpolitik beschreiten wir somit ein besonders steiniges Gelände.

Gewerkschaften begegnen in diesem Politikfeld einem komplexen Geflecht von supranationalen und intergouvernementalen Institutionen mit eingeschränkten Regulierungskompetenzen, unterentwickelter Exekutivgewalt und einer Multiplikation verstreuter und entrückter Akteure. Viele der wesentlichen Fragen sind von der supranationalen Politikgestaltung ausgeschlossen, dies beinhaltet auch die „Spielregeln" für Kollektivverhandlungen, Streik und Mitbestimmung. Europäische supranationale Institutionen stellen trotzdem Anlaufstellen für die Vertretung von Arbeitnehmerinteressen dar: die Kommission, das Europäische Parlament (EP), der Wirtschafts- und Sozialausschuß (WSA), und möglicherweise zukünftig auch der Regionalausschuß. Die mächtigen intergouvernementalen Gremien (der Europäische Rat, der Ministerrat und COREPER), die sich aus Repräsentanten der Mitgliedsstaaten zusammensetzen, entziehen sich den europäischen Gewerkschaften und können nur, wenn überhaupt, durch die nationalen Schaltstellen erreicht werden.

Wichtig für die Interessenvertretung auf der europäischen Ebene ist, ob ein Politikbereich innerhalb der deligierten Kompetenz der Europäischen Union liegt, ob Entscheidungen durch qualifizierte Mehrheiten möglich sind und ob die Zusammenarbeit mit anderen europäischen Institutionen – vor allem mit dem Europäischen Parlament – notwendig ist. Wenn dies zutrifft, dann ist der 'Sog'-Effekt für Transnationalisierung stärker. Da aber in der Arbeits- und Sozialpolitik weiterhin der intergouvernamentale Charakter vorherrscht, können nationale Regierungen leicht eine *reaktive* Strategie verfolgen. Die Arbeitgeber können sich hinter ihren Regierungen verstecken, die ihre

---

18 Es sollte auf die zusätzlichen Regulierungsversuche durch andere internationale Organisationen hingewiesen werden (z.B. ILO, OECD, Nordischer Rat, Europarat), die wir hier nicht besprechen können. Einige Regierungen haben gelegentlich im Einklang mit UNICE den Standpunkt vertreten, daß die Sozialcharta des Europarates, die ILO-Konventionen und OECD-Richtlinien über Multinationale Konzerne bereits ausreichenden Schutz bieten und daß die EU von weiteren Maßnahmen Abstand nehmen sollte (Betten 1991).

Vetomacht ausüben können. Sie können sich weiter auch darauf verlassen, daß die Deregulierungspolitik der „gegenseitigen Anpassung" einen Regimewettbewerb in der Arbeits- und Sozialpolitik antreibt. Die Gewerkschaften haben jedoch manches zu befürchten angesichts der „Regulierungslücke" zwischen der fehlenden EU-Regulierungskompetenz und dem Deregulierungsziel der Mitgliedsstaaten (wie auch des EU-Vertrages). Im Gegensatz zu den Arbeitgebern können sich die Gewerkschaften nicht auf eine reaktive Politik, die auf die nationalen Regierungen setzt, verlassen. Abgesehen von ihren Schwächen, kommen *proaktive* Re-Regulierungsbemühungen schnell zum Stillstand angesichts der polymorphen EU Entscheidungsfindung mit der Vetomacht der nationalen Regierungen und der Arbeitgeber Blockade-Strategie.

Von den supranationalen Institutionen ist die *Kommission* mit ihrem Entwurfsrecht und Initiativrecht im Gesetzgebungsverfahren die vorrangige Zielscheibe proaktiver Gewerkschaftsarbeit (Visser/Ebbinghaus 1992). Die Kommission hat ihr eigenes Interesse an der Pflege guter und dauerhafter Beziehungen mit den wesentlichen organisierten Interessen, vor allem um Legitimität, Expertenwissen und Macht zu steigern.[19] Tatsächlich hat sie eine relativ offene und unstrukturierte „klientelistische" und „pluralistische" Interessengruppen-Politik betrieben (Averyt 1975; Sargent 1985; Streeck/Schmitter 1991). Nach gescheiterten Versuchen der 70er Jahre (Grote 1987) hat die Kommission unter Delors den informellen „Sozialen Dialog" mit den Sozialpartner wiederbelebt, um den Deregulierungsschwerpunkt des „1992" Projektes auszugleichen. Jedoch waren die Ergebnisse enttäuschend. Weder haben die „Val Duchesse"-Treffen, noch die anderen Formen des „Sozialen Dialogs" zu einer institutionalisierten Form des politischen Austausches und der Interessenvermittlung geführt. Seit Maastricht bevorzugt die Kommission durchaus die transnationalen und umfassenden gegenüber den nationalen und sektionalistischen Interessengruppen, aber die Versuche ihre Kontakte umzustrukturiern blieben eher schwach und inkonsistent. Die Bevorzugung von EGB und UNICE (wie auch CEEP) als wesentliche Sozialpartner hat den Widerspruch kleinerer konkurrierender Organisationen hervorgerufen. Die Kommission ist jedoch unfähig, die Hauptverbände von Kapital und Arbeit mit quasi-„öffentlichen Status" auszustatten, wie es manche Regierungen auf nationaler Ebene taten. Die Aufteilung der Kommission in 21 General-Direktorate und ein wucherndes Netzwerk von unterstützenden Arbeitsgruppen, Ausschüssen und Beratern wirkt zum Nachteil von Arbeitnehmerinteressen. Gewerkschaftseinfluß ist im Wesentlichen auf die Institutionen beschränkt, die sich mit der Arbeits- und Sozialpolitik befassen (vor allem im Einzugskreis der GD V), während Arbeitnehmerfragen bewußt aus den technischen und unpolitischen Ausschüssen herausgehalten werden. Diese Arbeitsteilung verstärkt die Abtrennung des Binnenmarktprojektes von der Sozialen Dimension. Die anderen supranationalen Einflußmöglichkeiten sind noch weniger vielversprechend für die Gewerkschaften. Der *Wirtschafts- und Sozialausschuß* (WSA) – eine Institution der Römischen Verträge (1957) – könnte als ein erster Schritt zum „Euro-Korporatismus" angesehen werden, aber seine Schwächen sind allgemein bekannt. Die

---

19 Für das 1992-Binnenmarkt-Projekt waren Wirtschaftsverbände von größerer Bedeutung als Gewerkschaften, vor allem wo sie mehr Detailexpertise anbieten konnten. Gewerkschaften hingegen hängen mehr von Information ab, als daß sie sie erzeugen. Ein Zeichen dieser Asymmetrie ist die schnelle Ausdehnung der Interessenverbände und Berater im Dienste von Unternehmen und Wirtschaftsverbänden in Brüssel und Straßburg.

Stellungnahmen des WSA „spielen eine verhältnismäßig untergeordnete Rolle im Entscheidungsprozeß der Gemeinschaft" (CEC 1988: 108). Das Potential für sozialpartnerschaftliche Interessenvermittlung wird durch die gemischte Zusammensetzung des WSA verhindert.[20] Die Rechtsprechung des *Europäischen Gerichtshofs*, wenn auch fern von Gewerkschaftseinflußnahmen, hat durchaus den ursprünglich eingeschränkten Geltungsbereich ausgeweitet oder unangewendete soziale Regulierungsmöglichkeiten nach dem EG-Vertrag eröffnet. Nach dem revidierten EU-Vertrag kommt dem *Europäischen Parlament* (EP) eine zunehmend wichtige Rolle zu; das EP wird in der Zukunft bei bis zu jedem zweiten EU-Rechtsinstrument beteiligt sein. In der Arbeits- und Sozialpolitik bleibt ihr Einfluß begrenzt, trotz der neuen Mitentscheidungs- und Zusammenarbeitsverfahren. Das Sozialabkommen, welches Teil der Maastrichter Verträge ist und alle EU-Mitgliedsstaaten bis auf Großbritannien bindet, weitet die qualifizierte Mehrheitsentscheidung aus und erfordert die Zusammenarbeit mit dem EP in einigen neuen Gebieten der Arbeits- und Sozialpolitik.[21] Das Zusatz-protokoll zur Sozialpolitik des Maastrichter Vertrages ist jedoch unvollständig in das EU-Rechtsgefüge eingebunden und könnte zur weiteren Fragmentierung der EU Arbeits- und Sozialpolitik führen (Rhodes 1993).

Der Einfluß dieser „variablen Geometrie" der EU ist ungewiß. Es gibt Stimmen, die behaupten, daß die Konkurrenz zwischen Regulierungsregimen in Europa Vorteile hat, insoweit dies dazu dienen kann, die besten Politiken durch Experimentieren zu bestimmen (siehe: „Can Europe Compete", Financial Times, 7. März 1994). Die Ausweitung der qualifizierten Mehrheitsentscheidung und das Sozialabkommen werden die nicht-britischen Regierungen dem Test unterwerfen, nun offen zu legen welche tatsächlichen Präferenzen sie haben (Lange 1992). Mehr europäische Regulierung in der Arbeits- und Sozialpolitik hat wahrscheinlich jedoch keinen Vorrang (Majone 1993; Streeck 1994).[22] Die Maastrichter Verträge und das Sozialabkommen sehen vor, daß gemäß dem Wunsch der Sozialpartner und nach dem Subsidiaritätsprinzip der Weg der Selbstregulierung eingeschlagen werden kann. Diese „fuite en avant" (Goetschy 1994) hängt jedoch von den organisationellen Anreizen und der politischen Unterstützung der Sozialpartner ab wie auch von der internen Gefolgschaft von Arbeits- und Kapitalinteressen.

---

20 Ein Drittel der Mitglieder vertreten Wirtschafts-, ein Drittel Arbeitnehmer- und der Rest Konsumenten- und andere Interessen. Die Ernennung untersteht den nationalen Regierungen und nicht den transnationalen Interessengruppen. Die Rolle des EGB ist auf eine Unterstützungsrolle beschränkt: er kann seine Mitgliedsverbände weder auswählen noch disziplinieren.

21 Der Vertrag führt ein *Mitentscheidungsverfahren* (Art. 189b) und ein *Zusammenarbeitsverfahren* (189c) in einigen Politikfeldern ein. In der Arbeits- und Sozialpolitik bleibt das letztere Verfahren auf die Arbeitsplatzsicherheit beschränkt (Art. 118a(2)). Art. 2 des Abkommens sieht für Richtlinien, die Mindestvorschriften erlassen, das Zusammenarbeitsverfahren vor, und zwar für Arbeitsbedingungen, Unterrichtung und Anhörung der Arbeitnehmer, Chancengleichheit und berufliche Eingliederung.

22 Selbst bei qualifizierten Mehrheitsentscheidungen nach dem Sozialabkommen kann eine Koalition aus Spanien, Portugal, Italien und Griechenland gegen die anderen sieben Richtlinien blockieren, die ihr Kostenaufkommen und ihre Wettbewerbsfähigkeit beeinträchtigen könnten. Mit dem Beitritt Österreichs sowie Finnlands, Schwedens und Norwegens im Jahr 1995 werden ihnen ein paar Sperrstimmen fehlen, was vor allem Spanien beunruhigt.

5.2 Der unwillige Sozialpartner?

Die Interessenverbände des Kapitals sind in Europa so unterschiedlich wie die Arbeitnehmerverbände. Folglich sind dem Selbstregulierungsweg starke Grenzen gesetzt. Sicherlich sind politische und religiöse Spaltungen nicht mehr wesentlich, aber es bleiben funktionale und regionale Unterschiede.[23] Wirtschaftsinteressenverbände sind oft nach Produzentenverbänden *(trade associations)*, Arbeitgeberverbänden *(employers' associations)* und regionalen Wirtschaftsinteressen (Kammerwesen) getrennt.[24] Die Arbeitgeberverbände sind manchmal ähnlich stark zentralisiert und repäsentativ wie die Gewerkschaften, während die Produzentenverbände sehr nach Branchen und Produkten differenziert sind (Streeck 1988; Traxler 1991). Hieraus leiten sich die widersprüchlichen Aussagen ab: einerseits wird behauptet, daß das Kapital eine *geeinte* Klassenorganisation sei (Offe/Wiesenthal 1980) und andererseits, daß es aus *fragmentierten* Wirtschaftsinteressen bestehe (van Waarden 1991). In den meisten Ländern sind die Kleinbetriebe, das Handwerk, die Landwirtschaft, der Finanzbereich und der öffentliche Sektor in separaten Arbeitgeberverbänden organisiert. Der Organisationsgrad der Arbeitgeberverbände variiert von relativ niedrigem Niveau in Großbritannien zu relativ hohem in Deutschland und Skandinavien. Nicht die Größe, sondern die Disziplin ist wahrscheinlich das Hauptproblem der Arbeitgeberverbände. Wir sollten uns vergegenwärtigen, daß ihre Mitgliedschaft nicht aus Individuen besteht, wie im Fall der Gewerkschaften, sondern aus korporativen Akteuren, welche in Größe und Ressourcenausstattung variieren. Großunternehmen haben eine gewichtigere Stimme und eine tatsächliche Austrittsmöglichkeit. Die zentrifugalen Tendenzen und starke Differenzen in Arbeitgeberverbänden habe auch wichtige Konsequenzen für die transnationalen Austauschbeziehungen zwischen den Sozialpartnern in Europa (Streeck/ Schmitter 1991).

Auf der europäischen Ebene finden wir eine große Anzahl von europäischen Verbänden, nationalen Lobby-Verbänden und Firmenlobbyisten (McLaughlin u.a. 1993), aber es fehlen starke branchenweite Arbeitgeberverbände (Lanzalaco/Schmitter 1992). Mit dem Beginn der EWG wurde ein europäischer Wirtschaftsinteressenverband (UNICE) gegründet, der ursprünglich nur Lobby- und Koordinationsfunktionen besaß. Seit den 70er Jahren hat die UNICE auch eine Rolle als Koordinator der nationalen Arbeitgeberverbände übernommen, vor allem in Reaktion auf die Einrichtung des „Standing Committee on Employment" und anderer Formen des „Sozialen Dialogs" (Platzer 1984). Heute verkörpert UNICE die Doppelfunktion von Produzenten- und Arbeitgeberinteressenvertretung und organisiert beide Verbandsformen in Europa. Wie der EGB geht UNICEs räumlicher Einzugsbereich über die Europäische Union hinaus, wenn es auch die territoriale Konfliktlinie dadurch anerkennt, daß die nicht-EU Ver-

---

23 Die religiöse Teilung der Verbände wird auch bald in den Niederlanden überdauert sein, da die allgemeinen und christlichen Verbände sich bereits koordinieren und später zusammengehen werden, teilweise um dem europäischen Integrationsprozeß gerecht zu werden und zwecks einer effektiveren Vertretung in Brüssel.
24 In Dänemark, Deutschland, Finnland, Norwegen, Schweden und der Schweiz werden Produzenten- und Arbeitgeberinteressen getrennt organisiert und vertreten. Nur in Österreich ist die Wirtschaftskammer (mit Zwangsmitgliedschaft) zu Kollektivverhandlungen ermächtigt (Lanzalaco/Schmitter 1992; Platzer 1984; Sisson 1987).

bände nur „assoziierten" Status haben.[25] UNICEs Führung ist durchaus froh, sich das
Mehrebenenverbandsproblem einer zusätzlichen Einbindung der Branchenverbände
zu ersparen, da dies nur weiter die zentrifugalen Tendenzen verstärken würde.[26]
UNICE teilt mit dem EGB das Schicksal, daß ihre Ressourcen und Kompetenzen
äußerst beschränkt sind. Sie gibt öffentlich zu, unterbesetzt (mit 1991 36 Mitarbeitern)
und unterfinanziert zu sein, zumindestens im Vergleich zu dem („subventionierten")
EGB (Tyszkiewicz 1991). UNICEs Mitgliedsverbände unterscheiden sich in Ressourcen
und Kompetenzen, vor allem in der Autorität, ihre Mitgliedsverbände zu binden und
zentralisierte Kollektivverhandlungen zu führen (Upham 1992). Außerdem erfährt der
Vertretungsanspruch von UNICE Einschränkungen durch direkte Einflußmöglichkeiten der nationalen Arbeitgeberverbände, uneingebunden Branchenverbänden, direkt
operierenden multinationalen Konzernen und unabhängigen Lobbyisten in Brüssel,
wie auch durch die informellen aber einflußreichen Absprachen von Großunternehmen
(z.B. die „European Round Table"). Zusätzlich gibt es einen separaten europäischen
Arbeitgeberverband des öffentlichen Sektors (CEEP), der eher bereit war, mit dem
EGB zu kooperieren.[27] In der Furcht vor stärkerer EU-Regulierung hat UNICE unerwartet (zusammen mit CEEP) ein Abkommen mit dem EGB unterzeichnet, welches
zur Grundlage des Selbstregulierungsweges des Sozialabkommens wurde. Die Anerkennung einer rechtlichen Grundlage für freiwillige Abkommen zwischen Arbeitgeber
und Gewerkschaften hat viel Aufsehen, aber auch eine Kontroverse über die Möglichkeiten von Kollektivverhandlungen und Selbstregulierung ausgelöst.

Streeck (1995) argumentiert, daß im Gegensatz zu dem EGB die Schwäche von UNICE
ihren Mitgliedern zugute kommt, da es als Entschuldigung für die Fortführung einer
reaktiven „hands-off" Strategie in der EU Arbeits- und Sozialpolitik dienen kann. Nach
EGB-Kritikern versteckt sich UNICE hinter der Behauptung, nichts anderes als ein
„Briefkasten" für nationale Organisationen zu sein. UNICE ist nicht nur unwillig,
sondern auch unfähig, die Rolle eines Interessenvermittlers zu übernehmen. Dies trifft
aber teilweise auch für den EGB zu. UNICEs Doppelfunktion, die starken Unterschiede
in der Organisation und Verhandlungsführung zwischen den Ländern, die Konkurrenz
zwischen unterschiedlichen Volkswirtschaften, die Differenzierung der Produzenteninteressen, beschränkte Ressourcen und die Austritts-Option von multinationalen Konzerne lassen alle Bemühungen, die über einen losen Lobbying-Verband hinausgehen,
als wahrhaft große politische und organisatorische Leistung erscheinen. Ohne beachtlichen Druck durch einen europäischen „Staat" oder ein Gelingen der Mobilisierung
der Gewerkschaftsbewegung wird dies wohl kaum eintreten.

---

25 Ende 1991 organisierte UNICE 32 Landesverbände (Arbeitgeber- und Produzentenverbände) aus 22 Ländern (EG: 12, EFTA: 6, plus Türkei, Zypern, Malta und San Marino).
26 Der Westeuropäische Metallarbeitgeberverband (WEM) begann 1962 als ad-hoc-Forum und
wurde 1970 formell gegründet; er vereinigt Arbeitgeberverbände im Metallgewerbe in der
EG, EFTA und Türkei. Wie andere europäische Arbeitgeberverbände (Chemie, Bau) innerhalb der in Genf ansässigen *International Organisation of Employers* (IOE) hat der WEM keine
direkte Verbindung mit UNICE (Upham 1990).
27 Die britische und die dänische Regierung zogen es vor, daß der öffentliche Sektor in UNICE
organisiert ist, somit fehlen der CEEP die anti-interventionistischen Neinsager.

6. Schlußfolgerung

„Grenzenlose" Solidarität unter Arbeitnehmern ist keine zwangsläufige Reaktion auf Internationalisierung. Wir argumentierten, daß nationale Gewerkschaften, wenn sie einer nationalen Krise und einem Machtverlust ausgesetzt sind, nicht notwendigerweise eine Koalition mit anderen Gewerkschaftsbewegungen suchen und Ressourcen zusammenlegen. Sie lassen sich nur zögernd auf ein neues und unsicheres Machtspiel in Brüssel ein und hoffen weiterhin Kapital aus ihren gewohnheitsmäßigen nationalen Machtressourcen und Kontakten zu schlagen. Wenn wir folglich die Herausforderungen, die Gewerkschaften zu transnationalem Handeln antreiben, analysieren, sollten wir zwischen den „Stoß"- und „Sog"-Effekten unterscheiden, zwischen dem Druck von unten, der die Gewerkschaften zur transnationalen Zusammenarbeit bewegt und den Anreizen von oben, die einen solchen Weg vielversprechend erscheinen lassen. Wir zeigten, daß weder die „Stoß"- noch „Sog"-Effekte stark genug waren um transnationales Handeln zur eindeutigen und dominanten strategischen Entscheidung der europäischen Gewerkschaftsbewegungen zu machen.

Es gibt eine Anzahl von endogenen *und* exogenen Barrieren „grenzenloser" Solidarität, beide sind gleich wichtig und miteinander verbunden. Selbst wenn die europäischen Gewerkschaften gut organisiert wären und ihre Heterogenität überwinden könnten, ohne eine Minimalzusammenarbeit mit dem europäischen „Staat" und den europäischen Arbeitgebern wäre kaum eine transnationale Dynamik möglich. Theoretisch kann man ein Szenarium entwerfen, das vergleichbar mit den nationalen Arbeitsbeziehungen und der Wohlfahrtsstaatsentwicklung wäre und welches eine sich gegenseitig antreibende Zentralisierungsspirale der Interessenvertretung in Europa erwarten läßt. In der gegenwärtigen Lage der Machtschwäche europäischer Gewerkschaften, der Organisationsschwäche europäischer Arbeitgeber und der Staatsschwäche der Europäischen Union ist eine Zentralisierungsdynamik unwahrscheinlich. Gewerkschaften sind nicht in der Position, sich aus den bisherigen Gräben herauszuwinden, angesichts der Strukturprobleme denen sie begegnen: der hohen Arbeitslosigkeit, der Deindustrialisierung, Dekollektivierung von Beschäftigungsverhältnissen und dem Dezentralisierungsdruck.

Unsere Hauptthesen über das „Einheit-in-Vielfalt"-Rätsel und das „Einheit-über-Vielfalt"-Dilemma spiegeln die zwei sich ergänzenden Ansätze der Komparistik und des Integrationsansatzes wieder. National verankerte Gewerkschaftsvielfalt und unterschiedliche Arbeitsbeziehungsmuster verhindern transnationale Koordinierung oft, bevor sie überhaupt beginnen kann. Es ist schwierig, die Interessen von so verschiedenen Akteuren zusammenzubringen, denn unterschiedliche Handlungsmuster sind auf länderspezifische Weise institutionalisiert worden. Verglichen mit Marx' Epoche reisen Arbeitnehmer heute mehr, wissen mehr und können sich eher miteinander austauschen. Aber „grenzenlose" Solidarität unter Gewerkschaften wurde schwieriger nach einem Jahrhundert nationaler Integration in länderspezifische Wohlfahrtsstaaten. Nationale Wohlfahrtsstaaten sind in vielerlei Hinsicht unter Reformdruck geraten, aber die wesentliche Grundlage der Solidarität unter Arbeitnehmern (und Bürgern) ist nach wie vor durch Nationalgrenzen umschrieben. Deshalb entspringt transnationales Handeln im Bereich der Arbeits- und Sozialpolitik eher aus der abwägenden Strategie von hauptsächlich nationalen Gewerkschaftsführern als aus der „grenzenlosen" Solidarität unter Arbeitnehmern, die ihre stark verflochtenen und gemeinsamen Interessen erkennen. Gewerkschaftseinheit war immer ein schwieriges Unterfangen, ob in Europa oder innerhalb der Nationalstaaten. Die Herausforderung der *Hierarchie-Option* an die Gewerkschaften bleibt die Aggregation der nationalen und sektoralen Interessenheterogenität und der Autoritätstransfer an einen supranationalen Spitzenverband durch die nationalen Dachverbände mit ihrer unterschiedlichen Macht, Ausdehnung und Heterogenität. Angesichts der unterentwickelten Einbindung der funktionalen Interessen ist der EGB nicht fähig, sich für die Einrichtung von europäischen Kollektivverhandlungen stark zu machen und sie zu bestimmen. Die *Markt-Option* bleibt daher auch in Zukunft in weiter Ferne für die europäischen Arbeitnehmer. Die horizontale *Netzwerk-Option*, die Gewerkschafter in Euro-Betriebsräten, grenzüberschreitenden Regionalausschüssen oder europäischen Branchenverbänden verbindet, mag sich als Ersatzstrategie anbieten. Statt den Gipfel zu erklimmen, wird sich der Weg zur „grenzenlosen Solidarität" wahrscheinlich durch viele Täler winden müssen, von wo man nicht sieht, wohin der Weg führen kann.

Literatur

Addison, John T./Siebert, W. Stanley, 1991: The Social Charter of the European Community: Evolution and Controversies, in: Industrial & Labor Relations Review 44(4), 597-625.
Averyt, William, 1975: Eurogroups, Clientela, and the European Community, in: International Organizations 29(4), 949-972.
Baglioni, Guido/Crouch, Colin (Hrsg.), 1990: European Industrial Relations. The Challenge of Flexibility, London.
Bamyeh, Mohammed A., 1993: Transnationalism, in: Current Sociology 41(3).
Barnet, R.J./Cavanagh, J., 1994: Global Dreams. Imperial Corporations and the New World Order, New York.
Barnounin, Barbara, 1986: The European Labour Movement and European Integration, London.
Bartlett, Christopher A./Goshal, Sumantra, 1989: Managing Across Borders. The transnational solution, Boston, MA.
Betten, L., 1991: Prospects for a social policy of the European Community and its impact on the functioning of the European Social Charter, in: L. Betten (Hrsg.), The Future of European Social Policy, Deventer.
Bispinck, Reinhard/Lecher, Wolfgang (Hrsg.), 1993: Tarifpolitik und Tarifsysteme in Europa. Ein Handbuch über 14 Länder und europäische Kollektivverhandlungen, Köln.
Brunsson, N./Olsen, Johan P., 1993: The Reforming Organization, London.
Cassarini, K., 1972: The Challenges of Multi-National Corporations and Regional Economic Integration to the Trade Unions, their Structure and their International Activities, in: *H. Günther* (Hrsg.), 70-96.
Commons, J.R., 1909: American Shoemakers, 1648-1895: A Sketch of Industrial Evolution, in: Quarterly Journal of Economics 19, 1-32.
Cox, Robert W., 1972: Basic Trends Affecting The Location Of Decision-making Power In Industrial Relations, in: H. Günter (Hrsg.), 5-14.
Crouch, Colin, 1993: Industrial Relations and European State Traditions, Oxford.
Dehousse, Renaud, 1992: Integration v. Regulation? On the dynamics of regulation in the European Community, in: Journal of Common Market Studies 30, 4, 383-402.
Dolvik, Jon Erik, 1992: The Nordic trade unions and the dilemmas of European Integration, revised paper, Conference of European Integration in a Nordic Perspective, Stockholm, 1-2 June 1992.
Durkheim, Emile, 1893: De la division du travail social, Paris 1930.
Ebbinghaus, Bernhard, 1993: Labour Unity in Union Diversity. Trade Unions and Social Cleavages in Western Europe, 1890-1989 (Ph.D. thesis), Florenz.

Enderwick, Peter, 1987: Trends in the internationalization of production and the trade union response, in: G. Spyropoulos (Hrsg.), 199-219.
Ferner, Anthony/Hyman, Richard (Hrsg.), 1992: Industrial Relations in the New Europe, Oxford.
Fulcher, James, 1991: Labour Movements, Employers, and the State: Conflict and Co-operation in Britain and Sweden, Oxford.
Goetschy, Janine, 1994: La construction du syndicalism européen, IRES Conference, Brussels 21-23 April 1994.
Grote, Jürgen, 1988: Tripartism and European Integration: Mutual Transfers, Osmotic Exchanges, or Frictions Between the 'National' and the 'Transnational', in: G. Spyropoulos (Hrsg.), 231-256.
Groux, G./Mouriaux, R./Pernot, M., 1993: L'européanisation du mouvement syndical: la Confédération européenne des syndicats, in: Le Mouvement Social, 162, 41-68
Günther, Hans, 1972: Transnational Industrial Relations. The impact of multi-national corporations and economic regionalism on industrial relations, London and Basingstoke.
Haas, Ernest B., 1958: The Uniting of Europe: Political, social and economic forces 1950-1957, London.
Hechter, Michael, 1987: Principles of Group Solidarity, Berkeley.
Hirst, Paul/Thompson, Grahame, 1992: The problem of 'globalization': international economic relations, national economic management and the formation of trading blocs, Economy and Society 21(4), 357-396.
Hix, Simon, 1994: The Study of the European Community: The Challenge of Comparative Politics, in: West European Politics 17(1), 1-30.
Hoffmann, Stanley, 1989: The European Community and 1992, in: Foreign Affairs, 68: 27-47.
Jung, Volker, 1973: Der neue Eurpoäische Gewerkschaftsbund, in: Gewerkschaftliche Monatshefte, 24, 4, 206-217.
Kaelble, Hartmut, 1987: Auf dem Weg zu einer europäischen Gesellschaft. Eine Sozialgeschichte Westeuropas 1880-1980, München.
Kastendiek, Hans, 1990: Convergence or a persistent diversity of national politics?, in: C. Crouch/ D. Marquard (Hrsg.), The Politics of 1992. Beyond the Single European Market, Oxford, 68-84.
Keller, Berndt, 1993: Die soziale Dimension des Binnenmarktes. Zur Begründung einer euro-pessimistischen Sicht, in: Politische Vierteljahresschrift 34(4), 588-612.
Kerr, Clark u.a., 1960: Industrialism and Industrial Man, Cambridge, MA.
Kerr, Clark, 1983: The Future of Industrial Societies. Convergence or Continuing Diversity?, Cambridge, MA.
Kohler-Koch, Beate, 1992: Interessen und Integration. Die Rolle organisierter Interessen im westeuropäischen Integrationsprozeß, in: M. Kreile (Hrsg.), Die Integration Europas, PVS Sonderheft 23, 81-119.
Korpi, Walter, 1983: The Democratic Class Stuggle, London.
Lange, Peter, 1992: The Politics of the Social Dimension, in: A.M. Sbragia (Hrsg.), Europopolitics: Institutions and Policymaking in the New European Community, Washington, D.C., 225-256.
Lanzalaco, Luca/Schmitter, Philippe C., 1992: Europe's Internal Market. Business Associability and the Labour Movement, in: M. Regini (Hrsg.), The Future of Labour Movements, London, 188-216.
Lecher, Wolfgang, 1993: Perpektiven europäischer Kollektivverhandlungen, in: R. Bispinck/W. Lecher (Hrsg.), 401-420.
Lehmbruch, Gerhard/Schmitter, Philippe C. (Hrsg.), 1982: Patterns of Corporatist Policy-Making, London.
Leibfried, Stefan/Paul Pierson, 1992: Prospects for Social Europe, in: Politics and Society, 20(3), 333-366.
Leich, Sabine Hanna/Kruse, Wolfgang, 1991: Internationalismus und nationale Interessenvertretung. Zur Geschichte der internationalen Gewerkschaftsbewegung, Köln.
Lepsius, M. Rainer, 1991: Die Europäische Gemeinschaft: Rationalitätskriterien der Regimebildung, in: W. Zapf (Hrsg.), Die Modernisierung moderner Gesellschaften. Verhandlungen des 25. Deutschen Soziologentages in Frankfurt a. M. 1990, Frankfurt a.M., 309-317.
Levinson, Charles, 1972: International Trade Unionism, London.

Lindberg, Leon N./Scheingold, S.A., 1970: Europe's Would-Be Polity: Patterns of Change in the European Community, Englewood Cliffs, N.J.
Lipset, Seymour Martin/Rokkan, Stein, 1967: Cleavage structures, party systems and voter alignments: An introduction, in: S.M. Lipset/S. Rokkan (Hrsg.), Party systems and voter alignments: Cross-national perspectives, New York.
Majone, Giandomenico, 1993: The European Community Between Social Policy and Social Regulation, Journal of Common Market Studies 31(2), 153-170.
Marks, Gary, 1989: Unions in Politics. Britain, Germany, and the United States in the Nineteenth and Early Twentieth Century, Princeton, N.J.
Marks, Gary, 1992: Structural Policy in the European Community, in: A.M. Sbragia (Hrsg.), Europopolitics: Institutions and policymaking in the new European Community, Washington, D.C., 191-224.
Mazey, Sonia/Richardson, Jeremy (Hrsg.), 1993: Lobbying in the European Community, Oxford.
McLaughlin, A.M./Jordan, G./Maloney, W.A., 1993: Corporate Lobbying in the European Community, in: West European Politics, 17(1), 31-52
McLean, R.A., 1977: Bargaining cartels and multinational industrial relations, in: Columbia Journal of World Business, 12, 107-112
Mosley, H.G., 1990: The social dimension of European integration, in: International Labour Review, 129(2), 147-164.
Northrup, Herbert R./Rowan, Richard L., 1979: Multinational collective bargaining attempts. The record, the cases, and the prospects, Philadelphia, PA.
Northrup, Herbert R., 1978: Why multinational bargaining neither exists nor is desirable, in: Labor Law Journal, 29: 330-342.
Nye, Joseph S., 1972: The strength of international unionism, in: H. Günter (Hrsg.), 51-64.
OECD, 1994: Employment Outlook 1994, Paris.
Offe, Claus, 1981: The Attribution of Public Status to Interest Groups: Observations on the West German Case, in: S. Berger (Hrsg.), Organizing Interests in Western Europe, Cambridge MA, 123-158.
Offe, Claus/Wiesenthal, Helmut, 1980: Two Logics of Collective Action: Theoretical Notes on Social Class and Organisational Form, in: Political Power and Social Theory 1, 67-115.
Olson, Mancur, 1965: The Logic of Collective Action. Public Goods and the Theory of Groups (2. Ausgabe), Cambridge, MA. 1971.
Olson, Mancur, 1982: The Rise and Decline of Nations, New Haven, CT.
Pelkmans, J./Winters, A., 1988: Europe's Domestic Market, London.
Pelkmans, J., 1990: Regulation and the Internal Market: an economic perspective, in: J. Siebert (Hrsg.), The Competition of the Internal Market, Tübingen, 91-117
Piehl, E., 1974: Multinationale Konzerne und internationale Gewerkschaftsbewegung, Frankfurt a.M.
Pizzorno, A., 1978: Political Exchange and Collective Identity in Industrial Conflict, in: C. Crouch/A. Pizzorno (Hrsg.), The Resurgance of the Class Struggle in Western Europe, Vol. II, London.
Platzer, Hans-Wolfgang, 1984: Unternehmensverbände in der EG – ihre nationale und transnationale Organisation und Politik, Kehl a. Rh.
Platzer, Hans-Wolfgang, 1991: Gewerkschaftspolitik ohne Grenzen? Die transnationale Zusammenarbeit der Gewerkschaften im Europa der 90er Jahre, Bonn.
Poole, Michael, 1986: Industrial Relations: Origins and Patterns of National Diversity., London.
Reder, Melvin/Ulman, Lloyd, 1993: Unionism and unification, in: L. Ulman/B. Eichengreen/W.T. Dickens (Hrsg.), Labor and an integrated Europe, Washington, D.C., 13-44.
Rhodes, Martin, 1991: The social dimension of the Single European Market: National versus transnational regulation, in: European Journal of Political Research 19, 245-280.
Rhodes, Martin, 1993: A regulatory conundrum: Industrial relations and the 'social dimension', Ms.
Roberts, Ben C., 1973: Multinational collective bargaining: a European prospect?, in: British Journal of Industrial relations 9, 1-19.
Rosanvallon, Pierre, 1988: La question syndicale, Paris.
Rose, Michael J., 1987: Economic nationalism versus class solidarity: The perspective of active trade union members, in: G. Spyropoulos (Hrsg.), 179-198.

Rose, Michael J., 1989: Les syndicats français, le jacobinisme économique et 1992, in: Sociologie du Travail 31, 1-28
Ross, George, 1981: What is progressive about unions? Reflections on trade unions and economic crisis, in: Culture and Society 10, 609-643.
Rütters, Peter/Tudyka, Kurt P., 1990: Internationale Gewerkschaftsbewegung – Vorbereitung auf den europäischen Binnenmarkt, Gewerkschaftshandbuch, hrsg. von M. Kittner, Köln, 566-606.
Sadowski, Dieter/Jacobi, Otto (Hrsg.), 1991: Employers' Associations in Europe: Policy and Organisation, Baden-Baden.
Sargent, Jane A., 1985: Corporatism and the European Community, in: W. Grant (Hrsg.), The Political Economy of Corporatism, London, 229-253.
Scharpf, Fritz W., 1985: Die Politikverflechtungsfalle: Europäische Integration und deutscher Förderalismus im Vergleich, in: Politische Vierteljahresschrift 28, 4, 323-356.
Scharpf, Fritz W., 1987: Sozialdemokratische Krisenpolitik in Europa, Frankfurt a.M.
Schendelen, M.P.C.M. van (Hrsg.), 1993: National Public and Private EC Lobbying, Aldershot.
Shalev, Michael, 1992: The Resurgence of Labour Quiescence, in: Marion Regini (Hrsg.), The Future of Labour Movements, London, 102-132.
Sherer, Peter D./Leblebici, Huseyin, 1993: The Formation and Transformation of National Unions: A Generative Approach to the Evolution of Labor Organizations, in: Reserach in the Sociology of Organizations 12, 75-109.
Silvia, Stephen J., 1991: The Social Charter of the European Community: A Defeat for European Labor, in: Industrial and Labor Relations Review 44(4), 626-643.
Simmel, Georg, 1908: Die Kreuzung sozialer Kreise, in: G. Simmel, Soziologie (6. Aufl.), Berlin 1983, 305-344.
Sisson, Keith, 1987: The Management of Collective Bargaining. An International Comparison, Cambridge.
Slomp, Hans, 1990: Labour Relations in Europe, New York.
Sorge, Arndt, 1976: The Evolution of Industrial Democracy in the Countries of the European Community, in: British Journal of Industrial Relations 14(3), 274-294.
Spyropoulos, George (Hrsg.), 1987: Trade Unions in a Changing Europe, Maastricht, vol. 2.
Stöckl, Ingrid, 1986: Gewerkschaftsausschüsse in der EG, Kehl a.Rh.
Streeck, Wolfgang, 1988: Interest Heterogeneity and Organizing Capacity: Two Logics of Collective Action?, in: R.M. Czada/A. Windhoff-Héritier (Hrsg.), Political Choice. Institutions, Rules and the Limits of Rationality, Frankfurt a.M., 76-104.
Streeck, Wolfgang, 1989: The Social Dimension of the European Economy, Ms.
Streeck, Wolfgang, 1993: The Rise and Decline of Neocorporatism, in: L. Ulman/B. Eichengreen/W.T. Dickens (Hrsg.), Labor and an integrated Europe, Washington, D.C., 80-101.
Streeck, Wolfgang, 1994: European Social Policy after Maastricht: The 'Social Dialogue' and 'Subsidarity', Economic and Industrial Democracy 15, 151-177.
Streeck, Wolfgang, 1995: Politikverflechtung und Entscheidungslücke: Zum Verhältnis von zwischenstaatlichen Beziehungen und sozialen Interessen im europäischen Binnenmarkt, in: R. Schettkat/K. Bentele/B. Reissert (Hrsg.) Reformfähigkeit von Industriegesellschaften: Festschrift für Fritz W. Scharpf, Frankfurt a. M. (forthcoming).
Streeck, Wolfgang/Schmitter, Philippe C., 1991: From National Corporatism to Transnational Pluralism: Organized Interests in the Single European Market, in: Politics and Society 19(2), 133-164.
Sturmthal, Adolf, 1953: Unity and Diversity in European Labor, Glencoe, Ill.
Swaan, Abram de, 1988: In Care of the State. Health Care, Education and Welfare in Europe and the USA in the Modern Era, Cambridge.
Swaan, Abram de, 1988: The Sociological Study of Transnational Society, in: Amsterdamse School von Sociaal-wetenschapelijk Onderzoek, working papers, 46.
Taylor, Andrew J., 1989: Trade Unions and Politics. A Comparative Introduction, London.
Teague, Paul, 1993: Coordination or decentralization? EC social policy and industrial relations, in: Juliet Lodge (Hrsg.), The European Community and the Challenge of the Future (2. Ausgabe), London, 163-177.
Teague, Paul/Grahl, John, 1990: 1992 and the Emergence of a European Industrial Relations Area, Journal of European Integration 13(2), 167-183.
Teague, Paul/Grahl, John, 1992: Industrial Relations and European Integration, London.

Thomas, Clive S. (Hrsg.), 1993: First World Interest Groups. A Comparative Perspective, Westport, CT.
Tilly, Charels, 1994: Globalization Threatens Labor's Rights, in: CSSC working papers, 182, March 1994.
Traxler, Franz, 1991: The Logics of Employers' Collective Action, in: *D. Sadowski/O. Jacobi* (Hrsg.), 29-50.
Tudyka, Kurt P., 1985: Crisis situation for international corporation trade unions, in: *G. Spyropoulos* (Hrsg.), 219-230.
Turner, Lowell, 1992: Prospects for Worker Participation in Management in the Single Market, in: *L. Ulman/B. Eichengreen/W.T. Dickens* (Hrsg.), Labor and an Integrated Europe, Washington D.C., 45-80.
Tyszkiewicz, Zygmunt, 1991: UNICE: The Voice of European Business and Industry in Brussels – A Programmatic Self-Presentation, in: *D. Sadowski/O. Jacobi* (Hrsg.), 85-101.
Ulman, Lloyd, 1955: The Rise of the National Trade Union, Cambridge, MA.
Ulman, Lloyd, 1975: Multinational Unionism: Incentives, Barriers, and Alternatives, in: Industrial Relations 14(1), 1-31.
Upham, Martin (Hrsg.), 1990: Employers' Organizations of the World, Harlow.
Upham, Martin, 1992: The Role of Peak Employers' Organisations in Collective Bargaining, in: Bulletin of Comparative Labour Relations 23, 255-270.
Visser, Jelle, 1990: In Search of Inclusive Unionism (Bulletin of Comparative Labour Relations 18), Deventer.
Visser, Jelle, 1991: Trends in Trade Union Membership, OECD Employment Outlook, 97-134.
Visser, Jelle, 1992: The Strength of Union Movements in Advanced Capitalist Democracies: Social and organizational variations, in: *M. Regini* (Hrsg.), The Future of Labour Movements, London, 17-52.
Visser, Jelle/Ebbinghaus, Bernhard, 1992: Making the most of diversity? European integration and transnational organization of Labour, in: *J. Greenwood/J. Grote/K. Ronit* (Hrsg.), Organized interests and the European Community, London, 206-237.
Waarden, Frans van, 1990: Two Logics of Collective Action? Business' Associations as distinct from Trade Unions: The Problems of Associations of Organizations, in: *Dieter Sadowski/Otto Jacobi* (Hrsg.), 51-84.
Webb, Sidney/Webb, Beatrice, 1894: The History of Trade Unionism, London.
Weber, Max, 1922: Wirtschaft und Gesellschaft. Grundriss der Verstehenden Soziologie (5. Ausgabe 1972), Tübingen.
Wilks, Stephen, 1993: Industry in Western Europe, in: Western Europe, London, 2. Ausgabe, 30-41.
Windmuller, John P., 1980: The International Trade Union Movement, Deventer.
Windolf, Paul, 1992: Mitbestimmung und corporate control in der Europäischen Gemeinschaft, in: *M. Kreile* (Hrsg.), Die Integration Europas, PVS Sonderheft 23, 120-142.

Ko-Evolution politisch-administrativer und verbandlicher Strukturen: Am Beispiel der technischen Harmonisierung des europäischen Arbeits-, Verbraucher- und Umweltschutzes*

Volker Eichener / Helmut Voelzkow

1. Einleitung: Interdependenzen zwischen staatlicher und verbandlicher Handlungsfähigkeit in der europäischen Politik

Ein Blick durch die sozialwissenschaftliche Literatur zur Europäischen Integration macht recht schnell deutlich, daß derzeit erhebliche Unsicherheiten über die „spezifische Natur" der Europäischen Union und ihre Integrationsdynamik bestehen. Kontrovers ist nicht nur, wie das Europa der Zukunft aussehen und die weitere „Staatswerdung Europas" verlaufen sollte (vgl. dazu die Beiträge in Wildenmann 1992), sondern auch, welchen Stand die Gemeinschaftsbildung mittlerweile erreicht hat und was für ein politisches System Europa heute darstellt.

Solche Unsicherheiten sind, wie sich im Rückblick zeigt, keineswegs neu. Die Europäische Integration verlief nicht gradlinig, sondern in mehreren Schüben, die immer wieder durch längere Stagnationsphasen unterbrochen wurden. Die sozialwissenschaftlichen Analysen folgten diesem Phasenverlauf der Integration (wenn auch mit einem gewissen Rückstand) und lieferten Interpretationsmuster, die im Hinblick auf die jeweils zurückliegende Phase auch durchaus plausibel erschienen. Die funktionalistischen und neofunktionalistischen Integrationstheoretiker suchen seit den Anfängen der Europäischen Integration nach „Systemlogiken", sehen sich dann aber empirisch begründeter Kritik ausgesetzt, wenn es mit der Europäischen Integration (wie bspw. nach dem Luxemburger Kompromiß von 1966, der für lange Zeit die Einstimmigkeitsregel für den Ministerrat festschrieb) nicht recht weitergeht. Die dem eigenen Anspruch nach weitaus realistischeren „Institutionalisten" analysieren die relevanten Akteure und ihre jeweilige „Rationalität" im Umgang mit dem Prozeß der Europäisierung und diagnostizieren kaum überwindbare Hindernisse der politischen Integration. Sie können zwar die Stagnationsphasen vergleichsweise gut erklären, zeigen sich dann aber durch neue Integrationsschübe „überrascht".

---

* Unser Aufsatz stützt sich auf eine sekundäranalytische Auswertung der Fachliteratur und verfügbarer Dokumente sowie auf zahlreiche Interviews, die mit Vertretern der Europäischen Kommission, mit Mitgliedern der beratenden Ausschüsse, der Normungsorganisationen, der Gewerkschaften auf deutscher und europäischer Ebene sowie der Berufsgenossenschaften geführt wurden. Die Interviews haben im Rahmen eines Projekts des Sonderforschungsbereichs 187 „Neue Informationstechnologien und flexible Arbeitssysteme" über die „Arbeitsorganisatorische Gestaltung vom CIM-Systemen als Gegenstand verbandlicher Politik" stattgefunden. Einzelne Passagen sind aus anderen Veröffentlichungen übernommen worden (vgl. Eichener 1993; Voelzkow 1993).

Mit der Einheitlichen Europäischen Akte von 1986 wurde ein solcher neuer „überraschender" Integrationsschub eingeleitet. Mit der Zielvorgabe, den Binnenmarkt bis Ende 1992 zu vollenden, wurde eine ungeahnte Dynamik freigesetzt, und mit der festgeschriebenen Möglichkeit, in zentralen Entscheidungsmaterien mit einer qualifizierten Mehrheit Beschlüsse fassen zu können, ließ sich diese neue Dynamik auch tatsächlich in Europäische Politik umsetzen. Allerdings vermochte dieser Aufschwung Europäischer Politik die Vorbehalte der „realistischen" Skeptiker nicht zu entkräften. Zwar wird eingeräumt, daß sich die immer noch zahlreich vorhandenen Barrieren des Binnenmarktes auf der Grundlage der EEA leichter beseitigen lassen, aber die Handlungsfähigkeit der europäischen politischen Institutionen zur Bewältigung der (sozialen und ökologischen) Folgeprobleme des Binnenmarktes wird weiterhin in Zweifel gezogen. Da mit der Vollendung des Binnenmarktes die nationale Politik ihre Handlungsfähigkeit zunehmend einbüße (bzw. zur Durchsetzung des Binnenmarktes auch zwangsläufig einbüßen müsse), die europäische Politik aber keine hinreichende Handlungsfähigkeit hinzugewinnen könne, ergebe sich so etwas wie eine „Schieflage" der Europäischen Integration, die mit der Gegenüberstellung der „wirtschaftlichen Dimension" und der „sozialen Dimension" (oder neuerdings auch der „ökologischen Dimension") schlagwortartig zugespitzt wird.

In der aktuellen Diskussion wird vor allem die Frage kontrovers diskutiert, ob die Europäische Union nur als eine intergouvernmentale Organisation oder bereits als ein supranationaler politischer Verband anzusehen ist. Ist Europa nur ein politisches „Regime" (vgl. dazu die Beiträge in Kohler-Koch 1991) oder geht die europäische Integration, vorangetrieben durch die europäischen Institutionen, die als „korporative Akteure" (Schneider/Werle 1991) ihre Ressourcen zu nutzen wissen, bereits deutlich darüber hinaus? Unklar ist bei dieser Diskussion vor allem, wie es um die eigenständige Handlungsfähigkeit der Europäischen Union bestellt ist, insbesondere im Hinblick auf das Verhältnis zwischen der Europäischen Union und den Mitgliedsländern (vgl. zum Stand der Integrationstheorie(n) auch den Beitrag von von Beyme 1994).

Ein geradezu eigentümliches Forschungsdefizit ist dabei freilich nicht zu übersehen: Zwar mehren sich die Beiträge zu der Frage, von welcher Art das politische System der Europäischen Union denn nun sei. Die Rolle und Funktionsweise der europäischen Entscheidungszentren (insbesondere der Europäischen Kommission, des Ministerrates, des Europäischen Parlaments und des Europäischen Gerichtshofes) erscheinen dabei aber zumeist eher als eine „black box". Die sozialwissenschaftlichen Analyse lesen sich häufig wie rechtswissenschaftliche Gutachten, die die Rechtsgrundlagen und die Entscheidungsspielräume europäischer Institutionen zu klären versuchen. Immer wieder wird dabei in Erinnerung gerufen, daß sich die Europäische Union diverser Verträge zwischen den Mitgliedsländern verdankt und daß die Mitgliedsländer aufgrund der rechtlichen Rahmenbedingungen und der vereinbarten Spielregeln sozusagen den „Daumen" auf der Europäischen Union haben und bestimmen können, was als Europäische Politik deklariert wird und was nicht. Vergleichsweise spärlich sind demgegenüber die sozialwissenschaftlichen Informationen und Interpretationen darüber, wie das „Innenleben" der Europäischen Institutionen aussieht, welche sozialen Mechanismen dort die Politikproduktion prägen und welche Eigendynamik in und zwischen den Europäischen Institutionen freigesetzt wird.

Diese Kritik betrifft nicht nur die Aussagen, die die politisch-administrativen Instanzen im engeren Sinne im Auge haben, sondern auch das zunehmend komplexe System der verbandlichen Interessenvermittlung. Angesichts der in der Tat zentralen Frage nach der „spezifischen Natur" der Europäischen Union muß es auch im Hinblick auf die verbandliche Interessenvermittlung, um weitere Elemente des europäischen Politiknetzwerks einzubeziehen, geradezu kurios erscheinen, daß sich die empirische Forschung all zu häufig auf eine Analyse der bestehenden formalen Entscheidungswege und Einflußmöglichkeiten und nicht auf die realen, empirisch faßbaren Einflußkräfte konzentriert.

Aber ungeachtet der zahlreichen weißen Felder in der empirischen Forschung überwiegen in der aktuellen Analyse der Integration Europas sowohl im Hinblick auf das politisch-administrative System als auch im Hinblick auf das verbandliche System der Interessenvermittlung eher skeptische Aussagen. Die Europäische Politik sei in einer „Politikverflechtungsfalle" verfangen, also in einer „zwei oder mehr Ebenen verbindende(n) Entscheidungsstruktur, die aus ihrer institutionellen Logik heraus systematisch ... ineffiziente und problem-unangemessene Entscheidungen erzeugt, und die zugleich unfähig ist, die institutionellen Bedingungen ihrer Entscheidungslogik zu ändern" (Scharpf 1985: 350). Die politische Willensbildung bleibe sowohl im politisch-administrativen als auch im verbandlichen Sektor abhängig vom Konsens der nationalen Mitglieder, seien es nun die Regierungen oder die nationalen Verbände. Die Zweifel an der Handlungsfähigkeit der Europäischen Union beziehen sich damit auch auf das verbandliche System der Interessenvermittlung, das zwar gewisse Ressourcen für eine pluralistische Einflußnahme auf europäische Entscheidungen aufbauen könne, aber für eine Beteiligung an der Formulierung und Umsetzung einer europäischen Politik aufgrund der Schwächen in der Interessenvereinheitlichung und der internen Verpflichtungsfähigkeit nicht hinreichend gerüstet sei.

Fügt man nun die Aussagen über die Beschränkungen des politisch-administrativen Systems und des verbandlichen Systems der Interessenvermittlung zusammen, so ergibt sich ein besonders düsteres Bild. Einerseits ziehen Euroskeptiker die Handlungsfähigkeit der Europäischen Union in Zweifel, weil auf europäischer Ebene überhaupt noch keine hinreichend funktionsfähigen intermediären Strukturen aufgebaut werden konnten (Lepsius 1991: 29). Und weil dem so sei, so zumindest die These, könne auch die politische Integration kaum vorankommen. Die Schwäche der politisch-administrativen Seite ergibt sich damit gewissermaßen aus der unzureichenden Handlungsfähigkeit der europäischen Interessenverbände. Andererseits kann umgekehrt auch die Schwäche des verbandlichen Systems der Interessenvermittlung auf ein unzureichendes Maß an eigener „Staatlichkeit" der Europäischen Union zurückgeführt werden. In dieser Perspektive gibt es bislang auf der europäischen Ebene kaum handlungsfähige organisierte Interessen, weil das politisch-administrative System keine hinreichenden Impulse zum Aufbau von verbandlichen Kollektivakteuren setzt, die über eine pluralistische Einflußnahme hinausgehend auch zu einer Beteiligung an der Formulierung und Umsetzung bindender Entscheidungen in der Lage wären. Die Entwicklung eines entsprechenden Systems organisierter Interessenvermittlung auf der europäischen, supranationalen Ebene sei entgegen aller funktionalistischen Hoffnungen zumindest so lange nicht zu erwarten, wie der Europäische Rat das eigentliche Entscheidungszentrum darstellt, bleiben doch damit die nationalen Regierungen die primären Adressaten verbandlicher Interessenvertretung.

Diesen Zusammenhang zwischen supra-staatlicher und verbandlicher Handlungsfähigkeit haben insbesondere Streeck/Schmitter (1991) herausgestellt. „In the history of the Community up to the present, intergovernmentalism and the veto powers of individual nations were always strong enough to preempt or modify centrally made decisions. Organized interests thus had no other choice even if they were otherwise inclined, than to maintain a strong national base and to cultivate established channels of influence. This ... holds in particular for groups and in policy arenas where the interest is more in nondecisions than it is in decisions. As long as the Community – that is, its nonintergovernmental institutions such as the Parliament and the Commission – cannot autonomously determine the range of policy that come under its jurisdiction, its ability to influence the structure of organized group interests will remain low indeed" (Streeck/Schmitter 1991: 143). Da die Europäische Union keinen Staat, auch keinen Bundesstaat darstelle, sondern lediglich einen Staatenbund, können sich nach dieser Argumentationsfigur auch keine handlungsfähigen europäischen Interessenverbände entwickeln.

Diese These einer Kongruenz von (supra-)staatlichen und verbandlichen Handlungsrestriktionen läßt sich weiter verlängern. Die vornehmlich auf der nationalen Ebene organisierten Interessen tragen wiederum dazu bei, den Prozeß der europäischen Integration zu blockieren, da die nationalen Interessengruppen ihre jeweiligen Regierungen durch erfolgreiches lobbying dazu bewegen können, im Europäischen Rat ihr Veto gegen jene Harmonisierungsmaßnahmen einzulegen, die ihren Klientelinteressen schaden könnten. Die nationalen Egoismen im staatlichen und im verbandlichen Bereich stabilisieren sich nach dieser Analyse gegenseitig. Ist Europa – wie es die „skeptischen Realisten" bis heute voraussagen – damit tatsächlich zur dauernden Handlungsunfähigkeit verurteilt, weil sich auf der supranationalen Ebene der Europäischen Union weder eine Staatlichkeit noch ein System verbandlicher Interessenrepräsentation ausbilden können?

Als Paradebeispiel für das doppelte Defizit an staatlicher und verbandlicher Handlungsfähigkeit auf der europäischen Ebene läßt sich wiederum die genannte „Schieflage" der Europäischen Integration, also die defizitäre Verwirklichung der sozialen Dimension des einheitlichen europäischen Binnenmarktes anführen. Während den Regierungen der Mitgliedstaaten die Einigung über das ökonomische Binnenmarktprogramm angesichts des Positivsummenspiels, das ihnen der Cecchini-Bericht versprach, noch relativ leicht fiel und sich auch die Interessen der multinationalen Großunternehmen durch direktes *lobbying* in Brüssel gut repräsentiert fühlten, sehen viele Autoren (bspw. wiederum Streeck/Schmitter 1991) den Versuch des Aufbaus eines Korporatismus auf der europäischen Ebene als gescheitert an, weil die an einer sozialen Regulation nicht interessierte Arbeitgeberseite den sozialen Dialog einfach dadurch blockieren kann, daß sie ihrem europäischen Dachverband die Legitimation verweigert, mit dem europäischen Gewerkschaftsbund – der freilich auch als entscheidungsschwach eingestuft werden muß – bindende Verpflichtungen einzugehen. Die soziale Integration Europas scheint damit nicht mit der ökonomischen Integration schritthalten zu können, weil die politische Integration defizitär bleibt.

Auf der europäischen Ebene bestätigt sich damit zunächst ein Befund der jüngeren Korporatismusforschung, wenn auch mit umgekehrtem Vorzeichen: Für den Aufbau von privaten Interessenregierungen, die an der Erfüllung öffentlicher Interessen teilhaben, ist ein gewisses Maß an „Staatlichkeit" unverzichtbar. Korporatistische Arrangements können nur dann als eine Alternative zur etatistischen Regulierung angesehen werden, wenn die organisierten Interessen unter geeigneten Voraussetzungen operieren. Die unverzichtbare Vereinheitlichung der heterogenen Interessen in ihren sozialen Domänen, die Bereitschaft zu bindenden Vereinbarungen mit Repräsentanten gegenläufiger Interessen sowie das erforderliche Maß an interner Verpflichtungsfähigkeit sind nur dann erreichbar, wenn die Interessenverbände durch staatliche Ressourcen (und sei es in Form der Drohung staatlicher Akteure, bei einem Versagen verbandlicher Regulierungen selbst aktiv zu werden) unterstützt werden. Die Staatsentlastung durch Verbände kann nur bei einer hinreichenden Verbändeentlastung durch den Staat zum Erfolg führen, und wo die Verbändeentlastung mangels „Staatlichkeit" nicht zum Tragen kommt, kann auch die Übernahme öffentlicher Aufgaben durch „private Regierungen" nicht zum Erfolg führen (vgl. Traxler/Vobruba 1987). Gleichzeitig scheint sich die in den 80er Jahren im nationalen Kontext diskutierte These zu bestätigen, daß es von der relativen Potenz organisierter Interessen abhängt, ob und bis zu welcher Reichweite „Staatlichkeit" (als Aggregat von Aufgaben und Interventionsvollmachten, die politisch-administrativen Instanzen zugestanden werden) aufgebaut werden kann. Wenn Staatlichkeit und Verbändesystem im skizzierten Sinne interdependent sind, dann läßt sich auch die wechselseitige Blockade des Integrationsprozesses nur durch eine gleichzeitige Entwicklung, eine Ko-Evolution von politisch-administrativem System (um den Ausdruck „Staat" zu vermeiden) und einer Verbändelandschaft auf der europäischen Ebene überwinden. Dafür gibt es nach unserer Einschätzung auch empirische Beispiele, wobei wir es (zunächst) dahingestellt sein lassen, ob es sich dabei nur um Ausnahmen handelt. Am Beispiel der Harmonisierung technischer Vorschriften und Normen soll in diesem Beitrag gezeigt werden, daß zumindest in einigen Politikbereichen ein solcher Prozeß der Ko-Evolution tatsächlich eingetreten ist. Europa kann damit im Einzelfall über eine wechselseitige Stärkung politisch-administrativer und verbandlicher Strukturen durchaus handlungsfähig werden.

Die Harmonisierung technischer Vorschriften als Beispiel zu wählen, bietet sich nicht zuletzt deshalb an, weil sich die Strukturmuster und Perspektiven der Ko-Evolution von politisch-administrativen und verbandlichen Systemelementen insbesondere in Politikfeldern untersuchen lassen, die zum Kernbereich der Binnenmarktintegration gehören und daher bereits einen gewissen Entwicklungsstand erreicht haben. Der These einer Ko-Evolution staatlicher und verbandlicher Strukturen auf supra-staatlicher Ebene nähern wir uns durch eine Chronologie der „längeren Geschichte" der technischen Regulation auf europäischer Ebene an. Dabei werden drei Phasen unterschieden.

– In der ersten Phase (1969-1983) wurde versucht, dem Ziel der technischen Harmonisierung durch eine rechtliche „Vollharmonisierung" näher zu kommen. In der Anlage kam dieser Ansatz dem Versuch einer etatistischen Techniksteuerung gleich. Die europäischen Normenorganisationen, die bis dahin kaum Fortschritte in der Harmonisierung der technischen Normen vorweisen konnten, wurden in dieser Phase praktisch noch ignoriert. Der Ansatz der rechtlichen „Vollharmonisierung" scheiterte jedoch aufgrund der mangelnden personellen und informatorischen Ressourcen der Europäischen Kommission und der Komplexität der Regulierungsmaterien. Zudem lähmte die „Politikverflechtungsfalle" in dieser Phase die Handlungs-

fähigkeit der europäischen Akteure (Abschnitt 2). Die Handlungslogik, der sowohl die politisch-administrativen wie auch die verbandlichen Akteure unterlagen, bot in der Tat allen Anlaß, eher skeptische Prognosen zur Handlungsfähigkeit der Europäischen Union im Arbeits-, Umwelt- und Verbraucherschutz aufzustellen.
- Dies änderte sich jedoch in der zweiten Phase (1983-1987). Zum einen verbesserten sich mit der Einheitlichen Europäischen Akte die institutionellen Rahmenbedingungen, zum anderen gelang es der Europäischen Kommission, die Europäische Normenorganisation gegenüber den nationalen Normungsinstituten deutlich zu stärken und in ihre Politik der technischen Harmonisierung einzubinden, was deutliche Fortschritte in der technischen Harmonisierung ermöglichte. Wie immer man zu der Politik der technischen Harmonisierung stehen mag, unstrittig dürfte heute sein, daß nunmehr auf der europäischen Ebene Arbeits-, Umwelt- und Verbraucherschutzbestimmungen in den Richtlinien wie in den technischen Normen verankert werden können, die zumindest deutlich oberhalb des „kleinsten gemeinsamen Nenners" der Mitgliedsstaaten liegen (Abschnitt 3).
- In der dritten Phase rückte die Konsolidierung des neuen, überaus effektiven Systems der Verbundproduktion technischer Harmonisierung durch politisch-administrative Instanzen (insbesondere die Europäische Kommission) und der „privaten Regierung" der europäischen Normenorganisation in den Mittelpunkt. Zu dieser Konsolidierung gehört eine „partizipative Steuerung" der europäischen Normung, die offenkundige Ungleichgewichte in der Mitwirkung der „interessierten Kreise" und in Interessenberücksichtigung begrenzen soll (Abschnitt 4).

Im Ergebnis erweist sich die Europäische Union in der technischen Harmonisierung und in der Durchsetzung gemeinschaftlicher Vorgaben für den Arbeits-, Umwelt- und Verbraucherschutz heute als durchaus handlungsfähig. Diese Handlungsfähigkeit europäischer Politik läßt sich zum einen mit den neuen Gestaltungsspielräumen der Europäischen Kommission und zum anderen mit der Existenz und dem Leistungspotential der verbandlichen Verhandlungssysteme in Zusammenhang bringen. Die deutlich gestiegene Handlungsfähigkeit der Europäischen Normenorganisationen, die als „private Regierungen" in die Politik der Kommission eingebunden wurden, verdankt sich dabei weniger einem „endogenen" Aufbau von Organisations- und Regulierungspotentialen, sondern einer gezielten „externen" Aufbauhilfe, die insbesondere von der Europäischen Kommission ausging, um bestimmte Aufgaben der technischen Regelsetzung, die für die Kommission eine Überforderung darstellten, an das verbandliche Verhandlungssystem abgeben zu können.

2. Verfangen in der Politikverflechtungsfalle: Der Fehlstart der Harmonisierung technischer Vorschriften und Normen (1969-1983)

Technische Normen, die von verbandlichen Organisationen mit regelsetzender Kompetenz unter aktiver Beteiligung von Vertretern der Wirtschaft formuliert werden, können nicht-tarifäre Handelshemmnisse (vgl. Joerges/Falke/Micklitz/Brüggemeier 1988: 250ff.) erzeugen, die den freien Warenverkehr zwischen verschiedenen Ländern behindern, indem sie die Exporteure und Importeure zu technischen Anpassungen an die national geltenden technischen Normen zwingen. Die interessierten Kreise eines

Landes einigen sich in solchen Fällen auf Kosten ausländischer Unternehmen. In der Normung ist es mitunter gerade diese protektionistische Funktion nach außen, also ihre marktöffnende und marktschließende Wirksamkeit, die aus Sicht der Beteiligten zur Mitarbeit an der freiwilligen Normsetzung motiviert. Aber auch technische Vorschriften, also rechtlich verbindliche technische Spezifikationen, die den Arbeits-, Verbraucher- oder Umweltschutz als Begründung der rechtlichen Regulierung vorgeben, verdanken sich mitunter eher protektionistischen Zielen. Deshalb kann es auch nicht überraschen, daß im Zuge der Integration Europas die national divergierenden technischen Vorschriften und technischen Normen als Hemmschuh des gemeinsamen Binnenmarktes erkannt und zum Gegenstand der Integrationspolitik geworden sind. Von einer Harmonisierung der technischen Vorschriften und Normen in der Europäischen Gemeinschaft wird ein Abbau solcher Handelshemmnisse erwartet, der wiederum beachtliche Rationalisierungseffekte für zahlreiche betroffene Branchen erbringen soll (vgl. Cecchini 1988).

Andererseits ist aber auch nicht zu verkennen, daß die Unterschiede in den einzelstaatlichen technischen Vorschriften und in den verbandlichen Regelwerken vielfach dem variierenden Anspruchsniveau des Arbeits-, Verbraucher- oder Umweltschutzes der einzelnen Mitgliedsländer geschuldet sind (vgl. dazu auch Kaufer 1990 oder Joerges 1990). Wer aus wirtschaftspolitischen Gründen vorhandene nicht-tarifäre Handelshemmnisse abbauen will, wird deshalb letztlich auch auf eine Harmonisierung von umwelt- und technikbezogenen Regulierungen, seien sie nun staatlich oder verbandlich erzeugt, drängen müssen. Eine Europäische Wirtschaftsgemeinschaft ohne Handelsschranken muß aus dieser Perspektive zwangsläufig auch eine Gemeinschaft sein, die dem Arbeits-, Verbraucher- und Umweltschutz ohne nationale Unterschiede Rechnung trägt. Der Europäische Binnenmarkt erfordert also im Zuge des Abbaus nicht-tarifärer Handelshemmnisse mit einer gewissen Zwangsläufigkeit auch eine Harmonisierung der produktbezogenen technischen Vorschriften und Normen, die den Arbeits-, Verbraucher- und Umweltschutz betreffen.

Das 1969 beschlossene „Allgemeine Programm zur Beseitigung der technischen Hemmnisse im Warenverkehr, die sich aus Unterschieden in den Rechts- und Verwaltungsvorschriften der Mitgliedstaaten ergeben",[1] zielte auf eine umfassende Harmonisierung aller handelshemmenden nationalen Regelungen im Wege der Rechtsangleichung (gemäß Art. 100 EWGV), die durch eine administrative Einzelfallregulierung durchgesetzt werden sollte. Das Programm hob die in den Mitgliedsländern praktizierte Arbeitsteilung zwischen gesetzgebenden Institutionen und Normenorganisationen für die europäische Ebene praktisch auf. Die in dem Programm vorgesehenen Richtlinien einer administrativen Einzelfallregulierung bildeten vielmehr eine neue Mischform von rechtlicher Rahmenregulierung und technischer Norm. Das Modell sah vor, daß der Ministerrat produktspezifische Richtlinien erläßt, die von der Kommission erarbeitet wurden. Die Europäische Gemeinschaft nahm sich damit umfassend angelegte Rechtsetzungsaktivitäten vor. Die Europäische Gemeinschaft entschied sich für eine

---

1 Amtsblatt der Europäischen Gemeinschaften (ABl.EG) Nr. C 76/1 vom 17. Juni 1969, ergänzt durch ABl.EG C 38/1 vom 5 Juni 1973. Dieses Programm wurde ergänzt durch ein Stillhalte- und Informationsabkommen, das die Mitgliedsländer ebenfalls 1969 vereinbarten (ABl.EG C 76/9 vom 17.Juni 1969); vgl. dazu im einzelnen Joerges/Falke/Micklitz/Brüggemeier (1988: 249-282) und Pelkmans/Vollebergh (1986a).

Vereinheitlichung durch eigene Richtlinien, die alle produktgruppenspezifischen Vorgaben enthalten und trotz aller technischen Detailregelungen den üblichen Gesetzgebungsprozeß der Europäischen Gemeinschaft durchlaufen sollten.
Die Erfolge dieses Vorgehens auf dem „Rechtswege" blieben allerdings bescheiden. Es zeigt sich, „daß dieser vertikale Ansatz zur Beseitigung bestehender und Verhinderung zukünftiger Handelshemmnisse allzu häufig an den Vorbehalten eines Mitgliedstaates scheiterte" (Mohr 1990: 4). Die „Komplexität der Angleichungsarbeiten (überforderte) angesichts des in Art. 100 EWGV vorgesehenen Einstimmigkeitsprinzips und der ausufernden technischen Details die politischen Entscheidungsprozeduren des Rates und der Kommission" (Falke 1991: 81). Es wurde deutlich, „daß der Wettlauf mit der technischen Entwicklung nach diesem Konzept nicht zu gewinnen war" (Falke 1989: 220). Mit dem Prinzip der „Vollharmonisierung" durch administrative Einzelfallregulierung waren zahlreiche Hürden und zeitaufwendige Stationen des Gesetzgebungsverfahrens verbunden. Dem Verfahrensmodus wurde vorgehalten, er sei zu wenig flexibel und vor allem viel zu langsam. Auch auf der europäischen Ebene bestätigte sich damit eine Erfahrung, die in verschiedenen Mitgliedsländern schon früher gemacht wurde: Die technische Komplexität von Produktvereinheitlichungen und die stete Anpassung an den technischen Fortschritt überfordert administrative Formen der Techniksteuerung (vgl. Eichener/Voelzkow 1991: 23-27). Das Modell der „Vollharmonisierung" war zum Scheitern verurteilt.
Im Rückblick ist ferner festzustellen, daß die Europäische Normung im Integrationsprozeß der technischen Harmonisierung zunächst nur eine untergeordnete Rolle spielte. In den ersten zwei Dekaden ihrer Existenz (also in den 60er und 70er Jahren) war die Arbeitsleistung der beiden Europäischen Normenorganisationen CEN (Comitee Europeen de Normalisation) und CENELEC (Comitee Europeen de Normalisation Electrotechnique) aufgrund der bestehenden Rahmenbedingungen noch äußerst gering. Bis Anfang der 70er Jahre konnte CEN nur einige unverbindliche Harmonisierungsempfehlungen geben. Auch von der 1970 durchgesetzten Möglichkeit, Europäische Normen zu verabschieden, wurde zunächst kaum Gebrauch gemacht. Bis zum Jahresende 1973 konnten etwa 30 Europäische Norm-Entwürfe vorgelegt, aber nur zwei Vorhaben als Europäische Normen verabschiedet werden (vgl. Reihlen 1974: 150; Anselmann 1991). Diese traurige Bilanz löste im CEN-Lenkungsausschuß sogar eine Diskussion darüber aus, ob die Leistungsfähigkeit der Europäischen Normung durch die Einführung einer Mehrheitsregel erhöht werden könne (vgl. Reihlen 1974: 151). Bis 1982 erhöhte sich die Zahl der verabschiedeten Europäischen Normen nur auf 96. CENELEC konnte in der gleichen Zeitspanne nur 37 Europäische Normen und 303 harmonisierte Dokumente (Texte, die zwar gemeinsame Elemente enthalten, aber nationale Abweichungen erlauben) beschließen. Die nationalen Normenorganisationen setzten hingegen ihre Arbeit ungehindert und mit z.T. höheren Arbeitsleistungen fort. Sowohl für die Anläufe der politisch-administrativen Akteure als auch für die Initiativen der europäischen Normenorganisationen läßt sich damit für diese erste Phase zusammenfassen, daß die Europäischen Gemeinschaften seit dem Luxemburger Kompromiß im Jahr 1966 bis zur Neuen Konzeption und bis zur Verabschiedung der Einheitlichen Akte unter jenem prinzipiellen Dilemma intergouvernementalen Handelns litten, das Scharpf (1985) als „Politikverflechtungsfalle" bezeichnet hatte: Nämlich daß die Handlungsfähigkeit des obersten Beschlußfassungsorgans der Europäi-

schen Gemeinschaften, des Europäischen Rates, dadurch blockiert wurde, daß die Regierungen der Mitgliedstaaten ihren jeweiligen nationalen Interessen verpflichtet waren und Einigungen somit entweder nur auf dem Niveau des kleinsten gemeinsamen Nenners oder allenfalls, nach äußerst komplizierten Verhandlungen, im Rahmen von Paketlösungen mit sensibel austarierten Kompensationen gefunden werden konnten. Angesichts der Heterogenität der Verhältnisse in den Mitgliedsländern und den ökonomischen, sozialen und politischen Adaptionskosten, die mit jeder europäischen Harmonisierungsmaßnahme einhergehen, wurde der Integrationsprozeß immer wieder von nationalen Egoismen ausgebremst. Diese Argumentationsfigur läßt sich ohne weiteres auch auf die europäischen Normenorganisationen übertragen. Auch hier blieben die Erfolge einer europäischen Harmonisierung der technischen Normen aus, weil die Handlungslogik bestenfalls Einigungen auf dem kleinsten gemeinsamen Nenner zuließ; und dieser kleine gemeinsame Nenner war aufgrund der Unterschiede in der technischen und ökonomischen Entwicklung, aber auch aufgrund der Unterschiede in der Berücksichtigung des Arbeits-, Umwelt- und Verbraucherschutzes häufig so winzig, daß keine nennenswerten Durchbrüche realisiert werden konnten. Der Aufbau einer schlagkräftigen europäischen Normenorganisation scheiterte, wie bei vielen anderen europäischen Verbänden auch, daran, daß die Einigung der nationalen Verbände auf der europäischen Ebene mit dem gleichen Problem der Aggregation divergierender nationaler Interessen konfrontiert waren wie die nationalen Regierungen im Europäischen Rat: Zu heterogen waren die Interessen der nationalen Verbände, als daß es ihnen gelingen könnte, einheitliche europäische Standpunkte in den zentralen Fragen zu finden.

3. Systemumbau des europäischen Politiknetzwerkes: Stärkung der „korporativen Akteure" Europas und prozedurale Steuerung der technischen Normung (1983-1987)

Die Phase des Systemumbaus ist gekennzeichnet durch zwei wegweisende Strukturreformen: Zum einen erwiesen sich die politisch-administrativen Akteure der Europäischen Gemeinschaft als wahrhafte Entfesselungskünstler, die die lähmenden Ketten der Politikverflechtungsfalle zumindest in einigen für die Realisierung des Binnenmarktes zentralen Politikfeldern sprengen konnten. Zum anderen hat ein grundsätzlicher Strategiewechsel der Europäischen Gemeinschaften zur Aufhebung technischer Handelsschranken in den 80er Jahren, der von der Kommission vorbereitet wurde, die Europäischen Normenorganisationen gegenüber den nationalen Normungsinstituten gestärkt. Wir beginnen in der Darstellung des Systemumbaus, der zeitlichen Abfolge entsprechend, mit dem zweitgenannten Durchbruch, der die verbandliche Normungsarbeit auf der europäischen Ebene deutlich intensivieren konnte, und rekonstruieren im Anschluß daran die Stärkung der Europäischen Kommission. In einem dritten Abschnitt wird dann gezeigt, daß die erreichten Handlungsspielräume der europäischen Institutionen (des politisch-administrativen wie des verbandlichen Sektors) zur Durchsetzung einer technischen Regulation auf hohem Schutzniveau auch tatsächlich genutzt werden konnten.

3.1 Stärkung der Handlungsfähigkeit der Europäischen Normenorganisation: Der „inszenierte Korporatismus" in der technischen Harmonisierung

Ein erster Schritt dieser tiefgreifenden Reorganisation der technischen Harmonisierung bestand in der Verabschiedung der sogenannten „Informationsrichtlinie" (83/189/EG) vom 28. März 1983 durch den Rat der Europäischen Gemeinschaften, mit der ein Informationsverfahren auf dem Gebiet der Normen und technischen Vorschriften erlassen wurde (ABl.EG Nr. L 109 vom 26. April 1983: 8ff., ergänzt durch die Richtlinie 88/182/EWG, ABl.EG Nr. L 81/88 vom 26. März 1988: 75). Die Richtlinie sieht zwei unabhängig voneinander bestehende Informationsverfahren (eines für technische Vorschriften und eines für technische Normen) vor. Das Informationsverfahren für die technischen Normen sichert den regelmäßigen Informationsaustausch zwischen den nationalen Normenorganisationen der Mitgliedsländer über ihre aktuellen Normungsaktivitäten. An diesem Informationsaustausch sind nicht nur alle Mitgliedsländer der EU, sondern auch die übrigen EFTA-Länder beteiligt. Die Informationen fließen über eine Zentralstelle von CEN/CENELEC an alle nationalen Normenorganisationen, die europäische Kommission und das Generalsekretariat der EFTA. Ziel des Informationsverfahrens ist zum einen eine Erhöhung der Transparenz. Zum anderen soll der Informationsaustausch eine frühzeitige Erkennung des gemeinsamen Normungsbedarfs ermöglichen; die nationalen Normungsaktivitäten sollen dann nach Möglichkeit in der Europäischen Normung zusammengeführt und gemeinsam bearbeitet werden.

In der Richtlinie wurden ferner die Verfahren für eine Zusammenarbeit zwischen den Mitgliedern des CEN/CENELEC und der Kommission festgelegt, die auch heute noch Gültigkeit haben. Gleichzeitig wurde mit der Richtlinie die Möglichkeit eröffnet, die nationale Normung einer gemeinsamen Überprüfung zu unterziehen. Darüber hinaus wird den Europäischen Behörden das Recht zugeschrieben, im „öffentlichen Interesse" Europäische Normungsarbeiten zu initiieren. Von besonderer Bedeutung ist die in der Richtlinie festgeschriebene „Stillhalteverpflichtung", derzufolge die Mitgliedstaaten dafür Sorge tragen müssen, daß die nationalen Normenorganisationen bis zum Erlaß der von der Kommission in Auftrag gegebenen Europäischen Normen keine nationalen Normen in dem betreffenden Bereich aufstellen. Diese Stillhalteverpflichtung ergänzt die in den Statuten von CEN/CENELEC bereits festgehaltene (aber kaum beachtete) Vereinbarung, auf nationale Normungsaktivitäten zu verzichten, wenn auf der europäischen Ebene bereits ein Normungsvorhaben zum gleichen Thema angelaufen ist.

Die „Informationsrichtlinie" macht bereits deutlich, daß die Kommission im Zuge der von ihr damit eingeleiteten Aufwertung der Europäischen Normung auch das Verfahren und die Organisation der Europäischen Normung zum Gegenstand ihrer Politik machen mußte. Das vorrangige Ziel war dabei gewiß eine quantitative Ausweitung und Beschleunigung der europäischen Normenproduktion, denn die angestrebte Entlastung der europäischen Rechtsetzung durch harmonisierte Normen konnte nur dann greifen, wenn die bis dahin äußerst schwache Europäischen Normung in die Lage versetzt wurde, die harmonisierten Normen auch tatsächlich und hinreichend schnell zu verabschieden. Darüber hinaus mußte die Kommission auch für eine gewisse Legitimationsbasis der Europäischen Normung sorgen; es mußten verfahrensmäßige Grundlagen geschaffen werden, die eine Berücksichtigung öffentlicher Interessen gewährleisten und partikularistische Strategien (vornehmlich von einzelnen Unternehmensgruppen) begrenzen.

Die von der Kommission eingeleitete Abkehr von der administrativen Einzelfallregulierung wurde mit den vom Rat am 16.07.1984 gebilligten Schlußfolgerungen zur Normung (ABl.EG 1985, Nr. C 136, S. 2) ausdrücklich unterstützt. Auf dieser Grundlage haben die Kommission und die Europäischen Normungsorganisationen CEN/CENELEC im Herbst 1984 „Allgemeine Leitsätze für die Zusammenarbeit" (vgl. CEN/CENELEC Memorandum Nr. 4) verabschiedet. Die Kommission verpflichtet sich in den „Leitsätzen", bei ihren Vorschlägen zur technischen Harmonisierung auf Europäische Normen zu verweisen, deren Konkretisierung den Europäischen Normungsinstituten zu übertragen und die Verbreitung und Anwendung Europäischer Normen zu fördern. CEN/CENELEC werden damit als die Europäischen Normungsinstitute anerkannt. Im Gegenzug verpflichten sich die Europäischen Normungsinstitute dazu, die für die Erfüllung von Normungsaufträgen (sogenannte „Mandate") erforderliche Infrastruktur bereitzustellen und dafür Sorge zu tragen, daß die Europäischen Normen den grundlegenden Anforderungen der Richtlinien und den Normungsaufträgen der Kommission entsprechen. Ferner wird die Einbeziehung und Beteiligung aller „interessierten Kreise" verankert. Die Europäischen Normungsinstitute sichern überdies zu, ihre Abstimmungsverfahren zu vereinheitlichen und bei ihren Mitgliedsorganisationen eine Übernahme der harmonisierten Normen in die nationalen Regelwerke sicherzustellen. Ferner verpflichten sich die Europäischen Normungsinstitute, die Kommission zu den Sitzungen der technischen Ausschüsse einzuladen.

In weiteren Verträgen wurden die Modalitäten für die Annahme und Ausführung von Normungsmandaten festgelegt, welche die Kommission (oder die EFTA) CEN/CENELEC erteilen können. Solche behördlichen Normungsmandate sind mit Terminvorgaben versehen und schließen Finanzierungshilfen für die Normungsarbeit ein. Die Finanzierungshilfen können bis zu 50% des Aufwandes für das zuständige Sekretariat von CEN/CENELEC und die entsprechenden Kosten des Zentralsekretariats ausmachen. Nach den daraufhin 1985 erlassenen „Gemeinsamen Regeln" von CEN/CENELEC werden die verabschiedeten Europäischen Normen von den nationalen Normenorganisationen übernommen und als nationale Normen herausgebracht. Nunmehr ist mit der Verabschiedung einer Europäischen Norm (oder eines Harmonisierungsdokuments) für die nationalen Normenorganisationen die Verpflichtung verbunden, diese Norm auch auf nationaler Ebene zu übernehmen. Dies gilt selbst dann, wenn die Europäische Norm gegen das Votum der nationalen Normenorganisation verabschiedet wurde.

Mit dem im Juni 1985 veröffentlichten Weißbuch (vgl. Kommission 1985) zur Vollendung des Binnenmarktes bis zum 31. Dezember 1992 hat die Europäische Kommission einen weiteren Meilenstein auf dem eingeschlagenen Weg der Europäisierung der Normung gesetzt. Das Weißbuch enthält einen 279 Punkte umfassenden Maßnahmenkatalog, der alle noch bestehenden Marktschranken sowie die zu ihrer Beseitigung erforderlichen Beschlüsse aufführt. Dazu gehört auch die Vorgabe, die in den Mitgliedsländern voneinander abweichenden technischen Vorschriften und Normen wechselseitig anzuerkennen und dadurch als nicht-tarifäre Handelshemmnisse außer Kraft zu setzen. Ausgenommen sind dabei jedoch jene technischen Vorschriften und Normen, die dem Schutz der Gesundheit und der technischen Sicherheit dienen.

Eine wichtige Konkretisierung dieser Zielsetzung wurde mit der Verabschiedung der „neuen Konzeption auf dem Gebiet der technischen Harmonisierung und der Normung" in der Entschließung des Rates vom 07.05.1985 erreicht (ABl.EG Nr. C 136 vom 04. Juni 1985). Mit der „neuen Konzeption" wurde eine grundlegende Ausweitung und Beschleunigung der Europäischen Normung eingeleitet. Hiernach konzentrieren sich die Europäischen Richtlinien auf die Formulierung von Sicherheitsanforderungen, die durch Normen des Europäischen Komitees für Normung konkretisiert werden:[2] „Den für die Industrienormung zuständigen Gremien wird unter Berücksichtigung des Standes der Technologie die Aufgabe übertragen, technische Spezifikationen auszuarbeiten, die die Beteiligten benötigen, um Erzeugnisse herzustellen und in den Verkehr bringen zu können, die den in den Richtlinien festgelegten grundlegenden Anforderungen entsprechen" (Entschließung des Rates vom 07.05.1985: 2).

Mit der „neuen Konzeption", hat die Europäische Gemeinschaft ihre „etatistische" Normungspolitik durch einen korporatistischen Modus der technischen Harmonisierung ersetzt und gleichzeitig die Europäischen Normungsverbände gegenüber den nationalen Normungsinstituten aufgewertet. Zentraler Bestandteil der neuen Konzeption ist eine Aufteilung von Zuständigkeiten zwischen der Gesetzgebung durch die Europäische Gemeinschaft, den Mitgliedstaaten und den Europäischen Normenorganisationen, die dadurch zu Teilhabern europäischer Politik werden. Mit der neuen Konzeption hat die Gemeinschaft das Instrument des Normenverweises aufgegriffen und ausgeweitet und den bereits vorbereiteten „Wechsel des regulatorischen Ansatzes von der hoheitlich-verbindlichen Detailregulierung zur Delegation der technischen Normierung und der Zertifizierung an Selbstverwaltungsorganisationen der Wirtschaft" (Falke 1989: 225) vollzogen. Die Harmonisierung der Rechtsvorschriften konzentriert sich seither auf die Festlegung der grundlegenden Sicherheitsanforderungen, denen die auf dem Markt ohne Grenzen in Verkehr gebrachten Produkte entsprechen müssen. Die Rechtsangleichung beschränkt sich dabei auf jene Anforderungen, bei denen das Prinzip der gegenseitigen Anerkennung von Rechtsvorschriften (und technischen Regeln) der Mitgliedstaaten nicht greifen würde, weil die Mitgliedstaaten auch nach der Rechtssprechung des Europäischen Gerichtshofes ohne harmonisierte Regelungen berechtigt wären, im nationalen Alleingang Schutzregelungen zu treffen, um das „Gemeinwohl" zu wahren. Den Europäischen Normungsverbänden wird die Aufgabe zugewiesen, die in Richtlinien der Europäischen Gemeinschaft festgeschriebenen grundlegenden Anforderungen zu konkretisieren und technische Spezifikationen zu erarbeiten. Diese technischen Spezifikationen sind ihrerseits nicht rechtsverbindlich. Die Verwaltungen der Mitgliedstaaten sind aber verpflichtet, bei den Erzeugnissen, die den Europäischen Normen entsprechen, davon auszugehen, daß sie auch den grundlegenden Anforderungen der Europäischen Richtlinien genügen. Bei den nicht normgerechten Erzeugnissen trägt der Anbieter die Beweislast für die Übereinstimmung mit den grundlegenden Anforderungen.

---

2 Vgl. dazu Joerges (1988); Schreiber (1991) oder Pelkmans (1987); mit der Entschließung ist festgelegt, daß sich „die Harmonisierung der Rechtsvorschriften ... auf die Festlegung der grundlegenden Sicherheitsanforderungen (oder sonstigen Anforderungen im Interesse des Gemeinwohls) im Rahmen von Richtlinien nach Artikel 100 des EWG-Vertrags (beschränkt), denen die in den Verkehr gebrachten Erzeugnisse genügen müssen; daraus folgt, daß für diese Erzeugnisse der freie Warenverkehr in der Gemeinschaft gewährleistet sein muß".

Auf den ersten Blick gleicht das in der „neuen Konzeption" angelegte Prozedere der technischen Harmonisierung dem in der Bundesrepublik gängigen Muster der Techniksteuerung. Es besteht allerdings ein gewichtiger Unterschied. Die Europäischen Richtlinien verweisen nicht einfach auf den „Stand der Technik", „allgemein anerkannte Regeln der Technik" oder den „Stand von Wissenschaft und Technik" (so die gängigen Formulierungen, deren Liste sich verlängern ließe), sondern sie benennen die „grundlegenden Sicherheitsanforderungen", die zumindest dem Anspruch nach inhaltlich so detailliert gefaßt sein sollen, daß sie eine Konformitätsprüfung von Erzeugnissen auch ohne technische Normen erlauben. Diese Vorgabe hat bei den Normungsinstituten zunächst erhebliche Irritationen ausgelöst und wurde vereinzelt sogar als ein Rückfall in die technische Detailregulierung der Kommission gewertet. Den Normungsinstituten wäre eine Übernahme der Generalklauselmethode lieber gewesen, da sie den Normungsinstituten die größten Gestaltungsspielräume geboten hätte. Das mit der „neuen Konzeption" gewählte Verfahren wurde aber als zweitbeste Lösung akzeptiert (vgl. Reihlen 1989: 450), wobei sicherlich auch davon ausgegangen wurde, daß sich die Unterscheidung zwischen „grundlegenden Anforderungen" und „Fertigungsspezifikationen" (so die entsprechenden Begriffe in der Entschließung des Rates) im konkreten Einzelfall kaum treffen läßt. Aber auch in einer eher skeptischen Einschätzung der Trennbarkeit von „grundlegenden Anforderungen" und „Fertigungsspezifikationen" hat der Unterschied zu den generalklauselartigen Verweisungsformeln des deutschen Umwelt- und Technikrechts durchaus gravierende Folgen: Die „grundlegenden Anforderungen" erlauben nämlich eine vergleichsweise präzise Deduktion des Normungsbedarfs: Sie „enthalten ein relativ detailliertes Arbeitsprogramm für die Erstellung harmonisierter Normen" (Falke 1991: 90). Darüber hinaus eröffnen die „grundlegenden Anforderungen" eine dichte Kommunikation und enge Kooperation zwischen der Kommission und den Europäischen Normungsverbänden. Die Festlegung der grundlegenden Sicherheitsanforderungen und die Erstellung Europäischer Normen erfolgt dadurch in enger Abstimmung. „Die Gemeinschaft ist Akteur in einem korporativen Netzwerk und berücksichtigt schon bei der detaillierten Festlegung der grundlegenden Sicherheitsanforderungen die Regelungsideen der europäischen Normungsgremien. Sie benötigt bei der erforderlichen Abstimmung mit den nicht in einem Weisungsverhältnis zu ihr stehenden Normungsgremien 'paßgenaue' Steuerungsimpulse. Die europäischen Normungsgremien nehmen die Herausforderungen durch die neue Konzeption zur technischen Harmonisierung und Normung nicht zuletzt deshalb auf, um das ihnen zur autonomen Regelung überlassene Aufgabengebiet vor staatlichen 'Übergriffen' zu schützen" (ebd.). Damit bewegen sich die europäischen Normenorganisationen wie die nationalen Normungsinstitute „im Schatten des Rechts" und gewinnen über die latent stets vorhandene Alternative einer etatistischen Technikregulierung ihre Handlungsfähigkeit als eine „private Regierung", die von ihren angeschlossenen Mitgliedsorganisationen und den Normadressaten nach der „Logik des geringeren Übels" geduldet und zur Vermeidung staatlicher Regulierungen mit den erforderlichen Ressourcen ausgerüstet wird.

3.2 Wege aus der Politikverflechtungsfalle

Mit der am 17. Februar 1986 vom Ministerrat der Europäischen Gemeinschaft verabschiedeten und dann nach der Ratifizierung in allen 12 Mitgliedstaaten der Europäischen Gemeinschaft am 1. Juli 1987 in Kraft getretenen Einheitlichen Europäischen Akte[3] (EEA) hat die europäische Integration einen neuen Schub erhalten, der auch eine technische Regulation auf hohem Schutzniveau ermöglichte. Die EEA strahlte auf die Europäische Normung aus und hat de facto auch die Handlungsfähigkeit der europäischen Normenorganisationen weiter erhöht. Noch wichtiger ist indes die Erhöhung der Handlungsfähigkeit des politisch-administrativen Systems. Wenden wir uns also zunächst den neuen Gestaltungsspielräumen der politisch-administrativen Akteure und sodann wieder der europäischen Normung zu.

Mit der EEA wurde zum erstenmal in der Geschichte der Europäischen Gemeinschaft eine umfassende Überarbeitung des Vertrages zur Gründung der Europäischen Wirtschaftsgemeinschaft (EWGV) vorgenommen. Drei Elemente der EEA sind dabei von besonderer Bedeutung:

(1) Die EEA bekräftigt das Ziel, den Europäischen Binnenmarkt bis Ende 1992 zu verwirklichen. Sie eröffnet zugleich neue Handlungsermächtigungen zur Realisierung dieser Zielsetzung (insbesondere Art. 8a, Art. 100a und Art. 100b). Von höchster Relevanz für die Europäische Integration ist die vertragliche Festlegung der EEA, daß Entscheidungen des Ministerrates nunmehr mit qualifizierter Mehrheit getroffen werden können (allerdings sind dabei einige Ausnahmen, z.B. im Steuer- oder Umweltrecht, festgelegt worden, vgl. dazu auch Engel/Borrmann 1991).

(2) Ferner wurde durch die EEA die Verpflichtung zur Einhaltung eines hohen Schutznieveaus in den Bereichen Gesundheit, Sicherheit, Umwelt und Verbraucherschutz bei den Maßnahmen zur Errichtung des Gemeinsamen Binnenmarktes auch vertraglich festgeschrieben.

(3) Die EEA ergänzt den EWG-Vertrag um einige wichtige zusätzliche Handlungsermächtigungen, die der Gemeinschaft bis dahin noch nicht zugänglich waren. Vor allem wurde die Rechtsgrundlage für eine gemeinsame Umweltpolitik geschaffen.

Exakt zu dem Zeitpunkt, als die von der Veto-Macht der Mitgliedstaaten gelähmte Handlungsfähigkeit der Europäischen Gemeinschaften ihren Tiefpunkt erreicht hatte und kaum noch ein Beobachter eine optimistische Prognose der europäischen Integration wagte, fand mit der EEA die wohl bis heute immer noch bedeutendste institutionelle Reform der Europäischen Gemeinschaft statt. Allen Beteiligten und allen wissenschaftlichen Beobachtern war aufgrund der zurückliegenden Erfahrungen klar, daß die Gemeinschaftspolitik von der „Politikverflechtungsfalle", die Scharpf (1985) so vortrefflich nachgezeichnet hat, gelähmt war, was in dem bekannten Dilemma endete, daß individuell rationales Handeln – nämlich die Blockade jedes Harmonisierungsvorschlags, der Anpassungskosten im eigenen Land hervorgerufen hätte – zu kollektiv irrationalen Resultaten führte – nämlich zum Verzicht auf die positiven gesamtwirtschaftlichen Effekte der Binnenmarktintegration. Die einzige Lösung, das Dilemma

---

3 Vgl. ABl.EG L 169/1 vom 29. Juni 1987; BGBl II 1986, S 1102; zur Verabschiedung der EEA, die nur durch ein komplexes Verhandlungspaket zustimmungsfähig wurde, vgl. Corbett (1987), Ehlermann (1987) oder Moravcsik (1991).

der intergouvernementalen Entscheidungslogik zu überwinden, bestand darin, daß alle Mitgliedstaaten einen Teil ihrer Entscheidungskompetenzen auf supranationale Institutionen, insbesondere die Kommission, übertrugen (vgl. dazu Bieber et al. 1988: 24 und 30; Pelkmans 1988: 373; H. Wallace 1990: 217-221), die solchermaßen gestärkt als Moderatoren des Integrationsprozesses fungieren konnten. Daß die Regierungen der Mitgliedstaaten ihre Veto-Macht im Europäischen Rat freiwillig aufgaben und einer erheblichen Kompetenzausweitung der Gemeinschaft bis in genuine Bereiche der Innenpolitik hinein zustimmten, kam aber selbst für viele Europaforscher „plötzlich und unerwartet" (Keohane/Hoffmann 1990: 283), so daß es lohnt, einige Überlegungen darüber anzustellen, wie es überhaupt möglich wurde, daß die Mitgliedstaaten einen solchen Souveränitätstransfer auf die europäische Ebene beschließen.

Zunächst ergibt eine Rekapitulation der Ereignisse, daß die Einheitlichen Akte keineswegs so „plötzlich und unerwartet" kam wie von vielen behauptet, sondern von langer Hand vorbereitet worden war (vgl. Schmitt von Sydow 1988). Erinnert sei an dieser Stelle bspw. an den bereits erwähnten Cecchini-Bericht, der die Größenordnungen der wirtschaftlichen Vorteile einer Vollendung des Binnenmarktes vorgerechnet hat (vgl. Cecchini 1988). Diese Berechnungen sind aus wissenschaftlicher Perspektive nicht unumstritten. Dies ändert aber nichts daran, daß die von der Kommission so überaus geschickt eingesetzte Expertise neue Bewegung in den Integrationsprozeß gebracht hat. Der Cecchini-Bericht stellt die ausgemalten Vorzüge des Binnenmarktes unter den Vorbehalt einer Durchsetzung zahlreicher Maßnahmen zur Überwindung nationaler Vorschriften und Normen. Mit dem Cecchini-Bericht hatte die Kommission gewissermaßen einen verlockenden „Köder" ausgelegt, um die Öffentlichkeit und die Regierungen der Mitgliedsländer davon zu überzeugen, daß eine Stärkung der europäischen Institutionen vonnöten sei. Aus heutiger Sicht dürfte weitgehend unstrittig sein, daß zumindest das Mittel zum Zweck, also eine erhöhte Handlungsfähigkeit der europäischen Entscheidungsorgane, von den Mitgliedsländern mit der Einheitlichen Europäischen Akte dann auch tatsächlich zugestanden wurde. Ob damit gleichzeitig auch die versprochenen Segnungen des Binnenmarktes Realität wurden, sei dahingestellt.

Der Verzicht auf die Veto-Macht im Rat bei gleichzeitiger Übertragung von Steuerungskompetenzen an die Kommission, d.h. die partielle Selbstentmachtung der Regierungen, war allerdings trotz aller kollektiven Güter, die in Aussicht gestellt wurden, an eine Reihe von weiteren Voraussetzungen gebunden:

(1) Jeder Mitgliedstaat mußte sicher sein, daß der positive Gesamteffekt der europäischen Integration die eigenen Anpassungskosten übersteigen würde. Die Notwendigkeit, die Konfiguration der gegenseitigen Blockade in ein eindeutiges Positivsummenspiel zu überführen, war auch der Grund, weshalb das primäre Ziel des Weißbuchs – die Änderung des institutionellen Gleichgewichts zwischen Rat und Kommission – mit der wirtschaftlich profitablen Vollendung des Binnenmarktes verbunden wurde (Pelkmans 1988: 361f., Schmitt von Sydow 1988: 85f.) und weshalb sowohl der Cecchini-Bericht als auch das Bild von der globalen Triade in nahezu ritueller Weise immer wieder bemüht werden. Tatsächlich muß jeder Mitgliedstaat darauf vertrauen können, daß auch er nicht nur zu Zugeständnissen gezwungen wird, sondern auf lange Sicht einen positiven Nettonutzen zu internalisieren vermag (H. Wallace 1990: 225).

(2) Die Mitgliedsländer mußten darauf vertrauen können, daß der supranationale Prozeßmoderator streng neutral bleibt. Die Machtrelationen zwischen den Mitgliedstaaten durften durch die Stärkung der Europäischen Entscheidungsinstanzen nicht verschoben werden. Vor diesem Hintergrund ist auch nachvollziehbar, daß ein Denken und Agieren in nationalen Kategorien unter den Kommissionsbeamten zu einem Tabu geworden ist; die Kommissionsbeamten sind vielmehr dem acquis communautaire verpflichtet (v. Senger und Etterlin 1992: 21).

(3) Der Verzicht auf die Veto-Macht mußte aus Sicht der nationalen Entscheidungsträger auch politisch in dem Sinne rational sein, daß sich die Gestaltungsspielräume in der innenpolitischen Auseinandersetzung und die Gelegenheiten zur Profilierung erhöhen. Tatsächlich entlastet der Übergang zur qualifizierten Mehrheit die nationalen Regierungen von politischer Verantwortung und ermöglicht ihnen, den Europäischen Kompromissen, denen man zustimmen mußte, weil man sonst überstimmt worden wäre, sowie den ungeliebten (aber mit weitreichenden Kompetenzen ausgestatteten) „Eurokraten" die Schuld an mancherlei hausgemachten Problemen zuzuweisen (Hänsch 1990: 245).

(4) Die politischen Kosten einer Blockadepolitik einzelner Mitgliedstaaten mußten gesteigert werden – beispielsweise indem sich die Mitgliedstaaten in Form eines ambitiösen Programms für den Binnenmarkt '92 selbst unter Zeitdruck setzten (Scharpf 1992), so daß etwaige nationale Vorbehalte gegenüber regulativen Einzelakten vor dem Hintergrund des Binnenmarktziels verblassen und es nicht mehr gerechtfertigt erscheinen lassen, das Harmonisierungsprogramm zu gefährden.

Die Übertragung von Prozeßsteuerungskompetenzen auf korporative Akteure ist ein effektives Mittel, um das Dilemma von individuellen und kollektiven Interessen zu überwinden, weil die institutionellen Eigeninteressen der nationalen Regierungsbürokratien an der Vermeidung von Anpassungskosten durch die institutionellen Eigeninteressen der supranationalen Akteure an fortschreitender Integration ausgeglichen werden. Ein unintendierter Effekt besteht jedoch darin, daß solche supranationalen Akteure zur Verselbständigung tendieren (Schneider/Werle 1989: 415-417), was ihnen dadurch gelingt, daß sie durch ihre Prozeßführerschaft die Mitgliedsstaaten im Rahmen von divide-et-impera-Strategien gegeneinander auszuspielen vermögen (Pelkmans 1988: 373). Die supranationalen Akteure weisen ein vitales Eigeninteresse an der Europäischen Integration auf, um als „Motoren der Integration" (Hallstein) zu fungieren. Dies ist auch der Grund, weshalb die Schaffung supranationaler Institutionen zur Überwindung intergouvernementaler Blockadesituationen durchaus effektiv sein kann. Institutionen (und ihre Beamten) haben institutionelle Eigeninteressen an Wachstum, Ressourcen- und Kompetenzmaximierung, das als wesentlicher Grund für die beständige Ausdehnung der regulativen Kompetenzen der Europäischen Gemeinschaft identifiziert werden kann. Offensichtlich hat die Europäische Gemeinschaft ihre erstaunliche Handlungsfähigkeit daraus gewonnen, daß der Entscheidungsprozeß seit Inkrafttreten der Einheitlichen Akte – und verstärkt durch den Maastrichter Unionsvertrag – von dem rein intergouvernehmentalen Verhandeln im Rat auf ein komplexes Netzwerk einer Vielzahl von nationalen, subnationalen und supranationalen Institutionen und Akteuren verlagert wurde, welche unterschiedliche materielle und institutionelle Interessen verfolgen.

Dem Europäischen Rat als dem „eigentlichen" legislativem Organ der Union würde man die zentrale Machtposition im europäischen Entscheidungssystem heute nur noch bei einer oberflächlichen Betrachtung der Europäischen Verträge zubilligen können. Aus einer solchen Analyse wäre eine pessimistische Bewertung des Integrationsprozesses zu ziehen, sind die Regierungsvertreter im Rat doch vornehmlich den nationalen Interessen – um nicht zu sagen: den nationalen Egoismen – verpflichtet, die jede Einigung, welche über den kleinsten gemeinsamen Nenner der notwendigen qualifizierten Mehrheit im Rat hinausgeht, als unwahrscheinlich erscheinen lassen. Die Macht des Rates als obersten Entscheidungsorgans der EU wird jedoch – und dies macht die EU erst handlungs- und innovationsfähig – durch die komplexe Regelung des legislativen Prozesses vielfach gebrochen. Zu allererst ist hier die Rolle der Europäischen Kommission zu nennen, die nicht nur aus ihrem Monopol, dem Europäischen Rat Richtlinienvorschläge zu unterbreiten, sondern auch aus ihrer Prozeßführerschaft während des gesamten legislativen Verfahrens eine in der älteren Integrationstheorie häufig vernachlässigte Machtposition gewinnt: „Auch wenn der Ministerrat das wesentliche Beschlußfassungsorgan der EG ist, kann ohne und gegen die Kommission keine Politik gemacht werden" (Engel 1991: 235). Paradoxerweise ist der Rat als oberstes Beschlußfassungsorgan der EU allein völlig handlungsunfähig, da nur die Kommission berechtigt ist, Richtlinienvorschläge in den Rat einzubringen. Zwar kann der Rat die Kommission beauftragen, einen Richtlinienvorschlag zu entwickeln; die Formulierung des Vorschlags ist jedoch einzig und allein die Sache der Kommission. Darüber hinaus liegt das Gesetz des Handelns während des gesamten legislativen Prozesses in den Händen der Kommission. Sie führt die Verhandlungen mit den Europarlamentariern ebenso wie mit den Ministern der Mitgliedstaaten, sie lotet nationale Schmerzgrenzen aus, sie schmiedet Koalitionen, unterbreitet Kompromißvorschläge und verfügt jederzeit über die Möglichkeit, Richtlinienvorschläge zu ändern oder zurückzuziehen. „Any practitioner of negotiation well recognizes the crucial power of the drafter of texts, which remains the Commission's prerogative. The Commission can also bring the Council to a halt by providing no text at all. ... The key players are frequently the intermediate balancers, of which the Commission is generally a leading representative" (Wallace 1990: 217 u. 226).

Gegen solche Erklärungsansätze, die von einer dominanten Position der Kommission im Gesetzgebungsprozeß ausgehen, wird von Seiten der Intergouvernementalisten eingewandt, daß sich die nationalen Regierungen einen Einfluß auf die Kommissionsarbeit durch eine Vielzahl von Ausschüssen (Komitologie) sichern. Die Ausschüsse werden dabei als „kleine Ministerräte" interpretiert, die im Vorbereitungsstadium der Richtlinienerstellung die Berücksichtigung der nationalen Einzelinteressen sicherstellen. In dieser Perspektive ergäbe sich die vermeintliche Blockade europäischer Entscheidungsprozesse über die Arbeit der Ausschüsse (Keohane/Hoffmann 1990: 281), deren output auf den kleinsten gemeinsamen Nenner beschränkt bliebe. Eine empirische Studie des Instituts für Europäische Politik (IEP 1989) hat zwar bestätigt, daß die Ausschüsse tatsächlich von der Kommission in den Prozeß der Richtlinienentwicklung eingebunden werden, auch dann, wenn sie dafür keine formale Kompetenz besitzen. Die Studie hat aber auch aufgewiesen, daß die Kommission in nur 3 % der Fälle auf ein negatives Ausschußvotum damit reagiert, daß sie ihren ursprünglichen Entwurf zurückzieht, während sie sechsmal häufiger gegen das Votum des Ausschusses auf ihrem Vorschlag besteht (IEP 1989: 113). Daß die Kommission ihr Interesse an einer innovativen Regulation in den Ausschüssen – wie überhaupt während des gesamten legislativen Prozesses – durchzusetzen vermag, ergibt sich dabei aus einer spezifischen Konfiguration von Interessen und Ressourcen:

(1) Die Tatsache, daß die Ausschüsse Expertengremien sind, in denen auf einem hohen technologischen Niveau diskutiert wird, kommt dem Interesse an einem hohen Schutzniveau entgegen. Da eine hohe technologische Kompetenz unerläßlich ist, um in den Diskussionen zu bestehen, unterscheidet sich die Fähigkeit der verschiedenen Interessenvertreter, sich erfolgreich an der Ausschußarbeit zu beteiligen. Empirisch zeigt sich, daß der Einfluß auf die Europäische Regulation um so größer ist, je höher das technologische Niveau des Mitgliedslandes ist und je stärker das Interesse an einer Regulation auf einem hohen Niveau ist. So wies die IEP-Studie auf (1989: 103), daß in den Ausschüssen die großen Industrieländer Frankreich, Vereinigtes Königreich und Deutschland klar dominieren und daß auch die kleinen, aber technologisch und sozial fortschrittlichen Länder Niederlande und Dänemark einen weit überproportionalen Einfluß aufweisen, während das große Italien einen unterproportionalen Einfluß hat und sich die Rolle der Niedrigniveauländer Irland, Griechenland, Portugal und selbst des bevölkerungsreichen Spaniens eher auf eine beobachtende Rolle beschränkt.[4]

(2) Der Sachverhalt, daß die Ausschüsse Beratungsgremien und keine Entscheidungsgremien sind (formelle Abstimmungen finden in der Regel nicht statt), kommt einer Regulation auf hohem Niveau entgegen. Ausschüsse sind Foren, die offen für positive Vorschläge von allen Seiten sind. Diese Vorschläge addieren sich zu einer umfangreichen Liste, aus der die Kommission die in ihr Konzept passenden Ideen (die dann alle durch den Ausschuß legitimiert sind) auszuwählen vermag. Während in Entscheidungsgremium mit Veto-Rechten eine subtraktive Entscheidungslogik gilt (die Veto-Macht gibt den Beteiligten die Möglichkeit, die Eliminierung der ihren Interessen zuwiderlaufenden Aspekte zu erreichen), arbeiten beratende Ausschüsse eher additiv. Tatsächlich ist die mit knapper Personalstärke ausgestattete Kommission auf die Beiträge und die Expertise der Ausschüsse sowie der Lobbyisten angewiesen, die ausdrücklich ermuntert werden, ihre Interessen in informellen Konsultationen zu artikulieren (Kohler-Koch 1992). Die Kommission ist zwar gegenüber jeder nationalen Regierungsdelegation und jeder Interessengruppe offen, aber hat die Freiheit zu entscheiden, wessen Vorschläge sie übernimmt oder zurückweist. Dieses Kommissionsverhalten eröffnet erhebliche Einflußchancen für einzelne „Partisanen", die Ideen präsentieren, welche in das Regulierungskonzept der Kommission passen.

(3) Der Arbeitsstil und die Motivationslage der nationalen Delegierten fördern innovative regulative Initiativen. Bei den Vertretern der nationalen Regierungen, die in die Ausschüsse entsandt werden, handelt es sich um technische Experten aus den mittleren Rängen der Ministerialbürokratien sowie der nachgeordneten technischen Behörden. Die Karriere dieser Experten beruht im allgemeinen nicht auf

---

[4] Im Hinblick auf die europäische Normung ist in diesem Zusammenhang am Rande anzumerken, daß in den technischen Ausschüssen der europäischen Normungsorganisation CEN, die für die technische Spezifikation der Arbeits-, Umwelt- und Verbraucherschutzrichtlinien zuständig sind und bereits bei der Formulierung der Richtlinien mitwirken, ein noch deutlicheres Übergewicht der Hochniveauländer festzustellen ist.

ihrem Erfolg im intergouvernementalen Verhandeln (dies ist Aufgabe ihrer Minister), sondern darauf, daß sie eine möglichst geräuschlose Ausschußarbeit leisten, daß sie „ordentliche" (fehlerfreie) Gesetzestexte erstellen und daß sie innerhalb der engen Fristen zu positiven Ergebnissen kommen, ohne ihre primären Aufgaben in der Heimatbehörde zu vernachlässigen. Ihr Augenmerk konzentriert sich auf technische und juristische, nicht auf politische Probleme (Weiler 1988: 353). Dementsprechend wird der Arbeitsstil in den Ausschüssen als „Problemlösen" und nicht als „Verhandeln", das im Rat zur Entscheidungsblockade geführt hatte (Scharpf 1985), charakterisiert (IEP 1989: 107; Bach 1992: 24). Aus dieser Interessenkonfiguration heraus begrüßen Ausschüsse in der Regel auch die Initiativen einzelner Partisanen, die sich anbieten, die Hauptlast der praktischen Arbeit zu übernehmen und einen Entwurf vorzubereiten.

(4) Die Verfechter innovativer Schutzkonzepte haben in solchen Ausschüssen vielfach einen Informationsvorsprung auf ihrer Seite. Empirische Untersuchungen wie die IEP-Studie und Interviews mit Beteiligten bestätigen immer wieder, daß die chronische Arbeitsüberlastung, der Zeitdruck und der Mangel an technischen Spezialkenntnissen regelmäßig dazu führen, daß Vorschläge akzeptiert werden, deren Konsequenzen nicht vollständig überblickt werden.

(5) Die Kommission sieht die Ausschüsse keineswegs als „kleine Ministerräte" an. Unter Berufung auf den EWG-Vertrag ist die Kommission überhaupt nicht bereit, mit den nationalen Ausschußdelegationen über ihre Richtlinienentwürfe zu verhandeln, weil dies die alleinige Aufgabe des Rates sei (Zachmann 1988: 538). So erklärt sich, daß sich die Kommission beispielsweise in der Frage des Geltungsbereichs der Maschinenrichtlinie sogar über den gemeinsamen Widerstand der deutschen, französischen, britischen und dänischen Delegationen hinwegsetzte (vgl. VdTÜV 1988: 56f.) – und ihren Richtlinienvorschlag dennoch durch den Ministerrat brachte, wo (fälschlich) darauf vertraut wurde, daß die strittigen Fragen in den Ausschüssen abgeklärt worden waren.

Die Ausschüsse sind also keineswegs als Instrumente anzusehen, die die Berücksichtigung der nationalen Regierungsinteressen bereits in der Vorbereitungsphase des legislativen Prozesses sicherstellen. Im Gegenteil, die Interessenkonfigurationen und Machtverhältnisse in den Ausschüssen erlauben es der Kommission, ihre regulativen Strategien um so effektiver zu verfolgen – und mit einer erheblich verbesserten Legitimationsbasis (vgl. IEP 1989: 117).

Zusammenfassend läßt sich damit im Hinblick auf das politisch-administrative System europäischer Entscheidungsfindung festhalten, daß mit der EEA die Voraussetzungen dafür geschaffen wurden, in der technischen Regulation auf der europäischen Ebene über den „kleinsten gemeinsamen Nenner" der Mitgliedsstaaten hinauszukommen. Dieser Durchbruch wurde praktisch zeitgleich in der technischen Normung wiederholt. Insbesondere die für den politischen Raum eingeführte Entscheidungsregel, Europäische Richtlinien auch gegen das Votum von Minderheitspositionen mit einer qualifizierten Mehrheit durch den Ministerrat erlassen zu können, wurde in der Europäischen Normung ebenfalls verankert; d.h. seit der Verabschiedung der Einheitlichen Europäischen Akte genügt auch in der Europäischen Normung eine qualifizierte Mehrheit, um eine Europäische Norm zustandezubringen, wobei eine solche durch Mehrheitsbeschluß verabschiedete Norm auch von jenen nationalen Normungsinstituten über-

nommen werden muß, die gegen die strittige Norm gestimmt haben. Die Gewichtungskoeffizienten wurden für die Mitgliedsländer in Anlehnung an den Art. 148 des Vertrages von Rom festgelegt. Für die übrigen EFTA-Staaten wurden unter Berücksichtigung wirtschaftlicher und politischer Aspekte entsprechende Abstimmungskoeffizienten vereinbart. Den allgemeinen Grundsätzen der Normung folgend, wird jedoch trotz der eröffneten Möglichkeit, mit Mehrheitsentscheidungen Europäischen Normen zu verabschieden, grundsätzlich die Einstimmigkeit angestrebt.
Die „neue Konzeption" und das eingeführte Prinzip der Mehrheitsentscheidung haben die von der Kommission beabsichtigte Beschleunigung der technischen Harmonisierung weitgehend erreicht. Allein die Möglichkeit einer Mehrheitsentscheidung erhöht ja bekanntlich für die Minderheit den Anreiz, einen Kompromiß zu suchen, weil sonst die Gefahr bestünde, überstimmt zu werden (und damit überhaupt nichts zu erreichen). Zahlreiche Richtlinen konnten nach der neuen Konzeption erlassen werden (vgl. Schreiber 1991). Auch der Ausbau der Europäischen Normung zu einem verbandlichen System, das die Richtlinienarbeit der Kommission ergänzt, hat weitgehend gegriffen. Die bislang im nationalstaatlichen Kontext erfolgte Regelsetzung verliert seit Mitte der 80er Jahre an Gewicht und wird zunehmend durch Europäische Normen ersetzt. CEN/CENELEC haben in der Zeit von 1985 bis 1991 das Arbeitsvolumen ihrer Gremien auf das Achtfache steigern können. Insbesondere die rasch steigende Zahl der europäischen Normentwürfe und -projekte zeigt, daß das Gewicht der Europäischen Normung auch in den nächsten Jahren noch deutlich zunehmen wird, während der Anteil der nationalen Normung weiter absinken wird (vgl. Reihlen 1989 und 1991; DIN 1991).

3.3 Durchsetzung eines hohen Schutzniveaus im Arbeits-, Umwelt- und Verbraucherschutz

Nun besagt diese „Erfolgsgeschichte" der Entfesselung politisch-administrativer Institutionen (insbesondere der Kommission) und des Aufbaus der europäischen Normenorganisationen freilich noch nichts über die Handlungsfähigkeit dieser neuen Einrichtungen im Hinblick auf die Verabschiedung und Durchsetzung von europäischen Normen für den Arbeits-, Verbraucher- und Umweltschutz auf einem hohen Schutzniveau aus. Wir haben deutlich zu machen versucht, daß die Produktivität der technischen Harmonisierung sowohl bei der Verabschiedung europäischer Richtlinien als auch bei der Produktion technischer Normen erheblich gesteigert werden konnte. Aber was verleitet uns zu der These, daß der europäische Arbeits-, Umwelt- und Verbraucherschutz den kleinsten gemeinsamen Nenner der Mitgliedsländer übertrifft und mitunter sogar Schutzniveaus realisiert werden, die deutlich oberhalb der auf nationaler Ebene bislang durchsetzten Standards liegen?
Es sind die vorgebenen „Spielregeln", die dafür sorgen, daß die Kommission in Wahrung ihrer organisatorischen „Sekundärinteressen" an einer innovativen Politik auf „hohem Schutzniveau" interessiert sein muß. Denn je entschiedener die Gemeinschaft nationale Rechtsvorschriften und technische Regeln wegen ihrer (vermeintlich) „handelshemmenden Wirkungen überprüft, desto weniger kann sie dies allein im Namen einer bloß 'negativen', auf die Verwirklichung des Binnenmarktes gerichteten Politik tun, und desto drängender stellt sich die Frage nach der 'positiven' gesetzgebungs-

politischen Qualität solcher Einflußnahmen" (Joerges 1991: 228). Der Art. 100a Abs. 3 EWGV schreibt vor, daß die Kommission bei ihren Richtlinien in den Bereichen Gesundheit, Sicherheit, Umweltschutz und Verbraucherschutz von einem „hohen Schutzniveau" auszugehen hat. Zur Vermeidung neuer Markthemmnisse wird diese Vorgabe durch die sog. „Abweichklausel" des Art. 100a Abs. 4 verstärkt, die das „hohe Schutzniveau" im Arbeits-, Verbraucher- und Umweltschutz verfahrenslogisch absichert.

Die Konstruktion ist simpel: Will die Gemeinschaft verhindern, daß einzelne Mitgliedstaaten wegen wichtiger Erfordernisse des Arbeits-, Verbraucher- und Umweltschutzes auf nationaler Ebene Regelungen durchsetzen, die dem Ziel des freien Binnenmarktes zuwiderlaufen würden, ist die Kommission bei ihren Maßnahmen zur technischen Harmonisierung dazu gezwungen, ihrerseits ein „hohes Schutzniveau" durchzusetzen. Der mit dem Art. 100a Abs. 4 offengehaltene nationale Alleingang hat zumindest zur Folge, daß die Kommission die aus ihrer Sicht unerwünschten nationalen Alleingänge nur verhindern kann, wenn sie selbst ein hohes gemeinschaftsweites Schutzniveau durchsetzen kann. Der Gemeinsame Markt wird unter den Vorbehalt eines hohen Schutzniveaus im Arbeits-, Verbraucher- und Umweltschutz gestellt. Folgerichtig sieht Hailbronner (1989: 109) die Schutzklausel des Art. 100a Abs. 4 als ein „Instrumentarium zur Anhebung des Schutzniveaus in einem europäischen Binnenmarkt... Die Ziele des Vertrages können nicht mehr – wie früher – eindimensional in Richtung auf die Wirtschaftsintegration definiert werden. Die Freiheiten des Wirtschaftsverkehrs sind kein Selbstzweck, sondern erfüllen eine Funktion des Gemeinwohls. Nur der Binnenmarkt, der den Umweltschutz und andere überragend wichtige Gemeinschaftsgüter auf hohem Niveau realisiert, wird den Zielen der EEA gerecht".[5]

Der dargestellte „Trick" zur Sicherstellung eines „hohen Schutzniveaus" wird durch die in allen Richtlinien enthaltenen „Schutzklauseln" im Hinblick auf die Europäischen Normen dupliziert. Sie erlauben es den Mitgliedstaaten, den freien Warenverkehr einzuschränken, sofern sie den Nachweis führen können, daß ein Produkt den grundlegenden Anforderungen nicht genügt. Diese Möglichkeit ist auch dann gegeben, wenn dem Produkt die Konformität mit den Europäischen Normen bereits bescheinigt wurde, denn es ist ja denkbar,
- daß eine technische Spezifikation gleichwohl nicht korrekt eingehalten wird,
- daß die Konformität unberechtigterweise (bspw. durch eine nicht autorisierte Stelle) bescheinigt wurde, oder
- daß – in unserem Zusammenhang besonders wichtig – die betreffende Europäische Norm nicht den grundlegenden Sicherheitsanforderungen entspricht.

Sofern die Europäische Kommission oder ein Mitgliedstaat der Europäischen Union der Meinung sein sollte, daß eine harmonisierte Norm der Europäischen Normenorganisationen nicht den grundlegenden Anforderungen einer Europäischen Richtlinie nach der neuen Konzeption entspricht, soll dies mit einer detaillierten Begründung vor den Ständigen Ausschuß (nach 83/189/EWG) gebracht und dort geprüft werden. Der Ausschuß hat dann unverzüglich eine Stellungnahme zu dem begründeten Vor-

---

5 Die Kommission, die im Bereich der distributiven Politik nur über begrenzte Möglichkeiten verfügt, strebt auch deshalb eine soziale und ökologische Regulation auf einem hohen Niveau und in innovativen Feldern an, weil sie sich neue Kompetenzen (mit entsprechenden Macht-, Ressourcen- und Wachstumschancen) zu erschließen vermag, indem sie sich im Bereich der regulativen Politik politisch profiliert (vgl. Majone 1992: 137f.).

behalt abzugeben. Nach Erhalt der Stellungnahme des Ständigen Ausschusses setzt die Kommission (und nicht die Europäische Normenorganisation) die Mitgliedstaaten in Kenntnis darüber, ob die strittige Norm aus den Veröffentlichungen der Kommission und der Mitgliedstaaten zu streichen ist. Ist dies der Fall, erfüllt die Norm nicht mehr die Vermutung der Konformität mit den grundlegenden Anforderungen. Außerdem eröffnen die Richtlinien nach der neuen Konzeption den nationalen Behörden der Mitgliedländer die Möglichkeit, jene Produkte aus dem Verkehr zu ziehen, von denen sie annehmen, daß sie kein ausreichendes Sicherheitsniveau gewährleisten. Diese Erlaubnis gilt auch dann, wenn die Produkte zwar den europäischen Normen genügen, diese Normen aber unzureichend sind.

Diese Konstruktion setzt die Europäischen Normenorganisationen unter einen erheblichen Leistungsdruck. Sie haben gewissermaßen unter der ständigen Kontrolle sowohl der Kommission als auch aller Mitgliedländer technische Normen vorzulegen, die im Hinblick auf das enthaltene Schutzniveau von keiner Seite als unzureichend zurückgewiesen werden dürfen. Die „Staatsfreiheit" der technischen Regelsetzung und das Recht zur Mitregierung hat offensichtlich seinen Preis.

Eine besonders weitgehende Regulation hat im europäischen Arbeitsschutz stattgefunden. Mit der 1989 verabschiedeten Arbeitsschutzrahmenrichtlinie setzte sich die Europäische Gemeinschaft jedoch nicht nur das Ziel, jede Einschränkung der bereits in den einzelnen Mitgliedstaaten erzielten Schutzniveaus zu vermeiden, sondern die bestehenden Bedingungen zu verbessern und eine „Harmonisierung bei gleichzeitigem Fortschritt" zu erreichen (89/391/EWG, Erwägungsgründe). Diese Ankündigung blieb keine leere Formel, sondern wurde in hartes, geltendes Recht gegossen. Statt – wie prognostiziert – zum sozialen Dumping zu führen, orientieren sich die Rahmenrichtlinie und die verschiedenen Einzelrichtlinien zum Arbeitsschutz (Maschinensicherheit, persönliche Schutzausrüstungen, Lärmschutz, Bildschirmarbeitsplätze, Druckbehälter etc.) nicht nur am höchsten Schutzniveau, das in den zwölf Mitgliedstaaten zu finden ist, sondern folgen sogar einem innovativen Arbeitsschutzkonzept, das das traditionelle, mechanistische Arbeitsschutzrecht, das bisher in Deutschland wie auch in den meisten anderen EG-Ländern galt, geradezu revolutioniert (vgl. auch Falke 1989; Siller 1989; Feldhoff 1992 und Kohte 1992):

- Während sich der Arbeitsschutz in den meisten Ländern, auch in Deutschland, auf die Vermeidung physischer Gefahren für die Gesundheit beschränkt, legen die EG-Richtlinien einen innovativen Gesundheitsbegriff zugrunde, der Gesundheit als Wohlbefinden definiert und psychologische Faktoren einbezieht. So fordert das Arbeitsschutzrecht der EG die ergonomische Gestaltung der Arbeitsumwelt (was in Deutschland niemals als Gegenstand gesetzlicher Regulierung gegolten hätte) und verlangt die Minimierung von Stress, Müdigkeit, Unbehagen oder sogar Monotonie durch taktgebundene Arbeit.
- Während der traditionelle Arbeitsschutz lediglich auf die Verhütung von Unfällen und krankheitsverursachenden physischen Einwirkungen abzielt, die als außergewöhnliche Ereignisse angesehen werden, schreibt der europäische Arbeitsschutz die Anpassung der Arbeitsbedingungen an die menschliche Natur und damit auch die ergonomische Gestaltung der Arbeitsumwelt vor.
- Der europäische Arbeitsschutz geht über den traditionellen, mechanistischen Arbeitsschutz hinaus, indem er nicht nur auf die sichere Gestaltung von technischen

Komponenten beschränkt wird, sondern die gesamte Arbeitsumwelt umfaßt, einschließlich der Arbeitsorganisation, der Arbeitsbedingungen und der Arbeitszeit. Der Regelungsbereich der Arbeitsschutzrichtlinien erstreckt sich bis auf die sozialen Beziehungen, auf die betriebliche Mitbestimmung und die Weiterbildung.
- Das europäische Recht verpflichtet zu präventivem und kollektivem Arbeitsschutz. So legt bereits die Rahmenrichtlinie dem Arbeitgeber die Pflicht zur Evaluierung der am Arbeitsplatz bestehenden Gefahren für die Sicherheit und die Gesundheit auf (Risikoabschätzung). Die Bildschirmrichtlinie verlangt darüber hinaus vorausschauende Arbeitsanalysen unter Berücksichtigung von Kombinations- und Interaktionseffekten. Die Maschinenrichtlinie fordert detaillierte, mehrstufige Risikoanalysen zur Vermeidung von Risiken (1) durch sichere Konstruktion, (2) durch konstruktive Schutzeinrichtungen, (3) durch persönliche Schutzausrüstungen und (4) durch Ausbildung und Verhaltensanweisung – wobei die angegebene Reihenfolge einzuhalten ist.
- Der Arbeitgeber wird verpflichtet, sich permanent über den neuesten Stand von Wissenschaft und Technik zu informieren und den Gesundheitsschutz und die Sicherheit in der Arbeitsumwelt zu gewährleisten und zu verbessern. Es reicht nicht mehr aus, geltende Vorschriften zu befolgen und auf Anweisungen der Vorschriften Behörden zu reagieren.
- Die EG-Arbeitsschutzrichtlinien schreiben nicht nur die höchsten Schutzstandards vor, die nach dem gegenwärtigen Stand der Technik zu erreichen sind, sondern dynamisieren das Sicherheitsniveau, indem sie auf den jeweils neuesten Stand der Wissenschaft und Technik verweisen. Die Delegation der technischen Detailspezifikationen an die europäischen Normungsinstitute soll auch dazu dienen, eine laufende Anpassung des Schutzniveaus an den fortschreitenden Stand der Sicherheitstechnik zu ermöglichen.

Die europäische Regulierung des Arbeitsschutzes erfolgt damit keineswegs auf dem Niveau des kleinsten gemeinsamen Nenners, sondern auf höchstem Niveau, indem die jeweils weitreichendsten Konzepte aus den einzelnen Mitgliedstaaten (z.B. der Gesundheitsbegriff aus Dänemark, die Arbeitsorganisation aus den Niederlanden, die technischen Schutzeinrichtungen aus Frankreich und Deutschland) geschickt miteinander kombiniert werden. Selbst aus der Perspektive des deutschen Arbeitsschutzes – dem gemeinhin ein hohes Niveau unterstellt worden war – stellt die europäische Harmonisierung eine beträchtliche Erhöhung des Schutzniveaus dar. Die ergonomische Gestaltung der Arbeitssysteme war in Deutschland zuvor überhaupt noch nicht zum Gegenstand staatlicher Regulation geworden, sondern immer der Tarifautonomie der Sozialpartner überlassen worden – wo die Gewerkschaften allerdings mit dem strategischen Dilemma konfrontiert blieben, ihre Ziele der Humanisierung des Arbeitslebens mit tarifpolitischen Zielen „verrechnen" zu müssen. Die Bildschirmrichtlinie, die nach Art. 118a EG-Vertrag eigentlich nur Minimalanforderungen aufstellt, zwingt die deutschen Berufsgenossenschaften erstmals dazu, eine seit langem ausstehende Unfallverhütungsvorschrift zur ergonomischen Gestaltung von Bildschirmarbeitsplätzen zu erarbeiten. Über die europäische Regulation werden somit auch Blockaden auf der nationalen Ebene überwunden, die aus spezifischen institutionellen Arrangements erwuchsen (v.a. einseitige Blockadepotentiale in den paritätisch besetzten Berufsgenossenschaften und die Verhandlungslogik in der Tarifpolitik). Durch die europäischen

Richtlinien werden seit langem kritisierte Defizite des deutschen Arbeitsschutzsystems
– Reaktivität statt Prävention, individueller statt kollektiver Arbeitsschutz, Technizität
statt Humanisierung etc. – aufgebrochen: „Dagegen enthält das neue Europäische
Arbeitsumweltrecht eine stärkere Dynamisierung des Schutzniveaus, eine größere
Öffnung für interdisziplinäre Aspekte, eine stärkere Verbetrieblichung der Umsetzung
und damit zugleich eine stärkere Beteiligung der Betroffenen und die dazugehörige
Implementation neuer prozeduraler Regeln. In Expertenkreisen wird daher das neue
Recht gerade für die Bundesrepublik Deutschland als wichtiger Fortschritt eingestuft."
(Kohte/Bücker 1993: 273f.)

Die überraschende Entwicklung der europäischen Regulation des Arbeitsschutzes stellt
keineswegs ein Einzelbeispiel für eine technische Harmonisierung auf hohem Schutzniveau dar. Joerges et al. (1988) haben anhand detaillierter Analysen belegt, daß es
auch im Verbraucherschutz zu einer Harmonisierung auf einem vergleichsweise hohen
Niveau gekommen ist. Und genausowenig wie die europäisches Harmonisierung zu
einem sozialen Dumping geführt hat, ist es zu einem ökologischen Dumping gekommen. Dies hatten Rehbinder und Stewart bereits 1985 (!) feststellen können, d.h. zu
einer Zeit, als die Gemeinschaft noch keinerlei formale umweltpolitische Kompetenz
besaß (Rehbinder/Stewart 1985; vgl. auch Task Force 1990: 187f.). Obgleich es hier
keine derart konsistente Linie wie in der Arbeitsschutzregulation gibt, lassen sich
etliche Beispiele für die These anführen, daß auch die europäische Umweltschutzregulation zumindest über das Niveau des kleinsten gemeinsamen Nenners deutlich
hinausgeht:

- Die Richtlinien zum Immissionsschutz (z.B. Schwefeldioxid, Stickoxid) schreiben
  nicht nur relativ strikte Grenzwerte vor, die sich am Stand der wissenschaftlichen
  Erkenntnisse über gesundheitsgefährdende Effekte orientieren, sondern legen darüber hinaus detaillierte Meßvorschriften fest (nämlich an den Punkten mit den
  höchsten Belastungen), die von den deutschen Behörden systematisch unterlaufen
  wurden, was schon zu Verfahren vor dem Europäischen Gerichtshof führte. Der
  Kommissionsentwurf zur Ozonrichtlinie sieht sogar einen Grenzwert vor, der weit
  schärfer ist als der von der Umweltministerkonferenz verabschiedete Wert (110
  Mikrogramm gegenüber 180 Mikrogramm).
- Bei der Festlegung der Emissionsgrenzwerte für Personenkraftfahrzeuge hat sich
  schließlich eine Allianz aus Kommission und Parlament gegen mächtige Mitgliedstaaten wie Frankreich und Italien mit relativ scharfen Grenzwerten und einer
  dynamischen Weiterentwicklung gemäß des fortschreitenden Standes der Technik
  durchgesetzt.
- Die Richtlinie über Umweltverträglichkeitsprüfungen konfrontiert auch deutsche
  Behörden mit hohen, offenbar (wie die bemängelte Implementationspraxis zeigt)
  nur schwer erfüllbaren Auflagen.

Damit scheint die europäische Integration keineswegs mit De-Regulierung einherzugehen, sondern, im Gegenteil, mit einer europäischen Re-Regulierung auf hohem
Niveau (Majone 1989: 170). Es mag zwar sein, daß die vielfach zu hörende Kritik, die
Vision eines vereinigten Europas werde auf absehbare Zeit auf die Wirtschaftsintegration verkürzt, ihre Berechtigung hat. Eine solche Kritik blendet aber offensichtlich
allzu schnell jene Chancen aus, die mit der Integration des Binnenmarktes auch für
andere, soziale und ökologische Ziele bestehen. Die bisherige Integrationspolitik läßt,

auch wenn sie sich vorrangig auf den Binnenmarkt konzentriert, den Schluß zu, daß sie der Durchsetzung von Maßnahmen für den Arbeits-, Verbraucher- und Umweltschutz neue Chancen eröffnet, die im nationalen Kontext kaum durchsetzbar gewesen wären.

Nun könnte einer solchen vergleichsweise positiven Interpretation der europäischen Politik der Harmonisierung der technischen Regulation entgegengehalten werden, daß die Zustimmung zu den von der Kommission vorgeschlagenen hohen Schutzniveaus (die für etliche Mitgliedsstaaten erhebliche Anpassungskosten erzeugen) von einigen nationalen Regierungen nur deshalb gegeben wurde, weil ihnen für die Übertragung der EG-Richtlinien in nationales Recht großzügige Fristen eingeräumt wurden und weil die Implementation der EG-Richtlinien letztlich durch die nationale Administration erfolgen muß. Die vergleichsweise rigide technische Regulation würde gerade in den Niedrigstandardländern durch eine laxe Umsetzung wieder entschärft und solchermaßen entwertet (vgl. bspw. zur Implementation des Arbeitsschutzes Baldwin/ Daintith 1992). Allerdings scheint sich seit Anfang der 90er Jahre anzudeuten, daß die Kommission, nachdem sie sich in der ersten Runde der Binnenmarktintegration auf die Harmonisierung der regulativen Politik konzentriert hat, in einer zweiten Runde danach trachtet, auch Implementationskompetenzen an sich zu ziehen und entsprechende administrative Strukturen aufzubauen. Im Arbeitsschutzbereich etwa hat die Kommission bereits 1991 vorgeschlagen, eine europäische Arbeitsschutzagentur einzurichten (ABl.EG 1991 C 271/3). Und auch die Prüfung und Zertifizierung der Einhaltung europäischer Normen, die durch nationale Prüfstellen geschehen soll, ist bereits durch ein EU-einheitliches Zertifizierungssystem geregelt worden (ABl.EG C 231 vom 8.9.1989 und ABl.EG C 267 vom 19.10.1989; vgl. auch Böshagen 1992). Ob die Strategie der Mitgliedsstaaten, den hohen Schutzniveaus im Ministerrat zuzustimmen, um sie dann mit einer laxen Verwaltungspraxis zu unterlaufen, auf Dauer Erfolg haben wird, muß deshalb durchaus bezweifelt werden, sofern es der Kommission gelingt, ihren Einfluß auf die nationalen Verwaltungsstrukturen, die die Umsetzung Europäischer Richtlinien und Normen zu überwachen haben, wahrzunehmen.

4. Der lange Arm europäischer Politik: Partizipative Steuerung der europäischen Normung (1987-1994)

Ob die Richtlinien- und Normungspolitik der Europäischen Gemeinschaft das angelegte Potential eines hohen Schutzniveaus im Arbeits-, Verbraucher- und Umweltschutz auch in Zukunft voll entfalten kann, hängt allerdings nicht allein von der skizzierten und durchaus „raffiniert" erscheinenden verfahrenstechnischen Grundstruktur der technischen Harmonisierung ab. Die Konstruktion setzt ja voraus, daß auf nationaler Ebene die Dynamik zur Verbesserung des Arbeits-, Verbraucher- und Umweltschutzes ungebrochen anhält. Nur wenn diese Dynamik anhielte, bliebe der Europäischen Kommission zur Verhinderung neuer nicht-tarifärer Handelshemmnisse von der Anlage der europäischen Harmonisierung her nichts anderes übrig, als mit der nationalen Dynamik im Arbeits-, Verbraucher- und Umweltschutz in eine Überbietungskonkurrenz zu treten. Der Engpaß liegt nach dieser Logik auf der nationalen Ebene.
Nun ließe sich vor diesem Hintergrund die im Ansatz durchaus plausible Hypothese

aufstellen, daß die Rückwirkungen der realisierten Stärkung der Europäischen Kommission und der europäischen Normenorganisationen auf der nationalen Ebene die dort bislang gegebene Dynamik abbremsen. Im Hinblick auf die Europäische Normung wären in diesem Zusammenhang zumindest zwei Probleme zu nennen, die sich in Zukunft negativ auf das Schutzniveau der Normen auswirken könnten (vgl. Voelzkow/ Eichener 1992):

(1) Die Beteiligungs- und Entscheidungsregeln der Europäischen Normung verschaffen den anerkannten nationalen Normungsinstituten, in Deutschland also dem DIN, faktisch ein Zugangsmonopol zur Europäischen Normung. Die Europäisierung der Normung wirkt damit auf das nationale Organisationsgefüge zurück und führt hier zu einer „Entpluralisierung", weil die verschiedenen anderen regelsetzenden Organisationen (allein in Deutschland gibt es über 150 regelsetzende Organisationen) ihre bisherige Kompetenz faktisch einbüßen. Den betroffenen Organisationen verbleibt praktisch nur die Möglichkeit, sich vertraglich an das DIN zu binden, um ihre sachliche Domäne halbwegs halten zu können. Diese Zusammenführungen werden aufgrund des nationalen, europäischen und internationalen Mandats des DIN bei der Normung, festgeschrieben in dem „Normenvertrag" des DIN mit der Bundesregierung aus dem Jahre 1975, unvermeidbar. Im Hinblick auf den Arbeits-, Verbraucher- und Umweltschutz wäre eine solche „Entpluralisierung" der technischen Regelsetzung auf nationaler Ebene vor allem dann bedenklich, wenn dadurch gerade jene regelsetzenden Organisationen durch die Monopolisierungstentenz geschwächt werden würden, die zuvor im Arbeits-, Verbraucher- und Umweltschutz im Vergleich zum DIN ein höheres Wertberücksichtigungspotential erreichen konnten. Für die Plausibilität einer solchen Hypothese seien an dieser Stelle nur der Verein Deutscher Ingenieure und die Berufsgenossenschaften angeführt, die sich in besonderer Weise auf die Verabschiedung von technischen Regeln für den Umweltschutz und für den Arbeitsschutz spezialisiert hatten.

(2) Die „territoriale Repräsentationsform" in der Europäischen Normung[6] kann überdies dazu führen, daß diejenigen Normungsinteressen „ausgefiltert" werden, die in den nationalen Normungsgremien im Rahmen der funktionalen Repräsentationsform wenigstens noch in Form eines Minderheitsstatus vorhanden sind. Jene

---

6 Die konkrete Normungsarbeit der europäischen Normungsinstitute erfolgt in der Regel in „Technischen Komitees" (TC), die von sogenannten „Sekretariaten" verwaltungstechnisch betreut werden. Die Sekretariatsaufgaben werden dabei jeweils von einzelnen nationalen Normungsinstitutionen übernommen, so daß sich die administrative Abwicklung der europäischen Normungsarbeit praktisch auf die nationalen Mitgliedsorganisationen von CEN/CENELEC verteilt. Die nationalen Mitgliedsorganisationen haben das Recht, die nationalen Standpunkte durch Delegationen in die technischen Komitees einzubringen, wobei diese Delegationen alle Interessen, also auch die Belange des Arbeits-, Verbraucher- und des Umweltschutzes, widerspiegeln sollen. Die nationalen Normungsorganisationen bilden deshalb zu jedem technischen Komitee sogenannte „Spiegelgremien", die eine nationale Position zu dem jeweilig in Arbeit befindlichen Normungsvorhaben festlegen sollen. Die europäischen Normungsverbände stellen insofern eine kuriose Sonderform einer „privaten Regierung" dar, als sie gewisse Strukturmerkmale einer territorialen Repräsentation in supranationalen Verhandlungssystemen aufweisen: Die Vertreter der nationalen Normenorganisationen speisen auf der europäischen Ebene den jeweils nationalen Standpunkt, der in dem dort zuständigen Gremium funktionaler Repräsentation (also in dem dortigen „Spiegelgremium") festgelegt wurde, in das europäische Normungsverfahren ein und suchen mit den Delegationen der anderen Länder eine Einigung.

Elemente einer pluralistischen Normung, die im Rahmen einer Beteiligung aller "interessierten Kreise" auf nationaler Ebene noch abgesichert sind, können demnach "auf dem Wege nach Brüssel" verlorengehen. Zumindest sind die materiellen Möglichkeiten der Beteiligung an der Normung auf der europäischen Ebene für verschiedene Interessengruppen deutlich geringer als im nationalen Normungskontext. Gerade aus der Sicht von Arbeitnehmer-, Verbraucher- und Umweltschutzinteressen wäre diese Form der "Entpluralisierung" äußerst problematisch.

Der Prozeß der Aufwertung der europäischen Normung könnte damit eine Reihe von problematischen Rückwirkungen auf das nationale System der technischen Regelsetzung auslösen.[7] Es fragt sich nun, ob in der europäischen Normungspolitik Ansätze erkennbar sind, die solche denkbaren Folgeprobleme des Bedeutungszuwachses der europäischen Normung begrenzen.

Angesichts der Probleme, die mit dem europäischen Normungsverfahren auf Grundlage dieser kuriosen Sonderform einer "territorialer Repräsentation" in einem korporatistischen Arrangement verbunden sind, wäre zu erwägen, auch auf der europäischen Ebene ein Normungsverfahren funktionaler Repräsentation unter Einbezug aller interessierten Kreise vorzusehen. Diese Idee ist nun keineswegs neu, sondern bereits seit längerem in der Diskussion. Vor allem die Kommission stellte solche Überlegungen an. Die Kommission hatte im Oktober 1990 ein „Grünbuch zur Entwicklung der Europäischen Normung" (vgl. Kommission 1990) vorgelegt, das weitreichende Maßnahmen zur Reorganisation der Europäischen Normung enthielt, auf die wir an dieser Stelle nicht im Detail eingehen wollen (vgl. Voelzkow 1993a). Im Kern liefen sie auf den Vorschlag hinaus, die Europäische Normung einer Strukturreform zu unterziehen und die territoriale Repräsentation durch eine funktionale Repräsentation zu ersetzen. Die „interessierten Kreise" sollten direkt (und nicht vermittelt über nationale Delegationen) an der europäischen Normung mitwirken. Die nationalen Normungsinstitute wären damit als Vermittlungsinstanzen zwischen den „interessierten Kreisen" und der europäischen Normenorganisation ausgeschaltet worden.

Bei der Kommission gingen mehrere hundert Stellungnahmen zu dem Grünbuch ein, die z.T. heftige Kritik an den Reformvorschlägen enthielten. Vor allem die nationalen Normungsinstitute standen den weitreichenden Vorschlägen des Grünbuchs ablehnend gegenüber (vgl. die Beiträge in DIN (Hrsg.) 1991). Eine Realisierung der Vorschläge hätte die organisatorischen „Sekundärinteressen" der nationalen Normungsinstitute negativ betroffen. Während die vorgebene Organisation der Europäischen Normung die nationalen Normungsinstitute stärkt (sie sind in dieser Struktur gewissermaßen das „Nadelöhr", durch das die verschiedenen „interessierten Kreise" kommen müssen, um auf die Europäische Normung Einfluß nehmen zu können), hätte die direkte Beteiligung der „interessierten Kreise" in der Europäischen Normung die

---

7 Am Rande sei angemerkt, daß solche Rückwirkungen der Aufwertung der Europäischen Ebene auf die nationalen Systeme verbandlicher Interessenvermittlung und die damit verbundenen Folgen zu den zukunftsträchtigen Fragestellungen der Verbändeforschung gehören dürfte. Vgl. z.B. im Hinblick auf die Europäisierung der Chemikalienkontrolle die Analyse der Rückwirkungen auf die nationalen Institutionen von Ronge/Körber (1994). Im Extremfall könnte mit der Europäisierung von Politik auf nationaler Ebene sogar eine Zerstörung privater Regierungen verbunden sein; vgl. zu dieser Fragestellung den Beitrag von Waarden (1994).

nationalen Institute in ihrer Bedeutung herabgesetzt. Aber auch von den Interessenorganisationen, die für öffentliche Interessen (bspw. Arbeits-, Verbraucher- oder Umweltschutz) eintreten, wurden Einwände gegen die Vorschläge der Kommission geäußert. Die Vorschläge der Kommission seien zwar auf den ersten Blick plausibel, es müsse aber für die Betroffenenseite bezweifelt werden, daß alle „interessierten Kreise" bereits gleichermaßen auf der europäischen Ebene handlungsfähig sind (vgl. Falke 1989: 217-229).

Die Kommission reagierte auf die Stellungnahmen und Vorbehalte, indem sie Folgemaßnahmen zum Grünbuch (vgl. Kommission 1991) festlegte, die weitaus moderater waren als der Maßnahmenkatalog des Grünbuches. Die „Besitzstände" der nationalen Normungsinstitute blieben – bis auf weiteres – gewahrt. In unserem Zusammenhang ist jedoch von besonderem Interesse, daß die Verbesserung der Beteiligungsmöglichkeiten für die nicht-wirtschaftlichen Interessen zu einem Schwerpunkt der Folgemaßnahmen erhoben wurden. Die europäischen Gremien wurden verpflichtet, die direkte Beteiligung „repräsentativer Organisationen" auf europäischer Ebene in Form von nicht stimmberechtigten Beobachtern zuzulassen. Diese Initiative der Kommission wurde vom Europäischen Parlament und vom Wirtschafts- und Sozialausschuß ausdrücklich unterstützt. Gleichzeitig bestätigte die Kommission ihre Politik der finanziellen Unterstützung der Interessengruppen mit unzureichenden eigenen Mitteln, um ihnen eine effektive Beteiligung an der Europäischen Normung zu ermöglichen, und kündigte eine Fortsetzung ihrer Unterstützung der europäischen Gewerkschaften und Verbraucherorganisationen sowie die Aufnahme einer Unterstützung von kleinen und mittelgroßen Unternehmen an. Der Europäische Gewerkschaftsbund erhält Fördermittel für das Europäische Technikbüro der Gewerkschaften für Gesundheit und Sicherheit (TGB), das an der technischen Normung mitwirkt und ein hohes Gesundheits- und Sicherheitsniveaus für Arbeitnehmer sicherstellen soll (vgl. dazu TGB 1991; Kommission 1990: 24). Die Koordinierung der europäischen Verbraucherinteressen in der Normung liegt in den Händen des Sekretariats des Beratenden Verbraucherausschusses (CCC), das ebenfalls von der Kommission finanziert wird. Das beim Europäischen Verbraucherbüro angesiedelte Sekretariat organisiert den Meinungsaustausch von europäischen und nationalen Vertretern des Verbraucherinteresses und vermittelt für ausgesuchte CEN- und CENELEC-Ausschüsse Verbraucherbeobachter (vgl. Reihlen 1991: 6). Gleichzeitig wurden die nationalen Regierungen mit den Folgemaßnahmen aufgefordert, die partizipationsschwachen Interessengruppen auf der nationalen Ebene zu unterstützen.[8]

Insgesamt zeigt ein Vergleich von Grünbuch, Stellungnahmen und Folgemaßnahmen, daß die Kommission ihre wesentlichen Reorganisationstendenzen trotz einer Reihe von Abschwächungen beibehalten hat. Bemerkenswert ist jedoch eine Veränderung der Begründungszusammenhänge. Im Grünbuch stand eindeutig die Beschleunigung

---

8   Das Gebot, eine effektive Beteiligung der „interessierten" Kreise zu sichern, findet sich nicht nur in „Folgemaßnahmen zum Grünbuch", sondern auch in Europäischen Richtlinien. So enthält die „Maschinenrichtlinie" die explizite Vorgabe, daß die Mitgliedsländer eine effektive Mitwirkung und Kontrolle der Harmonisierung der Europäischen Normen zur Maschinensicherheit gewährleisten müssen. Diese Bestimmung hat in Deutschland die Grundlage für die Durchsetzung der „Kommission Arbeitsschutz und Normung" geschaffen, die neuerdings im Vorfeld des DIN die Mitwirkung der Sozialpartner sicherstellen soll.

der Normungsarbeit im Vordergrund; in den Folgemaßnahmen zum Grünbuch scheint demgegenüber die Öffnung von Beteiligungsmöglichkeiten im Zentrum zu stehen. Das Bemühen der Kommission um eine „Demokratisierung" der Normung erscheint nun zudem als die wesentliche Begründung für die Einführung von Elementen einer funktionalen Repräsentation auf der europäischen Ebene. Die Kommission geht damit davon aus, daß die Zeit für ein generelles Umschalten von territorialen Repräsentionsformen auf funktionale Repräsentationsformen noch nicht reif ist, weil die Organisationsbildung der verschiedenen „interessierten Kreise" auf europäischer Ebene erst angelaufen, aber noch nicht weit genug fortgeschritten ist. Die Kommission fährt angesichts dieser Situation zur Sicherstellung der Beteiligung aller „interessierten Kreise" eine Doppelstrategie in ihrer „partizipativen Steuerung": Einerseits finanziert die Kommission auf der europäischen Ebene spezielle Einrichtungen, die die Europäische Normung begleiten und die Berücksichtigung bestimmter Interessen sicherstellen sollen, und andererseits fordert sie die Mitgliedstaaten und CEN/CENELEC sowie die Mitgliedsorganisationen von CEN/CENELEC auf, Maßnahmen zu ergreifen, die eine Beteiligung aller „interessierten Kreise" in der Europäischen Normung über eine Mitwirkung in den nationalen Normenausschüssen sicherstellen.

In Reaktion auf diese Impulse der Kommission ist in der im Frühjahr 1991 von CEN vorgelegten „Strategie zur Entwicklung der europäischen Normung" die Ankündigung enthalten, verschiedene Maßnahmen zu ergreifen, um die Verbindungen der europäischen Normung zu den Wirtschafts- und Sozialpartnern sowohl auf einzelstaatlicher als auch auf europäischer Ebene zu verbessern. Im Juni 1992 wurde dann beschlossen, daß „repräsentative europäische Organisationen", die an der europäischen Normung interessiert sind, die Möglichkeit erhalten sollen, formell an den CEN-Strukturen beteiligt zu werden. Dazu wurde die neue Kategorie „Associates for European Organizations" geschaffen, die eine unmittelbare Anbindung sicherstellt. In seiner Entschließung vom 18. Juni 1992 zur Funktion der europäischen Normung hat der Rat diese eingeleiteten Maßnahmen der Öffnung für die auf europäischer Ebene organisierten Wirtschafts- und Sozialpartner ausdrücklich begrüßt.

Die auf europäischer und auf nationaler Ebene ansetzende partizipationsfördernde Doppelstrategie der Kommission bleibt aber offensichtlich nur eine Übergangslösung. Solange der geeignete Zeitpunkt für ein Umschalten von territorialen zu funktionalen Repräsentationsformen noch nicht gekommen ist, weil die Organisationsbildung der verschiedenen „interessierten Kreise" auf europäischer Ebene noch nicht weit genug fortgeschritten ist, macht eine solche Doppelstrategie auch Sinn. Über kurz oder lang wird aber eine Reorganisation der europäischen Normung erneut zur Disposition stehen. In Vorbereitung darauf werden die organisatorischen Grundlagen einer „funktionalen Repräsentation" in der europäischen Normung bereits heute Gegenstand prozeduraler Steuerung der Kommission. „In dem Maße, in dem die Funktionen der Selbstregulierung auf die europäischen Normungsorganisationen übergehen, müssen auch funktionale Äquivalente für die im nationalen Rahmen gefundenen Mechanismen zur Regulierung der Selbstregulierung gefunden werden. Dazu gehören Vorkehrungen für eine 'ausgewogene' Repräsentation auf europäischer Ebene und auch eine staatlich-administrative Kontrolle, die dann ihrerseits auf Gemeinschaftsebene koordiniert werden muß" (Joerges 1991: 36). Was bei Joerges noch wie ein Appell klingt, ist bereits gängige Praxis. Und Europa wird nicht zuletzt durch solche Organisationshilfen auch im Hinblick auf die soziale und ökologische Dimension zunehmend handlungsfähig.

5. Zusammenfassung

Im Bereich der technischen Harmonisierung berührt die europäische Regulation der Technik unmittelbar die sozialen und ökologischen Dimensionen des Europäischen Binnenmarktes. Eine Analyse der europäischen Regulation des technischen Arbeits-, Umwelt- und Verbraucherschutzes ergibt das überraschende Ergebnis, daß es auf der Europäischen Ebene zu einer innovativen Regulation auf hohem Schutzniveau gekommen ist und nicht zu einem sozialen Dumping bzw. einer Regulation auf dem niedrigsten gemeinsamen Niveau, wie es insbesondere von seiten der Gewerkschaften und der Umweltverbände befürchtet wurde und aufgrund von sozialwissenschaftlichen Analysen der Entscheidungslogik im Europäischen Rat zunächst auch zu erwarten war.
Tatsächlich sind innerhalb des europäischen Entscheidungsprozesses – zumindest im Bereich der technischen Harmonisierung – die supranationalen Akteure, insbesondere die mit dem Initiativmonopol ausgestattete Europäische Kommission in der Lage, ihre institutionellen Interessen an einer innovativen Regulation auf hohem Niveau in die faktische Rechtssetzung einzubringen. Die mit den Vertretern der Mitgliedsstaaten besetzten Ausschüsse, welche die Kommission bei der Erarbeitung ihrer Richtlinienvorschläge beraten, scheinen die Handlungsmöglichkeiten der Kommission und die Legitimation ihrer Vorschläge dabei eher noch zu steigern, als daß sie effektive Instrumente der nationalen Regierungen darstellten, ihre Partikularinteressen an der Minimierung ökonomischer, sozialer und politischer Anpassungskosten durchzusetzen.
Die Erfolge in der technischen Harmonisierung sind ferner auch darauf zurückzuführen, daß mit der zwischen 1983 und 1985 durchgesetzten „Neuen Konzeption" die Europäischen Normungsverbände gegenüber den nationalen Normungsorganisationen gestärkt und zugleich in die Politik der Kommission eingebunden werden konnten. Überspitzt formuliert ließe sich die Europäische Normung als „Geschöpf" der prozeduralen Steuerung der Europäischen Kommission interpretieren, die als „korporativer Akteur" ihren politischen Gestaltungsspielraum durch den Aufbau korporatistischer Arrangements in ihrem Umfeld zu erhöhen versucht. Diese Rechnung ist, wie die deutlich erhöhte Richtlinien- und Normenproduktion von Kommission und angelagerten Normungsinstituten deutlich macht, auch tatsächlich aufgegangen.
Dieser Befund soll nun keineswegs darüber hinwegtäuschen, daß die Integration Europas und der Aufbau eines entsprechend handlungsfähigen Verbändessystems in anderen Politikfeldern noch weitgehend blockiert erscheint. Der beschriebene Fall macht aber deutlich, daß sich die realen Entwicklungen in der europäischen Integration und in der verbandlichen Interessenvermittlung nicht ohne weiteres „über einen Kamm scheren" lassen. Der Grad der Integration, hier zunächst verstanden als Grad der Entscheidungskompetenz europäischer Institutionen, ist in den verschiedenen Politikfeldern unterschiedlich weit fortgeschritten, und diese Differenzierung nach Politikfeldern scheint weiter zuzunehmen. In einigen Politikfeldern lassen sich bereits mehr oder minder weitreichende suprastaatliche Strukturen und in anderen Politikfeldern

noch vorwiegend intergouvernmentale Strukturen ausmachen (vgl. dazu auch König 1994). Da die Staatswerdung Europas im Sinne einer „segmentären Vergemeinschaftung" (Lepsius 1991: 35) in einigen Politikfeldern in den letzten Jahren große Fortschritte gemacht hat, in anderen Politikfeldern jedoch weitgehend blockiert erscheint, bedarf es auch im Hinblick auf die Analyse der verbandlichen Interessenvermittlung in Zukunft einer stärkeren Differenzierung nach Politikfeldern.[9]
Wie sich hier am Beispiel der technischen Regulation zeigte, scheint insbesondere eine nähere Analyse der Interdependenzen zwischen der Handlungsfähigkeit der politisch-adminstrativen Institutionen und der verbandlichen korporativen Akteure in der europäischen Politik eine vielsprechende Forschungsperspektive zu sein. Zum einen kann die Hypothese aufgestellt werden, daß der Grad der Integration und die Handlungsfähigkeit europäischer Politik nicht nur in der technischen Harmonisierung, sondern auch in anderen Politikfeldern mit den Strukturen und Funktionen des verbandlichen Systems der Interessenvermittlung in Zusammenhang gebracht werden können. In dieser Perspektive wäre auch in anderen Politikfeldern näher auszuloten, ob und inwieweit die Europäisierung der organisierten Interessen die die Handlungsfähigkeit der europäischen Ebene prägt und welche Folgen für die Europäische Politik damit verbunden sind. Umgekehrt ist davon auszugehen, daß die Strukturen und Funktionen des verbandlichen Systems der Interessenvermittlung in hohem Maße von dem jeweiligen Grad der Integration bzw. der Handlungsfähigkeit europäischer Politik abhängen. Entsprechend müßte im Detail nachgezeichnet werden, ob (und wenn ja: wie) die in einigen Politikfeldern fortschreitende Staatswerdung Europas eine Reorganisation des verbandlichen Systems der Interessenvermittlung nach sich zieht. In der ersten Perspektive werden die Strukturen und Funktionen des verbandlichen Systems herangezogen, um die Veränderungsdynamik des politisch-administrativen Systems und seiner Outputs zu erhellen, während in der zweiten Perspektive das politisch-administrative Sytem mit seinen spezifischen Zuständigkeiten, Entscheidungskompetenzen, Verfahrenswegen etc. die unabhängige Variable bildet und die Veränderungen im System der verbandlichen Interessenvermittlung die (ggfls. unter Einbezug weiterer Variablen) zu klärenden Sachverhalte darstellen. In der Zusammenführung beider Perspektiven ergibt sich dann die Ko-Evolution politisch-administrativer und verbandlicher Strukturen.

Literatur

Anselmann, Norbert, 1991: Technische Vorschriften und Normen in Europa, Bonn: Economica.
Bach, Maurizio, 1992: Eine leise Revolution durch Verwaltungsverfahren. Bürokratische Integrationsprozesse in der Europäischen Gemeinschaft, in: Zeitschrift für Soziologie 21, 16-30.
Baldwin, Robert/Daintith, Terence (Hrsg.), 1992: Harmonization and Hazard: Regulating Workplace Health and Safety in the EC, London: Graham and Trotman.

---

9 Der vor kurzem von Kreile (1992) vorgelegte Sammelband zur „Integration Europas" sowie mehrere Beiträge in dem Band zur Policy-Analyse von Heritier (1993) machen deutlich, daß sich die Policy-Analyse zur Weiterentwicklung der Integrationsforschung geradezu anbietet.

Beyme, Klaus von, 1994: Die Renaissance der Integrationstheorie. Zentripetale Kräfte und funktionale Sachzwänge in der Maastricht-Runde der Europäischen Einigung, in: *Volker Eichener/Helmut Voelzkow* (Hrsg.), Europäische Integration und verbandliche Interessenvermittlung. Metropolis (i.E.).

Bieber, Roland/Dehousse, Renaud/Pinder, John/Weiler, Joseph H.H. (Hrsg.), (1988) 1992: One European Market? A Critical Analysis of the Commission's Internal Market Strategy, Baden-Baden: Nomos.

Bieber, Roland/Dehousse, Renaud/Pinder, John/Weiler, Joseph H.H., 1988: Back to the Future: Policy, Strategy and Tactics of the White Paper on the Creation of a Single European Market, in: Bieber u.a. (1988), 13-31.

Böshagen, Ulrich, 1992: Normung und Zertifizierung im EG-Binnenmarkt. Analyse und Prognose aus der Sicht Mitte 1991, in: DIN-Mitteilungen 71, 24-27.

Cecchini, Paolo, 1988: Europa '92. Der Vorteil des Binnenmarktes, Baden-Baden: Nomos.

Corbett, Richard, 1987: The 1985 Intergouvernmental Conference and the Single European Act, in: *Roy Price* (Hrsg.), The dynamics of European Integration, London, 238-272.

DIN Deutsches Institut für Normung e.v., 1991: Stellungnahme des DIN zum Grünbuch der EG-Kommission zur Entwicklung der europäischen Normung, in: DIN-Mitteilungen 70, 265-268.

DIN Deutsches Institut für Normung e.v. (Hrsg.), 1991: Die europäische Normung und das DIN. Bericht über die außerordentliche Sitzung des DIN-Präsidiums am 10. Januar 1991 in Berlin, Berlin: Beuth.

Ehlermann, Claus-Dieter, 1987: The Internal Market Following the Single European Act, in: Common Market Law Review 24, 361-404.

Eichener, Volker, 1993: Entscheidungsprozesse bei der Harmonisierung der Technik in der Europäischen Gemeinschaft. Soziales Dumping oder innovativer Arbeitsschutz, in: *Werner Süß/Gerhard Becher* (Hrsg.), Politik und Technologieentwicklung in Europa, Berlin: Duncker & Humblot, 207-235.

Eichener, Volker/Voelzkow, Helmut, 1991: Umweltinteressen in der verbandlichen Techniksteuerung. Eine empirische Untersuchung der technischen Normung im Bereich der Stadtentwicklung, Dortmund: Institut für Landes- und Stadtentwicklungsforschung (ILS-Taschenbuch).

Eichener, Volker/Voelzkow, Helmut, 1992: Gewerkschaften in der technischen Normung. Ansatzpunkte für eine gewerkschaftliche Einflußnahme auf die technische Normung. Graue Reihe – Neue Folge, Düsseldorf: Hans-Böckler-Stiftung.

Eichener, Volker/Voelzkow, Helmut (Hrsg.), 1994: Europäische Integration und verbandliche Interessenvermittlung, Marburg: Metropolis (i.E.).

Engel, Christian, 1991: Sozialpolitik, in: *Werner Weidenfeld/Wolfgang Wessels* (Hrsg.), Europa von A-Z. Taschenbuch der europäischen Integration. Special edition, Bonn: Europa Union, 296-301.

Engel, Christian/Borrmann, Christine, 1991: Vom Konsens zur Mehrheitsentscheidung. EG-Entscheidungsverfahren und nationale Interessenpolitik nach der Einheitlichen Europäischen Akte (Analysen des Instituts für Europäische Politik Band 5), Bonn: Europa Union Verlag.

Falke, Josef, 1989: Normungspolitik der Europäischen Gemeinschaften zum Schutz von Verbrauchern und Arbeitnehmern, in: *Thomas Ellwein/Joachim Jens Hesse/Renate Mayntz/Fritz W. Scharpf* (Hrsg.), Jahrbuch zur Staats- und Verwaltungswissenschaft, Bd. 3, Baden-Baden: Nomos, 217-246.

Falke, Josef, 1991: Technische Normung in Europa: Zieht sich der Staat wirklich zurück?, in: *Gerd Winter* (Hrsg.), Die Europäischen Gemeinschaften und das Öffentliche. Zentrum für Europäische Rechtspolitik an der Universität Bremen, ZERP-Diskussionspapier 7/91, Bremen, 79-125.

Feldhoff, Kerstin, 1992: Grundzüge des Europäischen Arbeitsumweltrechts – Herausforderungen für gewerkschaftliche Arbeit und betriebliche Praxis. Gutachten im Auftrag der Gemeinsamen Arbeitsstelle IG Metall/Ruhr-Universität Bochum, Dortmund.

Greenwood, Justin/Grote, Jürgen R./Ronit, Karsten, 1992: Conclusions: Evolving Patterns of Organizing Interests in the European Community, in: *Justin Greenwood/Jürgen R. Grote/Karsten Ronit* (Hrsg.), Organized Interests and the European Community, London: Sage, 238-252.

Hänsch, Klaus, 1990: Das Europäische Parlament – ein Ornament?, in: *Ulrich von Alemann/Rolf G. Heinze/Bodo Hombach* (Hrsg.), Die Kraft der Region. Nordrhein-Westfalen in Europa, Bonn: Dietz, 236-250.

Hailbronner, Kay, 1989: Der „nationale Alleingang" im Gemeinschaftsrecht am Beispiel der Abgasstandards für PKW, in: EuGRZ 16 (5/6), 101-122.

Héritier, Adrienne (Hrsg.), 1993: Policy-Analyse. Kritik und Neuorientierung (Sonderheft der Politischen Vierteljahresschrift 24), Opladen: Westdeutscher Verlag.

IEP Institut für Europäische Politik, 1989: „Comitology" – Characteristics, Performance and Options. Research Project under contract by the EC Commission, Preliminary Final Report, Bonn.

Joerges, Christian, 1988: The New Approach to Technical Harmonization and the Interests of Consumers. Reflections on the Requirements and Difficulties of an Europeanization of Product Safety Policy, in: *Roland Bieber* u.a. (Hrsg.), One European Market? A Critical Analysis of the Commission's Internal Market Strategy, Baden-Baden: Nomos, 177-225.

Joerges, Christian, 1990: Paradoxes of Deregulatory Strategies at Community Level: The Example of Product Safety Policy, in: *Giandomenico Majone* (Hrsg.), Deregulation or Reregulation? Regulatory Reform in Europe and the United States. New York: St. Martins Press.

Joerges, Christian, 1991: Markt ohne Staat? Die Wirtschaftsverfassung der Gemeinschaft und die regulative Politik, in: *Rudolf Wildenmann* (Hrsg.), Staatswerdung Europas? Optionen für eine Europäische Union. Baden-Baden: Nomos, 225-267.

Joerges, Christian/Falke, Josef/Micklitz, Hans-Wolfgang/Brüggemeier, Gert, 1988: Die Sicherheit von Konsumgütern und die Entwicklung der Europäischen Gemeinschaft. Baden-Baden: Nomos.

Kaufer, Erich, 1990: The Regulation of New Product Development, in: *Giandomenico Majone* (Hrsg.), Deregulation or Reregulation? Regulatory Reform in Europe and the United States. New York: St. Martins Press.

Keohane, Robert O./Hoffmann, Stanley, 1990: Conclusions: Community Politics and Institutional Change, in: *William Wallace* (Hrsg.), The Dynamics of European Integration, London/New York: Pinter, 276-300.

König, Thomas, 1994: Intergouvernmentale versus supranationale Politikfeldstrukturen. Eine Konzeption prototypischer Interaktionsmuster privater und politischer Akteure zum Vergleich europäischer Politikbereiche, in: *Volker Eichener/Helmut Voelzkow* (Hrsg.), Europäische Integration und verbandliche Interessenvermittlung, Marburg: Metropolis (i.E.).

Kohler-Koch, Beate (Hrsg.), 1989: Regime in den internationalen Beziehungen, Baden-Baden: Nomos.

Kohler-Koch, Beate, 1992: Interessen und Integration. Die Rolle organisierter Interessen im westeuropäischen Entscheidungsprozeß, in: *Michael Kreile* (Hrsg.), Die Integration Europas. Politische Vierteljahresschrift, Sonderheft 23, Opladen: Westdeutscher Verlag, 81-119.

Kohte, Wolfhard, 1992: Die EG-Bildschirmrichtlinie: Einordnung, Struktur und Inhalt. Handlungsebenen und -erfordernisse für betriebliche Entscheidungsträger aus betriebsverfassungsrechtlicher Sicht. EG-Bildschirmrichtlinie: Herausforderung für betriebliche und außerbetriebliche Akteure, in: *Werthebach/Wienemann,* 7-25, 59-64, 73-76.

Kohte, Wolfhard/Bücker, Andreas, 1993: Die Rezeption des europäischen Arbeitsumweltrechts in das deutsche Arbeitsschutzsystem – Mißverständnisse und Defizite, in: *Heiner Meulemann/Agnes Elting-Camus* (Hrsg.), 26. Deutscher Soziologentag. Lebensverhältnisse und soziale Konflikte im neuen Europa. Tagungsband II. Berichte aus den Sektionen, Arbeits- und Ad hoc-Gruppen, Opladen: Westdeutscher Verlag, 273-274.

Kommission der Europäischen Gemeinschaften, 1985: Weißbuch der Kommission an den Europäischen Rat zur Vollendung des Binnenmarktes v. 14.06.1985, KOM (85) 310 endg., Luxemburg: Amt für amtliche Veröffentlichungen der Europäischen Gemeinschaften.

Kommission der Europäischen Gemeinschaften, 1990: Grünbuch der EG-Kommission zur Entwicklung der europäischen Normung: Maßnahmen für eine schnellere technologische Integration in Europa. KOM(90)456 endg. 8.10.1990, Luxemburg: Amt für amtliche Veröffentlichungen der Europäischen Gemeinschaften.

Kommission der Europäischen Gemeinschaften, 1991: Mitteilung der Kommission: Normung in der europäischen Wirtschaft. Folgemaßnahmen zum Grünbuch der Kommission von Oktober 1990. KOM(91)521 endg. 16.12.1991, Luxemburg: Amt für amtliche Veröffentlichungen der Europäischen Gemeinschaften.

Kreile, Michael (Hrsg.), 1992: Die Integration Europas. Politische Vierteljahresschrift, Sonderheft 23, Opladen: Westdeutscher Verlag.
Lepsius, M. Rainer, 1991: Nationalstaat oder Nationalitätenstaat als Modell für die Weiterentwicklung der Europäischen Gemeinschaft, in: *Rudolf Wildenmann* (Hrsg.), Staatswerdung Europas? Optionen für eine Europäische Union, Baden-Baden: Nomos, 19-40.
Majone, Giandomenico, 1989: Regulating Europe: Problems and Prospects, in: *Thomas Ellwein/Joachim Jens Hesse/Renate Mayntz/Fritz W. Scharpf* (Hrsg.), Jahrbuch zur Staats- und Verwaltungswissenschaft, Vol. 3, Baden-Baden: Nomos, 159-177.
Majone, Giandomenico (Hrsg.), 1990: Deregulation or Reregulation? Regulatory Reform in Europe and the United States, New York: St. Martins Press.
Majone, Giandomenico, 1992: Market Integration and Regulation: Europe After 1992, in: Metroeconomica 43, 131-156.
Mohr, Peter Michael, 1990: Technische Normen und freier Warenverkehr in der EWG. Deutsche überbetriebliche technische Normen und ihre staatliche Rezeption als Maßnahmen gleicher Wirkung wie mengenmäßige Einfuhrbeschränkungen gemäß Art. 30,36 EWG-Vertrag (Kölner Schriften zum Europarecht, Band 38), Köln/Berlin/Bonn/München: Carl Heymanns.
Moravcsik, Andrew, 1991: Negotiating the Single Act: National Interests and the Conventional Statescraft in the European Community, in: International Organization 45, 660ff.
Pelkmans, Jacques, 1987: The New Approach to Technical Harmonization and Standardization, in: Journal of Common Market Studies XXV, 249-269.
Pelkmans, Jacques, 1988: A Grand Design by the Piece? An Appraisal of the Internal Market Strategy, in: *Roland Bieber* u.a. (Hrsg.), One European Market? A Critical Analysis of the Commission's Internal Market Strategy, Baden-Baden: Nomos, 359-383.
Pelkmans, Jacques/Vollebergh, Ad, 1986a: Binnenmarktpolitik, in: Jahrbuch der Europäischen Integration 1985, 149-162.
Rehbinder, Eckard/Stewart, Richard, 1985: Environmental Protection Policy. Integration Through Law, 2, Berlin/New York: de Gruyter.
Reihlen, Helmut, 1974: Schwierigkeiten bei der europäischen Normungsarbeit, in: DIN-Mitteilungen 53, 150-153.
Reihlen, Helmut, 1989: Auswirkungen des EG-Binnenmarktes auf die technische Regelsetzung, in: DIN-Mitteilungen 68: 449-457.
Reihlen, Helmut, 1991: Ergebnisse der 43. ordentlichen Sitzung des Präsidiums des DIN, in: DIN-Mitteilungen 70, 1-9.
Ronge, Volker/Körber, Stefan, 1994: Die Europäisierung der Chemikalienkontrolle und ihre Folgen für Verbandspolitik - aus deutscher Sicht, in: *Volker Eichener/Helmut Voelzkow* (Hrsg.), Europäische Integration und verbandliche Interessenvermittlung. Metropolis (i.E.).
Scharpf, Fritz W., 1985: Die Politikverflechtungs-Falle: Europäische Integration und deutscher Föderalismus im Vergleich, in: Politische Vierteljahresschrift 26, 323-356.
Scharpf, Fritz W., 1992: Wege aus der Sackgasse. Europa: Zentralisierung und Dezentralisierung. Wissenschaftszentrum Berlin für Sozialforschung, in: WZB-Mitteilungen 56, 24-28.
Schmitt von Sydow, Helmut, 1988: The Basic Strategies of the Commission's White Paper, in: *Roland Bieber* u.a. (Hrsg.), One European Market? A Critical Analysis of the Commission's Internal Market Strategy, Baden-Baden: Nomos, 79-106.
Schneider, Volker/Werle, Raymund, 1989: Vom Regime zum korporativen Akteur. Zur institutionellen Dynamik der Europäischen Gemeinschaft, in: *Beate Kohler-Koch* (Hrsg.), Regime in den internationalen Beziehungen, Baden-Baden: Nomos, 409-434.
Schreiber, Kristin, 1991: The New Approach to Technical Harmonization and Standards, in: *Leon Hurwitz/Christian Lequesne* (Hrsg.), The State of the European Community. Policies, Institutions & Debates in the Transition Years, Essex: Longman, 97-112.
von Senger und Etterlin, Stefan, 1992: Das Europa der Eurokraten. Zentralismus, Partikularismus und die Rolle des Nationalstaates. Aus Politik und Zeitgeschichte, Nr. B42/92 vom 9.10.1992, 16-27.
Siller, Ewald, 1989: Der europäische Wind weht frisch im Vorschriftenwesen. Gedanken zur EG-Richtlinie über Arbeitssicherheit und Gesundheitsschutz, in: Die Berufsgenossenschaften, No. 11/1989, 750-754.
Streeck, Wolfgang/Schmitter, Phillipe C., 1991: From National Corporatism to Transnational Pluralism: Organized Interests in the Single European Market, in: Politics and Society 19 (2), 133-164.

Task Force Environment and the Internal Market, 1990: „1992" – The Environmental Dimension. Task Force Report on the Environment and the Internal Market, Bonn: Economica.

TGB, 1991: Europäisches Technikbüro der Gewerkschaften für Gesundheit und Sicherheit: Verbesserung von Gesundheitsschutz und Sicherheit in der Europäischen Gemeinschaft. Grundlegende Informationen für Gewerkschaften, Brüssel.

Traxler, Franz/Vobruba, Georg, 1987: Selbststeuerung als funktionales Äquivalent zum Recht? Zur Steuerungskapazität von neokorporatistischen Arrangements und reflexivem Recht, in: Zeitschrift für Soziologie 16, 3-15.

VdTÜV (Vereinigung der technischen Überwachungsvereine), 1988: Sicherheit von Maschinen: Wandel der Rechtsvorschriften und Wirkungen nach der Umsetzung der EG-Richtlinie für Maschinen, Essen: VdTÜV.

Voelzkow, Helmut, 1993: Staatseingriff und Verbandsfunktion. Das verbandliche System technischer Regelsetzung als Gegenstand staatlicher Politik. Max-Planck-Institut für Gesellschaftsforschung, Discusssion-Paper, Köln.

Voelzkow, Helmut/Eichener, Volker, 1992: Techniksteuerung durch Verbände. Institutionelles Arrangement und Interessenberücksichtigungsmuster bei der Harmonisierung technischer Normen in Europa, in: *Klaus Grimmer* et al. (Hrsg.), Politische Techniksteuerung, Opladen: Leske + Budrich, 267-287.

Waarden, Frans van, 1994: Challenges posed to interest intermediation by the destruction of national institutions of economic governance, in: *Volker Eichener/Helmut Voelzkow* (Hrsg.), Europäische Integration und verbandliche Interessenvermittlung, Marburg: Metropolis (i.E.).

Wallace, Helen, 1990: Making Multilateral Negotiations Work, in: *William Wallace* (Hrsg.), The Dynamics of European Integration, London/New York: Pinter, 213-228.

Wallace, William (Hrsg.), 1990: The Dynamics of European Integration, London/New York: Pinter.

Weiler, Joseph H.H., 1988: The White Paper and the Application of Community Law, in: *Roland Bieber* u.a. (Hrsg.), One European Market? A Critical Analysis of the Commission's Internal Market Strategy, Baden-Baden: Nomos, 337-358.

Wildenmann, Rudolf (Hrsg.), 1991: Staatswerdung Europas? Optionen für eine Europäische Union, Baden-Baden: Nomos.

Zachmann, Karlheinz, 1988: Sicherheit von Maschinen – Werdegang einer Richtlinie, in: DIN-Mitteilungen 67, 538-540.

III.

Staat und Verbände im Übergang zu Marktwirtschaft und Demokratie

Unternehmerverbände im Systemwechsel: Entwicklung und Status organisierter Wirtschaftsinteressen in den Transformationsprozessen Ostmitteleuropas und Rußlands

Helmut Wiesenthal / Petra Stykow

1. Einleitung

Das Reformprogramm, dem sich die postsozialistischen Staaten seit 1989 unterziehen, unterscheidet sich erheblich von allen Reformprojekten, die bis dato in Staaten der „ersten" und „dritten" Welt in Angriff genommen oder auch nur entworfen wurden. Tiefe und Reichweite des institutionellen und gesellschaftlichen Wandels übertreffen ebenfalls alles, was bis Ende der achtziger Jahre für sozialistische Staaten erdacht und erprobt wurde. An die Stelle der regelmäßigen Systemkorrekturen ist der Systembruch getreten, für den zwar programmatische Entwürfe (z.B. Sachs 1989) existieren, aber keine Theorien des Ganzen der komplexen Teilprozesse (McSweeny/Tempest 1993). Dabei scheinen die Dimensionen des Wandels durchaus mit denen vergleichbar, die in den „revolutionären" Gründungsmythen sozialistischer Staaten zitiert werden. Und analog der Verwirklichungsgeschichte der sozialistischen Idee wird der *ökonomische* Systemwechsel auch beim Übergang zum Kapitalismus, der 1989 nur Nebenziel der „politischen" Revolutionen war, unterderhand zur Hauptsache und zum Erfolgsindikator – obwohl „capitalism by design" weder der Möglichkeit nach begründet noch hinsichtlich seiner gesellschaftlichen Akzeptanz gesichert zu sein scheint (Pickel 1993). Wegen ihres offenkundigen Mangels an bislang für selbstverständlich gehaltenen Übergangsvoraussetzungen sind die in Ostmitteleuropa und Rußland beobachteten Transformationen eine Fundgrube paradoxer Sachverhalte. Drei Paradoxien werden immer wieder hervorgehoben. Paradox Nummer eins betrifft die Notwendigkeit von Verfassungsreformen unter Bedingungen, in denen der Konsens über legale und legitime Verfahren der Verfassungsgebung abwesend oder abhandengekommen ist.[1] Paradox Nummer zwei, auch als „Dilemma der Gleichzeitigkeit" (Offe 1994: Kap. 4) bezeichnet, ist das Projekt der Erzeugung einer kapitalistischen Marktwirtschaft durch demokratische Mehrheitsentscheidungen.[2] Das dritte Paradox betrifft den funktionalen Charakter des angestrebten Systems politischer und wirtschaftlicher Institutionen: Sie dienen der Koordination autonomer (politischer bzw. ökonomischer) Subjekte, die nicht nur erst unvollkommen vorhanden sind, sondern der Schaffung dieser Institutionen skeptisch bis ablehnend gegenüberstehen. Gleichzeitig wird die dynamisch-genetische Qualität der Institutionen bezweifelt, die derzeit nach westlichen Vorbildern

---

1 Vgl. Preuß (1992) und Offe (1994: Kap. 5).
2 Vgl. Elster (1990), Offe (1994: Kap. 4) und Przeworski (1991).

geschaffen werden: Ist das, was zur Steuerung entwickelter und einigermaßen stabiler Industriegesellschaften taugt, auch geeignet, solche Gesellschaften und ihre Elemente, d.h. demokratisch gesinnte Politiker und kompetitive Unternehmen, hervorzubringen? Für die Verwirklichung des Transformationsprojekts ist das Vorhandensein autonomer Marktakteure, seien es aus Staatsbetrieben hervorgegangene Privatunternehmen, seien es Neugründungen ausländischer oder inländischer Investoren, eine notwendige Voraussetzung. Ohne Unternehmen, die ihr Schicksal selbst verantworten und aus eigenem Bestandsinteresse für die Modernisierung der Produktion, die Eroberung von Marktanteilen, für Kostenkontrolle und re-investierbare Profite sorgen, kann schwerlich die Erholung der Volkswirtschaft gelingen, die zur gesellschaftlichen Integration wie zur Sicherung nationaler Autonomie erstrebt wird. Bei staatlichen Akteuren, denen der volkswirtschaftliche „Bedarf" an korporatisierten und kommerzialisierten Unternehmen (die nicht notwendig Unternehmen in „Privateigentum" sein müssen) als zentrale Orientierungsgröße der Transformationspolitik gelten muß, dürften deshalb die Interessen der Investoren, d.h. die Entwicklungs- und Rentabilitätsbedingungen marktorientierter Unternehmen, Priorität genießen. Weit über die von Charles Lindblom (1977) konstatierte Bereitschaft hinaus, mit welcher Regierungen den Vertretern der Wirtschaft die Türen zu staatlichen Planungs- und Entscheidungsgremien öffnen, scheinen die Protagonisten des Systemwandels aufgefordert, Unternehmensinteressen zu antizipieren und als Garanten besserer Verhältnisse zu berücksichtigen (Staniszkis 1991). Erst recht, so ließe sich aufgrund westeuropäischer Erfahrungen erwarten, dürften Interessenorganisationen der Wirtschaft, die als Sprachrohr der so dringend benötigten Investoren auftreten, mit offenen Ohren bei staatlichen Akteuren und einem privilegierten „öffentlichen Status" (Offe 1981) rechnen können.

Die Hypothese eines strukturellen Privilegs organisierter Wirtschaftsinteressen im Transformationsprozeß läßt sich unschwer mit Argumenten aus der Neo-Korporatismusdiskussion unterlegen, wobei insbesondere das Entlastungspotential intermediärer Akteurnetzwerke zur Sprache käme. Was die absichtsvolle Gestaltung der zur Erschließung dieses Nutzenpotentials geeigneten Institutionen angeht, so ist gleichwohl Skepsis angebracht. Die Selbstbezüglichkeit politischer Kommunikation (Luhmann 1986) und der endogene Konservatismus politischer Institutionen (March/Olsen 1989) dämpfen allzu optimistische Erwartungen. Funktional adäquate Optionen werden regelmäßig nur im Falle einer glücklichen Koinzidenz mit „eigenlogischen" Orientierungen der Akteure realisiert. Wegen der im Paradox Nummer zwei beschriebenen Konflikthaftigkeit des demokratischen Übergangs zur Marktwirtschaft dürften auch die für das Schicksal des Projekts so wichtigen Wirtschaftsinteressen auf Ignoranz und Rivalitäten stoßen. Sie mögen zwar in Teilen der Staatsadministration ein gewisses Maß an „funktionaler Empathie" antreffen, aber auf Seiten der Verlierer von Privilegien und tradierten Sicherheiten ebensoviel Widerstand vorfinden. Es bleibt offen, ob dem „strukturellen Privileg" von Wirtschaftsinteressen in der Transformation auch privilegierte Organisations- und Einflußbedingungen korrespondieren. In der unsicheren und hochdynamischen Umwelt der Transformation sind mit der Schaffung kollektiver Akteure sowohl überdurchschnittliche Kosten als auch überdurchschnittliche Gewinnaussichten verbunden. Für die Ausbeutung des strukturellen Rezeptionsprivilegs von Wirtschaftsinteressen dürften auch deren eigene Bemühungen um Organisation und strategisch kalkulierte Präsentation im Medium von Unternehmerverbänden entscheidend sein.³

Organisationsbemühungen und Organisationserfolge von Wirtschaftsinteressen unter den exzeptionellen Bedingungen eines „wirtschaftsfreundlichen" Systemwandels stehen im Mittelpunkt dieses Beitrags. Wir sondieren zunächst einige Aspekte, von denen sich auf ein „strukturelles" Rezeptionsprivileg und organisationsförderliche Anreize schließen läßt (Teil 2). Sodann werden Ergebnisse der Verbandsbildung und Einflußgewinnung in drei sehr unterschiedlichen Konstellationen des Verhältnisses von „Staat und Verbänden" skizziert: für die von De-Institutionalisierung und hoher Unsicherheit geprägte Situation Rußlands (Teil 3), für die von Institutionalisierungserfolgen und einer heterogenen Akteurstruktur gekennzeichneten Bedingungen Ostmitteleuropas (Teil 4) sowie für die durch einen umfassenden Institutionenimport bestimmten Verhältnisse Ostdeutschlands (Teil 5). Der Vergleich nationaler Verbändesysteme ist allerdings mit zwei Schwierigkeiten belastet: einerseits durch die unterschiedliche Qualität der verfügbaren Daten, andererseits durch die erheblichen qualitativen Unterschiede der jeweils bestimmenden „Zustandsvariablen". Unser Überblick hat deshalb in erster Linie eine heuristische Funktion und kann eine systematisch vergleichende Analyse nicht ersetzen.⁴

2. Zur Rolle organisierter Wirtschaftsinteressen im Transformationsprozeß

Der besondere Status, der Wirtschaftsinteressen real oder potentiell im Transformationsprozeß zukommt, läßt sich aus drei Blickwinkeln vermessen. (1) Vertraut ist die *politische* Perspektive, die auf positive gesellschaftliche Wirkungen ökonomischer Interessenverfolgung abstellt. Es ist die Perspektive von Politikern, die eine leistungsfähige, grundlegend modernisierte Wirtschaft als Funktionsgrundlage einer modernen Industriegesellschaft anstreben. (2) Wesentlich konkreter sind Vorstellungen, denen zufolge sich die Steuerungsfähigkeit der (staatlichen) Politik durch Konsultationen und Verabredungen zwischen Staatsagenturen und Vertretern von Wirtschaftsinteressen verbessern ließe. In dieser *funktionalistischen* Perspektive von (Verfassungs-)Politikern werden die Vor- und Nachteile alternativer Formen der Beteiligung funktionaler Interessen abgewogen. (3) Schließlich existiert eine *empirische* Perspektive auf Wirtschaftsinteressen im Transformationsprozeß, in welcher die schillernden, oft vermischten und ausgesprochen veränderlichen Phänomene in den Blick geraten, in denen die Realität der Interessenpolitik aufscheint. Weil jede dieser Perspektiven Einblick in handlungsrelevante Deutungen der Situation vermittelt, seien ihre wichtigsten Orientierungsleistungen kurz umrissen.

---

3 Die Bezeichnung Unternehmerverband verwenden wir als unspezifischen Sammelbegriff. Assoziationen zur Vertretung sektoraler, regionaler oder nationaler ökonomischer Interessen werden als Wirtschaftsverbände bezeichnet. Soweit sie sich auf die Vertretung der arbeitsmarktbezogenen Unternehmerinteressen spezialisiert haben, sprechen wir von Arbeitgeberverbänden.
4 Die Ausführungen über Rußland und Ostdeutschland beruhen überwiegend auf eigenen Untersuchungen (Ett/Wiesenthal 1994; Stykow 1994). Die Ausführungen über Polen, Ungarn und die ČSFR/ČR sind ausschließlich durch die verfügbare Literatur informiert.

2.1 Die politische Perspektive

Unter dem Gesichtspunkt der gesellschaftlichen Signifikanz partikularer Wirtschaftsinteressen geht es zuvörderst um die Freisetzung wirtschaftlichen Handelns, d.h. seine Emanzipation von staatlicher Bevormundung, wie sie bei der zentralen Direktsteuerung der Wirtschaft gegeben war. Um die Modernisierungsgewinne funktionaler Differenzierung zu erschließen, muß „die Wirtschaft der Gesellschaft" (Luhmann) anderen Stimuli als denen der hierarchischen Koordination zugänglich gemacht werden. Benötigt werden substitutive Träger ökonomischer Entscheidungen bzw. ein Programm, das Anreize zur Herausbildung von Wirtschaftssubjekten schafft. Voraussetzung ist eine konstitutionelle Liberalisierung der Gesellschaft, d.h. die Freigabe (und Legitimierung) von bislang ausgeschlossenen Individualoptionen: des privaten Investors, Anlegers und Arbeitgebers. Für den von der Liberalisierung erhofften Modernisierungsschub bedarf es aber nicht nur einer neuen Rechtsordnung, sondern auch einer neuen Gelegenheitsstruktur für wirtschaftliches Handeln.

Das Entstaatlichungsparadigma der Wirtschaftsreform mag zwar in allen Reformstaaten von einem breiten Konsens getragen sein, den praktischen Entscheidungen der Politik kann es jedoch kaum mehr als eine grobe Richtung vorgeben. Wo sich der Staat tatsächlich seiner Eigentümer- und Lenkerrolle entledigte und wirtschaftliche Verantwortung „privatisierte", waren stets konkretere Interessen und Ziele im Spiel. An erster Stelle steht die Hoffnung auf wirtschaftliche Erholung. Ist doch die Wirtschaft der ehemaligen RGW-Staaten keineswegs nur als Folge ihrer institutionellen Reform, sondern auch durch den Nachfragerückgang im Rüstungssektor, den Zusammenbruch der volkswirtschaftlichen Arbeitsteilung im RGW-Raum und wegen ihrer Unfähigkeit, akuten Konsumansprüchen gerecht zu werden, in die Krise geraten. Neben einer flexibleren Bewältigung von Strukturkrisen verspricht die Entstaatlichung der Wirtschaft auch Entlastung der (Reform-)Politik von unerfüllbaren Aufgaben: Die gesellschaftsweite Umsteuerung der materiellen Produktion läßt sich nur als Ergebnis dezentraler Koordination vorstellen. Der Rubikon, der die sozialistische Staatswirtschaft von einer Wirtschaft mit unternehmensindividueller Kapitalrechnung trennt, ist nicht der Eigentumsübergang in die Hände Privater, sondern die Korporatisierung und Kommerzialisierung von Produktionsbetrieben, die zuvor teilautonome Großwerkstätten der Fachministerien waren.

In welchem Zeitrahmen die an die Entstaatlichung geknüpften Hoffnungen Erfüllung finden, ist allerorten unbekannt. Die Vermutung, daß selbständige Unternehmen leichter Investitionskapital anwerben können als Industrieministerien, ist in der Logik des erstrebten Zielzustandes begründet, aber wird in der Übergangszeit fortwährend empirisch widerlegt. Entstaatlichung ist nur eine von vielen notwendigen Modernisierungsbedingungen. Analoges gilt für die Qualifizierung und Motivierung kompetenter Manager: Ein Arbeitsmarkt für Top-Personal würde zweifellos effizienzfördernd wirken, kann sich jedoch nicht herausbilden, solange persönliche Beziehungsnetze und nicht reale Kapitalrenditen den Unternehmenserfolg gewährleisten. Angesichts des offenen Zeitrahmens besteht auch erhebliche Unsicherheit auf seiten des Staates, wann genügend profitable und besteuerungsfähige Unternehmen bzw. Unternehmer als Einnahmequelle zur Finanzierung von Staatsaufgaben zur Verfügung stehen. Eine Nebenfolge der Kommerzialisierung ist die Verlagerung sozialpolitischer Aufgaben von den Betrieben auf den Staat, der dadurch in das Dilemma gerät, entweder durch höheren Finanzbedarf die betriebliche Investitionskraft zu dämpfen oder – bei ersatzloser Schließung von z.B. Kindergärten und Polikliniken – die Verantwortung für soziale Mißstände zu übernehmen. Wenngleich mancher Versuch, den Übergang zu beschleunigen, das Risiko der Errichtung weiterer Hürden enthält, ist doch die Schaffung einer kapitalistischen Ökonomie unumstrittenes Ziel aller nationalen Reformprogramme. Die Herstellung eines Entfaltungsraums für partikulare Wirtschaftsinteressen ist gleichsam zum Nationalinteresse erster Ordnung erhoben. Es gilt, Wirtschaftsinteressen zu fördern, um Wirtschaftsprobleme zu meistern. Dabei handelt es sich um eine Gratwanderung, bei welcher der Staat außer seinen einstigen Lenkungs- und Investitionsfunktionen u.U. auch die praktische Verfügung über legale Sanktionskompetenzen einzubüßen droht, indem er mehr und mehr von den Entscheidungen privater Investoren abhängig wird. Deshalb ist es nicht abwegig, staatlichen Akteuren Gestaltungsabsichten hinsichtlich der Formen und Verfahren zu unterstellen, in denen sich die Beziehungen von Staat und Wirtschaft entwickeln. Das mag zum einen die Anreize zur verbandlichen Assoziation partikularer Wirtschaftsinteressen betreffen, zum anderen die für ihre Interaktion mit staatlichen Instanzen vorgehaltenen oder geduldeten „Verkehrsformen".

2.2 Die funktionalistische Perspektive

Unter diesem Blickwinkel werden konkrete Leistungen abgewogen, die Interessenorganisationen der Wirtschaft in der Interaktion untereinander und mit dem Staat erbringen mögen. Vergleichsmaßstab sind die politischen Systeme westeuropäischer Staaten, in denen Interessenverbände wichtige Funktionen für die Regulierung von Teilbereichen und die Konditionierung der Wirtschaftspolitik erfüllen. Hier treten Verbände zwar nach wie vor als Sprachrohr „borniertet" Partikularinteressen auf, aber sind zugleich in Arrangements der Konsultation und Koordination eingebunden, deren Ergebnisse auch einer Bewertung anhand von Gemeinwohlkriterien standhalten, sofern dabei auch die Transaktionskosten alternativer Steuerungsmodi Berücksichtigung finden. Formen von „private interest government" (Streeck/Schmitter 1985) und der kontinuierlichen Interaktion zwischen organisierten Interessen und Staat beruhen auf der Angewiesenheit der Beteiligten auf berechenbare Umweltbedingungen und ermöglichen Kooperationserträge im Sinne eines Positivsummenspiels, die als Anreize für eigeninteressierte Beitragsbereitschaft wirken. Die Korporatismusdiskussion hat auf ein Spektrum komplexer Funktionen aufmerksam gemacht, die Beratungs- und Verhandlungsgremien bei der Akkommodation von Entscheidungskriterien im gemeinsamen Interessenfeld, der Regulierung von Externalitäten oder der kollektiven Selbstverwaltung spielen. Ungleiche Kooperationsbedarfe und asymmetrische Obstruktionspotentiale mögen die Interaktion schwierig und manche Resultate suboptimal scheinen lassen (vgl. Scharpf 1985), dennoch erwiesen sich die horizontalen und vertikalen Vermittlungsleistungen funktionaler Interessenrepräsentanten längst als mehr oder weniger unersetzbar. Selbstverwaltung und politische Partizipation funktionaler Interessen sind eine der wenigen und allemal knappen Ressourcen, die noch Aussicht auf Rationalitätsgewinne politischer Steuerung bieten.

Das Zustandekommen von Staat-Verbände-Beziehungen kann *klassentheoretisch*, d.h. im Rekurs auf den Verteilungskonflikt zwischen Arbeit und Kapital, *steuerungstheoretisch* mit den niedrigen Transaktionskosten der unter Nichtnullsummenbedingungen stattfindenden Interaktion oder *institutionalistisch* durch Bezugnahme auf die Orientierungskraft ständestaatlicher oder konkordanzdemokratischer Traditionen erklärt werden. Ausschlaggebend für die intentionale Institutionengründung ist jedoch der Gegenwartsnutzen, der aus Entlastungswirkungen (beim Staat) oder Gewinnen an materialer und prozeduraler Rationalität der Wirtschaftspolitik erzielt werden kann. Der Aufgabenkatalog eines *Subsystems der funktionalen Interessenrepräsentation* umfaßt im wesentlichen vier Bereiche: *(1) Funktionen für Verbandsmitglieder*, die außer dem Kollektivgut einer Interessenvertretung gegenüber Staat und Dritten auch Wettbewerbsschutz und Konfliktschlichtung sowie Individualgüter wie Informations- und Beratungsangebote, Kontaktvermittlung und weitere Dienstleistungen umfassen. *(2) Funktionen für das politische System* sind die Aggregation, Integration und Moderierung von Partikularinteressen, Beiträge zur Agendabildung und Entscheidungsproduktion, die Redefinition und Akkommodation von Partikularinteressen mit Blick auf konkurrierende und Gemeinwohlinteressen, eventuell auch die Gewährleistung berechenbarer Handlungen der Verbandsmitglieder, und *last not least* eine Entlastung des Staates von Aufgaben der Koordination und Feinregulierung gesellschaftlicher Bereiche. *(3) Funktionen für die Öffentlichkeit*, die in der Akkumulation und Verbreitung von Fachwissen sowie in der Artikulation bereichsspezifischer Probleme im Sinne gesellschaftlicher Teilrationalitäten bestehen; des weiteren die Entwicklung von Professions- und Bereichsethiken sowie die Möglichkeit, einer stetigen Ausweitung von Staatsaufgaben durch Delegation an nichtstaatliche Akteure zu entgehen. *(4)* In postsozialistischen Übergangsgesellschaften könnten Verbände darüber hinaus mindestens zwei Funktionen für das Gelingen des Transformationsprojektes erfüllen: (a) Arbeitgeberverbände und Gewerkschaften wären prädestiniert, im Rahmen eines Sozialpaktes für günstige, i.d.R. auf Lohnzurückhaltung beruhende Investitionsbedingungen im Austausch gegen soziale Mindestsicherungen und Maßnahmen zur Arbeitsförderung und Requalifikation zu sorgen. (b) Im übrigen könnten repräsentative Interessenverbände dazu beitragen, die in der Übergangsphase besonders fatale Vertrauenslücke demokratischer Institutionen zu schließen. Wenn die ungewohnten Erscheinungsformen von Parteienkonkurrenz, Mehrheitsentscheidungen, Regierungswechsel und Koalitionsregierungen alles andere als eine berechenbare Umwelt für ökonomische Entscheidungen herstellen, könnten die Repräsentanten funktionaler Interessen u.U. die genuine *Ergebnisunsicherheit* demokratischer Prozesse (Przeworski 1991) dadurch erträglich machen, daß sie bei den politischen Akteuren auf einem Maß an Entscheidungskontinuität und Selbstbindung bestehen, das wirtschaftliche Entscheidungen kalkulierbar macht. Organisierte Wirtschaftsinteressen könnten helfen, Kurzsichtigkeit und endogene Blockaden einer an „rein politischen" Kriterien orientierten Parteipolitik zu korrigieren. In dieser Perspektive wird den Reformstaaten „a need of 'corporatism'" (Tatur 1994) attestiert.

2.3 Die empirische Perspektive

Ein nochmals verändertes Bild des Status von Wirtschaftsinteressen im Transformationsprozeß ergibt sich aus aktuellen Informationen über die Handlungswelt von Wirtschaftsakteuren, ihre kategoriale Differenzierung und die Gelegenheitsstruktur für Verbandsbildung und verbandsförmiges Kollektivhandeln.
Die Handlungswelt der Wirtschaftssubjekte hat erheblichen Einfluß auf den Bedarf an und die Ressourcen für Interessenassoziation. Maßgeblich sind die Bedingungen, die den Status individueller Akteure vis-à-vis ihrer Umwelt bestimmen und über Vorliegen oder Abwesenheit von Entscheidungsautonomie und Eigenverantwortlichkeit Auskunft geben. Ein autonomer Status der Unternehmen mag zu den Zielen gehören, die Wirtschaftsmanager u.a. im Wege der verbandlichen Interessenrepräsentation zu realisieren suchen. Tatsächlich werden aus der staatlichen Kommandostruktur entlassene Betriebe nicht automatisch zu unabhängigen Unternehmen, die nur noch marktförmige Interaktionen mit ihrer Umwelt unterhalten. Da kompetitive Märkte mangels privater Nachfrage und ausreichender Anbietertransparenz in der für Großbetriebe relevanten Umwelt kaum entwickelt sind, bleiben die gewachsenen Tausch- und Kooperationsbeziehungen auch nach Erlangung formaler Selbständigkeit bestimmend (Stark 1992). Von ihrer Dichte, Zuverlässigkeit und Substituierbarkeit hängt der Freiheitsgrad unternehmerischer Entscheidungen ab. Die entstaatlichten Unternehmen unterscheiden sich erheblich in der relativen Autonomie des Managements, nach der Art ihrer Interaktionen mit der Umwelt und nach den Aufmerksamkeit erheischenden Bestandsrisiken und Erfolgsparametern.
Ein großer, erst allmählich kleiner werdender Teil der Unternehmen in Ostmitteleuropa befindet sich noch in semistaatlicher Verwaltung von Privatisierungsagenturen. Die betreffenden Firmen sind für den Verkauf an Privatinvestoren oder die Überführung in quasi-private Fondsvermögen vorgesehen, für welches in einigen Ländern breit gestreute Anteilscheine (sog. vouchers) ausgegeben wurden. Dabei führt die Voucher-Privatisierung nicht automatisch zur Kommerzialisierung der Unternehmen; der Staat bleibt regelmäßig für den Fortbestand des Unternehmens unabhängig von dessen Rentabilität verantwortlich.
Selbst in Ostdeutschland, wo die Betriebe schlagartig dem Wettwerb ausgesetzt wurden, sind Markttransaktionen keineswegs der alles bestimmende Modus der Umweltintegration. Unternehmen, die aus der Treuhandverwaltung in die Verfügungsgewalt privater Investoren übergingen, haben oft ein Bündel von Kooperationsverpflichtungen zu erfüllen, mit denen die Staatsagentur sektorale oder regionale Netzwerkbeziehungen zu fördern hofft, um modernisierungsbedürftigen Unternehmen mehr Zeit zur Anpassung an die Marktumwelt zu verschaffen. Am wenigsten trifft die Vermutung, daß entstaatlichte Betriebe Marktakteure geworden sind, auf die russische Wirtschaft zu. Hier regeln sich externe Transaktionen noch häufig nach bi- und multilateralen Kooperationsabsprachen. Nichtmonetäre Tausch- und Bartergeschäfte entgehen den Risiken der exzessiven Inflation bzw. der Zahlungsunfähigkeit der Partner[5] und bilden

---

5 Das Ausmaß der sog. „neplatezy", d. h. der Nichtbezahlung der Produktion des Zulieferers durch den Besteller, darunter durch den Staat, betraf beispielsweise 1993 61 % des gesamten Produktionsvolumens (Itogi i prognozy 1994: 8).

unter Bedingungen hoher Unsicherheit Inseln des Vertrauens und wechselseitiger Berechenbarkeit. Die Umweltbeziehungen der Betriebe sind keineswegs einheitlicher Art, da häufig nichtmarktförmige (inländische) Zulieferbeziehungen unterhalten und gleichzeitig marktförmige Absatzwege gesucht werden.

Die Selbständigkeit der Unternehmen ist aber auch eine Funktion der Integration und Steuerungsfähigkeit des politischen Systems. So verfügen Großunternehmen in Rußland, selbst wenn ihre Erfolgsaussichten im Lichte internationaler Wettbewerbsbedingungen düster zu beurteilen und ihre laufenden Kosten nur mit staatlichen (aus beschäftigungspolitischen Gründen gewährten) Krediten zu finanzieren sind, oft über praktisch unangefochtene Autonomie. Ihre Direktoren sind nicht den Leitlinien einer „Treuhandanstalt" verpflichtet, sondern versuchen, den Unternehmensbestand durch enge Kooperation mit Lokaladministrationen und den Direktoren anderer Großunternehmen zu sichern. Die Entstaatlichung hat ihnen eine zuvor unbekannte Machtfülle beschert, hängen doch von ihren Entscheidungen die Finanzausstattung der Kommunen sowie Bedarf und Angebot an sozialpolitischen Kompensationen ab. Nach Auflösung der zentralstaatlichen Wirtschaftslenkung und der Erosion der Parteihierarchie verblieben die Direktoren allein auf dem höchsten Rang der Regional- und Lokaleliten. Entsprechend ihren spezifischen Umweltbedingungen gestalten sich die Bestandsrisiken der Unternehmen. Wenn sie eine großzügige staatliche Kreditpolitik davon entbindet, Eigenverantwortung für betriebswirtschaftliche Rentabilität zu übernehmen (was z.B. in Rußland mangels Kostentransparenz oft gar nicht möglich ist), hängt der Bestand ausschließlich von der „politischen" Umwelt ab. Akute Existenzgefahren sind daraus nicht ableitbar. Eine Beendigung der Staatssubventionen hätte die Verleugnung staatlicher Eigeninteressen an der Aufrechterhaltung von Produktion und Beschäftigung zur Voraussetzung. Gerade die Etablierung der Wettbewerbsdemokratie hat den Spielraum für ausschließlich wirtschaftlich begründete Entscheidungen verringert. Unter diesen Umständen bleibt auch eine „entstaatlichte" Wirtschaft durch einen großen Anteil von staatsabhängigen Unternehmen charakterisiert. „Hard budget constraints", an denen sich Firmen zu orientieren haben, die ausschließlich Marktbeziehungen unterhalten, gelten erst für den kleineren Teil der neuen Mischwirtschaften.

Die verschiedenen Kategorien der Wirtschaftssubjekte. Unter den geschilderten Umständen gelten für Wirtschaftsakteure andere Kategorien von Gleichartigkeit („sameness") und Differenzierung als im Westen. Die prägnanteste Unterscheidungslinie ist die Differenz von „alten" und „neuen" Unternehmern. Sie entstand mit dem Beginn der Wirtschaftstransformation, die „neuen" Unternehmern erlaubte, „privatkapitalistisch" zu agieren, während die „alten" Direktoren in einen von mannigfaltigen Unsicherheiten geprägten Prozeß der Herauslösung aus dem System staatlicher Wirtschaftssteuerung (und „kollektiver Verantwortungslosigkeit") eintraten, dem auch die risikofreudigsten unter ihnen nur mit gedämpftem Optimismus entgegensehen konnten. Diese Unterscheidungslinie verblaßt mit dem realen Fortgang der ökonomischen Transformation.

Ein verwandtes Differenzierungsmerkmal ist die Eigentumsform von Unternehmen. Wo Wirtschaftsreformen in vielen Detailschritten über einen längeren Zeitraum verteilt stattfanden, konnten sich spezifische Interessenlagen der einzelnen Eigentümerkategorien ausbilden, die sich dann wiederum als Kriterien zur Definition von Organisationsdomänen der Interessenverbände mit (überwiegend) Lobbyfunktionen eigneten.

Zweck der kollektiven Interessenverfolgung war jeweils die Verbesserung der je spezifischen Existenzbedingungen relativ zu dem als institutionell und politisch privilegiert angesehenen „Direktorat", das anders als die neuen Unternehmerkategorien über eine gesicherte Position in der Staatshierarchie und dementsprechend günstige informelle Informationsquellen und Bestandssicherungen verfügte.

Die Zugehörigkeit zur selben Branche begründet ähnliche Interessenlagen aufgrund der verwendeten Technologien sowie wegen der Abhängigkeit von derselben Marktumwelt. In postsozialistischen Staaten wird sektorale Identität auch aufgrund gemeinsamer „Abstammung" von ein und derselben staatlichen Verwaltungseinheit (typischerweise einem der Branchenministerien) hergestellt. Damit sind Unternehmen nicht bloß mit ähnlichen Problemen im Zuge ihrer Korporatisierung und Kommerzialisierung konfrontiert, sondern ihre Direktoren verfügen u.U. auch über gemeinsame Situationsdeutungen und Kooperationspotentiale. Die informelle Zusammenarbeit in der Reaktion auf Planvorgaben und Anreize oder staatliche Restriktionen hat Netzwerke der zwischenbetrieblichen Koordination entstehen lassen, die nach Wegfall der staatlichen Steuerung zu Garanten der Kontinuität werden konnten.

Weitere Differenzierungsdimensionen fallen mit den bereits genannten zusammen. Z.B. korreliert das Merkmal Unternehmensgröße häufig mit dem genetischen Status und der Eigentumsform der Unternehmen: Große Unternehmen sind regelmäßig „alt" und (noch) in Staatseigentum, kleine häufig „neu" und (schon) „privat". Die besonders für Rußland typische Unterscheidung zwischen produzierenden und Handel treibenden Unternehmen verläuft ebenfalls entlang der Linie „alte" und „neue" Wirtschaftssubjekte. Sie verdankt sich der differentiellen Gelegenheitsstruktur für Neugründungen, die sowohl Folge selektiver staatlicher Lizenzierung als auch der hohen, für langfristige Investitionen im Produktionsbereich ausgesprochen ungünstigen Inflationsrate sowie einer „unfreundlichen" Steuerpolitik ist.

Die Mitglieder von Interessenorganisationen. Hier finden sich zwei bemerkenswerte Abweichungen von den Bedingungen eines konsolidierten Wirtschaftssystems. Wo Eigentümerstatus, Betriebsstruktur und Rechtsstatus von Unternehmen noch starken Fluktuationen unterliegen, die u.a. Folge der staatlichen Reformaktivität sind, dominieren persönliche Mitgliedschaften. Korporative Mitgliedschaftsverhältnisse, etwa von Unternehmen, haben hier noch keine Bedeutung erlangt. Verbände sind in erster Linie Personenbündnisse, und die Definition kollektiver Interessen ist in hohem Maße von individuellen, oft idiosynkratischen Präferenzen wie von individuell disponiblen Ressourcen abhängig. Die Frage, inwieweit Verbände überhaupt korporative i.S. von organisationsbezogenen Mitgliederinteressen organisieren, muß mit mehr Vorsicht beantwortet werden, als es im westeuropäischen Kontext angebracht wäre, wo ein Personalwechsel im Management nicht regelmäßig die Inhalte der Repräsentationsbeziehung zwischen Unternehmen und Verband berührt.

Eine weitere Abweichung betrifft die geringe Differenzierungskraft der „Faktorinteressen" von Kapital und Arbeit, wie sie in allen Reformstaaten, am stärksten in Rußland und am schwächsten in Polen, gegeben ist. Management und Belegschaften nehmen sich traditionell in derselben Situation der Abhängigkeit von bzw. Bedrohung durch eine großenteils unberechenbare Umwelt wahr. Im Zuge der Wirtschaftstransformation hat sich lediglich die Art der erfahrenen Restriktionen und Risiken gewandelt. Korporatisierung und Kommerzialisierung bedeuten gleichermaßen für Management und Belegschaft erhöhte Unsicherheit bei der Sicherung des Status quo. Ihre Interessen dürfte erst dann auseinandergehen, wenn marktförmige Umweltbeziehungen das Management zur Aufgabe seiner paternalistischen Rolle veranlassen und Arbeitnehmer mehr als Produktionsfaktoren und Kostenverursacher angesehen werden.

Assoziationsressourcen und Verbandsfunktionen. Der Differenzierungsgrad politischer Institutionen in postsozialistischen Staaten variiert beträchtlich. Er ist für die Russische Föderation besonders niedrig, für die ehemalige DDR dagegen mit dem Maximum anzusetzen. Die ostmitteleuropäischen Staaten (Polen, Ungarn, die Tschechische und die Slowakische Republik) streuen im Mittelfeld der Skala. Die folgenden Bemerkungen sehen von diesen Unterschieden ab und beschränken sich auf allgemeine Voraussetzungen der Verbandsbildung. Sie betreffen die Gelegenheitsstruktur, die Wirtschaftsakteure für die Gestaltung ihrer nichtwirtschaftlichen, insbesondere politischen Interaktionen mit der Umwelt vorfinden.

Von erstrangiger Bedeutung sind die Dichte und die Verbindlichkeit (rechts-)staatlicher Normen zur Regulierung des gesellschaftlichen Verkehrs. Sind beide noch gering ausgeprägt, wie es mancherorts der Fall ist, behalten „lokale" Erwartungsmuster und Interaktionsnormen, wie sie in Kommunikationsnetzwerken der Eliten ausgebildet sind, wichtige Orientierungsfunktion. Diese besaßen sie schon zu Zeiten des sozialistischen Regimes, als sie es Direktoren und Vertretern der Lokaladministration ermöglichten, mit den Unvollkommenheiten und Widersprüchen der hierarchischen Zentralsteuerung umzugehen.[6] Nach dem Abbau und schließlichen Wegfall der materialen staatlichen Wirtschaftslenkung kam es zu einer Aufwertung und tendenziellen Formalisierung der informellen Kommunikationsnetze. In Ermangelung anderer Substitute, insbesondere funktionierender Märkte, wurden sie nicht selten zum wichtigsten Instrument interorganisatorischer Koordination. Das „know-how whom to call", über welches Topmanager und lokale Politikeliten verfügen, ist seiner „Natur" nach nicht auf eine Verwendung im Rahmen der dezentralen ökonomischen Steuerung beschränkt. Es überschneidet sich mit politischen Netzwerken und fungiert auch als Ressource für „nichtökonomische" Kontakte, z.B. Verbandsgründungen.

Zur Gründung von Interessenverbänden bedarf es nicht nur potentieller Nachfrager nach Organisationsleistungen, sondern des Tätigwerdens investitionsbereiter Individuen in der Funktion des „political entrepreneurs" (Moe 1980). Der mancherorts beobachtete Gründungsboom, in dessen Verlauf eine Menge kleiner, netzwerkbasierter und vom Wirken einzelner Individuen bestimmter Verbände entstand, ist ohne Rekurs auf die subinstitutionelle Elitenkommunikation nicht erklärbar. Diese ist der Nährboden für Proto-Verbände auf der Basis von „privilegierten" Gruppen (Olson 1968), aus denen „unternehmerisch" denkende Verbandspolitiker hervorgehen.[7] Ihre idiosynkra-

---

6 Jedenfalls bedarf die Vorstellung von einer umfassenden, instruktiven und stets verbindlichen „top down"-Steuerung der Korrektur, in deren Rahmen „das Management dafür Sorge zu tragen (hatte), daß die vorgegebenen Produktionsnormen auch tatsächlich realisiert wurden" (Schienstock/Traxler 1993: 486). Da weder die Vollständigkeit der Planvorgaben noch die sichere Kontrolle ihrer Umsetzung gewährleistet waren, mußte sich die Administration nicht selten auf multilaterale Aushandlungsprozesse einlassen (vgl. Prybyla 1988; Kovács 1990).

7 In den ersten Jahren der ostdeutschen Transformation entwickelten (westdeutsche) Prota-

tischen Motive und Situationsdeutungen werden gerade dort zu einem einflußstarken Faktor, wo die Handlungswelt besonders unsicher und variabel scheint. Die personengebundene Strukturierung neuer Institutionen trägt wiederum dazu bei, daß die Handlungswelt für ausgeschlossene Dritte relativ unberechenbar bleibt.
Wo sich Verbandsgründungen außer auf „politische Unternehmerschaft" auch auf einen manifesten Funktionsbedarf zurückführen lassen, sind es vor allem zwei Aufgaben, die Organisierungsbedarf anzeigen. Zum einen übernehmen Industriefachverbände in Fortsetzung der einst informellen Horizontalkoordination die oben genannten Funktionen zwischenbetrieblicher Koordination. In diesem Fall fungieren Verbände als funktionale Äquivalente staatssozialistischer Ministerien oder als Kartelle. Zum zweiten ist in allen Reformstaaten eine Aufwertung der regionalpolitischen Ebene zu beobachten, an deren Entscheidungen die Repräsentanten von Wirtschaftsinteressen maßgebend beteiligt sind. Der nicht immer transparente „Regionalkorporatismus" ist einerseits durch die lokale Ballung sektoraler Strukturprobleme stimuliert, andererseits entspricht er dem Bedeutungsgewinn materialer Standortbedingungen unter den neuen Wettbewerbsverhältnissen, die die Staatsgrenzen insignifikant werden lassen. Den typischerweise mit nationalem Vertretungsanspruch auftretenden Verbänden fällt es nicht schwer, sich auf regionale Koordinationsformen einzulassen, da sie vielfach Entscheidungs- und Steuerungsschwächen der überlasteten Zentralregierungen registrieren müssen.

3. Unternehmerverbände in Rußland

Wirtschaftsinteressen haben in Rußland im Laufe weniger Jahre, d.h. im wesentlichen nach der Perestroika, einen enormen Zuwachs an gesellschaftlicher und staatlicher Anerkennung zu verzeichnen, der einer „Explosion" von Gelegenheiten der Interessenartikulation und - repräsentation gleichkommt. Es haben sich Interessengruppen auf nationalstaatlicher und regionaler Ebene herausgebildet, die politische Entscheidungsprozesse zum Teil dominant beeinflussen können, wie es am prägnantesten an der Korrektur der Schocktherapie unter dem Druck des Managements der staatlichen Großindustrie 1992/93 und bei der Ablösung Gajdars als Premierminister durch Černomyrdin zu beobachten war. Die zweifelsohne „privilegierte" Stellung bestimmter Wirtschaftsakteure wie auch der Wettbewerb zwischen verschiedenen Gruppen von Wirtschaftsakteuren um die Beeinflussung der politischen Entscheidungsproduktion ist jedoch nicht primär organisationsabhängig. Bislang jedenfalls ist im postsowjetischen Rußland noch kein System ressourcenstarker, repräsentativer, aufeinander be-

---

gonisten starke Aversionen gegen sog. Seilschaften ehemaliger Direktoren und Wirtschaftsfunktionäre, in deren Konsequenz es zu einem umfassenden und auf den oberen Rängen vollständigen Personalaustausch kam. Die damit eingetretene Entwertung und Erosion gewachsener Akteurnetzwerke ist ein extremer Sonderfall unter den Akteurkonstellationen der postsozialistischen Gesellschaften (vgl. Wiesenthal 1992). Der entgegengesetzte Sonderfall liegt in Rußland vor, wo beträchtliche Teile der alten Nomenklatura und der Facheliten ihr individuelles „Überleben" sowie das ihrer „Seilschaften" sichern konnten (und weiterhin, z.T. durch Reintegration zwischenzeitlich in den Hintergrund getretener Akteure, sichern), indem sie sich der veränderten Handlungswelt anpaßten.

zogener und funktional spezialisierter bzw. sozial oder politisch differenzierter Unternehmerverbände entstanden. Ebenso wie die Repräsentation territorialer Interessen entwickelt sich die Organisation funktionaler Interessen in der Interdependenz von Zerstörungs- und Verfallsprozessen einerseits, Innovations- und Transformationsprozessen andererseits. Nur wenige der signifikantesten Entwicklungen sind unmittelbar beobachtbar, indem sie sich z.B. als neue Organisationsstrukturen, Normen oder Symbole präsentieren. Grundlegende Veränderungen vollziehen sich noch immer außerhalb der Sphäre öffentlicher Politik, und zwar in Gestalt und als Ergebnis der Aufkündigung, Reorganisierung oder Neugründung interpersoneller Netzwerke unterhalb der formalisierten Organisationsebene. Von ihnen erfahren interessierte Beobachter nur insoweit, als die Akteure es ihren Interessen dienlich finden, neben ihren informellen, zum Teil extra-legalen Interaktionen auch auf die Medien der Öffentlichkeit bzw. die Kommunikationsformen der institutionellen Politik zurückzugreifen. Solcherart „sichtbare" Akteure sind einzelne Persönlichkeiten oder aber Gruppen von Personen, die als „politische Unternehmer" Parteien oder intermediäre Organisationen gründen, um in einem scheinbaren institutionellen Vakuum strategische Ambitionen zu „markieren" und zu legitimieren. Darunter sind auch – neben einer Handvoll „Wirtschaftsparteien" – gegenwärtig etwa rund 50 Unternehmerverbände, die den Anspruch erheben, in ganz Rußland tätig zu sein (Vereščagin u.a. 1994: 29) sowie eine nicht abzuschätzende Zahl regionaler und lokaler Organisationen, die nicht oder nur formal nationalen Verbänden angehören.[8] Der Fall Rußland bietet somit der vergleichenden Verbände- und Governance-Forschung zwar erst wenig Stoff für das Studium der Regulierung gesellschaftlicher Prozesse, aber um so reichlicher Informationen über ein Verbändesystems im *Status nascendi*.

Der sich zunächst zögerlich, nach 1991 rascher entwickelnde Interessenpluralismus ist Folge einer heterogenen Anreizstruktur aus Push- und Pull-Faktoren: Verbandliche Akteure entstehen einerseits als Reaktion auf den Funktionsausfall bei der partei-staatlichen Wirtschaftsbürokratie, die auch während der Perestroika noch den größten Teil der stofflichen und monetären Ressourcenströme dirigierte. Andererseits stellt die zunächst informell geduldete, seit 1990 explizit konzedierte Assoziationsfreiheit ein Angebot neuer Optionen dar, von dem ökonomische wie politische Interessenten Gebrauch zu machen lernen. Die Verbandsbildungen russischer Wirtschaftsakteure lassen sich entweder dem Lager der „alten" Wirtschaftssubjekte, d.h. *direktora* („Direktoren") bzw. *promyšlenniki* („Industriellen"), oder aber dem der „neuen" Unternehmer – der *biznesmeny* („Geschäftsleute") bzw. *predprinimateli* („Unternehmer" im wörtlichen Sinne) – zuordnen.

---

8 In der Literatur haben russische Unternehmerverbände – im Unterschied zu Parteien – bisher nur wenig Aufmerksamkeit gefunden. Verwiesen sei auf Arbeiten von Slider (1991) und Jones/Moskoff (1991) über Organisationsbestrebungen der *kooperatory*, von Lohr (1993) über den Russischen Verband der Industriellen und Unternehmer (RSPP, „Vol'skij-Verband"), von Yakovlev (1993) über Verbandsgründungen im Börsen- und Bankensektor, von Stykow (1994) über regionale Assoziierungsprozesse von Wirtschaftsakteuren (Gebiet Saratov) sowie die Übersichtsdarstellungen bei Lapina (1993), Vereščagin u.a. (1994) und White u.a. (1993).

3.1 Verbandsbildung im Kontext der Entstaatlichung

Markieren das Ende des Afghanistankrieges, die osteuropäischen Revolutionen, die ersten (nur teilweise) kompetitiven Wahlen von 1989 und 1990 sowie schließlich der gescheiterte Augustputsch von 1991 die Endphase des Legitimitätsverfalls der politischen Elite (Rutland 1993: 220-225), so blieben die für die ökonomische Reproduktion der Gesellschaft zuständigen Facheliten zunächst von Demoralisierung und gravierenden Glaubwürdigkeitsverlusten verschont. Während die politische Elite mit diversen Reformideologien laborierte, bildeten die „roten Direktoren", d.h. das Top-Management der staatlichen Großindustrie, weiterhin eine scheinbar kohärente Kraft. Mit dem zunehmenden Zerfall der zentralstaatlichen Wirtschaftssteuerung und der Desintegration der Sowjetunion genossen sie seit 1988 wachsende Entscheidungsautonomie und damit einen relativen Machtgewinn.

Die ersten Anstrengungen zu kollektiver Aktion der Direktoren waren Defensivreaktionen auf die Bedrohung der gerade erst gewonnenen Autonomie und gleichzeitig Versuche, den abrupt wachsenden Koordinationsbedarf einer Wirtschaft aufzufangen, die nach Auflösung der Sowjetunion sowohl des zentralen Lenkungsapparates entbehrte als auch zum Gegenstand der auf die Entflechtung von Politik und Wirtschaft, d.h. eine weitgehende Entstaatlichung, zielenden Wirtschaftsreform wurde. Die Organisationsanstrengungen der (noch dem Staat angehörenden) Wirtschaftsakteure waren von daher doppelt motiviert: zum einen durch das Bestreben, Statusinteressen zu verteidigen, zum anderen durch den Versuch, staatliche Funktionen zu ersetzen. Dank des zweiten Motivs sind die ersten Organisationen des Managements als Korporatisierungsversuche primärer Wirtschaftseinheiten zu bewerten, die infolge der Verflechtung von Politik und Wirtschaft und ihres spezifischen Entstehungspfades quasi als Nebenprodukt auch Funktionen politischer Interessenrepräsentation erfüllten. Sie dienten ursprünglich dem Zweck, mit möglichst geringem Aufwand Funktionen des alten Systems der Wirtschaftslenkung in neue Trägerschaft zu überführen und zugleich auf die nationalstaatliche (d.h. russische) bzw. regionale Ebene „herunterzufahren". Solche Organisationen wurden sowohl „von oben" wie „von unten" gegründet. Frühere Ministerien wandelten sich zu „supra-enterprise bodies" in Gestalt von „Holdings" oder „Assoziationen". Daneben waren Selbstorganisierungsprozesse der Wirtschaftssubjekte – in der Regel auf regionaler bzw. regionaler Branchenebene – zu verzeichnen.[9] Die Mitglieder knüpften an bereits bestehende Beziehungen an, die durch die Interdependenz der Produktionsprogramme und die Notwendigkeit der Ressourcenkoordination bestimmt waren. Zum einen Teil entwickelten diese als „Kooperationsring" zu interpretierenden Branchenverbände ihre Steuerungskompetenz durch Fortführung der Kooperationskanäle ehemaliger Ministerien. Zum anderen Teil handelte es sich um eine Formalisierung von informellen Beziehungen zwischen Betrieben, die sich schon zu Zeiten der Planwirtschaft mit Zulieferungen und Tauschgeschäften zu helfen verstanden hatten. Ihrem Vorhandensein und ihrer Funktionsflexibilität ist es zuzuschreiben, wenn die russische Volkswirtschaft den Wegfall der staatlichen Steuerung nicht mit dem Zusammenbruch der Ressourcenflüsse und Produktionsprozesse quit-

---

9 Für Beispiele vgl. Burawoy/Krotov (1992), Fortescue (1993), Johnson/Kroll (1991) und Stykow (1994).

tierte. Indem die frühen Verbände beiderlei Typs die einst zentral administrierten Branchen weiterhin als „technologische Ketten" intakt hielten oder in semi-autonome Teile aufteilten, ersetzten sie die Managementfunktion der Staatsbürokratie durch neue Formen der horizontalen (aber nicht immer) dezentralen Koordination (Fortescue 1993: 36). Die inflexible eindimensionale Verkettungsstruktur nach dem Muster eines viele Betriebe übergreifenden Fließbandes (vgl. Leijonhufvud 1993) als spezifischer „Soviet style of control" blieb häufig zunächst erhalten.

Für die weitere Entwicklung dieser Organisationen gab es verschiedene Alternativen: Im Falle einer erfolgreichen ökonomischen Koordination konnten sie zu primären Wirtschaftssubjekten wie Konzernen und Konglomeraten aus Finanz- und Industrieunternehmen evolutionieren, im Mißerfolgsfalle hörten sie auf zu funktionieren. Die im gegebenen Kontext interessanteste Alternative ist die schrittweise Funktionserweiterung der ursprünglichen Organisation in Richtung politischer Interessenvertretung, d.h. zum Zwecke des Lobbying beim Staat und der Präsentation gemeinsamer sektoraler Interessen, z.B. in Verhandlungen mit Lokalregierungen oder auch nur durch Organisierung von Industrieausstellungen.

Neben diesem „ökonomischen" Pfad der Organisationsbildung von Wirtschaftsakteuren wurden auch genuin politische Instrumente der Interessenrepräsentation genutzt. In den 1989 bzw. 1990 gewählten Parlamenten der UdSSR bzw. der Unionsrepubliken gehörten die von Staatsdirektoren gebildeten Fraktionen zu den wenigen kohäsiven und vergleichsweise einflußreichen politischen Blöcken.[10] Die in den Parlamenten entstandenen Strukturierungsformen organisierter Wirtschaftsinteressen wurden zur organisatorischen Basis der ersten dezidiert als „Interessenverbände" auftretenden Vereinigungen, versammelten sie doch die zur Überwindung des Problems des kollektiven Handelns notwendige „kritische Masse" (Oliver/Marwell 1988).

In der Nach-Perestroika-Ära, in der die Unausweichlichkeit der umfassenden Entstaatlichung bewußt wurde, kam es zu einer weitergehenden Differenzierung ökonomischer Interessen mit politischem Repräsentationsanspruch. Auch Vertreter homologer Sachinteressen, die keinen „technischen" Koordinationsbedarf haben, oder aber strategisch ambitionierte Akteure, die kollektive Interessen antizipierten bzw. als Vehikel ihrer politischen Karriere nutzten, griffen nach dem Instrument der verbandlichen Organisation. Seit der Herausbildung eines gesellschaftspolitischen Konsenses über die Notwendigkeit von „Marktwirtschaft", die durch den gescheiterten Putsch vom August 1991 markiert wurde, entstand eine Vielzahl von Verbänden mit branchen-, regional- und nationalwirtschaftlichem Vertretungsanspruch, die explizit die Funktion der „politischen" Interessenrepräsentation gegenüber dem Staat betonen.

In Reaktion auf den irreversiblen staatlichen Kompetenzverlust und die Selbstlähmung des in seinem Entscheidungsoutput auch für sich selbst mehr und mehr unberechenbar

---

10 Im Volksdeputiertenkongreß der UdSSR entstand die „Wissenschafts-Industrie-Union", auf deren Initiative hin – und mit Unterstützung hoher KPdSU-Funktionäre – 1990 der RSPP als bis heute zumindest auf zentralstaatlicher Ebene einflußstärkster Verband von Wirtschaftsinteressen gegründet wurde. Im Russischen Kongreß der Volksdeputierten galt die als Industrielobby agierende Parlamentsfraktion „Promyšlennyj sojuz" als die effektivste Gruppe. Sie verstand es, Ende 1992 die Zentralbank zur Ausgabe neuer Kredite zu veranlassen, und brachte gemeinsam mit Vertretern der Gewerkschaften ein Tarifvertragsgesetz auf den Weg (White u.a. 1993: 166).

werdenden politischen Systems sowie infolge der Schocktherapie der Gajdar-Regierung bildete sich seit 1992 neben der funktionalen und der sektoralen Differenzierung von Wirtschaftsinteressen auch eine „politische" Differenzierungslinie heraus. Manager entwickelten gegenüber dem Privatisierungsprozeß unterschiedliche Maßnahmen- und Tempopräferenzen. Sie waren zum einen von ihren situativen Interessenlagen (etwa dem Produktionsprofil, der Zuordnung zu mehr oder weniger privilegierten Gruppen im Rahmen der Subventionierungs- und Privatisierungsprogramme oder der Position in ökonomischen Governance-Strukturen) bestimmt und manifestierten sich in Branchen- oder Gruppenrivalitäten. Zum anderen waren die Interessenpositionen des Managements durch individuelle Erfahrungen konditioniert. Entsprechend ihrer Reaktion auf die neuen Kontextbedingungen lassen sich drei typische Verhaltensmuster von Direktoren beobachten.

(1) Ein Teil der Betriebe (bzw. Direktoren) agierte konservativ, indem sie auf eigene Initiativen der Reorganisierung von Produktion und Koordinationsformen verzichteten. Man versuchte, sich weiterhin der überkommenen Wirtschaftsbeziehungen zu bedienen. Im Mißerfolgsfall wurden staatliche Entscheidungen und Finanzhilfen erwartet. (2) Ein innovatives Muster der Reaktion auf den Verlust staatlicher Steuerungskompetenz und -bereitschaft bestand in aktiven Strategien zur Sicherung des Überlebens. Die Direktoren entwickelten neue Produktionsprofile, übernahmen die Preisbildung für ihre Produkte und suchten neue (horizontale) Austausch- und Koordinationsbeziehungen. Das Investitionsverhalten wurde an Effizienzkriterien ausgerichtet, so daß „hard budget constraints" zur Geltung kamen oder simuliert wurden. Überzählige Arbeitskräfte wurden entlassen und die Lohnentwicklung an Produktivität und Liquidität des Betriebes gekoppelt. Die betriebliche Organisationsstruktur wurde entsprechend der staatlichen Privatisierungspolitik bzw. deren Lücken umgestaltet (Nabiullina/Jasin 1993). (3) Eine dritte Variante präsentiert sich als Mischung der beiden divergierenden Verhaltensmuster. Hier wurden Elemente der konservativen und der innovativen Strategie kombiniert, sei es aufgrund fortbestehender Subventionskanäle, sei es aus Unsicherheit über die Erfolgschancen selbständiger Unternehmensstrategien.
Diese Differenzierungen schlagen sich jedoch noch wenig auf der Ebene formaler Organisationsmitgliedschaften nieder. Auseinandersetzungen zwischen „Branchenclans" wie auch Versuche einzelner Betriebe innerhalb einer Branche, ihren Status durch Zuordnung in eine stärker vom Staat geförderte Gruppe zu verbessern, werden auf informelle Weise, d.h. unterhalb der Ebene manifester Verbandspolitik, ausgetragen (Vereščagin u.a. 1994: 28). Die meisten Branchenverbände sind kaum in der Lage, sich mit ihren Forderungen beim Staat Gehör zu verschaffen. Wo es ihnen gelingt – als Beispiel nennen Experten den Verband der Erdölproduzenten – ist der Erfolg nicht auf den geschickten Einsatz von Organisationsressourcen zurückzuführen, sondern auf die ökonomische Relevanz des Wirtschaftssektors und auf eher informelle, aber wirksame (den Zerfall der Sowjetmacht überdauernde) Zugänge zu staatlichen Instanzen.
Die „großen" Unternehmerverbände, die sich als Spitzenverbände der russischen Industrie ausgeben, werden in der Öffentlichkeit als politisch unterschiedlich profiliert wahrgenommen. Der von A. Vol'skij geleitete *Russische Verband der Industriellen und*

Unternehmer (RSPP) gibt sich „zentristisch" und tritt für eine maßvolle Abfederung des Übergangs zur Marktwirtschaft ein. Der *Verband der Warenproduzenten* (geführt von Ju. Skokov) beharrt auf staatlichen Subventionen und Interventionen und gilt als „konservativ". Die *Assoziation der privatisierten Betriebe* von E. Gajdar versteht sich als Unterstützerbasis der „Reform" und setzt auf „gewendete", d.h. an die neuen Bedingungen adaptierte Direktoren privatisierter Betriebe. Allerdings beziehen sich derartige Differenzierungen und der Wettbewerb um die anvisierte soziale und politische Klientel v.a. auf die politische Bühne in Moskau.

Strategien und tatsächlicher Einfluß dieser Verbände sind in hohem Maße situationsabhängig. Sie werden durch die personelle Zusammensetzung der jeweiligen Organisationsspitze und deren individuelle Präferenzen geprägt. Als Indikator können die eindeutig auf die Organisationsführungen zurückgehenden Konjunkturen der „sichtbaren" Verbandsaktivitäten gelten.[11] Wenn den Verbänden in der Öffentlichkeit eine je spezifische soziale Basis zugeschrieben wird,[12] handelt es sich um eine starke Vereinfachung der tatsächlichen Verhältnisse: In den Provinzen werden die sozialen und politischen Differenzen kaum oder nur in wesentlich geringerem Maße als in Moskau wahrgenommen. Hier sind vielmehr Mehrfachmitgliedschaften die Regel. Außerhalb Moskaus sind die besonderen Politikpräferenzen der Führungspersonen kaum von Belang, da die regionalen Organisationsgliederungen weitgehend selbständig agieren und einen nur lockeren Zusammenhang unter dem Dach der Zentralverbände bilden. Diese pflegen die Regionalverbände zu umwerben, um sich bei passender Gelegenheit auf ihre Zugehörigkeit und (vermeintliche) Gefolgschaft berufen zu können.

3.2 Organisationsprozesse im privaten Wirtschaftssektor

Sowohl, was ihre anfangs marginale ökonomische Bedeutung, als auch, was ihre periphere Position gegenüber den Kreisen politischer Macht betrifft, waren die *biznesmeny* in den Jahren der Perestroika unterprivilegierte Wirtschaftsakteure. Wirtschaftlicher Selbständigkeit, die zu sowjetischen Zeiten „inoffiziell" oder „illegal" war, haftet bis in die Gegenwart eine gewisse Anrüchigkeit an. Gemeinsam war den *biznesmeny*, daß ihre wirtschaftliche Tätigkeit von Anbeginn an außerhalb der Staatswirtschaft und des Einzugsbereichs staatlicher Wirtschaftssteuerung stattfand. Ihr Handlungsraum war weniger durch dezidierte Akte der Deregulation konstituiert als durch den Verzicht auf die weitere Denunziation wirtschaftlichen Eigeninteresses.

Entgegen einer generalisierenden Außenwahrnehmung entstammten sie Milieus und

---

11 So hatte der Verband der Warenproduzenten im Verlaufe des Jahres 1993 stetig an politischer Relevanz eingebüßt, weil sein Präsident Skokov durch Jelzin in den Hintergrund gedrängt wurde. Im Frühling 1994, als Skokov wieder durch den russischen Präsidenten und den Premierminister hofiert wurde, erkannten seine Konkurrenten – insbesondere der RSPP – ihn wieder als Rivalen an. Gleichzeitig verlor die Gajdar-Assoziation zunehmend an Bedeutung, als Gajdar seine Aufmerksamkeit einem neuen Projekt, dem Aufbau der Partei „Rußlands Wahl", zuwandte.
12 Der RSPP gilt als Repräsentant des Militär-Industrie-Komplexes und der wissenschaftsintensiven Produktion, der Verband der Warenproduzenten als Vertreter der Interessen des Agrar-Industrie-Komplexes sowie der Konsumgüterproduktion und die Gajdar-Assoziation als Vereinigung der entstaatlichten „Unternehmerdirektoren".

Kleinstnetzwerken sehr verschiedener Provenienz, so daß es ihnen trotz ähnlicher Überlebensprobleme lange Zeit schwer fiel, „Kollektivbewußtsein" zu entwickeln. Zum Ende der Perestroika umfaßte die Kategorie der sogenannten *biznesmeny* folgende Gruppen: (1) *„Schattenwirtschaftler" (teneviki)* mit einer Karriere im sowjetischen Grau- oder Schwarzmarkt, die nun ihre Aktivitäten (teilweise oder ganz) legalisieren konnten, (2) *„Seiteneinsteiger"*, die oft der wissenschaftlichen Elite angehörten und nun als privatwirtschaftliche „newcomer" auftraten, (3) *„Umsteiger"* aus dem unteren und mittleren Management der staatlichen Betriebe sowie (4) aus der *Nomenklatura* bzw. den Apparaten der früheren Partei- und Staatsbürokratie stammende Personen (gemäß dem viel strapazierten Motto „from apparatchik to entrepreneurtchik"), die ihre jeweiligen kulturellen, sozialen und ökonomischen Ressourcen nutzten, zu denen sie aufgrund ihrer Vorkarriere Zugriff hatten.

Die *teneviki*, die bis Ende der 80er Jahre spektakulärste Gruppe der neuen Wirtschaftsakteure, spielten bei den Organisierungsbemühungen der Privatwirtschaft keine Rolle.[13] Ein Teil der Neu-Unternehmer, die zunächst nur eine „opinion group" bildeten, war dagegen Element der demokratischen Bewegung, in deren Rahmen sie allmählich eine besondere Interessengruppe konstituierten. Vor allem die aus der Intelligenz stammenden Privatunternehmer waren zwischen 1988 und 1990 politisch mobilisiert, da sie „politische Demokratie als Garant ökonomischer Freiheit" (Lapina 1993: 44) ansahen. Ihre Interessenorganisationen lassen sich drei Gruppen zuordnen. Die erste und bedeutendste Gruppe wurzelte in der Kooperativenbewegung, die lokale, nationale und unionsweite Vereinigungen hervorbrachte.[14] Eine zweite Gruppe umfaßte Vereinigungen von Unternehmern derselben Eigentumsform bzw. Branche.[15] Eine dritte Kategorie bilden Organisationen, die mit dem Anspruch auftraten, allgemeine Interessen der staatsunabhängigen Wirtschaft im Rahmen eines nationalen Unternehmerverbands zu repräsentieren.[16]

Trotz einer Vielzahl von Organisationen ist der Organisationsgrad der *biznesmeny* auch noch im Jahre 1994 als gering einzuschätzen. Angesichts der Unübersichtlichkeit des Feldes lassen sich nur wenige generalisierende Aussagen treffen. Dazu gehört die Feststellung, daß das komplette „Puzzle" der Assoziationen einen Anschein von Beliebigkeit hat: Jedes einzelne Element scheint Ergebnis einer situativen Konstellation

---

13 Die „Schattenwirtschaft" ist keineswegs als „systemfremdes" Phänomen, sondern als komplementärer Annex der Staatsökonomie zu verstehen. Häufig verfügten die *teneviki* über gute Kontakte zu Vertretern der Partei- und Staatsbürokratie. „Da sie im Schoße des alten Systems ihre ökonomische Nische gefunden hatten, sympathisierten die Vertreter des Untergrund-Business mit ihm im politischen Sinne und nahmen nicht an seiner von oben eingeleiteten Zerstörung teil" (Lapina 1993: 44; von P.S. übersetzt).

14 Dazu gehörten die Moskauer Vereinigung der Kooperativen (gegründet 1988), die eine Veränderung der Moskauer Steuergesetzgebung als ersten Erfolg verbuchen konnte; der Bund der Vereinigten Kooperativen der UdSSR (SOK, Juli 1989) und die Partei der Freien Arbeit als eine Art Bürgerrechtsbewegung, die sich für die Haftentlassung von Personen einsetzte, welche gegen das Verbot selbständiger Wirtschaftstätigkeit verstoßen hatten.

15 Beispiele sind die Assoziation der Joint Ventures, d.h. von Betrieben mit ausländischer Kapitalbeteiligung (gegründet 1988, Präsident: L. Vajnberg), sowie der Interregionale Börsenverband von K. Zatulin (gegründet 1990).

16 Die bedeutendsten Verbände dieser Kategorie waren die Russische Vereinigung der Privateigentümer (V. Ščekocichin) und die Vereinigung der Pächter und Unternehmer (P. Bunic), beide 1990 gegründet.

zu sein, in der einzelne Individuen die relativ geringen Organisationskosten auf sich nehmen, um ihre weitreichenden persönlichen (politischen) Ambitionen dadurch zu legitimieren, daß sie als Sprecher einer diffusen Gefolgschaft auftreten. Noch häufiger scheinen individuelle und gemeinschaftliche Anstrengungen der Interessenartikulation vorzukommen, die unterhalb der Schwelle von Organisationsgründungen bleiben. Verbände der Kleinunternehmer sind häufig auf Dienstleistungen fixiert, die den Mitgliedern bei der Aufrechterhaltung der Wirtschaftstätigkeit helfen, wobei sie diese Funktion oft nur aufgrund individueller Ressourcen des Verbandschefs, d.h. seiner Kontaktnetze und seiner politischen Autorität, bedienen können. Ein Teil der neuen „Großunternehmer" kann inzwischen dank eigener ökonomischer Bedeutung einen individuellen Zugang zu den politischen bzw. staatlichen Akteuren reklamieren. Repräsentanten dieser erfolgreichen *biznesmeny*, die es v.a. im Banken- und Börsenbereich sowie bei der Grundstoffindustrie gibt, versuchen, diese Ambition im Namen von Assoziationen geltend zu machen. Die Koordinations- und Organisationsformen, auf die sie sich berufen, sind vielfältig (gehen aber mitunter auf denselben „politischen Unternehmer" zurück) und reichen von „Initiativen" mit Bewegungscharakter[17] über Verbände[18] bis zu „Parteien"[19]. Gelegentlich verstehen es diese Organisationen dank der persönlichen Affinitäten ihrer Führer, miteinander zu kooperieren. Die Konsequenz, mit der die „politischen Unternehmer" an ihren Kreationen festhalten oder für sie wirken, scheint gering: Je nach aktueller Gelegenheit präsentieren sie sie der Öffentlichkeit oder versetzen sie in den Latenzzustand.

3.3 Dachverbände und Integrationsansätze

In der zunehmend entstaatlichten Wirtschaft gleichen sich allmählich die Bedingungen für Unternehmen verschiedenen Ursprungs an. Damit eröffnet sich die Perspektive einer Annäherung der Partikularinteressen der genetisch so verschiedenen Akteurgruppen. Die wachsende Zahl betriebswirtschaftlich geführter Unternehmen, deren Direktoren sich für die Adaption an Marktbedingungen entschieden haben, ist auf interessenadäquate politische Entscheidungen ebenso angewiesen wie genuin staatsferne Wirtschaftsakteure. Die zu Unternehmern gewandelten *direktora* und die *biznesmeny* artikulieren übereinstimmend Bedarf an Steuervergünstigungen, staatlichen Lizenzen, Ausfuhrquoten und günstigen Koeffizienten der Valuta-Umrechnung. „Konservative" Teile des Direktorats bestehen demgegenüber weiterhin auf einer verbindlichen Regulierung ökonomischer Parameter und der Subventionierung durch den Staat.
Integrationsversuche auf Verbandsebene profitieren nicht nur von der Aussicht, durch

---

17 Dazu zählen z. B. die Moskauer Konvention der Unternehmer (1991, K. Borovoj) und die Politische Unternehmerinitiative-92 bzw. Vereinigung der Unternehmer für ein neues Rußland (1993, K. Zatulin).
18 Beispiele für solche Verbände sind der Russische Börsenverband (Ju. Miljukov), die Assoziation der russischen Banken (S. Egorov) und die Internationale Assoziation der Betriebsleiter (K. Zatulin).
19 Zu erwähnen sind die Partei der Wirtschaftsfreiheit (K. Borovoj bzw. I. Chakamada und St. Fedorov) und die Partei der Freien Arbeit (I. Kivelidi).

Ressourcenbündelung mehr Einfluß auf den weiteren Gang der Transformation zu gewinnen, sondern nutzen auch die Option, spezifische Interessenlagen herunterzuspielen, um gesellschaftlichen „Allgemeininteressen" Raum in der Selbstdarstellung zu geben. Diesem Reorganisierungsprozeß fällt die alte Dichotomie *direktora – biznesmeny* zum Opfer und weicht dem „chaotischen Pluralismus" der verschiedenen Akteurgruppen. Gleichzeitig entdeken und kultivieren „politische Unternehmer" den intermediären Kollektivakteur als Mehrzweckinstrument der Machtakkumulation und quasi-erwerbswirtschaftlichen Betätigung.

Dank der Attraktivität dieser Option treten einige Organisationen mit dem Anspruch von Integrationszentren auf und tragen paradoxerweise zur Bewahrung der chaotischen Repräsentationsstruktur bei. Gleich mehrere Verbände beanspruchen, im Rekurs auf die „Gemeinsamkeit der politischen Interessen" einen Ausgleich zwischen den verschiedenen Clans zu suchen. Allerdings sind homolog scheinende Sachinteressen, die nicht mehr die Merkmale der je besonderen Unternehmensherkunft tragen, erst wenig instruktiv für eine dezidierte verbandliche Präsentation. Die emphatische Verkündung gemeinsamer Interessen[20] – oft im Namen eines noch breiteren „patriotischen" bzw. „gesellschaftlichen" Konsenses – bezeichnet weniger Vorhandensein denn Antizipation kollektiver Ziele. Das Ergebnis ist die Herausbildung einer Pluralität potentieller Integrationszentren von unterschiedlichem Gewicht, die wechselnde – scheinbar interorganisatorische, tatsächlich jedoch nur interpersonelle – Koalitionen hervorbringt.

Prätendenten auf die Rolle des gesamtnationalen Integrators von Wirtschaftsinteressen scheinen im Milieu der *direktora* stabiler und strukturierter als unter den *biznesmeny*. Es handelt sich um den mehrfach erwähnten Verband der Russischen Industriellen und Unternehmer (RSPP), der u.a. auf Mitglieder aus dem nichtstaatlichen Wirtschaftssektor, darunter Verbandschefs mehrerer *biznesmeny*- Assoziationen, verweist und Kontakte zu „politischen Unternehmern" aus diesem Milieu unterhält, sowie um die Assoziation der privatisierten Betriebe, die sich als Repräsentant der staatsunabhängig gegründeten und (durch Privatisierung) staatsunabhängig gewordenen Wirtschaftssubjekte versteht. (Der Verband der Warenproduzenten hingegen betont seine Distanz zu den „Spekulanten", als welche „neue Unternehmer" noch immer in weiten Teilen der Öffentlichkeit identifiziert werden.) Tatsächliche Integrationserfolge und die Fähigkeit der Verbände, im Namen „der Wirtschaft" zu sprechen, sind jedoch als gering einzuschätzen. Andere Versuche, Wirtschaftsakteure unabhängig von Eigentumsform und Produktionsprofil zusammenzuführen, wie sie von Zeit zu Zeit im Lager der „neuen Großunternehmer" gestartet werden, entbehren elementarer organisatorischer Grundlagen. Dagegen werden intensivere Beziehungen zwischen „alten" und „neuen" Unternehmern beobachtet, die gemeinsame wirtschaftliche Projekte (Aktienerwerb,

---

20 I. Chakamada, Generalsekretärin der Partei der Wirtschaftsfreiheit, beschreibt die Annäherung der Positionen mit folgenden Worten: „Die (...) früheren Gegner – die 'roten Direktoren' – werden vor unseren Augen immer 'weißer', werden Eigentümer und Kapitalisten. Entsprechend verändern sich ihre Interessen (...). Die 'weißen Direktoren' sind konservativer als die neuen Unternehmer – sowohl politisch als auch ökonomisch –, aber es vollzieht sich eine Annäherung, weil der Wirtschaftsliberalismus den Direktoren letztendlich nutzt. Die beginnende Gemeinsamkeit der Wirtschaftsinteressen wirkt sich unterschwellig auch auf politische Vereinigungen aus" (Nezavisimaja gazeta vom 20.5.93; von P.S. übersetzt).

Anmietung von Produktionsanlagen, Aufbau neuer Produktionsstätten) zur Grundlage haben. Hier findet man sich beim Versuch der Einflußnahme auf politische Entscheidungen in informellen Kontaktnetzwerken bzw. am Tisch einflußreicher „Mittelsmänner" zusammen (Stykow 1994).

3.4 Wirtschaftsinteressen, Gewerkschaften und Staat

Konkurrenzloser Adressat von kollektiven Wirtschaftsinteressen ist der Staat, an den sich auch die Gewerkschaften, sofern sie überhaupt handlungsmächtig sind, richten. In der Regel koalieren Arbeitnehmerrepräsentanten und die Vertreter des „Direktorats", was sich aus einer als gemeinsam perzipierten Interessenlage und aus der gemeinsamen Vergangenheit in der („alten") politischen Elite erklärt. Im übrigen verstehen sich Unternehmerverbände weniger als Arbeitgeberrepräsentanten denn als „professional group". Einzelne *biznesmeny*-Assoziationen, die während der Perestroika-Wirtschaftsreformen entstanden, leiteten ihre Herkunft direkt aus „Gewerkschaften", nämlich Berufsverbänden eines neuen (selbständig wirtschaftenden) Typs von „Werktätigen", ab. Noch immer scheint das Etikett Gewerkschaft die gesellschaftliche Akzeptanz zu fördern und das Ansehen von Organisationen zu verbessern, was für diese besonders in Wahlkampagnen bedeutsam ist.

Die mit der Entstaatlichung eingetretenen Veränderungen der Position von Wirtschaftsinteressen gegenüber dem Staat lassen sich in drei Punkten resümieren: (1) Die Beziehungen zwischen Staat und Wirtschaft hatten in der Vergangenheit den Charakter hierarchischer („top down") Steuerung und asymmetrischer Konsultation. Noch während der Perestroika war eine organisierte Interessenartikulation der Direktoren eher ein Nebenprodukt staatlicher Aktivitäten als eine Sache des Managements. Etwa seit 1991 ist sie von der Eigenlogik der („bottom up") Selbstorganisierung geprägt.[21]

(2) Etwa seit Mitte 1990 begann die Regierung, Wirtschaftsakteure als Repräsentanten eigenständiger Interessen „offiziell" anzuerkennen.[22] Institutionalisierte Formen der kollektiven Interessenrepräsentation scheinen allerdings bis heute eher von symbolischer denn tatsächlicher Bedeutung zu sein. Mehr Einfluß auf die Gestaltung der Wirtschaftspolitik haben dem Anschein nach die persönlichen Ratgeber des Präsidenten, darunter prominente Sprecher von Unternehmerinteressen, die in der Regel auch Wirtschaftsverbänden vorstehen. Auch die Entscheidung, Vertreter des Direktorats als

---

21 Die „Trendwende" ist an den gesamtstaatlichen Direktorenkonferenzen ablesbar: Noch im November 1990 wurde ein solches „Partei- und Wirtschaftsaktiv" wie üblich von der Partei- und Staatsführung einberufen (und brachte bereits überraschende kollektive Unmutsäußerungen des Direktorats zutage). Aber schon die nächste Veranstaltung dieser Art im März 1991 war das Ergebnis von Organisationsbemühungen des RSPP, der selbstbewußt die Vertreter des Staates, u.a. Gorbačev und Pavlov, hinzugebeten hatte.

22 Das dokumentiert eine Resolution des UdSSR-Ministerrats (vom Juli 1990), wonach die Wissenschafts- und Industrie-Union, die SOK und andere Wirtschaftsverbände das Recht erhielten, an allen Sitzungen des Ministerrates, seines Präsidiums und anderer staatlicher Organe teilzunehmen. Außerdem kam es seit Ende 1990 zur Bildung von „Unternehmerräten" bei den lokalen, regionalen und zentralen Exekutivorganen, denen nach dem Augustputsch 1991 nicht nur Vertreter der „alten", sondern auch der „neuen" (privaten) Wirtschaft angehörten.

Minister in das Kabinett zu berufen,[23] war für Kurs und Tempo der Wirtschaftstransformation bedeutsamer als die im traditionellen „Formalismus" steckenbleibenden Gesten einer engen Zusammenarbeit von Staat und Wirtschaft.

(3) Eigenständige Koordinierungsaktivitäten der Verbände ohne staatliche Beteiligung flankierten die Auflösung der UdSSR in autonome Staaten und trugen dazu bei, ein ökonomisches Desaster zu verhindern, das mit der Auftrennung unzähliger Verzahnungen und Austauschbeziehungen, vor allem zwischen Betrieben in Rußland, der Ukraine und Weißrußland, drohte. Es entwickelten sich informelle und formelle Verfahren der „internationalen" Koordination, die faktisch von den Organisationsführungen nationaler Akteure (z.B. des RSPP) getragen werden und zuweilen als Aktivitäten „internationaler" Verbandsgründungen etikettiert sind. Sie gelten als funktionsadäquat und im Kern „unpolitisch".

3.5 Zwischenresümee

Im postsowjetischen Rußland der Gegenwart können Wirtschaftsinteressen erwartungsgemäß mit einer privilegierten Wahrnehmung durch Regierung und Staatsadministration rechnen. Das gilt für die Ebene der zentralstaatlichen Politik wie für die regionale Ebene. Im Vergleich zu Arbeitnehmerinteressen, die kaum autonome Repräsentanz genießen, ist der politische Einfluß von Wirtschaftsinteressen im Zuge der Wirtschaftsreformen spürbar gewachsen. Die Herauslösung der Wirtschaft aus dem staatlichen Steuerungsapparat initiierte Prozesse der Selbstorganisierung, in deren Konsequenz einerseits staatsunabhängige Verbände die zuvor vom Staat erbrachten Koordinationsleistungen übernahmen und andererseits Interessen artikulierten, die ihren Ursprung in den Selbstbehauptungsproblemen semi-autonomer Unternehmen bzw. „neuer Unternehmer" hatten. Ist der einschneidende Wandel der Rahmenbedingungen wirtschaftlichen Handelns eindeutig politischen Entscheidungen zuzuschreiben, so sind die Organisierungsbemühungen, auch wenn sie nur die „Umgründung" bestehender Interaktionsnetze beinhalteten, ebenso eindeutig autonome Reaktionen der neuen Wirtschaftssubjekte, die sich plötzlich und oft entgegen den eigenen Intentionen zu eigenverantwortlichen Entscheidungen genötigt sahen. So wie die ersten *biznesmeny* erkannten, daß sie im sich wandelnden politischen System noch keine zuverlässigen Fürsprecher haben, mußten die in die Selbständigkeit entlassenen *direktora* erkennen, daß sie ihre Advokaten „im System" verloren hatten und es keinen institutionellen Ersatz für die ausgefallenen Lenkungsinstrumente gibt. Ihre Organisationsbereitschaft, deren Bindungs- und Verpflichtungsqualität nicht überschätzt werden sollte, darf auch als Antwort auf das staatliche Oktroy einer nur von Teilen des Direktorats ersehnten Wirtschaftsreform veranschlagt werden. Kritiker der 1992 in Rußland erprobten und bald wieder abgebrochenen Schocktherapie behaupten, die von Gajdar lancierte „kamikaze attack on the command-administrative system" (Mur-

---

23 Das gilt für die Ernennung von V. Šumejko zum Vizepremier im Juni 1992 sowie für die Ernennung von G. Chiza und V. Černomyrdin, die als Repräsentanten des vom RSPP organisierten Direktorats angesehen werden.

rell 1993: 137) hätte das kontra-intentionale Ergebnis einer organisatorischen Stärkung der Reformgegner (z.B. im RSPP) provoziert.
Zur korrekten Einschätzung des Status von Wirtschaftsinteressen in der Transformation Rußlands sind einige Präzisierungen des allgemeinen Befundes einer relativen Privilegierung vorzunehmen.

(1) Ihr korrespondiert nicht zwingend eine privilegierte öffentliche Akzeptanz der Repräsentanten von Wirtschaftsinteressen, wie die Wahlergebnisse vom Dezember 1993 zeigen: Die explizit im Namen von Wirtschaftsakteuren auftretenden Organisationen sind gescheitert. Dezidierte Wirtschaftsinteressen scheinen in Rußland wie in anderen Industriestaaten in erster Linie auf die Medien der funktionalen Repräsentation verwiesen.

(2) Des weiteren erscheinen Ausmaß wie Ertrag des privilegierten Interessenstatus nur zum Teil als organisationsbedingt. Zwar stehen die Vermittlungsleistungen, die Interessenvertreter der Wirtschaft im politischen System erbringen, außer Frage. Sie erfolgen jedoch nicht ausschließlich und keineswegs dominant im Medium der verbandlichen Repräsentation. Entsprechend dem besonderen Typus des in Rußland stattfindenden Systemwechsels, bei dem es sich um ein „top down" implementiertes Elitenprojekt handelt, haben trotz allmählicher Ausdifferenzierung funktionaler Teilsysteme die informellen, auf „alten" Kontaktnetzen beruhenden Kommunikationen überproportionales Gewicht. Das neue, auf wechselseitig konzedierter Selbständigkeit gegründete Verhältnis von Staat und Wirtschaft, in dem sich Politiker und Topmanager nicht mehr als Glieder ein und desselben Wirkungszusammenhangs sehen, sondern sich ihrer besonderen, teilweise rivalisierenden Interessen bewußt werden, ist keineswegs auf die im formalen Sinne „repräsentativen" Kommunikationen zwischen korporativen Akteuren, d.h. Staat und Verbänden, reduzierbar.

(3) Auch 1994 sind die in assoziierter Form agierenden Wirtschaftsinteressen stark von Gründerfiguren in der Rolle „politischer Unternehmer" sowie deren Klientelbeziehungen und Old-boys-Netzwerken geprägt. Folglich behalten persönliche Vertrauensbeziehungen und Face-to-face-Kontakte in der innerverbandlichen Kommunikation, aber auch bei Interorganisationsprozessen einen hohen Stellenwert. Formale Mitgliedschaftsverhältnisse haben unter diesen Bedingungen kaum Bedeutung. Nicht selten vermeiden es Verbandsführungen, zwischen Mitgliedern und Nicht-Mitgliedern zu unterscheiden, weil sie es vorziehen, auf eine möglichst umfangreiche Klientel zu verweisen, die sich dem Verband nur sehr lose verbunden fühlt. Unter dieser Perspektive muß speziell bei Verbandsgründungen geprüft werden, ob sie mehr als Fiktionen oder Versuche einer effektiveren Präsentation exklusiver Beziehungsnetzwerke sind.

(4) Wenn russische Wirtschafts- und Unternehmerverbände nicht durchweg als das gelten können, was sie zu sein vorgeben, nämlich korporative Repräsentanten partikularer oder allgemeiner Interessen, so indizieren sie doch eine tendenzielle Abkehr vom „alten" Modus politischer Steuerung, der keine formalen Organisationsbildungen kannte, sondern im Bereich intransparenter und exklusiver Elitenkontakte angesiedelt war. Investitionsbereite Individuen mit politischen Ambitionen ergreifen die Option der Gründung eines Verbandes nicht zuletzt aufgrund des damit erzielbaren Legitimitäts- und Aufmerksamkeitsgewinns. So sind zwar manche Interessenorganisationen

"potemkinsche Artefakte" ohne Binnensubstanz in Gestalt von Mitgliedschaftsverhältnissen und Willensbildungsverfahren, verschaffen ihren Gründern jedoch eine günstigere Ausgangsbasis zur Einflußnahme auf Gesetzgebung und Administration, weil politische Akteure nicht mehr ausschließlich auf Netzwerkkontakte und die „Paten" mächtiger Clans bauen mögen. Ob und ggf. wann die Rationalitätsgewinne eines Übergangs von individuellen und idiosynkratischen Beziehungen zu repräsentativen und formalisierten Interaktionen realisiert werden, hängt von der Opportunitätsstruktur für „echte", d.h. stärker formalisierte und höher integrierte Verbände ab.

(5) In der Sicht der (potentiellen) Mitglieder treten Wirtschafts- und Unternehmerverbände nicht unbedingt als effektive Sachwalter akuter Interessen in Erscheinung. Unterscheidet sich die individuelle Signifikanz von Mitgliedschaftsverhältnissen damit wenig von der Situation in stärker konsolidierten Handlungszusammenhängen (etwa der Bundesrepublik), so sind die Konsequenzen im Falle der russischen Transformationswirtschaft deutlich andere. Solange die (potentiellen) Mitglieder dem Medium verbandlicher Interessenrepräsentation nur wenig Gewicht zubilligen, erfahren die Verbände wenig Anreize, die bestehende Fragmentierung zu überwinden. Ein weiteres Hindernis auf dem Weg zu einem höher integrierten und sektoral differenzierten Verbändesystem dürfte der autokratische Führungsstil und der paternalistische Grundzug im Integrationsstil der existierenden Verbände sein. Während die Verbandsführungen in der Hauptstadt um Macht und Einfluß konkurrieren und allenfalls zu punktuellen Bündnissen bereit sind, deren Ertrag für die breite Mitgliedschaft gering oder unerkennbar ist, passen sich viele Mitglieder der unübersichtlichen Situation mit einer Strategie der Optionenmaximierung an: Sie unterhalten passive Mitgliedschaftsverhältnisse in mehreren mutmaßlich einflußreichen Organisationen.

(6) Die nach wie vor diffuse Repräsentationsstruktur verweist auf Zustandsmerkmale eines politischen Systems, dem es sowohl an konsentierten Verfahren als auch an monopolisierten Zwangsmitteln mangelt. Zwar ist der Staat der einzige Adressat für Interessenartikulationen der Wirtschaft, aber seine Agenturen und Institutionen scheinen nicht minder fragmentiert und sind Gegenstand kompetitiver Reorganisierungsbemühungen. Gesetze und Verordnungen haben eine extrem geringe Effektivität, da die individuellen Wirtschaftssubjekte bei ihren Reaktionen auf die allgemein hohe Unsicherheit den Regierungsentscheidungen nur wenig Beachtung schenken. Folglich sind auch die Möglichkeiten staatlicher Akteure eng begrenzt, auf gesellschaftliche Prozesse wirksam Einfluß zu nehmen. Die Gratifikationen, die der Staat der Wirtschaft bieten kann, etwa Subventionen, Kredite, Ein- und Ausfuhrlizenzen u.a., kommen nicht im Rahmen rationaler und transparenter Entscheidungsprozesse zur Verteilung, sondern als Ertrag individueller Interventionen bei isoliert entscheidenden Administratoren. Persönliche Gefälligkeiten und Tauschbeziehungen (z.B. zur Finanzierung von Kandidaturen und Wiederwahlkampagnen) sind ebenso signifikant wie erpreßte Vergünstigungen und der Rekurs auf private Zwangsmittel (etwa den bewaffneten Schutz durch die „Mafia"). Das gilt auch für den kalkulierten Einsatz sozialen (Massen-)Protestes, wie ihn Direktoren der Großbetriebe anzudrohen verstehen. Solange den korporativen Repräsentanten kollektiver Interessen kein in seiner Entscheidungsproduktion berechenbarer Staat gegenübersteht, stehen auch die Entwicklungsaussichten für ein System stabiler intermediärer Interessenverbände ungünstig.

Trägt die Fragmentierung der Repräsentationsstruktur tendenziell zur Aufrechterhaltung der „Entropie" bei, die im Zentrum des politischen Systems beobachtet wird (Murrell 1993), so scheint die Wirtschaftspolitik der russischen Regierung mangels Steuerungsfähigkeit zu einem ohnmächtigen Liberalismus verurteilt, der weder den Intentionen der politischen Protagonisten noch den Forderungen der Wirtschaftsvertreter entspricht. Er ist damit weder Programm noch Fokus für dezentrale Koordinationspräferenzen, sondern lediglich ein Korrelat der Steuerungsunfähigkeit des Zentrums. Folglich entfaltet er nicht die Orientierungskraft eines politisch-ökonomischen „Entwurfs" und hat keinen Anschein von Verbindlichkeit. Er wirkt vielmehr als ein starker Anreiz zur weiteren Regionalisierung der politischen und ökonomischen Governancestrukturen. So entwickeln sich auf regionaler Ebene Formen der kontinuierlichen Koordination, die das zentralstaatliche Steuerungsdefizit teilweise zu kompensieren erlauben, auch und gerade weil sie auf erhalten gebliebenen Interaktionsnetzwerken beruhen. Es wäre jedoch verfrüht, darin mehr als die Möglichkeit eines regional-korporatistischen Substituts der hierarchischen Steuerung alten Stils zu sehen.

4. Unternehmerverbände in ostmitteleuropäischen Reformstaaten

Kenner der spezifischen Transformationspfade Polens, Ungarns und der ehemaligen ČSFR (z.B. Ágh 1993) zögern mit gutem Grund, einen dieser Staaten als Musterfall auszugeben. Tatsächlich ist die Ähnlichkeit der sog. Visegrád-Staaten eher ein Artefakt distanzierter Beobachtung als Ergebnis sorgfältiger Messung. Dennoch kann es legitim sein, die bei der Herausbildung und Einflußgewinnung organisierter Wirtschaftsinteressen auftretende Varianz zwischen den genannten Staaten für weniger signifikant zu erachten als den Abstand von den Sonderfällen Rußland und Ostdeutschland. Immerhin heben sich die ostmitteleuropäischen Staaten durch ein ähnliches Niveau der Pro-Kopf-Einkommen von Rußland und den neuen Ländern der Bundesrepublik (NBL) ab.[24] Des weiteren zeichnen sie sich dadurch aus, daß sie ohne externe Garantien ein komplexes Reformprogramm abwickeln, während in Rußland De-institutionalisierungsprozesse dominieren und Ostdeutschland zum Objekt einer exogenen Transformation wurde. In Polen und Ungarn hat die Transformation eine rund eine Dekade umfassende Vorgeschichte, in deren Verlauf diverse Konzepte der Reorganisierung der Wirtschaft erwogen und (teilweise) erprobt wurden; die abrupte Transformation der ČSFR und ihrer Nachfolgestaaten knüpft dagegen stärker an institutionelle Vorbilder in westlichen Nachbarländern an. So profitieren die drei zentraleuropäischen Reformstaaten in der einen oder andere Weise von institutionellen Entwürfen, die anhand diskursiver oder praktischer Erfahrung gewählt wurden und auf der Grundlage beschränkter Eigenressourcen zur Realisierung kommen. Wir werden zunächst Formen und Resultate der Repräsentation von Wirtschaftsinteressen in den drei ge-

---

24 Das Bruttoinlandsprodukt pro Kopf der Bevölkerung betrug 1993 ca. 3.800 US-$ in Polen, ca. 3.600 US-$ in Ungarn und ca. 2.700 US-$ in der Tschechischen Republik (in der Slowakischen Republik dagegen nur ca. 1.400 US-$). Der Vergleichswert für Rußland wird auf 800 US-$ geschätzt; für die neuen Bundesländer sind mehr als 10.000 US-$ anzusetzen. Die Daten entstammen EIU (1994: 24) und Statistisches Bundesamt (1994: 164-165).

nannten Ländern skizzieren, um anschließend einige Gemeinsamkeiten zu charakterisieren.

4.1 Unternehmerverbände in Polen

Stärker als in Ungarn und in der Tschechischen Republik tritt in Polen ein Merkmal funktionaler Interessenrepräsentation in zentraleuropäischen Reformstaaten hervor: die organisatorische und politische Schwäche von Unternehmerverbänden relativ zu den Gewerkschaften. Im Falle Polens sind die Einflußchancen organisierter Wirtschaftsinteressen in besonderem Maße durch die Gegenwart der Solidarność als einer mobilisierungsstarken und hochlegitimierten Gewerkschaftsbewegung geschmälert, die als Bündnis von Arbeitern, Intellektuellen und Kirche das organisatorische Zentrum der Systemopposition war. Mit der Demokratisierung erodierte die Solidarność zwar als soziale Bewegung, während sich aus ihren Reihen ein ganzes Spektrum politischer Parteien entwickelte, aber der Gewerkschaftsflügel funktionierte noch eine Weile als verlängerter Arm der Regierung. Nirgendwo anders existierte eine vergleichbare politische Konstellation, in welcher einschneidende Reformen die ausdrückliche Unterstützung einer starken Gewerkschaft genossen.[25] In der kritischen Phase der Preisliberalisierung und des Subventionsabbaus half die Gewerkschaft, den radikalen Reformkurs des Finanzministers L. Balcerowicz gegenüber der Arbeiterschaft zu vertreten. Regierungspersonal, das einer angesehenen Gewerkschaftsbewegung entstammt, die moralische Reputation der Solidarność sowie der Sachverhalt, daß der Systemwechsel in Polen nicht das Werk einer technokratischen Elite (wie z.B. in Ungarn und der UdSSR), sondern Ergebnis einer Volksbewegung war – das sind die ungewöhnlichen Koordinaten des Entstehungskontextes für polnische Unternehmerverbände.[26] Branchenübergreifender Repräsentant von Unternehmerinteressen ist die von Direktoren der Großbetriebe gegründete „Confederation of Polish Employers", die sich frühzeitig bemühte, den Einfluß der Gewerkschaften auf die Unternehmenspolitik, den betriebliche Selbstverwaltungsorgane ermöglichten, einzudämmen. Außerdem forderte man die rasche Kommerzialisierung und Privatisierung der Staatsbetriebe. Das gilt auch für das „Polish Business Council", das von Privatunternehmern gegründet wurde und die Interessen der Klein- und Mittelbetriebe vertritt. Dem Council wird Erfolg bei der Propagierung privater Wirtschaftsinteressen in den Massenmedien nachgesagt. Mit dem Anspruch, Dachverbandsfunktionen zu erfüllen, tritt ein weiterer Unternehmerverband, der „Polish Capital Club", auf. Nachdem einige Unternehmer zunächst mit wenig Erfolg den Weg eigener Parteigründungen beschritten hatten, verlagerte sich das Engagement auf die Gründung von Verbänden, die Aufmerksamkeit für die „traditionellen" Anliegen der Wirtschaft, insbesondere Kosten- und Steuerentlastung, zu wecken versuchen. Ihre Anliegen definieren sie überwiegend auf nationaler

---

25 Zwar war Solidarność schon in den frühen 80er Jahren eine Konkurrenz in Gestalt der Staatsgewerkschaft OPZZ erwachsen. Selbst diese hatte sich aber den von Solidarność gesetzten Maßstäben anzupassen und gewinnt erst ab 1993 – mit dem Wechsel der Regierungsmacht – politisches Gewicht.
26 Die folgenden Ausführungen beruhen auf den Arbeiten von Hausner (1992), Koch (1992), Kuczynska (1992) und Tatur (1994).

Ebene anhand von Themen, die mit dem Gang der Wirtschaftsreform zusammenhängen bzw. sich aus der schwierigen Position von Unternehmensleitungen und Kapitaleignern vis-à-vis einer mobilisierbaren und selbstbewußten Belegschaft ergeben.
Neben den genannten Unternehmerverbänden existieren verschiedene Branchenverbände, deren wirtschafts- und sozialpolitischer Einfluß als gering beurteilt wird. Über ihren Verbreitungsgrad und ihre Koordinationsleistungen ist wenig bekannt. Sektorale Interessenvertretungen scheinen erst in jüngster Zeit Bedeutung zu erlangen, wobei die Initiative von den Gewerkschaften, weniger von Unternehmerseite ausgeht. Das beschäftigungspolitisch motivierte Interesse der Gewerkschaften an sektoralen Verbandsgliederungen, die als Akteure für korporatistische Arrangements in Frage kämen, wird von den Unternehmerverbänden nicht geteilt. Sie wären in tripartistischen Verhandlungen der bei weitem schwächste Akteur. Ohnehin sehen sich Manager öfter, als ihnen lieb ist, gemeinsamen Auffassungen von Gewerkschaften und Regierung konfrontiert. Lediglich auf lokaler bzw. betrieblicher Ebene entstehen hin und wieder Bündnisse von Unternehmerorganisationen und Gewerkschaften, die sich gegen Regierungsentscheidungen richten. Hier zeigen sich Unternehmerverbände auch zu Verabredungen im Rahmen einer regionalen Industriepolitik bereit.

Wegen der immer noch großen Bedeutung, die dem staatlichen Sektor zukommt,[27] adressieren sowohl Gewerkschaften als auch Unternehmerverbände ihre Interessen vorzugsweise an die Regierung. Lohntarifverhandlungen sind unter diesen Bedingungen typischerweise Verhandlungen zwischen (betrieblichen) Gewerkschaftsrepräsentanten und Regierungsvertretern. Die Unternehmerverbände bleiben überwiegend kritische Beobachter und fordern den Staat zu größerer Unnachgiebigkeit gegenüber Gewerkschaftsforderungen auf. Im Kontext der radikalen Wirtschaftsreform war den Arbeitsmarktparteien nur ein enger Spielraum für autonome Lohnverhandlungen konzediert worden, für dessen Überschreitung den Betrieben eine Strafsteuer („popiwek") drohte. Den Kollektivakteuren des Arbeitsmarktes uneingeschränkte Tarifhoheit zu gewähren, scheint der Regierung inopportun, weil insbesondere die Arbeitgeberverbände dieser Aufgabe mangels eines ausreichenden Organisationsgrades nicht gewachsen wären. Sie gelten als zu wenig repräsentativ und verpflichtungsfähig. Bezweifelt wird auch, ob die Gewerkschaften imstande wären, ihre Mitglieder auf überbetriebliche Tarifverträge zu verpflichten. In einem 1992 von Gewerkschaften, Unternehmerverbänden und Regierung geschlossenen „Pact on the State Enterprise in Reconstruction" verpflichteten sich die Gewerkschaften immerhin zur weiteren Tolerierung der Privatisierung und Rationalisierung von Großbetrieben, wofür ihnen der Staat die spätere Gewährung der Tarifautonomie in Aussicht stellte. Für einen weitergehenden Sozialpakt mangelt es dem Staat an finanziellem Spielraum. Um Gewerkschaften für Zurückhaltung in der Lohnpolitik zu entschädigen, wären arbeitsmarkt- oder sozialpolitische Programme erforderlich, die nicht finanzierbar scheinen.

Mit dem Fortgang der Privatisierung und aufgrund des staatlichen Interesses an potenten Gegenspielern der Gewerkschaften zeichnet sich eine allmähliche Besserung der Gelegenheitsstruktur für organisierte Wirtschaftsinteressen ab. Einerseits haben

---

27 1993 wurden immerhin noch zwei Drittel der Industrieproduktion im Staatssektor hergestellt (OECD 1993: 135). Allerdings wird der Beschäftigungsanteil des privaten Sektors schon für 1992 mit 58,5 % beziffert (EIU 1993/94a: 23).

die Gewerkschaften in den zahlreicher werdenden Privatunternehmen einen wesentlich schlechteren Stand als in den „alten" Staatsbetrieben. Die meisten privatisierten Betriebe kennen weder Arbeitgeberverbände noch Gewerkschaften (Koch 1992). Andererseits entwickelt die Regierung zunehmend Interesse an Arbeitgeberverbänden, da sie sich aus der Rolle einer advokatorischen Vertretung von Partikularinteressen zurückziehen möchte. Das ist jedoch nicht kurzfristig möglich. Notwendige Voraussetzungen wären ein höherer Organisationsgrad der Industrie sowie Fortschritte in Richtung Zentralisierung und Aufgabendifferenzierung der Verbände. Es scheint, als habe das die Regierung erkannt und bemühe sich, entsprechende Anreize zu geben. Nachdem man sich auf dem Höhepunkt der Wirtschaftsreform von der gerade erst eingeführten Praxis verabschiedet hatte, kontroverse Themen am „Runden Tisch" zu erörtern, scheint man angesichts von Steuerungsproblemen bei der Wirtschaftstransformation den Nutzen tripartistischer Vereinbarungen wiederzuentdecken. Die 1993 gewählte Regierung scheint willens, durch Aufgabenzuweisung an die Verbände die Entwicklung von Koordinationsformen zu fördern, welche den anstehenden Problemen besser als Gesetze und Regierungserlasse gerecht werden. Fraglich ist aber, ob die in der „logic of influence" spezifizierten Aufgaben nicht mehr interne Steuerungsfähigkeit auf seiten der Verbände voraussetzen, als diese bei den bislang wirksamen, kaum „mediatisierten" Integrationsformen, also in der „logic of membership" (Schmitter/ Streeck 1981), ausbilden konnten.

4.2 Unternehmerverbände in Ungarn

Die Herausforderungen, die sich Unternehmerverbänden in Ungarn stellen, scheinen auf den ersten Blick geringer als in Polen. Zum einen sind die Repräsentanten der Arbeitnehmerinteressen in schlechterer Verfassung, zum anderen profitieren autonome Wirtschaftsinteressen von einer mehrjährigen Reformdebatte, in der Unternehmern und Privatinvestoren soziale Anerkennung zuteil wurde.[28] Vorläufer und späterer Initiator von Verbandsgründungen ist die Ungarische Wirtschaftskammer (MGK). Sie entstand 1985 als eine auf freiwilliger Mitgliedschaft beruhende Vertretung der Staatsunternehmen. 1990 öffnete sich die MGK den Unternehmen des zunächst noch kleinen privaten Sektors. Ihre Regional- und Fachverbände organisierten 1993 etwa 7.000 Mitgliedsfirmen, von denen sich nur noch rund ein Drittel im ausschließlichen Staatseigentum befanden.[29] Staatliche Anerkennung erfuhr die MGK im März 1994, als sie zum organisatorischen Dach der öffentlich- rechtlichen Wirtschaftskammern mit obligatorischer Mitgliedschaft wurde. Im Bereich der staatsunabhängigen Wirtschaft, der sich nach den Wirtschafts- und Unternehmensreformen der 80er Jahre allmählich ausdehnte, gründeten Privatunternehmer 1988 den Landesverband der Unternehmer (VOSZ). Auch der VOSZ verfügt über regionale und fachliche Untergliederungen, denen etwa 70 % der nichtstaatlichen Unternehmen angehören.

---

28 Zur Situation ungarischer Unternehmerverbände und Gewerkschaften vgl. Randow/Seideneck (1992), Grant (1993), Kurtán (1993), Schienstock/Traxler (1993), Vass (1993) und insbesondere Brusis (1994).
29 Für diese und die folgenden Detailinformationen über die Repräsentatitionsverhältnisse der ungarischen Wirtschaft danken die Autoren Martin Brusis.

Der forcierte Wandlungsprozeß der Wirtschaft ließ Bedarf an Verbänden aufkommen, die den Bedürfnissen der Großunternehmen unabhängig vom Eigentümerstatus Rechnung tragen. Im März 1990 spaltete sich der Verband der Ungarischen Fabrikindustriellen (MGYOSZ) vom VOSZ ab. Der MGYOSZ präsentierte sich als Vertreter privater Großunternehmen und verfügte über gute Kontakte zur Regierungspartei Demokratisches Forum. Verhandlungen zwischen MGYOSZ und der Ungarischen Wirtschaftskammer (MGK) erbrachten eine Übereinkunft, nach welcher sich der zunächst auf die Privatwirtschaft beschränkte Verband auch für die Direktoren der Staatsbetriebe öffnete und de facto zum Wortführer aller Großunternehmen wurde. Die Aufhebung der verbandlichen Trennungslinie zwischen Privat- und Staatswirtschaft stieß im politischen System nicht nur auf Wohlwollen: Manchen galt die unter dem sozialistischen Regime gegründete MGK als kryptokommunistisch. Aber an einer integrierten Interessenvertretung waren keineswegs nur Staatsmanager, sondern auch die neuen Privatunternehmer interessiert. So plädierte der MGYOSZ-Präsident dafür, „ideologisch begründete Kampagnen gegen die sozialistischen Manager einzustellen (...) und sie an ökonomischen Machtpositionen teilhaben zu lassen" (Brusis 1994: 8). 1991 agierte die Wirtschaftskammer noch einmal als Initiatorin einer Verbandsgründung: Man hielt eine Stärkung der arbeitsmarktbezogenen Interessen für angebracht und gründete den Landesverband der Arbeitgeber (MaOSZ).[30] Dieser wandelte sich 1993 in den Ungarischen Wirtschafts- und Arbeitgeberverband, der wegen seines weitreichenden Vertretungsanspruchs von den in funktionaler Hinsicht weniger differenzierten Unternehmerverbänden VOSZ und MGYOSZ als potentieller Konkurrent betrachtet wird.
Im System der industriellen Beziehungen spielen die Arbeitgeber- und Unternehmerverbände keine der Situation in Deutschland oder Österreich vergleichbare Rolle. Ebensowenig wie in anderen Reformstaaten existiert ein „autonomes System der Arbeitsbeziehungen" (Schienstock/Traxler 1993: 495). Das ist v.a. auf die Fragmentierung und den niedrigen Organisationsgrad der Interessenorganisationen beider Seiten zurückzuführen. Der Landesverband der Ungarischen Gewerkschaften (MSZOSZ) hatte sich zwar eine quantitativ starke Mitgliederbasis bewahren können, aber blieb in den ersten Jahren der Reform durch sein Reputationsmanko als sozialistische Nachfolgeorganisation gehandikapt. Gleichzeitig litt er wie auch die zahlreichen, von der extrem liberalen Gewerkschaftsgesetzgebung begünstigten Klein- Gewerkschaften[31] unter der rückläufigen Organisationsbereitschaft der Arbeitnehmer.
Trotz fortgeschrittener Wirtschaftsreform ist der Staat immer noch der größte Arbeitgeber (und Unternehmenseigner) des Landes.[32] In der Arbeitspolitik, z.B. bei der Einführung einer am deutschen Modell orientierten Betriebsverfassung, genügte ihm die Kommunikation mit den Gewerkschaften. Der Unternehmerverband MGYOSZ, dem nun Manager aus Staats- und Privatwirtschaft angehören, vermochte nicht, zu

---

30 1992 bestanden insgesamt sechs Konföderationen von Arbeitgeberverbänden, von denen aber nur drei als volkswirtschaftlich bedeutsam gelten (Kurtán 1993).
31 Ihre Gesamtzahl wird auf minimal 1.000 und maximal 3.000 beziffert. Unter den größeren Gewerkschaften sind neben dem MSZOSZ noch die Liga der Unabhängigen Demokratischen Gewerkschaften und der Landesverband der Arbeiterräte (MOSZ) sowie vier weitere Verbände von Bedeutung.
32 Nach OECD-Daten waren in Ungarn 1993 noch knapp zwei Drittel aller Arbeitnehmer im staatswirtschaftlichen Sektor beschäftigt (EIU 1993/94b: 11).

allen potentiell wichtigen Themen eine klare Interessenposition auszubilden. Außerdem ist das Unternehmerlager gegenüber dem vom Gewicht des MSZOSZ bestimmten Gewerkschaftssystem durch einen niedrigen Organisationsgrad und die Vertretungskonkurrenz der Verbände benachteiligt. Wenn sich dennoch die Lohnpolitik über weite Strecken unkontrovers gestaltete, lag das einerseits an ihrer Beschränkung auf die betriebliche Verhandlungsebene, andererseits am Wirken des nationalen „Rats für Interessenausgleich" (ÉT).[33] Für Übereinkommen auf sektoraler und regionaler Ebene gibt es dagegen noch kaum Institutionen.

Der ÉT entstand im August 1990 durch Regierungsbeschluß als tripartistisches Verhandlungssystem für die sozial- und wirtschaftspolitische Agenda der Transformation. 1992 wurde das Gremium im Rahmen eines neuen Arbeitsgesetzbuches auch formell institutionalisiert. Es ist befugt, bindende Entscheidungen über den Mindestlohn und die (Jahres-) Arbeitszeit zu treffen. Außerdem hat er den Tarifparteien makroökonomische Orientierungsdaten vorzugeben. Die erste Bewährungsprobe des ÉT kam mit der Taxifahrerblockade vom Oktober 1990, bei welcher er zum Forum der öffentlichen Verhandlungen zwischen Regierung und Streikführern wurde. Dieser Musterfall einer „öffentlichen, symbolischen Inszenierung der korporatistischen Interessenvermittlung" (Brusis 1994: 11) präjudizierte weitere Kompromisse zwischen Regierung und Gewerkschaften, z.B. in der Frage der staatlichen Strukturpolitik. Die Gewerkschaften ebneten einer zügigen Privatisierung und Modernisierung der Industrie den Weg, indem sie weitgehende Mitbestimmungs- und Miteigentumsrechte der Beschäftigten zugunsten der Aussicht auf staatliche Arbeitsmarktprogramme opferten.

Alles in allem scheinen die Unternehmerverbände Ungarns organisatorisch schwach und an wichtigen wirtschafts- und sozialpolitischen Weichenstellungen nur peripher beteiligt. Das mag in Anbetracht ihrer relativ günstigen Gelegenheitsstruktur erstaunen, wird aber erklärlich, wenn man den anfänglich umfassenden Transformationskonsens der Gesellschaft, den geringen Politisierungsgrad wichtiger Entscheidungen und die Bereitwilligkeit der Regierung, Wirtschaftsinteressen in den Vordergrund zu rücken, mitbedenkt. Auch wenn über die Dichte und Funktionsfähigkeit informeller Kanäle wenig bekannt ist, darf unterstellt werden, daß ein Gutteil der Kontaktnetze der staatlich-technokratischen Elite den im Verhandlungswege vollzogenen Systemwechsel überdauerte. Wirtschaftspolitische Koordination ist vermutlich nicht ausschließlich auf offiziöse Konsultationen zwischen MGK, VOSZ und MGYOSZ einerseits und der Regierung sowie dem MSZOSZ andererseits angewiesen. Außerdem hatte die streng marktwirtschaftliche Ausrichtung des regierenden Demokratischen Forums den verbandspolitisch zu bewältigenden Repräsentationsbedarf reduziert. Da die Differenzierungslinien des Parteiensystems in den ersten freien Wahlen wenig Bezug zu sozioökonomischen Interessenlagern aufwiesen, besaß die erste postsozialistische Regierung genügend Spielraum, um funktional bedeutsamen Interessen Aufmerksamkeit zu schenken. Die 1994 an die Regierung gelangte Sozialistische Partei versicherte sich ausdrücklich der Kooperation der Liberalen, um der Wirtschaft ihren Willen zu Kontinuität in der Reformpolitik zu signalisieren.

---

33 Zum ÉT vgl. v.a. Kurtán (1993) und Brusis (1994).

4.3 Unternehmerverbände in der ČSFR bzw. ČR

Auch in der ČSFR und ihren Nachfolgestaaten war das Aktionsfeld für ökonomische Interessen durch eine unzweideutige Präferenz der Regierung für die Marktwirtschaft vorbereitet.[34] Gleichwohl war die Regierung bereit, die Wirtschaftsreform sozialpolitisch zu flankieren und sich in der Tradition der „Runden Tische" um breite Zustimmung zu bemühen. Für die ČSFR wie für die Teilstaaten ČR und SR wurden im Oktober 1990 „Räte der wirtschaftlichen und sozialen Übereinkunft" (RHSD) geschaffen. Nach der Teilung des Landes setzten die in beiden Republiken bestehenden Gremien ihre Arbeit fort.
Die Wirtschaft ist im RHSD der ČR durch das „Coordinating Council of Business Associations" vertreten, dem die größeren Industrie-, Privatunternehmer- und Berufsverbände angehören. Neben den Industriellen- und Unternehmerverbänden existiert die mit dem Anspruch eines Dachverbandes auftretende „Assoziation der Arbeitgeberverbände und -vereine". Die Mitgliedschaft der Verbände ist regelmäßig gemischt, da sich im unvorbereiteten und übergangslosen Systemwechsel keine scharfe Trennungslinie zwischen Verbänden der Staatswirtschaft und der Privatunternehmerschaft entwickeln konnte: Zu Beginn der Transformation gab es so gut wie keine Privatunternehmen. In den ersten Sitzungen des RHSD war folglich der noch kleine Privatsektor unterrepräsentiert, so daß sich Regierungsvertreter zu Sprechern der Interessen marktabhängiger Arbeitgeber machten. Zu einer kontinuierlichen Kooperation zwischen Staat und organisierten Wirtschaftsinteressen ist es gleichwohl nicht gekommen. Wie die Gewerkschaften beklagen auch die Unternehmerverbände einen Mangel an verläßlichen Ansprechpartnern im Regierungs- und Parteiensystem.
Die Gewerkschaftsbewegung der ČSFR bzw. ČR ist vergleichsweise konsolidiert. Die „Revolutionären Gewerkschaftsverbände" hatten sich im April 1990 zur Tschechisch-Slowakischen Konföderation der Gewerkschaftsverbände (ČSKOS) umgegründet, die 41 Einzelgewerkschaften vereinigt. Neben ihr existieren einige kleinere Gewerkschaften nach dem Muster der polnischen Solidarność. Nur die ČSKOS ist (mit sechs Vertretern) im RHSD repräsentiert. Die alternativen Gewerkschaften sind zu schwach, als daß sie die Kompromißsuche zwischen Regierung und ČSKOS behindern könnten. Repräsentativität und Verpflichtungsfähigkeit der Arbeitsmarktorganisationen werden allerdings kaum höher als in Ungarn und Polen eingeschätzt. Trotz ihrer formalen Neugründung hatte die Nachfolgegewerkschaft einen Reputationsverlust zu verzeichnen, der dem Staat großen Spielraum zur Behandlung arbeitspolitischer Themen verschaffte. Auch die Arbeitgeberseite scheint unterorganisiert und vom Rekrutierungswettbewerb der verschiedenen Verbände geschwächt. Deren Sprecher zeigen vielfach Orientierungsunsicherheit. Man räumt bereitwillig Unerfahrenheit in kontroversen Verhandlungen mit der Gegenseite ein und akzeptiert, daß die Regierung de facto wichtigster Verhandlungspartner der Gewerkschaften ist.
Die „Räte für wirtschaftliche und soziale Übereinkunft" sind nach ihren Statuten „freiwillige, initiative Organe" (lt. Haller u.a. 1993: 41). Seit 1991 weichen die anfänglich

---

34 Die folgenden Ausführungen beruhen v.a. auf den Arbeiten von Brokl/Mansfeldová (1993) und Haller u.a. (1993). Weitere Daten entstammen Hausner (1992) und den EIU Country Reports 1993 und 1994.

dominierenden Plenarsitzungen der Arbeit in Arbeitsgruppen und Unterausschüssen, die von einem Exekutivsekretariat koordiniert wird. Zwar haben die Beteiligten zu einem breiten Themenspektrum Beschlüsse gefaßt, deren materiale Wirkung gilt jedoch als gering. Die Regierung neigt anscheinend zum opportunistischen Umgang mit den Entscheidungsresultaten, da sie nur solche Ergebnisse beachtet, die die eigene Auffassung widerspiegeln oder geeignet scheinen, diese zu legitimieren. Sogenannte Generalabkommen, die als Arbeits- bzw. Beschlußprogramme für die beteiligten Verbände ausgegeben wurden, bleiben unverbindliche „politische" Dokumente.

In mehreren Generalabkommen wird „Zurückhaltung in der Lohnpolitik" als „Kardinalvoraussetzung für den erfolgreichen Verlauf der Transformation unserer Wirtschaft" (Finanzminister Kočárník lt. Haller u.a. 1993: 51) beschworen. Analoge Verpflichtungen betreffen die Förderung unternehmerischen Handelns sowie Beschäftigungs- und Requalifizierungsprogramme. Offensichtlich wurden Arbeitgeberverbände und Gewerkschaften erfolgreich auf eine moderate Lohnpolitik verpflichtet, die von der Regierung – ungeachtet der Abneigung gegen eine dezidiert „soziale" Marktwirtschaft – durch behutsame Strukturpolitik flankiert wurde. Die prinzipielle Kooperationsbereitschaft der Tarifparteien machte manifeste Sozialpaktverabredungen entbehrlich. Verbandsvertreter bestätigen indirekt die hohe Konsensproduktivität des RHSD, wenn sie berichten, daß ihre Partikularinteressen effizienter durch direkte Lobbytätigkeit als durch Präsentation im RHSD gewahrt wären. Dementsprechend feiern die Medien die Beratungen der Regierung mit den Interessengruppen als genuine Ausdrucksform von „Demokratie" (Haller u.a. 1993: 55).

Alles in allem ist der im Umbruch begriffenen Wirtschaft der ČR eine eher schwache politische Präsenz zu bescheinigen. Das strukturelle Privileg der Wirtschaftsinteressen im Transformationsprozeß entzieht sich der organisationspolitischen Ausbeutung. Stärker noch als in Ungarn fungiert der Staat als Sachwalter volkswirtschaftlicher Vernunft *und* ökonomischer Partikularinteressen. Dank der Repräsentationsschwäche ökonomischer Interessen sieht der Staat seine Präferenzen in der Lohn- und Strukturpolitik nicht gefährdet. Ebensowenig wird ein akuter Bedarf an autonomen Kollektivakteuren wahrgenommen, denen die Regierung Funktionen der makroökonomischen Steuerung übertragen könnte. Mit der Kombination eines starken Staates nach dem Vorbild südostasiatischer Schwellenländer und Elementen korporatistischer Steuerung, die auf nord- und westeuropäische Muster verweisen, beansprucht die ČR, als Musterland der Wirtschaftsreform zu gelten.

4.4 Zwischenresümee

In den drei betrachteten Reformstaaten werden Wirtschaftinteressen durch eine Reihe von Unternehmerverbänden repräsentiert. Diese sind in Polen und Ungarn auch an tripartistischen „Räten der Interessenabstimmung" beteiligt. Gleichwohl scheinen Unternehmerverbände nur in sehr begrenztem Maße Einfluß auf die Steuerung der Transformation zu nehmen, was wohl in erster Linie auf die besonderen Konstitutionsbedingungen der Interessenpolitik im Systemwechsel zurückzuführen ist. Die einschneidenden Maßnahmen der Frühphase waren in der Regel durch einen zwar zeitlich befristeten, aber sozial inklusiven Transformationskonsens abgesichert. So tolerieren auch die Gewerkschaften den mit erheblichen Nachteilen für Teile ihrer Mitgliedschaft verbunden Strukturwandel und treten nicht selten selbst als Protagonisten der Marktwirtschaft auf. Das reformpolitische Profil der Gewerkschaften impliziert eine schwache Position vis- à-vis der Regierung, die zwar Unzufriedenheit in der Mitgliedschaft (vgl. Weßels in diesem Band), aber auch einen vergleichsweise geringen Vertretungsbedarf auf seiten des Kapitals zur Folge hat. Stärkeres Engagement der Manager für die Organisation von Wirtschaftsinteressen kam nur dort auf, wo eine mobilisierte Arbeiterschaft ihre „lokalen" Interessen in den Vordergrund stellte und ungeachtet der makroökonomischen Prioritäten der Regierung auf umfangreichen Lohnerhöhungen beharrte, wie es zeitweise in Polen der Fall war.

Aber selbst dort, wo in tripartistischen Arrangements Kompromisse zwischen den gegensätzlichen Interessen der Arbeitsmarktparteien gefunden werden, scheint die Organisationsschwäche der Kapitalseite anzuhalten. Beteiligung an der politischen Steuerung, d.h. Effektivitätsgewinne in der „logic of influence", stimulieren erwartungsgemäß nicht Wachstum und Integrationsfähigkeit der Verbände. Eher scheint dadurch die weitere Konsolidierung der Organisationen in der „logic of membership" blockiert. Die „top down" Implementation eines institutionellen Designs zur Bearbeitung von Konflikten zwischen interdependenten Akteuren erfolgte zu einem Zeitpunkt, zu dem weder die Entscheidungsthemen die erwartete Brisanz noch die Akteure ausreichend Autonomie erlangt hatten. Gewerkschaften wie Arbeitgeber- und Wirtschaftsverbände waren gleichermaßen außerstande, die von ihnen erhofften Vermittlungsleistungen zu erbringen. Da sie ebensowenig willens und fähig waren, der Regierungspolitik in die Quere zu kommen, wundert es nicht, daß der Staat in Versuchung geriet, den Entscheidungsoutput selbst von formal verfaßten Koordinationsgremien als unverbindlich anzusehen.

Die relative Schwäche der Unternehmerverbände ist zuallererst auf die Novität partikularer Wirtschaftsinteressen und der dafür in Frage kommenden Organisationsformen zurückzuführen. Die Verbände der Wirtschaft hatten im Unterschied zu Gewerkschaften nicht nur einen Funktionskatalog zu modifizieren, sondern überhaupt erst ein situativ informiertes Funktionsverständnis auszubilden. Das gelang leichter im Anschluß an markt- und unternehmerorientierte Wirtschaftsreformen, wie sie in Ungarn in der zweiten Hälfte der 80er Jahre erfolgten, als unter Bedingungen eines Systemwandels, der entweder abrupt erfolgte (wie im Falle der ČSFR) oder mit dem Ausbau von Arbeitnehmerrechten und betrieblicher Selbstverwaltung startete (wie in Polen). Die Struktur der Startressourcen und der Anreize zur Gründung von Unternehmerverbänden unterscheidet sich erheblich von der russischen Situation. Verbandsförmige Koordinationskartelle, die Funktionen der staatlichen Steuerung übernahmen und zu Keimzellen autonomer Interessenorganisationen wurden, waren für die ostmitteleuropäischen Staaten nicht signifikant. Das vergleichsweise hohe Tempo, mit dem sich die Wirtschaftsstruktur wandelte, und ein (mutmaßlich) geringeres Gewicht der staatlichen Wirtschaftskoordination in der Vergangenheit implizieren unter diesen Umständen höhere Organisationskosten und einen tendenziell geringeren Assoziationsbedarf.

Wenn Verbandsgründungen somit v.a. zur Befriedigung eines *künftigen* Vertretungsbedarfs erfolgen, sind sie mit allen Handikaps der „Logik kollektiven Handelns" (Olson 1968) belastet. Anders als unter den unübersichtlichen und unsicheren Bedingungen Rußlands finden dann auch „politische Unternehmer" (i.S. von Salisbury 1969) wenig Marktchancen. Folglich beschränken sich erfolgreiche Verbandsgründungen zunächst auf relativ kleine „privilegierte Gruppen" (i.s. Olsons), die sich auf der Grundlage überlieferter Netzwerkbeziehungen konstituieren und einer zahlenmäßig begrenzten Mitgliedschaft kalkulierbare Vorteile bieten können. Eine wesentliche Verbesserung des Organisationsgrads und die Überwindung der organisatorischen Fragmentierung scheinen ohne staatliche Unterstützung, z.B. durch Übertragung wirtschaftspolitischer Kompetenzen an Verbände mit umfassender Repräsentation, nicht erwartbar.

5. Unternehmerverbände in Ostdeutschland

Das Verbändesystem der neuen Bundesländer bildet einen deutlichen Kontrast zu den Ergebnissen der Verbandsbildung in den übrigen Reformstaaten. Wie die Transformationsprozesse in anderen Gebieten erfolgte der Aufbau von Wirtschafts- und Arbeitgeberverbänden nicht auf der Grundlage endogener Interessen und Ressourcen, sondern als Projekt *externer* Akteure. Über kurz oder lang waren jedoch die aus Westdeutschland übertragenen Institutionen mit den besonderen Problemen des neuen Anwendungskontextes, v.a. den Folgen des Transformationsschocks, konfrontiert.[35] Westdeutsche Verbände nahmen den erweiterten Handlungsraum in erster Linie als eine Option der Absicherung und Geltungsausdehnung ihres Vertretungs- und Vermittlungsmandats wahr. Sie vermieden Anpassungen an die besonderen Umstände des „Beitrittsgebiets" und provozierten damit unbeabsichtigte Ergebnisse des Institutionentransfers (5.1.). Diese wiederum gaben Veranlassung, überlieferte Sichtweisen zu modifizieren und „policies", die den besonderen Bedingungen Ostdeutschlands besser angepaßt schienen, zu formulieren (5.2.).

5.1 Verbandsaufbau im Kontext des Institutionentransfers

Das westdeutsche System der Vertretung von Wirtschaftsinteressen, bestehend aus Fachverbänden unter dem Dach des Bundesverbandes der Deutschen Industrie (BDI), Arbeitgeberverbänden, die Mitglieder der Bundesvereinigung der Deutschen Arbeitgeberverbände (BDA) sind, und öffentlich-rechtlichen Industrie- und Handelskammern (IHK) mit dem Deutschen Industrie- und Handelstag (DIHT) als Dachverband war bereits ein Jahr nach dem Fall der Mauer auch in Ostdeutschland etabliert. Das Gelingen dieses flächendeckenden Aufbauprogramms zeugt von der Organisationskompetenz und der horizontalen Koordinationsfähigkeit der Verbandszentralen. Diese haben nicht nur je für sich bzw. im Einvernehmen mit ihren Landesverbänden reagiert, sondern auch in wechselseitiger Abstimmung. Schon im Februar 1990 hatten die drei Spitzenverbände eine gemeinsame Informations- und „Verbindungsstelle DDR" ge-

---

35 Zur Entstehung des ostdeutschen Verbändesystems liegen bereits mehrere Einzelfallstudien vor. Die folgenden Bemerkungen rekurrieren v.a. auf Bauer (1991), Kleinfeld (1992), Kleinhenz (1992), Neifer-Dichmann (1992), Boll (1994), Ettl/Wiesenthal (1994) und Henneberger (1993).

schaffen, die der Beobachtung des Feldes und der Koordination ihrer frühen Organisierungsbemühungen diente.

Der *BDI* förderte den mit der BDA und ihren Landes(fach)verbänden koordinierten Aufbau von Wirtschaftsverbänden in den Regionen der noch bestehenden DDR. Man organisierte Seminare für ostdeutsche Manager und vermittelte gleichzeitig westdeutsches Leitungspersonal in die Unternehmens- und Kombinatsleitungen. Überlegungen zu einer vom westdeutschen Muster abweichenden Verbändestruktur wurden angesichts der absehbaren Einheit aufgegeben (vgl. Bauer 1991). In Abstimmung mit der BDA bereitete der BDI die Gründung von integrierten Landesunternehmerverbänden vor: Mit Ausnahme Sachsens haben sich in Berlin und in den übrigen vier neuen Ländern die Wirtschafts- und Arbeitgeberverbände gemeinsame Landesorganisationen geschaffen. Außerhalb des BDI operierende „Unternehmerverbände" aus der Wendezeit der DDR verloren dadurch rasch an Attraktivität. Sie konnten zwar in einigen Regionen als Repräsentanten kleiner Betriebe überleben, aber rechtfertigen nicht die Erwartung, eine Opposition gegen die vom BDI repräsentierten (westdeutschen) Industrieinteressen zu bilden.

Die *BDA* hatte bereits im März 1990 mit dem Deutschen Gewerkschaftsbund die Übertragung des westdeutschen Systems der Tarifautonomie auf die DDR verabredet. Gemeinsames Ziel war es, „das Entstehen von eigenständigen Spitzenorganisationen in der DDR zu verhindern und vielmehr auf einen Beitritt der DDR-Verbände/Unternehmen zu den westdeutschen Spitzenorganisationen hinzuwirken" (BDA 1990b). Das westdeutsche System der industriellen Beziehungen, bestehend aus Industriegewerkschaften und Betriebsräten sowie überbetrieblichen Rahmen- und Lohntarifverträgen, erlangte am 1. Juli 1990 mit der Wirtschafts- und Währungsunion Geltung. Für die sektoralen Arbeitgeberverbände der NBL übernahmen westdeutsche Landesverbände Patenschaften. Ende 1990 waren alle ostdeutschen Landesvereinigungen der BDA beigetreten.

Anders als BDA und BDI traf der *DIHT* in seinem Organisationsbereich auf Vorläuferorganisationen, die – nach entsprechender Reform – zur Übernahme der Kammernfunktionen in Frage kamen. Es handelte sich um die Handels- und Gewerbekammern der DDR, die allerdings nur für die wenigen Kleinbetriebe der DDR-Privatwirtschaft zuständig waren (Ortmeyer 1992). Schon im Dezember 1989 hatten Mitglieder mit der Reorganisation ihrer Vertretungen oder deren Neugründung begonnen. Teilweise waren ihre Aktivitäten mit dem DIHT koordiniert. Bald darauf traten aufgrund einer Verordnung der Modrow-Regierung neugegründete Industrie- und Handelskammern nach dem Muster der westdeutschen IHK an die Stelle der DDR-Kammern. Schon vor ihrem Beitritt zum DIHT (im Juni 1990) hatte der westdeutsche Dachverband die technische Betreuung übernommen. Wegen der unterschiedlichen Aufgaben von DDR- und BRD-Kammern sind auch die neu entstandenen IHK als Produkte des Institutionentransfers zu verbuchen.

Die in den Geschäftsberichten westdeutscher Spitzenverbände (z.B. BDA 1990a, 1991; BDI 1992) mit Stolz berichtete Aufbauarbeit schloß nicht nur den Transfer westdeutschen Expertenwissens und eingespielter Kontakte zum politischen System ein, sondern auch den Import standardisierter Interessendefinitionen und Handlungsprogramme sowie die Diskriminierung konkurrierender Gründungsinitiativen einschließlich des in diesen bewahrten Orientierungswissens. Nach dem politischen Umbruch der

DDR hatten sich nicht nur lokale Gruppen der Bürgerbewegung, sondern auch Berufsverbände von Arbeitnehmern und Selbständigen gegründet. Ein starker Anreiz war die offene Beteiligungsstruktur der Runden Tische. Zur Vertretung von Wirtschaftsinteressen gründeten Direktoren Volkseigener Betriebe ein „Unternehmensforum der DDR", Kleinunternehmer und Selbständige initiierten regionale Gliederungen des „Unternehmerverband der DDR" (Henneberger 1993: 654f). BDA und BDI waren zwar bereit, die ostdeutschen Verbandsinitiativen als Kandidaten für den Beitritt zu ihren Landesverbänden zu akzeptieren, aber bemühten sich, den Einfluß ostdeutscher Verbandsfunktionäre gering zu halten. Ihre Zentralen warnten vor den marktfernen „DDR-Erfahrungen", die andere als die unter westdeutschen Unternehmern verbreiteten Politik- und Situationsdeutungen nahelegten. Außerdem mochte man nicht mit politisch belasteten, d.h. „falschen Personen" verhandeln (BDA 1990a).

Weil für die Führungspositionen in den neuen Landesverbänden nur beschränkt qualifiziertes Personal zur Verfügung stand, das zudem mit Aufgaben des Verbandsaufbaus eingedeckt war, zogen die Dachverbände augenscheinlich mehr Entscheidungen an sich, als sie es in der „alten" Bundesrepublik zu tun pflegten. Die in ihren Beziehungen zur Mitgliedschaft noch kaum konsolidierten Verbandsgliederungen im Osten waren oft „little more than an organisational shell" (Boll 1994: 114). Das hier entstandene System der verbandlichen Interessenrepräsentation zeichnet sich durch eine größere Toplastigkeit der Entscheidungsprozesse und eine Dezentrierung zugunsten westdeutscher Aufmerksamkeitsmuster und Politikpräferenzen aus (Wiesenthal u.a. 1992). Welche Risiken die kontextblinde Übertragung westdeutscher Routinen auf die sozio-ökonomischen Verhältnisse der Transformationsgesellschaft birgt, ist am Beispiel der sog. Tarifautonomie zu studieren.

Regulative Idee des Institutionentransfers war die Schaffung einer den alten Bundesländern homologen Wirtschaftsstruktur mit einer breiten Schicht mittelständischer Unternehmen. Dabei unterstellten die Akteure, daß nur die unmodifizierte Anwendung westdeutscher Normen Gewähr für eine rasche Struktur- und Niveauangleichung der DDR-Wirtschaft böte. Diesem Grundsatz gemäß überließ die Bundesregierung Gewerkschaften und Arbeitgeberverbänden die ökonomisch sensible und für die Sozialintegration der ostdeutschen Bevölkerung bedeutsame Kurs- und Tempobestimmung der Lohnpolitik.[36] Die Tarifparteien verfuhren nach der Daumenregel „business as usual" und verwandten wenig Aufmerksamkeit auf die besonderen Probleme der Wirtschaftstransformation. Vielmehr trafen sie ihre Entscheidungen gemäß der Logik „lokaler Maximierung" (Elster 1987: Kap. I), indem sie lediglich den Parametern der unmittelbaren Situation Beachtung schenkten: Hochgesteckte Erwartungen der Arbeitnehmer, die im Überschwang von Nationalgefühlen geborene Idee der zügigen Harmonisierung aller West-Ost-Differenzen, nicht zuletzt unausgesprochene Eigeninteressen der westdeutschen Gewerkschaften und Unternehmen konvergierten in der tarifpolitischen Grundsatzentscheidung für eine rasche Lohnangleichung. Man sah keinen Anlaß zum Abschluß eines Sozialpakts, wie er in anderen Reformstaaten auf breite Zustimmung stieß, sondern wählte ungeachtet des rapide schrumpfenden Produktionsvolumens den Pfad einer forcierten Hochlohnpolitik.

---

36 Für eine ausführliche Darstellung von Vorgeschichte und Praxis der frühen Tarifpolitik in den NBL vgl. Ettl/Wiesenthal (1994).

Da sich der eingeschlagene Kurs als nicht mehr konsensuell veränderbare Weichenstellung erwies, kündigten die Arbeitgeberverbände der Metall- und Elektroindustrie den für die Zeit bis Mitte 1994 abgeschlossenen Stufentarifvertrag vorzeitig. Der Vertragsinhalt hatte sich als unvereinbar mit dem Bestandsinteresse einer großen Zahl ostdeutscher Unternehmen erwiesen. Die Zeit für eine Neubestimmung des lohnpolitischen Kurses war jedoch abgelaufen. War der Stufentarifvertrag von 1991 schon in einem durch weniger prominente Tarifentscheidungen geprägten Erwartungshorizont angesiedelt, so hatte er selbst auf vielen anderen Gebieten, auch außerhalb der Tarifpolitik, präjudizierend gewirkt. Folglich stand 1993 nur noch das Tempo, mit dem man auf dem eingeschlagenen Pfad voranschreiten würde, aber nicht mehr das Ziel zur Debatte. Im Ergebnis von Konfliktaustragung und -schlichtung erreichten die Arbeitgeber eine Fristverlängerung um zwei Jahre. Damit hebt die wegen ihrer Situativität und Folgenignoranz als opportunistisch zu apostrophierende Tarifpolitik das besondere Risiko des linearen Institutionentransfers und der daraus resultierenden homologen Verbändestruktur hervor: einen Mangel an Situationsanpassung und Problemsensitivität. Als Konsequenz der exogenen Institutionalisierung werden von den NBL-Arbeitgeberverbänden negative Rückwirkungen auf Mitgliederintegration und -rekrutierung registriert. Und zumindest auf regionaler Ebene, wo sie unmittelbar mit den Folgen der Beschäftigungskatastrophe konfrontiert sind, ließen Gewerkschaften und Arbeitgeber ihre ursprüngliche Absicht fallen, keine Ausweitung des tradierten Handlungskataloges vorzunehmen.

5.2 Lernprozesse und Adaptionsbemühungen

Die Unternehmerverbände waren auf die Veränderungen in ihrer westdeutschen Organisationsdomäne, die sich nach der Vereinigung der deutschen Staaten – u.a. am Kapitalmarkt und in der staatlichen Finanzpolitik – ergaben, ebensowenig gefaßt wie auf die Folgen der lediglich formalen Inkorporierung ostdeutscher Interessen. Da man eine enge Kooperation mit ostdeutschen Managern gescheut hatte, wirkten die späten Erfahrungen mit dem hohen Modernisierungsbedarf und dem plötzlichen Kollaps der DDR-Wirtschaft überraschend. Anfängliche Zweifel am Verfahren der schlagartigen Wirtschaftsintegration hatte die Regierung abgewehrt.[37] So schloß man sich dem Optimismus der Politik an und verhielt sich abwartend. Das Muster der anschließend absolvierten „Lernprozesse" läßt sich am Beispiel des BDI studieren.[38]
Das Ende des kurzen „Einheitsbooms", von dem die westdeutsche Wirtschaft bis 1991 profitierte, nötigte die politischen und verbandlichen Akteure zu wiederholten Bestandsaufnahmen. Ende 1992 signalisierte der tiefe Einbruch des Produktions- und Beschäftigungsniveaus der ostdeutschen Wirtschaft, daß es sich beim „Aufbau Ost" nicht bloß um ein Projekt der Förderung strukturschwacher Regionen handelt. Die Wirkung klassischer Instrumente wie Investitionszulagen und öffentliche Investitionsprogramme, z.B. das mit 24 Mrd. DM ausgestattete „Gemeinschaftswerk Aufschwung

---
37 Die Spitzenverbände plädierten im Vorfeld der deutschen Vereinigung für zeitlich begrenzte Sonderregelungen, z.B. im Wettbewerbs- und Steuerrecht (vgl. Berger 1994).
38 Die folgenden Ausführungen rekurrieren im wesentlichen auf Berger (1994).

Ost", blieb weit hinter den Erwartungen zurück. Selbst passionierte Gegner dirigistischer Wirtschaftspolitik, wie sie an der Spitze der westdeutschen Unternehmerverbände anzutreffen sind, mußten einräumen, daß es voluminöserer Programme bedürfte, um einen nachhaltigen Anstieg von Produktion und Beschäftigung zu bewirken. Als die Regierung unter dem Druck ostdeutscher Landesparteien ihre ordnungspolitische Zurückhaltung aufzugeben begann und Hilfen zur Erhaltung der verbliebenen „industriellen Kerne" avisierte, widersetzte sich der BDI noch einem Kurswechsel und warnte davor, eine zweite Variante von Staatswirtschaft auf dem Boden der DDR zu erproben. Man beharrte auf der Verbesserung der Investitionsbedingungen. Westdeutsche und ausländische Anleger sollten wirksamer angereizt werden, ihre Investitionsprojekte in die NBL zu verlagern. Investitionsappelle an westdeutsche Unternehmen, wie sie im Rahmen der regelmäßigen „Kanzlerrunden" ausgegeben wurden, waren ohne spürbare Wirkung geblieben. Konnte die abwartende Haltung westdeutscher Wirtschaftsrepräsentanten und deren Wunsch nach besseren Angebotsbedingungen noch als Ausdruck spezifisch westdeutscher Interessen gelten, so mochte sich der BDI doch nicht der Verantwortung entziehen, die er gegenüber der noch schwachen ostdeutschen Klientel wahrzunehmen hatte. In auffälliger Distanz zu den Interessen seiner westdeutschen Mitgliedsverbände, deren Mitgliederbasis die erhöhte Nachfrage nach westdeutschen Produkten genoß, lancierte der Spitzenverband zwei Projekte, die auf die relative Begünstigung ostdeutscher Firmen hinausliefen und dafür eine Verletzung des Gebots der Wettbewerbsneutralität in Kauf nahmen.

Zum einen warb der BDI für die Verankerung einer sog. Wertschöpfungspräferenz im Steuerrecht, welche einer direkten Subvention ostdeutscher Anbieter gleichkäme. Das wurde von der Regierung als systemwidrig abgelehnt. Zum zweiten startete der Verband mit der „Einkaufsoffensive neue Bundesländer" eine Werbekampagne zugunsten ostdeutscher Firmen, die den westdeutschen Verbandsmitgliedern zumutet, ostdeutschen Lieferanten auch bei höheren Preisen den Zuschlag zu erteilen. Um Kritik aus dem eigenen Lager abzufangen, schuf man zur Durchführung der Aktion eine formal selbständige Organisation („wir. Wirtschafts-Initiativen für Deutschland e.V."), die von individuellen Mitgliedern, darunter prominenten Unternehmern, getragen wird. Inhalt und Konstruktion des Projekts exemplifizieren den auch auf anderen Gebieten wahrgenommenen Korrekturbedarf nach der anfänglich rein formalen Übertragung westdeutscher Politikmuster (vgl. Czada 1994). Indem die vom BDI demonstrierte Anpassungsbereitschaft an unerwartete Umstände kaum den Bereich der symbolischen Politik überschreitet, werden die Schwierigkeiten der Analyse „ostdeutscher Unternehmerverbände" deutlich: Handelt es sich doch, je nach Perspektive, entweder weiterhin um externe, nämlich „westdeutsche" Akteure oder aber um die am wenigsten autonomen Repräsentanten ökonomischer Interessen im Transformationsprozeß.

5.3 Zwischenresümee

Die schlagartige Einführung eines kompletten Institutionensystems, die Präsenz handlungsstarker Akteure und die ökonomischen Folgen von Währungsunion und Marktöffnung beschreiben die exzeptionellen Startbedingungen der ostdeutschen Transformation. Externe Akteure ermöglichten das hohe Tempo des Wandels, aber bewirkten zugleich die Entmutigung und Verdrängung endogener Kräfte. Wie in der staatlichen Politik waren auch die Entscheidungen der Unternehmerverbände von unzulänglichen Problemdeutungen informiert. Wurde der Crash-Kurs des Systemwandels gewählt, weil er berechenbare Wirkungen versprach, so waren es ausgerechnet die „bewährten" Routinen, die überraschende Wirkungen zeigten. Die daraufhin einsetzenden Lernprozesse waren im Falle der Unternehmerverbände der NBL durch eine ungewöhnlich große Distanz der Verbandsführungen von der lokalen Handlungswelt der Mitglieder gekennzeichnet.

Der exogene Verbandsaufbau hatte Stellvertreterpolitik ohne Auftrag und ohne ausreichende Informationen zur Folge. Sieht man von den an der Verbandsspitze angesiedelten Lernpotentialen und -hindernissen ab, so unterscheidet sich die Situation der Unternehmerverbände in Ostdeutschland nicht sehr von den Verhältnissen in Ungarn oder der ČR: Der Organisationsaufbau scheint nur in formaler Hinsicht gelungen, da der wahrgenommene Vertretungsauftrag unklar oder (wegen der Rivalität ost- und westdeutscher Mitgliederinteressen) in sich widersprüchlich ist. Somit besteht eine gewisse Analogie zur Fragmentierung und geringen Repräsentativität von Unternehmerverbänden in anderen Reformstaaten. Signifikante Unterschiede betreffen dagegen die Rahmenbedingungen und das Vorhandensein von Substituten. Die westdeutschen Verbandsführungen waren spätestens nach Erfahrung der Folgen ihrer frühen Tarifpolitik bereit, als Sachwalter antizipierbarer Interessen der neuen Klientel zu handeln. In Ostmitteleuropa agiert bis auf weiteres noch der Staat als Vertreter schwach organisierter Wirtschaftsinteressen. Beide Varianten von Stellvertretung kranken an ungenügenden Ressourcen, da die Stellvertreter weder über Sanktionspotentiale noch über die Folgebereitschaft der Repräsentierten disponieren können. Was den Sonderfall der Transformation Ostdeutschlands betrifft, hat es sich verbandspolitisch unpraktikabel erwiesen, die westdeutsche Teilmitgliedschaft für Opfer zugunsten der ostdeutschen Teilmitgliedschaft zu gewinnen.[39]

Ebensowenig zeigt sich die Politik bereit, die Verbände von ihrer ungewollten Verantwortung als „Transformationsakteure" zu entbinden. So müssen die deutschen Unternehmerverbände – neben den Gewerkschaften – noch eine Weile für Verhältnisse verantwortlich zeichnen, die sie durch kontextinsensible Entscheidungen mithergestellt haben, aber kaum mehr wesentlich korrigieren können.

6. Schlußbemerkungen

Liegt es nahe, in der sozialistischen Vergangenheit der Reformstaaten, insbesondere in ihrer Wirtschaftsverfassung und im Assoziationsverbot, identische Startbedingungen für Unternehmerverbände zu sehen, so verweisen die länderspezifischen Pfade und Resultate der Akteurkonstitution auf die begrenzte Wirkung der in den Startbedingungen liegenden „constraints". Die Varianz von Formen und Funktionen belegt eindrücklich den Einfluß kontextueller und endogener, d.h. im allgemeinsten Sinne

---

39 Das gilt nicht nur für Unternehmerverbände. Bekanntlich mußte der DGB, der zu den Kundgebungen am 1. Mai 1992 mit dem Motto „Teilen verbindet" aufgerufen hatte, geharnischte Proteste großer (westdeutscher) Mitgliedergruppen und ganzer Einzelgewerkschaften einstecken (vgl. Meyer 1992).

"institutioneller" Faktoren der Institutionengenese (March/Olsen 1989). Sie sind Teil eines zirkulären Wirkungszusammenhangs, in dem die im Zuge der Institutionengenese entstehenden Organisationsmuster und Verkehrsformen sogleich den Rahmen weiterer Entwicklungen und Modifikationen bilden. Aus dieser größeren Distanz, die der vergleichende Blick auf länderspezifische Befunde erfordert, werden wir zum Schluß auffällige Gemeinsamkeiten der Genese von Unternehmerverbänden, und zwar hinsichtlich (1) des Prozeßmusters und (2) der Resultate, sowie (3) einige markante Unterschiede resümieren.

(1) Zur Charakterisierung des Entstehungsprozesses nationaler Verbändestrukturen ist ein Evolutionsmodell, wie es z.b. der organisationswissenschaftlichen Populationsökologie (Hannan/Freeman 1977) zugrundeliegt, ein geeigneter Erklärungsansatz. Unter diesem Blickwinkel lassen sich analytisch Mechanismen der Variation, Selektion und Retention unterscheiden. *Variation* stellte sich im Gefolge des Liberalisierungsschocks ein, der eine schlagartige Vermehrung von Optionen der individuellen und kollektiven Interessenverfolgung bewirkte. Zahl und Morphologie der Verbandsgründungen waren zunächst von der Ressourcenverteilung (inklusive individueller Handlungsmotive) beeinflußt, wie sie gegen Ende der sozialistischen Regimes bestand. Hier zeigen sich erste Unterschiede zwischen den drei Ländergruppen. Diese verstärken sich in dem bald einsetzenden Selektionsprozeß, der von den (gleichfalls im Wandel begriffenen) politischen Institutionen und den im Verbändesystem selbst entstehenden Wettbewerbsverhältnissen konditioniert ist. Als *Selektoren* wirken die Reformpolitiken der "ersten Stunde", d.h. Entstaatlichungs- und Privatisierungsprogramme, sowie die von Regierungen vorgenommenen Konkretionen des wirtschaftspolitischen Koordinierungs- und Steuerungsbedarfs. Regierungen mögen sich auf die Herstellung von Assoziationsfreiheit beschränken, die Repräsentanten der Wirtschaft zu Konsultationen heranziehen oder Verbände für die Orientierung an Zielen der staatlichen Politik zu gewinnen suchen. Nach und nach erlangen endogene Faktoren, z.B. die Differenzierungslinien der Organisationskonkurrenz, größere Wirkungskraft. Sie scheinen in Rußland nur schwach, in Ostdeutschland extrem stark zu selektieren. Mechanismen der *Retention* sind an Phänomenen der Institutionalisierung abzulesen, wie sie die Sozialpaktarrangements in Ostmitteleuropa darstellen. Von ihnen ist anzunehmen, daß sie auch bei mangelhafter Funktionserfüllung ein die Akteurerwartungen und Strategiewahlen beeinflussendes Element des Institutionensystems werden. Institutionalisierungseffekte sind wiederum in Rußland am schwächsten ausgeprägt, in Ostdeutschland dagegen extrem stark.

(2) In drei Dimensionen lassen sich phänomenologische Gemeinsamkeiten der nationalen Verbändelandschaften ausmachen. An *erster* Stelle steht die Beobachtung, daß Unternehmerverbände, die im Regelfall keinen Zugriff auf die Ressourcen von Vorgängern nehmen konnten, trotz der günstigen politischen Gelegenheitsstruktur schwächer organisiert sind als die Repräsentanten von Arbeitnehmerinteressen. Lediglich in Rußland ist das Kräfteverhältnis umgekehrt, weil hier Unternehmerverbände als Funktionsnachfolger von Staatsagenturen und im Wege der Formalisierung funktionierender Elitennetzwerke entstanden. Wenn man dennoch zögert, russischen Unternehmerinteressen einen privilegierten Status zu bescheinigen, so liegt die Ursache vor allem in Merkmalen des wenig konsolidierten politischen Systems.

Tabelle 1: Staat und Unternehmerverbände in postsozialistischen Staaten

	Rußland	ČR, H, PL	NBL
Regierungssystem:			
Institutionelle Differenzierung	?	+	+
Politikkompetenz (policy formation)	–	+	+
Effektive Sanktionsmittel	?	?	+
Unternehmerverbände:			
Organisationsgrad	–	? + ?	+
Konzentrationsgrad	–	–	+
Vermittlungskompetenz (intern)	–	–	–
Politischer Einfluß	+	?	+
Tripartistische Verhandlungen:			
Institutionalisierung	–	+	+
Formale Funktionserfüllung	–	–	+
Steuerungseffektivität	–	–	–

Erläuterungen:
+ bedeutet: vorhanden, hoch oder stärker ausgeprägt; – bedeutet: abwesend, niedrig oder schächer ausgeprägt; ? bedeutet: diffus oder zweifelhaft. ČR = Tschechische Republik; H = Ungarn; PL = Polen; NBL = neue Bundesländer.

Zweitens scheint die für Selbstdefinitionen im Gründungsprozeß bedeutsame Differenz zwischen staats- und privatwirtschaftlichen Interessen an Strukturierungskraft zu verlieren. In allen Reformstaaten schreiten Kommerzialisierung und Korporatisierung der Staatsunternehmen fort, und selbst dort, wo im Zuge der Voucher-Privatisierung lediglich die faktische Verfügungsmacht des Managements eine offizielle Anerkennung erfährt, kommt es zur Entdifferenzierung der Interessen: Mit dem Geltungsgewinn der „hard budget constraints" des Marktes nähert sich die Situation der ehemaligen Staatsbetriebe der der Privatunternehmen an.

Drittens bestehen keine Anzeichen, daß die entstandenen Governance-Strukturen im Verein mit hohen politischen Steuerungsansprüchen einem autoritären Staatskorporatismus Vorschub leisten, was mit Seitenblick auf Franco-Spanien befürchtet wurde (Kurtán 1993; Brusis 1994). Für „state-corporatist patterns" sind die nur schwach repräsentativen und miteinander im Wettbewerb stehenden Verbände ebenso ungeeignet wie die hochkompetitiven politischen Systeme (Ágh 1993; Tatur 1994). Die verschiedenen nationalen Muster erscheinen vielmehr (mit Ausnahme Ostdeutschlands) als unterschiedlich starke Ausprägungen eines „chaotic pluralism" (Ágh).

(3) Signifikante Unterschiede werden sichtbar, wenn man die Ergebnisse von Differenzierungs- und Konsolidierungsprozessen im Regierungssystem, auf seiten der Unternehmerverbände und hinsichtlich kontinuierlicher Interaktionen zwischen Staat und Verbänden, z.B. in tripartistischen Verhandlungssystemen, vergleicht. Die Ergebnisse eines solchen Vergleichs, der wegen der unbefriedigenden Informationslage nur eine heuristische Funktion hat, sind in einer Tabelle zusammengefaßt (vgl. Tabelle 1). Die in der Tabelle notierten Variablen vermitteln einen Einblick in die komplexe Voraussetzungsstruktur der Interessenvermittlung im Verhältnis von Wirtschaft und Staat.

Im Falle Rußlands sind es v.a. Defizite in der Ausbildung eines steuerungs- und sanktionsfähigen Regierungssystems, die die teilweise vollzogene Anerkennung der Unternehmerverbände durch den Staat entwerten und damit einer weiteren Konzentration der Verbände und ihrer Heranziehung zu Aufgaben der makroökonomischen Koordination im Wege stehen. In den ostmitteleuropäischen Staaten fällt dagegen der Kompetenzvorsprung der staatlichen Politik vor den Repräsentanten „privater" Interessen auf. Es ist abzuwarten, ob die geschaffenen bzw. entstehenden Formen der korporativen Interessenvermittlung ausreichende Anreize zur Überwindung fragmentierter Verbändestrukturen sind. Der Sonderfall Ostdeutschland verdeutlicht den Stellenwert, den kognitive Prozesse und diskretionäre Strategieentscheidungen im Kontext institutioneller Konditionierung behalten: Die geringe interne Vermittlungskompetenz der Verbände und ineffektive Verhandlungsresultate sind hier nicht auf Mängel in den vom Staat zu verantwortenden Rahmenbedingungen zurückzuführen, sondern auf endogene Schranken der Umweltperzeption.

Als Querschnittsbefund ergibt sich, daß organisierte Wirtschaftsinteressen unter den Bedingungen der Systemtransformation weitgehend von der *staatlich* regulierten Gelegenheitsstruktur abhängig zu sein scheinen. Die politischen Opportunitäten entscheiden nicht erst über spätere Institutionalisierungschancen, sondern auch über generative Anreize und selektierende Faktoren, welche die Entstehung eines Verbändesystems ermöglichen. Die „erfolgreichen" Verbände bleiben bei der Exploration und Aneignung neuer Handlungsfelder ihrer Entwicklungsgeschichte verbunden, d.h. pfadabhängig. Aber selbst unter günstigen Umständen, wie beim Verbandsaufbau in den NBL, unterliegt die historisch konditionierte Verbandspolitik opportunistischen Versuchungen und erweist sich mehr von situativen Gelegenheiten und prozeduralen Traditionen als von strategischen Zielen informiert. Öffentliche Funktionen und gesellschaftlicher Ertrag „privater Interessenregierungen" (Streeck/Schmitter 1985) sind somit vom politischen und organisatorischen Know-how abhängig, das in *institutionelle Designs* für die Beteiligung von Verbänden eingeht.

Literatur

Ágh, Attila, 1993: The Premature Senility of the Young Democracies: The Central European Experience. Budapest Papers on Democratic Transition No. 67. Department of Political Science, Budapest University of Economics.

Bauer, Jürgen, 1991: Aktivitäten des BDI in den neuen Bundesländern, in: Aus Politik und Zeitgeschichte, B 13/91, 12-19.

BDA (Bundesvereinigung der Deutschen Arbeitgeberverbände), 1990a: Jahresbericht 1990, Köln.

BDA (Bundesvereinigung der Deutschen Arbeitgeberverbände), 1990b: Kurzprotokoll des Erfahrungsaustauschs über verbandliche DDR-Aktivitäten am 14.3.1990 in Berlin, Mimeo Köln.

BDA (Bundesvereinigung der Deutschen Arbeitgeberverbände), 1991: Jahresbericht 1991, Köln.

BDI (Bundesverband der Deutschen Industrie), 1992: Jahresbericht 1990-1992, Köln.

Berger, Ulrike, 1994: Strategies of the 'Federal Association of Germany Industry' in the Transformation of East-German Economy, Ms. Berlin.

Boll, Bernhard, 1994: Interest Organisation and Intermediation in the New Länder, in: German Politics 3 (1), 114-128.

Brokl, Lubomír/Mansfeldová, Zdenka, 1993: The Social Partnership, Trade Unions and the Social Consensus, Ms. Praha.

Brusis, Martin, 1994: Korporatismus als Transformationskonsens: Der Fall Ungarn im osteuropäischen Vergleich. Arbeitspapiere AG TRAP 94/3. Max-Planck-Gesellschaft, Arbeitsgruppe Transformationsprozesse, Berlin.

Burawoy, Michael/Krotov, Pavel, 1992: The Soviet Transition from Socialism to Capitalism: Worker Control and Economic Bargaining in the Wood Industry, in: American Sociological Review 57 (February), 16-38.

Czada, Roland, 1994: Schleichweg in die „Dritte Republik". Politik der Vereinigung und politischer Wandel in Deutschland, in: Politische Vierteljahresschrift 35 (2), 245-270.

EIU (The Economist Intelligence Unit) 1993/94a: Country Profile Poland, London.

EIU (The Economist Intelligence Unit) 1993/94b: Country Profile Hungary, London.

EIU (The Economist Intelligence Unit) 1994: Country Report Czech Republic and Slovakia. 1st quarter 1994, London.

Elster, Jon, 1987: Subversion der Rationalität, Frankfurt a.M./New York: Campus Verlag.

Elster, Jon, 1990: The Necessity and Impossibility of Simultaneous Economic and Political Reform, in: Piotr Ploszajski (Hrsg.), Philosophy of Social Choice, Warsaw: IFiS Publishers, 309-316.

Ettl, Wilfried/Wiesenthal, Helmut, 1994: Tarifautonomie in de-industrialisiertem Gelände: Analyse eines Institutionentransfers im Prozeß der deutschen Einheit, in: Kölner Zeitschrift für Soziologie und Sozialpsychologie 46 (3), 425-452.

Fortescue, Stephen, 1993: Organization in Russian Industry: Beyond Decentralization, in: RFE/RL Research Report 2 (50), 35-39.

Grant, Wyn, 1993: Business Associations in Eastern Europe and Russia. Conference Report, in: The Journal of Communist Studies 9 (2), 86-100.

Haller, Birgitt/Schaller, Christian/Brokl, Lubomír/Čambáliková, Monika/Mansfeldová, Zdenka, 1993: Möglichkeiten sozialpartnerschaftlicher Konfliktregelung in der Tschechischen und Slowakischen Republik. Projektbericht, Mimeo Innsbruck.

Hannan, Michael T./Freeman, John, 1977: The Population Ecology of Organizations, in: American Journal of Sociology, 82 (March), 929-964.

Hausner, Jerzy, 1992: Populist Threat in Transformation of Socialist Society, Warsaw: Fundacja im. Friedricha Eberta.

Henneberger, Frank, 1993: Transferstart: Organisationsdynamik und Strukturkonservatismus westdeutscher Unternehmerverbände, in: Politische Vierteljahresschrift 34 (4), 640-673.

Itogi i prognozy razvitija rynoščnych otnošenij v Rossii. Razrabotka Instituta problem rynka RAN, 1994, in: Rossijskij ėkonomiščeskij zurnal (2), 3-11.

Johnson, Simon/Kroll, Heidi, 1991: Managerial Strategies for Spontaneous Privatization, in: Soviet Economy 7 (4), 281-316.

Jones, Anthony/Moskoff, William, 1991: Ko-ops. The Rebirth of Entrepreneurship in the Soviet Union, Bloomington/Indianapolis: Indiana University Press.

Kleinfeld, Ralf, 1992: Zwischen Rundem Tisch und Konzertierter Aktion. Korporatistische Formen der Interessenvermittlung in den neuen Bundesländern, in: Volker Eichener u.a. (Hrsg.), Organisierte Interessen in Ostdeutschland. Marburg: Metropolis, 73-133.

Kleinhenz, Gerhard, 1992: Tarifpartnerschaft im vereinten Deutschland. Die Bedeutung der Arbeitsmarktorganisationen für die Einheit der Arbeits- und Lebensverhältnisse, in: Aus Politik und Zeitgeschichte, B 12/92, 14-24.

Koch, Hardy, 1992: Überleben ist möglich. Solidarność und Polen nach der Revolution, in: Gewerkschaftliche Monatshefte 43 (12), 766-772.

Kovács, János Mátyás, 1990: Das Große Experiment des Übergangs. Über die Grenzen unseres ökonomischen Wissens, in: Transit 1, 84-106.

Kuczynska, Teresa, 1992: The Capitalists Among Us, in: Telos 92, (Summer), 159-163.

Kurtán, Sándor, 1993: Sozialpartnerschaft in Ungarn?, in: Emmerich Tálos (Hrsg.), Sozialpartnerschaft, Wien: VG Verlag für Gesellschaftskritik, 267-284.

Lapina, N., 1993: Predprinimateli v politiščeskom prostranstve, in: Mirovaja ėkonomika i mezdunarodnye otnošenija 6, 43-57.

Leijonhufvud, Axel, 1993: The Nature of the Depression in the Former Soviet Union, in: New Left Review 199, 120-126.

Lindblom, Charles E., 1977: Politics and Markets, New York: Basic Books.

Lohr, Eric, 1993: Arkadii Volsky's Political Base, in: Europe-Asia-Studies 45 (3), 811-829.

Luhmann, Niklas, 1986: Ökologische Kommunikation, Opladen: Westdeutscher Verlag.

March, James G./Olsen, Johan P., 1989: Rediscovering Institutions, New York: Free Press.
McSweeney, Dean/Tempest, Clive, 1993: The Political Science of Democratic Transition in Eastern Europe, in: Political Studies 41 (3), 408-419.
Meyer, Heinz-Werner, 1992: Teilen verbindet, in: Gewerkschaftliche Monatshefte 43 (7), 385-393.
Moe, Terry M., 1980: The Organization of Interests. Incentives and the Internal Dynamics of Political Interest Groups, Chicago: University of Chicago Press.
Murrell, Peter, 1993: What is Shock Therapy? What Did It Do in Poland and Russia?, in: Post-Soviet Affairs 9 (2), 111-140.
Nabiullina, E./Jasin, E., 1993: Adaptacija rossijskich predprijatij k novym ėkonomiščeskim uslovijam. Experteninstitut des RSPP, Mimeo Moskau.
Neifer-Dichmann, Elisabeth, 1992: Unternehmerverbände im Prozeß der deutsch-deutschen Vereinigung, in: *Frank Löbler* u.a. (Hrsg.), Wiedervereinigung als Organisationsproblem, Bochum: Brockmeyer, 125-129.
OECD, 1993: Wirtschaftsausblick 54 (Dezember), Paris.
Offe, Claus, 1981: The Attribution of Public Status to Interest Groups: Observations on the West German Case, in: *Suzanne Berger* (Hrsg.), Organizing Interests in Western Europe, Cambridge: Cambridge University Press, 123-158.
Offe, Claus, 1994: Der Tunnel am Ende des Lichts, Frankfurt a.M./New York: Campus Verlag.
Oliver, Pamela E./Marwell, Gerald, 1988: The Paradox of Group Size in Collective Action. A Theory of Critical Mass II., in: American Sociological Review 53, 1-8.
Olson, Mancur jr., 1968: Die Logik des kollektiven Handelns, Tübingen: Mohr.
Ortmeyer, August, 1992: Industrie- und Handelskammern in den neuen Bundesländern, in: *Frank Löbler* u.a. (Hrsg.), Wiedervereinigung als Organisationsproblem, Bochum: Brockmeyer, 130-134.
Pickel, Andreas, 1993: Can Capitalism Be Constructed? Competing Conceptions of Postcommunist Economic Transformation, Mimeo Honolulu.
Preuß, Ulrich K., 1992: Postkommunistische Neugründungen in Osteuropa, in: Freibeuter 52, 89-99.
Prybyla, Jan S., 1988: Socialist Economic Reform, Political Freedom, and Democracy, in: Comparative Strategy 7 (4), 351-360.
Przeworski, Adam, 1991: Democracy and the Market, Cambridge: Cambridge University Press.
Randow, Matthias v./Seideneck, Peter, 1992: Gewerkschaften im Transformationsprozeß von Wirtschaft und Gesellschaften in Osteuropa, in: WSI-Mitteilungen 45 (12), 813-823.
Rutland, Peter, 1993: The Politics of Economic Stagnation in the Soviet Union: The Role of Local Party Organs in Economic Management, Cambridge: Cambridge University Press.
Sachs, Jeffrey, 1989: My Plan for Poland, in: International Economy 3 (Dec.), 24-29.
Salisbury, Robert H., 1969: An Exchange Theory of Interest Groups, in: Midwest Journal of Political Science 13 (1), 1-32.
Scharpf, Fritz W., 1985: Die Politikverflechtungs-Falle: Europäische Integration und deutscher Föderalismus im Vergleich, in: Politische Vierteljahresschrift 26 (4), 323-356.
Schienstock, Gerd/Traxler, Franz, 1993: Von der stalinistischen zur marktvermittelten Konvergenz?, in: Kölner Zeitschrift für Soziologie und Sozialpsychologie 45 (3), 484-506.
Schmitter, Philippe C./Streeck, Wolfgang, 1981: The Organization of Business Interests. Discussion Paper IIM/LPM 81-13, Wissenschaftszentrum Berlin.
Slider, Darrell, 1991: The First Independent Soviet Interest Groups: Unions and Associations of Cooperatives, in: *Judith B. Sedaitis/Jim Butterfield* (Hrsg.), Perestroika from Below: Social Movements in the Soviet Union, Boulder/Col.: Westview.
Staniszkis, Jadwiga, 1991: Dilemmata der Demokratie in Osteuropa, in: *Rainer Deppe* u.a. (Hrsg.), Demokratischer Umbruch in Osteuropa, Frankfurt a.M.: Suhrkamp, 326-347.
Stark, David, 1992: The Great Transformation? Social Change in Eastern Europe, in: Contemporary Sociology 21 (3), 299-304.
Statistisches Bundesamt (Hrsg.), 1994: Zur wirtschaftlichen und sozialen Lage in den neuen Bundesländern, (März), Stuttgart.
Streeck, Wolfgang/Schmitter, Philippe C., 1985: Gemeinschaft, Markt und Staat – und die Verbände?, in: Journal für Sozialforschung 25 (2), 133-158.
Stykow, Petra, 1994: Koordinierungsformen von Wirtschaftsakteuren in Rußland: Eine Fallstudie. Arbeitspapiere AG TRAP 94/7. Max-Planck-Gesellschaft, Arbeitsgruppe Transformationsprozesse, Berlin.

Tatur, Melanie, 1994: „Corporatism" as a Paradigm of Transformation, Ms. Warschau.

Vass, László, 1993: Europeanisation and Interest Groups in the New Hungarian Political System, in: Südosteuropa, 42 (5), 301-317.

Verešcagin, V./Kašin, V./Maljutin, M., 1994: Parteien und Unternehmertum in Rußland, in: Berliner Debatte Initial (3), 25-34.

White, Stephen/Gill, Graeme/Slider, Darrell, 1993: The Politics of Transition: Shaping a Post-Soviet Future, Cambridge: Cambridge University Press.

Wiesenthal, Helmut, 1992: Sturz in die Moderne. Der Sonderstatus der DDR in den Transformationsprozessen Osteuropas, in: *Michael Brie/Dieter Klein* (Hrsg.), Zwischen den Zeiten, Hamburg: VSA, 162-188.

Wiesenthal, Helmut/Ettl, Wilfried/Bialas, Christiane, 1992: Interessenverbände im Transformationsprozeß. Arbeitspapiere AG TRAP 92/3. Max-Planck-Gesellschaft, Arbeitsgruppe Transformationsprozesse, Berlin.

Yakovlev, Andrei, 1993: Commodity Exchanges and the Russian Government, in: RFE/RL Research Report 2 (45), 24-28.

Von staatlicher Überorganisation zu freiwilliger Organisierung? Gewerkschaften und assoziatives Verhalten in postkommunistischen Gesellschaften

Bernhard Weßels

1. Einleitung

Die Transformationsprozesse in Osteuropa sind, sollen sie zur Konsolidierung von Demokratie führen, höchst voraussetzungsvoll und ihr Ausgang mitnichten gesichert. Die Transition weg von kommunistischer Herrschaft bedeutet nicht automatisch eine Transition hin zu einem demokratischen, liberalen und effizienten sozialen und politischen System (Arato 1991: 3). Die Unsicherheit des Ausgangs liegt unter anderem darin begründet, daß die Transformationsprozesse anders als in Südeuropa sowie Mittel- und Südamerika durch eine Vielzahl von Paradoxien und Dilemmata gekennzeichnet sind, die darauf beruhen, daß Reform – um nicht zu sagen revolutionäre Veränderung – in allen Sphären gleichzeitig notwendig erscheint: in der Politik, in der Ökonomie und in der Gesellschaft. Dabei bezieht dies noch nicht das Problem mit ein, daß die territoriale Frage, also die der nationalen Staatlichkeit mit konsolidierten Grenzen für Bevölkerung und Staat, noch immer nicht überall als gelöst angesehen werden kann (Offe 1991). Das ehemalige Jugoslawien, Konflikte um die Krim und andere schwelende Konflikte z.B. im Baltikum verweisen auf das Problem. Wo jedoch die grundlegende Voraussetzung der Existenz eines Nationalstaats gegeben oder als relativ gesichert angesehen werden kann, drängt das von Offe aufgezeigte Dilemma in den Vordergrund, daß Demokratie und Marktwirtschaft gleichzeitig etabliert werden sollen oder müssen, wenn der Transformationsprozeß erfolgreich auf eine Form liberal-demokratischer Ordnung, wie sie für westliche Gesellschaften typisch ist, hinauslaufen soll. Diese Gleichzeitigkeit macht Schwierigkeiten: Marktwirtschaft kann nur politisch etabliert werden und bedarf eines demokratischen Mandats, weil ohne ein solches die Akzeptanz der Kosten und Belastungen zu gering sein kann, Schritte zurück in die Staatsökonomie erzwungen werden oder den neuen Eliten opportun erscheinen. Die Politik des konservativen russischen Premiers Tschernomyrdin nach dem Scheitern der radikalen Reformtruppe um Gaidar und Fjododorow zeigt genau dies. Auf der anderen Seite setzt Demokratie ein gewisses Maß an autonomer ökonomischer Entwicklung voraus, weil nur sie die für Demokratie notwendige, oder genauer: passende Differenzierung von Sozialstrukturen durch Produktion und Markt erzeugt. Demokratie ist nicht nur Mittel zur Vermittlung von Vielfalt, sondern setzt diese selbst voraus. Sie ist ein Prozeß der „Accomodation", eine Kombination von Spaltung und Zusammenhang, von Konflikt und Konsens (Rustow 1970: 339). Anders als in Spanien und Portugal, wo während der Diktatur Marktwirtschaft beibehalten

und damit die sozialen Voraussetzungen für Demokratisierung prinzipiell gegeben waren (Ost 1991: 2), ist die Transformation der Ökonomie in Osteuropa ein politischer Akt, ist „Capitalism by democratic design" (Offe 1991).
Entstaatlichung ist dabei das überragende und von allen Reformprogrammen getragene Leitmotiv. Sie ist in allen Sphären notwendig: in der Wirtschaft, der Gesellschaft und der Politik. Entstaatlichung der Wirtschaft beinhaltet vor allem die Etablierung von Märkten als Steuerungsmedium wirtschaftlicher Aktivitäten, sowohl bezogen auf die Bewegung von Kapital und Gütern als auch Arbeitskraft. Entstaatlichung der Gesellschaft heißt Befreiung von staatlicher Bevormundung aber auch staatlicher Obhut. Politisch umfaßt Entstaatlichung die Etablierung von dem Prinzip nach vom Staat autonomen kollektiven Akteuren, d.h. Akteuren, die ihre Entscheidungen prinzipiell unabhängig von staatlichem Einfluß fällen können müssen – was nicht heißt, in jedem Falle unabhängig fällen.
Paradoxerweise ist all dies nicht ohne den Staat zu erzielen. Er muß die legalen, formalen und zu einem großen Teil materiellen Voraussetzungen für die Entstaatlichung selbst schaffen. Er muß Privateigentum fördern und durch Privatisierung bilden und seinen Schutz garantieren, Marktprinzipien etablieren und marktkonformes, d.h. vertragsrechtlich einwandfreies Verhalten durchsetzen. Der Staat muß Arbeitsmärkte durch Freisetzung von Arbeitskraft aus der staatsabhängigen Beschäftigung aufbauen. Er muß die rechtlichen und materiellen Voraussetzungen für die Existenz eines Parteien- und Verbändesystems schaffen und Regeln bzw. Institutionalisierungen von Konfliktlösungen etablieren.
Die Anforderungen und Prozesse sind dabei nicht nur in sich widersprüchlich und paradox, sondern auch geeignet, Widerspruch hervorzurufen. Dies gilt insbesondere wegen der hohen *sozialen* Kosten der *wirtschaftlichen* Reformen. Der Umbau der Wirtschaft heißt ja nicht nur Etablierung von Privateigentum und Markt mit Preisfreigaben, nachfolgender Inflation usw. Zu den Reformen gehört auch die Freisetzung von Arbeitskräften aus der relativ sicheren staatsabhängigen Beschäftigung, was prinzipiell die Herauslösung aus sicheren kollektiven Versorgungsbezügen zugunsten eines individuellen Arbeitsmarktschicksals bedeutet, mit anderen Worten: die Individualisierung des Beschäftigungsrisikos (vgl. Hickel 1984: VII-XV, auch Beck 1986: 115-118). Die Durchsetzung von Reformentscheidungen und der Erfolg von Reformmaßnahmen sind nur bei Konsens aller Beteiligten wahrscheinlich. Es ist vor diesem Hintergrund nicht verwunderlich, daß es in fast allen Übergangsgesellschaften zumindest Versuche gegeben hat, Gewerkschaften, Arbeitgeber (nahezu ausschließlich identisch mit dem Staat) und die Regierung an einen Tisch zu bringen und dreigliedrige Kommissionen zur Regulierung der Arbeitsverhältnisse zu bilden.
Die Gewerkschaften stehen in diesem Prozeß unter höchst unterschiedlichen Anforderungen. Sie müssen das Organisationsproblem lösen und *gleichzeitig* die Probleme der Sozial- und der Systemintegration. Das Organisationsproblem stellt sich mit Blick auf die Nachfolgeorganisationen der alten Gewerkschaften als Transformationsproblem dar, d.h. als Problem der Reform nach innen und des Gewinns von Souveränität nach außen. Neue Gewerkschaften stehen vor dem Problem der Etablierung, der dauerhaften Sicherung ihrer Existenz und der Anerkennung als Verhandlungspartner/Konfliktgegner durch Arbeitgeber und Staat. Beide stehen vor dem Problem der Vermittlung zwischen öffentlichen Interessen an wirtschaftlichen Reformen (Systemin-

tegration) und den Mitgliederinteressen an Vermeidung sozialer Kosten und der Reduzierung individueller Risiken durch ökonomische Reformen (Sozialintegration). Die Interaktion mit den beiden wichtigsten Organisationsumwelten – mit staatlichen und politischen Akteuren einerseits, mit Mitgliedern andererseits – erfordert das Handeln nach jeweils unterschiedlicher, nicht notwendigerweise kompatibler Handlungsrationalität, der „Einfluß-" und der „Mitgliedschaftslogik" (Streeck 1987: 473-474). Von diesem widersprüchlichen Bezugsrahmen ist sowohl das Verhältnis von Individuen und Organisation geprägt als auch das Organisationsverhalten selbst.

Dieser Beitrag richtet sich auf diese Ambivalenz der (Selbst-)Verortung der Gewerkschaften im Reformprozeß postkommunistischer Gesellschaften. Er fragt nach den Konsequenzen der Transformation der Arbeitsmärkte für gewerkschaftliches Handeln, nach den Konsequenzen der organisationsstrukturellen Charakteristika der Gewerkschaftssysteme und nach den Konsequenzen sich wandelnden assoziativen Verhaltens der Individuen. Die theoretischen Ansprüche, zumindest mit Blick auf Erklärungen, stehen explizit nicht im Vordergrund. Hier soll keine „heroische Suche nach einer Theorie" (Beyme 1992: 273) zur Erklärung von Mustern des Übergangs zur Demokratie unternommen werden, sondern in empirisch-analytischer Weise Begrenzungen, Zustand und Perspektiven sozialer Selbstorganisation am Beispiel der Gewerkschaften als den nicht nur quantitativ wichtigsten Interessenorganisationen in postkommunistischen Gesellschaften aufgezeigt werden. Im Vordergrund steht dabei die Entwicklung der Gewerkschaftssysteme in drei geopolitischen, sich in den Transformationspfaden unterscheidenden Ländergruppen: Mitteleuropa (CSFR bzw. Slowakei und Tschechien, Polen, Ungarn), Osteuropa (Bulgarien, Rumänien) und drei ehemalige Republiken der Sowjetunion (Belarus, das europäische Rußland und die Ukraine). Die Auswahl dieser Länder beruht auf der tentativen Hypothese, daß unterschiedliche Transformationspfade und unterschiedliche strukturelle Voraussetzungen assoziatives Verhalten und Organisationsverhalten nachhaltig mit beeinflussen.

2. Arbeitsmarkt und Arbeitsbeziehungen

Postkommunistische Gesellschaften stehen mit ihren mehr oder minder einhellig geteilten wirtschaftlichen Reformzielen nicht nur vor dem Problem, daß die Etablierung von Marktwirtschaft der Privatisierung und freier Kapitalmärkte bedarf, sondern auch freier Arbeitsmärkte. Reform des Eigentums und Reform der Preise von Gütern sowie Deregulierung und Einschränkung von Subventionierung der Arbeitskraft sind in gleichem Maße notwendig (Offe 1991: 19). Angesichts der nahezu vollständig über den Staat vermittelten ökonomischen Existenz in kommunistischen Regimes und der damit gegebenen Abhängigkeit von ökonomischen Benefits des redistributiven Staates sind die individuellen Kosten eines freien Arbeitsmarktes extrem hoch. Unter der Abhängigkeit der ökonomischen Existenz vom Staat entspricht die Zahl der potentiellen Verlierer einer vollständigen Liberalisierung der Wirtschaft der Zahl derjenigen, die dem Arbeitsmarkt ausgesetzt werden, d.h. fast alle (Bruszt und Simon 1992: 179). Privatisierung und die Etablierung von Märkten müssen „von oben" erfolgen. Die einzige, wenngleich wichtige, Legitimation für die Etablierung notwendig folgender Ungleichheit – möglicherweise zwischen den sich selbst bereichernden Eliten und den

Tabelle 1: Arbeitsmarktindikatoren ausgewählter Länder Osteuropas

	Bulgarien	CSFR	Tschechien	Slowakei	Ungarn	Polen	Rumänien
Beschäftigungsentwicklung 1990-1991							
–Landwirtschaft	+ 1,0 %	– 15,3 %	–	–	– 24,7 %	– 27,4 %	–
–Industrie	– 16,7 %	– 11,3 %	–	–	– 13,8 %	– 6,0 %	– 10,6 %
–Bauindustrie	– 20,6 %	– 17,6 %	–	–	– 29,5 %	+ 5,9 %	–
–Dienstleistungen	– 1,7 %	– 9,5 %	–	–	–	– 8,6 %	–
Arbeitslosenquote 1992	11,8	5,6	–	–	10,1	12,3	6,2
Beschäftigung im privaten Sektor 1990 zu 1989							
– in %	+ 2,1	+ 430,8	–		+ 40,4	+ 9,8	–
– in 1000	5,0	401,0	–		195,0	489,0	–
– in % der aus Staatssektor Freigesetzten	1,8	81,0	–		60,7	44,2	–
Verhältnis offener Stellen zu Arbeitslosen Mitte 1992	2,9 %	–	59,4 %	4,7 %	4,6 %	1,4 %	0,5 %

Quellen: Beschäftigungsentwicklung, Beschäftigung im privaten Sektor (Boeri/Keese 1992a: 148); Beschäftigung im Privatsektor in % der aus Staatssektor Freigesetzten (eigene Berechnung nach Boeri und Keese 1992a: 148); Arbeitslosenquote, Verhältnis offener Stellen zu Arbeitslosen (Burda 1993: 105).

dem freien Arbeitsmarkt anheimfallenden „Opfern" ökonomischer Reformen – ist die Erwartung des ökonomischen Erfolgs für alle (Przeworski 1991: 55).

Daß es im Übergang zunächst zahlreiche Verlierer und sehr viel weniger Gewinner wirtschaftlicher Reformen gibt, ist evident. Offene Arbeitslosigkeit hat es in den Kommandowirtschaften Osteuropas nicht gegeben; mithin auch nicht das individuell zu tragende Risiko des Arbeitsplatzverlustes. Arbeitskraft wurde „gehortet". Zwischen 15 und 30 Prozent der eingesetzten Arbeitskraft galt als redundant oder unterbeschäftigt (Boeri und Keese 1992a: 135). Das ist mit den ökonomischen Reformen anders geworden. Die offene Arbeitslosigkeit von Januar 1990 – vor dieser Zeit gab es quasi keine offiziell registrierte Arbeitslosigkeit – ist von weniger als einem Prozent schnell angestiegen: rapide in Polen, ebenso in Bulgarien ab April 1990, moderater in Ungarn und der CSFR und etwa ein Jahr später auch in Rumänien (Boeri und Keese 1992b: 23). 1992 lag die offizielle Arbeitslosenquote in Polen, Bulgarien und Ungarn über 10 Prozent, in der CSFR und in Rumänien über 5 Prozent (Burda 1993: 105). Arbeitsplätze gehen vor allem in der Bauindustrie und in der Landwirtschaft, aber auch in der Industrie, vor allem der Schwerindustrie, verloren. In der CSFR, Bulgarien und Ungarn reduzierte sich die Zahl der Arbeitsplätze in der Bauindustrie von 1990 bis 1991 um 17,6 bis 29,5 Prozent. In der Landwirtschaft reduzierte sich die Zahl der Arbeitsplätze in der CSFR, Ungarn und Polen im selben Zeitraum um 15,3 bis 27,4 Prozent. Der

Arbeitsplatzrückgang in der Industrie war am stärksten in Bulgarien (16,7 Prozent) und am geringsten in Polen (6,0 Prozent) (Boeri und Keese 1992a: 148). Dabei handelt es sich im wesentlichen um echte Arbeitsplatzverluste.
Zwar hat es Privatisierungserfolge gegeben, diese haben aber die Arbeitsplatzverluste bei weitem nicht kompensiert. Die gesamte staatsfinanzierte Beschäftigung ist zwischen 1989 und 1990 in Bulgarien, der CSFR, Ungarn und Polen bereits zwischen 6 und 9 Prozent zurückgegangen. Der private Sektor konnte im gleichen Zeitraum z.T. exorbitante Steigerungsraten der Beschäftigung verbuchen (430 Prozent in der CSFR), gemessen jedoch an Arbeitsplätzen hat sich die Bilanz nicht ausgeglichen. So ging z.B. in Bulgarien die Anzahl staatlich finanzierter Arbeitsplätze um 281.000 zurück, der private Sektor steigerte die Beschäftigung aber lediglich um 5.000. In Ungarn ist die Proportion deutlich besser. Etwa 60 Prozent der Arbeitsplatzverluste im Staatssektor wurden durch Arbeitsplatzgewinne im privaten Sektor kompensiert, in Polen sind es 44, in der CSFR sogar 81 Prozent. Allerdings ist diese günstige Entwicklung in der CSFR nahezu ausschließlich auf Tschechien begrenzt. Das Verhältnis offener Stellen zu Arbeitslosen ist dementsprechend generell niedrig. In der Slowakei, Polen, Ungarn, Bulgarien und Rumänien machte Mitte 1992 die Zahl der offenen Stellen weniger als 5 Prozent der Arbeitssuchenden aus, in Polen lag diese Quote mit 1,4 Prozent und in Rumänien mit 0,5 Prozent deutlich darunter. Lediglich in Tschechien entsprach die Zahl offener Stellen 59,4 Prozent der Arbeitssuchenden (Burda 1993: 105) (s. Tabelle 1). Diese offiziellen Zahlen mögen die reale Entwicklung unterschätzen, aber sie verdeutlichen, daß die Bevölkerungen postkommunistischer Gesellschaften in einem beträchtlichen Ausmaß mit einem Phänomen konfrontiert werden, daß ihnen bis dahin unbekannt war: offene Arbeitslosigkeit. Überdurchschnittlich betroffen sind hiervon Frauen, die Jüngeren und die schlechter Ausgebildeten (Boeri/Keese 1992a: 153). In Ungarn z.B. lag die Arbeitslosenquote von angelernten Arbeitern im Februar 1991 bei 9,9 Prozent, bei Facharbeitern bei 2,6 Prozent.
Diese Entwicklungen sind ökonomisch eine notwendige Voraussetzung für die wirtschaftlichen Reformprozesse. Nur unter der Bedingung, daß Arbeitskraft zu einem „vernünftigen" Lohn zur Verfügung steht, kann sich ein privater Sektor entwickeln (Burda 1993: 103). Die Variablen dieses Prozesses sind zum einen der Anteil der Arbeitsplätze im Staatssektor und zum anderen die Höhe der Löhne in diesem Sektor im Vergleich zu Arbeitslosenversicherungsleistungen und die Höhe der Löhne im privaten Bereich. Ob Arbeitslosigkeit als Disziplinierungsmittel für Löhne, Arbeitsmotivation und Produktivität (Shapiro und Stiglitz 1984) nötig ist, wie Burda argumentiert, hängt im wesentlichen von den Lohnniveaus in der staatlich finanzierten Beschäftigung und der Höhe der Sozialleistungen bei Arbeitslosigkeit ab. Arbeitslosigkeit muß kein prinzipielles Zwischenstadium sein. Ebenso möglich ist ein job-to-job switching (Svejnar 1993: 131), allerdings nur unter optimalen Bedingungen. Sehr viel wahrscheinlicher ist ein „valley of transition" (Przeworski 1991: 23) und das heißt auch Arbeitslosigkeit, bevor der Hügel ökonomischen Reichtums erklommen werden kann.
Der Staat hat die Steuerungskapazität zum langsamen oder schnelleren Freisetzen von Arbeitskräften, kann seine Strategie an ökonomischen Optimalitätskriterien ausrichten und muß sie an den sozialen Kosten und politischen Risiken orientieren. Die individuell kostenträchtigen, aber ungleich verteilten Folgen ökonomischer Reformen verlangen einen Konsens zwischen den politischen Eliten, die die freie Marktwirtschaft nach

ihrem „blue print" errichten wollen, und denjenigen, die die Folgen primär zu tragen haben. Eine Politik der Geduld („political economy of patience", Hirschman) ist notwendig, die zwischen Kurzfrist- und Langfristinteressen, zwischen individuellen und kollektiven Präferenzen vermittelt (Offe 1991: 22-23).
Burda schlägt aus diesem Grunde die Implementation korporatistischer Bargainingstrukturen vor: Hierdurch könnte eine konsensuale Gestaltung der Geschwindigkeit der Freisetzung von Arbeitskräften und der Leistungen bei Arbeitslosigkeit erzielt werden (Burda 1993: 128). Diese Konsensbildung über die ökonomische und soziale Transformation ist daher vor allem eine Frage der Funktionsweise und Stärke von Gewerkschaften. Sie können einerseits zwischen den Kurzfrist- und Individualinteressen an einer Kostenvermeidung und den Langfrist- und Kollektivinteressen an ökonomischer Transformation vermitteln und so soziale Unzufriedenheit, die die fragilen politischen und ökonomischen Transformationsprozesse gefährden könnte, abpuffern und kanalisieren. Sie müssen auf der anderen Seite versuchen, Wohlfahrtsbestände weitgehend zu verteidigen, und sie müssen die Interessen abhängig Beschäftigter wahren. Sie sind in diesem Sinne ein „Resonanzboden des Zumutbaren", um Steffanis Wendung für Parlamente zu gebrauchen. Gewerkschaften stehen damit in einer prekären Situation: Makroskopisch wird von den Protagonisten der Wirtschaftsreformen erwartet, daß die Gewerkschaften zum Gelingen der wirtschaftlichen Reformen beitragen. Mikroskopisch stehen sie vor der Aufgabe, die Interessen abhängig Beschäftigter, die die sozialen Kosten der wirtschaftlichen Transformation individuell tragen, zu verteidigen. Insoweit koexistieren und konkurrieren Mitgliedschafts- und Einflußlogik (Streeck 1987) als Rationalitätskalkül gewerkschaftlichen Handelns auch in den Transformationsgesellschaften. Entscheidungen zugunsten des einen oder anderen Kalküls stellen sich aber möglicherweise als sehr viel folgenreicher dar als in westlichen Demokratien – sowohl für die Reformprozesse, als auch für die Gewerkschaften selbst. Es geht nicht „nur" um strukturelle *Modifikationen* eines etablierten Marktsystems, sondern um die Etablierung eines Marktsystems und damit um den „whole scale"-Umbau der Beschäftigung von der staatsabhängigen in die marktabhängige, um den Umbau von „labour hoarding" zu effizientem Arbeitskräfteeinsatz. Eine verzögernde, Reformen möglicherweise sogar blockierende Politik der Gewerkschaften mag kurzfristig Arbeitslosigkeit vermeiden und individuelle ökonomische Risiken minimieren. Auf mittel- und langfristige Sicht könnte eine derartige Politik entweder, wenn sie erfolgreich ist, die ohnehin stark angeschlagenen Wirtschaften der Übergangsgesellschaften nachhaltig schädigen; oder sie könnte die Gewerkschaften ins politische Abseits geraten lassen, weil sie unter diesen Bedingungen nicht mehr in staatliche und politische Entscheidungsprozesse einbezogen würden. Umgekehrt könnte eine zu stark auf Reformen setzende Politik die Gewerkschaften in größerem Umfang Mitglieder kosten, weil eine sozial und wirtschaftlich kostenträchtige Politik ohne hinreichende Einkommens- und Arbeitsplatzsicherung den Mitgliedern kaum zu vermitteln ist.

3. Gewerkschaften in Osteuropa: vom Transmissionsriemen zur Interessenvertretung?

Wenn man davon ausgeht, daß der Verlauf politischer und ökonomischer Entwicklungen in den postkommunistischen Staaten auch maßgeblich davon abhängt, inwie-

weit institutionalisierte Arrangements entwickelt werden, die geeignet sind, arbeits- und beschäftigungspolitische Konflikte zu bearbeiten und zu steuern, stehen Organisationen der Arbeitnehmer an zentraler Stelle in diesem Prozeß. Ihre Funktion sowohl in der Phase der Etablierung als auch der Existenz der Marktwirtschaft unterscheidet sich jedoch grundlegend von den Funktionen, die die Massenorganisation Gewerkschaft in den staatsautoritären Systemen hatte. Industrielle Beziehungen im Marktsystem sind als Kampf um bestimmte Verteilungsprinzipien zwischen Arbeitnehmern und Arbeitgebern anzusehen. Divergierende Interessen werden durch Austausch zum Ausgleich gebracht. Sofern die Gewerkschaften in den kommunistischen Systemen überhaupt einen Kampf führten, war es die Auseinandersetzung um die Verteilung der Sozialfonds in den Betrieben, um Arbeitsschutzleistungen, um Kriterien beim sozialistischen Wettbewerb und um die Freizeitbelange (Freizeitheime, Urlaub etc.) (Pirker/Hertle u.a. 1990). Gewerkschaften waren keine autonomen Organisationen, sondern nach dem sowjetischen Marxismus-Leninismus subordiniert unter die kommunistische Partei. Diese sowjetische Doktrin kann als von allen kommunistischen Ländern nach dem zweiten Weltkrieg adaptiert angesehen werden (Sewerynski 1989: 211). In Jugoslawien wurde das Modell der Gewerkschaften als Transmissionsriemen der Partei bereits in den frühen fünfziger Jahren wieder verabschiedet, in den anderen kommunistischen Nationen behielt es jedoch Geltung bis in die späten achtziger Jahre. Zwar wurde auf dem Kongreß der sowjetischen Gewerkschaften im Jahre 1987 eine Resolution verabschiedet, die die Notwendigkeit der Garantie der Unabhängigkeit der Gewerkschaften von der Partei feststellte – eine Auswirkung der Perestroika. Eine tatsächliche Autonomie wurde jedoch nicht gewährt. Lohnauseinandersetzung, nach der Doktrin nicht vorgesehen, hat es allerdings immer wieder gegeben. Die Auseinandersetzungen wurden zwischen Gewerkschaften und Betriebsleitungen geführt. Konnte zwischen ihnen jedoch keine Einigung erreicht werden, oder reichten die Konsequenzen der Auseinandersetzung über die Betriebsebene hinaus, fanden Verhandlungen oberhalb der Betriebsebene statt. Die Partei war in diesen beiden Fällen der Schlichter, sie bestimmte die Konfliktlösung (Sewerynski 1989: 215). Gewerkschaften als autonome Machtfaktoren gab es also nicht, Interessenkonflikte wurden vielmehr durch Parteientscheidung beigelegt. Die generelle Funktion der Gewerkschaften war, im Sinne der Partei zur Verbreitung der kommunistischen Idee unter den Mitgliedern beizutragen, sie auf soziale und politische Aktivitäten vorzubereiten, die Beteiligung am Betriebsmanagement und insbesondere die Motivierung der Belegschaften für die Erfüllung der Produktionspläne (Sewerynski 1989: 213). Schienstock und Traxler haben dieses Ordnungsmodel in Anlehnung an Coleman als Modell der Ressourcenzusammenlegung interpretiert (1993): keine Interessendivergenz, keine individuelle Dispositionsautonomie, keine individuellen, sondern nur kollektive Erträge, deren Disposition und Verteilung durch zentrale Koordinierung gelöst ist. Vor diesem Hintergrund ist es fraglich, ob die Gewerkschaften in den kommunistischen Systemen als Arbeitnehmervertretungen im westlichen Sinne angesehen werden können. Institutionalisierte Verteilungskämpfe hat es nicht gegeben, mithin keine industriellen Beziehungen. Wenn es keine industriellen Beziehungen gegeben hat, so Stojanov, „ist der Wandel auf diesem Gebiet identisch mit einem Neuaufbau ohne Voraussetzungen – es gäbe gar nichts zum Transformieren" (Stojanov 1992: 109).
Eine rationale Interessenorientierung der Arbeitnehmer vorausgesetzt, ist für ein zu-

nehmend auf Markt und Wettbewerb zusteuerndes System dann zu vermuten, daß sich a) entweder neue Gewerkschaften entwickeln oder b) sich alte Gewerkschaften reformieren und die Funktion von Gewerkschaften im eigentlichen Sinne übernehmen. Bei Neugründung ist eine Pluralisierung der Gewerkschaftssysteme zu erwarten. Diese Annahme ist auf Olsons (1971) Überlegung zurückzuführen, daß die freiwillige Verbandsbildung zu kleinen Organisationen führt, weil sie stärker als Großorganisationen individuellen Mitgliedern einen Einfluß auf das Organisationshandeln ermöglichen bzw. selektive Anreize bereitstellen können, die höher sind als die Organisations- und Transaktionskosten der Interessengruppe.

Die These der Pluralisierung der Gewerkschaftssysteme vertreten Schienstock und Traxler (1993: 491-492). Sie gehen davon aus, daß die osteuropäischen Gewerkschaftssysteme in ihren Eigenschaften durch die Transformation konvergieren: vom Monismus zum Pluralismus, von der Transmissionsfunktion zu pressure politics. Andererseits spricht für die Transformation der alten Gewerkschaften ihr Ressourcenvorteil. Sie existieren und haben Organisations- und Transaktionskosten zu ihrer Genese erst einmal nicht zu überwinden. Unter der Bedingung, daß sichergestellt werden kann, daß Organisationsstrukturen und Ressourcen der Alt-Gewerkschaften auf die neuen Organisationszwecke umgestellt werden können, wäre es für Arbeitnehmer durchaus rational, bei den sich transformierenden Gewerkschaften zu verbleiben. Unter dieser Bedingung würden Neugründungen von Gewerkschaften unter massiven Konkurrenzbedingungen stattfinden und mit einem hohen Risiko des Scheiterns verbunden sein.

3.1 Pluralisierung der Gewerkschaftssysteme?

Die Entwicklung der Gewerkschaftssysteme in den postkommunistischen Gesellschaften zeigt, daß sowohl Neugründungen als auch Fortbestand der alten Organisationen empirisch auftreten. Dabei können unterschiedliche Strukturmuster in Mitteleuropa (CSFR, Polen, Ungarn), Osteuropa (Bulgarien, Rumänien) und drei Staaten der ehemaligen Sowjetunion (Belarus, europäisches Rußland, Ukraine) beobachtet werden. Diese geopolitischen Gruppen variieren beträchtlich in dem Charakter ihrer Transformationsprozesse. Die drei ehemaligen Republiken der Sowjetunion sind durch einen relativ kurzen Transformationsprozeß eines Systems mit hohem Repressionsniveau, durch eine hohe Kontinuität der politischen und ökonomischen Eliten und eine schwache interne Opposition gekennzeichnet. Karl und Schmitter rechnen den Übergang ihrer Kategorie der „Imposition", einem eliteninduzierten, unilateralen Transformationsprozeß zu (Karl und Schmitter 1991: 276). Bulgarien und Rumänien haben ebenfalls einen sehr kurzen Transformationsprozeß erlebt, der durch Elitenwechsel in Gang gesetzt wurde, wobei in Rumänien Massenerhebungen eine Rolle spielten. Das Repressionsniveau des alten Regimes war hoch, die interne Opposition schwach (Offe 1992: 14a-b). Die bulgarische Transformation ist wie die ex-sowjetischen Transformationen als „Imposition", die rumänische in einer Zwischenstellung zwischen Imposition und Revolution einzuordnen (Karl und Schmitter 1991: 277). Polen und Ungarn haben zwar gemeinsam, daß ihre Transformation einer „Transition durch Pakt" entspricht und auf eine ausgeprägte interne Opposition zurückgeht; in Polen jedoch von der

Bevölkerung getragen, in Ungarn durch politische Eliten. In beiden Ländern war das Repressionsniveau niedrig und der Transformationsprozeß langwierig. Auch die CSFR und Polen weisen Gemeinsamkeiten bei der Transformation auf: eine starke interne „Massenopposition". In der CSFR ist die Kontinuität der politischen und ökonomischen Eliten jedoch im Vergleich zu Polen und Ungarn gering, der Transformationsprozeß erfolgte schnell, und das Repressionsniveau des alten Regimes war höher als in Polen und Ungarn (Offe 1992: 14a-b). Karl und Schmitter beurteilen die ungarische Transformation anders als die in der CSFR und Polen. Für sie war es ein Weg zwischen Imposition und Pakt, die tschechoslowakische und polnische Transformation ein Reformprozeß (Karl und Schmitter 1991: 276-277).

In gewisser Weise korrespondieren die Entwicklungen der Gewerkschaftssysteme mit diesen für die Transformation wesentlichen Merkmalen. Eine größere Bedeutung haben neue oder oppositionelle Gewerkschaften in Ungarn und Polen, sowohl bezogen auf die Zahl der Akteure als auch ihren Mitgliederanteil. In der CSFR standen die Gewerkschaften bis zur Transformation an der Seite der Kommunisten. Ihr Apparat wurde in der „samtenen Revolution" durch die Streikausschüsse übernommen und reorganisiert. Auch in Bulgarien wurde der alte Apparat reorganisiert. Daneben existiert eine zweite wichtige Gewerkschaft, die Bestandteil der Oppositionsbewegung war. In Rumänien ist die Reform des alten kommunistischen Verbandes so gut wie nicht vorangekommen. Es existieren aber auch zwei neue Gewerkschaften, die zusammen stärker sind als der alte kommunistische Verband. Die Föderationen unabhängiger Gewerkschaften in den GUS-Staaten waren zumindest anfänglich lediglich eine Umbenennung der Gewerkschaften des alten Systems.

CSFR

Die einzige bedeutsame gewerkschaftliche Organisation ist die Nachfolgeorganisation CS-KOS des kommunistischen Gewerkschaftsbundes ROH. In ihr sind etwa 7 Millionen Arbeitnehmer organisiert. Sie kann als glaubwürdig reformiert angesehen werden. Die Streikausschüsse, die mit den Bürgerbewegungen die Transformation getragen haben, übernahmen Apparat und Vermögen des alten Verbandes und reorganisierten ihn (s. Tabelle 2).

Polen

Der größte Gewerkschaftsbund in Polen ist der postkommunistische Gewerkschaftsbund OPZZ. Es gibt enge Beziehungen zur KP-Nachfolgepartei, der „Sozialdemokratie", mit der sie bei den Wahlen kandidiert. Ihre Liste wurde im Juni 1991 mit 12 Prozent der Stimmen zweitstärkste Fraktion und gewann bei den Parlamentswahlen 1993 ein Fünftel der Wählerstimmen. Zusammen mit der Bauerpartei stellt sie die Regierung. Die beiden anderen Gewerkschaften sind die NSZZ Solidarnosz, eine Neugründung der von 1981 bis 1988 verbotenen Volksbewegung, die im Sommer 1980 mit ihren Streiks die Zivilgesellschaft rekonstruierte (Bernhard 1993: 316). 1991 erzielte die Solidarnosz 5,9 Prozent der Sitze, bei den Wahlen 1993 geriet sie jedoch ins politische Abseits. Von den Mitgliederzahlen her unbedeutend, existiert auch noch die Solidarnosz-80, die die Beschäftigten der großen Staatsunternehmen vertritt. Insgesamt sind in Polen etwa 6,5 Millionen Arbeitnehmer in den Gewerkschaften organisiert. Davon entfallen auf die oppositionellen neuen Gewerkschaften etwa 38 Prozent.

Ungarn

Das ungarische Gewerkschaftssystem ist bei weitem das am stärksten fraktionalisierte. Es besteht aus der teilreformierten Nachfolgeorganisation MSZOSZ des kommunistischen Verbandes SZOT, und in ihr sind, vergleichbar zur Stärke des postkommunistischen Verbandes in Polen, etwa 62 Prozent aller Gewerkschaftsmitglieder organisiert. Aus dem alten SZOT gelöst haben sich die Autonomen Gewerkschaften, die wichtige Branchengewerkschaften beheimaten, darunter die Chemiearbeiter. Die Demokratische Liga der unabhängigen Gewerkschaften ist die größte neue Gewerkschaft. Sie wurde 1988 gegründet und steht den Freien Demokraten (SZDSZ) nahe. Bedeutungsvoll ist ebenfalls der 1989 gegründete Landesverband der Arbeiterräte (MOSZ) mit etwa 30.000 Mitgliedern. Weitere Gewerkschaften sind die ESZT, die Intellektuelle organisiert, und die SZEF für den öffentlichen Dienst. Zwei kleine, aber bedeutungslose Organisationen sind die christliche KESZOSZ und die rechtsorientierte Solidarität. Nach hochgreifenden Schätzungen sind etwa 3,2 Millionen Arbeitnehmer in Ungarn in Gewerkschaften organisiert (s. Tabelle 2).

Bulgarien

Zwei bedeutende Gewerkschaftsorganisationen organisieren etwa 2 Millionen Arbeitnehmer: der postkommunistische Verband der unabhängigen Gewerkschaften (KUSB) und die PODKREPA, die zentraler Bestandteil der Oppositionsbewegung in Bulgarien war. Die Nachfolgeorganisation KUSB des Kommunististischen Gewerkschaftsbundes BTU wurde enteignet und kann als erfolgreich reformiert angesehen werden. Im November 1989, nach dem Sturz Zhivkovs, erklärte der BTU seine Unabhängigkeit von der kommunistischen Partei und gab sich im Februar 1990 auf einem außerordentlichen Gewerkschaftskongreß neue Statuten und einen neuen Namen sowie eine neue Führung (Jones 1992: 457). 1992 machten die Gewerkschaftsmitglieder im KUSB etwa drei Viertel aller Gewerkschaftsmitglieder aus. Die Stärke der Oppositionsgewerkschaft PODKREPA liegt damit unter der der Oppositionsgewerkschaften in Polen und Ungarn. Über einen weiteren Verband, den Edinstvo (Einheit), der auf Initiative des orthodoxen Flügels der Nachfolgepartei der Kommunisten gegründet wurde, existieren unterschiedliche Informationen. Schienstock und Traxler sprechen ihm zehn Prozent aller Gewerkschaftsmitglieder zu (Schienstock und Traxler 1993: 500), andere gehen von einem Phantom aus, das für sich selbst Mitglieder beansprucht, aber keine Unterstützung findet (Jones 1992: 459). Andere berichten ebenfalls, es gäbe keine bedeutsamen Entwicklungen der Edinstvo (Politikinformation Osteuropa 1993a).

Rumänien

Auch in Rumänien ist die Nachfolgeorganisation des kommunistischen Verbandes UGSR, der Nationale Verband der Freien Gewerkschaften CNSRL, die stärkste Arbeitnehmervertretung. Anders als in Bulgarien hat sich dieser Verband jedoch nicht reformiert. Es gibt Verbindungen zur postkommunistischen Nationalen Rettungsfront von Iliescu. Acht Gewerkschaften haben sich von dem CNSRL abgespalten (Burda 1993: 115) und sich in dem unabhängigen Cartel Alfa zusammengeschlossen. Die führende (und einzige vollständige) neue Gewerkschaft ist FRATIA, die Anfang 1990 gegründet wurde. Sie organisiert etwa ein Fünftel aller Gewerkschaftsmitglieder. Insgesamt sind in den rumänischen Gewerkschaften etwa 2,4 Millionen Beschäftigte organisiert.

Belarus, Rußland und die Ukraine

Allen drei Staaten ist gemeinsam, daß die alten Gewerkschaften deutlich dominieren und rein zahlenmäßig neue Gewerkschaften kaum eine Rolle spielen – wenn dann noch am ehesten in der Ukraine, aber mit zweifelhaftem Status. Nach Schneider, der an einer Fact-Finding-Mission beteiligt war, die mit 160 Führern aller Gewerkschaftsgruppierungen in den drei Staaten Gespräche führte, sind die ehemaligen offiziellen Gewerkschaften zu Föderationen unabhängiger Gewerkschaften (FNP) umbenannt worden, um „den falschen Eindruck zu erwecken, als ob es sich um neugegründete Gewerkschaften handele" (Schneider 1993: 359). Die Föderationen haben gute Druckmittel und selektive Anreize, um einen Austritt von Mitgliedern zu verhindern. Zum einen verwalten sie die Sozialfonds. Zum anderen übernehmen sie nach wie vor die Aufgabe, Gutscheine für preiswerte Urlaube in den staatlichen oder gewerkschaftlichen Ferienheimen zu verteilen. Zumeist stehen ehemalige KPdSU-Funktionäre an der Gewerkschaftsspitze. Die Föderationen treten aggressiv gegen freie Gewerkschaften auf (Schneider 1993: 360). Zumindest bei der russischen Föderation FNPR gibt es einen automatischen Beitragseinbehalt vom Lohn, eine freie Entscheidung für die Mitgliedschaft gibt es in diesem Sinne nicht (Politikinformation Osteuropa 1993b).

In *Rußland* sind etwa 65 Millionen Arbeitnehmer gewerkschaftlich organisiert. Davon entfallen lediglich 0,3 Prozent auf Mitgliedschaften in den freien Gewerkschaften. In der *Ukraine* gibt es etwa 23 Millionen Gewerkschaftsmitglieder, davon 2,3 Prozent in den freien Gewerkschaften. In *Belarus* entfallen von den etwa 5 Millionen Gewerkschaftsmitgliedern lediglich 0,1 Prozent auf freie Gewerkschaften und etwa 12 Prozent auf die Assoziation unabhängiger Gewerkschaften, eine Abspaltung zweier wichtiger Branchenverbände von der Föderation. Die freien Gewerkschaften sind alle aus den Aktivitäten der Streikkomitees, die 1989 und 1991 spontan entstanden, hervorgegangen. Ihr besonderes Merkmal ist ihre berufsständische Organisationsform und ihr Verbot der Doppelmitgliedschaft. Die größte der freien Gewerkschaften ist die Unabhängige Bergarbeitergewerkschaft NPG, die es in allen drei Staaten und in Kasachstan gibt. Sie organisiert zwischen 10 und 20 Prozent der Bergarbeiter. Bedeutsam ist auch die Assoziation des Flugpersonals, der Piloten und Fluglotsen. In Rußland organisiert sie 30.000 von insgesamt 35.000 Piloten. Daneben existieren noch freie Gewerkschaften der Luftfahrt, der Ingenieure und der Lokführer in der Ukraine. Neben diesen freien Gewerkschaften ist die SozProf eine wichtige neue, im wesentlichen an der Sozialdemokratischen Partei Rußlands und an der Vereinigten Sozialdemokratischen Partei der Ukraine orientierte Gewerkschaft. Ein Kuriosum, aber zahlenmäßig nicht zu vernachlässigender Verband ist die im Januar 1990 gegründete Gewerkschaft der Kooperativangestellten und Unternehmer. Sie existiert in Rußland und in der Ukraine. In der Ukraine hat sie 400.000 Mitglieder – das ist mehr als alle anderen freien Gewerk-

Tabelle 2: Einige Merkmale postkommunistischer Gewerkschaftssysteme

	Gewerkschaftsmitglieder in Millionen	Organisationsgrad (unterschiedliche Quellen oder Berechnungsbasis)			Anzahl der Gewerkschaften	Reformgrad der alten Gewerkschaften	Anteil der Mitglieder in neuen Gewerksch.
		a)	b)	c)			
CSFR	7,0	87 %	65–70 %	50,4	1 (3)	ja	0 %
Polen	6,5	45 %	45 %	18,2	3	nein	38 %
Ungarn	3,2	72 %	60 %	35,1	7	partiell	38 %
Bulgarien	2,0	74 %	45 %	46,2	2	ja	25 %
Rumänien	2,4	22 %	30–35 %	40,0	3	nein	21 %
Belarus	5,0	–	–	92,0	3	Absp. ja	0,1 (12,1)%
Rußland	65,0	97 %	–	79,9	6	nein	0,3 %
Ukraine	23,0	–	–	81,3	7	nein	2,3 %

a) nach Politikinformation Osteuropa 1993a,b.
b) nach Burda 1993: 114f.
c) eigene Berechnungen nach Central Eastern Eurobarometer No. 3, Herbst 1992. Individualdaten auf der Berechnungsbasis Beschäftigte. Damit entfällt das Problem der Überschätzung der gewerkschaftlichen Organisationsgrade durch Rentner und Pensionäre, die Mitglied sind.

Sonstige Quellen: Anzahl der Gewerkschaftsmitglieder, Anzahl der Gewerkschaften, Reformstand der Alt-Gewerkschaften: Politikinformation Osteuropa, 1993a,b; Schneider 1993; Jones 1992. Anteil der Gewerkschaftsmitglieder in neuen Gewerkschaften: eigene Berechnungen nach den genannten Quellen.

schaften zusammen. Sie organisiert die Berufstätigen – nicht nur die abhängig Beschäftigten – des nicht-staatlichen Sektors. Ihre Existenz ist Schneider zufolge aus der gegenwärtigen Situation zu erklären, „in der die wenigen Unternehmer sich ebenso in ihrer wirtschaftlichen Existenz bedroht fühlen wie die bei ihnen Beschäftigten. Wenn sich eines Tages das private Unternehmertum durchgesetzt hat, wird sich das ändern, und die Unternehmer werden sich aus der Gewerkschaft zurückziehen" (Schneider 1993: 368). Neben der gemeinsam perzipierten Interessenlage von Arbeitgebern und Arbeitnehmern spielt aber auch eine Rolle, daß Unternehmerverbände sich weniger als Arbeitgeberrepräsentanten, sondern als Berufsverbände verstehen. Das russische Wort für Gewerkschaft bedeutet wörtlich „Berufsverband" (s. Wiesenthal/Stykow in diesem Band).

Insgesamt gesehen, sind die Entwicklungen der Gewerkschaftssysteme in den Übergangsgesellschaften Mittel- und Osteuropas recht unterschiedlich. Von erfolgreichen Neugründungen, die sich neben den Nachfolgeorganisationen der Alt-Gewerkschaften durchgesetzt haben, über reformierte Nachfolgeorganisationen ohne stärkere neue Konkurrenzorganisationen bis hin zum Fortbestehen der Dominanz von nur partiell reformierten Alt-Gewerkschaften reichen die Strukturen der Gewerkschaftssysteme nach der politischen Transformation (siehe Tabelle 2).

Die Variationsmuster in den Gewerkschaftsstrukturen fallen dabei weitgehend mit den Mustern des Übergangs vom kommunistischen zum demokratischen Regime zusammen. Elitenindizierte, unilaterale Reformprozesse wie in den Staaten der ehemaligen Sowjetunion scheinen kaum geeignet, neue Gewerkschaften hervorzubringen.

Umgekehrt sind neue Gewerkschaften dort stark, wo Transformationsprozesse langwierig waren, das Repressionsniveau relativ niedrig und schon unter dem alten Regime Opposition entstand (Polen, Ungarn).
Angesichts dieser Ergebnisse der Transformationsprozesse in den Gewerkschaftssystemen wäre es wohl überzogen, von einem Trend zur Konvergenz zu sprechen (vgl. Schienstock und Traxler 1993). Zwar ist in allen Systemen eine Konstellation von alten bzw. Nachfolgeorganisationen und neuen Gewerkschaften entstanden. Man kann wohl auch kaum – über die allgemeine Feststellung hinaus, daß es mehr Gewerkschaften gibt als vorher – von einer Pluralisierung der Gewerkschaftssysteme sprechen. Mitgliedschaften in neuen Gewerkschaften machen insbesondere in den GUS-Staaten und in der CSFR nur einen marginalen Teil aller Organisierten aus, und auch in Rumänien und Bulgarien haben sie einen Organisationsanteil von maximal 25 Prozent. Das vorherrschende Muster ist die Fortführung der alten Organisationen, die mit mehr oder minder großem Erfolg reformiert wurden. Lediglich in Polen und Ungarn spielen neue Gewerkschaften oder Oppositionsgewerkschaften eine quantitativ wichtige Rolle (s. Tabelle 2). Die riskante Option Neugründung und damit Pluralisierung setzt sich also nur vergleichsweise selten durch. Zwar wird von zahllosen Neugründungen berichtet. Sie erlangen aber häufig allenfalls eine gewisse regionale Bedeutung. Nur dort, wo es einen relativ langen Vorlauf der Reformprozesse gab, haben sich neue Gewerkschaften in einer an quantitativen Standards gemessenen Größe in einem beachtenswerten Ausmaß etabliert. Allerdings kann damit nicht davon ausgegangen werden, die Nachfolgeorganisationen der alten Staatsgewerkschaften wären überall erfolgreich transformiert und ihre Strukturen, Programmatik und Personal auf die Organisationszwecke unter neuen Bedingungen umgestellt. Nur dort, wo es eine konsequente Ersetzung der alten Organisationseliten gab, wie in der CSFR durch die Streikkomitees oder in Bulgarien durch einen Coup, können die alten Gewerkschaften als reformiert angesehen werden. Wo dies nicht oder nur partiell der Fall war, wie in Ungarn, Rumänien und den drei Staaten der ehemaligen SU, scheinen die Reformen der Nachfolgeorganisationen über Rhetorik nicht weit hinausgelangt zu sein. Es ist zu vermuten, daß davon auch die Willigkeit der Gewerkschaften und die Fähigkeit der Gewerkschaftssysteme insgesamt berührt ist, den ökonomischen Reformprozeß mitzugestalten und zu unterstützen.

3.2 Die Politik der Gewerkschaften und die Gewerkschaftspolitik des Staates

Verschiedene Faktoren bestimmen den Kurs und die Politik der Gewerkschaften im Transformationsprozeß und konditionieren ihre Handlungsspielräume. Erstens ist dieser durch die Bereitschaft des Staates geprägt, die Gewerkschaften in die politischen Entscheidungsprozesse einzubeziehen und „korporatistische" Verhandlungsstrukturen zu implementieren. Zweitens kann aber auch die Struktur der Gewerkschaftssysteme ganz entscheidend für den Handlungsspielraum der Gewerkschaften werden und wiederum auf die Interaktionsbereitschaft des Staates zurückwirken:
- Zum einen kann eine Konkurrenzsituation in einem Gewerkschaftssystem – am wahrscheinlichsten in der Konstellation alte vs. neue – die Gewerkschaften unter gegenseitigen Zugzwang setzen; tritt eine Gewerkschaft massiv gegen Maßnahmen

ein, die Einkommen und Arbeitsplätze gefährden könnten, wird für die anderen der Spagat zwischen kurzfristigen Interessen und langfristigen *Chancen* – mehr Sicherheit ist über die Zukunft nicht zu erlangen – immer gefährlicher. Mitgliedschafts- und Einflußlogik kollidieren.

- Zum anderen könnte in der gegenteiligen Situation, also dort, wo die Nachfolgeorganisationen der kommunistischen Gewerkschaften eindeutig dominieren, der Handlungsspielraum der Organisation durch die tradierten, aus dem alten System stammenden Vorstellungen der Mitglieder relativ stark zu Lasten einer Reformorientierung eingeschränkt sein.
- Letztlich können auch ideologische Passung oder Ressentiments zwischen den Gewerkschaften einerseits und zwischen Gewerkschaften und Staat andererseits den Handlungsrahmen begrenzen, weil sie die Koalitionsfähigkeit zwischen Gewerkschaften bzw. die Interaktionsbereitschaft zwischen Staat und Gewerkschaften beeinflussen.

Aus diesen Faktoren ergeben sich verschiedene Variationen des Zusammenspiels zwischen den Gewerkschaften und Gewerkschaften und Staat, wie eine nähere Betrachtung der Politik der Gewerkschaften und der Gewerkschaftspolitik des Staates zeigt.
In der *CSFR* gibt es eine staatsdominierte tripartite Kommission. Der reformierte Gewerkschaftsbund CS-KOS hat Entscheidungen zur Begrenzung von Nominallohnzuwächsen und zum Minimallohn mitgetragen. Die relativ gute Wirtschaftsentwicklung, zumindest in Tschechien, mag dazu beigetragen haben, daß die Arbeitsbeziehungen relativ friedlich geblieben sind.
In *Polen* hat die Solidarnosz insbesondere von 1989 bis 1991 eine die Reformen unterstützende Politik betrieben und sich im Sinne der gesamtwirtschaftlichen Verantwortung zurückgehalten. Sie wurde aber durch die OPZZ, die postkommunistische Gewerkschaft, die lediglich rhetorisch die Reformen unterstützt, unter Zugzwang gesetzt. Seit 1991 setzt auch bei der Solidarnosz eine Aufgabe langfristiger Interessen zugunsten kurzfristiger ein, und sie hat sich mehrere Male den von der OPZZ organisierten Streiks angeschlossen. Der Druck zur Vertretung partikularistischer Interessen geht aber nicht nur aus der Konkurrenzsituation mit der OPZZ hervor, sondern auch Betriebs- und Branchengruppen bedrängen den Dachverband von innen. Mit der Linksregierung seit dem Wahlerfolg der ehemaligen Kommunisten im September 1993 hat sich die Situation der Gewerkschaften in bezug auf ihre Gestaltungsfähigkeit der Reformen nicht wesentlich erhöht, wie man meinen könnte – auch nicht für den postkommunistischen Verband OPZZ. Deren Vorsitzende, Ewa Spychalska, kündigte Mai dieses Jahres aus Unmut über die geringen Gestaltungsmöglichkeiten an, die OPZZ werde in der regierenden SLD-Fraktion (Bündnis der demokratischen Linken) eine eigene Gruppierung organisieren. Sie wolle kein Schutzschild der Regierung sein. Die Forderungen der OPZZ unterscheiden sich nicht wesentlich von denen der Solidarnosc: höhere Renten, Streichung der Lohnzuwachssteuer, vor allem aber die Verabschiedung des „Pakts der Staatsbetriebe", ein inzwischen verabschiedetes Gesetz, das den Belegschaften bessere Entlohnung und Festigung ihrer rechtlichen Stellung in der Betriebsverfassung sichern soll.
In *Ungarn* sind zwar die sieben Gewerkschaften oder Gewerkschaftsbünde, die als die wichtigsten und repräsentativ gelten können, im drittelparitätischen Rat der Interessenabstimmung neben Regierung und Arbeitgebern vertreten. Dieses Gremium scheint

aber bisher faktisch einflußlos zu sein, unter anderem auch wegen eines Gewerkschaften eher als einen Störfaktor begreifenden Reformkurses der Regierung. Insbesondere die nicht vollständige Anerkennung der postkommunistischen MSZOSZ durch die bis Juli 1994 im Amt stehende konservative Regierung hat zu dieser Situation beigetragen. Der Gesetzgeber hat zwar rechtliche Konsequenzen gezogen, um die starke Dominanz des MSZOSZ zu reduzieren, damit aber – ob bewußt oder nicht, ist schwer zu beurteilen – zu einer generellen Schwächung der Gewerkschaften beigetragen. Die gesetzliche Mindestzahl an Unterschriften für den Eintrag als Gewerkschaft in das Handelsregister wurde auf zehn festgesetzt. Die gleichzeitige Ankündigung der Verteilung des alten gewerkschaftlichen Vermögens unter den Gewerkschaften hat zu der Gründung von mehr als 1000 weder tarif- noch handlungsfähigen Gewerkschaften geführt (Randow und Seideneck 1992: 819). Dieser Regierungsvorschlag wurde von den sieben im Rat der Interessenabstimmung vertretenen Gewerkschaften zurückgewiesen und ein Gegenvorschlag zur Vermögensaufteilung vorgelegt. Das Arbeitsgesetz von 1992 erkennt die Gewerkschaften zwar als Vertreter der Arbeitnehmer an, aber nur unter der Bedingung, daß sie von einem bestimmten Prozentsatz der Beschäftigten eines Betriebes oder einer Branche bei den Betriebsratswahlen gewählt werden. Insgesamt stützen weder die gesetzlichen Regelungen noch die zurückhaltende Position der konservativen Regierung die Gewerkschaften besonders. Mit der absoluten Mehrheit der sozialistischen Partei von Gyula Horn bei den Wahlen Ende Mai 1994 mag sich das Verhältnis von Gewerkschaften und Regierung verbessern – möglicherweise auch hinsichtlich des Vorbehalts gegen den postkommunistischen MSZOSZ. Die sozialistische Partei ist insbesondere in der von einer schweren wirtschaftlichen Krise betroffenen Stahl-Region Nordost-Ungarns erfolgreich gewesen. In ihren Reihen finden sich mächtige ehemalige Gewerkschaftsführer ebenso wie liberale Wirtschaftsexperten.

In *Bulgarien* existiert zwar eine Verhandlungsstruktur zwischen Gewerkschaften und Staat, ob aber eine effektive Mitgestaltung der Wirtschaftsreformen möglich ist, erscheint zweifelhaft. Allerdings haben CITUB, die Nachfolgeorganisation der alten Gewerkschaften, und die neue Podkrepa gleichermaßen versucht, den sozialen Frieden nach den zahllosen Streiks zwischen 1989 und März 1990 zu sichern, und waren dabei auch erfolgreich. Die zwischen beiden Gewerkschaften existierenden ideologischen Vorbehalte machen eine Zusammenarbeit aber nicht einfach. Die auf Schocktherapie hinauslaufende Wirtschaftspolitik läßt zudem nicht viel Gestaltungsspielraum für die Gewerkschaften. Allerdings konnte für die Verluste von Reallohneinkommen durch die erheblichen Preissteigerungen ein Teilausgleich erreicht werden.

In *Rumänien* ist die Konkurrenzsituation zwischen den Gewerkschaften relativ stark ausgeprägt. Ein nationaler Konsultativrat der Gewerkschaften soll diese Situation verbessern und den Einfluß der Gewerkschaften stärken. Die wirtschaftlichen Reformen halten sich in Rumänien jedoch in Grenzen, so daß eine Mitwirkung in dieser Richtung derzeit nicht ansteht.

In *Belarus*, *Rußland* und der *Ukraine* wird die Gewerkschaftspolitik eindeutig von den alten Gewerkschaften dominiert, die insgesamt eher eine zurückhaltende, um nicht zu sagen blockierende Haltung gegenüber den Wirtschaftsreformen einnehmen. Sie stehen den Privatisierungen skeptisch gegenüber, treten für die Übergabe des Eigentums an Kollektive ein und verlangen zudem eine stärkere Lenkung der Wirtschaft. Sie treten häufig mit härteren Lohnforderungen auf als die kleinen neuen Gewerkschaften. Da die neuen Gewerkschaften vor radikalen Streikforderungen zurückschrecken, wird ihnen von den alten Gewerkschaften der Vorwurf gemacht, Arbeiterverräter zu sein. Die *russische* Entwicklung ist ein lehrreiches Beispiel für die Möglichkeit, daß aufgrund der Macht der Nachfolgeorganisationen der kommunistischen Gewerkschaften wirtschaftliche Reformen erschwert werden. Die Gaidar-Regierung hat ernsthafte Versuche unternommen, die überkommenen Privilegien und die Macht des postkommunistischen Gewerkschaftsbundes zu begrenzen, um ihre Wirtschaftsreformen besser durchsetzen zu können. Anfang 1992 kündigte die Regierung an, sie werde 1. die Verwaltung der Sozialfonds übernehmen, 2. den automatischen Einbehalt des Mitgliedsbeitrags vom Lohn abschaffen und 3. das Arbeitsrecht so verändern, daß Unternehmensmanager redundante Arbeitskräfte ohne vorherige Zustimmung der Gewerkschaften entlassen können. Die russische Föderation der unabhängigen Gewerkschaften FNPR, Nachfolgeorganisation der alten kommunistischen Gewerkschaften, reagierte mit einer Klage vor dem Verfassungsgerichtshof, die noch nicht entschieden ist, und kündigte offiziell ihre Opposition zur Gaidar-Regierung an. In Interessenkoalition mit Khasbulatov, dem Vorsitzenden des obersten russischen Sowjets, gelang es der FNPR, die Gesetzvorlage der Regierung zur Veränderung des Arbeitsrechts im Parlament scheitern zu lassen (Teague 1993: 39). Sie wird unterstützt von den Managern der Staatsunternehmen, die in der Gewerkschaft der Kooperativangestellten und Unternehmer organisiert sind und die immer noch eine Politik offensiver Staatsstützung einklagen, für höhere Staatskredite für die Unternehmen eintreten und, wenn diese nicht gewährt werden, sich auch untereinander einräumen. Damit ist die trilaterale Kommission aus Regierung, offiziellen und inoffiziellen Gewerkschaften und Arbeitgeberverbänden, die für Verhandlungen über die Wirtschaftspolitik Ende 1991 ins Leben gerufen wurde (Schulus und Milowidow 1992), gescheitert. Die Politik der Gewerkschaften schränkte die Reformbestrebungen von Gaidar soweit ein, daß der Regierungsvertreter der trilateralen Kommission, Gennadii Burbulis, es im September 1992 ablehnte, mit dem Vorsitzenden der Gewerkschaftsföderation Igor Klochkov gemeinsam in einer Fernsehsendung aufzutreten. Schon die Gaidar-Regierung hielt sich angesichts dieser Erfahrungen mit den Gewerkschaften zurück und verzichtete auf einen Konfrontationskurs, mit der Folge, daß notwendige Unternehmensschließungen nicht erfolgten. Seit im Dezember 1992 Viktor Chernomyrdin, der Wunschkandidat der Manager der Staatsunternehmen, Regierungschef wurde, scheint der Reformprozeß weitgehend abgewürgt zu sein. Als „Erfolg" kann die Gewerkschafts-Föderation für sich verbuchen, daß die offene Arbeitslosigkeit in Rußland im Dezember 1992 eine der niedrigsten der Welt war: 0,7 Prozent der erwerbsfähigen Bevölkerung (Teague 1993: 40-41).

Insgesamt gesehen, ergibt sich alles andere als ein einheitliches Bild der Möglichkeiten und Begrenzungen der gewerkschaftlichen Politik in den Ländern Mittel- und Osteuropas. Zum einen variiert das Bild zwischen den Ländern, zum anderen verändert es sich innerhalb der Länder mit fortschreitendem Transformationsprozeß. Daher lassen sich allenfalls einige Hinweise auf die Bedingungsfaktoren gewerkschaftlichen Handelns aus den Entwicklungen ablesen. Dabei scheinen in der Tat die Struktur der Gewerkschaftssysteme (Konkurrenz oder Quasi-Monopol) und ideologische Faktoren die größte Rolle zu spielen (s. Schaubild 1).

Erstens existieren Beschränkungen, die sich aus dem Interaktionsverhältnis der Ge-

Schaubild 1: Strukturen der Gewerkschaftssysteme und Interaktionsverhältnis mit dem Staat

Interaktion mit Regierung/Staat	Struktur des Gewerkschaftssystems	
	„monopolistisch"	Konkurrenz
↑ Konzertierung oder Unterstützung	CSFR	Bulgarien Rumänien
Ambivalenz		
↓ Gegnerschaft	Rußland (FNPR gegen Gaidar-Regierung)	Polen Ungarn (konserv. Regierung gegen MSZOSZ)

werkschaften selbst ergeben. In Polen und Rumänien verhindert die Konkurrenzsituation zwischen alten und neuen Gewerkschaften eine einheitliche Politik und zwingt auch die reformfreundlichen Gewerkschaften in die Mitgliedschaftslogik und damit in einen abwehrenden Kurs gegenüber Wirtschaftsreformen. Koalitionsunfähigkeit aus ideologischen Gründen kennzeichnet ebenfalls die Gewerkschaften in Bulgarien und Ungarn. Die quasi-monopolistischen und wenig reformierten Gewerkschafts-Föderationen in den ehemaligen Republiken der Sowjetunion haben zwar derzeit kein ernsthaftes Konkurrenzproblem, scheinen aber gerade aufgrund ihrer priviligierten Situation einen Konfrontationskurs gegen Reform und die Einrichtung freier Arbeitsmärkte zu fahren. Zumindest für Rußland ist dies ein gesicherter Befund.

Zweitens ist die Interaktionsbereitschaft des Staates von zentraler Bedeutung für die Rolle, die Gewerkschaften im Reformprozeß spielen können. In Ungarn ist zumindest unter der konservativen Regierung bis Juli 1994 den Gewerkschaften keine ernsthafte Rolle im Rat der Interessenabstimmung eingeräumt worden. Die Gründe waren ideologische Vorbehalte der Regierung gegen die postkommunistische MSZOSZ, die der stärkste ungarische Gewerkschaftsverband ist. In Bulgarien gibt die Schocktherapie in der Wirtschaftspolitik den Gewerkschaften keinen Gestaltungsspielraum, zumal sie nicht geschlossen auftreten können. Die trilateralen Bemühungen in Rußland sind am Konfrontationskurs der postkommunistischen Gewerkschafts-Föderation gescheitert. In Polen haben sich die anfänglich die Reformen fördernden Beziehungen, insbesondere zwischen Regierung und Solidarinosc, wesentlich verändert, nachdem ein Ende der Wirtschaftskrise und der Wohlfahrtsverluste nicht entsprechend der J-Kurven-Theorie (Przeworski 1991) eintrat und auch die reformorientierten Gewerkschaften unter dem Druck des Verhaltens der Konkurrenzgewerkschaften stehen. Lediglich in der Tschechoslowakei wird der Reformkurs zumindest passiv unterstützt, wohl nicht zuletzt deshalb, weil er insbesondere in Tschechien sehr erfolgreich verläuft.

Erfolgreiche korporatismusähnliche Arrangements, die für eine effektive Wirtschaftsreformpolitik vermutlich nicht nur hilfreich, sondern notwendig wären (Burda 1993: 128), zeichnen sich in den politischen Systemen Mittel- und Osteuropas kaum ab. Die Versuche zur Konzertierung scheinen fast überall gescheitert zu sein. Solange aber eine Konzertierung der Interessen aufgrund ideologischer Gräben, Konkurrenzsituationen oder unterschiedlicher wirtschafts- und arbeitspolitischer Zielorientierungen eingeschränkt bleibt, ist eine offensive Gewerkschaftspolitik, die zwischen Reforminteressen und -notwendigkeit einerseits und den Mitgliederinteressen an Minimierung der sozialen Reformkosten andererseits vermitteln kann, relativ unwahrscheinlich.

4. Transformation und assoziatives Verhalten

4.1 Entwicklung der Gewerkschaftsmitgliedschaft

Die Transformationsprozesse in Mittel- und Osteuropa stellen die Gewerkschaften nicht nur vor die Probleme, die sich aus der ökonomischen Transformation, der Strukturentwicklung der Gewerkschaftssysteme und der Beziehung zwischen Gewerkschaften und Staat ergeben, sondern auch vor neue Probleme mit ihren Mitgliedern. Gewerkschaften unter kommunistischer Herrschaft sollten zwar die Loyalität der Mitglieder sichern – aber es ging um die Loyalität gegenüber dem System und weniger um die Loyalität gegenüber der Organisation. Die Mitgliedstreue wurde durch staatliche Vorgabe und durch die Leistung besonderer Wohlfahrtsansprüche aufrechterhalten. Von oben mobilisiert, waren die kommunistischen Gesellschaften „überorganisiert". Organisationsgrade von über 90 Prozent aller Erwerbstätigen waren eher die Regel als die Ausnahme.

Mit der Transformation in Richtung demokratischer politischer Systeme und marktwirtschaftlicher ökonomischer Ordnung ergeben sich neue Bedingungen für assoziatives Verhalten und den Sinn von Gewerkschaftsmitgliedschaft. Nicht mehr staatlich vorgegeben und geprägt, wird die Entscheidung für die Mitgliedschaft in einer Gewerkschaft in zunehmendem Maße vom Grad der entwickelten Solidarität innerhalb einer Sozialgruppe oder sozialen Klasse und/oder von der wahrgenommenen Leistungsfähigkeit der Organisation positiv (vgl. Streeck 1987: 475-480) und von den Chancen und Möglichkeiten für Trittbrettfahrertum (Olson 1971) negativ beeinflußt. Damit aber werden die Gewerkschaften mit dem gewonnenen Recht der „negativen Koalitionsfreiheit" konfrontiert. Das Ende der exklusiven staatlichen Anerkennung und des Organisationszwangs setzt die Organisationen einem neuen Prinzip für Mitgliedschaft und Unterstützung aus: der Freiwilligkeit (Schmitter 1992: 432). Augenfälligstes Merkmal der Veränderung ist der drastische Rückgang der Organisationsgrade als Ausdruck des „Exit" (Hirschman 1971) gegenüber vorheriger staatlicher Überorganisation.

Den Rückzug aus den (alten) Gewerkschaften hat es in vielen, aber nicht allen postkommunistischen Gesellschaften gegeben. Die Angaben über Gewerkschaftsmitgliedschaften und deren Veränderungen variieren jedoch beträchtlich. Zuverlässige Informationen zur Anzahl von Gewerkschaftsmitgliedern sind selten zu bekommen. Angaben über die Nachfolgeorganisationen der kommunistischen Gewerkschaften beruhen häufig auf alten Mitgliederkarteien und enthalten zudem einen hohen Anteil an Pensionären und Rentnern unter ihren Mitgliedern. Die selbstberichteten Zahlen überschätzen daher häufig die Organisationsgrade. Bei den neuen Gewerkschaften sieht es aus anderen Gründen ähnlich aus: Sie geben häufig höhere als die tatsächlichen

Schaubild 2: Gewerkschaftsmitglieder im Haushalt

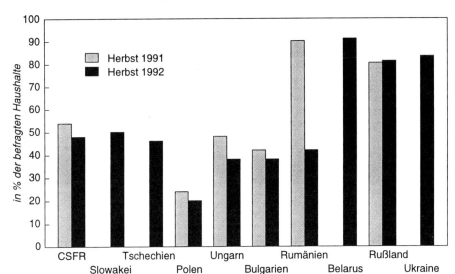

Quelle: Eigene Berechnungen auf Basis des „Central and Eastern Eurobarometer", Nr. 2 und Nr. 3.

Mitgliederzahlen an, um ihre Bedeutung zu unterstreichen (Politikinformation Osteuropa 1993a). Dementsprechend unterschiedlich sind die Angaben über gewerkschaftliche Organisationsgrade (s. Tabelle 2). Eine gegenüber den von den Gewerkschaften selbst berichteten Zahlen relativ zuverlässige Information dürften repräsentative Umfragen bieten. In westlichen Gesellschaften haben sie sich als ein guter „Schätzer" realer Organisationsgrade erwiesen. Sie liegen immer etwas unter den selbstberichteten Zahlen der Gewerkschaften (vgl. Bain und Elias 1985: 73; Blanchflower und Oswald 1989). Nach Umfrageinformationen für 1991 und 1992 unterscheiden sich die gewerkschaftlichen Organisationsgrade der mittel- und osteuropäischen Gesellschaften beträchtlich. Die empirischen Informationen stammen aus eigenen Berechnungen anhand der *Central and Eastern Eurobarometer*, Nr. 2 (Herbst 1991) und Nr. 3 (Herbst 1992). Es handelt sich hierbei um repräsentative Bevölkerungsumfragen, die im Auftrag der Europäischen Kommission durchgeführt wurden.

Im europäischen Rußland, Belarus und der Ukraine war 1991/92 in mehr als 80 Prozent aller Haushalte mindestens eine Person gewerkschaftlich organisiert. Diese Gesellschaften sind immer noch „überorganisiert". Dies erklärt sich, wie bereits angemerkt, durch den Umstand, daß in diesen Ländern die Gewerkschaften die Sozialfonds verwalten und für die Ferien der Beschäftigten und ihrer Familien die wesentliche Voraussetzung immer noch die Mitgliedschaft ist. 1991 ist in Rußland kaum jemand aus der Gewerkschaft ausgetreten. Eine Befragung von Gewerkschaftsmitgliedern zeigt die Mischung der Motive, bei den alten Gewerkschaften zu bleiben: Gewohnheit (39 Prozent), selektive Anreize (Zuteilung von Mangelwaren, Geldunterstützung, Wohnungen usw., 32 Prozent), Interessenvertretung (14 Prozent), Angst vor Konflikten mit den betrieblichen Gewerkschaftskommitees (7 Prozent). Zwei Prozent konnten ihre

Tabelle 3: Veränderung der Gewerkschaftsmitgliedschaft, Herbst 1992 gegenüber Herbst 1991

	Gewerkschaftsmitgliedschaft im Haushalt		Gewerkschaftsmitgliedschaft der Befragten	
	Veränderung in Prozentpunkten	Veränderung in Prozent	Veränderung in Prozentpunkten	Veränderung in Prozent
CSFR	− 5,5	− 10,1	− 5,4	− 13,0
Polen	− 3,8	− 15,7	− 2,1	− 14,9
Ungarn	− 10,8	− 22,1	− 8,3	− 24,5
Bulgarien	− 3,5	− 8,5	− 4,9	− 17,4
Rumänien	− 47,7	− 54,1	− 5,6	− 17,6
Rußland (europäisch)	0,3	0,4	− 2,2	− 3,3

Quelle: Eigene Berechnungen auf Basis des „Central and Eastern Eurobarometer", Nr. 2 und Nr. 3.

Motive nicht erklären (Schulus/Milowidow 1992: 759). Quasi-Organisationszwang und selektive Anreize sind also bei knapp 40 Prozent der Mitglieder das Hauptmotiv, in der Organisation zu verbleiben.

Auch Rumänien gehörte 1991 noch zu den überorganisierten Gesellschaften, während demgegenüber in der CSFR, in Polen, Ungarn und Bulgarien schon ein beträchtlicher Anteil der Mitglieder von der Koalitionsfreiheit im negativen Sinne Gebrauch gemacht hatte. In Polen finden sich, auf Haushalte bezogen, die wenigsten Mitglieder (s. Schaubild 2).

Diese Entwicklung hat sich zwischen 1991 und 1992 fortgesetzt. Für alle Länder, für die Vergleichszahlen 1991/92 zur Verfügung stehen, sind mit Ausnahme des europäischen Rußlands in diesem einen Jahr deutliche negative Veränderungen der Mitgliederzahlen festzustellen. Das trifft sowohl bezogen auf den Anteil der Haushalte mit mindestens einem Gewerkschaftsmitglied zu als auch bezogen auf die Befragten. Der Anteil der Haushalte mit Gewerkschaftsmitgliedern hat sich am stärksten in Rumänien reduziert, am zweitstärksten in Ungarn (s. Tabelle 3). Aber auch in der CSFR, Bulgarien und Polen ergeben sich deutliche Mitgliederverluste. Die negative Entwicklung der Gewerkschaftsmitgliedschaft ist – bezogen auf die Befragten – zwar weniger dramatisch, aber in allen Ländern feststellbar. Den geringsten Rückgang verzeichnen das europäische Rußland und Polen – allerdings von unterschiedlichen Niveaus aus. Damit bedeutet der Rückgang des Organisationsgrades um zwei Prozentpunkte zwischen 1991 und 1992 in beiden Ländern etwas gänzlich Unterschiedliches: in Rußland reduziert sich die Mitgliederzahl lediglich um etwa 3 Prozent, in Polen jedoch um 15 Prozent. In der CSFR, Rumänien und Bulgarien sank der Organisationsgrad um etwa 5 Prozentpunkte, was einem Rückgang der Mitgliederzahl um etwa 13 bzw. 17 Prozent entspricht. In Ungarn ist der Rückgang des Organisationsgrades bezogen auf die Befragten mit 8,3 Prozentpunkten am höchsten, was einer Verringerung der Gewerkschaftsmitgliedschaft von 25 Prozent innerhalb eines Jahres gleichkommt (s. Tabelle 3). Das sind – gemessen an dem kurzen Zeitraum von Herbst 1991 bis Herbst 1992 – signifikante Entwicklungen.

Auffällig ist, daß die Organisationsgrade mit dem unterschiedlichem Transformations-

typ und den unterschiedlichen Fortschritten in der Transformation kovariieren: In den drei hier betrachteten Gesellschaften der ehemaligen Sowjetunion – Belarus, das europäische Rußland und die Ukraine – sind die Gewerkschaftsdichten nach wie vor auf einem ungewöhnlich hohem Niveau. Auf deutlich niedrigerem Niveau gibt es zwischen der CSFR, Polen, Ungarn, Bulgarien und Rumänien weder bezogen auf die Organisationsgrade noch bezogen auf den Rückgang der Mitgliedschaft wesentliche Unterschiede.
Eine nennenswerte Entwicklung neuer Gewerkschaften oder zumindest eine partielle Reform der exkommunistischen Gewerkschaften und die Ausbreitung des „freiwilligen" Assoziationstyps treten also zusammen mit der entsprechenden Konsequenz des „Exits" aus der formalen Bindung auf. Dieser Prozeß kann als Normalisierung des Verhältnisses von Individuen und Organisation angesehen werden. Dort wo Reformen der Gewerkschaften bisher ausgeblieben sind und die Gewerkschaften noch über alte Privilegien verfügen, sind die Organisationsgrade nach wie vor auf einem Niveau, wie es der „von oben" induzierten Form der Assoziation entspricht.

4.2 Mitgliederstruktur und assoziatives Verhalten

Gewerkschaften in westlichen Gesellschaften sind dadurch gekennzeichnet, daß sie *abhängig Beschäftigte* in *weisungsabhängiger Stellung* des sekundären und tertiären Sektors vertreten. In diesem Sinne sind sie Vertreter einer bestimmten Sozialkategorie von Gesellschaft, einer bestimmten sozialen Klasse. Auf Gewerkschaften kommunistischer Regime trifft diese Kennzeichnung nicht zu. Zum einen waren sowohl Management und Belegschaft in den Gewerkschaften organisiert, zum anderen waren zum Teil auch genossenschaftlich und frei tätige Landwirte mit in die Gewerkschaften inkorporiert. In diesem Sinne sind kommunistische Gewerkschaftssysteme Ausdruck des Versuchs der Homogenisierung von Sozialstrukturen unter dem politischem Anspruch der Klassenlosigkeit. Insofern fehlten in kommunistischen Systemen Differenzierungsmodi der Repräsentation sozialer Gruppen, wie sie für westliche Demokratien typisch sind. Schmitter sieht die Differenzierung von *representational domains*, von zu vertretenden Interessenbereichen, als entscheidend für die Konsolidierung von Interessenvertretung in den Übergangsgesellschaften an. Dabei spielt neben den organisatorischen Zugangsregeln *(extent of discrimination)* der Grad der funktionalen Spezialisierung eine entscheidende Rolle (Schmitter 1992: 438). Bezogen auf Gewerkschaften stellt sich als zentrale Frage, inwieweit sie sich als Organisation einer sozialen Klasse formieren *(class governance)* und wie sich Vertretung sektoral differenziert.
Aber nicht nur die Organisation muß ihre Ziele und Interessenvertretungsbereiche neu bestimmen, sondern auch das assoziative Verhalten von Individuen muß sich verändern und sozial differenzieren. Unter den Bedingungen der Organisationsfreiheit heißt das die Herausbildung von spezifischen Allianzen zwischen sozialen Gruppen und Organisationen (Stinchcombe 1975: 575). Diese Generierung von Interessen (Ost 1991) ist aber nicht bloß ein voluntaristischer Akt, der unter den Bedingungen des „politischen Kapitalismus" einfach von den Individuen zu vollziehen wäre. Vielmehr ist er abhängig von ökonomischen Strukturveränderungen und dem Verhalten von Organisationen. Nur in dem Maße wie Strukturveränderungen, d.h. Privatisierung

von Kapital und Vermarktlichung von Arbeitskraft, voranschreiten, differenzieren sich Sozialstrukturen und Soziallagen. Nur in dem Maße wie diese sich differenzieren, ist überhaupt eine strukturelle Grundlage gegeben, auf der *Sozialstrukturen* durch kollektive Akteure und Organisationen politisiert werden können.

Die weitgehend fehlende Differenzierung von Sozialstrukturen und Interessen stellt die Gewerkschaften verstärkt vor das Problem der Vermittlung zwischen status quo und Veränderung. Das Problem stellt sich zum einen bezogen auf die Struktur der Gewerkschaftsmitgliedschaft (Verteilung der Mitglieder nach der beruflichen Stellung und nach dem Beschäftigungssektor), weil die quantitativen Verhältnisse etwas über die Stärkeverhältnisse von Interessen in der Mitgliedschaft aussagen. Es stellt sich zum anderen mit Blick auf die Differenzierung individuellen Assoziationsverhaltens als Ausdruck der selektiven Attraktivität der Organisation, oder allgemeiner, der Veränderung sozialer Interessenlagen mit der Veränderung von Rollen durch Systemwandel.

Struktur der Gewerkschaftsmitgliedschaften

Die Zusammensetzung der Gewerkschaftsmitgliedschaft in den Übergangsgesellschaften entspricht noch nicht dem auf die Vertretung der abhängig und weisungsgebunden Beschäftigten ausgerichteten Assoziationstypus.[1] Immer noch finden sich unter den Gewerkschaftsmitgliedern in größerem Umfang leitende Angestellte und Manager („senior management") und Landwirte (s. Tabelle 4). Allerdings existieren zwischen den Ländern beachtliche Unterschiede. Das Ausmaß der Spezialisierung der Gewerkschaften auf die Vertretung der Interessen der Klasse der abhängig und weisungsgebunden Beschäftigten zeigt sich im Anteil dieser Gruppe an allen erwerbstätigen Gewerkschaftsmitgliedern. Dabei ergeben sich klare Unterschiede zwischen den ehemaligen Staaten der Sowjetunion und den anderen Nationen (s. Tabelle 4, letzte Spalte). In Tschechien, der Slowakei und Polen ist der Anteil dieser Gruppe, d.h. die der mittleren und einfachen Angestellten und Arbeiter, am höchsten und erreicht fast 90 Prozent der erwerbstätigen Gesamtmitgliedschaft. In Bulgarien, Rumänien und Ungarn liegt er nur wenig niedriger, bei etwa 85 Prozent oder höher. In Belarus, Rußland und der Ukraine liegt der Mitgliederanteil der abhängig und weisungsgebunden Beschäftigten zwischen 68 und 72 Prozent, also 13 Prozentpunkte und mehr unter dem Anteil in den anderen Ländern Mittel- und Osteuropas.

Bezogen auf die sektorale Differenzierung lassen sich sogar noch klarere Muster finden, die den Unterschieden in den ökonomischen Reformfortschritten entsprechen. In Polen, Tschechien, der Slowakei und Ungarn, wo die Privatisierung und damit die Schaffung von Arbeits*märkten* am weitesten fortgeschritten ist, sind auch die Anteile der im privaten Sektor oder im Mischbereich der Joint Ventures von Staatsunternehmen und

---

1 In die Analyse einbezogen werden nur erwerbstätige Gewerkschaftsmitglieder. Unter den Gewerkschaftsmitgliedern insgesamt machen die Rentner und Pensionäre in Ungarn fast ein Viertel aus, in Polen, der Slowakei, Tschechien, Rußland und der Ukraine liegt ihr Anteil im Durchschnitt bei dreizehn Prozent. Daneben dürfte neu für die Gewerkschaften sein, daß auch Arbeitslose keine zu vernachlässigende Größe der Gesamtmitgliedschaft sind. Ihr Anteil liegt zwischen nur einem Prozent in Tschechien und 7,5 Prozent in Ungarn. Im Länderdurchschnitt liegt ihr Anteil bei 3,1 Prozent. Beide Gruppen sind für die Fragestellung in diesem Abschnitt nicht relevant.

Tabelle 4: Erwerbstätige Gewerkschaftsmitglieder nach Stellung im Beruf

	Freiberufl., Manager %	Mittl. Angest. %	Einf. Angest. %	Arbeiter %	andere Stellung %	Landwirte %	n = 100 %	% Arbeiter u. Angestellte zusammen
ehemalige CSFR								
– Slowakei	5,8	11,5	16,8	60,2	1,8	4,0	226	88,5
– Tschechien	7,0	8,2	15,6	66,0	2,0	1,2	256	89,8
Polen	8,4	43,2	7,4	37,9	2,1	1,1	95	88,5
Ungarn	11,3	13,7	16,1	57,1	0,0	1,8	168	86,9
Bulgarien	8,1	26,4	5,5	53,1	3,7	3,3	273	85,0
Rumänien	3,8	19,8	12,2	55,3	2,1	6,8	237	87,3
Belarus	15,5	13,2	16,5	39,9	9,2	5,7	644	69,6
Rußland	20,3	13,9	15,8	38,9	7,6	3,5	488	68,6
Ukraine	10,5	10,2	12,2	49,3	9,1	8,6	683	71,7

Quelle: Eigene Berechnungen aus Central and Eastern Eurobarometer Nr. 3, Herbst 1992.

Tabelle 5: Erwerbstätige Gewerkschaftsmitglieder nach Beschäftigungssektor

	Staat %	Staatsuntern. %	Kooperativ. %	Privatuntern. %	Selbständig %	Joint Venture %	n = 100 %	% Privat u. Joint Vent. zusammen
ehemalige CSFR								
– Tschechien	22,8	62,8	4,4	7,2	1,2	1,6	250	8,8
– Slowakei	29,0	56,2	3,6	7,6	1,8	1,8	224	9,4
Polen	32,6	52,6	5,3	6,3	2,1	1,1	95	7,4
Ungarn	27,9	55,2	4,2	4,8	0,6	7,3	165	12,1
Bulgarien	36,9	56,0	5,2	1,1	0,4	0,4	268	1,5
Rumänien	14,4	78,8	3,0	2,5	1,3	0,0	236	2,5
Belarus	6,0	80,4	11,8	0,8	0,8	0,2	618	1,0
Rußland	3,3	88,4	5,2	2,1	0,4	0,6	483	2,7
Ukraine	3,4	87,7	6,9	0,9	0,6	0,4	669	1,3

Quelle: Eigene Berechnungen aus Central and Eastern Eurobarometer Nr. 3, Herbst 1992.

westlichen Privatunternehmen Beschäftigten an den Gewerkschaftsmitgliedern höher. In Ungarn ist der Anteil mit 12,1 Prozent am höchsten, in den anderen drei Ländern dieser Gruppe liegt er über sieben Prozent. Demgegenüber erreicht er in den drei hier betrachteten Ländern der ehemaligen Sowjetunion, in Bulgarien und in Rumänien nur einen Bruchteil dieser Größenordnung, maximal 2,7 Prozent (s. Tabelle 5).
Insgesamt kann das sozialstrukturelle Profil der Mitgliedschaft der Gewerkschaften in Mittel- und Osteuropa bisher nicht als vergleichbar differenziert angesehen werden, wie dies für westliche Gewerkschaften typisch ist. Leitende Angestellte und Manager finden sich immer noch zu einem beachtlichen Anteil neben weisungsgebunden abhängig Beschäftigten, und die Arbeitsverhältnisse des überwiegenden Teils der Mitglieder ist immer noch durch Staatsabhängigkeit gekennzeichnet. Das, was nach dem Kanon der Demokratie Interessenorganisationen können sollten, nämlich eine klare

Tabelle 6: Organisationsdichte nach Stellung im Beruf

	Organisationsgrad in Prozent							
	Freiberufl., Manager	Mittl. Angest.	Einf. Angest.	Arbeiter	andere Stellung	Landwirte	Pensionäre	Arbeitslose
ehemalige CSFR								
– Tschechien	54,5	42,9	54,8	48,6	19,2	(23,1)	18,6	14,3
– Slowakei	(72,2)	56,5	59,4	53,5	(28,6)	(50,0)	17,6	7,5
Polen	21,1	28,7	14,3	20,6	2,6	2,4	6,7	3,3
Ungarn	47,5	33,3	42,2	38,7	(0,0)	5,8	20,3	19,2
Bulgarien	52,4	59,0	38,5	46,0	29,4	23,1	3,6	7,9
Rumänien	31,0	44,3	33,7	52,0	5,7	48,5	5,0	5,9
Belarus	94,3	92,4	96,4	93,1	89,4	74,0	38,3	61,5
Rußland	79,8	78,2	82,8	82,3	86,0	51,5	36,5	40,0
Ukraine	86,7	84,3	83,8	81,6	79,5	70,2	32,2	43,5

Quelle: Eigene Berechnungen aus Central and Eastern Eurobarometer Nr. 3, Herbst 1992.
in Klammern: sehr kleine Fallzahlen (< 20).

Vorstellung davon zu entwickeln, welche Interessen sie vertreten wollen (Schmitter 1992: 438), ist aufgrund der geringen Differenzierung der representational domain für die Gewerkschaften deutlich erschwert.

Gewerkschaftliche Organisationsgrade

Auch aus dem Assoziationsverhalten unterschiedlicher Beschäftigtengruppen ergeben sich bisher keine Hinweise, daß Differenzierungsprozesse anlaufen. Zwar hat sich das Assoziationsverhalten von Individuen verändert, aber nur in der Weise, daß viele die Exit-Option gewählt haben. *Sozial differenziert* hat es sich noch nicht. Merkmal einer solchen Differenzierung wären z.B. unterschiedliche Organisationsgrade in verschiedenen Beschäftigtengruppen. Aber leitende Angestellte und Manager weisen kaum andere Organisationsgrade auf als Angestellte, Angestellte kaum andere als Arbeiter. Es existieren zwar kleinere Unterschiede im Organisationsgrad nach der beruflichen Stellung, diese folgen aber über die Länder hinweg keiner besonderen Systematik. Sie stehen jedenfalls nicht in Beziehung zur anzunehmenden Statushierarchie zwischen den Gruppen (s. Tabelle 6). Weder existieren spezifische, z.B. auf soziale Lage oder Stellung im Beruf zurückzuführende Muster, noch bezogen auf die Exit-Entscheidung. Anders sieht es hinsichtlich der Organisationsgrade in den unterschiedlichen Beschäftigungssektoren aus. Hier ergeben sich deutliche Unterschiede zwischen staatlichen oder staatsabhängigen Bereichen und Privatwirtschaft. Durchgängig sind die Organisationsgrade der Beschäftigten beim Staat, bei Staatsunternehmen und Kooperativen erheblich höher als bei Beschäftigten in Privatunternehmen, in Joint Ventures zwischen zumeist westlichen Firmen und Unternehmen im Staatseigentum und bei kleinen Selbständigen. Wiederum sind die Unterschiede in den Organisationsgraden nach Beschäftigungsbereichen zwischen den drei ehemaligen Republiken der Sowjetunion (Belarus, Rußland und Ukraine) und den anderen mittel- und osteuropäischen Staaten auffällig (s. Tabelle 7). Die Organisationsgrade in den Privatunternehmen variieren zwischen unter zehn Prozent in Bulgarien und Polen und etwa 30 Prozent in Tschechien

Tabelle 7: Gewerkschaftliche Organisationsdichte nach Beschäftigungssektor

	Organisationsgrad in Prozent					
	Staat	Staats- untern.	Koope- rativ.	Privat- untern.	Selb- ständig	Joint Venture
ehemalige CSFR						
– Tschechien	53,3	84,9	31,4	30,0	10,0	(66,7)
– Slowakei	71,4	85,7	(50,0)	47,2	(33,3)	(80,0)
Polen	24,8	38,2	20,0	9,0	2,4	(14,3)
Ungarn	43,0	55,5	17,1	10,7	2,2	60,0
Bulgarien	60,0	50,0	31,8	7,0	(5,3)	(50,0)
Rumänien	37,8	60,2	23,3	10,0	8,1	(0,0)
Belarus	97,4	93,1	91,2	(71,4)	(62,5)	(33,3)
Rußland	80,0	85,7	52,1	32,3	(66,7)	(75,0)
Ukraine	67,6	87,5	68,7	(31,6)	(30,8)	(75,0)

Quelle: Eigene Berechnungen aus Central and Eastern Eurobarometer Nr. 3, Herbst 1992.
in Klammern: sehr kleine Fallzahlen (< 20).

und Rußland. Damit liegen sie erheblich niedriger als in den staatsabhängigen Bereichen. Die Angaben über Joint Ventures beruhen zwar auf sehr kleinen Fallzahlen, passen aber systematisch ins Bild. Bezogen auf den Organisationsgrad nehmen Joint Ventures in den meisten Ländern eine Zwischenstellung zwischen staatsabhängigem und privatwirtschaftlichem Sektor ein (s. Tabelle 7).
Das läßt die Vermutung zu, daß die Vermarktlichung zunächst mit einem Rückgang der Organisierung einhergeht. Über die Gründe läßt sich nur spekulieren. Einerseits ist es nicht unwahrscheinlich, daß der Druck der Unternehmensleitungen privater Firmen die Gewerkschaften weitgehend außerhalb des Betriebes hält. Andererseits kann es sich aber auch um einen Übergangsprozeß in der Transformation handeln. Während die Aufgaben der Gewerkschaften im Hinblick auf die staatsabhängig Beschäftigten relativ klar auf der Hand liegen – Abpufferung und Absicherung der Risiken, die mit der Einführung der Marktwirtschaft und freier Arbeitsmärkte verbunden sind –, stehen Fragen und Probleme im Umgang mit marktmäßigen Formen der Beschäftigung angesichts des rein quantitativ geringen Ausmaßes derzeit weniger im Vordergrund. Der Umgang mit marktwirtschaftlich geprägten Arbeitsverhältnissen muß sowohl von den Individuen wie von den Organisationen erst „gelernt" werden. Für diese Erfahrungen wiederum ist die hinreichende Existenz freier Arbeitsmärkte Voraussetzung.
In dieser Übergangsperiode scheint sich für die Gewerkschaften ein riskanter Prozeß abzuspielen. Die quantitativen Veränderungen in der Beschäftigungsstruktur von staatsabhängig zu privat, entsprechende Ziel- und Funktionsumstellung der Gewerkschaften und das assoziative Verhalten der Individuen müssen sich Hand in Hand entwickeln, sonst verlieren die Gewerkschaften ihre Mitglieder. Aus dem, was sich derzeit in den Entwicklungen ökonomischer Reformen (Privatisierung), der Generierung von Arbeits*märkten* und der gewerkschaftlichen Mitgliederentwicklung widerspiegelt, läßt sich folgende Spekulation oder folgendes „Szenario" ableiten: Mit der zunehmenden Vermarktlichung der Arbeitskraft und der Reduzierung von „labour

Schaubild 3: Gewerkschaftsdichte und privater Arbeitsmarkt – Szenario –

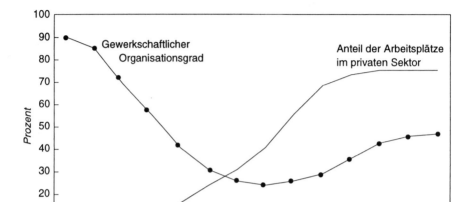

hoarding" wird der gewerkschaftliche Organisationsgrad vermutlich stark zurückgehen. „Gründer-kapitalistische" Verhältnisse, d.h. eine relativ starke Position der privaten Arbeitgeber und die Probleme der Funktionsumstellung der Gewerkschaften einerseits und der Generierung von Interessen durch soziale Differenzierung andererseits machen eine solche Entwicklung nicht unwahrscheinlich. Erst ab einem auch spekulativ nicht näher zu bestimmenden Punkt, wo sich marktabhängige Beschäftigung gegenüber der staatsabhängigen als das dominante Strukturmuster darstellt, können die Gewerkschaften ihre derzeitige Hauptfunktion – Mitbestimmung über die Geschwindigkeit der Freisetzung in den Arbeits(losen)markt und Abpufferung der Folgen – umstellen. Erst dann wird aus den im privaten Sektor Beschäftigten eine von der Größenordnung her hinreichend „kritische Masse", die eine Politisierung von Interessen und entsprechendes Organisationsverhalten erlaubt. Privatisierung und Entwicklung der Gewerkschaftsmitgliedschaft entwickeln sich also wahrscheinlich für einen gewissen Zeitraum gegenläufig, und erst bei einem hinreichend hohen Anteil privater Beschäftigungsverhältnisse wird die Mitgliederzahl der Gewerkschaften wieder zunehmen, aber kaum das alte Niveau erreichen (s. Schaubild 3).

4.3 Die Unterstützung ökonomischer Reformen

Organisatorische Inkohärenz und struktureller Mitgliederverlust durch Privatisierung – das ist der Befund aus der Strukturanalyse der Gewerkschaftsmitgliedschaft. Hinter der Struktur der Gewerkschaftsmitgliedschaft verbirgt sich aber ein weiteres Problem, das die Gewerkschaften von innen heraus Druck aussetzt. Die hohe Staatsabhängigkeit der Beschäftigung der Gewerkschaftsmitglieder und das drohende individuelle Risiko der Arbeitslosigkeit führt zu einer Skepsis der Gewerkschaftsmitglieder gegenüber den ökonomischen Reformen. Für die Erwerbstätigen ist festzustellen, daß sich in

Tabelle 8: Beurteilung der Einführung der freien Marktwirtschaft: Gewerkschaftsmitglieder und Nichtmitglieder im Vergleich, 1991 und 1992

	– Antworten „ist falsch" in Prozent –			
	Gewerkschafts-mitglieder		Nicht-mitglieder	
	%	n = 100 %	%	n = 100 %
1992: aktiv Erwerbstätige				
ehemalige CSFR				
– Tschechien	34,3	(233)	29,2	(257)
– Slowakei	42,0	(207)	34,7	(170)
Polen	26,0	(77)	30,7	(348)
Ungarn	29,0	(138)	23,8	(256)
Bulgarien	21,1	(236)	21,6	(279)
Rumänien	22,6	(217)	26,3	(323)
Belarus	61,9	(583)	54,2	(48)
Rußland (europ.)	50,4	(413)	36,0	(100)
Ukraine	51,8	(583)	39,6	(134)
1991: aktiv Erwerbstätige				
CSFR	19,7	(386)	18,0	(394)
Bulgarien	17,5	(251)	12,1	(281)
Rumänien	48,4	(252)	48,7	(396)
1991: alle Befragten				
CSFR	21,5	(446)	18,9	(630)
Polen	19,9	(141)	20,8	(859)
Ungarn	14,3	(335)	9,8	(652)
Bulgarien	18,6	(279)	15,5	(710)
Rumänien	49,7	(318)	47,4	(682)
Rußland	33,0	(643)	34,3	(332)

Quelle: Eigene Berechnungen aus Central and Eastern Eurobarometer Nr. 3 (Herbst 1992) und Nr. 2 (Herbst 1991).

sechs der neun untersuchten Länder Gewerkschaftsmitglieder stärker als Nichtmitglieder gegen die Einführung der freien Marktwirtschaft aussprechen. Lediglich in Bulgarien, Polen und Rumänien sind Gewerkschaftsmitglieder positiver gegenüber dieser grundlegenden Wirtschaftsreform eingestellt. In den drei Ländern der ehemaligen Sowjetunion ist sogar die Mehrzahl der Gewerkschaftsmitglieder gegen die Einführung der Marktwirtschaft. Zwar sind in den anderen Ländern auch unter den Gewerkschaftsmitgliedern die Befürworter der Einführung der freien Marktwirtschaft klar in der Mehrheit. Aber selbst in den drei Ländern, wo Gewerkschaftsmitglieder diesen Reformen gegenüber aufgeschlossener sind als Nichtmitglieder, sehen zwischen 21 und 26 Prozent von ihnen die Einführung der Marktwirtschaft als falsch an. In der Slowakei, Tschechien und Ungarn liegt ihr Anteil zwischen knapp 30 und 42 Prozent. Ein Zeitvergleich bezogen auf die aktiv Erwerbstätigen ist leider nur für Bulgarien, die CSFR und Rumänien möglich. Für Herbst 1991 fehlen für die anderen Länder die

Angaben zur Beschäftigung. Da dieser Zeitvergleich nur begrenzt möglich ist, wird auch auf die Angaben nicht Erwerbstätiger zurückgegriffen. Danach ist in allen betrachteten Ländern eine Tendenz ganz deutlich: Die Skepsis gegenüber der Einführung der freien Marktwirtschaft ist überall angestiegen – mit der nicht zu erklärenden Ausnahme Rumäniens (hier ist die positive Beurteilung der Einführung der freien Marktwirtschaft allerdings von 1992 auf 1993 ebenfalls um 13 Prozentpunkte gefallen [European Commission 1994]). Gewerkschaftsmitglieder unterscheiden sich in der Zunahme der Skepsis nicht wesentlich von den Nichtmitgliedern. Kleinere Unterschiede deuten darauf hin, daß ihre Skepsis etwas langsamer gewachsen ist, allerdings ausgehend von einer Position generell höherer Skepsis (s. Tabelle 8). In allen Gewerkschaftssystemen zeichnen sich also größere Teile der Mitgliedschaft, in den ehemaligen Ländern der Sowjetunion sogar die Mehrheit, durch eine eindeutig negative Beurteilung der Einführung der Marktwirtschaft aus, und ihr Anteil nimmt fast überall im Zeitverlauf zu.

Das verengt den Handlungsrahmen der Gewerkschaften zusätzlich. Nicht nur sind sie durch die wirtschaftsstrukturellen Gegebenheiten auf Funktionen festgelegt, die nicht den Funktionen von Gewerkschaften in Marktwirtschaften entsprechen. Sie sind zudem von der – nachvollziehbaren – Interessenlage ihrer Mitglieder in unterschiedlichem, aber durchweg beachtlichen Ausmaß darauf verwiesen, ökonomische Reformen und insbesondere die Einführung freier Arbeitsmärkte langsam angehen zu lassen.

5. Organisations- und assoziatives Verhalten im Übergang

Die Entwicklung assoziativen und Organisationsverhaltens in postkommunistischen Gesellschaften ist ein Prozeß, der in hohem Maße durch die strukturellen Veränderungen im politischen, ökonomischen und sozialen Bereich geprägt ist. Diese Interdependenz trifft insbesondere auf die Organisierung ökonomischer Interessen zu. Während im politischen und „moralischen" Sektor schon mit den „Founding Elections" Ansätze zu einer Formierung von Interessen und politischem Verhalten nach dem Muster westlicher liberal-demokratischer Systeme feststellbar waren, d.h. Differenzierungsprozesse auch im Sinne sozialer Allianzenbildung einsetzten (Klingemann 1994, Weßels/Klingemann 1994), scheint diese Entwicklung im Bereich der Gewerkschaften und anderer ökonomischer Interessenorganisationen weitaus voraussetzungsvoller zu sein (s. auch den Beitrag von Wiesenthal und Stykow in diesem Band). Der kritische Punkt ist der Umfang der staatsabhängigen Existenz in postkommunistischen Gesellschaften. Vertretung der Arbeitnehmerinteressen heißt derzeit vor allem eine Abpufferung gegenüber Risiken ökonomischer Reformen, heißt vor allem Minimierung der negativen Folgen von Freisetzungsprozessen in Arbeitsmärkte. Gewerkschaften stehen damit in einem Funktionszusammenhang, der mit dem in marktwirtschaftlich organisierten Ökonomien (noch) nicht vergleichbar ist.

Im Sinne öffentlicher Interessen müssen sie wirtschaftliche Reformen und die Entwicklung freier Märkte unterstützen, ohne die mittelfristig eine ökonomische Reproduktion kaum möglich sein dürfte. Im Sinne kollektiver Partikularinteressen ihrer Mitglieder müssen sie eine Freisetzung aus staatsabhängiger Existenz in die Arbeitslosigkeit vermeiden. Bisher verlaufen die Freisetzungsprozesse zwar langsam, aber immer noch schneller als die Entwicklung von Arbeitsplätzen im privaten Sektor. Die Chancen, über eine dosierte Freisetzung von Arbeitskräften aus staatsabhängiger Beschäftigung in freie Arbeitsmärkte mitzubestimmen, so daß im wesentlichen ein job-to-job switching und nicht Arbeitslosigkeit das Ergebnis ist, sind relativ gering – und das nicht nur aus ökonomischen Gründen.

Die Struktur der Gewerkschaftssysteme und ideologische Faktoren haben bisher den Handlungsrahmen und die Mitwirkungsmöglichkeiten der Gewerkschaften an der staatlichen Politik begrenzt. Die Versuche, korporatismusähnliche Arrangements zu etablieren, sind in fast allen mittel- und osteuropäischen Ländern gescheitert, entweder weil die Gewerkschaften auf Konfrontationskurs zu ökonomischen Reformen gingen (Rußland) oder die Konkurrenzsituation zwischen den Gewerkschaften eine Konzertierung ihrer Interessen nicht zuließ (Polen, Ungarn, in geringerem Umfang auch in Bulgarien und Rumänien) oder die Interaktionsbereitschaft von Regierung und Staat kaum vorhanden war (insbesondere Ungarn, auch Bulgarien). Lediglich in der ehemaligen Tschechoslowakei hat eine gewisse Konzertierung von Gewerkschafts- und Staatsinteressen überlebt – wohl auch wegen der Erfolge der ökonomischen Reformen insbesondere in Tschechien.

Aber nicht nur die strukturellen Gegebenheiten schränken gewerkschaftliche Handlungsmöglichkeiten und deren Funktionszusammenhang ein. Auch das assoziative Verhalten und die Interessen der Mitglieder stellen Beschränkungen dar. Zum einen ist festzustellen, daß die Organisationsgrade in nahezu allen hier untersuchten postkommunistischen Gesellschaften zurückgehen. Diese Entwicklung kann im wesentlichen als ein Normalisierungsprozeß angesehen werden. Die Bürger machen von ihrem Recht auf Assoziationsfreiheit im negativen Sinne Gebrauch und wählen die Exit-Option. Die Überorganisation weicht der „freiwilligen" Assoziation.

Weitere Mitgliederverluste drohen aber auch durch Privatisierung. Die Organisationsgrade in dem bisher nur wenig entwickelten privatwirtschaftlichen Bereich liegen deutlich unter denen in staatsabhängigen Bereichen. Es ist daher damit zu rechnen, daß mit der zunehmenden Entwicklung des privaten Sektors die Organisationsgrade weiter abnehmen und sich möglicherweise erst wieder positiv entwickeln, wenn im Privatsektor eine hinreichend große „kritische Masse" entstanden ist, die die Entwicklung von kollektiven Interessen zuläßt. Damit bekommt der bestehende Druck großer Teile der Gewerkschaftsmitglieder, auf Verlangsamung und Blockade ökonomischer Reformen hinzuwirken, ein stärkeres Gewicht. Sie stellen sich in fast allen ost- und mitteleuropäischen Gewerkschaften stärker als nichtorganisierte Beschäftigte gegen die Einführung der Marktwirtschaft, und der Widerstand gegen ökonomische Reformen wächst überall rasant an.

Diese Generalisierungen treffen aber auf die postkommunistischen Gesellschaften in recht unterschiedlichem Maße zu. Zentraler Bestimmungsfaktor der Entwicklung assoziativen Verhaltens und der Gewerkschaftssysteme sind der Transformationspfad und die Reformfortschritte. Es gibt deutliche Unterschiede zwischen den drei betrachteten geo-politischen Ländergruppen. In Belarus, Rußland und der Ukraine weisen die Gewerkschaftssysteme immer noch Züge der Mobilisierung „von oben" auf: Überorganisation, Priviligierung der alten Gewerkschaften und mehrheitliche Ablehnung der Einführung der Marktwirtschaft. Die mitteleuropäischen Staaten Polen, Slowakei, Tschechien und Ungarn weisen die stärksten Reformfortschritte und/oder die stärkste

Pluralisierung in den Gewerkschaftssystemen auf. Das korrespondiert mit der politischen und ökonomischen Entwicklung. Assoziatives Verhalten und Gewerkschaftsentwicklung in Bulgarien und Rumänien gleicht bei den meisten Faktoren der mitteleuropäischen Entwicklung, bei einigen nehmen sie eine Zwischenstellung ein. Diese Unterschiede in der Entwicklung verweisen auf die hohe Strukturabhängigkeit der Entwicklung der Gewerkschaften in Mittel- und Osteuropa.

Die Begrenzungen gewerkschaftlicher Handlungsmöglichkeiten sind damit vielfältig und in den Ländern unterschiedlich, aber auf die eine oder andere Art überall vorhanden: 1. die häufig geringe Interaktionsbereitschaft des Staates läßt den Gewerkschaften kaum Mitgestaltungsmöglichkeiten, 2. ein großes Interesse der Gewerkschaftsmitglieder gegenüber sozialen Risiken ökonomischer Reformen geschützt zu sein – gegebenenfalls auf dem Wege des Verzichts auf Reformen –, legt die Gewerkschaften stark auf die „Mitgliedschaftslogik" (Streeck) fest, 3. die Konkurrenzsituation der Gewerkschaften in einigen Ländern verhindert die notwendige Konzertierung von Interessen und Kräften, 4. die Mitgliederverluste, die sich nicht nur durch den Abbau der Überorganisation durch Nutzung der negativen Koalitionsfreiheit ergeben, sondern auch durch die Ausweitung des privaten Sektors, der durchweg niedrigere Organisationsgrade aufweist als der staatliche, schwächen einerseits die Organisation, andererseits aber auch die Anreize, überhaupt für ökonomische Reformen einzutreten.

Diese prekäre Situation treibt die Gewerkschaften beinahe automatisch in den Konfrontations- oder zumindest Behinderungskurs wirtschaftlicher Reformen. Die vielfach eingeforderten korporatistischen Arrangements als eine Möglichkeit, einen Konsens über Art und Geschwindigkeit der Reformprozesse zu erzielen und zwischen Langfrist- und Kurzfristinteressen zu vermitteln (Burda 1993), sind damit minimal. Wenn die Gewerkschaften aber als Teil eines Institutionensystems zur Regulierung sozio-ökonomischer Prozesse und zur Entlastung des Staates von Steuerungsaufgaben überleben sollen, wird dies nicht ohne staatliche Interaktionsbereitschaft und rechtliche Institutionalisierung der Rolle der Gewerkschaften bis hin zu direkten Organisationshilfen gehen. Aber davon scheinen die politischen Entwicklungen weit entfernt.

Literatur

Agh, Attila, 1993: From Nomenclatura to Clientura: The Emergence of New Political Elites in East Central Europe, in: Budapest Papers on Democratic Transition, No. 68, Budapest: Hungarian Centre for Democracy Studies Foundation.
Agh, Attila, 1993: The Social and Political Actors of Democratic Transition, in: Budapest Papers on Democratic Transition, No. 75, Budapest: Hungarian Centre for Democracy Studies Foundation.
Arato, Andrew, 1991: Civil Society in the Emerging Democracies: Poland and Hungary, Manuskript, New School, New York.
Bain, George Sayers/Peter Elias, 1985: Trade union membership in Great Britain: An individual-level analysis, in: British Journal of Industrial Relations 23, 71-92.
Barnes, Samuel H., 1993: Citizen Involvement in Civil Society in New Democracies, New York: Georgetown University, Center for German and European Studies.
Beck, Ulrich, 1986: Risikogesellschaft, Frankfurt a.M.: Suhrkamp.
Bernhard, Michael, 1993: Civil Society and Democratic Transition in East Central Europe, in: Political Science Quarterly 108, 2, 307-326.

Beyme, Klaus von, 1992: Parteiensysteme im Demokratisierungsprozeß Osteuropas, in: *ders.* (Hrsg.), Demokratisierung und Parteiensysteme in Osteuropa, Geschichte und Gesellschaft 18, 3, 271-291.
Blanchflower, David G./Andrew J. Oswald, 1989: International patterns of work, in: *R. Jowell/S. Winterspoon/L. Brook* (Hrsg.), British social attitudes, Special International Report, Aldershot: Gower, 15-34.
Boeri, Tito/Keese, Mark, 1992a: Labour Markets and the Transition in Central and Eastern Europe, in: OECD Economic Studies 18, Spring, 133-163.
Boeri, Tito/Keese, Mark, 1992b: From Labour Shortage to Labour Shedding: Labour Markets in Central and Eastern Europe, Labour Market and Social Policy Occasional Papers No. 9, Paris: OECD.
Bozóki, András (Hrsg.), 1992: Democrats Against Democracy?, in: *György Szoboszlai*, Flying Blind. Emerging Democracies in East-Central Europe, Budapest: Hungarian Political Science Association, 382-397.
Bruszt, László, 1991: The Negotiated Revolution of Hungary, in: *György Szoboszlai* (Hrsg.), Democracy and Political Transformation. Theories and East-Central European Realities, Budapest: Hungarian Political Science Association, 213-225.
Bruszt, László/Simon, János, 1992: The Great Transformation in Hungary and Eastern Europe, in: *György Szoboszlai* (Hrsg.), Flying Blind. Emerging Democracies in East-Central Europe, Budapest: Hungarian Political Science Association, 177-203.
Bruyn, Severyn, 1992: Dismantling the State and Creating Civil Society, in: *György Széll* (Hrsg.), Labour Relations in Transition in Eastern Europe, Berlin/New York: de Gruyter, 343-354.
Bunce, Valerie/Csanádi, Mária, 1992: A Systematic Analysis of a Non-System: Post-Communism in Eastern Europe, in: *György Szoboszlai* (Hrsg.), Flying Blind. Emerging Democracies in East-Central Europe, Budapest: Hungarian Political Science Association, 204-226.
Burda, Michael, 1993: Labour Markets in Eastern Europe, in: Economic Policy 16, April, 101-128.
Dittrich, Eckard J., 1992: Arbeitsbeziehungen in Osteuropa: Vorschläge zu ihrer Analyse, in: *Eckard J. Dittrich/Michael Haferkemper/Gert Schmidt/Christo Stojanov* (Hrsg.), Der Wandel industrieller Beziehungen in Osteuropa, Frankfurt a.M./New York: Campus, 91-106.
Ekiert, Grzegorz, 1991: Democratization Processes in East Central Europe: A Theoretical Reconsideration, in: British Journal of Political Science, 285-313.
European Commission, 1994: Central and Eastern Eurobarometer 4, March.
Hickel, Rudolf, 1984: Sozialpolitik in Geschichte, Theorie und Praxis, in: *Karl Diehl/Paul Mombert* (Hrsg.), Ausgewählte Lesestücke zum Studium der politischen Ökonomie: Sozialpolitik, Frankfurt a.M.: Ullstein, V-LIV.
Hirschman, Albert O., 1970: Exit, voice, and loyalty, Cambridge/Mass.: Harvard Univ. Press.
Jenkins, Robert M., 1992: Society and Regime Transition in East-Central Europe, in: *György Szoboszlai* (Hrsg.), Flying Blind. Emerging Democracies in East-Central Europe, Budapest: Hungarian Political Science Association, 114-146.
Jones, Derek C., 1992: The Transformation of Labor Unions in Eastern Europe: The Case of Bulgaria, in: Industrial and Labor Relations Review 45, 3, April, 452-470.
Kaase, Max, 1994: Political Culture and Political Consolidation in Central and Eastern Europe, to be published in: *Frederick D. Weil* (Hrsg.), Research on Democracy and Society, Vol. 2, Greenwich: JAI Press.
Karl, Terry L./Schmitter, Phillipe C., 1991: Modes of Transition in Latin America, Southern and Eastern Europe, in: International Social Science Journal 128, 269-284.
Klingemann, Hans-Dieter, 1994: Die Entstehung wettbewerbsorientierter Parteiensysteme in Osteuropa, in: *Wolfgang Zapf/Meinolf Dierkes* (Hrsg.), Institutionenvergleich und Institutionendynamik, Berlin: Sigma, 13-38.
Mänicke-Gyöngyösi, Krisztina, 1989: Sind Lebensstile politisierbar? Zu den Chancen einer „zivilen Gesellschaft" in Ost- und Ostmitteleuropa, in: *Ralf Rytlewski* (Hrsg.), Politik und Gesellschaft in sozialistischen Ländern, Sonderheft 20 der PVS, Opladen: Westdeutscher Verlag, 335-350.
Márkus, György G., 1992: Parties, Camps and Cleavages in Post-Communist Hungary: Is the Weakness of Social Democratic Forces Systemic?, in: *György Szoboszlai* (Hrsg.), Flying Blind. Emerging Democracies in East-Central Europe, Budapest: Hungarian Political Science Association, 331-343.

Mason, Timothy W., 1975: Arbeiterklasse und Volksgemeinschaft. Dokumente und Materialien zur deutschen Arbeiterpolitik 1936-1939, Opladen: Westdeutscher Verlag.

Mason, Timothy W., 1978: Sozialpolitik im Dritten Reich, Opladen: Westdeutscher Verlag.

Offe, Claus, 1991: Capitalism by Democratic Design? Democratic Theory facing the Triple transition in East Central Europe, Draft paper prepared for presentation at the International Political Science Association (IPSA) Congress, Buenos Aires: Argentinien, Juli 1991.

Offe, Claus, 1992: Die Integration nachkommunistischer Gesellschaften: die ehemalige DDR im Vergleich zu ihren osteuropäischen Nachbarn, Vorlage zum Vortrag beim 26. Deutschen Soziologentag, Düsseldorf, 01.10.92.

Olson, Mancur, 1971: The Logic of Collective Action, Cambridge, Mass.: Harvard University Press.

Ost, David, 1991: The Generation of Interests in Post-Communist East Europe: Solidarity, the Incipient Bourgeoisie, and the Crisis of Liberal Democracy in Poland, Paper prepared for Presentation at the XVth World Congress of the International Political Science Association, July 21-25, 1991, Buenos Aires. Cambridge: Harvard University, Center for European Studies.

Pirker, Theo/H.-H. Hertle/J. Kädtler/R. Weinert, 1990: Wende zum Ende. Auf dem Weg zu unabhängigen Gewerkschaften?, Köln: Bund.

Plasser, Fritz/Ulram, Peter A., 1994: Politische Systemunterstützung und Institutionenvertrauen in den OZE-Staaten, Beitrag für ÖZP 4/1994, Innsbruck/Wien.

Politikinformation Osteuropa, 1991: Osteuropäische Parteien und gesellschaftspolitische Kooperation, Heft 8, November, Informationsdienst aus dem Osteuropareferat der Abteilung Industrieländer der *Friedrich-Ebert-Stiftung*, Bonn.

Politikinformation Osteuropa, 1993a: Die Gewerkschaften in Mittel- und Osteuropa, Heft 25, Januar, Informationsdienst aus dem Osteuropareferat der Abteilung Industrieländer der *Friedrich-Ebert-Stiftung*, Bonn.

Politikinformation Osteuropa, 1993b: Die Russischen Gewerkschaften in der Krise, Heft 27, März, Informationsdienst aus dem Osteuropareferat der Abteilung Industrieländer der *Friedrich-Ebert-Stiftung*, Bonn.

Przeworski, Adam, 1986: Some Problems in the Study of the Transition to Democracy, in: Guillermo O'Donnell/Philippe C. Schmitter/Lawrence Whitehead (Hrsg.), Transitions from Authoritarian Rule: Comparative Perspectives, Baltimore/London: John Hopkins University Press, 47-63.

Przeworski, Adam, 1991: Political Dynamics of Economic Reforms: East and South, in: György Szoboszlai (Hrsg.), Democracy and Political Transformation. Theories and East-Central European Realities, Budapest: Hungarian Political Science Association, 21-74.

Randow, Matthias von/Seideneck, Peter, 1992: Gewerkschaften im Transformationsprozeß von Wirtschaft und Gesellschaft in Osteuropa, in: WSI Mitteilungen 12/1992, 813-823.

Rose, Richard, 1994: Distrust as an Obstacle to the Civil Society, Aufsatzmanuskript für Journal of Democracy, Special issue on civil society (im Erscheinen).

Rustow, Dankwart A., 1970: Transition to Democracy: Toward a Dynamic Model, in: Comparative Politics 2, 3, April, 337-364.

Schienstock, Gerd/Traxler, Franz, 1993: Von der stalinistischen zur marktvermittelten Konvergenz?, in: Kölner Zeitschrift für Soziologie 3, 484-506.

Schmalz-Bruns, Rainer, 1992: Civil Society – ein postmodernes Kunstprodukt? Eine Antwort auf Volker Heins, in: Politische Vierteljahresschrift 2, 243-255.

Schmitter, Philippe C., 1992: The Consolidation of Democracy and Representation of Social Groups, in: American Behavioral Scientist 35, 415, March/June, 422-449.

Schneider, Eberhard, 1993: Gewerkschaften und Arbeitsbeziehungen in Rußland, der Ukraine und Belarus, Teil I und II, in: Osteuropa, 358-368 und 473-480.

Schulus, Alexej/Milowidow, Jurij, 1992, Die ökonomische Situation in Rußland und die Lage der Gewerkschaften, in: Gewerkschaftliche Monatshefte 12/1992, 754-766.

Sewerynski, Michal, 1989: Features of Trade Unionism in the Countries of Eastern Europe and Recent Trends in This Area, in: The International Journal of Comparative Labour Law and Industrial Relations. 5, 1989/90, Issue 4, 210-221.

Shapiro, C./J. Stiglitz, 1984: Equilibrium Unemployment as a Worker Discipline Device, American Economic Review 74, 433-444.

Staniszkis, Jadwiga, 1991: Dilemmata der Demokratie in Osteuropa, in: *Rainer Deppe/Helmut Dubiel/Ulrich Rödel* (Hrsg.), Demokratischer Umbruch in Osteuropa, Frankfurt a.M.: Suhrkamp, 326-347.

Stinchcombe, Arthur L., 1965: Social structure and organizations, in: *James G. March*, Handbook of Organizations, Chicago: Rand McNally, 142-193.

Stinchcombe, Arthur L., 1975: Social structure and politics, in: *Fred I. Greenstein/Nelson W. Polsby* (Hrsg.), Macropolitical theory, Handbook of Political Science Vol. 3, Reading, Mass.: Addison-Wesley, 557-622.

Stojanov, Christo, 1992: Die postsozialistische Transformation – Eine eigenartige (Re-)Modernisierung?, in: *Eckard J. Dittrich/Michael Haferkemper/Gert Schmidt/Christo Stojanov* (Hrsg.), Der Wandel industrieller Beziehungen in Osteuropa, Frankfurt a.M./New York: Campus, 19-42.

Stojanov, Christo, 1992: Thesen zum Strukturkonservatismus von Arbeitsbeziehungen, in: *Ekkard J. Dittrich/Michael Haferkemper/Gert Schmidt/Christo Stojanov* (Hrsg.), Der Wandel industrieller Beziehungen in Osteuropa, Frankfurt a.M./New York: Campus, 107-120.

Streeck, Wolfgang, 1987: Vielfalt und Interdependenz. Überlegungen zur Rolle von intermediären Organisationen in sich ändernden Umwelten, in: Kölner Zeitschrift für Soziologie und Sozialpsychologie 39, 3, 452-495.

Svejnar, Jan, 1993: Diskussion zu Michael Burda, Labour Markets in Eastern Europe, in: Economic Policy 16, April, 130-131.

Szabo, Máté, 1992: The Taxi Driver Demonstration in Hungary – Social Protest and Policy Change, in: *György Szoboszlai* (Hrsg.), Flying Blind. Emerging Democracies in East-Central Europe, Budapest: Hungarian Political Science Association, 357-381.

Széll, György (Hrsg.), 1992: Labour Relations in Transition in Eastern Europe, in: *György Széll* (Hrsg.), Labour Relations in Transition in Eastern Europe, Berlin/New York: de Gruyter, 9-28.

Szoboszlai, György (Hrsg.), 1991: Democracy and Political Transformation. Theories and East-Central European Realities, Budapest: Hungarian Political Science Association.

Szoboszlai, György (Hrsg.), 1992: Flying Blind. Emerging Democracies in East-Central Europe, Budapest: Hungarian Political Science Association.

Sztompka, Piotr, 1993: Civilizational Incompetence: The Trap of Post-Communist Societies, in: Zeitschrift für Soziologie 2, April, 85-95.

Teague, Elizabeth, 1993, Organized Labor in Russia in 1992, in: RFE/RL Research Report, Vol. 2, No. 5, 29. Januar, 38-41.

Vanhanen, Tatu, 1990: The Process of Democratization. A Comparative Study of 147 States 1980-88, New York/Bristol, PA. u.a.: Crane Russak.

Visser, Jelle, 1989: European Trade Unions in figures, Deventer/Boston: Kluwer.

Weßels, Bernhard/Klingemann, Hans-Dieter, 1994: Democratic Transformation and the Prerequisites of Democratic Opposition in East- and Central Europe, WZB Discussion Paper FS III 94-201, Wissenschaftszentrum Berlin für Sozialforschung.

Zapf, Wolfgang/Dierkes, Meinolf (Hrsg.), 1994: Institutionenvergleich und Institutionendynamik, WZB-Jahrbuch, Berlin: Sigma.

Dilemmata verbandlicher Einflußlogik im Prozeß der deutschen Vereinigung

Gerhard Lehmbruch

1. Verbände im Steuerungsrepertoire der „alten Bundesrepublik" und die Vereinigungskrise

Der Prozeß der deutschen Vereinigung wird seit dem Frühjahr 1991 in zunehmendem Maße als krisenhaft erlebt.[1] Das hat dazu geführt, daß ein politisch-administratives Steuerungsrepertoire reaktiviert wurde, in dem Verbände mit stark entwickeltem Repräsentationsmonopol eine zentrale Rolle spielen. Die Beteiligung von Spitzenverbänden der Wirtschaft bei der Bearbeitung wirtschafts- und finanzpolitischer Krisensituationen ist nichts Neues: Sie läßt sich schon nach dem ersten Weltkrieg und dann erneut in den Anfangsjahren der alten Bundesrepublik beobachten.[2] Insbesondere im Zusammenhang der Koreakrise füllten „Wirtschaftsverbände und Gewerkschaften ... die 'Lenkungslücke' aus, welche die Wirtschaftsreform von 1948 bewußt offen gelassen hatte" (Abelshauser 1983: 81; vgl. auch Abelshauser 1981). Ging aber in der Frühphase dieser „korporativen Marktwirtschaft" (Abelshauser) die Initiative zunächst eher von den Verbänden aus, so war seit den sechziger und siebziger Jahren der Staat in zunehmendem Maße bemüht, seinerseits Verbände in Aushandlungsprozessen auf das „Gemeinwohl" zu verpflichten und damit in den Dienst seiner Steuerungsintentionen zu stellen, insbesondere bei der Bearbeitung von Verteilungskonflikten, die staatliche Politikziele gefährden könnten. Auf das seither entwickelte „korporatistische" Repertoire hat die deutsche Politik auch im Vereinigungsprozeß zurückgegriffen: Spitzenverbände, denen – explizit oder implizit – eine beträchtliche Verpflichtungsfähigkeit unterstellt wird, sollen die Folgebereitschaft ihrer Mitglieder für die Bearbeitung von Verteilungskonflikten mobilisieren, die sich aus der Vereinigung ergeben.
Eine wichtige Implikation war, daß der Institutionentransfer sich nicht auf die formal politischen Institutionen beschränken konnte, sondern auch einen Kern des Verbändesystems umfassen mußte. Die politisch-administrativen Institutionen der alten Bundesrepublik funktionieren seit langem in Symbiose mit diesen „korporatistischen Kern" des Verbändesystems, und ihre Steuerungsleistungen sind für die staatliche Politik faktisch unverzichtbar. Das Funktionieren der Tarifautonomie setzt Verbände mit einem stark entwickelten Repräsentationsmonopol und faktischer Repräsentativität voraus, die Landwirtschaftspolitik ist ganz auf die Vermittlungsfunktionen eines monopo-

---

[1] Für wichtige Anregungen zu früheren Fassungen dieses Aufsatzes danke ich Roland Czada, Volker Eichener, Josef Schmid, Wolfgang Streeck und Helmut Voelzkow.
[2] Am geläufigsten ist das Stinnes-Legien-Abkommen am Ende des ersten Weltkrieges. Für die Rolle der deutschen Wirtschaftsverbände in der Krise von 1923 siehe Maier 1975: 356ff.

listischen Verbändekomplexes um den *Deutschen Bauernverband* eingestellt, und die staatliche Sozialpolitik wird bei der Erbringung wichtiger sozialer Dienstleistungen durch das Oligopol der frei-gemeinnützigen Wohlfahrtsverbände flankiert. Der Transfer dieser eigentümlichen verbandlichen Strukturen war also eine funktionale Notwendigkeit für das Gelingen des Vereinigungsprozesses auf der Grundlage des Art. 23 (alt) GG.

Im Repertoire der „korporatistischen" Einbindung von organisierten Interessen in die politische Steuerung, wie es sich seit den sechziger Jahren entwickelt hat, lassen sich multilaterale und bilaterale Strategien unterscheiden. Die multilaterale Strategie begegnet uns in der Formel der „konzertierten Aktion", bei der es um die gemeinwohlorientierte Moderierung von Verteilungskonflikten zwischen verbandlich organisierten Gruppen durch staatliche Akteure gehen soll. Die Einbindung der Tarifparteien in die „Globalsteuerung" von Konjunktur und Wachstum verlor bekanntlich mit dem Niedergang der keynesianischen Politik an Bedeutung. Die Konzertierungsformel blieb aber wichtig bei der Begleitung des industriellen Strukturwandels (Esser u.a. 1983), und sie wurde dann auch in die Gesundheitspolitik eingeführt (Wiesenthal 1981; Döhler/Manow-Borgwardt 1992). Während die „Konzertierte Aktion im Gesundheitswesen" zunächst vor allem auf die Einbindung der Ärzteverbände und Krankenkassen zielte, versuchte man später, diese „Korporatisierung" auf weitere Verbandsakteure in Gesundheitssystem auszudehnen (Döhler/Manow-Borgwardt 1992). Dabei werden dann auch solche Verbände zu Adressaten staatlicher Steuerungsversuche, die bislang in die korporatistischen Netzwerke der Gesetzlichen Krankenversicherung (GKV) nicht einbezogen waren, so insbesondere der *Bundesverband der Pharmazeutischen Industrie*.[3] Dieses Beispiel ist allerdings geeignet, die Grenzen dieses Steuerungsmodus zu illustrieren: Die „*Mitgliedschaftslogik*" der Verbände setzt der „*Einflußlogik*" mitunter enge Grenzen. Philippe Schmitter und Wolfgang Streeck haben bekanntlich am Fall von Unternehmerverbänden argumentiert, daß diese gleichsam janusköpfig zwischen zwei unabhängigen Mengen von Akteuren vermitteln müßten, nämlich einerseits den Mitgliedsfirmen, andererseits dem Staat und den Gewerkschaften (Schmitter/Streeck 1981: 48ff.; Streeck 1992: 105ff.). Verbände müßten einerseits ihren Mitgliedern hinreichende Anreize bieten, um von diesen Ressourcen extrahieren zu können, die ihnen Überleben und Wachstum ermöglichen. Andererseits müßten sie dem Staat (oder den Tarifparteien) hinreichende Anreize bieten, um Tauschressourcen, Zugang und Einflußmöglichkeiten für ihre Mitglieder erwerben zu können.

Mitgliedschaftslogik und Einflußlogik sind konkurrierende organisationspolitische Imperative. Will man den Begriff der Mitgliedschaftslogik stärker theoretisch fassen, so kommen als ihre Komponenten das Element des Zwanges (d.h. die *coercive power* der Organisation), Nutzenerwartungen (*utilitarian power*) und symbolische Integration (*normative power*) in variablem Ausmaß in Frage (Etzioni 1965: 59ff.). Dominiert in der Mitgliedschaftslogik der zweite oder der dritte Integrationstyp, so müssen also in den

---

3 In diesem Zusammenhang taucht eine bemerkenswerte rhetorische Figur auf, der wir bei den korporatistischen Steuerungsversuchen nach der Vereinigung wieder begegnen werden, nämlich der „Solidarbeitrag": Als sich im November 1987 die Verhandlungen über Entlastung der Krankenkassen bei den Arzneimittelkosten festgefahren hatten, forderte der Bundesarbeitsminister Blüm die Pharmaindustrie auf, zur Kostendämpfung einen „Solidarbeitrag" in Höhe von 1,7 Milliarden DM zu leisten (vgl. Manow-Borgwardt 1991: 21).

Austauschprozessen, die der Einflußlogik unterliegen, Nutzenerwartungen der Mitglieder befriedigt oder symbolische Identifikationen bestätigt werden.
Das gilt nun nicht nur für die Unternehmerverbände, an denen Schmitter/Streeck ihre Unterscheidung entwickelt haben. Vielmehr gilt dies insbesondere für alle Interessenverbände, die im liberalen Wohlfahrtstaat wichtige institutionalisierte Vermittlungsfunktionen zwischen Staat und Interessen wahrnehmen und Prozesse des politischen Tausches organisieren.[4] Spannungen zwischen Mitgliedschaftslogik und Einflußlogik betreffen daher Interessenverbände in unterschiedlichem Maße, je nachdem ob sie im Zentrum oder an der Peripherie politischer Tauschprozesse angesiedelt sind. Erstere rechne ich dem *korporatistischen Kern* der politischen Ökonomie der Bundesrepublik zu; diese Position stellt hohe Ansprüche an die Fähigkeit zur Vermittlung der Mitgliedschaftslogik mit der Einflußlogik. Davon kann man im etablierten westdeutschen Verbändesystem – die *Verbände der Peripherie* unterscheiden. Bei diesen wird tendenziell eher die Mitgliedschaftslogik dominieren. Im Regelfall entwickeln Verbände des korporatistischen Kerns charakteristische Strategien, um die Spannungen zwischen Einflußlogik und Mitgliedschaftslogik unter Kontrolle zu halten. Ein Beispiel dafür ist das Ritual der Tarifkonflikte in der Bundesrepublik Deutschland, das von Gewerkschaften und Arbeitgeberverbänden in der Regel so gehandhabt wird, daß die Mitgliederloyalität zwar gewahrt bleibt, aber nicht das einflußlogische System der Tauschprozesse zerstört.
In der Kostendämpfungskontroverse in der Gesundheitspolitik erwies sich der *Bundesverband der Pharmazeutischen Industrie* als zu heterogen, als daß er diese beiden Logiken hätte erfolgreich zur Deckung bringen können. Er kam deshalb als Partner einer korporatistischen Kostendämpfungsstrategie nicht in Frage, und als das Gesundheitsstrukturgesetz von 1993 zu einer stärker hierarchischem Form der Dämpfung der Arzneimittelkosten überging, brach der BPI angesichts der Interessenkonflikte unter den Mitgliedergruppen auseinander.[5] Solche Erfahrungen haben die Bundesregierung freilich nicht gehindert, auch in der Vereinigungskrise auf vergleichbare Strategien der Verbändemobilisierung zu setzen.
Die Frühphase des Vereinigungsprozesses war bekanntlich durch die faktisch unbestrittene strategische Führungsrolle des Bundeskanzlers bestimmt. Zwar gab es – entsprechend dem eingeübten Politikrepertoire – Kontakte zwischen Regierung und organisierten Interessen, beginnend mit der „Kanzlerrunde" vom 22.2.1990 zur Erörterung der geplanten Währungsunion. Aber in dieser Phase waren das keine Abstimmungsprozesse. Die Verbände und prominente Repräsentanten der Unternehmerschaft konnten zwar ihre Bedenken gegen die übergangslose wirtschaftliche Vereinigung vortragen, aber sie waren nicht effektiv in ein konsultatives Netzwerk eingebunden. So bestand ihre charakteristische Reaktion darin, daß sie ihre Skepsis erkennen ließen, aber den dezisionistischen „Primat der Politik" anerkannten und damit zugleich signalisierten, daß sie eine Mitverantwortung für diese Entscheidungen nicht ohne weiteres übernehmen wollten (vgl. Czada 1993: 161). Indem sich die „ordnungspoli-

---

4 Zu dieser Problematik der „administrativen Interessenvermittlung" vgl. Lehmbruch 1987 und 1991.
5 Solche Interessengegensätze gab es vor allem zwischen den in der „*Medizinisch-Pharmazeutischen Studiengesellschaft*" zusammengeschlossenen sogenannten „forschenden" Arzneimittelproduzenten und den Generikaherstellern.

tische" Position durchsetzte (Singer 1992a, 1992b), die sich ganz auf die Kräfte des Marktes verließ, blieb das korporatistische Politikrepertoire zunächst funktionslos. Seit dem Frühjahr 1991 erwies sich aber die Erwartung eines von Marktkräften getragenen Aufschwungs, der durch die schockartige Übertragung der marktwirtschaftlichen Institutionen in Gang gesetzt werden könne, angesichts der einsetzenden De-Industrialisierung der ehemaligen DDR als Illusion. Die marktwirtschaftliche Euphorie machte der Krisenwahrnehmung Platz. Dies wiederum provozierte den Rückgriff auf das in der alten Bundesrepublik entwickelte Repertoire der Krisenbearbeitung, und damit wurden die Spitzenverbände zu wichtigen Adressaten des Krisenmanagements der Regierung.

2. Heterogene Mitgliedschaftslogiken im Transformationsprozeß

Der Transfer des Systems verbandlicher Interessenvermittlung begegnet nun der zentralen Schwierigkeit, daß sich aus der Vereinigung eine außergewöhnliche Heterogenität von Interessenlagen und Interessenwahrnehmungen in beiden Teilen des vereinigten Deutschland ergeben hat. Damit erwies sich das Spannungsverhältnis von „Einflußlogik" und „Mitgliedschaftslogik" als ein zentrales Steuerungsproblem vor allem für die Verbände des „korporatistischen Kerns", die sich vor die funktionale Notwendigkeit gestellt sahen, ihre Organisationsbasis auf die ehemalige DDR ausdehnen. Es zeichnete sich die Möglichkeit einer gespaltenen Mitgliedschaftslogik ab, und dies konfrontierte ihre Einflußlogik mit gravierenden Dilemmata. Zugleich ergaben sich auch im westlichen Segment des Verbändesystems in dem Maße eigentümliche Spannungen zwischen Mitgliedschaftslogik und Einflußlogik, in dem sie ihre Organisationsressourcen in den Dienst politisch-administrativen Krisenmanagements stellen sollten.
In der Diskussion über den ostdeutschen Transformationsprozeß hat die Entstehung eines ausdifferenzierten Systems der Interessenvermittlung bislang nur begrenzte Aufmerksamkeit auf sich gezogen (vgl. dazu insbes. Löbler u.a. 1992; Eichener u.a. 1992; Henneberger 1993; Schmid u.a. 1994). Wir haben etliche Berichte beteiligter Akteure, aber nur wenig systematische Untersuchungen. Sie bieten ein unübersichtliches und widersprüchliches Bild. Offensichtlich gibt es sektoral unterschiedliche Entwicklungen; aber das fügt sich bisher zu keinem geschlossenen Bild des Transformationsprozesses. Aus naheliegenden Gründen haben jene Entwicklungen besondere Aufmerksamkeit gefunden, die sich als „Adaption an das westdeutsche Verbändesystem" beschreiben lassen. Deren Folge sei, daß „die Artikulation und Vermittlung der spezifisch ostdeutschen Interessen in den westdeutsche (Spitzen-) Verbänden bisher nicht hinreichend gelungen ist" (Henneberger 1993: 640). Die „Kongruenz von Organisationszielen und Interessenkonstellation der potentiellen Mitglieder", die zudem durch soziale und kulturelle Bindungen an den Verband abgestützt sein müsse (Eichener u.a. 1992: 554ff.), wäre – wenn diese Diagnose einen herrschenden Entwicklungstrend beschreibt – nicht ausreichend entwickelt.
Nun liegt in der Tat eine Reihe von Beobachtungen vor, die diese Diagnose zu stützen geeignet erscheinen (so zum Beispiel bei Henneberger 1992; Erdmann 1992, und – bezogen auf den VDI – Eichener/Voelzkow 1992). Doch dabei handelt es sich um

einfache empirische Generalisierungen, die zunächst nur einen erklärungsbedürftigen Sachverhalt umreißen. Eine Erklärungslücke ergibt sich hier um so mehr, als es (neben autochthonen ostdeutschen Verbandsgründungen) durchaus auch Fälle von Institutionentransfer im Verbandswesen gibt, bei denen sich – wie ich zeigen werde – eine überraschend starke „Kongruenz von Organisationszielen und Interessenkonstellationen der Mitglieder" ergeben hat.

Ich gehe im folgenden von der Hypothese aus, daß sich die widersprüchlichen Beobachtungen über Trends der Interessenvermittlung im ostdeutschen Transformationsprozeß zu einem nicht geringen Maße daraus erklären, daß das im westdeutschen System der Interessenvermittlung eingespielte Verhältnis von „Mitgliedschaftslogik" und „Einflußlogik" im Transformationsprozeß heterogenen Spannungen ausgesetzt wird. Indem sich die Verbände des korporatistischen Kerns im Vereinigungsprozeß mit der plötzlich auftretenden räumlichen Heterogenität aktueller und potentieller Mitgliedschaftslogiken konfrontiert sehen, wird es für sie schwierig, das Management der Spannungen zwischen Mitgliedschafts- und Einflußlogik in der in Westdeutschland bewährten Weise fortzuführen, weil sie nun zugleich das Management heterogener Mitgliedschaftslogiken bewerkstelligen müssen. Ein nicht geringer Teil der Forschung über Verbände im Transformationsprozeß interessiert sich aber ausschließlich für die Spannungen auf der Ebene der Mitgliedschaftslogik. Er orientiert sich dabei vielfach zumindest implizit an dem klassischen Interessengruppenmodell, wie es sowohl der Pluralismustheorie im Sinne von Arthur Bentley und David Truman als auch der „Logik des kollektiven Handelns" von Mancur Olson zu Grunde lag. Daher richtet man in solchen Forschungen zur Interessenvermittlung im ostdeutschen Transformationsprozeß das Augenmerk vielfach eher auf die Dilemmata der „Mitgliedschaftslogik" als auf das Problem ihres Verhältnisses zur Einflußlogik. Beispielsweise wurden die tarifpolitischen Auseinandersetzungen in Ostdeutschland weithin unter Gesichtspunkten der Mitgliedschaftslogik und der zugrunde liegenden „Interessenkonstellationen" diskutiert, hingegen die Zusammenhänge mit der verbandlichen und staatlichen Einflußlogik und mit den Austauschprozessen zwischen Staat und Spitzenverbänden tendenziell vernachlässigt. Ich werde nun im folgenden argumentieren, daß die (im Prinzip gewiß zutreffend beobachteten) Spannungen zwischen der „Adaption an das westdeutsche Verbändesystem" und dem Kongruenzpostulat im Sinne von Eichener u.a. aus der Spannung zwischen heterogenen Mitgliedschaftslogiken und Einflußlogik resultieren.

Die neu auftretenden Heterogenität von Mitgliedschaftslogik in Westdeutschland einerseits, Ostdeutschland andererseits ist eine Konsequenz des Umstandes, daß die „Interessenkonstellationen potentieller Mitglieder" in West und Ost unterschiedlich gelagert sind. Wieweit sie dann in einem übergreifenden Verband aggregiert werden können, wird voraussichtlich davon abhängen, ob bereits der (in aller Regel dominante) westdeutsche Verband auf der Ebene der utilitaristischen Integration mit heterogenen Interessenkonstellationen zu tun und *Inklusionsstrategien* zum Umgang damit entwickelt hat. Verbände, die seit jeher stark auf Homogenisierung von Interessenkonstellationen setzen (z.B. auf Angleichung von formalen Qualifikationen), werden es sehr viel schwerer haben, Interessenheterogenität zwischen Ost und West zu verarbeiten, und werden eher *Exklusionsstrategien* wählen.

Von Bedeutung für die Homogenität oder Heterogenität von Mitgliedschaftslogiken kann es ferner sein, ob der westdeutsche Verband für die Herstellung kollektiver Identität auf symbolische Integration zurückgreift, die sich aus materiellen oder kulturellen Gründen in Ostdeutschland nicht reproduzieren läßt. So wird es beispielsweise in der ehemaligen DDR schwer sein, Mitglieder über eine Kultur des freiwilligen Engagements zu rekrutieren, wie sie in Westdeutschland z.B. in der freien Wohlfahrtspflege als residuales Element bürgerschaftlicher Kultur weiterlebt.

Heterogene Mitgliedschaftslogiken werden nun die westdeutschen Verbände je nach ihrer funktionalen Einbindung in das politisch-administrative System mit unterschiedlichen Herausforderungen konfrontieren. Der spezifisch deutsche Transformationsprozeß, der ein ehemals „realsozialistisches" Land in einen anderen, hochintegrierten politisch-ökonomischen Systemzusammenhang im Wege des Institutionentransfers inkorporiert, hat seine eigentümliche systemische Logik: Er muß auch jenen Kern von Interessenorganisationen umfassen, die in staatliche Steuerungsprozesse stark eingebunden sind. Weiter oben habe ich ihn als den korporatistischen Kern der politischen Ökonomie der Bundesrepublik beschrieben. Aus dieser Einbindung ergibt sich der Primat der Einflußlogik und die Notwendigkeit, die Mitgliedschaftslogik damit zur Deckung zu bringen. Wenn die Verbände des korporatistischen Kerns nun im Transformationsprozeß mit heterogenen Mitgliedschaftslogiken konfrontiert sind, kommt es darauf an, daß die einflußlogische Einbindung in staatliche Steuerung nicht beeinträchtigt wird. Folglich müssen sie die Einflußlogik und die Mitgliedschaftslogik entkoppeln. Demgegenüber können aus den oben erörterten Gründen die Verbände der Peripherie der Mitgliedschaftslogik den Primat einräumen, und die Einflußlogik wird sich dann abhängig davon entwickeln.

3. Regionalisierung von Mitgliedschaftslogiken: Der Deutsche Bauernverband und die genossenschaftliche Landwirtschaft

Die Landwirtschaft stellt nun einen eigentümlichen, auf den ersten Blick geradezu paradoxen Sonderfall dar (vgl. auch Lehmbruch 1994). Denn hier ist dem dominierenden Dachverband der Umgang mit dem Problem heterogener Interessenkonstellationen vergleichsweise besser gelungen, als das in manchen anderen Sektoren der Fall war, obwohl die Transformation der sektoralen *governance*-Mechanismen hier sehr viel weniger als im Industriebereich vom (westdeutsch geprägten) Staat bestimmt werden konnte.[6] Die umfassende Kompetenz des Staates (repräsentiert vor allem durch die Treuhandanstalt) zur Reorganisation der Eigentumsrechte knüpft nämlich an der Rechtsfigur des „gesellschaftlichen Eigentums" (m.a.W. des Staatseigentums) der früheren DDR an. In der DDR-Landwirtschaft (und im DDR-Handwerk) dominierte aber nicht „gesellschaftliches", also Staatseigentum, sondern die Rechtsform des „genossenschaftlichen Eigentums", mit residualen Eigentumstiteln der früher selbständigen Genossenschaftsmitglieder. Die „Landwirtschaftlichen Produktionsgenossenschaften" (LPG) bewirtschafteten 86% der landwirtschaftlichen Nutzfläche, und diese befanden sich zum größten Teil in genossenschaftlichem Eigentum. Infolgedessen konnte sich

---

6 Den Begriff der *governance*-Mechanismen verwende ich hier im Sinne von Campbell u.a. 1991 und Hollingsworth u.a. 1994.

der Zugriff des Staates im Transformationsprozeß (dessen Instrument die Treuhandanstalt wurde) nicht auf den überwiegenden Teil des landwirtschaftlichen Eigentums erstrecken.[7] Wenn die Politik die Reorganisation der Eigentumsrechte im Agrarsektor steuern und die Restauration des bäuerlichen Familienbetriebes erreichen will, muß sie sich daher weitgehend indirekter Diskriminierungsmechanismen (vor allem bei der Subventionsvergabe) bedienen.

Die letzte, am 18. März 1990 gewählte Volkskammer hatte mit dem Landwirtschaftsanpassungsgesetz zwar die Auflösung der Landwirtschaftlichen Produktionsgenossenschaften (LPG) verfügt, aber den Mitgliedern freigestellt, ob sie den Betrieb in veränderter Rechtsform weiterführen oder aber ausscheiden und sich gegebenenfalls in einzelbäuerlichen Betrieben selbständig machen wollten (sog. „Wiedereinrichter"). Von dieser Möglichkeit hat – aus naheliegenden ökonomischem Kalkül – nur ein verhältnismäßig kleiner Anteil der LPG-Mitglieder Gebrauch gemacht. Zwar sind inzwischen auch eine Reihe von Nachfolgeeinrichtungen ehemaliger LPG aufgelöst worden. Aber nach wie vor werden etwa zwei Drittel der landwirtschaftlichen Grundfläche der ehemaligen DDR von den Nachfolgern der ehemaligen Kollektivwirtschaften bewirtschaftet, obwohl diese in vielfacher Hinsicht von der Politik des Bundes massiv diskriminiert werden.

Diese Entwicklung war verhältnismäßig früh absehbar und stellte den *Deutschen Bauernverband* der alten Bundesrepublik vor eine schwierige Alternative. Der DBV hatte sich – im Einklang mit seinem traditionellen Leitbild – von Anfang an für eine Auflösung der Kollektivwirtschaften und die Restauration des bäuerlichen Familienbetriebes ausgesprochen. Das Leitbild des bäuerlichen Familienbetriebes, das stark auf symbolische Werte eines nichtindustriellen sozial-kulturellen Milieus verweist, ist ein wichtiges Element kollektiver Identitätsbildung beim DBV und darum ein überliefertes wichtiges Leitmotiv seiner Mitgliedschaftslogik. Allerdings ist das traditionelle sozialkulturelle Milieu inzwischen stark erodiert, und in der ökonomischen Realität deckt der Begriff des bäuerlichen Familienbetriebes sehr unterschiedliche Betriebsformen ab: den Schwarzwälder Bergbauernhof ebenso wie bei Vechta den industrieförmigen Mastbetrieb mit Tausenden von Schweinen. Doch die Kollektivwirtschaft nach Art der LPG läßt sich darunter nicht ohne weiteres subsumieren.[8] Weil nun der Staat, wie schon erwähnt, eine radikale Reorganisation der Eigentumsrechte im Agrarsektor nicht ohne weiteres erzwingen konnte, vielmehr die Option der ehemaligen LPG-Mitglieder für die Fortführung einer kollektivwirtschaftlichen *governance*-Form respektieren mußte, hätte der DBV nur um den Preis des Verzichts auf sein in Westdeutschland seit dem zweiten Weltkrieg etabliertes faktisches Repräsentationsmonopol an seinem identitätsstiftenden Leitbild festhalten können. Das Repräsentationsmonopol ist aber ein tragendes Element seiner Einflußlogik und strukturiert die Austauschprozesse mit

---

7 Die Ausnahmen sind – abgesehen vom strittigen Fall des ehemaligen preußischen Forstbesitzes – die früheren Staatsgüter und der „Bodenfonds". Dies war im wesentlichen jener Teil des in der Bodenreform 1946 konfiszierten Großgrundbesitzes, dessen spätere Nutznießer – sog. Neubauern – ihren Besitz in den Folgejahren verließen. Land, das aus diesem Grunde an den Bodenfonds zurückfiel, wurde von den LPGs zwar bewirtschaftet, zählte aber nicht zum genossenschaftlichen Eigentum im engeren Sinne.

8 Es sei denn, man definiere die Kollektivwirtschaft als einen Betrieb, der von einer Mehrzahl gemeinsam wirtschaftender Familien geführt wird, was der heutigen Realität oft durchaus nahekommen dürfte.

dem Staat. In diesem Dilemma entschied sich nun der DBV für den Primat des Repräsentationsmonopols vor dem Leitbild. Diese Abkoppelung der Einflußlogik von der Mitgliedschaftslogik wurde aber durch die föderative Organisationsstruktur des DBV erleichtert: Er hat als Dachverband von Landesbauernverbänden schon in Westdeutschland eine Struktur ausgebildet, die den Umgang mit den zuvor erwähnten regional unterschiedlichen Interessenkonstellationen – insbesondere der eher großbetrieblichen norddeutschen Landwirtschaft auf der einen Seite, den überwiegend klein- und mittelbäuerlichen Strukturen Süddeutschlands andererseits – erleichterte. Organisationstheoretisch gesprochen zeichnet sich also die Struktur des DBV in sehr ausgeprägtem Maße durch „lose Kopplung" aus. Dank der föderativen Struktur des Dachverbandes und dank seiner Erfahrungen im Management regional unterschiedlicher Interessenkonstellationen konnte die Mitgliedschaftslogik nun noch viel weitgehender regionalisiert werden. Diese „lose Kopplung" der internen Strukturen machte den Weg frei für die Einflußlogik und bot dem DBV die Gelegenheit, mit seinem Repräsentationsmonopol an den monopolistischen *governance*-Strukturen der Landwirtschaft der ehemaligen DDR anzuknüpfen. Der Ablauf sei im folgenden kurz dargestellt:

Die DDR kannte eine „sozialistische Massenorganisation" der Genossenschaftsbauern, die *Vereinigung der gegenseitigen Bauernhilfe* (VdgB). Im Zusammenhang mit der Bodenreform gegründet, war sie seit dem Ende der 60er Jahre lange Zeit kaum hervorgetreten, wurde aber seit 1982 reaktiviert. Sie wurde stark von den ländlichen Grundorganisationen der SED gestützt, und ihr Vorsitzender war Mitglied des ZK der SED (dazu Staritz 1985). Am 9. März 1990 beschloß nun die VdgB ihre Umbenennung in *Bauernverband der DDR* und reorganisierte sich in föderaler Form, indem sie – spiegelbildlich zur Organisation des DBV in der alten Bundesrepublik – „Landesbauernverbände" in den fünf neu ins Leben gerufenen Ländern bildete. Ungefähr gleichzeitig entstand eine Reihe anderer landwirtschaftlicher Verbände, insbesondere (am 16. Juni 1990) der *Verband Deutscher Landwirte* als Dachverband der privaten „Wiedereinrichter". Der westdeutsche DBV reagierte auf diese Entwicklung zunächst mit dem Versuch, alle diese Verbände an einen Tisch zu bringen mit dem Ziel, eine einheitliche Berufsvertretung zu erreichen (Treffen auf Burg Warberg, 14./15. Juli 1990). Einen weiteren Anlauf unternahm er mit einer Präsidiumssitzung am 26. Januar 1991, zu der alle Verbandsvorsitzenden eingeladen wurden.

Diesen Bemühungen war nur ein begrenzter Erfolg beschieden; Insbesondere die Gegensätze zwischen den Genossenschaftsbauern und den „Wiedereinrichtern" erwiesen sich als schwer überbrückbar. Als im Jahr 1992 die ostdeutschen Landesbauernverbände (nach der am 21. Dezember 1991 erfolgten Auflösung des *Bauernverbandes der DDR*) in den DBV aufgenommen wurden, waren dies im Kern Nachfolgeorganisationen der VdgB, die überwiegend die ehemaligen LPG-Betriebe repräsentierten. Die „Wiedereinrichter" halten sich diesen Verbänden weitgehend fern.[9]

Der *Deutsche Bauernverband* ist daher in Ostdeutschland in erster Linie die Organisation der Kollektivbauern, die nach wie vor die große Mehrheit der bäuerlichen Bevölkerung stellen. Mit der von ihm gewählten „opportunistischen" Inklusionsstrategie hat er

---

9 Für diese Entwicklungen stütze ich mich auf Kretschmar/Mörbe 1992, Lang 1993 und Feineisen 1994.

aber ein hohes Maß an „Kongruenz von Organisationszielen und Interessenkonstellationen der potentiellen Mitglieder" erreicht: Er paßte seine Organisationsziele den Interessenlagen der in Kollektivwirtschaften verbliebenen Mehrheit der ostdeutschen Landwirte an und nahm dafür in Kauf, daß die „Wiedereinrichter" sich mehrheitlich in konkurrierenden kleinen Verbänden organisierten, insbesondere dem *Verband deutscher Landwirte*.[10]

Wir können die Bestimmungsgründe dieser Adoption der VdgB durch den DBV verdeutlichen, wenn wir zum Vergleich das Überleben einer anderen ostdeutschen Massenorganisation untersuchen, der *Kammer der Technik*. Daß diese Berufsorganisation der Ingenieure ihre Selbständigkeit behaupten konnte, ist die Konsequenz des Umstandes, daß für den korrespondierenden westdeutschen Verband, den traditionsreichen *Verein Deutscher Ingenieure* (VDI) die Bewahrung seines berufsständisch geprägten Leitbildes den Primat vor der Erlangung eines Repräsentationsmonopols hatte (Eichener/Voelzkow 1992). Er wählte also eine Exklusionsstrategie und ordnete der Einflußlogik die Mitgliedschaftslogik und ihre Mechanismen kollektiver Identitätsbildung über.

Die Strategie des VDI erklärt sich zunächst daraus, daß er der Aufrechterhaltung der in der alten Bundesrepublik etablierten homogenen Qualifikationsstandards der Profession einen überragenden Rang einräumte und damit zahlreiche Mitglieder der KdT ausgeschlossen hätte.[11] Diesen Primat der Mitgliedschaftslogik wird man aber darauf zurückführen können, daß die Berufsverbände der Ingenieure, anders als der DBV, nicht zum korporatistischen Kern des deutschen Verbändesystems gehören, der durch Austauschprozesse mit dem Staat in einem institutionalisierten Steuerungssystem verbunden ist. Der VDI gehört vielmehr deutlich zur Peripherie des Verbändesystems. Daß die Bewahrung des Repräsentationsmonopols im Agrarsektor von systemrelevanter Bedeutung ist, ergibt sich aus der systemischen Logik des Institutionentransfers: Die Integration der ehemaligen DDR in das politische System der Bundesrepublik setzte voraus, daß der Kern des Systems der Interessenvermittlung auch in den „neuen Bundesländern" funktionsfähig gehalten wurde. Im Fall der Landwirtschaft lag dies nämlich auch im Interesse der Agrarverwaltung, deren Umweltbeziehungen äußerst komplex und konfliktreich geworden wären, wenn es nicht gelungen wäre, den ehemaligen Kollektivsektor in das System der Interessenvermittlung zu integrieren. Indem die Spannungen zwischen diesem Sektor und dem der einzelbäuerlichen Wirtschaft innerhalb des dominanten Interessenverbandes abgearbeitet werden, wird insbesondere das Bundeslandwirtschaftsministerium von Umweltkonflikten entlastet.

---

10 Funktionalistisch ließe sich argumentieren, daß auch sie ihren Beitrag zur Herstellung jener von Eichener u.a. gemeinten Kongruenz auf der Ebene der Mitgliedschaftslogik leisteten, indem sie in die Opposition zum DBV gingen.
11 Volker Eichener hat mich in diesem Zusammenhang darauf hingewiesen, daß der Konflikt zwischen VDI und KdT um die Anerkennung von Abschlüssen regulativer Natur ist: Solche Konflikte könne man aber – anders als distributive Konflikte in der Agrarpolitik – nicht regionalisieren.

4. Einflußlogische Probleme der freien Wohlfahrtsverbände

Die Adoption der VdgB durch den DBV kann somit als der Versuch interpretiert werden, die funktionalen Erfordernisse korporatistischer Einflußlogik mit der räumlichen Heterogenität von Mitgliedschaftslogiken zur Deckung zu bringen. Eigentümliche Parallelen hierzu finden sich im Sektor der frei-gemeinnützigen Wohlfahrtsverbände (zum folgenden Backhaus-Maul/Olk 1991, 1992; Backhaus-Maul 1992; Wohlfahrt 1992; Schmid 1994).[12] Diese „intermediären" Verbände verdanken traditionell ihre symbolische Integration ihrer fortlebenden Verwurzelung in sozial-kulturellen Milieus des Bürgertums oder (wie bei der Arbeiterwohlfahrt) der sozialdemokratischen Arbeiterbewegung. Aber indem sie in der Sozialpolitik der alten Bundesrepublik vor allem bei den ambulanten sozialen Dienstleistungen eine zentrale Rolle spielen, haben sie seit jeher eine wichtige Flankierungsfunktion für die staatliche Sozialpolitik, die ihnen auch eine ausgeprägte, vom Subsidiaritätsprinzip her begründete Privilegierung einbrachte. Ihre Dienstleistungsfunktion wurde zum Einfallstor für eine zunehmende Professionalisierung und Bürokratisierung ihrer Arbeit: So beschäftigen sie deutlich mehr hauptberufliches Personal als „reine" Interessenverbände, um die Leistungen der ehrenamtlichen Helfer substituieren zu können, die für die Erfüllung ihrer sozialpolitischen Flankierungsfunktion immer weniger ausreichen. Damit entwickelte sich aber zwischen der von staatlichen Erwartungen an die frei-gemeinnützigen Verbände geprägten Einflußlogik und der von ihrer traditionellen sozial-kulturellen Verwurzelung geprägten Mitgliedschaftslogik ein eigentümliches Spannungsverhältnis.

Im Vereinigungsprozeß wurde es nun für die Verbände zu einer wichtigen Überlebensbedingung, diese Spannungen erfolgreich überbrücken zu können. Wir haben es ja bei dieser Variante korporatistischer Einbindung von Verbänden nicht mit einem Repräsentationsmonopol zu tun, sondern mit einem relativ geschlossenen Oligopol, und im Vereinigungsprozeß konkurrieren seine Mitglieder um „Marktanteile" an dem erweiterten frei-gemeinnützigen Dienstleistungs-„Markt". Damit kommt es in der einflußlogischen Perspektive der einzelnen Wohlfahrtsverbände um so mehr darauf an, ihr sozial-kulturelles Basismilieu mitgliedschaftslogisch weiterhin ausreichend zu mobilisieren. Bei dem Versuch, die neuen Bundesländer in dieses System der „institutionalisierten Subsidiarität" zu integrieren, ergeben sich also für die konkurrierenden Verbände eigentümliche und komplexe Dilemmata.

In der DDR hatten zum einen die nicht vom Staat kontrollierten kirchlichen Verbände (*Diakonisches Werk* und *Caritas*) im Rahmen der kirchlichen Organisation mit einer gewissen staatlichen Förderung weiter arbeiten können (Zimmermann 1985: 252 und 307). Sie fanden sich nun aber in dem aus der alten Bundesrepublik transferierten System mit einem sehr viel weiteren Leistungsspektrum der freien Wohlfahrtsverbände konfrontiert. Den daraus resultierenden Erwartungen können ihre Organisationsressourcen – insbesondere die ehrenamtlichen Helfer aus dem kirchlich gebundenen Sozialmilieu – nur schwer Genüge tun. Auch wenn sie (wie jedenfalls der *Deutsche Caritas-Verband*) den Weg eines Ausbaus des professionellen Apparats beschreiten, kann sich eine erhebliche Diskrepanz zwischen ihrer durch normative Integration

---

12 Josef Schmid danke ich außerdem für wichtige mündliche Hinweise. Einige knappe Angaben auch bei Priller 1992.

geprägten Mitgliedschaftslogik und der neuen verbandlichen Einflußlogik des Sektors ergeben und ihre Chancen beeinträchtigen, in der Konkurrenz um Marktanteile und staatliche Fördermittel mitzuhalten (Backhaus-Maul/Olk 1991: 688). Wir begegnen also auch hier einer räumlich heterogenen Mitgliedschaftslogik, zumal sich nach der Vereinigung gerade in den evangelischen Landeskirchen Ostdeutschlands erhebliche Reserven gegenüber den in der alten Bundesrepublik ausgebildeten engen Beziehungen der Kirchen zum Staat beobachten lassen.[13] Andererseits bietet zumindest für das *Diakonische Werk* die ausgeprägt föderative Struktur des deutschen Protestantismus eine ähnliche Chance der Regionalisierung der Mitgliedschaftslogik, wie sie uns beim *Deutschen Bauernverband* begegnet.

Das Transformationsproblem der kirchlichen Wohlfahrtsverbände ergibt sich nicht zuletzt daraus, daß die „volkskirchliche" sozial-kulturelle Basis, in der sie traditionell verwurzelt waren, in der DDR stark geschrumpft ist. Andere Mitglieder des aus der alten Bundesrepublik transferierten Verbändeoligopols sind mit dem selben Problem in sehr viel schärferer Weise konfrontiert: Ihr Basismilieu ist untergegangen und läßt sich wohl kaum wiederbeleben. Von daher ergeben sich für sie in einer einflußlogischen Perspektive zwei Alternativen: Entweder können sie die Substitution ehrenamtlichen Engagements durch professionelle Dienstleistungen im Rahmen einer Expansionsstrategie entschieden verstärken, um auch ohne die herkömmliche Mitgliederbasis ihre in Westdeutschland erworbenen Marktanteile im System der freien Wohlfahrtspflege zu behaupten. Dies ist der Weg, den offenbar die *Arbeiterwohlfahrt* und das *Deutsche Rote Kreuz* beschreiten. Oder aber sie können den Rückgriff auf organisatorische Restbestände der DDR versuchen. Nun gab es dort zwar – von den kirchlichen Verbänden abgesehen – keine freien Wohlfahrtsverbände, wohl aber „Massenorganisationen" mit korrespondierenden Funktionen. Die eine war das *Deutsche Rote Kreuz der DDR*, das als Träger des Zivilen Bevölkerungsschutzes im Rahmen der Territorialverteidigung dem Innenministerium unterstellt war (Zimmermann 1985: 278f.). Die andere DDR-Massenorganisation des Sektors war die *Volkssolidarität*, die eine zentrale Rolle in der ambulanten Altenbetreuung spielte (Zimmermann 1985: 1444; Backhaus-Maul/Olk 1991: 690). Sie überlebt, weil ihre Dienstleistungen kaum verzichtbar sind, aber offenbar auch dank einer deutlichen sozial-kulturellen Verankerung in jenem Milieu, das seine politische Heimat heute in der PDS sucht.

Die Organisation des DDR-DRK hat dem DRK der Bundesrepublik als Basis für seine Expansion in den neuen Ländern gedient. Die *Volkssolidarität* bot sich als möglicher Partner für jene westdeutschen Wohlfahrtsverbände an, die in Ostdeutschland an keine Organisationstraditionen mehr anknüpfen konnten: die *Arbeiterwohlfahrt* und der *Deutsche Paritätische Wohlfahrtsverband*. Dabei erwies sich die lockere föderative Struktur des *Paritätischen Wohlfahrtsverbandes*, unter dessen Dach sich etwa 7000 Organisationen zusammengeschlossen haben (vielfach mit rein lokalem Wirkungskreis), als am besten geeignet, die *Volkssolidarität* zu integrieren und damit zugleich deren verbliebene Organisationsressourcen zu mobilisieren.

Diese Entwicklung bestätigt die Hypothesen, die oben im Zusammenhang mit der

---

13 Einer breiteren Öffentlichkeit sind insbesondere die Auseinandersetzungen zwischen den ostdeutschen Landeskirchen und der westdeutsch geprägten EKD um die Organisation der Militärseelsorge bekannt geworden.

Entwicklung der landwirtschaftlichen Organisationen vorgetragen wurden: Auch im Fall der Wohlfahrtsverbände sind Strukturen mit „loser Kopplung", die auf dezentrale Problembearbeitung angelegt sind, offenbar besonders geeignet, heterogene Interessenkonstellationen zu verarbeiten und entstehende interne Spannungen abzuleiten, ohne daß dies allzu gravierende Rückwirkungen auf ihre korporatistische Einflußlogik hätte. Dabei darf allerdings der Umstand nicht vernachlässigt werden, daß die Expansion der Wohlfahrtsverbände in den neuen Bundesländern mit einem besonders ausgeprägten „etatistischen und professionellen Überhang" erkauft wird (Schmid 1994: 198), der zu Lasten der Mitgliedschaftslogik geht.

5. Die Modernisierungskoalition der Tarifparteien und der Umbau der Industrie

Im Industriesektor erwies sich der Transfer des korporatistischen Steuerungsrepertoires als sehr viel prekärer. Bekanntlich wurde nach der Öffnung der Berliner Mauer in der einsetzenden Diskussion über die Perspektiven einer wirtschaftlichen Integration beider deutscher Staaten sehr früh darauf hingewiesen, daß ein rascher Integrationsprozeß die Gefahr einer weitreichenden De-Industrialisierung der bisherigen DDR und demzufolge massiver räumlicher Disparitäten im vereinigten Deutschland mit hoher Dauerarbeitslosigkeit („Mezzogiorno-Syndrom") heraufbeschwören werde. Es gab daher gewichtige Stimmen, die für eine auf mittlere Sicht getrennte währungs- und wirtschaftspolitische Entwicklung plädierten, welche es der ehemaligen DDR erlauben sollte, als Niedriglohnland in einem schonenden Anpassungsprozeß ihre Produktionsstruktur zu erneuern.[14] Es liegt auf der Hand, daß dies nur dann geschehen konnte, wenn die DDR-Wirtschaft in Wettbewerb nicht zuletzt mit der westdeutschen Wirtschaft getreten wäre. Ein Transfer der Organisationen der westdeutschen Tarifparteien wäre dann kaum in Frage gekommen. Unterstellt man weiterhin, daß die organisatorische Infrastruktur des Realsozialismus – insbesondere der FDGB und seine Mitgliedsgewerkschaften – stark diskreditiert und wenig anpassungsfähig an marktwirtschaftliche Bedingungen waren –, so hätte es in der ostdeutschen Industrie voraussichtlich starke Tendenzen zur Dezentralisierung der Arbeitsbeziehungen gegeben, wie sich das in anderen osteuropäischen Ländern auch beobachten läßt. In der Tat zeigten die zum Teil außerordentlich generösen Sozialplanvereinbarungen, die in der Endphase der DDR 1990 in vielen Kombinaten zwischen Betriebsleitung und Betriebsräten ausgehandelt wurden, das Aufkommen eines schwer steuerbaren *„private corporatism"* an.[15]

Die Entscheidung für die Wirtschafts- und Währungsunion mußte deshalb systemnotwendig auch zum Transfer des institutionalisierten Systems der Arbeitsbeziehungen und seiner spezifischen Einflußlogik führen. Darüber bestand schon im Frühjahr 1990 ein ausdrücklicher Konsens zwischen den westdeutschen Spitzenverbänden des Arbeitsmarkts.[16] Die außerordentliche Bedeutung dieser Institutionen erwies sich in der

---

14 So insbesondere Lutz Hoffmann, Wider die ökonomische Vernunft, in: *Frankfurter Allgemeine Zeitung*, 10.2.1990.
15 Als *private corporatism* hat Ronald Dore (1973) die Beziehungen zwischen Unternehmen und Betriebsgewerkschaft in Japan charakterisiert.
16 „Gemeinsame Erklärung des DGB und der Bundesvereinigung der Deutschen Arbeitgeber-

Anfang 1991 manifest werdenden Krise des industriellen Umbaus, und zwar als *push*-
wie als *pull*-Faktor. Einerseits kam es zur programmatischen Bildung einer Krisenkoalition der Tarifparteien, die Bereitschaft (und damit implizit auch ihren Anspruch) anmeldeten, bei der Bewältigung der Transformation der ostdeutschen Wirtschaft mitzuwirken. Andererseits rekurrierten die politischen Akteure (und hier vor allem die Treuhandanstalt) auf das Koordinationspotential der Tarifparteien, um es dem schwer steuerbaren Wildwuchs von „*private corporatism*" auf der Betriebsebene entgegenzusetzen. Der Vorsitzende der *Bundesvereinigung der Arbeitgeberverbände* (BDA) charakterisierte diese Abstimmungsprozesse als „Begleitete Marktwirtschaft" (Klaus Murmann, Interview in *Wirtschaftswoche* 22.3.1991). Gerade nach der Auffassung der BDA sprach insbesondere die Entwicklung der kostspieligen dezentralen Sozialplanvereinbarungen gegen eine unternehmensbezogene Lohnpolitik und für die Regelung der Lohn- und Arbeitsbedingungen durch die Verbände (*Handelsblatt* 9.1.1992).

Daher wird in der Tarifpolitik seit dem Herbst 1990 auf das spezifische Repertoire der westdeutschen Tarifparteien zurückgegriffen, bei dem sich hinter einer formalen Dezentralisierung faktisch eine ausgeprägte Zentralisierung – jedenfalls auf Branchenebene – verbirgt. So wurden insbesondere die Stufentarifverträge im Metallbereich, die Vorbildcharakter für eine Reihe weiterer Branchen hatten, zwar formell zwischen regionalen ostdeutschen Verbänden ausgehandelt. Diese Verhandlungen wurden aber – beginnend mit dem im Februar 1991 in Mecklenburg-Vorpommern vereinbarten Pilotabschluß – von den westdeutschen Spitzenverbänden eng kontrolliert.[17] Dies entsprach der in Westdeutschland hergebrachten Praxis bei den Metalltarifverhandlungen. Mit anderen Worten, trotz der formal föderativen Struktur der Tarifparteien beobachten wir hier eine relativ „enge Kopplung" der zentralen Aushandlungsprozesse. Sie ist die institutionelle Voraussetzung für eine erfolgreiche Steuerung der Arbeitsbeziehungen durch die Verbände der Tarifparteien.[18]

Der ausgeprägte Bedeutungszuwachs der Arbeitsmarktspitzenverbände war zunächst die systembedingte Konsequenz aus der Option für die Vereinigung durch Institutionentransfer. Er erhielt aber zusätzlichen Auftrieb von der beginnenden Wahrnehmung einer gravierenden Vereinigungskrise, wie sie sich insbesondere mit der außerordentlichen Zunahme der Arbeitslosigkeit ankündigte. Nach dem Verfliegen der Marktillusionen des Jahres 1990 rückte in der ersten Jahreshälfte 1991 eine „makrokorporatistische" arbeitsmarktpolitische Steuerungskoalition aus Staat und Spitzenverbänden in eine für die Transformation der politischen Ökonomie Ostdeutschlands zentrale Position ein. Man kann in diesem Zusammenhang die Stufentarifverträge und die

---

verbände zu einer einheitlichen Wirtschafts- und Sozialordnung in beiden deutschen Staaten", 9. März 1990.

17 Das haben insbesondere der damalige Vorsitzende des *Arbeitgeberverbandes Gesamtmetall*, Werner Stumpfe, und sein Hauptgeschäftsführer Dieter Kirchner nachdrücklich hervorgehoben (*Handelsblatt* 4.3. 1991; *Frankfurter Allgemeine Zeitung* 11.3.1991; *Süddeutsche Zeitung* 19.6.1991; *Die Zeit* 21.6.1991); Kirchner hob zudem hervor, daß bei diesem Pilotabschluß „die Verständigung zwischen Gesamtmetall und IG Metall noch funktioniert" habe und wünschte die Fortsetzung dieser „zentralen Abstimmung der Tarifpolitik" (*Handelsblatt* 28.3.1991).

18 Daß eine „Fernsteuerung" bei Pilotabschlüssen der Metallindustrie seit jeher üblich sei, hat in Zusammenhang mit der späteren Tarifkündigung die *Frankfurter Allgemeine Zeitung*, 15.3.1993, betont. In anderen Branchen sind bundesweite Tarifverhandlungen das Äquivalent für die zentral koordinierten Pilotabschlüsse der Metallindustrie.

Sozialplanvereinbarungen der Spitzenverbände mit der Treuhandanstalt, durch die indirekt auch die BfA in die Krisenkoalition eingebunden wurde, als die beiden komplementären „Sozialpakte" ansehen, mit denen der sozialpartnerschaftlich konzertierte Umbau der ostdeutschen Industrie gesteuert werden sollte.[19]
Diese westdeutschen Spitzenverbände gingen von einem modernisierungsorientierten Transformationskonzept aus: Ostdeutschland habe keine Zukunftschance als Niedriglohnland, sondern nur bei einer entschieden modernisierten Industriestruktur, die auf Industrien mit hoher Wertschöpfung aufbaue. Die rasche Angleichung des Niveaus der ostdeutschen an die westdeutschen Tariflöhne, wie sie insbesondere in den Stufentarifverträgen für die Metallindustrie vereinbart wurde, sollte – so die Begründung der Arbeitgeberverbände – insbesondere Investoren Planungssicherheit hinsichtlich der Lohnentwicklung geben und der Abwanderung von qualifizierten Arbeitskräften begegnen.[20] Dieses strategische Konzept fand in der Wirtschaftspresse zunächst viel Beifall.[21] Es wurde dann zwar von der Bundesbank und in der Wirtschaftswissenschaft (z.B. Sinn/Sinn 143ff.) mit herber Kritik bedacht. Aber es lag auch in der Konsequenz der Politik von Bundesregierung und Treuhandanstalt, die sich mit der Absage an eine strukturkonservierende Strategie auf eine dezidert modernisierungsorientierte Privatisierungspolitik festgelegt hatten.

Prämisse dieser Strategie war damals die Annahme, daß es in der ehemaligen DDR große Modernisierungsreserven gäbe, die insbesondere durch die Privatisierungspolitik der Treuhandanstalt freigesetzt werden könnten. Es lag auf der Hand, daß dies zunächst für eine Übergangszeit zu hohen Freisetzungen von Arbeitskräften führen würde.[22] Daher mußte eine aktive Arbeitsmarktpolitik des Staates diesen Vorgang flankierend begleiten. Von daher kann man die Sozialplanvereinbarung des Frühsommers 1991 als logische Ergänzung der Stufentarifverträge interpretieren. Daß sich die Treuhandanstalt nach langem Widerstreben auf diese Vereinbarung einließ, war nicht zuletzt ihrem Interesse zu verdanken, den Wildwuchs an dezentralen Sozialplanvereinbarungen auf Unternehmensebene korporatistisch zu domestizieren – womit sich zweifellos ein Gleichklang mit der gleichgelagerten Interessenlage einer korporatistischen Gewerkschaft ergab. In diesen Zusammenhang gehört auch die Auflage der Treuhandanstalt an die Treuhandfirmen, Mitglied im Arbeitgeberverband zu werden (Czada 1993: 165). Für die Tarifparteien ihrerseits war mit der Sozialplanvereinbarung

---

19 Wenn im folgenden von der Tarifpolitik im Einigungsprozeß die Rede ist, bezieht sich die Analyse vor allem auf die Organisationsbereiche der beiden führenden Industriegewerkschaften, Metall und ÖTV. Es hat in anderen Bereichen (insbesondere in der Chemie) gewisse Abweichungen der Tarifpolitik gegeben, auf die ich in diesem Rahmen nicht näher eingehen kann. – Über die Rahmenvereinbarung der Treuhandanstalt mit den Spitzenverbänden vom 13.7.1991 vgl. Czada 1993: 162.
20 Das belegen insbesondere verschiedene Interviews der Spitzenfunktionäre des *Arbeitgeberverbandes Gesamtmetall* aus dem Jahr 1991, sowohl seines Hauptgeschäftsführers Dieter Kirchner (*Handelsblatt* 4.3.1991) als auch seines Vorsitzenden Werner Stumpfe (*Süddeutsche Zeitung* 19.6.1991; *Die Zeit* 21.6.1991). Die selben Argumente finden sich auch noch in einer Erklärung der Bundesvereinigung der Deutschen Arbeitgeberverbände vom 8.1.1992 (*Handelsblatt* 9.1.1992).
21 So z.B. Erika Martens, „Signal zum Ausharren", in: *Die Zeit* 8.3.1991; Helmut Maier-Mannhart, „Ein bemerkenswerter Abschluß: Die Tarifvereinbarungen für die neuen Bundesländer haben die Weichen in die richtige Richtung gestellt", in: *Süddeutsche Zeitung* 9.3.1991
22 So auch Martens, a.a.O., und Maier-Mannhart, a.a.O. (Anm. 21).

das Instrumentarium zur arbeitsmarktpolitischen Flankierung der modernisierungsorientierten „high-tech"-Lohnpolitik bereitgestellt.

Dieser *policy-mix* einer modernisierungsorientierten Hochlohnpolitik mit arbeitsmarktpolitischen Flankenschutz war natürlich nichts Neues, sondern war in Westdeutschland seit langem ein wichtiges Merkmal der tarifpolitischen Strategie der großen DGB-Gewerkschaften gewesen. Eine charakteristische Parallele ergibt sich hier aber auch zur Modernisierungsstrategie der schwedischen Gewerkschaften in den sechziger Jahren, die mit dem „Rehn-Meidner-Modell" konzipiert worden war (Meidner/Hedborg 1984). Es ging den schwedischen Gewerkschaften dabei nicht zuletzt darum (und das konnte das Modell auch starken Kräften in der organisierten Unternehmerschaft attraktiv machen), die starke Lohndrift in den exportorientierten Industrien unter Kontrolle zu bekommen – ein Phänomen, das sich bei einem stark dezentralisierten Tarifsystem in Ostdeutschland auch ergeben konnte. Dieser Vergleich zeigt freilich besonders deutlich die Schwäche der Übertragung des Modells auf die ostdeutsche Transformation. Denn die Rehn-Meidner-Strategie war von der Absicht getragen, unter Bedingungen expandierender Nachfrage und vergleichsweise hohen Beschäftigungsniveaus einen im Gang befindlichen volkswirtschaftlichen Modernisierungsprozeß zugleich zu verstärken und in eine sozialverträgliche Richtung zu steuern. Aber indem die deutsche korporatistische Modernisierungskoalition des Jahres 1991 auf die Erwartung eines vergleichbaren selbsttragenden Wachstumsprozesses baute, wurde sie durch gemeinsame Illusionen zusammengehalten.

Auf den ersten Blick haben wir es bei der korporatistischen Modernisierungskoalition der Tarifparteien mit dem Triumph der Einflußlogik zu tun. Anders als im Falle des Bauernverbandes war diese hier aber nicht von der Mitgliedschaftslogik abgekoppelt, sondern sie setzte auf die Konvergenz der aktuellen westdeutschen mit einer potentiellen ostdeutschen Mitgliedschaftslogik. Die „high-tech"-Hochlohnstrategie fügte sich zunächst, wie mit Recht gesagt worden ist, aufs glücklichste in das originäre mitgliedschaftslogische Interessenkalkül der westdeutschen Gewerkschaften, die von einer ostdeutschen Niedriglohnzone starken Druck auf das westdeutsche Lohnniveau befürchten mussten (Sinn/Sinn 1991: 157).[23] Andererseits konnten die selben Gewerkschaften durch eine Politik der raschen Lohnangleichung am wirkungsvollsten ihren Vertretungsanspruch bei der ostdeutschen Arbeiterschaft rechtfertigen, während es ihnen angesichts der politischen Euphorie der Jahre 1990 und 1991 vermutlich sehr viel schwerer gefallen wäre, mit dem Hinweis auf die bedrohten Arbeitsplätze eine Politik der Lohnzurückhaltung zu legitimieren. Eine vergleichbare Konvergenz von Mitgliedschaftslogiken schien sich damals aber auch in der Unternehmerschaft abzuzeichnen: Aus der Sicht einer etablierten westdeutschen Unternehmerschaft hätte eine ostdeutsche Niedriglohnzone dort auch neuen unternehmerischen Wettbewerbern Chancen geboten, deren Auswirkungen auf die westdeutschen Unternehmen zumindest schwer kalkulierbar erscheinen mußten (Sinn/Sinn 1991: 156). Andererseits konnten Unternehmen, die in Ostdeutschland zu investieren beabsichtigten, eine rasche

---

23 Vorschläge wie der des Vorsitzenden Steinkühler auf dem 2. außerordentlichen Gewerkschaftstag der *IG Metall* (1.-2.November 1990), den „größeren Teil einer in den Tarifverhandlungen durchzusetzenden Umverteilungskomponente" als „Solidarbeitrag" der beschleunigten Einkommensangleichung in der ehemaligen DDR zukommen zu lassen, sind „ohne nennenswerte Diskussion in den Gewerkschaften abgetan worden" (Bispinck 1991: 153).

Überwindung der Produktivitätsrückstände durch moderne Technologie erwarten.[24] Die Arbeitgeberverbände gingen für die neuen Bundesländer also von einer „potentiellen Mitgliedschaftslogik" aus, nämlich nicht von der Interessenkonstellation rentabilitätsschwacher Altunternehmen – die in der Modernisierungsperspektive zum Ausscheiden verurteilt waren –, sondern von der Interessenkonstellation potentieller Investoren in einer technologieorientierten neuen Industriestruktur.

Eine zurückhaltende Lohnpolitik hätte demgegenüber nicht die angestrebte Konvergenz, sondern die Regionalisierung der Mitgliedschaftslogik bedeutet. Diese hätte den Tarifparteien aber wohl auch wegen der (vor allem aus dem Parteiensystem heraus) in der Arbeiterschaft Ostdeutschlands geweckten Erwartungen schwer fallen müssen. Zur Einführung marktwirtschaftlicher Rahmenbedingungen gehörte ja die Herstellung der Steuerungsfunktion von Knappheitspreisen und damit der Abbau der umfangreichen Konsumsubventionen. Gleichwohl – so wurde in Aussicht gestellt – werde es niemandem schlechter gehen, denn der Anstieg der Lebenshaltungskosten sei durch Lohnsteigerungen zu kompensieren. Diese Erwartungen haben offenbar schon die ursprünglichen Optionen der Tarifparteien in der Anfangsphase mit geprägt: Ihnen hätte mit einer Niedriglohnstrategie zweifellos nur schwer begegnet werden können. Im Agrarsektor waren die Erwartungen offenbar sehr viel weniger optimistisch: Die DDR-Bauern (die ja vielfach in der Vergangenheit westdeutsche Landfunksendungen hören konnten und über den Strukturwandel der westdeutschen Landwirtschaft nicht uninformiert waren) mußten von der Wirtschafts- und Währungsunion von vornherein erhebliche Anpassungsprobleme erwarten und erfuhren unmittelbar eine schwerwiegende Absatzkrise.[25]

Als die Illusionen verflogen, die industriepolitische Modernisierungskoalition zusammengehalten hatten, geriet der korporatistische Steuerungsverbund unter massiven Druck. Eine entscheidende Rolle spielten dabei die 1992 manifest gewordenen Finanzierungsprobleme der deutschen Einheit. Der Versuch der Bundesregierung, die drohende Finanzkrise durch einen „Solidarpakt" zu bewältigen, führte an die Grenzen des korporatistischen Steuerungsrepertoires.

6. Der „Solidarpakt" und die Krise der makrokorporatistischen Steuerung

Im August 1992 forderten die ostdeutschen CDU-Bundestagsabgeordneten in ihren „Erfurter Beschlüssen" unter anderem eine Investitionsanleihe für Besserverdienende zugunsten des Aufbaus in den neuen Ländern. Dies führte zu erheblichen fraktionsinternen Auseinandersetzungen und wurde Anlaß für einen Beschluß des CDU-Bun-

---

24 „Die langfristigen Überlegungen zur Personalentwicklung hatten für die Unternehmen und ihre Verbände größeres Gewicht als die kurzfristige Schere zwischen Lohn- und Produktivitätsentwicklung" (Groser 1992: 21).
25 Bezeichnenderweise war die PDS von Anfang an in den nördlichen Agrargebieten bemerkenswert erfolgreich, während die Arbeiterschaft sich sehr viel eindeutiger der CDU zuwendete. Es ist allerdings zu berücksichtigen, daß auch die CDU der ostdeutschen agrarischen Regionen – möglicherweise infolge der Fusion mit der ehemaligen Bauernpartei, früher bekanntlich ein ausgeprägter SED-Satellit unter den „Blockparteien" – den Interessen der LPG-Nachfolgebetriebe relativ aufgeschlossen gegenübersteht.

desvorstandes am 4. September 1992, der einen „Solidarpakt" propagierte.[26] Er zielte mit dieser Forderung, die an frühere Formulierungen Helmut Kohls anknüpfte, auf eine multilaterale Vereinbarung über die Finanzierung der deutschen Einheit, die sowohl die Länder als auch die großen wirtschaftlich-sozialen Spitzenverbände einbeziehen sollte. Allerdings wurde dieser Verhandlungszusammenhang schnell entkoppelt: Einerseits gab es Verhandlungen der Bundesregierung mit den Ländern über ein „Föderales Konsolidierungsprogramm", andererseits bilaterale Gespräche mit den Gewerkschaften einerseits, den Spitzenverbänden der Wirtschaft andererseits.

Die Gespräche mit den Gewerkschaften waren von vornherein dadurch belastet, daß sich dort zunehmend die Überzeugung gefestigt hatte, die Vereinigungslasten würden von der Politik der Bundesregierung einseitig den abhängig Beschäftigten aufgebürdet. Zwar kam die Bundesregierung den Forderungen der Gewerkschaften nach einem entschiedenen Kurswechsel der Regierung vor allem in der ostdeutschen Industriepolitik (*Handelsblatt* 13.1.1993) teilweise nach, indem sie sich insbesondere zu einer Überlebensgarantie für „industrielle Kerne" in Ostdeutschland bereit erklärte. Aber dies war zugleich eine Forderung der ostdeutschen Christdemokraten, die die CDU schon aus wahlpolitischem Überlebensinteresse nicht ignorieren konnte.

Über die Forderung der Bundesregierung nach einer Revision der Politik der schnellen Lohnangleichung in Ostdeutschland kam es dann aber zu erheblichen Spannungen. Daß die Bundesregierung Deregulierungsforderungen des kleinen Koalitionspartners FDP aufnahm und Anstalten machte, durch eine Novellierung des Betriebsverfassungsgesetzes für die Dauer von fünf Jahren die Abdingung von Tarifverträgen in den neuen Bundesländern zu ermöglichen, verschärfte die Gegensätze, weil sie als ein Eingriff in das bestehende System der Tarifpolitik aufgefaßt wurde. Auch nachdem der Bundeskanzler diese Pläne wieder fallen ließ, kam es nicht zu einer Annäherung der Positionen: Die Mitgliedschaftslogik hinderte die *IG Metall*, die fiskalisch bedingte Kursänderung der Regierungspolitik nachzuvollziehen. Die Gewerkschaft beharrte vielmehr darauf, daß die indirekte Lohnsubventionierung (durch die Treuhandanstalt) von Anfang an ein Teil der Geschäftsgrundlage des korporatistischen Vereinbarungspakets vom Jahre 1991 gewesen sei,[27] und lehnte eine Revision im Rahmen des „Sozialpakt" strikt ab.

Die Krise kulminierte in der Kündigung der Stufentarifverträge durch die Metall-Arbeitgeber mit dem folgenden Arbeitskampf (dazu Bispinck 1993). Was letzten Endes diese Auseinandersetzung auslöste, darüber lassen sich verschiedene Hypothesen formulieren. Der gemeinsame Nenner wäre aber wohl eine Neudefinition der Mitgliedschaftslogik im Arbeitgeberlager. Legt man das Gewicht auf die Erosion der Arbeitgeberverbände in Ostdeutschland, die – nicht nur wegen der schwindenden Zahl der Treuhandunternehmen – über zunehmenden Mitgliederschwund klagen, dann würde das für eine endogene Determination sprechen:[28] Die Verbände hätten durch die

---

26 Zu dieser Diskussion: Feldengut 1993; Sally/Webber 1994.
27 So der *IG-Metall*-Justitiar Michael Kittner im *Handelsblatt* 16.2.1993.
28 Einer „endogenen" Erklärungshypothese neigen Ettl/Wiesenthal (1994: 23) zu. – Über die „Verbandsflucht" in der ostdeutschen Unternehmerschaft berichtete schon Bispinck (1992: 122f.). Die Treuhandunternehmen waren dagegen gewissermaßen „gefangene Mitglieder" der Arbeitgeberverbände, weil ihnen die Treuhandanstalt die Verbandsmitgliedschaft praktisch vorschrieb.

Tarifkündigung einem zunehmenden Legitimitätsverlust bei den Mitgliedern gegensteuern wollen.[29] Es gab im Gewerkschaftslager aber auch eine andere Sichtweise, in der die Krise eher exogen determiniert war, nämlich durch den Machtwechsel im *Arbeitgeberverband Gesamtmetall,* der die bisherige westdeutsche Opposition (mit Schwerpunkt in NRW und unter der Führung von Hans-Joachim Gottschol) ans Ruder brachte (*Die Tageszeitung* 13.11.1991; *Handelsblatt* 7.12.1991; *Wirtschaftswoche* 13.3.1992). Die Krise der einflußlogisch orientierten konzertierten Transformationspolitik habe diesem vorwiegend mittelständischen Arbeitgeberflügel die Chance geboten, in Ostdeutschland einen Stellvertreterkrieg anzuzetteln, der das korporatistische System der Arbeitsbeziehungen verändern sollte, insbesondere durch die Abkehr vom Flächentarifvertrag und dem korrespondierenden System der regionalen „Pilotabschlüsse".[30] Daß bei der Tarifkündigung ebenfalls die „enge Kopplung" in Form der Steuerung durch die zentrale Verbandsspitze funktionierte, konnte als eine Bestätigung dieser Interpretation gesehen werden. Träfe sie zu, dann wäre freilich der Versuch der neuen Arbeitgeberführung, die institutionellen Grundlagen des Systems in Frage zu stellen, daran gescheitert, daß die Arbeitgeberseite die Streikbereitschaft der ostdeutschen Belegschaften falsch eingeschätzt hatten. Die Gewerkschaft war zwar schließlich zu einer zeitlichen Streckung der Tarifangleichung bereit, blieb aber bei den (einflußlogisch zentralen) institutionellen Streitfragen hart.[31]

Wenn die Strategie der Gewerkschaften in diesem Tarifkonflikt von der Annahme bestimmt war, es gehe der Arbeitgeberseite um eine weitreichende Veränderung des institutionellen Rahmens der Arbeitsbeziehungen, dann hatten wir es hier nicht mehr mit einem Dilemma von Mitgliedschaftslogik einerseits, Einflußlogik andererseits zu tun: Einerseits war der strategische Spielraum der Gewerkschaften in ihrer Wahrnehmung der Mitgliedschaftslogik eng begrenzt, andererseits stand dann aber auch die institutionelle Basis der gewerkschaftlichen Einflußlogik auf dem Spiel. Indem die *IG Metall* schließlich mit der Drohung spielte, auf die Infragestellung der Bindungswirkung des Flächentarifvertrags mit einer Strategie der Firmentarifverträge zu antworten (Steinkühler im *Handelsblatt,* 13.4.1993), stellte sie ihrerseits die Existenzgrundlage der Arbeitgeberverbände in Frage und weckte in der Öffentlichkeit gezielt Sorgen vor einer „Atomisierung" der Tarifpolitik.

Die Strategie der Arbeitgeberseite andererseits war – und zwar in beiden hier vorgetragenen Erklärungshypothesen – von der Dominanz der Mitgliedschaftslogik be-

---

29 So etwa der Rechtsanwalt der *IG Metall,* Wolfgang Apitzsch, in: *Frankfurter Rundschau* 29.3.1993.
30 So z.B. der *IG-Metall*-Mitarbeiter Helmut Schauer, in: *Frankfurter Rundschau* 3.5.1993. Vgl. auch Erika Martens, „Krieg der Stellvertreter", in: *Die Zeit* 16.4.1993. Das DGB-Vorstandsmitglied Lothar Zimmermann warf den Arbeitgebern vor, sie stellten im Osten „40 Jahre erfolgreiche Tarifpolitik zur Disposition" (*Handelsblatt* 5.3.1993). Und auf einer Funktionärskonferenz der *IG Metall* äußerte der Vorsitzende Franz Steinkühler den Verdacht, „daß der Osten Deutschlands zum Experimentierfeld für die gesamte Neuordnung der sozialen Beziehungen in Deutschland im Sinne der Arbeitgeber gemacht werden soll" (lt. *Handelsblatt* 5.4.1993).
31 Insbesondere wehrte die *IG Metall* erfolgreich die Einführung einer „Öffnungsklausel" ab, durch die Abweichungen vom Tariflohn nach unten mit Zustimmung des Betriebsrats ermöglicht werden sollte. Die schließlich (mit sehr restriktiven Bedingungen) zugestandene „Härteklausel" machte dagegen ihre Anwendung von der Zustimmung der Gewerkschaft abhängig.

stimmt. Doch der Verlauf des Konflikts zeigte, daß die interne enge Kopplung des Tarifsystems solange funktional ist, als konvergierende Einflußlogiken beider Seiten außer Streit stehen. Sie wurde in dem Augenblick dysfunktional, als eine Seite den Eindruck erweckte, zugleich die institutionelle Geschäftsgrundlage zur Disposition stellen zu wollen. Folgerichtig drohte die Gewerkschaftsseite damit, zu einer Verhandlungsarena überzuwechseln, in der die Arbeitgeberseite nicht mehr das Instrument der engen Kopplung ausspielen konnte. Schließlich erwies sich das einflußlogisch bestimmte Selbsterhaltungsinteresse des Arbeitgeberverbandes als stärker, und diese Zerreißprobe für die verbandliche Einflußlogik in den Arbeitsbeziehungen endete damit, daß die Konfliktparteien den institutionellen Rahmen des Tarifsystems erneut bekräftigten. Dafür lag um so mehr Anlaß vor, als die Erosion der Mitgliederbasis die beider Seiten bedrohte.

Wie wenig in der Solidarpaktdiskussion noch die verbandliche Einflußlogik mobilisiert werden konnte, um die Transformationskrise zu bewältigen, zeigte sich aber nicht nur im Konflikt der Tarifparteien. In der Auseinandersetzung um den von der Bundesregierung angestrebten „Solidarpakt" wurde auch die begrenzte Verpflichtungsfähigkeit von Unternehmer- und Bankenverbänden deutlich. Nachdem die Forderung der ostdeutschen CDU-Abgeordneten nach einer Zwangsanleihe an den fraktions- und koalitionsinternen Widerständen gescheitert war, versuchte die Bundesregierung mit Hilfe des korporatistischen Politikrepertoires äquivalente „Solidarbeiträge" für die Finanzierung des „Aufbaus Ost" zu mobilisieren. In diesem Zusammenhang wurde insbesondere die bisherige Zurückhaltung der Kreditwirtschaft bei Investitionen in Ostdeutschland gerügt, der vorgeworfen wurde, daß sie zwar an der Kreditfinanzierung des Aufbaus gut verdiene, aber dort selbst zu wenig täte.[32] Nachdem die Lebensversicherer Anfang 1993 dem Bundeskanzler zugesagt hatte, etwa eine Milliarde DM in den Wohnungsbau in den neuen Bundesländern zu investieren, wurde der Staatssekretär im Bundesfinanzministerium (und zukünftige Präsident des Sparkassen- und Giroverbandes) Horst Köhler beauftragt, mit den Banken über einen „Solidarbeitrag" zu verhandeln.[33] Die Zusage des Präsident des *Bundesverbandes deutscher Banken*, Eberhard Martini, die Banken würden den Privatisierungsprozeß der Treuhandanstalt mit 1 Milliarde DM unterstützen, führte zunächst zu Protesten der konkurrierenden Bankenverbände (der Sparkassen- und Genossenschaftsbanken) und der privaten Kreditwirtschaft, die Martini eine „leichtfertige" Zusage vorwarfen (*Wirtschaftswoche* 5.2.1993). Eingewendet wurde vor allem, daß nur sanierungsfähige Unternehmen für Investitionen in Frage kämen, da es den Banken untersagt sei, unrentable Beteiligungen oder unkalkulierbare Risiken einzugehen; die Treuhandanstalt verfüge aber gar nicht mehr über genügend sanierungsfähige Objekte. Zwar haben sich die verschiedenen Bankengruppen schließlich zu einer Beteiligung an der geforderten „Bankeninitiative" bereit erklärt. Die bislang getätigten Investitionen zur Unternehmensfinanzierung bleiben jedoch weit hinter der geforderten Milliardensumme zurück, und es ist äußerst fragwürdig, ob es sich dabei tatsächlich um *zusätzlich* mobilisiertes Kapital handelt. Ähnlich begrenzt war der Erfolg der „Einkaufsoffensive neue Bundesländer", die

---

32 So der Abteilungsleiter im Bundeskanzleramt Joachim Ludewig (*Wochenpost* 25.2.1993).
33 Der folgenden Darstellung liegen Vorarbeiten von Angelo Caragiuli aus einem laufenden Forschungsprojekt zugrunde.

Anfang 1993 vom *Bundesverband der Deutschen Industrie* (BDI) gemeinsam mit der Treuhandanstalt initiiert wurde und deren erklärtes Ziel es war, das Einkaufsvolumen bis 1995 gegenüber 1991 zu verdoppeln. Dies bedeute jedoch – so der BDI-Vizepräsident Carl Hahn – eine größere Bereitschaft, „intensiver die ostdeutschen Angebote hinsichtlich Preis und Qualität zu prüfen". Die beobachtete Steigerung der Bezüge habe also „nichts mit vordergründiger Solidarität oder einem Ostbonus zu tun" (*Süddeutsche Zeitung* 8.8.1994). Insgesamt führt dies zum Schluß, daß sich die Verpflichtungsfähigkeit der Verbände der Banken ebenso wie der der Industrie als eng begrenzt erwiesen hat und nicht ausreichte, betriebswirtschaftlichen Kalkül im Namen der „Solidarität" zu suspendieren. In der Unternehmerschaft konnte die verbandliche Einflußlogik Mitglieder im wesentlichen nur dazu veranlassen, öffentlichkeitswirksame symbolische Gesten ihrer Verbände mitzutragen. Das hat die Bundesregierung nicht überraschen können. Sie war aber auf diese Gesten angewiesen, um mit Hilfe der Unternehmerverbände dem Vorwurf der sozialen Schieflage des Vereinigungsprozesses öffentlichkeitswirksam zu begegnen und damit den Gebrauch der rhetorischen Figur des „Solidarpakts" zu legitimieren.

7. Schlußfolgerungen

Das vereinigte Deutschland konnte, wie nicht anders zu erwarten, die relativ große kulturelle Homogenität und die relativ begrenzte Disparität zwischen sozialen Gruppen nicht behaupten, die sich in der alten Bundesrepublik ausgebildet hatte. Interessenlagen sind zum Teil sehr viel heterogener geworden – so besonders deutlich im Landwirtschaftssektor. Und Verteilungskonflikte lassen sich schwerer politisch unter Kontrolle halten. Aber durch eben diese größere Heterogenität sind zugleich die institutionell bedingten Aushandlungszwänge, die das deutsche politische System charakterisieren und die sich weit in die deutsche Vergangenheit zurückführen lassen, noch verstärkt worden. Die zentrale Steuerung des Vereinigungsprozesses war nur in einer ersten Sequenz dank der extremen Krisensituation möglich, die sich durch die Öffnung der Mauer ergeben hatte. Danach erwies sich, daß infolge der Kooptationsvorgänge, die den Vereinigungsprozeß nicht nur im Parteiensystem begleitet hatten, die Akteurskonstellation noch komplexer geworden war. Dies führte zu einem entschiedenen Rückgriff auf das in der alten Bundesrepublik entwickelte Steuerungsrepertoire einer Verhandlungsdemokratie und seine korporatistischen Elemente.
Es kann Akteursgruppen geben, die sich als Verlierer von solchen Aushandlungsprozessen sehen (wie etwa die mittelständische Metallindustrie), und die in Situationen gesteigerter Spannung den Versuch unternehmen, diesen Ring zu durchbrechen. Demgegenüber bleibt festzuhalten, daß sich das Politikrepertoire der Verhandlungsdemokratie nicht nur im bundesstaatlichen System, sondern auch im System der Interessenvermittlung zwischen Staat und Verbänden als dominantes Muster der Problembearbeitung behauptet hat.
Hier erweisen sich nun aber im Umgang mit distributiven Konflikten solche Teilsysteme, deren interne Struktur durch ausgeprägte „lose Kopplung" ihrer Untereinheiten charakterisiert ist, als besonders anpassungsfähig, weil sie Einflußlogik und Mitgliedschaftslogik entkoppeln können. Dagegen können Teilsysteme, die bei Schlüsselent-

scheidungen auf enge Kopplung rekurrieren müssen, Spannungen zwischen Einflußlogik und Mitgliedschaftslogik sehr viel schwerer auflösen, und sind deshalb krisenanfälliger.

Gleichwohl erweist sich das aushandlungsorientierte System einer verbandszentrierten Interessenvermittlung bisher als langfristig stabil. Es spricht vieles für die Vermutung, daß dies dem Umstand zu verdanken ist, daß es in einen überwölbenden institutionellen Kontext eingebunden ist, der verhandlungsdemokratische Problembearbeitung begünstigt. Insofern beobachten wir eine ausgeprägte Isomorphie zwischen dem System der Interessenvermittlung und anderen politischen Subsystemen – insbesondere den bundesstaatlichen Beziehungen.

Das Politikrepertoire der alten Bundesrepublik mit seiner starken Betonung von Verhandlungsdemokratie hat sich infolgedessen auch innerhalb des Systems der Interessenvermittlung, genauer gesagt, seines korporatistischen Kerns, als bemerkenswert flexibel erwiesen, die Probleme der politischen Integration im vereinigten Deutschland abzuarbeiten. Voraussetzung dafür ist offenbar, daß von enger interner Kopplung nur innerhalb des eingefahrenen Regelwerks Gebrauch gemacht wird. Ein stark zentralisierter Korporatismus, wie er sich am ausgeprägtesten im Österreich der vier ersten Nachkriegsjahrzehnte beobachten ließ (Lehmbruch 1985), wäre im deutschen politischen System dysfunktional.

Literatur

Abelshauser, Werner, 1981: Korea, die Ruhr und Erhards Marktwirtschaft: Die Energiekrise von 1950/51, in: Rheinische Vierteljahresblätter 45, 287-316.
Abelshauser, Werner, 1983: Wirtschaftsgeschichte der Bundesrepublik Deutschland, 1945-1980, Frankfurt a.M.
Backhaus-Maul, Holger/Olk, Thomas, 1991: Intermediäre Organisationen und kommunale Sozialpolitik im deutschen Einigungsprozeß, in: Zeitschrift für Sozialreform 37, 676-700.
Backhaus-Maul, Holger/Olk, Thomas, 1992: Intermediäre Organisationen als Gegenstand sozialwissenschaftlicher Forschung. Theoretische Überlegungen und erste empirische Befunde am Beispiel des Aufbaus von intermediären Organisationen im deutschen Einigungsprozeß, in: *Winfried Schmähl* (Hrsg.), Sozialpolitik im Prozeß der deutschen Einigung, Frankfurt a.M., 91-132.
Backhaus-Maul, Holger, 1992: Wohlfahrtsverbände in den neuen Bundesländern: Anmerkungen zum Stand der Wohlfahrtsverbändeforschung im deutschen Einigungsprozeß, in: *Volker Eichener* u.a. (Hrsg.), Organisierte Interessen in Ostdeutschland, Marburg, 359-381.
Bispinck, Reinhard, 1991: Auf dem Weg zur Tarifunion – Tarifpolitik in den neuen Bundesländern im Jahr 1990, in: WSI-Mitteilungen 44, 145-156.
Bispinck, Reinhard, 1992: Tarifpolitik in der Transformationskrise – Eine Bilanz der Tarifbewegungen in den neuen Ländern im Jahr 1991, in: WSI-Mitteilungen 45, 121-135.
Bispinck, Reinhard, 1993: Der Tarifkonflikt um den Stufenplan der ostdeutschen Metallindustrie, in: WSI-Mitteilmgen 46, 469-481.
Campbell, John/Hollingsworth, Rogers/Lindberg, Leon (eds.), 1991: The governance of the American economy, Cambridge/New York: Cambridge University Press.
Czada, Roland, 1993: Die Treuhandanstalt im Umfeld von Parteien und Verbänden, in: *Wolfram Fischer* u.a. (Hrsg.), Treuhandanstalt: das Unmögliche wagen, Berlin, 148-173.
Döhler, Marian/Manow-Borgwardt, Philip, 1992: Korporatisierung als gesundheitspolitische Strategie, in: Staatswissenschaft und Staatspraxis 3, 64-106.
Dore, Ronald, 1973: British factory, Japanese factory: the origins of national diversity in industrial relations, Berkeley.

Eichener, Volker/Kleinfeld, Ralf/Pollack, Detlef/Schmid, Josef/Schubert, Klaus/Voelzkow, Helmut (Hrsg.), 1992: Organisierte Interessen in Ostdeutschland, Marburg.
Eichener, Volker/Voelzkow, Helmut, 1992: Behauptung einer ostdeutschen Altorganisation gegen die Konkurrenz aus dem Westen: Berufsständische Organisationen der Ingenieure, in: *Eichener u.a.* 1992, 249-265
Erdmann, Yvonne, 1992: Aufbau und Entwicklung von Ärzteverbänden in Ostdeutschland, in: *Volker Eichener u.a.* (Hrsg.), Organisierte Interessen in Ostdeutschland, Marburg, 319-358.
Esser, Josef/Fach, Wolfgang/Väth, Werner, 1983: Krisenregulierung: zur politischen Durchsetzung ökonomischer Zwänge, Frankfurt a.M.
Ettl, Wilfried/Wiesenthal, Helmut, 1994: Tarifautonomie in de-industrialisiertem Gelände: Report und Analyse eines Institutionentransfers im Prozeß der deutschen Einheit, Berlin: Max-Planck-Gesellschaft, Arbeitsgruppe Transformationsprozesse in den neuen Bundesländern.
Etzioni, Amitai, 1964: Modern organizations, Englewood Cliffs, N.J.
Feineisen, Bernhard, 1994, Interessenvertretung und Interessenkonflikte im Agrarsektor nach der Wiedervereinigung. Verwaltungswissenschaftliche Diplomarbeit, Universität Konstanz.
Feldengut, Karl, 1993: Wer nimmt – wer gibt? Kraftproben um den Solidarpakt, in: Gewerkschaftliche Monatshefte 44, 178-189.
Groser, Manfred, 1992: Verbände im vereinigten Deutschland, in: Die Sonde 25, 15-24.
Henneberger, Fred, 1993: Transferstart: Organisationsdynamik und Strukturkonservativismus westdeutscher Unternehmerverbände, in: Politische Vierteljahresschrift 34, 640-673
Hollingsworth, Rogers/Streeck, Wolfgang/Schmitter, Philippe, 1994: Governing capitalist economies: performance and control of economic sectors, New York/Oxford: Oxford University Press.
Kretschmar, Gotthard/Mörbe, Werner, 1992: Analyse des organisatorischen Auf- und Ausbaus von Interessenorganisationen der Bauern in den neuen Bundesländern, Halle/S.: KSPW, Graue Reihe, Nr. 707.
Lang, Helmut, 1993: Regionalisierung von Agrarpolitik? Gestaltungsspielräume der alten und neuen Bundesländer am Beispiel Baden-Württembergs und Brandenburgs. Verwaltungswissenschaftliche Diplomarbeit, Universität Konstanz.
Lehmbruch, Gerhard, 1985: Sozialpartnerschaft in der vergleichenden Politikforschung, in: *Peter Gerlich u.a.* (Hrsg.), Sozialpartnerschaft in der Krise: Leistungen und Grenzen des Neokorporatismus in Österreich.
Lehmbruch, Gerhard, 1987: Administrative Interessenvermittlung, in: *Adrienne Windhoff-Héritier* (Hrsg.), Verwaltung und ihre Umwelt: Festschrift für Thomas Ellwein, Opladen, 11-43.
Lehmbruch, Gerhard, 1991: The organization of society, administrative strategies, and policy networks, in: *Roland Czada/Adrienne Windhoff-Héritier* (Hrsg.), Political choice: institutions, rules, and the limits of rationality, Frankfurt a.M./Boulder Col., 121-158.
Lehmbruch, Gerhard, 1993: Institutionentransfer: zur politischen Logik der Verwaltungsintegration in Deutschland, in: *Wolfgang Seibel u.a.* (Hrsg.), Verwaltungsreform und Verwaltungspolitik im Prozeß der deutschen Einigung, Baden-Baden, 41-66.
Lehmbruch, Gerhard, 1994: Institutionen, Interessen und sektorale Variationen in der Transformationsdynamik der politischen Ökonomie Ostdeutschlands, in: Journal für Sozialforschung 34, 21-44.
Löbler, Frank/Schmid, Josef/Tiemann, Heinrich (Hrsg.), 1992: Wiedervereinigung als Organisationsproblem: gesamtdeutsche Zusammenschlüsse von Parteien und Verbänden, 2. Aufl., Bochum.
Maier, Charles S., 1975: Recasting bourgeois Europe: stabilization in France, Germany and Italy in the decade after World War I, Princeton.
Manow-Borgwardt, Philip, 1991: Neokorporatistische Gesundheitspolitik? Die Festbetragsregelung des Gesundheitsreformgesetzes, Berlin: WZB, P 91-201.
Meidner, Rudolf/Hedborg, Anna, 1984: Modell Schweden: Erfahrungen einer Wohlfahrtsgesellschaft, Frankfurt a.M.
Sally, Razeen/Webber, Douglas, 1994: The German solidarity pact: a case study in the politics of unified Germany, in: German Politics 3, 18-46.
Schmid, Josef, 1994: Der Aufbau von Wohlfahrtsverbänden in den neuen Bundesländern: gesellschaftliche Selbsthilfebewegung oder quasistaatliche Veranstaltung? in: *Schmid u.a.* 1994, 181-199.

Schmid, Josef/Löbler, Frank/Tiemann, Heinrich (Hrsg.), 1994: Organisationsstrukturen und Probleme von Parteien und Verbänden: Berichte aus den neuen Ländern, Marburg.
Schmitter, Philippe/Streeck, Wolfgang, 1981: The organization of business interests: a research design to study the associative action of business in the advanced industrial societies of Western Europe (revised and extended version, August 1981, IIM/LMP 81-13, WZB), Berlin.
Seibel, Wolfgang/Benz, Arthur/Mäding, Heinrich (Hrsg.), 1992: Verwaltungsreform und Verwaltungspolitik im Prozeß der deutschen Einigung, Baden-Baden.
Singer, Otto, 1992a: The politics and economics of German unification: From currency union to economic dichotomy, in: German Politics 1, 78-94.
Singer, Otto, 1992b: Constructing the economic spectacle: the role of currency union in the German unification process, in: Journal of Economic Issues 26, 1092-1115.
Sinn, Gerlinde/Sinn, Hans-Werner, 1991: Kaltstart: volkswirtschaftliche Aspekte der deutschen Vereinigung, Tübingen.
Staritz, Dietrich, 1985, Vereinigung der gegenseitigen Bauernhilfe (VdgB), in: *Hartmut Zimmermann* (Hrsg.), DDR-Handbuch (3. Aufl.), Köln, 1405-1409.
Streeck, Wolfgang, 1992: Social institutions and economic performance: studies of industrial relations in advanced capitalist economies, London.
Wiesenthal, Helmut, 1981: Die Konzertierte Aktion im Gesundheitswesen, Frankfurt a.M.
Wohlfahrt, Norbert, 1992: Kommunale Sozialpolitik zwischen Bürokratie, Verbänden und Selbsthilfe, in: *Volker Eichener* u.a. (Hrsg.), Organisierte Interessen in Ostdeutschland, Marburg, 383-396.
Zimmermann, Hartmut (Hrsg.), 1985: DDR-Handbuch (3. Aufl.), Köln.

Zusammenfassungen / Abstracts

Wolfgang Streeck, **Einleitung des Herausgebers. Staat und Verbände: Neue Fragen. Neue Antworten?**, S. 7-34.

Der erste Teil des Beitrags entwickelt eine Reihe von Perspektiven, heuristischen Orientierungen und substantiellen Annahmen, die die Korporatismusdebatte der siebziger und achtziger Jahre zum Verständnis des Verhältnisses von Staat und Verbänden beigetragen hat. Hierzu gehören vor allem (1) Einsichten in die konstitutive Rolle auch und gerade des demokratischen Staates bei der Organisierung kollektiver gesellschaftlicher Interessen; (2) die Entfaltung der politischen Dialektik von substantiellem Interesse und organisatorischer Form; (3) die Erforschung von Spannungsverhältnissen zwischen unterschiedlichen Logiken von Verbandshandeln; (4) die Vermittlung von Interessenverbands- und *policy*-Forschung; und (5) die Eröffnung von Verbindungslinien zu einer allgemeinen institutionalistischen Wirtschaftstheorie. Der zweite Teil erläutert die drei Themenschwerpunkte des Bandes: (1) das sich wandelnde Verhältnis von verbandlicher Organisierung und Demokratie; (2) der Einfluß der Internationalisierung des Staates, insbesondere in Westeuropa, auf das Verhältnis von Staat und Verbänden; und (3) die Schwierigkeiten der Konstituierung „normaler" Staat-Verbände-Beziehungen in den vormals kommunistischen Transformationsgesellschaften.

Wolfgang Streeck, **Editorial Introduction. State and Associations: New Questions. New Answers?**, pp. 7-34.

The first part of the introductory essay develops a number of perspectives, heuristic orientations and substantive assumptions that the "corporatist debate" of the 1970s and 1980s contributed to the analysis of the relationship between state and associations. These include (1) insights in the constitutive role of the democratic state in the organization of collective social interests; (2) the exploration of the political dialectic between substantive interests and organizational form; (3) the conceptualization of endemic tensions between different logics of associative action; (4) the integration of research on interest associations with policy research; and (5) the development of connections to an institutionalist theory of the economy. The second part introduces the three central themes of the volume: (1) the changing relationship of associative organization and democracy in Western countries ("Associative Democracy: Regulation, Deregulation, Reregulation"); (2) the influence of the internationalization of the state, especially in Western Europe, on the relationship between state and associations ("Internationalization: State and Associations in the European Union"); and (3) the difficulties facing the establishment of "normal" relations between states and associations in the formerly Communist transformation countries ("State and Associations in the Transition to Market Economy and Democracy").

Roland Czada, **Konjunkturen des Korporatismus: Zur Geschichte eines Paradigmenwechsels in der Verbändeforschung,** S. 37-64.

Die mit dem Begriff des „Neo-Korporatismus" verbundene Umorientierung der Verbändeforschung hatte drei Voraussetzungen: (1) die Mängel der Pluralismustheorie, insbesondere bei der Untersuchung der Wechselwirkung von Vertretung und Verhandlung in Organisationsnetzwerken; (2) der heuristische Nutzen und die Inkommensurabilität des neuen Konzeptes; und (3) seine besondere Eignung für eine empirisch-analytische und komparative Verbändeforschung. Überdies konnte das Korporatismuskonzept Veränderungen der Praxis der Interessenvermittlung, etwa im Gefolge wirtschaftspolitischer Strategiewechsel, besser erklären als andere Ansätze. Die demokratietheoretische Kritik des Korporatismus-Konzeptes wird zurückgewiesen: Intern geschlossene und nach außen souveräne pluralistische Vetogruppen tragen zur Vermachtung der Interessenpolitik mehr bei als von gewählten Regierungen kontrollierbare Arrangements konkurrierender, intern heterogener Großverbände.

Roland Czada, **The Conjunctures of Corporatism: On the History of a Paradigmatic Change in the Theory of Organized Interests**, pp. 37-64.

The concept of "neo-corporatism" gave new impulses to the research on organized interests. Its breakthrough was possible because of (1) insufficiencies of the previous pluralist approach, mainly with regard to the interaction of intra-organizational consensus-building and inter-organizational bargaining; (2) the heuristic utility and incommensurability of the new concept; and (3) its particular suitability for empirical analysis and comparative research. The concept also explained changes in the practice of interest politics better than other approaches, for instance changes following reorientations in economic policy. Normative-democratic critique of corporatism is rejected as internally closed and externally sovereign pluralist veto-groups distort the democratic process more than the accommodation by elected governments of competitive and internally heterogeneous encompassing associations.

Rolf G. Heinze / Josef Schmid, **Mesokorporatistische Strategien im Vergleich: Industrieller Strukturwandel und die Kontingenz politischer Steuerung in drei Bundesländern**, S. 65-99.

In Theorie und Praxis des Neokorporatismus haben lange Zeit tripartistische Arrangements zwischen Staat, Gewerkschaften und Unternehmerverbänden eine prominente Rolle gespielt. Einkommenspolitik auf nationaler Ebene war in einer frühen Phase nahezu paradigmatisch für diesen Ansatz. Mittlerweile hat sich der Schwerpunkt deutlich verschoben, und innerhalb der Verbändeforschung im engeren Sinne haben Mesokorporatismus-Konzepte erheblich an Bedeutung gewonnen. In diesem Zusammenhang sind sowohl die Möglichkeiten der politischen Steuerung generell als auch die Problematik der Restrukturierung der Industrie in den Vordergrund der politischen und wissenschaftlichen Diskussion gerückt. Wichtige Beiträge stammen dementsprechend auch aus staatstheoretischen sowie industrie- und wirtschaftssoziologischen Diskussionssträngen und markieren eine deutliche Verbreiterung des analytischen Rahmens. Die Wende zur Mesoebene hat allerdings die regionale Perspektive im Vergleich zu Branchen- und Sektorstudien vernachlässigt. Deshalb werden im folgenden die aktuellen Ansätze einer aktiven Steuerung des Strukturwandels durch eine verbandlich konzertierte Industriepolitik in drei Bundesländern untersucht. Auf Kurzformeln reduziert lassen sich die drei Fallbeispiele als Varianten von Mesokorporatismus erfassen: (a) der „unternehmensgeleitete" Korporatismus in Baden-Württemberg; (b) der „inszenierte" Korporatismus in Nordrhein-Westfalen und (c) der „situative" Korporatismus in Sachsen. Abschließend werden einige Fragen zu Voraussetzungen und Bestandsbedingungen solcher Arrangements erörtert, die über die konventionelle Korporatismus- und Verbändeperspektive hinausweisen.

Rolf G. Heinze / Josef Schmid, **Meso-Corporatist Strategies in Comparison: Industrial Change and the Contingencies of Political Intervention in Three German** *Länder*, pp. 65-99.

Tripartite arrangements between state, unions and employers associations played a prominent role in the theory and practice of corporatism, with incomes policy at national level providing the paradigm for this approach. Now the focus has changed. Concepts of meso-corporatism have gained growing significance in the research on interest groups, and alternative modes of

political-economic governance in general and problems of industrial restructuring in particular became central for the discussion. Accordingly, important contributions came from industrial and economic sociology and from the theory of the state, marking a distinctive expansion of the analytical framework.
At the same time, studies of meso-corporatism have neglected the regional perspective in favor of sectoral studies. The present paper undertakes to remedy this by examining the governance of industrial adjustment through industrial policy in three *Länder* of the Federal Republic of Germany. The three cases can be considered as different variants of meso-corporatism: "corporate" corporatism in Baden-Württemberg; "staged" corporatism in North-Rhine-Westfalia; and "situative" corporatism in Saxony. In its final part the paper raises questions on the conditions for those arrangements and the prerequisites for their continuance.

Holger Backhaus-Maul / Thomas Olk, **Von Subsidiarität zu „outcontracting": Zum Wandel der Beziehungen von Staat und Wohlfahrtsverbänden in der Sozialpolitik,** S. 100-135.

Der Beitrag untersucht das sich wandelnde traditionsreiche Verhältnis von Staat und Verbänden in der deutschen Sozialpolitik. Mit Hilfe des katholischen Subsidiaritätsprinzips wurde bereits in der Weimarer Republik eine prioritäre Stellung von Wohlfahrtsverbänden im System der sozialen Versorgung begründet. Im Zuge der Expansion des deutschen Wohlfahrtsstaates seit Ende der sechziger Jahre wurden Wohlfahrtsverbände verstärkt in die Erbringung öffentlicher Aufgaben sowie in Politikformulierung und Gesetzgebung einbezogen. Sozialpolitische Strategiewechsel in den achtziger Jahren, die Herausbildung der Selbsthilfebewegung und abnehmende soziale Akzeptanz gegenüber den Wohlfahrtsverbänden hatten dann aber grundlegende Änderungen im korporatistischen Arrangement zwischen Staat und Wohlfahrtsverbänden zur Folge. Im Prozeß der deutschen Vereinigung sowie der europäischen Intergration zeichnet sich eine weitere Deregulierung der Beziehungen zwischen Staat und Wohlfahrtsverbänden ab, die bereits in der aktuellen sozialrechtlichen Gesetzgebung deutlich wird. An die Stelle einer Privilegierung normativ-weltanschaulich geprägter Spitzenverbände der freien Wohlfahrtspflege tritt allmählich ein pluralistisches System freier Träger, dessen integrale Bestandteile neben den Wohlfahrtsverbänden privatgewerbliche Anbieter und selbstorganisierte Vereine sind.

Holger Backhaus-Maul / Thomas Olk, **From Subsidiarity to Outcontracting: The Changing Relationship Between State and Associations in Social Policy,** pp. 100-135.

The study examines the changing relationship between government and private welfare organizations in German social policy. The important status such organizations were assigned in the German social welfare system was in accordance with the Catholic principle of subsidiarity and traced back to the Weimar Republic. The expansion of the German welfare state in the late 1960s was accompanied by an increasing incorporation of private welfare organizations in the delivery of welfare services, as well as in public policy formulation and legislation. Strategic policy changes in the 1980s, the emergence of the self-help movement and decreasing public acceptance of private welfare organizations resulted in a fundamental shift in the corporatist arrangement between government and private welfare organizations. In the course of German unification and European integration, deregulation of the traditional relationship between government and private welfare organizations has been particularly evident in recent social policy legislation. The privileged position of private welfare organizations has given way to a pluralistic system of independent agencies, which in addition to the established welfare organizations includes profit-oriented and volunteer organizations.

Joshua Cohen / Joel Rogers, **Solidarität, Demokratie, Assoziation,** S. 136-159.

Der Aufsatz entwickelt den Vorschlag einer gezielten Politik der Förderung von Verbandsbildung als Beitrag zu einer egalitär-demokratischen Ordnung. In einzelnen wird argumentiert, daß egalitär-demokratische Ziele für ihre Durchsetzung eine sie unterstützende soziale Basis benötigen; daß die Herstellung einer solchen Basis nur durch zielbewußte Anstrengungen möglich ist; daß solche Anstrengungen, wenn sie Erfolg haben sollen, die Übertragung bestimmter traditioneller Verantwortlichkeiten des Staates auf Assoziationen und die bewußte Konstruktion von Arenen demokratischer Diskussion zwischen diesen einschließen müssen; daß derartige Kompetenzübertragungen und Arenenbildungen durch dieselben Kräfte und Tendenzen möglich und nötig gemacht werden, die zu der gegenwärtigen Orientierungslosigkeit traditionell sozialdemokratischer Politik geführt haben; und daß Assoziationen mit übertragener Staatsverantwortung helfen können, demokratischen politischen Konsens zu mobilisieren und die gesellschaftliche Lernkapazität zu erhöhen – beides sowohl unentbehrlich für eine stabile egalitäre Ordnung als auch gegenwärtig knapp.

Joshua Cohen / Joel Rogers, **Solidarity, Democracy, Association,** pp. 136-159.

This paper argues that a deliberate politics of association can make a contribution to egalitarian democratic governance. The gist of the argument is that advancing egalitarian-democratic ideals requires a social base of support for those ideals; that realizing such a social base requires deliberate attention to its creation; that the appropriate form of attention includes the devolution of certain characteristically state responsibilities to associations, and the deliberate construction of arenas of democratic discussion among associations; that such devolution and construction has been made plausible by the same forces that account for the current disarray in traditional social democratic politics; and that associations with devolved responsibility might help to support democratic political consensus and increase social learning capacities both essential to stable egalitarian order, and currently in short supply.

Philippe C. Schmitter, **Interessen, Verbände und Interessenvermittlung in einer reformierten post-liberalen Demokratie,** S. 160-171.

Unter den zahlreichen Institutionen in liberalen Demokratien, die nur unzulänglich funktionieren, gehört das System der organisierten Interessen zu den unzulänglichsten. Überall klagen Rechts und Links gleichermaßen über den Einfluß von Sonderinteressen und beschuldigen sich gegenseitig, diesen ausgeliefert zu sein. Der Aufsatz diskutiert mögliche post-liberale Reformen zur Verbesserung der Regierbarkeit und Erhöhung der demokratischen Legitimität. Vorgeschlagen wird die Schaffung eines Systems sekundärer (assoziativer) Bürgerrechte durch drei miteinander zusammenhängende Maßnahmen: (1) Etablierung eines halböffentlichen Status für Verbände und soziale Bewegungen, die sich verpflichten, bestimmten Normen zu folgen; (2) Finanzierung derartiger Organisationen durch von allen Bürgern erhobene Zwangsabgaben; und (3) Verteilung der so geschaffenen Mittel durch Bürger-Gutscheine.

Philippe C. Schmitter, **Interests, Associations and Intermediation in a Reformed Post-Liberal Democracy,** pp. 160-171.

Of all the things that do not work well in contemporary liberal democracies, the system of organized interest intermediation must be rated among the worst. Everywhere, both the Right and the Left love to complain about the influence of "special interests" – and to accuse each other of being more indebted to them. This essay explores some specific and feasible "post-liberal" reforms intended to improve policy performance and democratic legitimacy. It proposes the creation of a system of "secondary (organizational) citizenship" *via* three related measures: (1) the establishment of a semi-public status for associations and movements that agree to follow specific norms; (2) the financing of consenting organizations through compulsory contributions from all citizens; and (3) the distribution fo these funds by means of citizen vouchers.

Rainer Eising / Beate Kohler-Koch, **Inflation und Zerfaserung: Trends der Interessenvermittlung in der Europäischen Gemeinschaft**, S. 175-206.

Der Beitrag untersucht den Zusammenhang zwischen der Segmentierung des EG-Mehrebenenentscheidungsgefüges und der Inflation des europäischen „Lobbying". Auch wenn generelle Trendaussagen zur Transformation der europäischen Interessenvermittlungsmuster problematisch sind, steht zu befürchten, daß diese sowohl zu inkohärenten und fragmentierten EG-Politiken führen als auch privaten ökonomischen Interessen übermäßigen Einfluß, vor allem gegenüber Arbeitnehmer-, sozialen und Umweltinteressen, einräumen wird. Die weitere Entwicklung der Interessenvermittlung auf europäischer Ebene erscheint als pfadabhängig von bestehenden nationalen institutionellen und sektoralen ökonomischen Strukturen. Die Entstehung eines einheitlichen europäischen Interessenvermittlungsstiles ist damit nicht absehbar. Im Schlußteil geht das Papier auf die vorliegenden Vorschläge zur Revision der EG-Entscheidungsprozesse ein, welche die Kohärenz der europäischen Politik erhöhen sollen.

Rainer Eising / Beate Kohler-Koch, **Inflation and Fragmentation: Trends in Interest Intermediation in the European Community**, pp. 175-206.

The paper analyses the dynamic relationship between the inflation of EC-lobbying and the segmentation of the EC multi-level governance system. Generalizations about the current and future trends of the transformation of the European system of interest intermediation are bound to be problematic. Still, indications on that current development may result in incoherent and fragmented EC policies as well as excessive influence of private economic interests. Those interests carry also a greater weight in the EC interest intermediation system than trade unions and environmental or social interest groups. The further development of the European pattern of interest intermediation is path-dependent on national institutional structures and sectoral economic structures. Therefore, it is unlikely that a European style of interest intermediation will emerge. The conclusion discusses proposals for reviving the EC decision-making process which are intended to ensure the coherence of European policies.

Klaus Armingeon, **Die Regulierung der kollektiven Arbeitsbeziehungen in der Europäischen Union**, S. 207-222.

In dem Beitrag wird der Frage nachgegangen, weshalb bislang noch kein System von staatlich gesetzten oder privat vereinbarten Regeln der kollektiven Arbeitsbeziehungen in der Europäischen Union entstanden ist. Sechs in der Forschung vertretene Hypothesen werden mit qualitativen Daten über vergleichbare Fälle der Entstehung nationaler Systeme von Arbeitsbeziehungen konfrontiert. Der Analyse zufolge läßt sich das Ausbleiben eines europäischen Systems der Arbeitsbeziehungen besonders gut mit sektoralen und nationalen Koalitionen von Gewerkschaften, Unternehmern und – zuweilen – Regierungen sowie mit institutionellen Beharrungskräften erklären.

Klaus Armingeon, **Regulating Collective Labour Relations in the European Union**, pp. 207-222.

Why did a common European system of private or public rules of collective labour relations not emerge in the European Union? Addressing this question the paper discusses six propositions derived from recent research, confronting them with qualitative data on the genesis and development of national systems of labour relations. Two explanations are found to be of

Bernhard Ebbinghaus / Jelle Visser, **Barrieren und Wege „grenzenloser Solidarität": Gewerkschaften und Europäische Integration,** S. 223-255.

Die Europäische Integration und wirtschaftliche Verflechtungen fordern die Gewerkschaftsbewegungen heraus und drängen sie zu transnationaler Koordinierung ihrer Aktivitäten. Dies stößt jedoch auf die Hürden nationaler Gewerkschaftsvielfalt – auf fest verankerte organisatorische Konfliktstrukturen, unterschiedliche Mobilisierungsstrategien und länderspezifische Staat-Verbände-Beziehungen (die „Logik der Vielfalt"). Der Europäische Gewerkschaftsbund (EGB) leidet unter Interessenheterogenität, Ressourcenknappheit, fehlenden Machtkompetenzen und schwacher Einbindung der Branchenverbände (das „Mehrebenen-Verbandsproblem"). Die geringen EU-Kompetenzen und die Blockade der europäischen Arbeitgeber eröffnen den Gewerkschaften nur wenig Verwirklichungsmöglichkeiten für supranationale Regulierung.

Bernhard Ebbinghaus / Jelle Visser, **Barriers and Pathways to "Borderless Solidarity": Organized Labour and European Integration,** pp. 223-255.

European integration and economic interdependence challenge organized labour, pressing unions to coordinate activities at a transnational level. However, there are barriers set by cross-national union diversity – entrenched organizational cleavages, diverse mobilization patterns, and distinctive state-association relations *(conundrum of diversity)*. Also, the European Trade Union Confederation (ETUC) suffers from interest heterogeneity, limited resources, lacking authority, and weak integration of sector organizations (the *multi-level associability quandary*). Limited EU competences and the resistence of European employers provide few opportunities for organized labour to advance supranational regulation.

Volker Eichener / Helmut Voelzkow, **Ko-Evolution politisch-administrativer und verbandlicher Strukturen: Am Beispiel der technischen Harmonisierung des europäischen Arbeits-, Verbraucher- und Umweltschutzes,** S. 256-290.

Nachdem der Versuch einer etatistischen Regulierung des Arbeits-, Verbraucher- und Umweltschutzes durch die Europäische Union Mitte der sechziger Jahre an der Logik intergouvernementalen Verhandelns gescheitert war, überraschte die Union in der Folgezeit mit einer Harmonisierung auf hohem Schutzniveau, das weit über dem kleinsten gemeinsamen Nenner der Mitgliedsstaaten liegt. Die Europäische Kommission, die als supranationaler Akteur ein starkes institutionelles Eigeninteresse an innovativer Regulierung hat, vermochte ihre Handlungsfähigkeit vor allem durch Aufbau korporatistischer Arrangements im Rahmen ihrer „Neuen Konzeption zur technischen Harmonisierung" zu steigern, nach der die Festlegung technischer Detailspezifikationen an europäische Normungsverbände delegiert wird. Damit läßt sich auf der europäischen Ebene eine Ko-Evolution von politisch-administrativem und Verbändesystem feststellen, bei der die staatliche Seite den Aufbau einer Verbändelandschaft fördert und steuert, um ihre eigene Handlungsfähigkeit zu steigern.

Volker Eichener / Helmut Voelzkow, **Co-Evolution of Political-Administrative and Associational Structures: The Case of European Health and Safety, Consumer and Environmental Protection,** pp. 256-290.

Up to the mid-1980s, European Union attempts for state-like regulation of occupational health and safety standards and of consumer and environmental protection were frustrated by the logic of intergovernmental bargaining. Since then, however, a surprising degree of harmonization has been accomplished, at a level far above the smallest common denominator of Member states. The European Commission, which as a supranational actor has a strong institutional self-interest in ambitious and innovative European-level regulation, successfully expanded its capacity to act by establishing corporatist arrangements within its "New Approach to Technical Harmonization", under which the specification of technical standards was delegated to European standardization organizations. In this respect at least, one finds a co-evolution of the political-administrative system and the system of interest representation at the European level, as a consequence of the state side strategically promoting and controlling the formation of organized interests in order to increase its own capacity.

Helmut Wiesenthal / Petra Stykow, **Unternehmerverbände im Systemwechsel: Entwicklung und Status organisierter Wirtschaftsinteressen in den Transformationsprozessen Ostmitteleuropas und Rußlands,** S. 293-336.

Im Transformationsprozeß ehemaliger sozialistischer Gesellschaften kommt es zur Aufwertung der Rolle von Managern und Unternehmern, deren Interessen nunmehr staatliche Protektion genießen. Ausgehend von dieser Beobachtung werden Entstehung und Funktionsgewinnung von Interessenverbänden der Wirtschaft in mehreren Staaten untersucht. Beim Vergleich der Startbedingungen und des gegenüber Regierung und Gewerkschaften erlangten Status zeigt sich unter anderem, daß russische Unternehmerverbände, die sich aus etablierten Netzwerken entwickelt haben, häufig Aufgaben der staatlichen Wirtschaftskoordination übernehmen. Ihr politischer Einfluß ist jedoch aufgrund der Schwäche des Regierungssystems beschränkt. In Polen, Ungarn und Tschechien wurden Unternehmerverbände vom Staat an tripartistischen Verhandlungen beteiligt, leiden aber unter niedrigem Organisationsgrad und interorganisatorischer Konkurrenz. Demgegenüber verfügen die in Ostdeutschland aufgebauten Regionalverbände über ein unangefochtenes Vertretungsmandat, erlitten jedoch als Folge ihrer Orientierung an westdeutschen Interessen spürbare Repräsentativitäts- und Reputationsverluste. Offensichtlich entzieht sich das strukturelle Privileg von Wirtschaftsinteressen im Transformationsprozeß der einfachen verbandspolitischen Ausbeutung.

Helmut Wiesenthal / Petra Stykow, **Business Associations During System Change: The Development and Status of Organized Economic Interests in the Transformation Processes of East-Central Europe and Russia,** pp. 293-336.

In the transformation of former socialist countries there is increasing appreciation of the role of managers and entrepreneurs as their interests become the subject of public protection. Departing from the assumption that there exists, at least in the early period of transition, a "structural privilege" for business interests, the paper explores the emergence of, and the acquisition of functions by, business associations in several countries. While business associations in Russia succeeded in formalizing informal networks and taking on coordinative functions given up by the state administration, their impact on political decisions is limited due to the weakness of central government. In Poland, Hungary and the Czech Republic, business associations were invited to participate in tripartist decision-making but are suffering from a low degree of organizational density as well from organizational fragmentation. In contrast, regional business associations in East Germany gained an unchallenged status form the outset but failed to become representative because they allowed Western interests to predominate. The conclusion is that in conditions of transformations, business associations face significant difficulties in taking advantage of the structural privilege of business interests.

Bernhard Weßels, **Von staatlicher Überorganisation zu freiwilliger Organisierung? Gewerkschaften und assoziatives Verhalten in postkommunistischen Gesellschaften,** S. 337-369.

Der Beitrag untersucht Zustand, Grenzen und Perspektiven gewerkschaftlicher Entwicklung in Mitteleuropa (CSFR, Polen, Ungarn), Osteuropa (Bulgarien, Rumänien) und drei GUS-Staaten (Belarus, Rußland, Ukraine). Reformen und partielle Pluralisierung sind in Mitteleuropa am weitesten fortgeschritten, gefolgt von Osteuropa, während in den GUS-Staaten die Monopolstellung der privilegierten Nachfolgeorganisationen der kommunistischen Gewerkschaften mehr oder minder fortexistiert. Bei aller Unterschiedlichkeit ist dem gewerkschaftlichen Handeln in den Übergangsgesellschaften eine Ambivalenz gemeinsam: zwischen Unterstützung der ökonomischen Reformen und Versuchen der Minimierung der sozialen Kosten der Freisetzung von Arbeitskräften aus der staatsabhängigen Beschäftigung in den freien Arbeitsmarkt. Der Handlungsspielraum der Gewerkschaften und die Mitwirkungsmöglichkeiten bei ökonomischen Reformen sind dabei auf vielfältige Weise begrenzt: durch eine die Konzertierung verhindernde Konkurrenzsituation, geringe staatliche Interaktionsbereitschaft und Mitgliederinteressen. Korporatistische Arrangements sind fast überall gescheitert, und die Haltung der Gewerkschaften gegenüber ökonomischen Reformen wird kritischer.

Bernhard Weßels, **From State Mobilization to Voluntary Organization? Trade Unions and Associational Behaviour in Post-Communist Polities,** pp. 337-369.

This contribution examines empirically the condition, constraints and perspectives facing trade unions in Central Europe (Czechoslovakia, Poland, Hungary), Eastern Europe (Bulgaria, Rumania), and three countries of the Commonwealth of Independent States (Belarus, Russia, Ukraine). Reform and pluralisation of union organizations have progressed most in Central Europe, followed by Eastern Europe. In the three CIS countries the organizational monopoly of the successors of the communist unions has remained more or less intact. Despite many differences, union behaviour in all countries is confronted with the ambivalence of having to do two things at the same time: provide support for economic reforms and minimize the social costs of the release of labour from state employment in free labour markets. The unions' scope of action and their influence on economic reform are constrained by inter-union competition, lack of willingness of the state to cooperate with unions, and member interests. Corporatist arrangements have failed almost everywhere, and unions have begun to take a more critical stance on economic reform.

Gerhard Lehmbruch, **Dilemmata verbandlicher Einflußlogik im Prozeß der deutschen Vereinigung,** S. 370-392.

Die deutsche Politik hat in der durch den Vereinigungsprozeß ausgelösten Krise auf das verhandlungsdemokratische Steuerungsrepertoire der alten Bundesrepublik zurückgegriffen und den korporatistischen Kern des Verbändesystems für die Bearbeitung der neu aufgetretenen Verteilungskonflikte mobilisiert. Daraus resultieren eigentümliche Spannungen zwischen Mitgliedschaftslogik und Einflußlogik der beteiligten Verbände. Verbände mit interner „loser Kopplung" – z.B. der Deutsche Bauernverband – erweisen sich als besonders anpassungsfähig, während Verbände, die wie die Tarifparteien bei Schlüsselentscheidungen aus Organisationsinteresse auf „enger Kopplung" bestehen müssen, Spannungen nur schwer auflösen können und krisenanfälliger werden.

Gerhard Lehmbruch, **Dilemmas in the Associational Logic of Influence During German Unification,** pp. 370-392.

In the unification crisis German politics could rely on bargained democracy, which was a central element of the policy repertoire of the "old" Federal Republic. The corporatist core of the associational system was mobilized to defuse the newly emerging distributive conflicts. This led to characteristic tensions between the logic of membership and the logic of influence in a number of interest associations. Associations characterized by internal "loose coupling" – e.g., the Farmer's Association – showed higher adaptability than those that, like labour and employer organizations, require "tight coupling" for key decisions. Organizations of the latter kind find it more difficult to resolve tensions between the two logics and are more prone to crisis.

Verzeichnis der Autoren

Herausgeber:
Streeck, Wolfgang, Prof. Dr., University of Wisconsin-Madison, Department of Sociology, 8116 B Social Science Building, 1180 Observatory Drive, Madison, Wisconsin 53706, USA

Armingeon, Klaus, Prof. Dr., Universität Bern, Institut für Politikwissenschaft, Unitobler, Lerchenweg 36, CH-3000 Bern 9
Backhaus-Maul, Holger, Dipl.-Soz., Mag. rer. publ., Universität Bremen, Zentrum für Sozialpolitik, Barkhof, Parkallee 39, 28209 Bremen
Cohen, Joshua, Prof. Dr., Massachusetts Institute of Technology, Department of Political Science, Cambridge, MA 02193, USA
Czada, Roland, Dr., Max-Planck-Institut für Gesellschaftsforschung, Lothringer Straße 78, 50677 Köln
Ebbinghaus, Bernhard, Universität Mannheim, Mannheimer Zentrum für Europäische Sozialforschung, Fakultät für Sozialwissenschaften, 68131 Mannheim
Eichener, Volker, Dr., Ruhr-Universität Bochum, Institut für Wohnungswesen, Immobilienwirtschaft, Stadt- und Regionalentwicklung, Universitätsstraße 140, 44801 Bochum
Eising, Reiner, Dr., Universität Mannheim, Lehrstuhl für Politische Wissenschaft II, Seminargebäude A5, Postfach 103462, Mannheim
Heinze, Rolf, Prof. Dr., Ruhr-Universität Bochum, Fakultät für Sozialwissenschaft, 44780 Bochum
Kohler-Koch, Beate, Dr., Universität Mannheim, Lehrstuhl für Politische Wissenschaft II, Seminargebäude A5, Postfach 103462, Mannheim
Lehmbruch, Gerhard, Prof. Dr., Universität Konstanz, Postfach 5560, 78434 Konstanz
Olk, Thomas, Prof. Dr., Martin-Luther-Univeristät Halle-Wittenberg, Institut für Pädagogik, Brandbergstraße 23, 06120 Halle
Rogers, Joel, Prof. Dr., University of Wisconsin-Madison, Department of Sociology, 8116 A Observatory Drive, Madison, Wisconsin 53706, USA
Schmid, Josef, Prof. Dr., Ruhr-Universität Bochum, Fakultät für Sozialwissenschaft, Universitätsstraße 150, 44801 Bochum
Schmitter, Philippe C., Prof. Dr., Stanford University, Department of Political Science, Stanford, Cal. 94305, USA
Stykow, Petra, Dr., Max-Planck-Gesellschaft, AG Transformationsprozesse, Jägerstraße 10-11, 10117 Berlin
Visser, Jelle, Dr., Sociologisch Instituut, Universiteit Amsterdam, Oude Hoogstraat 24, NL-1012 CE Amsterdam
Voelzkow, Helmut, Dr., Ruhr-Universität Bochum, Fakultät für Sozialwissenschaft, Universitätsstraße 150, 44801 Bochum
Weßels, Bernhard, Dr., Wissenschaftszentrum Berlin, Reichpietschufer 50, 10785 Berlin
Wiesenthal, Helmut, Prof. Dr., Max-Planck-Gesellschaft, AG Transformationsprozesse, Jägerstraße 10-11, 10117 Berlin

Politische Vierteljahresschrift
– Lieferbare Sonderhefte

Band 9
Udo Bermbach u. a. (Hrsg.)
**Politische Wissenschaft
und politische Praxis**
1978. 504 S. Kart.   ISBN 3-531-11458-1

Band 12
Hans-Dieter Klingemann/Max Kaase (Hrsg.),
unter Mitarbeit von Klaus Horn
Politische Psychologie
1982. 469 S. Kart.   ISBN 3-531-11589-8

Band 14
Wolf-Dieter Eberwein (Hrsg.)
Politische Stabilität und Konflikt
Neue Ergebnisse der
makroquantitativen Politikforschung
1983. 286 S. Kart.   ISBN 3-531-11652-5

Band 15
Udo Bermbach (Hrsg.)
Politische Theoriengeschichte
Probleme einer Teildisziplin
der Politischen Wissenschaft
1985. 281 S. Kart.   ISBN 3-531-11727-0

Band 16
Franz Nuscheler (Hrsg.)
Dritte Welt-Forschung
Entwicklungstheorie und Entwicklungspolitik
1985. 452 S. Kart.   ISBN 3-531-11771-8

Band 17
Klaus von Beyme (Hrsg.)
**Politikwissenschaft in der
Bundesrepublik Deutschland**
Entwicklungsprobleme einer Disziplin
1986. 273 S. Kart.   ISBN 3-531-11830-7

Band 19
Manfred G. Schmidt (Hrsg.)
Staatstätigkeit
International und historisch vergleichende Analysen
1988. XIV, 437 S. Kart.   ISBN 3-531-12014-X

Band 20
Ralf Rytlewsky (Hrsg.)
**Politik und Gesellschaft in
sozialistischen Ländern**
Ergebnisse und Probleme der
Sozialistischen Länder-Forschung
1989. 520 S. Kart.   ISBN 3-531-12104-9

Band 21
Volker Rittberger (Hrsg.)
**Theorien der
Internationalen Beziehungen**
Bestandsaufnahme und Forschungsperspektiven
1990. 425 S. Kart.   ISBN 3-531-12148-0

Band 22
Bernhard Blanke (Hrsg.)
Staat und Stadt
Systematische, vergleichende und problem-
orientierte Analysen „dezentraler" Politik
1991. 563 S. Kart.   ISBN 3-531-12277-0

Band 23
Michael Kreile (Hrsg.)
Die Integration Europas
1992. XX, 428 S. Kart.   ISBN 3-531-12403-X

Band 24
Adrienne Héritier (Hrsg.)
Policy-Analyse
Kritik und Neuorientierung
1994. 486 S. Kart.   ISBN 3-531-12470-6

WESTDEUTSCHER
VERLAG
OPLADEN · WIESBADEN

Aus dem Programm Politikwissenschaft

Joachim Jens Hesse/
Thomas Ellwein
Das Regierungssystem der Bundesrepublik Deutschland
Band 1: Text, Band 2: Materialien
7., vollständig neubearb. u. erw. Aufl. 1992. Bd. I: 507 S., Bd. 2: 691 S. Kart. im Schuber
ISBN 3-531-11192-2

Das Standardwerk über das Regierungssystem der Bundesrepublik Deutschland wurde für die siebente Auflage umfassend überarbeitet und auf den neuesten Stand gebracht. Allgemeinverständlich geschrieben, vereint das Lehrbuch die Vorzüge einer kompakten Gesamtdarstellung mit denen eines Handbuchs und Nachschlagewerkes. Materiell gilt der „doppelten Herausforderung" des Regierungssystems – durch die deutsche Vereinigung und den europäischen Integrationsprozess – das besondere Interesse.

Oscar W. Gabriel/
Frank Brettschneider (Hrsg.)
Die EU-Staaten im Vergleich
Strukturen, Prozesse, Politikinhalte
2. überarb. und erw. Aufl. 1994. 640 S. Kart.
ISBN 3-531-12282-7

Die Vertiefung der Zusammenarbeit zwischen den EU-Staaten wird nicht nur die europäischen Institutionen verändern, sondern auch die Abläufe in den nationalen politischen Systemen beeinflussen. Für das Verständnis der politischen Vorgänge im integrierten Europa ist eine gründliche Kenntnis der nationalen politischen Systeme erforderlich. Solche Kenntnisse vermittelt dieser Band in einer systematischen, vergleichenden Übersicht über die politischen Strukturen und Prozesse der EU-Mitgliedsstaaten sowie über ausgewählte Inhalte der staatlichen Politik.

Friedhelm Neidhardt (Hrsg.)
Öffentlichkeit, öffentliche Meinung, soziale Bewegungen
1994. 444 S. (Kölner Zeitschrift für Soziologie und Sozialpsychologie, Sonderheft 34) Kart.
ISBN 3-531-12650-4

Öffentlichkeit entwickelt sich unter den Bedingungen der Massenkommunikation zum zentralen Forum gesellschaftlicher Selbstbeobachtung. In diesem Band werden die Bedingungen, Strukturen und Funktionen von Öffentlichkeit beschrieben und die relevanten Öffentlichkeitsakteure (Sprecher, Medien, Publikum) untersucht. Die Analyse ihrer Interaktionen ermöglicht die Bestimmung von Prozessen und Wirkungen öffentlicher Meinungsbildung. Dabei erfahren jene Mobilisierungen des Publikums, die sich als soziale Bewegungen formieren, besondere Aufmerksamkeit.

WESTDEUTSCHER VERLAG
OPLADEN · WIESBADEN